科学出版社“十四五”普通高等教育本科规划教材

医学物理学

黄　浩　侯俊玲　主编

科学出版社

北　京

内 容 简 介

本书是科学出版社“十四五”普通高等教育本科规划教材之一，全书内容分为12章，包括流体力学基础、振动和波动、超声原理及应用、磁场基础、原子核物理基础、X射线基础、X射线计算机体层摄影基础、磁共振基础、磁共振成像原理、核医学物理基础、生物医学光子学基础、电离辐射与防护等内容。其主要内容涵盖了高等医药院校部分专业知识结构中与医学相关的物理学的基本知识和基本理论，语言精练，突出高等医药院校医学物理学教学的特色，为学生学习其他专业课打下坚实的基础。

本书可供高等医药院校中的基础医学、临床医学、公共卫生与预防医学、口腔医学、医学影像学、医学检验技术、康复治疗学、护理学类等专业本科生基础课程教学使用，也可作为相关专业医药卫生工作者和爱好者的参考书。

图书在版编目(CIP)数据

医学物理学 / 黄浩，侯俊玲主编．—北京：科学出版社，2021.1

ISBN 978-7-03-066533-1

Ⅰ.①医…　Ⅱ.①黄…　②侯…　Ⅲ.①医用物理学-医学院校-教材
Ⅳ.①R312

中国版本图书馆CIP数据核字（2020）第205654号

责任编辑：郭海燕　孔晓慧 / 责任校对：杨　赛
责任印制：吴兆东 / 封面设计：蓝正设计

科学出版社 出版
北京东黄城根北街16号
邮政编码：100717
http://www.sciencep.com
固安县铭成印刷有限公司印刷
科学出版社发行　各地新华书店经销
*
2021年1月第　一　版　开本：787×1092　1/16
2025年8月第四次印刷　印张：20 1/2
字数：525 000
定价：79.80元
（如有印装质量问题，我社负责调换）

《医学物理学》编委会名单

主　　编　黄　浩　侯俊玲

副 主 编　刚　晶　柴　英　李　光　王　勤　郭晓玉　郑海波　高清河

编　　委　(按姓氏汉语拼音排序)

曹志峰（福建医科大学）
柴　英（大连医科大学）
陈继红（河南中医药大学）
陈伟炜（福建中医药大学）
刚　晶（辽宁中医药大学）
高建平（甘肃中医药大学）
高清河（辽宁中医药大学）
葛黎新（陕西中医药大学）
郭晓玉（河南中医药大学）
侯俊玲（北京中医药大学）
黄　浩（福建中医药大学）
黄通情（福建医科大学）
金　辰（北京中医药大学）
李　光（长春中医药大学）
李　洋（大连医科大学中山学院）
李维峰（北京中医药大学）
廖永贵（莆田学院）
林　多（福建中医药大学）
林　蓉（上海中医药大学）
刘　慧（成都中医药大学）
刘　希（北京中医药大学）
刘海英（辽宁中医药大学）
刘文艳（首都医科大学）
罗来成（广东药科大学）
梅　婷（北京中医药大学）
彭春花（上海中医药大学）
隋　芯（北京中医药大学）
孙　颖（北京中医药大学）
王　礼（大连医科大学）
王　力（天津中医药大学）
王　勤（贵州中医药大学）
王文龙（长春中医药大学）
王蕴华（天津中医药大学）
王治龙（甘肃中医药大学）
谢仁权（贵州中医药大学）
徐　磊（北京中医药大学）
叶　红（上海中医药大学）
俞　允（福建中医药大学）
张　莉（北京中医药大学）
张灵帅（河南中医药大学）
郑海波（福建医科大学）

编写秘书　俞　允（兼）

前　言

医学物理学是物理学的重要分支学科，是物理学与医学相结合所形成的交叉学科，是高等医药院校各专业的一门基础课，是医药学专业学生学习后续课程并从事医学临床和科研工作必备的基础。高等医药院校开设的医学物理学实际上是把物理学的基本理论与基本方法应用于医药学的一门综合课程。

本教材是根据教育部对高等医药院校各专业物理学教学大纲的要求，为适应我国高等医药院校医学物理学现代化教育的需要而编写为全国高等医药院校规划教材之一。

本教材是针对掌握了一定的物理学基本理论和基础知识的学生，内容选取和编写方法是在这一前提下融入一些物理学在医学中的实际应用。例如，将血流动力学、超声成像、X射线、X射线计算机体层摄影（X-CT）成像、放射治疗、磁共振成像、放射性核素成像、现代光学仪器、光谱等内容与对应的物理学理论和方法相结合，做了适度的介绍，使物理学与具体医学应用结合更加紧密，在形式上更具体，内容上更充实。可让学生在规定的授课学时内掌握和了解医学专业必需的物理学知识。编者多年来的教学实践已证明，把物理学与具体医学应用紧密结合，教学内容针对性强，可有效激发学生对物理学的学习兴趣，使学生明白物理学在现代医学中所起的作用，能较好地回答“医学生为什么要学物理”的问题，消除部分学生对“医学生学习物理学没用”的误解，使他们真正意识到物理学是学习医学不可缺少的基础课程。

在编写过程中，本教材着重加强基础，渗入改革创新，服务专业，也反映本学科的新进展，以利于扩展学生的知识面。特点是强调遵循科学性、系统性、实用性及规范化、标准化原则，力求概念准确，条理清晰，语言流畅，教师好教，学生好学。为此，在章前有教学要求，章后有小结和思考题；同时章后都增添了与该章知识内容相关的卓越科学家的简介，使学生更加关注科学家的辛勤工作及创新思维的建立模式。本教材旨在培养适应医药发展需要的研究型与应用型人才，以满足医药现代化发展为核心，适用于高等医药院校本科生的教学，同样适合各类医药院校的成人教育、远程教育、医药工作者及爱好者使用，也可作为相关专业的参考书。

本教材的编写工作得到了科学出版社的大力支持和指导，同时也承蒙参编院校的大力支持，在此表示衷心感谢！由于编者水平有限，难免有不妥之处，希望广大教师和学生使用后提出宝贵意见，以便再版时修订提高。

编　者

2020年8月

目　　录

第一章　流体力学基础

教学要求

(1)理解理想流体和稳定流动的概念;理解牛顿黏滞性定律、泊肃叶定律、斯托克斯定律。

(2)掌握连续性方程和伯努利方程。

(3)了解测量液体黏度的实验方法;了解液体的表面性质;了解血液的运动状况。

自然界中常见的物质状态有三种,即固态、液态和气态。液体和气体统称为**流体(fluid)**。流体没有固定的形状,极易发生相对运动和形变。

流体力学包括**流体静力学**和**流体动力学**。流体静力学研究的是流体处于静止状态时的力学规律,中学物理中已经讨论过。流体动力学研究的是流体运动规律及它与相邻物体之间的相互作用。生物体的许多运动过程,如血液和淋巴液的循环,养分输送和废物排泄,以及呼吸过程,都与流体的运动密切相关。流体动力学是研究血液流变规律的重要基础。

本章重点介绍不可压缩流体运动的基本规律和血液流动的基本知识。

第一节　流体的基本概念

一、流体的特性

流体具有三大特性:**流动性**、**黏滞性**和**可压缩性**。在外力作用下,流体的一部分相对另一部分很容易发生相对运动,这是流体最基本的特性,即**流动性(fluidity)**。

实际流体都有黏滞性。由于实际流体内部各部分的流速不尽相同,速度不同的相邻两流体层之间存在着沿分界面的切向摩擦力——内摩擦力,它阻碍流体各层的相对滑动。流体的这种性质称为**黏滞性(viscosity)**。虽然实际流体总是或多或少地具有黏滞性,但是水和酒精等液体的黏滞性很小,气体的黏滞性更小。在讨论这些黏滞性很小的流体的流动时,由于黏滞性对流体的影响不大,因此可以忽略不计,可把这种流体视为无黏滞性流体。

实际流体都是可压缩的。但是,就液体而言,可压缩性很小。例如,水在10℃、500atm($1\text{atm}=1.01325\times10^5\text{Pa}$)以下时,每增加1atm,减小的体积只不过是原来体积的两万分之一。因此,一般液体的可压缩性可以忽略不计。就气体而言,可压缩性非常显著,但当气体处在可以流动的状态下时,很小的压强差就足以使气体迅速流动,因此引起的气体密度变化不大,其可压缩性也可忽略。

为了使问题简化,只考虑流体的流动性和连续性而忽略流体的可压缩性和黏滞性,我们引入一个理想模型,称为**理想流体(ideal fluid)**,它是绝对不可压缩且完全没有黏滞性的流体。根据这一模型得出的结论,在一定条件下,可近似地解释实际流体流动的情况。

二、稳 定 流 动

一般来说,流体流动时,在同一时刻,流体粒子通过空间各点的流速不同,在不同时刻,流体粒子通过空间同一点时的流速也不同,即流体粒子的流速是空间坐标与时间坐标的双重函数:

$$v=v(x,y,z,t)$$

如流体粒子通过空间各点的流速不随时间而变化,则这种流动称为**稳定流动(steady flow)**,即流体粒子的流速仅仅是空间的函数:

$$v=v(x,y,z)$$

类似于电场线,为了形象地描述流体的运动情况,在流体通过的空间中作一些假想的曲线,称为**流线(streamline)**,如图 1-1 所示,所有带箭头的曲线都表示流线。图 1-2 为流体绕过球形障碍物时的流线。流线上任意一点的切线方向与流体质点通过该点的速度方向一致,而流线的疏密情况则表明流速的大小。流线密集,流速较大;流线稀疏,流速较小。流速在空间的分布形成一个流速场,因为流速是一个矢量,它不仅有大小还有方向,所以流速场是矢量场,它反映流体的一个运动状态,若流体做稳定流动,即流速不随时间变化,则形成一个稳定的流速场。

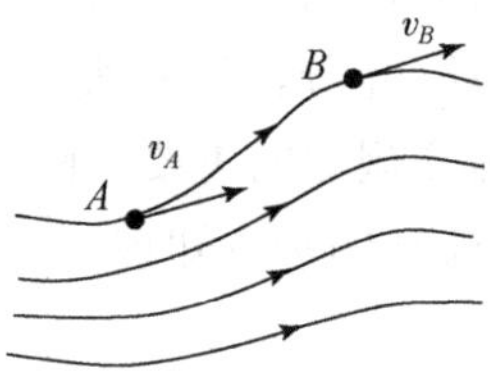

图 1-1 流线

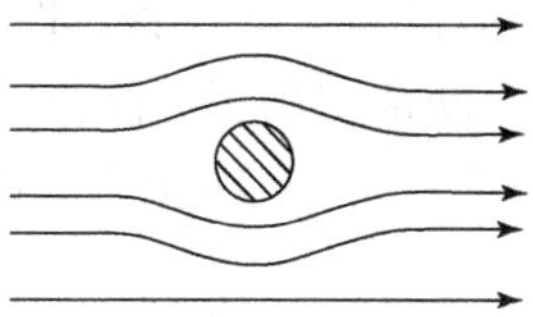

图 1-2 流体绕过球形障碍物时的流线

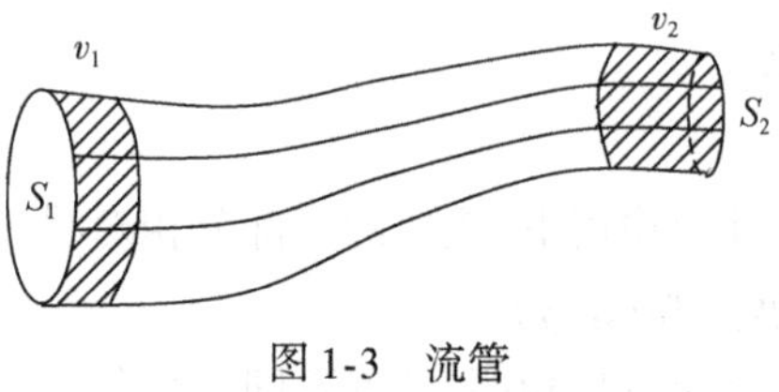

图 1-3 流管

在图 1-3 所示的流体中取一截面 S,则通过截面周边上各点的流线围成的管状区域称为**流管(flow tube)**。当流体做稳定流动时,流线和流管的形状不随时间而改变。由于每一时刻空间一点上的流体质点只能有一个速度,所以流线不可能相交,流管内的流体不能穿越流管界面流出管外,流管外的流体也不能穿越流管界面流入管内,只能从流管的一端流进,从另一端流出。流管的作用与管道相同。

三、流体连续性方程

如图 1-3 所示,在一个做稳定流动的不可压缩流体中取一截面很小的流管,在流管中任意两处各取一个与该处流速相垂直的截面 S_1 和 S_2。因流管的截面很小,流体质点在 S_1 和 S_2 截面上各处的流速可看成分别相等,为 v_1 和 v_2。在 Δt 时间内,流过 S_1 和 S_2 截面的流体体积分别为 $S_1v_1\Delta t$ 和 $S_2v_2\Delta t$。由于流体不可压缩,根据质量守恒定律,可知流入 S_1 和流出 S_2 的流体体积应相等,则 $S_1v_1\Delta t=S_2v_2\Delta t$,即

$$S_1v_1 = S_2v_2 \tag{1-1}$$

这一关系式对于同一流管中任意两个垂直于流管的截面都是适用的，即

$$Sv \equiv 恒量 \tag{1-2}$$

式(1-2)表明，不可压缩的流体做稳定流动时，通过同一流管各横截面的体积流量相等，且等于恒量。流速与横截面积成反比，横截面积大处流速小，横截面积小处流速大。

$Q_v = Sv$，表示在单位时间内通过截面 S 的流体体积，称为**体积流量**，简称**流量(flux)**，单位为米³/秒(m^3/s)。类似地，$Q_m = \rho Sv$ 称为流体的**质量流量**，它表示在单位时间内通过截面 S 的流体的质量，其单位为千克/秒(kg/s)。式(1-1)和式(1-2)称为流体的**连续性方程(equation of continuity)**。

当不可压缩的流体在管中流动时，整个管子可看成一根流管，而连续性方程中的流速可用该截面的平均流速代替。

例 1-1　正常成人休息时，通过主动脉的平均血流速率为 $v = 0.33\text{m/s}$，主动脉平均半径为 $r = 9.0 \times 10^{-3}\text{m}$。求通过主动脉的平均血流量。

解　因为主动脉的横截面积为

$$S = \pi r^2 = 3.14 \times (9.0 \times 10^{-3})^2 = 2.5 \times 10^{-4}(\text{m}^2)$$

则通过主动脉的平均血流量为

$$Q = Sv = 2.5 \times 10^{-4} \times 0.33 = 8.3 \times 10^{-5}(\text{m}^3/\text{s})$$

第二节　伯努利方程及其应用

一、伯努利方程

理想流体做稳定流动时，流体在流管中各处的流速、压强和高度之间有一定的联系。下面利用功能原理来进行推导。

如图 1-4 所示，设理想流体在重力场中做稳定流动，在流体中取一细流管。S_1 和 S_2 为流管中任取的两个与流管垂直的截面 A、B 的面积。由于流管很细，截面 A 和截面 B 处的各物理量可看成分别相等。A 处的压强为 p_1，流速大小为 v_1，高度为 h_1；B 处的压强为 p_2，流速大小为 v_2，高度为 h_2。选取某一时刻 t 在 A、B 之间的流体为研究对象，并设经过很短时间 Δt，这部分流体从 AB 位置移动到 $A'B'$ 位置。由于 Δt 很短，A、A' 间和 B、B' 间的流体在此期间的各物理量可近似认为不变。

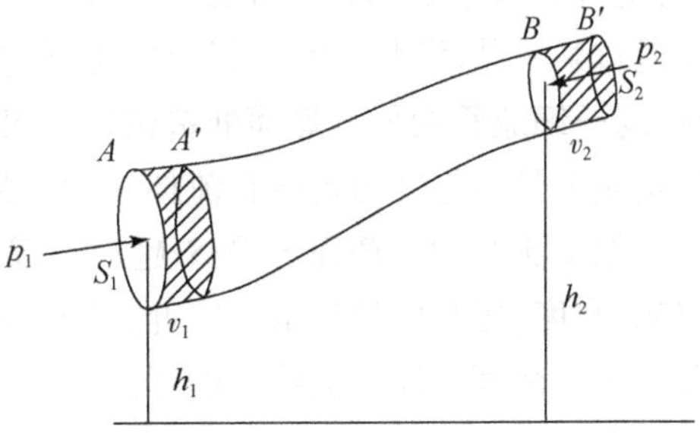

图 1-4　伯努利方程的推导

接着分析在 Δt 时间内，研究对象动能和势能的变化及引起这些变化的外力和非保守内力所做的功。

分析可知，AB 这段流体在移动过程中，所受的非保守力包括：两端面上的压力，垂直于流管侧面上的正压力，流管界面外相邻流体层作用于这段流管的黏滞力(摩擦阻力)。

由于理想流体没有黏滞性，故不存在能量损耗。因此，只需考虑作用在这段流体上的外力

做功。流管外的流体对这部分流体的压力垂直于流管表面，与流速垂直，因而不做功。作用于 S_1 的压力 p_1S_1 的方向与流体运动方向一致，做正功，而作用于 S_2 的压力 p_2S_2 的方向与流体运动方向相反，做负功。

所以，Δt 时间内周围流体的压力所做的总功为

$$W=p_1S_1v_1\Delta t-p_2S_2v_2\Delta t=(p_1-p_2)\Delta V \tag{1-3}$$

式中 $\Delta V=S_1v_1\Delta t=S_2v_2\Delta t$，表示 AA'、BB' 段流体的体积。

由于是理想流体做稳定流动，所以 A' 和 B 之间的那部分流体（AB 段与 $A'B'$ 段流体相重叠的部分）的机械能保持不变，只需考虑 A、A' 之间与 B、B' 之间的流体机械能的变化。由于理想流体是不可压缩的，A、A' 之间流体的体积一定等于 B、B' 之间流体的体积，均为 ΔV。设流体的密度均匀，大小为 ρ，则这两部分流体的质量也相等，均为 Δm。那么，Δm 可表示为

$$\Delta m=\rho S_1v_1\Delta t=\rho S_2v_2\Delta t=\rho\Delta V$$

A、B 间的流体在 Δt 时间内机械能的增量为

$$\Delta E=(E_{k2}+E_{p2})-(E_{k1}+E_{p1})=\left(\frac{1}{2}\rho v_2^2+\rho gh_2\right)\Delta V-\left(\frac{1}{2}\rho v_1^2+\rho gh_1\right)\Delta V \tag{1-4}$$

根据功能原理，物体系机械能的增量等于它所受的外力所做的总功，即

$$\left(\frac{1}{2}\rho v_2^2+\rho gh_2\right)\Delta V-\left(\frac{1}{2}\rho v_1^2+\rho gh_1\right)\Delta V=(p_1-p_2)\Delta V$$

将上式两边除以 ΔV，并移项，得

$$\frac{1}{2}\rho v_1^2+\rho gh_1+p_1=\frac{1}{2}\rho v_2^2+\rho gh_2+p_2 \tag{1-5}$$

由于 A、B 是任取的两个截面，所以在同一流管内任一截面处有

$$\frac{1}{2}\rho v^2+\rho gh+p=\text{恒量} \tag{1-6}$$

式（1-5）、（1-6）都称为**伯努利方程（Bernoulli's equation）**。式中 $\frac{1}{2}\rho v^2$ 是单位体积流体的动能，ρgh 是单位体积的势能。压强 p 所做的功 $W=pSv\Delta t=p\Delta V$，由此可见，压强 p 相当于单位体积流体通过某一截面时压力所做的功，常把它称为压强能。伯努利方程表明：**理想流体做稳定流动时，同一细流管内任一截面处单位体积流体的动能、势能和压强能的总和是一恒量**。伯努利方程实质上是能量守恒定律在流体力学中的具体表达形式。

如果流管中的截面 S_1 和 S_2 趋近于零，这时流管就变成了流线，v、h、p 分别为流线上某点的流速、高度、压强的精确值。因此，伯努利方程的适用条件是，理想流体做稳定流动时同一小流管的任意截面或同一流线上的任意点。

例 1-2 水在内径为 20mm 的管子中的压强为 4×10^5Pa，流速为 4m/s，若要流到比它高 5m 的细管中去，细管的内径为 10mm，求细管的流速和高处的压强。（$g=10\text{m/s}^2$）

解 由连续性方程 $S_1v_1=S_2v_2$ 得

$$v_2=\frac{S_1}{S_2}v_1=\frac{d_1^2}{d_2^2}v_1$$

已知 $d_1=2.0\times10^{-2}$m，$d_2=1.0\times10^{-2}$m，$v_1=4$m/s，则

$$v_2=\frac{(2.0\times10^{-2})^2}{(1.0\times10^{-2})^2}\times4=16(\text{m/s})$$

在伯努利方程$\frac{1}{2}\rho v_1^2+\rho gh_1+p_1=\frac{1}{2}\rho v_2^2+\rho gh_2+p_2$中，因为

$$p_1=4\times10^5\text{Pa},\quad h_2-h_1=5\text{m}$$

所以

$$p_2=4\times10^5+\frac{1}{2}\times10^3\times4^2-\frac{1}{2}\times10^3\times16^2-10^3\times10\times5=2.3\times10^5(\text{Pa})$$

二、伯努利方程的应用

流体流动的许多实际问题，可以运用伯努利方程和连续性方程加以解决。

（一）小孔流速

如图 1-5 所示，有一盛有水的大容器，设在距离水面 A 处为 h 的地方开一小孔 B，则水将从小孔流出，A、B 处的流速分别为 v_A、v_B，根据连续性方程，由于水面的面积大，小孔的面积小，所以小孔处的流速比水面的流速大得多，可认为水面的流速 $v_A\approx0$，同时水面和小孔都与大气接触，故 A、B 两处的压强都等于大气压强 p_0，于是 A、B 两处可列出伯努利方程如下

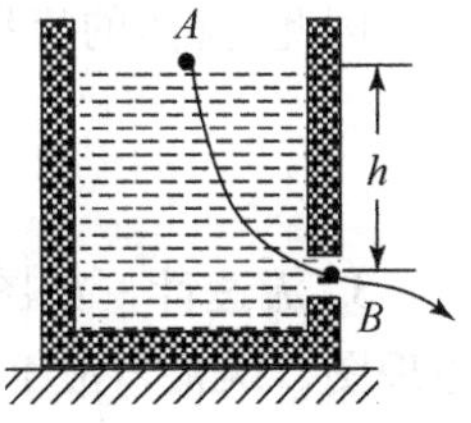

图 1-5　小孔流速

$$p_0+\rho gh=p_0+\frac{1}{2}\rho v_B^2$$

由此可得

$$v_B=\sqrt{2gh} \tag{1-7}$$

（二）压强与流速的关系

1. 空吸作用　如图 1-6 所示，一水平放置的管 A 处和 C 处的截面积大于 B 处的截面积。管内流体由 A 处流向 C 处。水平管本身可看作一流管，由于管道水平放置，有 $h_1=h_2$，伯努利方程可写为

$$\frac{1}{2}\rho v_A^2+p_A=\frac{1}{2}\rho v_B^2+p_B \tag{1-8}$$

可见，在同一水平管中，流速大处压强小，流速小处压强大。

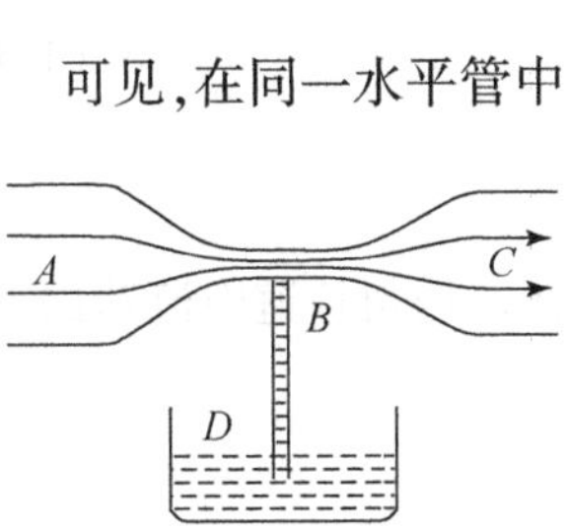

图 1-6　空吸作用

又因 $S_A>S_B$，由连续性方程 $S_Av_A=S_Bv_B$ 可知 $v_A<v_B$，表明在水平管中流动的流体，横截面积越小，流速越大，压强就越小。

当 S_A/S_B 的值足够大，即 B 处的流速足够大，以致 B 处的压强小于大气压强时，容器 D 中的液体因受大气压强的作用沿竖直管上升，直至被压到 B 处，而被水平管中的液体带走，这种作用称为**空吸作用（suction effect）**。

空吸作用的应用很广，喷雾器、水流抽气机、内燃机中的汽化器等均是根据这一原理制成的。

2. 文丘里流量计　如图 1-7 所示为文丘里流量计的原理图。测量流体流量时，将它水平地连接到被测管道（如自来水管）上。由伯努利方程可得

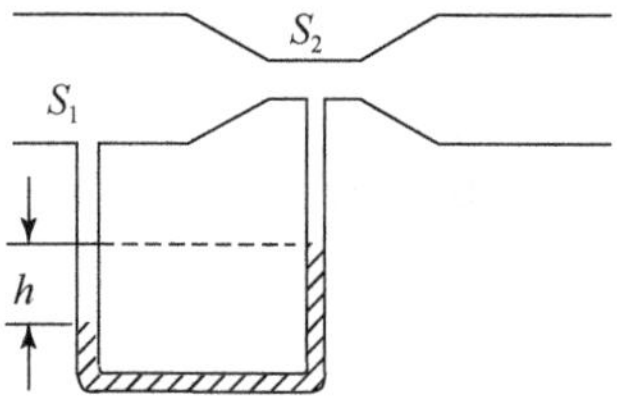

图 1-7 文丘里流量计原理图

$$\frac{1}{2}\rho v_1^2+p_1=\frac{1}{2}\rho v_2^2+p_2$$

由连续性方程可得

$$S_1v_1=S_2v_2$$

由以上两式消去 v_2 可得

$$v_1=S_2\sqrt{\frac{2(p_1-p_2)}{\rho(S_1^2-S_2^2)}}$$

若两竖直管中水银液面的高度差为 h，则上式中的压强差 $p_1-p_2=(\rho_{Hg}-\rho)gh$，再代入上式得

$$v_1=S_2\sqrt{\frac{2(\rho_{Hg}-\rho)gh}{\rho(S_1^2-S_2^2)}}$$

式中 ρ 为流经水平管道流体的密度，ρ_{Hg} 为竖直管中水银的密度。

因此，流体的流量为

$$Q=S_1v_1=S_1S_2\sqrt{\frac{2(\rho_{Hg}-\rho)gh}{\rho(S_1^2-S_2^2)}} \tag{1-9}$$

3. 流速计 如图 1-8 所示是皮托管(流速计)的原理图。两根弯成 L 形的管子，其中一根管子的开口 A 迎着流来的流体，另一根管子的开口 B 在侧面，与流体的流动方向相切。C 与 A、D 与 B 分别在两根流线上，分别满足伯努利方程。

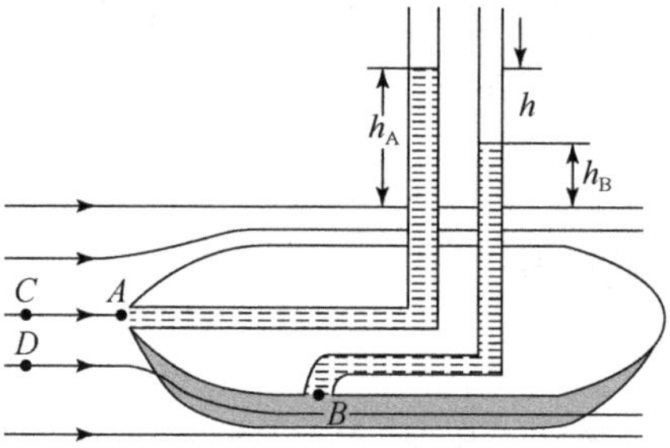

图 1-8 流速计原理图

C、D 在很远处靠得很近，运动状态几乎相同，因此，A、B 点有如下等式关系

$$\frac{1}{2}\rho v_A^2+p_A=\frac{1}{2}\rho v_B^2+p_B$$

因为流体在 A 处受阻，流速 $v_A=0$，所以 $\frac{1}{2}\rho v_B^2=p_A-p_B$，$A$、$B$ 两处的压强差可由两管中流体上升的高度差求出，即 $p_A-p_B=\rho g(h_A-h_B)$。这样，流体的流速为

$$v=v_B=\sqrt{2g(h_A-h_B)}=\sqrt{2gh} \tag{1-10}$$

(三)压强与高度的关系

血压与体位的关系 如果均匀管中流动的液体流速不变，或者在非均匀管道内流速的变化大小可忽略，则压强与高度的关系为

$$p_1+\rho gh_1=p_2+\rho gh_2$$

即

$$p+\rho gh=\text{常量} \tag{1-11}$$

可见，高处的压强小，而低处的压强大。

依据式(1-11)压强和高度的关系，可以解释血压与体位的关系。图 1-9 表示人体取平卧位时头部动脉压为 12.6kPa，静脉压为 0.7kPa，而当取直立位时头部动脉压为 6.8kPa，静脉压变为 -5.2kPa，减少的 5.9kPa 是由高度改变所造成的。同理，对于足部来说，由平卧位改为直立位

时，动脉压将由 12.6kPa 变为 24.3kPa，静脉压将由 0.7kPa 变为 12.4kPa，增加的 11.7kPa 也是由高度原因造成的。因此，测量血压一定要考虑体位和测量部位对测量值的影响。

另一方面，平卧位时头部与足部的动脉平均血压，比靠近心脏的平均动脉血压要低 0.7kPa，这是由血液黏滞性的影响所造成的。动脉血液由心脏流到头部与足部的过程，克服血液流动过程中的摩擦力做功。头部与足部血压降低的程度，与血液流动中克服摩擦力做功的多少有关。

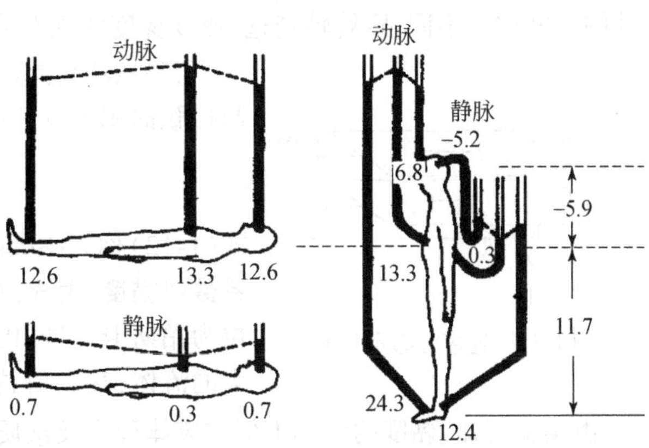

图 1-9　血压与体位的关系（单位：kPa）

第三节　实际流体的运动

前面各节讨论了理想流体的运动规律，忽略了流体流动时流层间由于存在相对运动而产生的内摩擦力，因此认为流体在流动过程中没有能量损失。但在实际中，对于一些黏滞性较大的流体的流动，或者虽然黏滞性不大，但在较长的输送中能量损失明显时，则必须考虑到内摩擦力的存在。

一、黏滞性定律

（一）液体的内摩擦现象

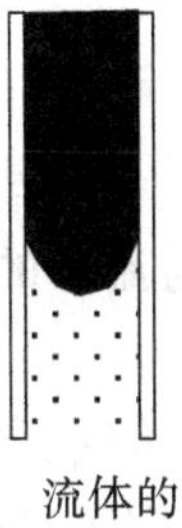

图 1-10　流体的黏滞性

如图 1-10 所示，在一竖直圆管中注入无色甘油，上部再加一段着色甘油，其间有明显的分界面。打开管子下部的活门使甘油缓缓流出，经一段时间后，着色甘油的下部呈舌形界面，说明甘油流出时，沿管轴流动的速度最大，距轴越远流速越小，在管壁上，甘油附着层流速为零。可见，甘油的流动是分层的。

将在管中流动的甘油分成许多同轴圆筒状的薄层，由于任意两相邻层存在相对运动，流动较快的流层作用于流动较慢的邻层产生向前的拉力，而流动较慢的流层作用于流动较快的邻层产生向后的阻力，这一对力与接触面平行，大小相等而方向相反，称为**内摩擦力**或**黏滞力**。

（二）牛顿黏滞性定律

如图 1-11 所示为速度分布示意图，即把沿 z 方向流动的液体在垂直于 r 方向的平面上分成许多互相平行的薄层，各层之间有相对滑动。设流层的流速随着 r 的增加而增大，在 r 方向相距 $\mathrm{d}r$ 的两液层的速度差为 $\mathrm{d}v$，则 $\mathrm{d}v/\mathrm{d}r$ 表示在垂直于流速方向上，相距单位距离的液层间的速度差，称为**速度梯度（velocity gradient）**。如图 1-10 所示，甘油是分层流动的，在距离管轴不同

r 处的速度梯度不同，距管轴越远，速度梯度的绝对值越大，速度梯度的单位是秒$^{-1}$（s^{-1}）。

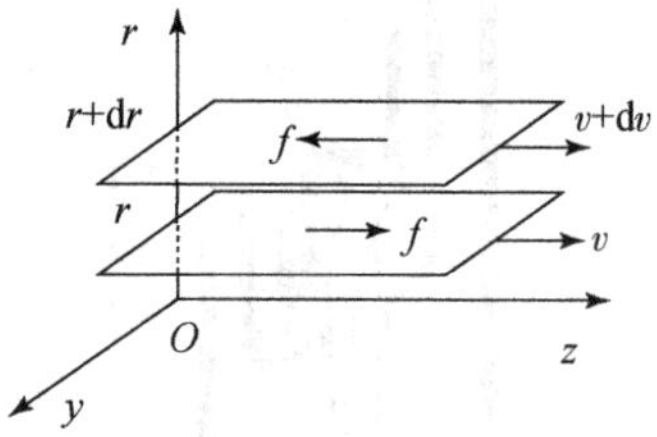

图1-11　速度分布示意图

实验表明，流体内相邻两层接触面间的内摩擦力 f 的大小与接触面积 S 及速度梯度 dv/dr 成正比，即

$$f=\eta\frac{dv}{dr}S \tag{1-12}$$

式(1-12)称为**牛顿黏滞性定律**。式中的比例系数 η 称为**黏滞系数**或**黏度**，由式(1-12)可见，在国际单位制(SI)中，黏度的单位为帕斯卡·秒(Pa·s)。其值取决于流体的性质，黏滞性越大的流体，其 η 值越大。

由实验可知，黏度的大小不但与流体种类及杂质浓度有关，而且与温度有关。一般说来，液体的黏度随温度升高而减小(表1-1)，气体的黏度随温度升高而增大。

表1-1　一些液体的黏度值

液体	温度/℃	黏度 η/($\times10^{-3}$ Pa·s)	液体	温度/℃	黏度 η/($\times10^{-3}$ Pa·s)
水	0	1.8	蓖麻子油	17.5	1225
	37	0.69		50	122.7
	100	0.3	血液	37	2~4
水银	0	1.68	血浆	37	1~1.4
	20	1.55	血清	37	0.9~1.2
	100	1			

实际上，不是任何流体都遵守上述牛顿黏滞性定律，我们把遵守牛顿黏滞性定律，黏度 η 为常量的流体称为**牛顿流体(Newtonian fluid)**。黏度 η 不为常量，而与压力、速度梯度有关，不遵守牛顿黏滞性定律的流体称为非牛顿流体。例如，水和血浆等均为牛顿流体，全血及悬浊液则是非牛顿流体。

二、层流、湍流、雷诺数

黏性流体在管道输送过程中，能量的损耗不仅与流体的黏度 η 有关，还与流体的流动状态及管道的几何形状密切相关。

根据实际情况，流体的流动可分为层流和湍流两种状态。当流体的流速不大时，各层流体之间只做相对滑动，每个流体质点都沿着一条明确的路线做平滑运动。没有横向混杂，这种流动状态称为**层流(laminar flow)**。当流体的流速超过一定数值时，层流状态被破坏，层与层间的流体相互混杂，形成紊乱无章的流动状态，甚至出现旋涡，这种流动状态称为**湍流(turbulent flow)**。

如图1-12所示的实验装置可以观察到这两种不同形式的流动状态。

如图1-12(a)所示，在一个盛水的容器 A 中，水平地装有一根玻璃管 B，另一个竖直放置的玻璃管 D 内盛有着色水，着色水通过 D 管下端的细管引入 B 管。当打开阀门 C 时，水从 B 管流出。若水流的速度不大，着色水在 B 管中形成一条清晰的、与 B 管平行的细流，如图1-12(b)所示，这种水流即为层流。当开大阀门 C，增加水流的速度到某一定值时，流动不再稳定，着色水的细流散开而与无色水混合，如图1-12(c)所示，这时的流动为湍流。

英国物理学家雷诺通过大量实验研究后指出：影响流动状态的因素除流速外，还有流体的密度 ρ、黏度 η 及流体的管道直径 d 等。把这些因素归纳为一个数——**雷诺数**（**Reynolds number**），用 Re 表示，用它来确定流体的流动状态是层流还是湍流。它的定义是

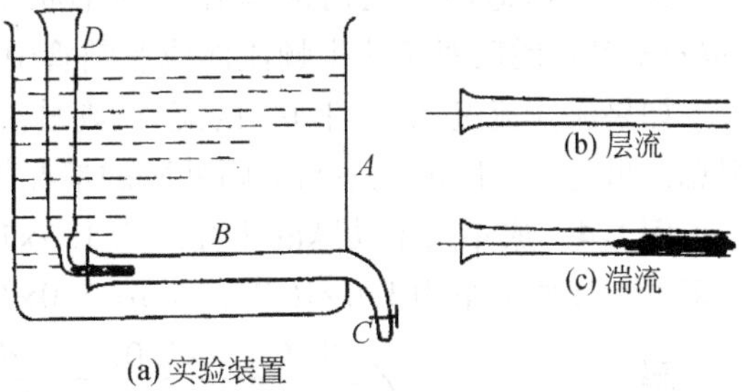

图 1-12 层流和湍流

$$Re=\frac{\rho vd}{\eta} \tag{1-13}$$

包括血液在内的许多流体，当 $Re<2000$ 时，流体做层流；当 $Re>3000$ 时，流体做湍流；而当 $2000\leqslant Re\leqslant 3000$ 时，流体可做层流也可做湍流，称为过渡流。

例 1-3 设主动脉的内直径为 0.02m，血液的流速、黏度、密度分别为 $v=0.25\text{m/s}$，$\eta=3.0\times10^{-3}\text{Pa}\cdot\text{s}$，$\rho=1.05\times10^3\text{kg/m}^3$，求雷诺数并判断血液以何种形态流动。

解 雷诺数为

$$Re=\frac{1.05\times10^3\times0.25\times0.02}{3.0\times10^{-3}}=1750$$

这一数值小于 2000，所以血液在主动脉中做层流。

第四节 黏滞系数的测定

一、泊肃叶定律

不可压缩的牛顿流体，在等截面水平圆形细管中流动时，如果平均流速不大，流动的状态是层流。各流层为从轴线开始半径逐渐增大的圆筒形表面，中心流速最大，随着半径的增加，流速逐渐减小，管壁处流体附着于管壁内侧，流速为零。

法国医学家泊肃叶研究了血管内血液的流动，并对在两端压强差 $\Delta p=p_1-p_2$ 的作用下，半径为 R、长度为 L 的水平圆管中流体的流动进行了研究，得出流体从管中流出的体积流量为

$$Q=\frac{\pi R^4\Delta p}{8\eta L} \tag{1-14}$$

式(1-14)称为**泊肃叶定律**（**Poiseuille's law**），式中 η 为流体的黏度。泊肃叶定律表明，不可压缩的牛顿流体在水平圆管中做稳定流动时，流量 Q 与管道半径 R 的四次方成正比，与管两端的压强梯度 $\Delta p/L$ 成正比，与流体的黏度 η 成反比。

若令 $Z=8\eta L/(\pi R^4)$，那么式(1-14)可写成

$$Q=\frac{\Delta p}{Z} \tag{1-15}$$

式中 Z 称为**流阻**（**flow resistance**），单位为 $\text{Pa}\cdot\text{s/m}^3$。医学上习惯称之为**外周阻力**，它的大小由液体的黏度 η 和管道的几何形状决定。特别值得注意的是，流阻与圆管半径的四次方成反比。可见半径的微小变化对流阻的影响都是不可忽视的。如半径减小一半，流阻就要增加到原来的 16 倍。大家都知道，血管的弹性非常好，血管半径的变化对血液流量的控制作用是很强的，特别是人体小动脉对血流流量有着非常灵敏而有效的控制。

式(1-14)适用于任何流体在任何形状下的流动。对于牛顿流体在圆管中流动,Z 可由 $8\eta L/(\pi R^4)$ 计算;对于非牛顿流体或非圆管中流动的情形,Z 一般由实验测定。

如果流体流过几个“串联”的流管,则总流阻等于各流管流阻之和。若几个流管相“并联”,则总流阻与各流阻的关系与电阻并联的情况相同。

例 1-4 成年人主动脉的半径约为 1.3×10^{-2}m,问在 0.2m 距离内的流阻 Z 和压强降落 Δp 是多少?设血流量为 $1.0\times10^{-4}\text{m}^3/\text{s}$,$\eta=3.0\times10^{-3}$Pa·s。

解

$$Z=\frac{8\eta L}{\pi R^4}=\frac{8\times3.0\times10^{-3}\times0.2}{3.14\times(1.3\times10^{-2})^4}=5.35\times10^4(\text{Pa}\cdot\text{s/m}^3)$$

$$\Delta p=ZQ=5.35\times10^4\times1.0\times10^{-4}=5.35(\text{Pa})$$

可见在主动脉中,血压的下降是微不足道的。

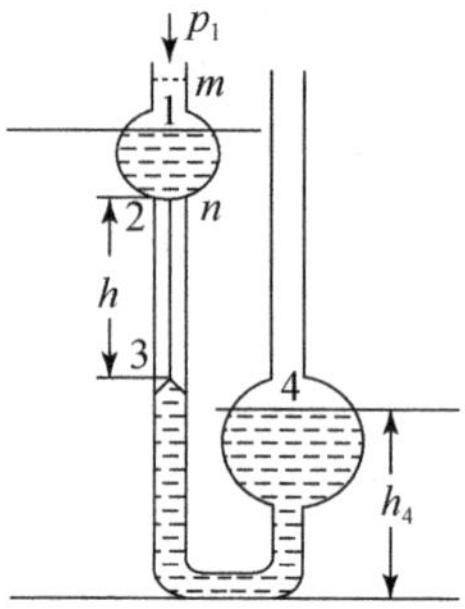

图 1-13 奥氏黏度计

奥氏黏度计(图 1-13)是一种测量液体黏度的常用仪器,是用比较法进行测量的。设已知标准液体的黏度为 η_1,密度为 ρ_1,液面从 m 点降至 n 点的时间为 Δt_1;而同体积的未知液体的密度为 ρ_2,其液面从 m 点降至 n 点的时间为 Δt_2,则可由式(1-14)有

$$V_{mn}=\frac{\pi R^4\Delta p_1}{8\eta L}\Delta t_1=\frac{\pi R^4\Delta p_2}{8\eta L}\Delta t_2$$

由此可以得到下列关系式

$$\frac{\rho_1\Delta t_1}{\eta_1}=\frac{\rho_2\Delta t_2}{\eta_2}$$

从而得到

$$\eta_2=\frac{\rho_2\Delta t_2}{\rho_1\Delta t_1}\eta_1 \tag{1-16}$$

二、斯托克斯定律

当固体在黏性流体中做相对运动时,受到黏滞阻力,这是由于固体表面附着一层流体,该层流体随固体一起运动,因而与周围流体间有相对运动,产生内摩擦力,此力阻碍固体在流体中的运动。

实验表明,若在黏性流体中运动的物体是一个小球,其速度很小($Re<1$)时,所受到的黏滞阻力 f 与小球的半径 r、运动的速度 v、流体的黏度 η 成正比,即

$$f=6\pi\eta rv \tag{1-17}$$

式(1-17)称为**斯托克斯定律(Stokes' law)**。

设半径为 r 的小球体在黏性液体中由静止状态下降。刚开始时,球体受到方向向下的重力和方向向上的浮力的作用,重力大于浮力,球体将加速下降。随着下降速度的增加,黏滞性阻力增大,当速度达到一定值时,重力、浮力和黏滞性阻力这三个力平衡,球体将匀速下降,这时球体的速度称为**收尾速度**或**沉降速度(sedimentation velocity)**。

设 ρ 为球体的密度,σ 为流体的密度,则球体所受的重力为 $\frac{4}{3}\pi r^3\rho g$,所受的浮力为 $\frac{4}{3}\pi r^3\sigma g$,黏性阻力为 $6\pi\eta rv$。当达到收尾速度时,三力平衡,即

$$\frac{4}{3}\pi r^3\rho g=\frac{4}{3}\pi r^3\sigma g+6\pi\eta rv$$

由上式可计算出收尾速度

$$v=\frac{2}{9}\frac{gr^2}{\eta}(\rho-\sigma) \tag{1-18}$$

式(1-18)常被用来测定流体的黏度。若将已知半径 r 和密度 ρ 的小球放入密度为 σ 的流体中，测出小球的沉降速度 v，由式(1-18)即可计算出流体的黏度 η。

由式(1-18)可知，小球体在流体中的沉降速度与重力加速度 g 成正比，若悬浮液微粒很小，如血液中的血细胞，其沉降速度就非常缓慢。为了加快沉降速度，常用离心沉降法。

临床上，就是利用离心沉降法来测定血细胞在血液中的百分含量。将抗凝处理过的血液放进离心管中，经离心分离后血液将分为血浆和血细胞沉淀两部分。血细胞沉淀部分的体积占血液总体积的百分比称为血细胞压积。它是影响血液黏度的最重要的因素之一。

第五节　液体表面性质

当液体与气体、液体与固体或液体与不相混合的其他液体相接触时，由于分子之间的相互作用和液体所处的表面环境，接触的液体表面层(包括附着层)具有一种特殊的性质，从而产生一些特殊现象。

一、表面张力与表面能

(一)表面张力

我们知道，大量液体的表面是水平面，但是少量液体的表面并非如此，如图 1-14 所示，悬浮在水里的油滴呈球形。因为在体积相同的情况下，各种形状的物体以球形的表面积最小。所以，上述现象表明液体表面有收缩到最小面积的趋势。

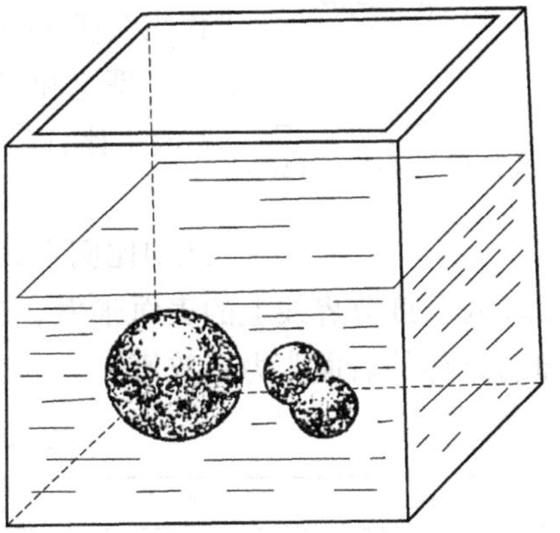

图 1-14　呈球形的油滴

我们还可以用肥皂液做实验，将棉线的两端系在金属环上，然后把环浸入肥皂液里取出，环上布满了肥皂液薄膜。可以看到薄膜上的棉线是松弛的，如图 1-15(a)所示。用热针刺破棉线右侧的薄膜，由于左侧薄膜表面的收缩，棉线就向左弯成弧形，如图 1-15(b)所示；同样，如果用热针刺破棉线左侧的薄膜，棉线就向右弯成弧形，如图 1-15(c)所示。以上实验表明，液体的表面层就像张紧的薄膜，处处存在着张力，这种张力称为液体的**表面张力**。

表面张力存在于极薄的表面层内，其产生是分子间引力作用的结果。如图 1-16 所示，液面下厚度等于分子引力有效作用距离 r 的一层液体，称为液体的**表面层**。表面层中的液体分子 m 与液体内部的分子 m' 受力情况不同。我们以分子为球心，以分子引力有效作用距离 r 为半径作一球，称为**分子作用球**。与球心的距离大于 r 的分子对球心分子的引力可忽略不计，因此，只有分布在球面内的分子对球心分子具有吸引力。可以看出，位于液体内部的分子 m' 受周围液体分子的引力的合力为零。位于表面层中的液体分子 m，分子作用球内上部分是气体分子，下部分是液体分子，由于气体分子密度小于液体分子密度，所以分子 m 受下部液体分子的引力大于受上部气体分子的引力，液体分子 m 所受分子引力的合力指向液体内部。液体分子 m 越接近液面，所受分子引力的合力就越大。因此，位于液体表面层中的分子都要受到指向液体内部的合力作用，在这一合力的作用下，液体表面处于一种特殊的张紧状态，因而具有表面张力。

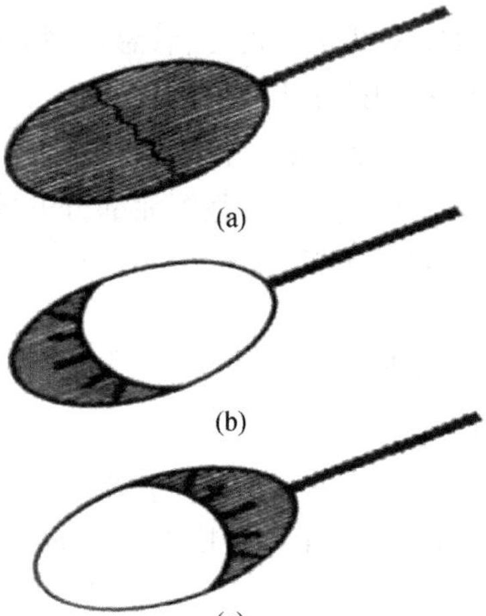

图 1-15　薄膜收缩使棉线呈弧形

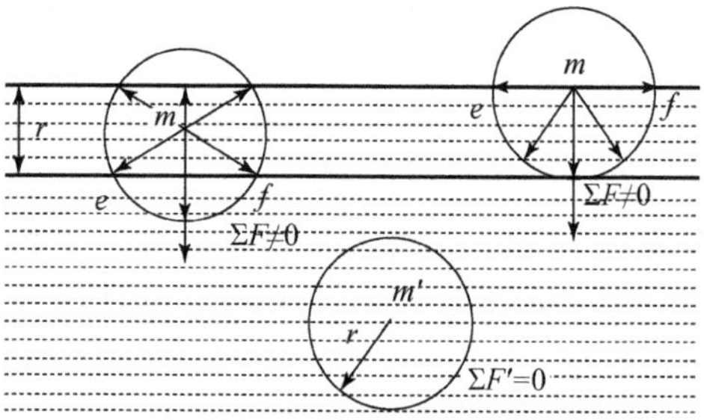

图 1-16　表面张力的形成

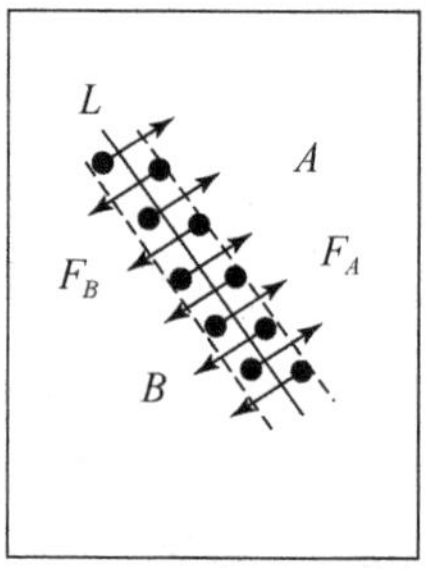

图 1-17　液体表面张力

如图 1-17 所示，我们在液面上画一条分界线 L，把液面分成 A 和 B 两部分，用 F_A 表示 A 液面对 B 液面的引力，用 F_B 表示 B 液面对 A 液面的引力。这两个力大小相等、方向相反，分别作用在相邻两部分表面上。这一对力就是表面张力。表面张力总是跟液面相切。如果液面是平面，表面张力就在这个平面上，如果液面是曲面，表面张力就在这个曲面的切面上。作用在任何一部分液面上的表面张力，总是跟这部分液面的分界线垂直。

理论和实验证明：液体表面张力 F 的大小与液体表面分界线的长度 L 成正比，即

$$F=\alpha L \tag{1-19}$$

式中比例系数 α 称为液体的**表面张力系数**，在数值上等于作用在液体表面单位长度分界线上的表面张力。在国际单位制中，α 的单位是牛/米(N/m)。表 1-2 列出了部分液体的表面张力系数值。

表 1-2　部分液体的表面张力系数 α

液体	温度/℃	$\alpha/(\times10^{-3}$ N/m)	液体	温度/℃	$\alpha/(\times10^{-3}$ N/m)
水银	20	513	肥皂	20	40
甘油	20	65	水	0	75.64
酒精	20	22		20	72.75
血浆	20	60		40	69.56
胆汁	20	48		60	66.18
尿	20	66		80	62.61
黄疸病尿	20	55		100	58.84

表面张力系数与液体的性质有关。不同的液体，分子之间的相互作用力不同，分子之间的作用力越大，液体的表面张力系数也越大。

表面张力系数与液体的温度有关。温度升高，表面张力系数减小。

表面张力系数与它相邻物质的化学性质有关。例如，20℃水与乙醚接触时，水的表面张力系数 α 为 10.7×10^{-3} N/m，20℃水与苯接触时，水的表面张力系数 α 为 35×10^{-3}N/m。

表面张力系数还与液体的纯度有关，加入杂质可促使液体的表面张力系数增大或减小。

（二）表面能

表面张力系数还可以从能量的角度来定义，如图 1-18 所示，金属框 *ABCD* 的 *CD* 边可以在框上自由滑动，当使框架上蒙上一层液体薄膜时，由于表面张力的作用，*CD* 边向左滑动。若使 *CD* 边保持静止，就必须施加一个大小与表面张力相等、方向与表面张力方向相反的外力 F'。因为液膜有两个表面，所以作用在 *CD* 边的表面张力 F 为

$$F=2\alpha L$$

若使 *CD* 边匀速向右移动 Δx 到达 $C'D'$，则外力克服表面张力所做的功为

$$\Delta W=F'\Delta x=2\alpha L\Delta x=\alpha\cdot\Delta S$$

式中 $\Delta S=2L\Delta x$ 为液膜增加的表面积。外力克服表面张力做功，使原来处于液体内部的分子进入表面层，导致液膜的表面积增加，并且外力克服表面张力所做的功等于液体分子增加的势能。我们把液体表面层分子比液体内部分子多出的势能的总和称为**表面能**。若在外力做功的过程中，液膜增加的表面能用 ΔE 表示，则

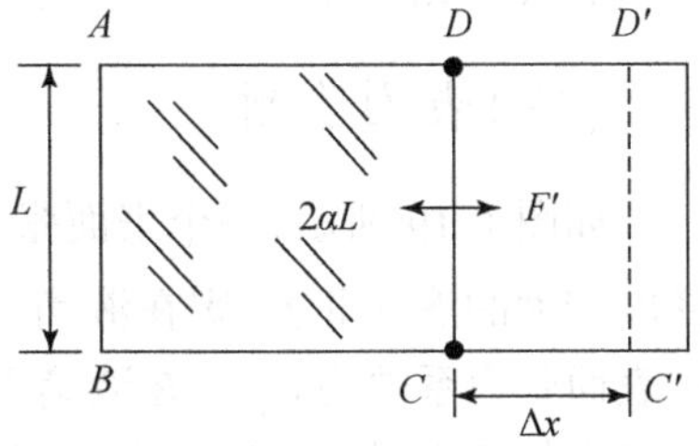

图 1-18　表面张力系数与表面能

$$\Delta E=\Delta W=\alpha\cdot\Delta S$$

由上式可得

$$\alpha=\frac{\Delta W}{\Delta S}=\frac{\Delta E}{\Delta S}\tag{1-20}$$

式(1-20)表明，表面张力系数 α 在数值上等于液体表面增加单位面积时外力所做的功，或液体表面增加单位面积时所增加的表面能。

例 1-5　在 40℃的等温条件下，将一个半径为 5mm 的水滴分裂成 125 个半径为 1mm 的小水滴，求外力做的功。

解　半径为 5mm 的水滴的表面积为

$$S_0=4\pi r_0^2=4\pi\times(5\times10^{-3})^2=3.14\times10^{-4}(\text{m}^2)$$

125 个半径为 1mm 的小水滴的总表面积为

$$S=125\times4\pi r^2=125\times4\pi\times(1\times10^{-3})^2=15.7\times10^{-4}(\text{m}^2)$$

液体表面积的增量为

$$\Delta S=S-S_0=15.7\times10^{-4}-3.14\times10^{-4}=12.56\times10^{-4}(\text{m}^2)$$

查表 1-2 可知，40℃时水的表面张力系数 $\alpha=69.56\times10^{-3}$N/m，则外力做的功为

$$\Delta W=\alpha\cdot\Delta S=69.56\times10^{-3}\times12.56\times10^{-4}=8.74\times10^{-5}(\text{J})$$

(三)表面活性物质

对于某种溶剂,加入不同溶质后,能使溶液的表面张力系数发生变化。例如,在一小杯水中加入一滴肥皂液,则液体的表面张力系数减小近一半。能使溶液表面张力系数减小的溶质,称为这种溶剂的**表面活性物质**或**表面活性剂**。常见水的表面活性物质有胆盐、卵磷脂及有机酸、酚、醛、肥皂等。表面活性物质在制药中能起到增溶、乳化、润湿、起泡和消泡等作用。能使溶液表面张力系数增大的溶质称为这种溶液的**表面非活性物质**或**非表面活性剂**。水的表面非活性物质有糖类、淀粉、氯化钠及某些无机盐等。

当表面活性物质溶于溶剂后,溶剂与溶质分子之间的吸引力小于溶剂分子之间的引力。这种位于表面层中的溶剂分子比溶质分子受到指向液体内部的力大,从而尽可能离开表面层而进入液体内部,致使溶质在表面层的浓度远大于液体内部,结果减少了溶液的表面势能,增加了系统的稳定性。由于表面活性物质在溶液中聚集于极薄的表面层,所以少量的表面活性物质就可以显著降低溶液的表面张力系数。反之,表面非活性物质溶于溶剂后,这些物质将尽可能离开表面层,进入液体内部,以减少表面能,结果溶液内部溶质的浓度比表面层大。

(四)表面吸附

如图1-19所示,一个表面张力系数为α_1,密度较小的液滴Ⅰ,悬浮在表面张力系数为α_2,密度较大的液体Ⅱ上,则在液滴Ⅰ与液体Ⅱ的交界面上也必然存在表面张力f_{12},交界面处液体的表面张力系数为α_{12}。在液滴上有三个界面会合形成的周线,对于周线上任何一线段元,均受到三个与相应界面相切的表面张力f_1、f_2和f_{12}的作用。由图1-19可以看出,力f_1和f_{12}有使液滴紧缩的趋势,力f_2有使液滴伸展的趋势。当$\alpha_2>\alpha_1+\alpha_{12}$时,有

$$f_2>f_1+f_{12}$$

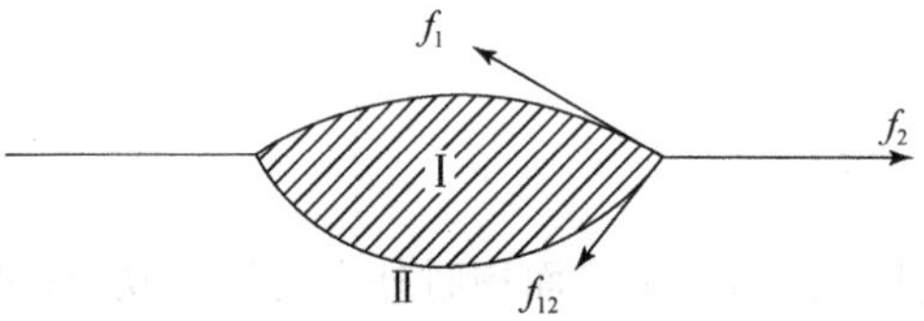

图1-19 表面吸附

表面张力将使液滴伸展开成为覆盖在底层液体Ⅱ表面的薄膜,如不足以覆盖,则形成单分子薄膜。一种液体在另一种液体表面伸展成薄膜的现象称为**表面吸附**。

日常观察到的水面上的油膜就是表面吸附现象。从上述分析可以看出,当液滴伸展为薄膜覆盖在底层液体上形成吸附层后,表面张力系数就减小了。

气体或液体分子附着在固体表面的现象叫作**吸附**。这是由于固体分子与被吸附分子之间存在着很大的引力作用。当固体在其表面吸附一层表面活性物质后,也和液体一样,具有使表面能减小的趋势。

单位面积固体的吸附能力与它的表面积成正比,但随温度的升高而减弱,多孔性和粉状物质的表面积大,吸附能力强。在医药上常用粉状的白陶土或活性炭来吸附胃肠中的细菌、色素及食物分解出来的毒素等。在有机体内进行的许多理化过程都和吸附现象有关。

二、弯曲液面的附加压强

静止液体的表面可以呈平面或弯曲面。若液面为水平面,如图1-20(a)所示,对于液面上

一小面积 AB，则液面外压强 p_0 等于液面内压强 p。如果液面为弯曲面，则液面内外侧压强不相等，即液面的内外有一压强差，称为**附加压强**，用 p_s 表示。如果液面为弯曲凸面，如图 1-20(b) 所示，表面张力的合力指向液体内部，使 AB 凸表面层紧压在液体上，从而产生附加压强 p_s，平衡时，$p=p_0+p_s$，因此 $p>p_0$。如果液面为弯曲凹面，如图 1-20(c) 所示，则表面张力的合力指向液体外部，平衡时，$p_0=p+p_s$，因此 $p<p_0$。

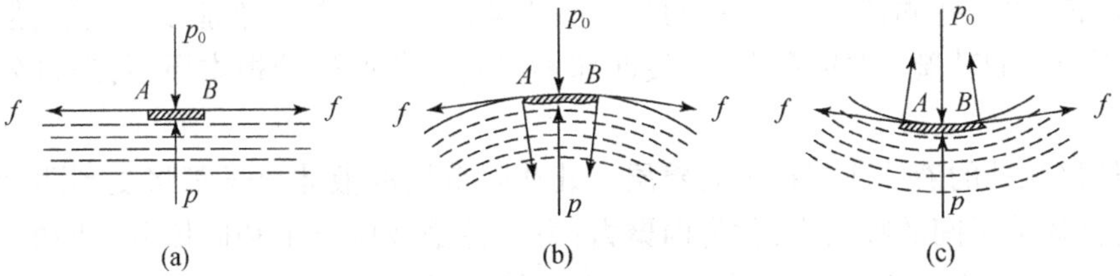

图 1-20　弯曲液面的附加压强

下面以球形液面为例讨论附加压强的大小。如图 1-21 所示，一个表面张力系数为 α、半径为 R 的球形液滴，在附加压强 p_s 的作用下，受到指向球心的表面张力为

$$F=p_s\cdot S$$

当液滴半径增大 ΔR 时，外力做的功为

$$\Delta W=F\cdot\Delta R=p_sS\cdot\Delta R=4\pi R^2p_s\cdot\Delta R$$

液滴表面积的增量为

$$\Delta S=S-S_0=4\pi(R+\Delta R)^2-4\pi R^2=8\pi R\Delta R+4\pi(\Delta R)^2\approx 8\pi R\Delta R$$

液滴表面能的增量为

$$\Delta E=\alpha\cdot\Delta S=\alpha\cdot 8\pi R\Delta R$$

由 $\Delta E=\Delta W$ 可得

$$\alpha\cdot 8\pi R\Delta R=4\pi R^2p_s\cdot\Delta R$$

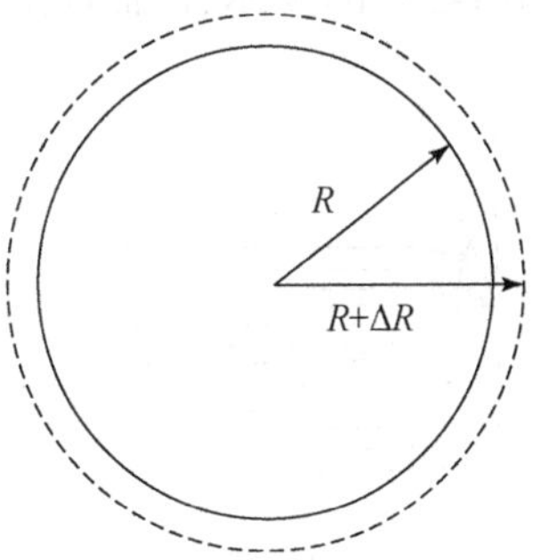

图 1-21　附加压强公式推导

整理得

$$p_s=\frac{2\alpha}{R} \tag{1-21}$$

式(1-21)表明，弯曲液面的附加压强与液体的表面张力系数成正比，与弯曲液面的曲率半径成反比，方向总是指向弯曲液面的曲率中心。

对一个球形液膜(如肥皂泡)，由于液膜有内外两个表面，所以其附加压强为

$$p_s=\frac{4\alpha}{R} \tag{1-22}$$

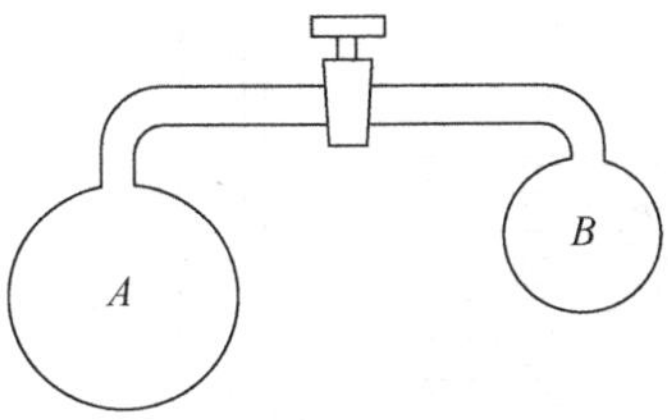

图 1-22　附加压强实验装置

图 1-22 所示的实验装置，可以表明附加压强和球面半径之间的关系。在玻璃管的两端吹两个半径不等的肥皂泡 A 和 B。由于小泡的半径较小，所以泡内的压强就较大。当打开阀门使两泡连通时，小泡内气体将流入大泡，小泡逐渐缩小，大泡逐渐变大，直至小泡缩减为弯曲液层，且与大泡有相同的曲率半径。

三、毛细现象

把一块洁净的玻璃浸入水里再取出来，可以看到玻片的表面带有一层水膜；在洁净的玻璃

板上滴一滴水，水就沿着玻璃表面向外扩展，在玻璃板上形成一层水膜。这种液体和固体接触面积趋于扩大的现象称为**浸润现象**。对玻璃来说，水是浸润液体。

把一块洁净的玻璃浸入水银里再取出来，可以看到玻片上不附着水银；在洁净的玻璃板上放一滴水银，水银能够在玻璃板上滚来滚去，也不附着在上面。这种液体和固体接触面积趋于缩小的现象称为**不浸润现象**。对玻璃来说，水银是不浸润液体。

同一液体，对一些固体是浸润的，对另一些固体是不浸润的。水能浸润玻璃，但不能浸润石蜡。水银不能浸润玻璃，但能浸润锌。浸润和不浸润现象产生的根本原因，来自分子之间的相互作用。

跟固体接触处的液体薄层称为**附着层**。处在附着层的液体分子都将受到两种吸引力的作用：一种是液体分子间的吸引力，称为**内聚力**；另一种是液体分子和固体分子间的吸引力，称为**附着力**。如果内聚力大于附着力，则附着层内液体分子比液体内部稀疏，这样附着层内就出现液体分子间相互吸引的力，这时液体与固体的接触界面有尽量缩小的趋势，如图 1-23(a)所示，液面向下弯，形成不浸润现象。反之，若内聚力小于附着力，则附着层内液体分子比液体内部更密，这样附着层内就出现液体分子间相互排斥的力，这时液体和固体接触界面有伸展趋势，如图 1-23(b)所示，液面向上弯，形成浸润现象。

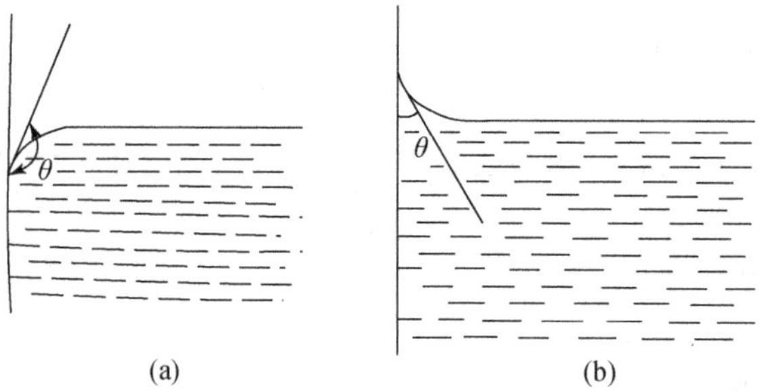

图 1-23　不浸润和浸润现象

液体装在容器里的时候，器壁附近的液面往往呈弯曲的形状，这种现象也可以用附着层的特性来说明。如果液体是能够浸润器壁的，附着层里的排斥力的上推作用就使液体在接近器壁处向上弯曲，在内径小的容器里，液面就呈凹形，如图 1-24(a)所示。如果液体是不浸润器壁的，附着层里的吸引力的下拉作用就使液体在接近器壁处向下弯曲，在内径小的容器里，液面就呈凸形，如图 1-24(b)所示。

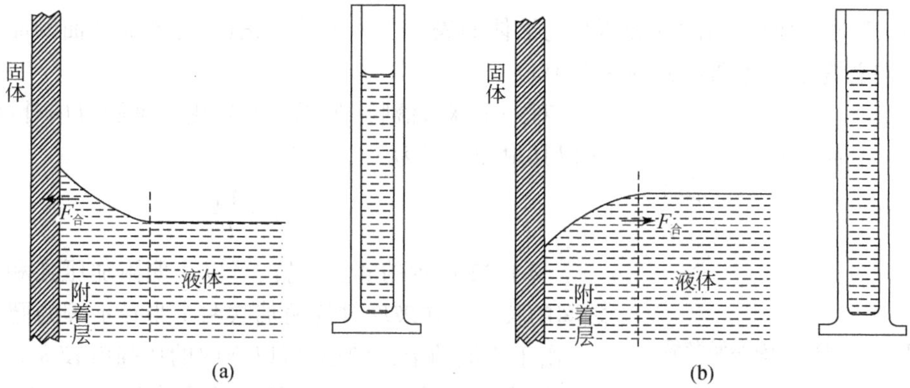

图 1-24　浸润液体(a)和不浸润液体(b)形成的液面

把几根内径不同的细玻璃管插入水中，管子里的水面比容器里的水面高些，而且管子的内径越小，它里面的水面越高，如图 1-25(a)所示。如果把这些细玻璃管插入水银中，发生的现象恰好相反，管中的水银面比容器中的液面低，且管的内径越小，它里面的水银面越低，如

图 1-25(b)所示。

我们把浸润液体在细管中上升和不浸润液体在细管中下降的现象称为**毛细现象**。发生毛细现象的细管称为**毛细管**。

浸润液体在毛细管中上升，是因为浸润液体在毛细管中呈凹形，弯曲凹液面的表面张力的合力是向上的，它对毛细管中的液体起到了向上拉的作用，因而浸润液体在毛细管中上升。直至表面张力向上的拉引作用与管内升高的液柱的重力相等时，管内液体才停止上升达到平衡。同理可以解释不浸润液体在毛细管中下降的原因。

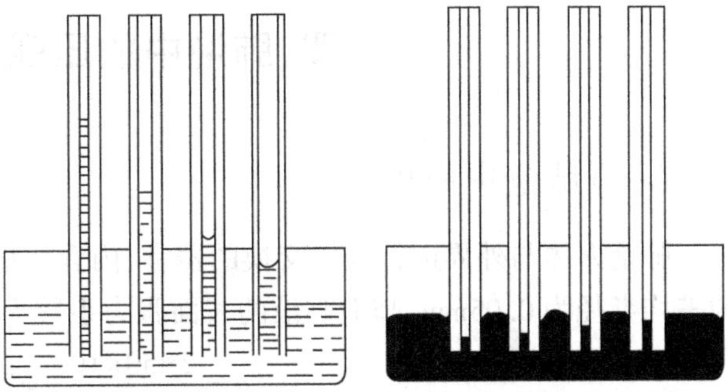

图 1-25　毛细现象

如图 1-26 所示，浸润液体在毛细管中上升的高度为 h，因毛细管的管径很细，将其插入液体中时，管内的液面可以看作半个球面，半径为 R，液面分界线的长度为 $2\pi R$，对应表面张力 $F=\alpha\cdot 2\pi R$，方向向上；液体在毛细管中上升的高度为 h 时，此液柱产生的向下的重力是 $G=\rho g\pi R^2\cdot h$。由于毛细管内液柱处于平衡状态，所以 $F=G$，即

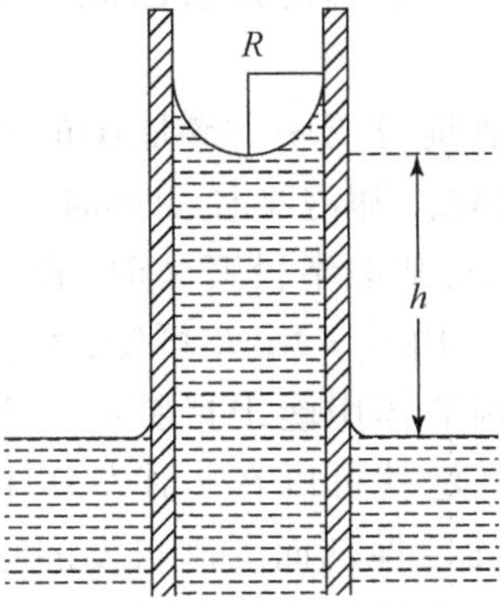

图 1-26　浸润液体在毛细管中上升的高度

$$\alpha\cdot 2\pi R=\rho g\pi R^2\cdot h$$

整理得

$$h=\frac{2\alpha}{\rho gR} \tag{1-23}$$

式(1-23)说明，毛细管中液面上升的高度与表面张力系数成正比，与毛细管的内径和液体的密度成反比。管径越细，液面升得越高。

对于不浸润的液体，h 表示的是液体在毛细管中下降的高度。

例 1-6　将一根半径为 0.3mm 的毛细管插入从人体采集的血样(37℃)中，血液在毛细管中上升的高度为 32.3×10^{-3} m，试求血液的表面张力系数(已知人血的密度为 1.054×10^{3} kg/m^3)。

解　由 $h=\frac{2\alpha}{\rho gR}$得

$$\alpha=\frac{1}{2}\rho gRh=\frac{1}{2}\times1.054\times10^{3}\times9.8\times0.3\times10^{-3}\times32.2\times10^{-3}=5\times10^{-2}(\text{N/m})$$

毛细现象在日常生活中经常遇到。棉花吸水、灯芯吸引灯油、土壤提升地下水等，都与毛细现象有关。在医学上，毛细现象应用也很广泛。如常用的药棉是经过脱脂处理的，外科用它来擦洗创面的污液就是利用棉花纤维的毛细作用。患者服药，片剂到了胃中，被浸润后，也是通过毛细管水分子才能进入内部并被崩解，以利于人体的吸收。在药学上，药物除湿、新鲜药材除水，也是水分子通过药材内的毛细管汽化的结果。但有时又要力求避免毛细现象，如外科手术缝合线总要先经过蜡处理，其目的就是封闭手术缝合线中的毛细管，堵住细菌从留在人体外的线头进入体内的通道。

四、肺泡中的压强与气体栓塞

(一)肺泡中的压强

肺是人体与外界进行气体交换的器官,内含3亿到4亿个大小不一、相互连通的肺泡,肺泡的平均半径为0.05mm,肺泡黏液的表面张力系数为$\alpha=5\times10^{-2}$ N/m,则肺泡内的附加压强为

$$p_s=\frac{2\times50\times10^{-3}}{0.05\times10^{-3}}=2000(\text{Pa})$$

即肺泡内的气压比泡外胸腔内压强高2000Pa。在呼吸过程中,气体能进出肺泡的条件必须是肺泡内与外界的气压之间有一定的差值。如吸气时,肺泡内压比大气压强低400Pa,因此,空气要进入肺泡,就要求胸腔内压比大气压强低2400Pa。实际上,胸腔内压一般仅比大气压强低约670Pa,即使通过膈肌下降和肋骨的抬高来增加胸腔的容积,胸腔内压也只能比大气压强低1200~1330Pa,肺泡内的压强仍然高于大气压强,这样,不但无法吸气,肺泡还会因此一个个萎缩。

上述现象在健康的人体内不会发生。这是因为肺泡表面细胞能分泌一种磷脂类的表面活性剂,当肺泡大小发生变化时,其表面活性剂的浓度也相应变化。肺泡半径变小时,表面积减小,表面活性剂在表面分布的浓度变大,使表面张力系数变小;肺泡半径变大时,表面积变大,表面活性剂在表面分布的浓度变小,使表面张力系数变大。由$p_s=2\alpha/R$可知,大小泡内气体附加压强仍能处于平衡,这种肺泡表面张力系数的自动调节作用能维持肺泡大小相对稳定,使小肺泡不会萎缩,大肺泡不会过度扩张而破裂,这样肺泡就可以在上述负压下进行正常的呼吸。某些新生儿(特别是早产儿)的肺泡由于缺少表面活性剂而引起自发的呼吸困难综合征,所导致的死亡率比任何其他疾病都高。缺少表面活性剂的肺泡会因为表面张力而萎缩,只有用很大的压强才能使它们重新张开。正常人的某些肺泡如果萎缩,一次深呼吸就能使它们重新张开。

(二)气体栓塞

当浸润液体在细管中流动时,如果管中出现气泡,液体的流动将受到阻碍,气泡多时可发生阻塞,这种现象称为**气体栓塞**。气体栓塞的产生是由于弯曲液面的存在而产生了附加压强。

如图1-27(a)所示,细管中有一气泡,当气泡两侧液面压强相等时,气泡两端的曲率半径相等,两侧的附加压强相等,气泡不动。如图1-27(b)所示,当气泡左段液体的压强由p增加到$p+\Delta p$时,气泡左边的曲率半径变大,右边的曲率半径变小,则左、右弯曲液面的附加压强$p_{s左}$、$p_{s右}$就不相等,如果它们的差值正好等于Δp_s,即$\Delta p_{s右}-\Delta p_{s左}=\Delta p_s$,则系统仍处于平衡,液体不会向右移动。只有当两端的压强差$\Delta p>\Delta p_s$时,液体才能流动。若管中有n个相同气泡,如图1-27(c)所示,$\Delta p=n\Delta p_s$时,液体流动停止,形成气体栓塞。

血管里是不允许有气泡存在的。假如有气泡进入血管,气泡很小,则可能被带入肺内而经肺排出,但若气泡大于血管的内径,气泡对管内血液的流动产生阻碍作用。如果是一连串的气泡,它们可以把血管完全阻塞,使部分组织细胞坏死甚至危及生命。临床上,在静脉注射时,要特别注意不能在注射器内留有气泡,以免在微血管中发生栓塞。输液时注意防止输液管路中出

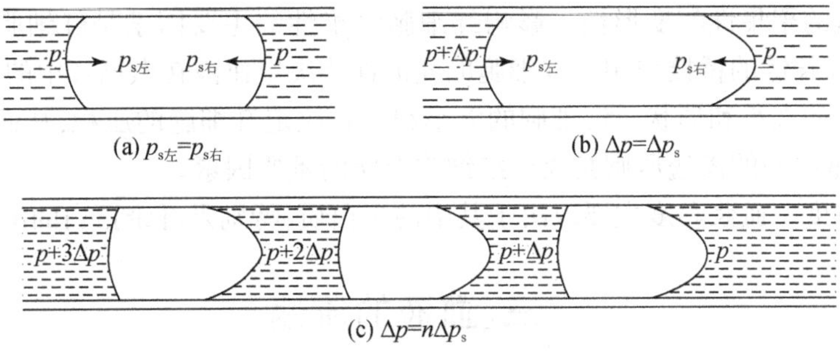

图 1-27　气体栓塞

现气体栓塞现象。此外，潜水员从深水中上来，或患者和医务人员从高压氧舱中出来，都应留有适当的缓冲时间，否则在高压环境中溶于血液中的过量气体，在正常压强下会迅速释放出来形成气泡，容易形成气体栓塞。

第六节　血液的流动

一、血液的组成和特性

血液作为一种流体及血管和心脏作为一种弹性体，都具有流动和变形的性质，即流变性。血液和血管及心脏的流变性，尤其是血液的流动性是影响血液在循环系统内不断流动、实现其功能的重要因素。

血液是一种十分复杂的悬浊液。血液与一般的悬浊液不同，它具有以下特点：①血液是一种高浓度的悬浊液；②血液中的溶质——血细胞不是刚性的悬浮球体，如红细胞呈双凹形碟状并可变形，血细胞还具有聚集性，如红细胞可以聚合呈串状；③血液中的溶剂——血浆不是均质，它含有多种生物蛋白。

二、血液的黏度

前面指出所谓牛顿流体是黏度为常量的流体，这种流体满足泊肃叶定律，即流体的流量与其所受压强成正比；反之，非牛顿流体不满足该关系。实验测得血液的压强-流量关系是一曲线，血清的压强-流量关系是一直线。这一结果表明血液是非牛顿流体，而血清则为牛顿流体。

对于非牛顿流体，其黏度与流动时的切应变率(即速度梯度)有关。在低切应变率范围内，血液黏度随切应变率的增大明显地减小；当切应变率增大到一定程度后，血液黏度基本上不再变化而保持为一常量，这时可视血液为牛顿流体。

研究表明，血液的黏度不但依赖于切应变率，还依赖于切应变率的作用时间，这种性质称为触变性。此外，血液的切应力，即单位流层接触面上的内摩擦力，不但取决于切应变率，还与作用的历史过程有关，这种性质称为黏弹性。

影响血液黏度的主要因素有：

(1)血细胞压积，即血细胞在血液中的体积百分比含量。血细胞压积越大，血液黏度就越大。

(2)红细胞的聚集性与变形性。影响红细胞聚集性的主要因素是红细胞表面电荷的多少和红细胞之间经长链的桥接作用。红细胞的变形性能决定血液在微循环中的流动性能。

(3)红细胞的大小和形状。红细胞的大小和形状决定红细胞的压积,从而对血液黏度产生影响。而红细胞内外的渗透压则是决定红细胞形状的重要因素。

(4)血浆黏度。血浆黏度主要取决于其中的蛋白质,特别是纤维蛋白的浓度。

三、血液的流速

血液循环系统是一个复杂的网络系统,由体循环和肺循环两部分组成,两者相互串联。心脏是推动血液循环的器官,心脏的节律性舒缩是血液循环的动力,血管是血液流动的管道。在体循环中,当心室收缩时,血液从左心室出来回到右心房去,构成体循环。就体循环而言,按血管的先后顺序,途经主动脉、小动脉、毛细血管、小静脉和腔静脉,这些血管串联在一起。而按各段血管的若干分支或全部体循环的六大分支(头、上肢、下肢、躯干、肝脾、肾)则属于血管的并联。即同类血管并联,不同类血管串联。肺循环始于右心室,血液从右心室进入肺动脉后,通过肺泡周围的毛细血管与肺泡中的空气进行交换,经肺静脉回到左心房。当液体流过若干流阻不同的管道时,如果这些管道是串联关系,则总流阻与分流阻的关系是

$$Z=Z_1+Z_2+\cdots+Z_n$$

如果这些管道是并联关系,则满足

$$\frac{1}{Z}=\frac{1}{Z_1}+\frac{1}{Z_2}+\cdots+\frac{1}{Z_n}$$

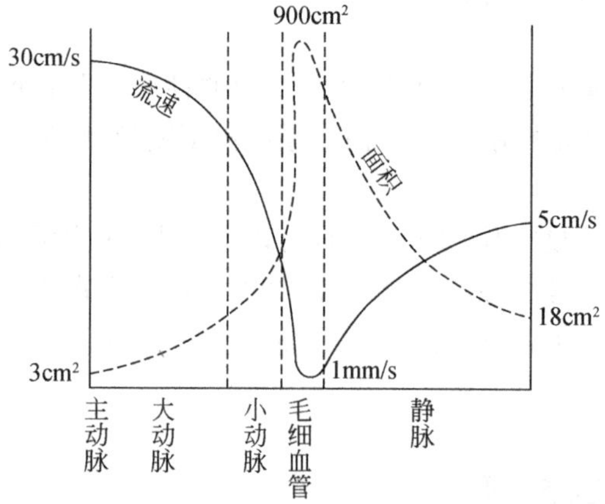

图 1-28　血液速度与血管总横截面积的关系

血管是比较复杂的弹性管道,血流速度又时刻随着心脏的搏动而波动,且血液又是一种黏滞性流体,因而血液在心血管系统中的流动近似符合流体力学规律。根据流体的连续性方程,血液在各类血管中的流速应与该类血管的总横截面积成反比。如图 1-28 所示,主动脉中血液的流速最大,毛细血管中血液的流速最小,有利于血液与组织液间进行物质交换。

四、血　　压

血压是血管内血液对管壁的侧压强,医学上常用它高于大气压强的数值来表示。心血管系统的压强(血压)是随着心脏的收缩和舒张而变化的。心缩期中主动脉血压的最高值称为收缩压,舒张期中主动脉血压的最低值称为舒张压。收缩压与舒张压的差值称为脉搏压。收缩压的高低与主动脉的弹性和主动脉中所容的血量有关。例如,动脉硬化症患者的心输出量虽然正常,但收缩压特别高。舒张压的高低与外周阻力有密切关系。由于血液是黏滞性流体,所以从主动脉到静脉血压是逐渐下降的。图 1-29 为全部血液循环系统的血压变化曲线。应该注意,小动脉血管段的血压下降最多,这反映小动脉血管段的流阻最大,其原因是这段血管的口径很小,数目又远不及毛细血管多。

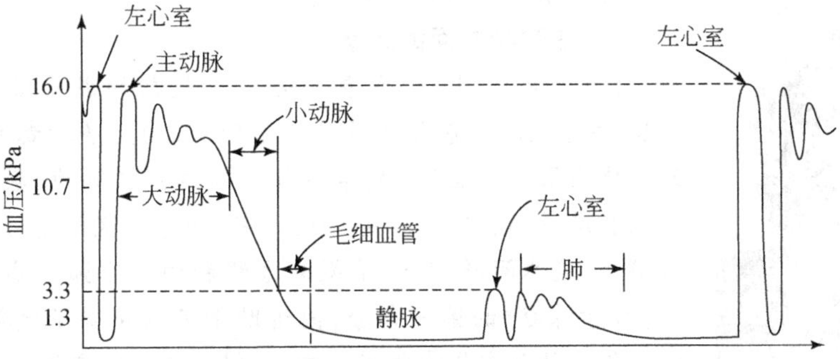

图 1-29　全部血液循环系统的血压变化曲线

五、心 脏 做 功

心脏有节律地收缩与舒张，不断对血液做功，补偿血液循环过程中的能量消耗，维持循环流动继续进行。考虑实际流体的黏滞性，伯努利方程要增加一个修正量 W。对血液循环系统，这个修正量为血液流动中克服内摩擦力做功的能量损失。血液的能量损失由心脏做功补偿，W 即心脏所做的功。根据修正的伯努利方程，可以计算左心室输出单位体积血液所做的功

$$W_L=(p_1-p_2)+\rho g(h_1-h_2)+\frac{1}{2}\rho(v_1^2-v_2^2)$$

式中，p_1 为左心室输出血液时的平均压强，p_2 为血液流回左心房时的平均压强；v_1 为左心室输出血液时的血流速度，v_2 为血液流回左心房时的血流速度；考虑到血液流回左心房时的流速和压强很小，取 $p_2=0$，$v_2=0$；h_1-h_2 为左心室与左心房的高度差，由于血液进出心脏时的高度变化可以忽略，故 $h_1-h_2=0$。于是

$$W_L=p_1+\frac{1}{2}\rho v_1^2$$

同理可以计算右心室输出单位体积的血液所做的功 W_R，右心室输出血液的流速近似等于左心室输出血液的流速 v_1，而右心室输出血液的压强 p_3 比较小，于是

$$W_R=p_3+\frac{1}{2}\rho v_1^2$$

由此得出整个心脏输出单位体积血液所做的功为

$$W=p_1+p_3+\rho v_1^2$$

在通常情况下，可取 $p_1=1.33\times10^4\,\text{Pa}$，$p_3=0.22\times10^4\,\text{Pa}$，$v_1=0.4\,\text{m/s}$，$\rho=1.0\times10^3\,\text{kg/m}^3$，则 $W\approx1.57\times10^4\,\text{J/m}^3$。在静息状态下，心脏每分钟的血液排出量为 $5\times10^{-3}\,\text{m}^3$，相当于心脏每分钟做功 78.5 J。人运动时，心率加快，心脏每分钟的血液排出量增加，心脏做功相应增加。

阅读材料

丹尼尔·伯努利（Daniel Bernoulli，1700 年 2 月 8 日生于荷兰格罗宁根，1782 年 3 月 17 日卒于瑞士），瑞士数学家、物理学家、医学家。丹尼尔·伯努利是伯努利家族里涉及科学领域较多的人，他的学术著作也非常丰富，光是他的全部数学和力学著作、论文就已经超过 80 种。

丹尼尔·伯努利

丹尼尔的主要科学成就：

一、在数学方面的成就

1.《数学练习》的发表　丹尼尔最初的成就就是在数学方面。1724年丹尼尔在意大利威尼斯旅行，人们大多数都知道他在威尼斯的主要成果是发表了《数学练习》，却不知道他的《数学练习》实际上是他在威尼斯撰写医学著作期间完成的。《数学练习》的内容涉及法洛游戏、流体问题、里卡蒂微分方程和由两个弧组成的半月形问题。在《数学练习》的第一部分，他借助于级数获得了代数方程数值解的近似值。丹尼尔提出循环级数，并将这些级数应用到求代数方程的根的近似计算中。在级数理论方面，丹尼尔主要研究了正弦级数和余弦级数。在《数学练习》这部伟大著作中，丹尼尔还针对1724年《教师学报》上发表的意大利人J. 里卡蒂提出的"里卡蒂方程"，拟定了解决的方案。

2. 丹尼尔在概率论和统计方面做出的贡献　丹尼尔对概率论和统计方面的问题有着同样的兴趣，他发表了有影响、有重大价值的论文《关于度量的分类》。后来，丹尼尔又将这一研究应用到风险保险业和解决"彼得堡赌博悖论"，从而形成了有名的"赌博悖论"，丹尼尔对于这个问题主张用所谓"有节制的道德期望"代替计算结果为无穷大的数学期望来解决这个矛盾。丹尼尔还将概率论应用于人口统计，探讨了误差理论，提出了正态分布误差理论，并用这一理论将观察误差分为偶然的和系统的两类，发表了第一个正态分布表，使误差理论更接近现代概念。

二、在物理学方面的成就

和当时的许多数学家，或者说和当时的许多物理学家不同的是，丹尼尔把数学分析引入物理学研究，用数学上的微积分和偏微分方程解决了当时的诸多物理学难题。其实那个年代，物理学也是推动微积分发展的一个重要因素，它们是互相促进的。牛顿的微积分模式正是基于对天体运行轨道的研究，而丹尼尔运用了微积分对流体问题、物体振动和摆动问题进行了研究，又促进了微分方程理论的发展。

1. 丹尼尔和欧拉对弹性的研究　1728年，丹尼尔和欧拉就致力于柔性物体和弹性物体的力学研究，他们研究一端固定的水平弹性带的曲率如何确定的问题。1733年，他们发表了论文《关于用柔软细绳连接起来的一些物体以及垂直悬挂的链线的振动定理》。在1741～1743年间，丹尼尔又研究了关于弹性弦的横向振动问题。18世纪50年代，丹尼尔·伯努利、欧拉、约翰(第二)·伯努利、达朗贝尔等对弦振动和杆振动的研究已经导出了一阶、二阶或更高阶的微分方程，欧拉和达朗贝尔用偏微分方程来表示弦振动的波动方程，但是丹尼尔却以完全不同的形式即函数的级数展开式给出弦振动问题的解，这种不同形式的研究方法带来的结果的差异引起了丹尼尔、欧拉与达朗贝尔之间的关于弦振动可允许的解的争论，甚至后来J. L. 拉格朗日也参加了这个争论。争论延续了几十年，丹尼尔才认识到自己的问题所在，是因为他没有跟上偏微分方程的建立而带来的进步的步伐。1774年丹尼尔还完善了他年轻时研究过的关于振动的"叠加原理"。总体看来，丹尼尔在弹性振动力学中做出的贡献是很大的。

2. 丹尼尔最大的贡献——《流体动力学》　丹尼尔在物理学上的成就，最重要的就是他在流体力学方面的贡献。如果说《数学练习》将他带入人们的视野，那么正是《流体动力学》将他推上了科学的高峰。1738年，他出版了名著《流体动力学》，这本书标志着丹尼尔开辟了流体动力学这一学科，区分了流体静力学与动力学的不同概念。因此，丹尼尔是流体力学的开山鼻祖，丹尼尔本人也被称为"流体力学之父"。书中汇集了丹尼尔在这方面的研究成果，即"伯努利定律”：在一个流体系统，比如气流、水流中，流速越快，流体产生的压力就越小。他把流体的压强、密度和流速作为描述流体运动的基本物理量，写出了流体动力学的基本方程，被后人称为“伯努利方程”。

此外，他还用分子与器壁的碰撞来解释气体压强，并指出，只要温度不变，气体的压强总与密度成正比，与体积成反比，从而解释了玻意耳定律，建立了分子运动论和热学的基本概念。此外，他还指出了压强和分子运动随温度增高而加强的事实。不过，丹尼尔在流体力学中建立的“伯努利方程”及“内压”概念是有漏洞的，但他的父亲约翰(第一)·伯努利和欧拉在这方面作了改进，完善了这两个概念上的漏洞。

3. 试图建立磁学　丹尼尔在当时各个前沿领域的涉及是公认的，他还和他的亲弟弟约翰(第二)·伯努利试图建立关于磁学的理论，但遗憾的是，他们最终没有建立完善的磁学。

三、医学方面的成就

早在1728年，已经是彼得堡科学院生理学院士和数学院士的丹尼尔，发表了关于肌肉收缩的力学理论的论文，在这篇论文中提出了心脏所做机械功的计算方法，这其实也是一个在物理学上的成就。在生理学上，他提出“极大工作”的概念，即一个人在一段持续的时间内所能做的工作量。虽然在彼得堡科学院时，他的头衔有两个，但是由于他在数学上的兴趣远比医学大，因此，生理学院士这个头衔远远落后于数学院士这个头衔。虽然他起初成了一名外科大夫，但最终成为欧洲历史上伟大的数学家和物理学家。

对于丹尼尔·伯努利，一个不得不提的趣事就是，在一次外出旅行中，年轻的丹尼尔同一个风趣的陌生人闲谈，当他们相互介绍自己时，丹尼尔谦虚地说：“我是丹尼尔·伯努利。”而对方却讥讽地回答：“那我就是牛顿。”丹尼尔似乎被耻笑了，其实不然，反而说明了丹尼尔当时在科学界的地位可与牛顿相媲美。丹尼尔听后终身引以为荣，认为自己得到了一生中最大的殊荣。

本章小结

一、流体的基本概念

理想流体：绝对不可压缩且完全没有黏滞性的流体。

稳定流动：流体粒子通过空间各点的流速不随时间而变化的流动。

流体连续性方程：$S_1v_1=S_2v_2$

二、伯努利方程及其应用

伯努利方程：$\frac{1}{2}\rho v_1^2+\rho gh_1+p_1=\frac{1}{2}\rho v_2^2+\rho gh_2+p_2$

小孔流速：$v_{孔}=\sqrt{2gh}$

三、实际流体的运动

牛顿黏滞性定律：$f=\eta\frac{\mathrm{d}v}{\mathrm{d}r}S$

牛顿流体：遵守牛顿黏滞性定律，黏度 η 为常量的流体。

非牛顿流体：不遵守牛顿黏滞性定律的流体，其黏度 η 不为常量，而与压力、速度梯度有关。

流体的流动可分为层流和湍流两种状态。

雷诺数：$Re=\frac{\rho vd}{\eta}$

四、黏滞系数的测定

泊肃叶定律：$Q=\frac{\pi R^4\Delta p}{8\eta L}$

斯托克斯定律：$f=6\pi\eta rv$

收尾速度：$v=\frac{2}{9}\frac{gr^2}{\eta}(\rho-\sigma)$，其中 ρ 为球体的密度，σ 为流体的密度。

五、液体表面性质

液体表面张力：$F=\alpha L$

弯曲液面的附加压强：$p_s=\frac{2\alpha}{R}$

毛细现象：浸润液体在细管中上升和不浸润液体在细管中下降的现象。

六、血液的流动

血液是非牛顿流体，而血清为牛顿流体。

影响血液黏度的主要因素：血细胞压积、红细胞的聚集性与变形性、红细胞的大小和形状、血浆黏度。

思 考 题

1-1 可压缩流体和不可压缩流体该如何判定？

1-2 什么是理想流体、不可压缩流体、牛顿流体、非牛顿流体？

1-3 什么是稳定流动？

1-4 连续性方程适用的条件是什么？伯努利方程成立的条件是什么？

1-5 试用伯努利方程解释为什么海面上两艘并行的船只不能靠得太近。

1-6 如何增大或减小液体表面张力？

1-7 为什么测量血压时应选择上臂作为测量点？

1-8 为什么打针或输液之前需将针管里的气体完全排出？若气体进入体内会发生什么状况？

1-9 影响血液黏度的主要因素有哪些？

1-10 血液在血管中流动时什么情况下容易发生湍流？发生湍流会有哪些危害？

第二章　振动和波动

教学要求

(1)掌握简谐振动的基本规律,简谐振动方程、特征量,简谐振动的合成;掌握波的传播规律,理解波动方程的物理意义。

(2)了解声学的基本概念,理解声强、声强级的物理意义;了解超声波的特性及其在医学中的应用。

振动和波动是自然界中普遍的运动形式。物体在平衡位置附近做周期性的往复运动,称为**机械振动(mechanical vibration)**,简称**振动(vibration)**。例如,钟摆的来回摆动;机器开动时微小的颤动;阵风吹过,池塘里的漂浮物的上下浮动;声带和鼓膜的运动;心脏的跳动等都是振动。自然界中还有许多与机械振动相似的运动,如交变电流和交变电磁场等,它们虽和机械振动不同,但变化规律和研究方法基本相同,我们也称之为振动。

振动在介质中的传播过程就是**波动(wave)**。激发波动的振动系统称为波源。人们交谈的声音是通过空气中形成的声波来传播的;广播电台播送的声音信号和电视台播放的图像信号与伴音信号是通过发射天线发送的无线电波来传递的;超声诊断仪荧光屏上显示的人体内部的信息是通过发射到人体组织的超声波回波信号获取的。波动可分为三大类:第一类是如水波、声波和超声波等机械振动在弹性介质中的传播,叫**机械波(mechanical wave)**;第二类是无线电波、光波等变化的电场和变化的磁场在空间的传播,叫**电磁波(electromagnetic wave)**;第三类是微观粒子表现出来的波动性,叫**物质波(matter wave)**。三类波虽然本质不同,但都有共同特征,例如,都有一定的传播速度,并伴有能量的传播,都能产生波的反射、折射、干涉和衍射现象。波是物质运动的一种形式,波既传递能量,也传递信息。

第一节　简 谐 振 动

一般的振动系统都是很复杂的,形式也多种多样,但它们遵循共同的基本规律,即都是由最基本最简单的简谐振动所合成的。下面先讨论简谐振动的基本规律。

一、简谐振动方程

物体作机械振动时,最简单的直线振动是**简谐振动(simple harmonic vibration)**。如图 2-1 所示,将一个轻弹簧一端固定,另一端系一个质量为 m 的物体,这个振动系统称为**弹簧振子(spring oscillator)**。使物体 m 在水平方向上运动,忽略摩擦力和阻力。物体在位置 O 时弹簧保持原长,作用于弹簧上的力为零,这就是物体的平衡位置。当弹簧被拉长或压缩时,物体对平

衡位置 O 有一位移 x，同时物体受到弹性恢复力 F 的作用，力的方向指向平衡位置。由胡克定律

$$F=-kx$$

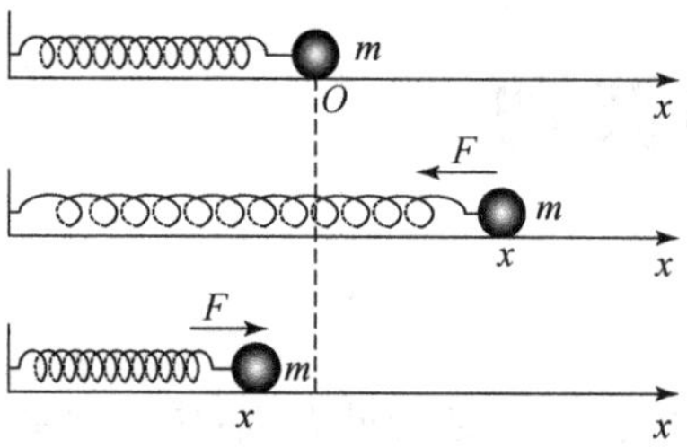

图 2-1 弹簧振子

负号表示力和位移方向相反，k 为弹簧的劲度系数。

当弹簧被拉长后再放开时，由于弹性恢复力的作用，物体得到和力成正比的加速度，从而加速运动。根据牛顿第二定律可求出物体的运动方程为

$$m\frac{d^2x}{dt^2}=-kx$$

即

$$a=\frac{d^2x}{dt^2}=-\frac{k}{m}x \tag{2-1}$$

式(2-1)表明物体在振动时，加速度的大小和位移的大小成正比而方向相反，具有此特征的振动称为简谐振动。

令 $k/m=\omega^2$，则式(2-1)可写为

$$\frac{d^2x}{dt^2}+\omega^2x=0 \tag{2-2}$$

式(2-2)是简谐运动的微分方程，它是二阶常系数线性齐次微分方程，解为

$$x=A\cos(\omega t+\varphi) \tag{2-3}$$

或

$$x=A\sin\left(\omega t+\varphi+\frac{\pi}{2}\right) \tag{2-4}$$

式(2-3)和式(2-4)称为简谐振动的运动方程，由此二式可知：作简谐振动的物体的位移 x 是时间 t 的正弦或余弦函数，正弦或余弦函数都是周期性的函数，所以简谐振动是一种周期性的运动。

二、简谐振动的特征量

1. 振幅 由式(2-3)可知，A 是振动物体离开平衡位置的最大位移，称为**振幅(amplitude)**。

2. 周期与频率 振动物体完成一次完全振动(来回一次)所需的时间，称为**周期(period)**，用 T 表示，单位为秒(s)。单位时间内物体振动的次数称为**频率(frequency)**，用 ν 表示，单位为赫兹(Hz)。周期与频率互为倒数。物体在 2πs 内完成的振动次数称为圆频率(或角频率)，用 ω 表示，单位为弧度/秒(rad/s)，三者之间的关系为

$$\omega=2\pi\nu=2\pi/T \tag{2-5}$$

以弹簧振子为例，有

$$\omega=\sqrt{\frac{k}{m}}$$

$$\nu=\frac{\omega}{2\pi}=\frac{1}{2\pi}\sqrt{\frac{k}{m}}$$

$$T=\frac{2\pi}{\omega}=2\pi\sqrt{\frac{m}{k}}$$

由此可见，简谐振动的圆频率、频率和周期只与振动系统本身的性质有关，称为系统的固有圆频率、固有频率和固有周期。

3. 相位　式(2-3)中的$(\omega t+\varphi)$称为**相位(phase)**，其中φ称为初相位，单位为弧度(rad)。相位的意义是：当振幅已知时，由它来确定t时刻物体所处的振动状态，如位移、速度等；初相位确定了振动开始时物体所处的振动状态。

三、简谐振动的旋转矢量图法

简谐振动的位移和时间关系，可以用旋转矢量图法来表示。如图2-2所示，在x轴取一点O作原点，从O点起作一矢量$\boldsymbol{A}$，使其长度等于振动的振幅A，矢量$\boldsymbol{A}$称为旋转矢量，它和x轴的夹角φ就是简谐振动的初相位。$\boldsymbol{A}$以匀角速度ω逆时针方向转动，也就是角速度与圆频率等值，这就是圆频率又叫作角频率的原因。经过时刻t，$\boldsymbol{A}$和x轴的夹角$(\omega t+\varphi)$就是t时刻的相位。$\boldsymbol{A}$在x轴上的投影就是t时刻的位移$x=A\cos(\omega t+\varphi)$，由此可见，旋转矢量图法形象地表示了简谐振动的振动状态，这种方法还可以用于振动的合成、波的干涉及交流电等问题的讨论中。

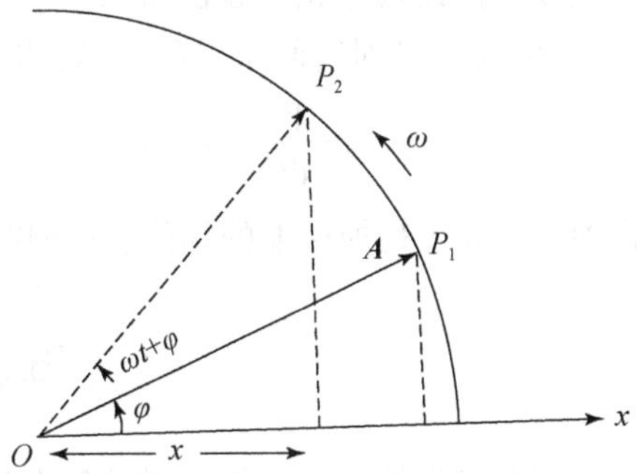

图2-2　旋转矢量图

例2-1　一个沿x轴作简谐振动的弹簧振子，振幅为A，周期为T，其振动表达式用余弦函数表示。当初始状态分别为以下四种情况时，用旋转矢量图法确定其初相，并写出振动表达式。

(1) $x_0=-A$；

(2) 过平衡位置向正方向运动；

(3) 过$x=\dfrac{A}{2}$处向负方向运动；

(4) 过$x=-\dfrac{A}{\sqrt{2}}$处向正方向运动。

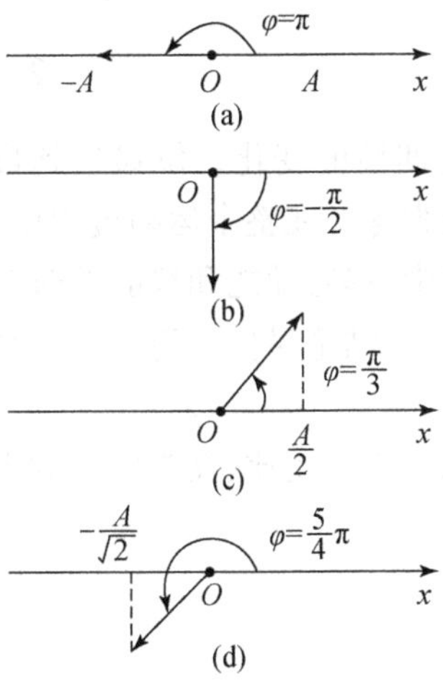

图2-3　例2-1图

解　假设弹簧振子的余弦表达式为$x=A\cos\left(\dfrac{2\pi t}{T}+\varphi\right)$。

(1) 由图2-3(a)可知，初相位$\varphi=\pi$，谐振子的运动方程为$x=A\cos\left(\dfrac{2\pi t}{T}+\pi\right)$。

(2) 由图2-3(b)可知，初相位$\varphi=-\dfrac{\pi}{2}$，谐振子的运动方程为$x=A\cos\left(\dfrac{2\pi t}{T}-\dfrac{\pi}{2}\right)$。

(3) 由图2-3(c)可知，初相位$\varphi=\dfrac{\pi}{3}$，谐振子的运动方程为$x=A\cos\left(\dfrac{2\pi t}{T}+\dfrac{\pi}{3}\right)$。

(4)由图 2-3(d)可知,初相位 $\varphi=\frac{5\pi}{4}$,谐振子的运动方程为 $x=A\cos\left(\frac{2\pi t}{T}+\frac{5\pi}{4}\right)$。

四、简谐振动的速度与加速度

将式(2-3)对时间求一阶导数,得到简谐振动的速度为

$$v=\frac{dx}{dt}=-\omega A\sin(\omega t+\varphi)=v_m\cos\left(\omega t+\varphi+\frac{\pi}{2}\right) \tag{2-6}$$

式中 $v_m=\omega A$ 是速度的最大值,称为速度幅值。由式(2-6)可知速度相位比位移相位多 $\pi/2$,说明速度相位比位移相位超前 $\pi/2$。

将式(2-3)对时间求二阶导数,得到简谐振动的加速度为

$$a=\frac{d^2x}{dt^2}=-\omega^2A\cos(\omega t+\varphi)=\omega^2A\cos(\omega t+\varphi\pm\pi)=a_m\cos(\omega t+\varphi\pm\pi) \tag{2-7}$$

式中 $a_m=\omega^2 A$ 是加速度的幅值,加速度相位比位移相位超前或落后 π。

五、简谐振动的能量

下面以弹簧振子为例来讨论简谐振动中能量的转换和守恒问题。物体质量为 m,弹簧的劲度系数为 k,弹簧振子的位移和速度分别由式(2-3)和式(2-6)给出,系统的动能为

$$E_k=\frac{1}{2}mv^2=\frac{1}{2}m\omega^2A^2\sin^2(\omega t+\varphi) \tag{2-8}$$

势能为

$$E_p=\frac{1}{2}kx^2=\frac{1}{2}kA^2\cos^2(\omega t+\varphi) \tag{2-9}$$

考虑到 $k=m\omega^2$,则总能量为

$$E=E_k+E_p=\frac{1}{2}m\omega^2A^2=\frac{1}{2}mv_m^2=\frac{1}{2}kA^2 \tag{2-10}$$

由上面的讨论可知,弹簧振子的动能和势能都是随时间做周期性的变化。位移达到最大时,势能达到最大,动能为零;物体在平衡位置时,动能最大而势能为零。在整个运动过程中,系统不受外力作用,只有弹性力作用,不消耗能量。所以在运动过程中,尽管动能和势能随时互相转换,但总能量守恒,即振动系统的总机械能在振动过程中守恒,这一结论对任一简谐振动系统都是正确的。

从式(2-10)可知,作简谐振动的系统,振动的总能量与振幅的平方成正比,又与频率的平方成正比。这个规律对其他形式的振动及波动也都适用。

六、简谐振动的合成

在实际问题中,有些物体的振动是由几个简谐振动同时参与的。例如,两个声波在空间某点相遇,该点空气质点的振动就是两个振动合成的结果。由此可见,在处理几个波传播的情况时,就要用振动合成的方法。下面讨论几种情况。

(一)同方向同频率简谐振动的合成

设两个在同一直线上进行的同频率的简谐振动,在任一时刻 t 的位移分别为

$$x_1=A_1\cos(\omega t+\varphi_1)$$

$$x_2=A_2\cos(\omega t+\varphi_2)$$

式中 A_1、A_2 和 φ_1、φ_2 分别为两个振动的振幅和初相位。由于这两个位移在同一直线上,所以合位移 x 等于上述两个分振动位移 x_1 和 x_2 的代数和,即

$$x=x_1+x_2=A_1\cos(\omega t+\varphi_1)+A_2\cos(\omega t+\varphi_2)$$
$$=(A_1\cos\varphi_1+A_2\cos\varphi_2)\cos\omega t-(A_1\sin\varphi_1+A_2\sin\varphi_2)\sin\omega t$$

如果令

$$A\cos\varphi=A_1\cos\varphi_1+A_2\cos\varphi_2$$
$$A\sin\varphi=A_1\sin\varphi_1+A_2\sin\varphi_2 \tag{2-11}$$

则得合振动方程

$$x=A\cos(\omega t+\varphi) \tag{2-12}$$

式中 A 和 φ 分别为合振动的振幅和初相位,由式(2-11)可以求出

$$A=\sqrt{A_1^2+A_2^2+2A_1A_2\cos(\varphi_2-\varphi_1)} \tag{2-13}$$

$$\tan\varphi=\frac{A_1\sin\varphi_1+A_2\sin\varphi_2}{A_1\cos\varphi_1+A_2\cos\varphi_2} \tag{2-14}$$

这些结果表明同方向同频率的两个简谐振动合成后仍是一个简谐振动。它的频率和原分振动的频率相同,而振幅和初相位由原分振动的振幅和初相位来决定,如图 2-4 所示。

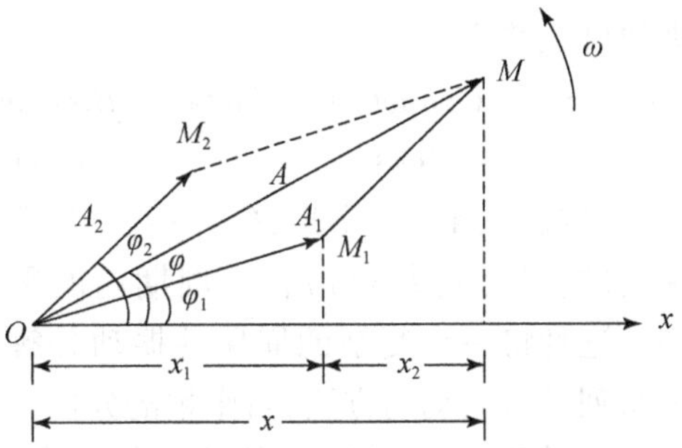

图 2-4　两个同方向同频率简谐振动的合成

(二)相互垂直同频率简谐振动的合成

当一个物体同时参与两个相互垂直同频率的简谐振动时,它的合位移是两个分位移的矢量和。一般情况下,物体不是在一条直线上运动而是在一个平面上运动。

设两个频率相同的简谐振动在相互垂直的 x 轴和 y 轴上进行,振动方程分别为

$$x=A_1\cos(\omega t+\varphi_1) \tag{2-15}$$

$$y=A_2\cos(\omega t+\varphi_2) \tag{2-16}$$

上面两式就是用参数 t 表示的物体运动轨迹的参数方程,如果消去 t 就可得到轨迹的直角坐标方程

$$\frac{x^2}{A_1^2}+\frac{y^2}{A_2^2}-\frac{2xy}{A_1A_2}\cos(\varphi_2-\varphi_1)=\sin^2(\varphi_2-\varphi_1) \tag{2-17}$$

一般来说,式(2-17)是一个椭圆方程。椭圆的形状由相位差($\varphi_2-\varphi_1$)来确定。图 2-5 表示相位差为一些特殊值时合振动的轨迹。

如果两个振动的频率相差不大,相位差随时间缓慢变化,合振动的轨迹将按图 2-5 的顺序在图上矩形范围内由直线逐渐变成椭圆,又由椭圆逐渐变成直线,并不断重复下去。如果两个振动频率相差很大,但呈简单的整数比,可以得到稳定的封闭式合成运动的轨迹。图 2-6 所示

的是两个互相垂直、具有不同周期比的简谐振动合成的轨迹。这些曲线称为李萨如图形。如果作出振动合成的图形，已知其中一个振动的周期，则可对照图形求出另一个振动的周期。李萨如图形是一种测量频率的比较方便的方法。

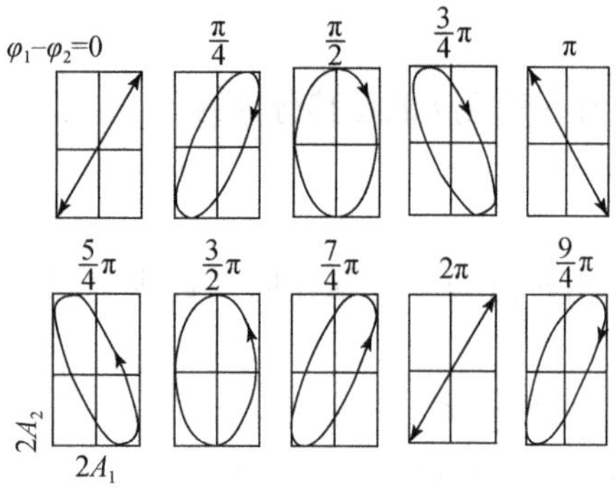

图 2-5　两个相互垂直、同频率、不同振幅、不同相位差简谐振动的合成

（三）同方向不同频率简谐振动的合成

如果两个同方向不同频率的简谐振动合成，合振动不再是简谐振动，但仍然是周期性振动，合振动的频率与分振动中的最低频率相等。合振动的形式由分振动的频率、振幅及初相位差决定。两个以上的简谐振动合成时，如果它们的频率都是最低频率的整数倍，上面的结论仍然成立。其中最低的频率称为基频，其他分振动的频率称为倍频。

（四）振动谱

任一圆频率为 ω 的复杂周期性振动 $x(t)$ 都能被分解成不同频率、不同振幅的一系列简谐振动，这些振动的圆频率分别为 ω（基频）和 ω 的整数倍（倍频 $2\omega, 3\omega, \cdots$），用傅里叶级数表示

$$x(t)=A_0+A_1\cos\omega t+A_2\cos 2\omega t+\cdots+B_1\sin\omega t+B_2\sin 2\omega t+\cdots \tag{2-18}$$

其中系数 $A_1, A_2, \cdots$ 及 $B_1, B_2, \cdots$ 就是各简谐振动的振幅，A_0 为 $x(t)$ 在一周期内的平均值。这种将一个复杂的周期性振动分解为一系列简谐振动的方法，叫作频谱分析。在进行频谱分析时，所取级数的项数越多，其结果越精确。

图 2-6　李萨如图形

可以用图来表示一周期性振动展开为傅里叶级数的结果：以圆频率为横坐标，相应的振幅为纵坐标，作出的图叫作频谱图。图 2-7 所示的是方波的频谱图，每一条线叫作谱线，长度代表相应频率的分振动的振幅值。频率越高的简谐振动的振幅就越小，对合振动的贡献也越小，在实际应用中，可以根据要求精度取有限项数。

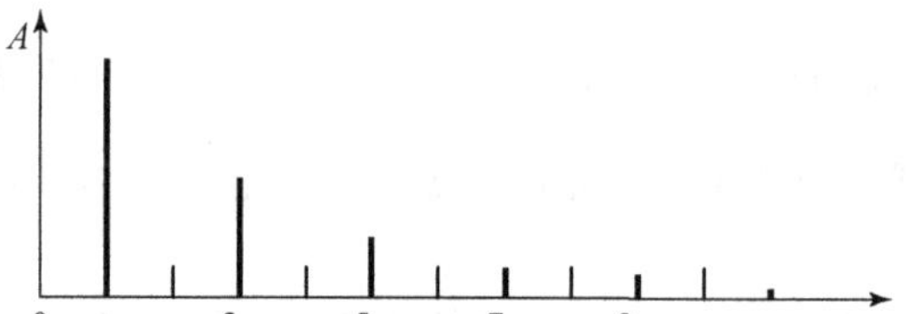

图 2-7　方波的频谱图

频谱分析在理论研究和实际应用中都有着重要意义，例如，在医学中，对发声、听觉、脑电图和心电图等进行定量分析，绘出频谱图，可以为诊断各种疾病提供依据。

第二节　波动学基础

一、机　械　波

(一)机械波的产生

由弹性力联系着的微粒组成的介质称为**弹性介质**(**elastic medium**)。振动物体即波源在弹性介质中振动时,它带动周围的介质也随之振动。由于介质各质点之间都有弹性力互相作用,于是此振动质点又带动它邻近介质的质点振动,如此依次向外通过介质把振动传播出去。这种机械振动在弹性介质中的传播过程称为**机械波**(**mechanical wave**)。由此可见,机械波的产生,首先要有机械振动的物体作为波源,其次要有能够传播这种机械振动的弹性介质。由于介质中质点振动是复杂的,所以产生的波动也是复杂的。当波源作简谐振动时,使周围介质的质点也作同频率的简谐振动而传播开来,这样的波动称为**简谐波**(**simple harmonic wave**)。它可以用余弦曲线或正弦曲线表示,如图 2-8 所示。

波动是振动状态的传播,介质中各质点在其平衡位置附近往复运动,并没有在波动传播方向上流动,而且质点的振动方向和波动的传播方向也并不一定相同。质点振动方向与波的传播方向垂直的波称为**横波**(**transverse wave**)。质点振动方向与波的传播方向平行的波称为**纵波**(**longitudinal wave**)。例如,电磁波是横波,声波、超声波都是纵波。

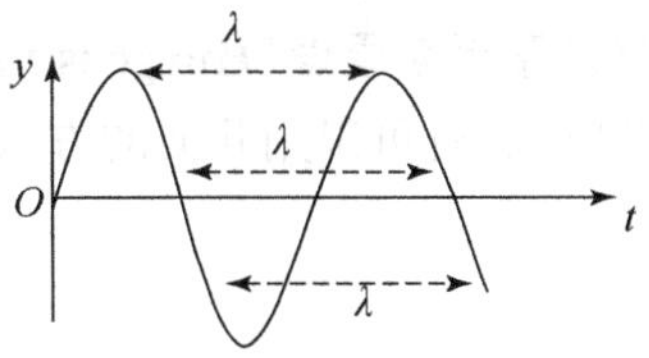

图 2-8　波的图形

(二)波长、周期、频率和波速

在波的传播方向上,两个相邻的相位差为 2π 的质点之间的距离,称为一个**波长**(**wavelength**),用 λ 表示。对于横波,波长 λ 等于两相邻波峰或波谷之间的距离;对于纵波,波长 λ 等于两相邻疏部或密部之间的距离。在波动传播方向上,每隔一个波长,振动状态就重复出现一次,因此,波长描述了波在空间上的周期性。

一个完整的波通过传播方向上某点所需要的时间称为波的周期,用 T 表示。波的周期和质点的振动周期是相同的。每隔一个周期 T,振动质点的相位就重复出现一次,因此,周期 T 描述了波在时间上的周期性。波的周期的倒数称为频率,用 ν 表示。

波以一定的振动相位在空间传播的速度称为**波速**或**相速**(**phase velocity**),用 c 表示。波速和介质的弹性及密度有关。

波速、波长和周期(频率)之间有如下关系:

$$c=\frac{\lambda}{T}=\lambda\nu \tag{2-19}$$

(三)波动过程的几何描述　惠更斯原理

实际问题中,绝大多数波源四周为介质所包围,它的振动状态是通过介质向空间各个方向传播的,在波传播过程的任意时刻,振动相位相同的点所构成的面称为波阵面或**波面**(**wave surface**)。最前面的波阵面称为**波前**(**wave front**)。点波源所产生的波阵面是一系列同心球面,称为**球面波(spherical wave)**;波阵面为平面的波,称为**平面波(plane wave)**。表示波传播方向的线称为**波线(wave line)**。图 2-9 表示了它们之间的关系。

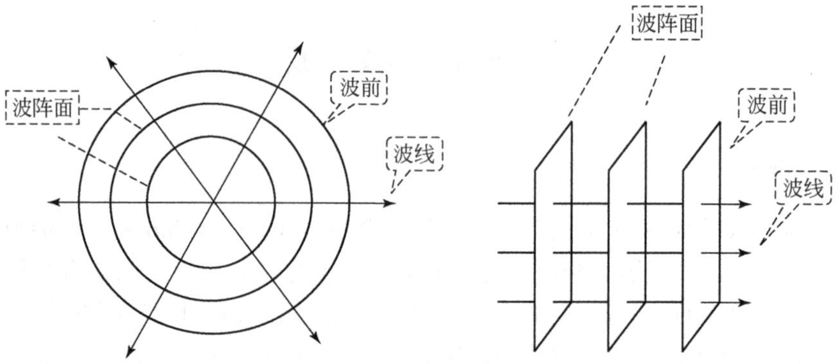

(a) 球面波　　(b) 平面波

图 2-9　波阵面和波线

在对波动过程的几何描述中,惠更斯(Huygens)指出:在波的传播过程中,波阵面上的每一点都可以看作发射次级子波的波源,在其后的任一时刻,这些子波的包迹就成为新的波阵面,这就是**惠更斯原理(Huygens principle)**。这一原理适用于一切形式的波动,只要知道某一时刻的波阵面,就可以用几何的方法求出下一时刻的波阵面,如图 2-10 所示。

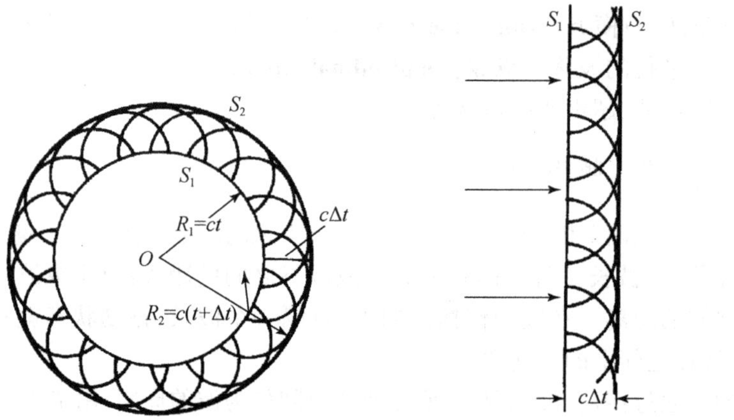

(a) 用惠更斯原理求球面波的波前　　(b) 用惠更斯原理求平面波的波前

图 2-10　用惠更斯原理求新的波阵面

二、波 动 方 程

简谐波是最基本的波,任何复杂的波都可以看作由若干个简谐波叠加而成。**波动方程(wave equation)**是用数学函数式来表达介质中波线上的各个质点的位移随时间的变化规律。

如图 2-11 所示,在无限大均匀无吸收的介质中,以 O 为坐标原点,沿 Ox 轴正方向传播速度为 c 的简谐波。用 x 表示各个质点在波线上的位置,用 y 表示质点对它的平衡位置的振动位移。在原点 O 的位置上,时刻 t 的质点位移为

$$y=A\cos\omega t$$

其中 ω 为圆频率，A 为振幅。如果为横波则位移 y 的方向和 Ox 轴垂直，如果为纵波则位移 y 的方向沿着 Ox 轴方向。设 P 为波线上某一任意点，它与原点 O 相距 x。现求 P 点处质点在时刻 t 的位移。由于波动是从 O 点传到 P 点的，所以 P 点振动的圆频率不变。P 点处质点的振动落后于 O 点处质点的振动。波动从 P 点传到 O 点所需要的时间为 x/c，当 O 点处质点振动时间为 t 时，P 点振动时间为 $t-x/c$，由于传播过程中振幅 A 不变，所以 P 点振动方程应为

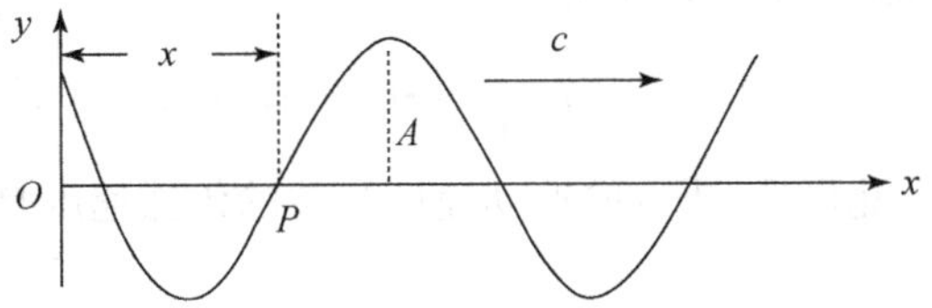

图 2-11　波动方程的推导

$$y=A\cos\omega\left(t-\frac{x}{c}\right) \tag{2-20}$$

式(2-20)就是沿 Ox 轴正方向传播的简谐波的波动方程。它表示了波线上任意处质点在 t 时刻的振动状态。

因为 $\omega=2\pi/T, c=\lambda/T$，式(2-20)可以写为

$$y=A\cos2\pi\left(\frac{t}{T}-\frac{x}{\lambda}\right)=A\cos2\pi\left(\nu t-\frac{x}{\lambda}\right)=A\cos(\omega t-kx) \tag{2-21}$$

其中 $k=2\pi/\lambda$，称为波数，表示在 2π(m)内所包含的完整波的数目。

现求波动方程的微分形式，将式(2-20)分别对 t 及 x 求二阶偏导数，得到

$$\frac{\partial^2 y}{\partial t^2}=-A\omega^2\cos\omega\left(t-\frac{x}{c}\right)$$

$$\frac{\partial^2 y}{\partial x^2}=-A\frac{\omega^2}{c^2}\cos\omega\left(t-\frac{x}{c}\right)$$

比较两式，得到

$$\frac{\partial^2 y}{\partial t^2}=c^2\frac{\partial^2 y}{\partial x^2} \tag{2-22}$$

这就是平面波波动方程的微分形式。

对于三维(3D)空间传播的波，在无吸收各向同性的均匀介质中，质点位移为 $\xi=\xi(x,y,z)$，波动方程为

$$\frac{\partial^2 \xi}{\partial t^2}=c^2\left(\frac{\partial^2 \xi}{\partial x^2}+\frac{\partial^2 \xi}{\partial y^2}+\frac{\partial^2 \xi}{\partial z^2}\right) \tag{2-23}$$

例 2-2　一波源以 $y=0.04\cos2.5\pi t$(m)的形式作简谐振动，并以 100m/s 的速度在某种介质中传播。试求：

(1)波动方程；

(2)在波源起振后 1.0s，距波源 20m 处质点的位移及速度。

解　(1)根据题意，波动方程为

$$y=0.04\cos2.5\pi\left(t-\frac{x}{100}\right)(\text{m})$$

(2)在 $x=20$m 处质点的振动为

$$y=0.04\cos2.5\pi(t-0.2)(\text{m})$$

在波源起振后 1.0s，该处质点的位移为

$$y=0.04\cos2.0\pi=4\times10^{-2}(\text{m})$$

该处质点的速度为

$$v=\frac{ds}{dt}=-\omega A\sin 2.5\pi(t-0.2)=-2.5\pi\times 0.04\sin 2.0\pi(m/s)=0$$

由此可见，质点的振动速度与波的传播速度是两个完全不同的概念。

三、波的能量与能流

(一)波的能量　能量密度

波动在介质中传播时，介质中各个质点具有动能，同时，介质发生形变而具有势能。波传播的过程同时也是能量传递的过程。

设一波速为 c 的平面波在密度为 ρ 的介质中传播。在介质中取一体积元 dV，其质量为 $dm=\rho dV$，当波动传到此体积元时，使这个体积元获得动能 E_k 和弹性势能 E_p。其中振动动能为

$$E_k=\frac{1}{2}dmv^2=\frac{1}{2}\rho v^2 dV$$

平面简谐波在该点的振动速度为

$$v=\frac{dy}{dt}=-A\omega\sin\omega\left(t-\frac{x}{c}\right)$$

式中 x 为该体积元与波源的距离，代入 E_k 表达式中，有

$$E_k=\frac{1}{2}\rho dVA^2\omega^2\sin^2\omega\left(t-\frac{x}{c}\right)$$

体积元因发生弹性形变而具有弹性势能，经过计算（在此从略）为

$$E_p=\frac{1}{2}\rho dVA^2\omega^2\sin^2\omega\left(t-\frac{x}{c}\right)$$

体积元的总能量为

$$E=E_k+E_p=\rho dVA^2\omega^2\sin^2\omega\left(t-\frac{x}{c}\right)\tag{2-24}$$

式(2-24)说明在波动传播的介质中，任何一个体积元的动能和势能都是随时间改变的，总能量也是随时间做周期性变化的；波在不断地吸收与辐射能量，波是能量传递的一种形式。

用体积元 dV 除能量 E，则得单位体积内的波动能量，称为**能量密度(energy density)**，用 w 表示

$$w=\frac{E}{dV}=\rho A^2\omega^2\sin^2\omega\left(t-\frac{x}{c}\right)$$

因为能量密度随时间而变化，通常求在一个周期 T 内的能量密度的平均值 $\bar{w}$。它的大小为

$$\bar{w}=\frac{\rho A^2\omega^2}{T}\int_0^T\sin^2\omega\left(t-\frac{x}{c}\right)dt=\frac{1}{2}\rho A^2\omega^2\tag{2-25}$$

式(2-25)说明，波的平均能量密度和振幅的平方、频率的平方及介质的密度成正比。

(二)能流、能流密度

单位时间内通过介质中某面积的能量称为通过该面积的**能流(energy flux)**。如图 2-12 所示，在介质中垂直波速 c 方向取截面积 S，单位时间内通过 S 的能量等于体积 cS 中的能量。这

个能量是周期性变化的,其平均能流 $\bar{P}$ 为

$$\bar{P}=\bar{w}cS \qquad (2\text{-}26)$$

再以 S 除 $\bar{P}$,就得到单位时间内通过垂直于波动传播方向的单位面积的平均能流,称为**能流密度(energy flux density)**或波的强度,用 I 表示

$$I=\bar{w}c=\frac{1}{2}\rho cA^2\omega^2 \qquad (2\text{-}27)$$

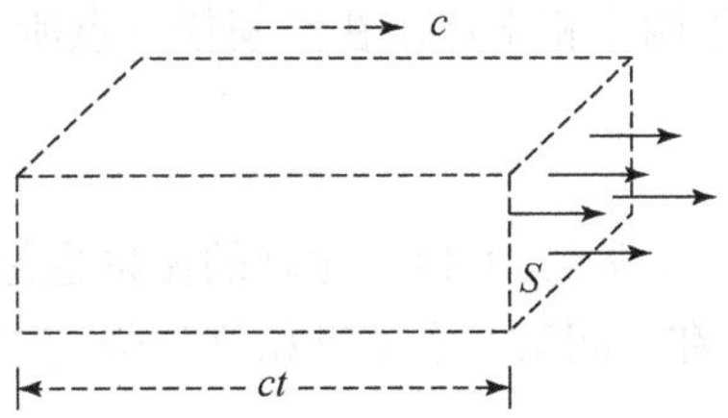

图 2-12　单位时间内通过体积 cS 的能量

四、波 的 干 涉

在有几个人同时说话时,我们能够把他们的声音分辨开;听乐队演奏时,能够辨别出每个乐器发出的音色。这些例子说明,一个波的振幅、波长、频率、振动方向、传播方向等不因存在别的波而改变,即波是独立传播的。当几个波同时在介质中传播时,在某点相遇,该点的振动位移是各个波在该点所引起位移的矢量和,这称为**波的叠加原理(superposition principle of wave)**。几个波相遇之后,仍以原先的波的特征独立地传播出去。

当介质中同时传播由两个频率相同、振动方向相同、同相位或相位差恒定的波源发出的波时,根据波的叠加原理,两个波在空间叠加,使空间某些点的振动始终加强而另一些点的振动始终减弱或完全抵消。这种现象称为**波的干涉(interference of wave)**现象。产生干涉现象的波称为**相干波(coherent wave)**,它们的波源称为**相干波源(coherent sources)**。下面我们应用波的叠加原理来讨论波干涉时加强与减弱的条件。

如图 2-13 所示,两个相干波源的振动,可以表示为

$$y_1=A_1\cos\omega(t+\varphi_1)$$

$$y_2=A_2\cos\omega(t+\varphi_2)$$

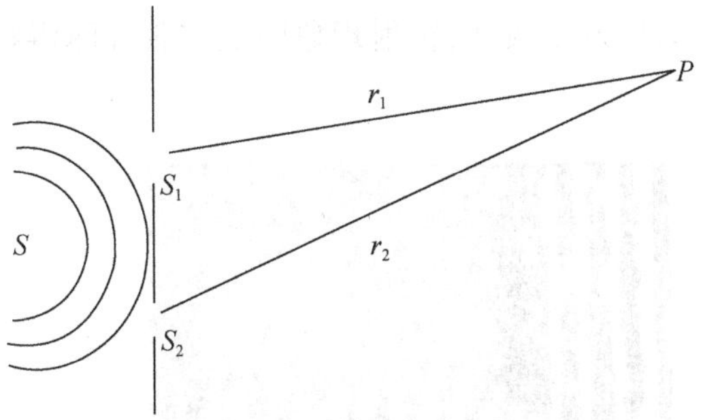

图 2-13　波的干涉

从这两个波源发出的波,在距波源分别为 r_1 和 r_2 处的空间任意点 P 相遇时,在 P 点的振动分别为

$$y_1=A_1\cos\omega\left(t+\varphi_1-\frac{2\pi r_1}{\lambda}\right)$$

$$y_2=A_2\cos\omega\left(t+\varphi_2-\frac{2\pi r_2}{\lambda}\right)$$

合振动位移为

$$y=A\cos\omega(t+\varphi)$$

其中合振幅

$$A=\sqrt{A_1^2+A_2^2+2A_1A_2\cos\left(\varphi_2-\varphi_1-2\pi\,\frac{r_2-r_1}{\lambda}\right)}$$

合振动的相位 φ 为

$$\varphi=\arctan\frac{A_1\sin\left(\varphi_1-\dfrac{2\pi r_1}{\lambda}\right)+A_2\sin\left(\varphi_2-\dfrac{2\pi r_2}{\lambda}\right)}{A_1\cos\left(\varphi_1-\dfrac{2\pi r_1}{\lambda}\right)+A_2\cos\left(\varphi_2-\dfrac{2\pi r_2}{\lambda}\right)}$$

由于两个相干波源在空间任一点所引起的两个振动的相位差为

$$\Delta\varphi=\varphi_2-\varphi_1-2\pi\frac{r_2-r_1}{\lambda}$$

是一个常量,所以合振动的振幅也是一个常量。因此,波的干涉结果使空间各点的振幅始终不变,在空间某些点振动始终加强,在某些点振动始终减弱。

$$\Delta\varphi=\varphi_2-\varphi_1-2\pi\frac{r_2-r_1}{\lambda}=2k\pi\quad(k=0,\pm1,\pm2,\cdots)$$

的空间各点,合振幅最大,其值为 $A=A_1+A_2$。

$$\Delta\varphi=\varphi_2-\varphi_1-2\pi\frac{r_2-r_1}{\lambda}=(2k+1)\pi\quad(k=0,\pm1,\pm2,\cdots)$$

的空间各点,合振幅最小,其值为 $A=|A_1-A_2|$。

如果 $\varphi_1=\varphi_2$ 并令 $\delta=r_1-r_2$ 表示两个相干波同时从波源 S_1 和 S_2 出发而到 P 点时所经过路程之差,称为波程差,则上述两式可简化如下。当

$$\delta=r_1-r_2=k\lambda\quad(k=0,\pm1,\pm2,\cdots)$$

时,即波程差等于零或为波长的整数倍的空间各点,合振动的振幅最大;当

$$\delta=r_1-r_2=(2k+1)\frac{\lambda}{2}\quad(k=0,\pm1,\pm2,\cdots)$$

时,即波程差等于半波长的奇数倍的空间各点,合振动的振幅最小。

五、波 的 衍 射

波在传播过程中遇到障碍物时,能够绕过障碍物的边缘继续前进的现象叫做波的衍射现象(图 2-14)。其波阵面的几何形状和波的传播方向均发生改变,衍射现象明显与否和障碍物的尺寸有关。

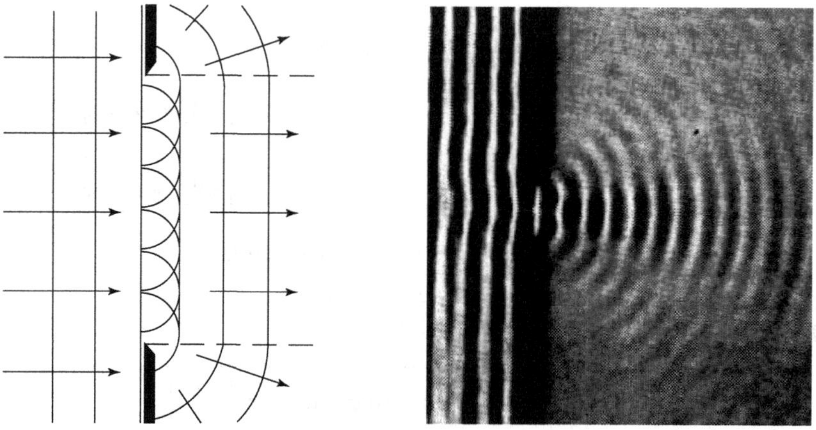

图 2-14 波的衍射

例如,当平面波通过一狭缝时,若狭缝的宽度远大于波长,波表现为直线传播;若狭缝的宽度略大于波长,在狭缝的中部,波的传播仍保持原来的方向,在狭缝的边缘处,波阵面弯曲,波的传播方向改变,波绕过障碍物向前传播;若狭缝的宽度小于波长(相当于小孔),衍射现象更加明显,波阵面由平面变成球面。

用惠更斯原理解释波的衍射现象：当平面波到达障碍物 AB 上的一条狭缝时，缝上各点可看成子波的波源，各子波源都发出球形子波。这些子波的包络面已不再是平面。靠近狭缝的边缘处，波面弯曲，波线改变了原来的方向，即绕过了障碍物继续前进。如果障碍物的缝更窄，则衍射现象更显著。

第三节 声学基础

一、声 波

频率在 $20\sim2\times10^4$ Hz 的机械波传到人的耳朵，使耳膜作受迫振动而刺激人的听觉神经，引起人的听觉，称为**声波**(**sound wave**)。频率低于 20Hz 的机械波称为次声波，次声波的频段范围为 $1\times10^{-4}\sim20$Hz。频率高于 2×10^4 Hz 的机械波称为超声波，超声波的频段范围为 $2\times10^4\sim5\times10^8$ Hz，频率上推到 10^{12} Hz 就成为特超声频段，它与分子的热振动频率($10^{12}\sim10^{14}$ Hz)连接上了。次声波、声波、超声波仅频率不同，无本质上的不同。

二、声波的物理量

(一)声压

声波是纵波，在介质中传播时，介质的密度做周期性变化，稠密时压强大，稀疏时压强小。在某一时刻，介质中某一点的压强与无声波通过时的压强之差，称为该点的瞬时**声压**(**sound pressure**)，用 p 表示，单位为 N/m^2。声压是空间和时间的函数。

设声波的波动方程由式(2-20)确定

$$y=A\cos\omega\left(t-\frac{x}{c}\right)$$

则介质中某点的声压为(证明略)

$$p=\rho c\omega A\cos\left[\omega\left(t-\frac{x}{c}\right)+\frac{\pi}{2}\right] \tag{2-28}$$

式(2-28)称为声压方程。令

$$p_m=\rho c\omega A$$

p_m 称为声压振幅值，简称声幅。

(二)声阻抗

我们把声压振幅与速度振幅之比称为**声阻抗**(**acoustic impedance**)，用 Z 表示，单位为 $kg/(m^2\cdot s)$

$$Z=\frac{p_m}{v_m}=\frac{\rho cA\omega}{A\omega}=\rho c \tag{2-29}$$

声阻抗是表示介质声学特性的一个重要物理量。表 2-1 列出几种介质的密度、声速和声阻抗的值。

表 2-1 几种介质的密度、声速和声阻抗

介质	密度 $\rho/(kg/m^3)$	声速 $c/(m/s)$	声阻抗 $\rho c/(kg/(m^2 \cdot s))$
空气	1.29	3.32×10^2(0℃)	4.28×10^2
	1.21	3.44×10^2(20℃)	4.16×10^2
水	988.2	14.8×10^2(20℃)	1.46×10^6
脂肪	970	1.4×10^3	1.36×10^6
脑	1020	1.53×10^3	1.56×10^6
肌肉	1040	1.57×10^3	1.63×10^6
骨	1700	3.6×10^3	6.12×10^6
钢	7800	5.05×10^3	3.94×10^7

(三)声强　声强级

单位时间内通过垂直于声波传播方向的单位面积的声波能量,称为**声强(sound intensity)**,用 I 表示,根据式(2-27)和式(2-29),有

$$I=\frac{1}{2}\rho cA^2\omega^2=\frac{1}{2}Zv_m^2=\frac{p_m^2}{2Z} \quad (2\text{-}30)$$

在声学中通常采用对数标度来量度声强,称为**声强级(sound intensity level)**,用 L 表示,单位为**贝尔(bel, B)**或**分贝(decibel, dB)**

$$L=\lg\frac{I}{I_0}(\mathrm{B})=10\lg\frac{I}{I_0}(\mathrm{dB}) \quad (2\text{-}31)$$

其中 $I_0=10^{-12}\,\mathrm{W/m^2}$ 是 1000Hz 声音的听域值,称为标准参考声强,听觉范围如图 2-15 所示。

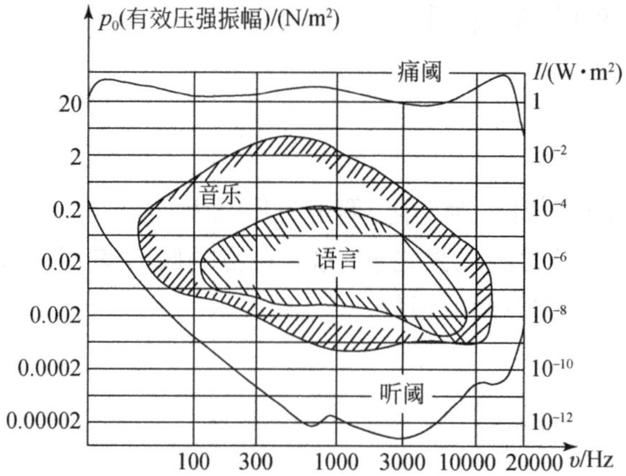

图 2-15 听觉范围

(四)响度级与等响曲线

消防车的鸣笛声听起来很响,而人们在交谈时的谈话声就不太响,这种主观上感觉到的响与不响,不仅与声波的强度有关,而且与声波的频率有关。对于相同频率的声波,如果声强不同,则听起来响的程度也不同。例如,同样频率的声音,人耳感觉到的 30dB 的声音比 10dB 的声音响。对于相同声强的声波,如果频率不同则听起来响度也不同。例如声强相同,频率为 1000Hz 的声音听起来比频率为 400Hz 的要响。所以响度与声波的声强及频率都有关。为了确定某一声音响的程度,就把该声音与一标准声音相比较(通常以 1000Hz 的纯音作为标准),调节 1000Hz 纯音的声强级,使它听起来和所要研究的声音一样响时,就把 1000Hz 纯音的声强级定义为该声音的响度级。响度级的单位为方(phon)。例如,100Hz、50dB 的声音听起来与 1000Hz、20dB 的声音一样响,于是我们把 100Hz、50dB 的声音的响度级定义为 20phon。

由响度级的定义我们可知,对于 1000Hz 的声音,它的声强级(以分贝为单位)与响度级的数值是一样的。对于非 1000Hz 的声音,它的声强级与响度级的数值是不相同的。我们把不同

频率的声音但响度级相同的各点连成曲线,如图 2-16 所示,这些曲线就称为等响曲线。

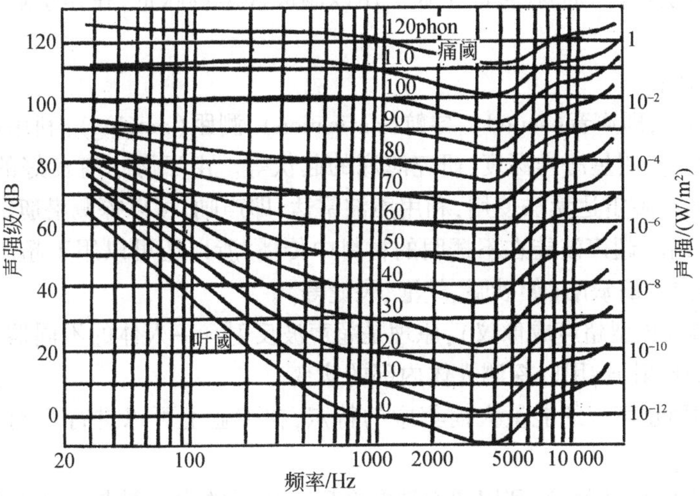

图 2-16　等响曲线

三、超声波与次声波

(一)超声波

超声波与可闻声波的本质相同,遵守共同的机械波运动规律。传播速度的大小、声强的计算、反射、折射及衰减规律等都相同。超声波的频率在 20kHz 以上,目前可以产生频率高达 10^{11} Hz以上的超声波,由于超声波的频率高、波长短,不但不能引起人耳的听觉,还有一系列的特性。自从石英晶体超声波发生器研制成功以来,产生了超声技术,现已广泛应用于工业、农业、科技、军事及医学等领域。

通常可用机械法或电磁法来产生超声波,例如利用石英晶体的弹性振动可产生 10^9 Hz 甚至更高频率的超声波。

由于频率高、波长短,故超声波具有许多一般声波所没有的特性。

(1)能流密度大:由于能流密度与频率的平方成正比,故超声波的能流密度比一般声波大得多。

(2)方向性好:由于超声波的波长短,衍射效应不显著,所以可以近似地认为超声波沿直线传播,即传播的方向性好,容易得到定向而集中的超声波束,能够产生反射、折射,也可以被聚焦。超声波的这一特性,称为束射特性。

(3)穿透力强:超声波的穿透本领大,特别在液体和固体中传播时,衰减很小;在不透明的固体中,也能穿透几十米的厚度,所以超声波主要用在固体和液体中。超声波在空气中衰减较快,与电磁波相反,在海洋中应用超声波最为适宜。

(4)空化作用:超声波在液体中会产生空化作用。超声波的频率高、功率大,可以引起液体的疏密变化,使液体时而受压、时而受拉。由于液体承受拉力的能力很差,所以在较强的拉力作用下,液体会断裂,产生一些近似真空的小空穴。在小空穴的形成过程中,由于摩擦产生正、负电荷,引起放电发光等现象。这就是超声波的空化作用。

超声波能把水银捣碎成小粒子，使其与水均匀地混合在一起成为乳浊液；此外，它在医药上用以捣碎药物制成各种药剂，在食品工业上用以制成许多调味剂，在建筑业上用以制成水泥乳浊液等。

超声波的应用：

（1）声呐（sonar，即声音（sound）、导航（navigation）、测距（ranging）：利用超声波的定向反射特性，可以探测鱼群、测量海洋深度、研究海底的起伏等。由于海水有良好的导电性，对电磁波的吸收很强，因而电磁雷达无法使用，利用声波雷达，即声呐，可以探测潜艇的方位和距离。

（2）超声波探伤：超声波能在不透明的材料中传播，所以还可以用于超声探伤，在工业上用以检查金属零件内部的缺陷（如砂眼、气泡、裂缝等）。

（3）医学B超（B型超声成像仪）：原理是超声波反射——人体的不同器官和组织的声阻抗不同，形成不同的反射波；用以探测人体内部的病变。

（4）焊接：利用超声波的能量大而集中的特点，在工业上可以进行切割、焊接、钻孔、清洗、粉碎。

（5）非声学量的声学测量：利用超声波在介质中传播的声学量与介质的各种非声学量之间的关系，通过测量声学量的方法，间接测量其他物理量。

（二）次声波

次声波特性：**频率低**于20Hz，**波长长，大气吸收少，可以远距离传输**（1883年8月27日印度尼西亚的苏门答腊和爪哇之间发生的一次火山爆发，产生的次声波传播了十余万公里，历时100余小时）。

次声波波源：爆发的火山、地震、大气湍流、坠入大气层的流星、雷暴、磁暴、台风、龙卷风等。

次声波应用：

（1）科学研究：次声波与地球、海洋、大气等的大规模运动有密切的关系，因此，次声波成为人们研究地球、海洋、大气运动的有力工具，它可以应用于探测次声波源的位置、大小和其他特性，对自然灾害性事件（如火山爆发、地震等）进行预报，对核爆炸、火箭反射等人为事件进行探测、识别和警报。还可以通过研究自然现象产生次声波的机制和特性，深入认识自然规律。

（2）军事应用：①军事侦察，次声波在介质中传播时，能量衰减缓慢，并且运动快，隐蔽性强，不易被对方发现，因而可以用来侦察军事情报；②次声波有杀伤性，利用和人体器官固有频率相近的次声波与人体器官产生共振，导致人体器官的变形和移位，甚至破裂，达到杀伤对方的目的。

阅读材料

克里斯蒂安·惠更斯（Christiaan Huygens，1629年4月14日—1695年7月8日），荷兰人，世界知名物理学家、天文学家、数学家和发明家，机械钟（他发明的摆钟属于机械钟）的发明者。他是介于伽利略与牛顿之间的一位重要的物理学先驱，是历史上最著名的物理学家之一，他对力学的发展和光学的研究都有杰出的贡献，在数学和天文学方面也有卓越的成就，是近代自然科学的一位重要开拓者。

惠更斯曾集中精力研究数学问题，对悬链线、抛物线、对数螺线等都进行过研究，还在概率论和微积分方面有所成就。1657年发表的《论赌博中的计算》，就是一篇关于概率论的科学论文(他是概率论的创始人)。从1651年起,他对于圆、二次曲线、复杂曲线、悬链线、概率问题等发表了一些论著,此外还研究了浮体和求各种形状物体的重心等问题。

克里斯蒂安·惠更斯

惠更斯原理是近代光学的一个重要基本理论。惠更斯在1678年给巴黎科学院的信及1690年发表的《光论》一书中都阐述了他的光波动原理,即惠更斯原理。1690年出版的《光论》一书中正式提出了光的波动说,建立了著名的惠更斯原理。在此原理基础上,他推导出了光的反射和折射定律,圆满地解释了光速在光密介质中减小的原因,同时还解释了光进入冰洲石所产生的双折射现象,认为这是由冰洲石分子微粒为椭圆形所致。但它虽然可以预料光的衍射现象的存在,却不能对这些现象作出解释,也就是它可以确定光波的传播方向,而不能确定沿不同方向传播的振动的振幅。因此,惠更斯原理是人类对光学现象的一个近似的认识。直到后来,菲涅耳对惠更斯的光学理论作了发展和补充,创立了"惠更斯-菲涅耳原理",才较好地解释了衍射现象,完成了光的波动说的全部理论。

惠更斯在天文学方面有着很大的贡献。他把大量的精力放在了研制和改进光学仪器上,改良了开普勒的望远镜,并利用自己研制的望远镜进行了大量的天文观测。伽利略曾通过望远镜观察过土星,他发现了"土星有耳朵",后来又发现了土星的"耳朵"消失了。伽利略以后的科学家对此问题也进行过研究,但都未得要领。"土星怪现象"成了当时天文学上的一个谜。当惠更斯将自己改良的望远镜对准这颗行星时,他发现了在土星的旁边有一个薄而平的圆环,而且它很倾向地球公转的轨道平面。伽利略发现的"土星耳朵"消失,是由于土星的环有时候看上去呈现线状。因此,惠更斯解开了这个由来已久的天文学之谜。以后惠更斯又发现了土星的卫星—土卫六,并且还观测到了猎户座星云、火星极冠等。

惠更斯是创建经典力学的先驱。在力学方面的研究,惠更斯以伽利略所创建的基础为出发点。在研究摆中阐明了许多动力学概念和规律(包括摆的运动方程,离心力、摆动中心、转动惯量的概念),用摆测量重力加速度,指出物体在地球赤道处受到的离心力是重量的1/289,著有《关于钟摆的运动》(1673)。在研究摆的重心升降问题时,惠更斯发现了物体系的重心与后来欧拉称之为转动惯量的量,提出著名的单摆周期公式,还引入了反馈装置——"反馈"这一物理思想今天更显得意义重大。设计了船用钟和手表平衡发条,大大缩小了钟表的尺寸。他还用摆求出重力加速度的准确值,并建议用秒摆的长度作为自然长度标准。

惠更斯同J. 沃利斯(1616—1703)和C. 雷恩(1632—1723)在同一时期发现弹性体的碰撞规律。在1668～1669年英国皇家学会碰撞问题征文悬赏中,他是得奖者之一。他详尽地研究了完全弹性碰撞问题(当时叫"对心碰撞"),并综合发表于《论物体的碰撞运动》(1703),其中包括5个假设和13个命题。他纠正了笛卡儿不考虑动量方向性的错误,并首次提出完全弹性碰撞前后的守恒。他还研究了岸上与船上两个人手中小球的碰撞情况并把相对性原理应用于碰撞现象的研究。大约在1669年,惠更斯就已经提出解决了碰撞问题的一个法则——"活力"守恒原理,它成为能量守恒的先驱。

惠更斯还研究了圆周运动、摆、物体系转动时的离心力及球和地球转动时变扁的问题等。这些研究对于后来万有引力定律的建立起了促进作用。他提出过许多既有趣又有启发性的离心力问题。惠更斯在他的《摆钟论》中还给出了他关于所谓的"离心力"的基本命题。他提出:

一个做圆周运动的物体具有飞离中心的倾向,它向中心施加的离心力与速度的平方成正比,与运动半径成反比。这也是他对有关的伽利略摆动学说的扩充。

此外,惠更斯和胡克还各自发现了螺旋式弹簧丝的振荡等时性,这为近代游丝怀表和手表的发明创造了条件。

惠更斯处于富裕宽松的家庭和社会环境中,没受过宗教迫害的干扰,能比较自由地发挥自己的才能。他善于把科学实践与理论研究结合起来,透彻地解决某些重要问题,形成了理论与实验结合的工作方法与明确的物理思想,他留给人们的科学论文与著作68种,《全集》有22卷,在碰撞、钟摆、离心力和光的波动说、光学仪器等多方面做出了诸多贡献。

本章小结

一、简谐振动

1. 简谐振动方程

微分方程:$\frac{d^2x}{dt^2}+\omega^2x=0$

运动方程:$x=A\cos(\omega t+\varphi)$

2. 简谐振动的特征量:振幅、周期(频率)和相位。

3. 简谐振动的速度与加速度:

$$v=\frac{dx}{dt}=-\omega A\sin(\omega t+\varphi)$$

$$a=\frac{d^2x}{dt^2}=-\omega^2A\cos(\omega t+\varphi)$$

简谐振动的能量:$E=E_k+E_p=\frac{1}{2}m\omega^2A^2=\frac{1}{2}kA^2$

4. 同方向同频率简谐振动的合成

同方向同频率的两个简谐振动合成后仍是一个简谐振动。它的频率和原分振动的频率相同,而振幅和初相位由原分振动的振幅和初相位来决定。

$$x=A\cos(\omega t+\varphi)$$

$$A=\sqrt{A_1^2+A_2^2+2A_1A_2\cos(\varphi_2-\varphi_1)}$$

$$\tan\varphi=\frac{A_1\sin\varphi_1+A_2\sin\varphi_2}{A_1\cos\varphi_1+A_2\cos\varphi_2}$$

二、波动学基础

1. 机械波产生的条件:弹性介质和波源。

2. 描写波动的特征量:波长、周期、频率和波速。

波动方程:$y=A\cos\omega\left(t-\frac{x}{c}\right)=A\cos(\omega t-kx)$

波的能量:$E=E_k+E_p=\rho dVA^2\omega^2\sin^2\omega\left(t-\frac{x}{c}\right)$

波的强度:$I=\bar{w}c=\frac{1}{2}\rho cA^2\omega^2$

波的干涉:频率相同、振动方向相同、同相位或相位差恒定的两列波。

三、声学基础

1. 描述声波的物理量

声压:$p=\rho c\omega A\cos\left[\omega\left(t-\frac{x}{c}\right)+\frac{\pi}{2}\right]$

声阻抗：$Z=\frac{p_m}{v_m}=\frac{\rho c\omega A}{A\omega}=\rho c$

声强：$I=\frac{1}{2}\rho cA^2\omega^2=\frac{p_m^2}{2Z}$

声强级：$L=10\lg\frac{I}{I_0}$(dB)

2. 超声波的主要特性：能流密度大、方向性好、穿透力强、空化作用。

思考题

2-1 简谐振动的运动学及动力学特征分别是什么？

2-2 在振动中，为什么要用相位来表示作简谐振动物体的运动状态？

2-3 机械振动与机械波有何区别和联系？

2-4 机械波的产生条件是什么？

2-5 波动方程的物理意义是什么？

2-6 何为波的干涉？产生相干波的条件是什么？

2-7 何为波的衍射？

2-8 超声波是如何产生和传播的？超声波有哪些主要特性？

第三章　超声原理及应用

教学要求

(1)掌握超声波的基本性质及多普勒效应;掌握各类超声成像的基本原理。
(2)了解超声治疗的原理及临床中的应用。

生物医学超声学是一门将超声学与医学应用结合起来,涉及材料科学、电子技术、信息处理技术、计算机技术、制造工艺等多领域的学科。其研究涉及超声波在生物组织中的传播特性及规律(医学超声物理),应用生物组织中超声传播的规律设计制造用于医学诊断和治疗的超声设备(医学超声工程)。医学超声主要应用于超声诊断和超声治疗,开展相关超声研究。超声成像(US)与体层成像(X-CT)、放射性同位素扫描成像(PET、SPECT)及**磁共振成像(magnetic resonance imaging,MRI)**并称为现代医学四大影像技术。

第一节　超声波的基本性质

超声波是一种机械波,是机械能量的一种波动形式。同机械波一样,超声波的产生也需两个条件:第一,要有作机械振动的波源(超声声源);第二,要有能传播机械振动的弹性介质(如人体组织)。

声波的频率范围很宽,可依次划分为次声波、可闻声波和超声波、特高频超声波,如图 3-1 所示。通常将频率低于 20Hz 的声波称为次声波,将频率在 20 ~ 20000Hz 的声波称为可闻声波,频率高于 20000Hz 的声波称为超声波,频率高于 100MHz 的声波称为特高频超声波,超声波是声波频谱中的一部分。

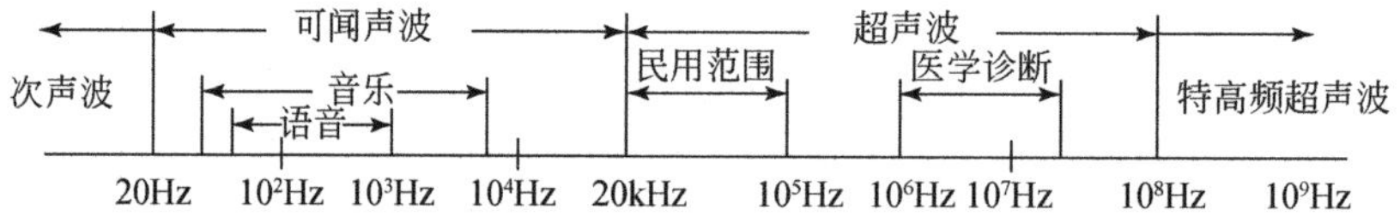

图 3-1　声波频谱

超声波在医学中占有举足轻重的地位,主要原因在于超声波波长很短、频率很高,且具有方向性好、能量高、穿透能力强、在传播过程中有规律的变化等特性。

1. 方向性好　声波频率越高,方向性就越好。医学中使用波长为毫米级的超声波,由于其频率很高,因此具有良好的束射性,可定向发射。

2. 能量高　声波作用于物质时,可使其中的分子也跟着振动,且振动的频率和声波频率一致。而在相同振幅条件下,分子振动的频率又决定了分子振动的速度,因而声波频率间接影响了受作用物质获得的能量。已知声波能量与频率平方成正比，所以超声波能量远高于普通声波能量。

3. 传播特性　超声波具有几何光学的特点，如在介质中直线传播、遇界面产生反射或折射，遇到几何尺寸小于或等于波长的介质时产生散射或衍射等，同时这些传播特性均遵从几何光学基本定律。

4. 穿透能力强　虽然超声波在生物介质中传播时会因扩散、散射、反射或吸收等因素而衰减，但是只要有合适的工作频率和发射功率，超声波仍可进入人体。超声医学工程正是应用超声波在组织中的穿透力来获得人体内部的生物信息。

一、超声波的分类

常见的超声波分类如下。

（一）根据质点振动方向分类

1. 横波　介质中质点的振动方向与波的传播方向互相垂直的波称为横波（又称切变波，用 S 或 T 表示）。横波只能在固体介质中传播，不能在液体和气体中传播，如图 3-2（a）所示。

2. 纵波　介质中质点的振动方向与波的传播方向平行的波称为纵波（又称压缩波或疏密波，用 L 表示），纵波可以在固、液、气三相介质中传播，如图 3-2（b）所示。

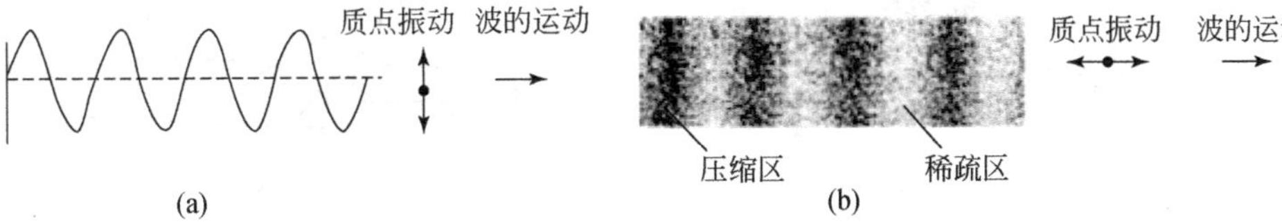

图 3-2　横波（a）与纵波（b）

3. 表面波　当介质表面受到交变应力作用时，产生沿介质表面传播的波，称为表面波（又称瑞利波，用 R 表示）。表面波传播时，介质表面质点做椭圆运动，椭圆长轴垂直于波的传播方向，短轴平行于波的传播方向，故表面波可视为横波与纵波的合成。因为横波只能在固体介质中传播，所以表面波也只能在固体介质中传播，如图 3-3 所示。

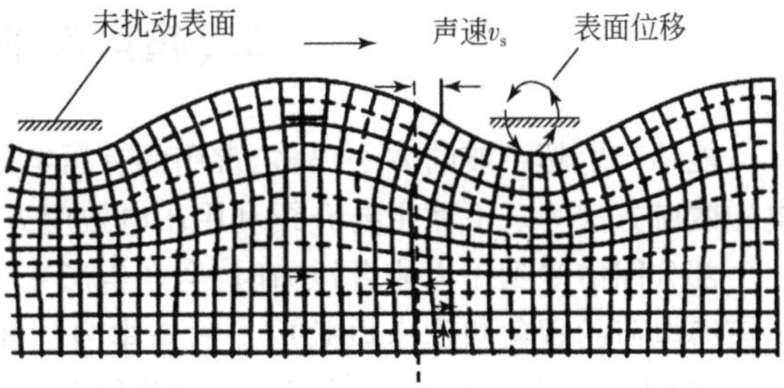

图 3-3　表面波

（二）根据波阵面的形状分类

1. 平面波　波阵面为互相平行平面的波称为平面波，如图 3-4（a）所示。

2. 柱面波　波阵面为同轴圆柱面的波称为柱面波，如图 3-4（b）所示。

3. 球面波　波阵面为同心球面的波称为球面波，如图 3-4（c）所示。

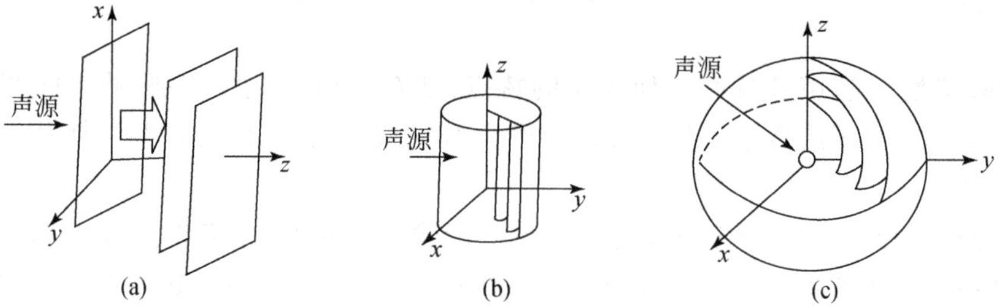

图 3-4 平面波(a)、柱面波(b)和球面波(c)

(三)根据波源振动持续时间长短分类

1. 连续波 波源持续振动所辐射形成的波称为连续波。超声诊断中使用的连续波一般为正弦等幅波,如图 3-5(a)所示。

2. 脉冲波 波源间歇振动所辐射形成的波称为脉冲波。超声诊断中使用的脉冲波一般为阻尼衰减振荡波,如图 3-5(b)所示。

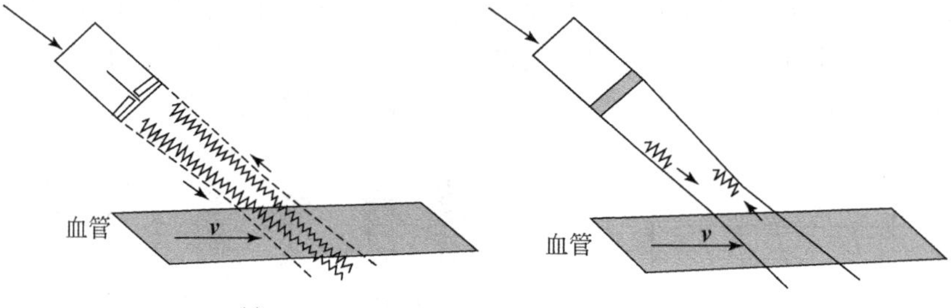

图 3-5 连续波(a)与脉冲波(b)

二、超声波的产生机制

能够产生超声波的方法很多,常用的有压电效应方法、磁致伸缩效应方法、静电效应方法和电磁效应方法等。下面主要介绍利用压电效应方法产生超声波。

部分固体受到压力或者拉力时,会产生形变导致物质发生极化,并且在物质的表面产生正负束缚电荷的现象叫作压电效应。物质本身的压电效应和它的本身内部结构有关,如石英晶体,它的化学成分为 SiO_2。石英晶体中两种离子可形成规整的六角形排列,如图 3-6 所示,三个带正电荷的原子形成一个向右的正三角形,三个带负电荷的原子将组成一个向左的三角形,晶体不受力时,两个三角形重心重合,六角形单元呈电中性,同时整个晶体也呈电中性(图 3-6(a))。当晶体沿 x 方向受到拉力时(或者沿 y 方向受到压力时),六角形将沿 x 方向变形拉长,这将使得正负电的中心不重合,虽然此时的六角形仍然呈现电中性,但是其正负电中心不重合导致产生电偶极矩 $\boldsymbol{p}$,整个晶体中有许多这样的电偶极矩排列,使得晶体出现极化现象,晶体左右表面出现束缚电荷(图 3-6(b))。当外力消失的时候,晶体将会恢复原状,极化现象也将会消失。这类晶体制成的陶瓷材料常被称作压电陶瓷。

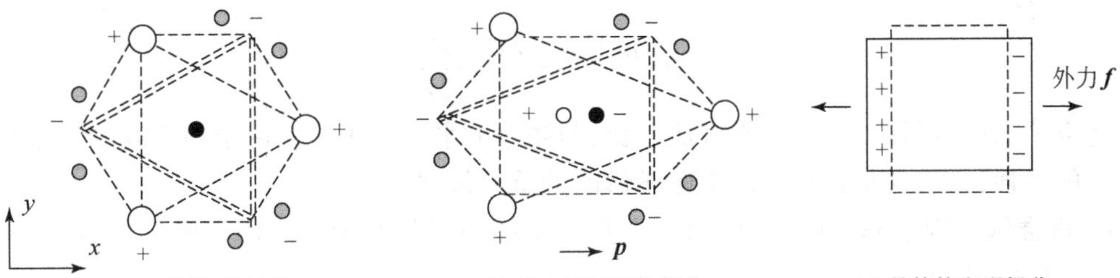

(a) 石英晶体结构　(b) 拉力作用下的极化　(c) 晶体的宏观极化

图 3-6　石英晶体的压电效应

若压电陶瓷被加工成平面形状，在其正反面镀上银作电极以后，该器件被称作压电晶片。如果对压电晶片两极人为施加电压，则产生机械应力，出现形变，当外加电场撤去时，这些形变或应力也随之消失，称为逆压电效应。

当高频电信号加在压电陶瓷上时，晶片将产生弹性振荡（机械振动），形成高频声信号，这就是我们平常所说的超声波信号。此弹性振荡的频率与晶片的厚度有关系，只要选择合适的晶片厚度及电信号，就可得到所需频率的超声波。

三、超声波的传播特性与生物效应

（一）常用超声学参量

1. 波速　超声波在介质中的传播速度与介质的弹性模量和介质的密度有关。对于一定的介质，由于弹性模量和密度为常数，则波速也是常数；不同的介质有不同的波速。此外，波速具有温度系数，即温度变化1℃时对应于波速变化的数值。温度系数可正可负，若温度升高，波速变大，则温度系数为正；若温度升高，波速变小，则温度系数为负；若温度变化时波速不变，则温度系数为零。温度系数这一特征可用来监测肿瘤热疗过程，还可用于无损测量人体内部的温度。

2. 声压　超声声场中某处瞬时压强与没有超声波存在时的静态压强之差称为该点的声压 p，可描述声波的强弱。由于介质中各质点振动位置的周期性变化，声压也做周期性变化。应用中常用声压幅值 p_m 表示声压 p 的大小；常见的正弦波声压幅值 p_m 为

$$p_m = A\rho c\omega \tag{3-1}$$

式中 A 为声振动幅值，ρ 为介质密度，c 为波速，ω 为声波的角频率。

3. 声阻抗　介质中某点的声压幅值 p_m 与该处质点振动速度的幅值 $v_m = \omega A$ 的比值称为声阻抗 Z，它表示超声声场中介质对质点振动的阻碍作用，是声介质的力学特征量，单位为瑞利。定义式为

$$Z = \frac{p_m}{v_m} = \rho c \tag{3-2}$$

由此可知，在同一声压下，声阻抗越大，质点的振动速度就越小。一切影响 ρ 和 c 的因素都将影响声阻抗，如介质的物理状态、波的类型、温度等。声阻抗是影响超声波在界面上的反射率和透射率的重要参量。

4. 声强　单位时间内通过垂直于波传播方向单位面积的声能称为声强 I。对于平面余弦

波,声强 I 为

$$I=\frac{\rho cA^2\omega^2}{2}=\frac{Zv_m^2}{2}=\frac{p_m^2}{2Z} \tag{3-3}$$

超声声场中,声强与声压的平方成正比,与频率的平方成正比。由于超声波的频率很高,故超声波的声强很大,这是超声波用于医学诊断的重要依据。

5. 声强级 规定 $f=1000\text{Hz}$ 时引起人耳听觉的声强最小值 $I_0=10^{-12}\text{W/m}^2$ 为声强标准,则声强级 L 的定义为

$$L=10\lg\frac{I}{I_0}=20\lg\frac{p_m}{p_{m0}} \tag{3-4}$$

临床上,利用声强级的概念表示仪器的探测灵敏度 H,H 为

$$H=10\lg\frac{I'}{I}=20\lg\frac{U'}{U}=20\lg\frac{A'}{A} \tag{3-5}$$

式中 I'、I 分别为探头发出的始波强度和仪器可探测到的最小强度;U'、U 分别为输入、输出电压;A'、A 分别为相应的声压信号幅值。H 也称为仪器的增益。

6. 辐射压和声功率 在超声波传输过程中,将造成超声波在传播方向上声强减少的静态声压称为辐射压,用 F 表示。全吸收的条件下,F 与声功率 W 的关系为 $F=W/c$;对于全反射性界面,$F=2W/c$。

(二)超声波的传播特性

1. 超声波的反射和透射 超声波从一种介质传播到另一种介质时,若在界面上介质声阻抗突变或界面的线度远大于声波波长和声束直径,那么在界面上一部分能量反射回来(形成反射波),另一部分能量透过界面在另一种介质中传播(形成透射波)。在界面上,声能(声压、声强)的分配和传播方向遵循一定的变化规律。

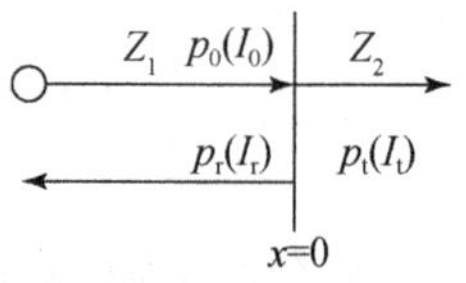

图 3-7 超声波垂直入射到平面界面上的反射和透射

(1)超声波垂直入射到平面界面上的反射和透射:当超声波垂直入射到足够大的光滑平面时,将同时发生反射和透射,如图 3-7所示。反射波和透射波的声压(声强)由声压反射率(声强反射率)和声压透射率(声强透射率)表示。

设入射波的声压为 p_0(声强为 I_0),反射波的声压为 p_r(声强为 I_r),透射波的声压为 p_t(声强为 I_t)。界面上反射波的声压 p_r 与入射波的声压 p_0 之比为界面的声压反射率,用 r 表示

$$r=\frac{p_r}{p_0}=\frac{Z_2-Z_1}{Z_2+Z_1} \tag{3-6}$$

式中 Z_1 为介质 1 的声阻抗,Z_2 为介质 2 的声阻抗。

界面上反射波的声强 I_r 与入射波的声强 I_0 之比为界面的声强反射率,用 R 表示

$$R=\frac{I_r}{I_0}=\frac{\dfrac{p_r^2}{2Z_1}}{\dfrac{p_0^2}{2Z_1}}=\frac{p_r^2}{p_0^2}=r^2=\left(\frac{Z_2-Z_1}{Z_2+Z_1}\right)^2 \tag{3-7}$$

界面上透射波的声压 p_t 与入射波声压的 p_0 之比为界面的声压透射率,用 t 表示

$$t=\frac{p_t}{p_0}=\frac{2Z_2}{Z_2+Z_1} \tag{3-8}$$

界面上透射波的声强 I_t 与入射波的声强 I_0 之比为界面的声强透射率,用 T 表示

$$T=\frac{I_t}{I_0}=\frac{\dfrac{p_t^2}{2Z_2}}{\dfrac{p_0^2}{2Z_1}}=\frac{Z_1}{Z_2}\times\frac{p_t^2}{p_0^2}=\frac{4Z_1Z_2}{(Z_2+Z_1)^2} \tag{3-9}$$

可知,$R+T=1$。在理想情况下,超声波垂直入射到界面上时,声压和声强的分配与界面两侧介质的声阻抗有关,下面作进一步讨论:

(a)当 $Z_2>Z_1$ 时,$r>0$,即反射波声压与入射波声压同相位,界面上反射波与入射波叠加,类似驻波,合成声压振幅增大为 p_0+p_r。

(b)当 $Z_2<Z_1$ 时,$r<0$,即反射波声压与入射波声压相位相反,反射波与入射波合成声压振幅减小为 p_0-p_r。

(c)当 $Z_2 \ll Z_1$ 时,声压反射率趋于-1,透射率趋于0,即声压几乎全反射,无透射。在超声诊断时,探头与患者皮肤之间的空气将阻碍超声波传入人体。为获得高质量的图像,需要用液性传导介质来连接探头与患者体表,同时超声波不能检测含气组织。

(d)当 $Z_2\approx Z_1$ 时,$r\approx 0$,$t\approx 1$,超声波几乎全透射,无反射。

(2) 超声波在曲面界面上的反射和透射:超声波入射在曲面界面上时会发生聚焦或发散现象,其取决于曲面形状和界面两侧介质的声速。一般而言,曲面的凹凸形状以第二介质的界面形状为基准。

反射波:当界面为球面时,具有焦点,反射波波阵面为球面。凹球面上的反射波好像是从实焦点发出的球面波,凸球面上的反射波好像是从虚焦点发出的球面波。界面为柱面时,具有焦轴,反射波波阵面为柱面。凹柱面上的反射波好像是从实焦轴发出的柱面波,凸柱面上的反射波好像是从虚焦轴发出的柱面波,如图3-8所示。

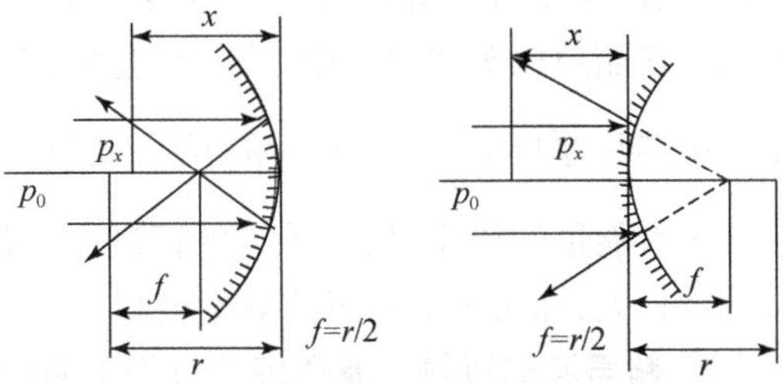

图3-8　平面波在曲面界面上的反射

透射波:透射波产生聚焦还是发散,不仅与曲界面的凸、凹有关,而且与两种介质的声速 c_1 和 c_2 有关。由折射定律知,平面超声波入射到 $c_1<c_2$ 的凹曲面和 $c_1>c_2$ 的凸曲面上时,其透射波将聚焦;平面超声波入射到 $c_1>c_2$ 的凹曲面和 $c_1<c_2$ 的凸曲面上时,其透射波将发散,如图3-9所示。

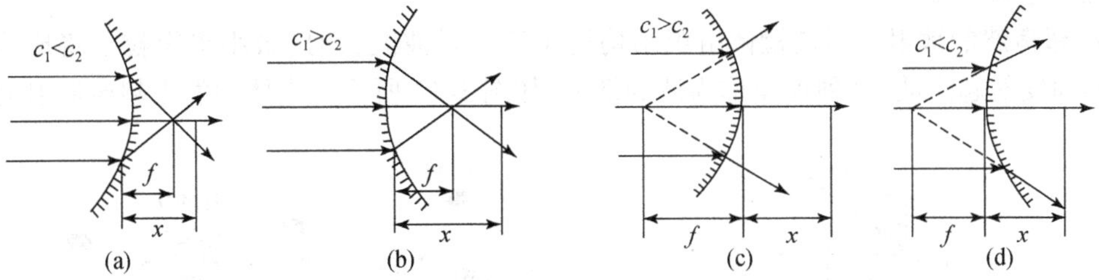

图3-9　平面波在曲面界面上的透射

当界面为球面时,透射波波阵面为球面,透射波好像是从焦点发出的球面波;界面为柱面时,透射波波阵面为柱面,透射波好像是从焦轴发出的柱面波。

2. 声耦合　在超声医学应用中,超声换能器与被探测对象之间存在空气界面,如图3-10所

示，由于空气声阻抗很小，这时，$r=-1$，$t=0$，产生全反射，难以使超声波进入组织。因此需要用适当的耦合介质来填充这些空气，这样，探头、耦合剂与人体构成了一个多层声波传播介质。

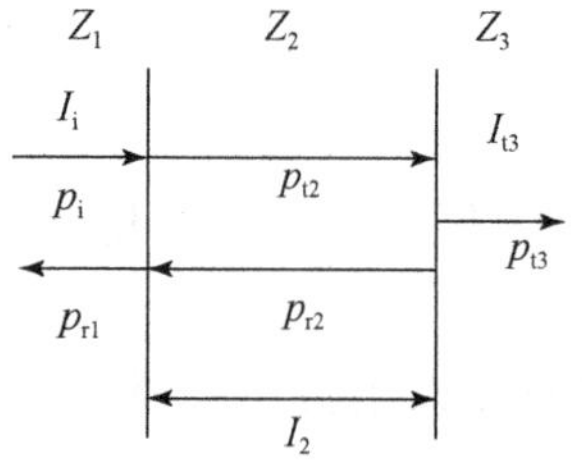

图 3-10　超声波在多层介质中的反射与透射

3. 超声波的叠加　波的叠加原理表明超声波的传输具有独立性，主要包括以下两点：

（1）当几列波在同一介质中传播并相遇时，相遇处质点的振动是各波引起的分振动的合成，任一时刻该质点的位移是各波引起的分位移的矢量和。

（2）相遇后的各波仍保持它们各自原有的特性（频率、波长、振幅、振动方向、传播方向等）不变。

4. 超声波的干涉　波的干涉现象基于波的叠加原理。两列频率相同、振动方向相同、相位相同或相位差恒定的波相遇时，由于波叠加的结果，某些地方的振动始终加强，而另一些地方的振动始终减弱，这种现象称为波的干涉现象。如图 3-11 所示，在发生干涉的区域中，当波程差等于波长的整数倍时，两列相干波相遇时互相加强，合振幅达到最大值；波程差等于半波长的奇数倍时，两列相干波相遇时互相减弱，合振幅达到最小值。振动加强或减弱的趋势不变，并且振动加强的区域和减弱的区域互相间隔，形成的干涉条纹的位置不随时间发生变化。

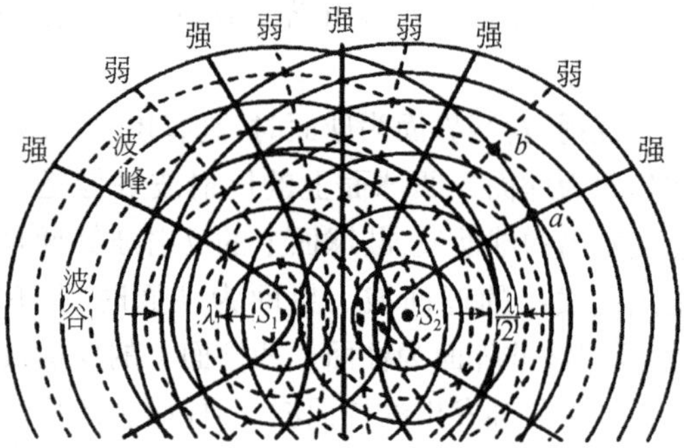

图 3-11　波的干涉

特殊情况下，两列振幅相同的相干波，在同一直线上沿相反方向传播叠加而成的波，称为驻波，其产生条件是介质厚度等于半波长的整数倍。在超声探头的设计中，为了产生驻波，通常压电芯片厚度 $d=\frac{\lambda}{2}$（λ 为波长），此时驻波区域没有能量的传播，只有质点的振动，合成振幅达到最大，探头辐射超声的效率最高。

5. 超声波的衍射　波在传播过程中遇到障碍物时能绕过障碍物的边缘继续前进的现象，称为波的衍射（或绕射），如图 3-12 所示。衍射强弱取决于障碍物直径 D 和波长 λ 的相对大小。一般而言，当 $D\ll\lambda$ 时，可认为超声波只发生衍射；当 $D\gg\lambda$ 时，可认为超声波只发生反射；当 D 与 λ 相当时，可认为超声波既发生衍射又发生反射。鉴于以上原因，超声波能探测到的最小病灶尺寸为 $\lambda/2$。

6. 超声波的散射　当被检体组织结构远小于入射波波长时，微小组织粒子将成为新的波源向四周发射超声波，这种现象称为波的散射，如图 3-13 所示。人体中发生超声散射的小障碍

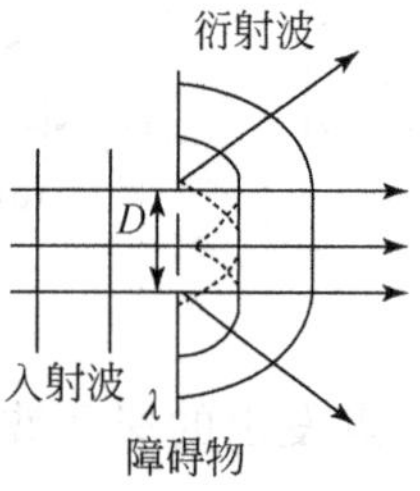

图 3-12　波的衍射

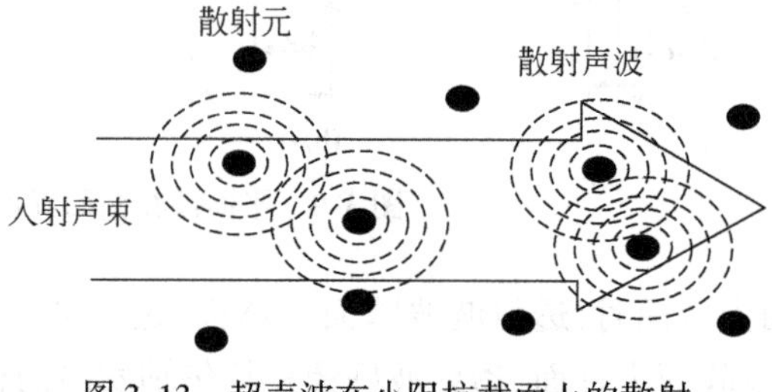

图 3-13　超声波在小阻抗截面上的散射

物主要有红细胞和脏器内微小的组织结构。利用超声波的反射只能观察到脏器的轮廓，而利用超声波的散射则可以了解脏器内部的病变。散射波的强度与障碍物的大小有关，随障碍物直径与波长的比值的增大而加强。一般而言，当散射体线度 $d \ll \lambda$ 时，散射明显，散射场强度均匀，散射声强正比于$\frac{1}{\lambda^4}$；当 $d \gg \lambda$ 时，散射不明显；当 d 与 λ 相当时，散射场分布复杂。

7. 惠更斯原理在超声波中的应用　惠更斯原理在超声医学中有着重要的应用，它可以用来确定不同波源辐射的超声波的传播方向。如图 3-14 所示，在发射超声波时，通过控制超声换能器各压电振子发射超声的顺序，就可控制超声波束的方向。

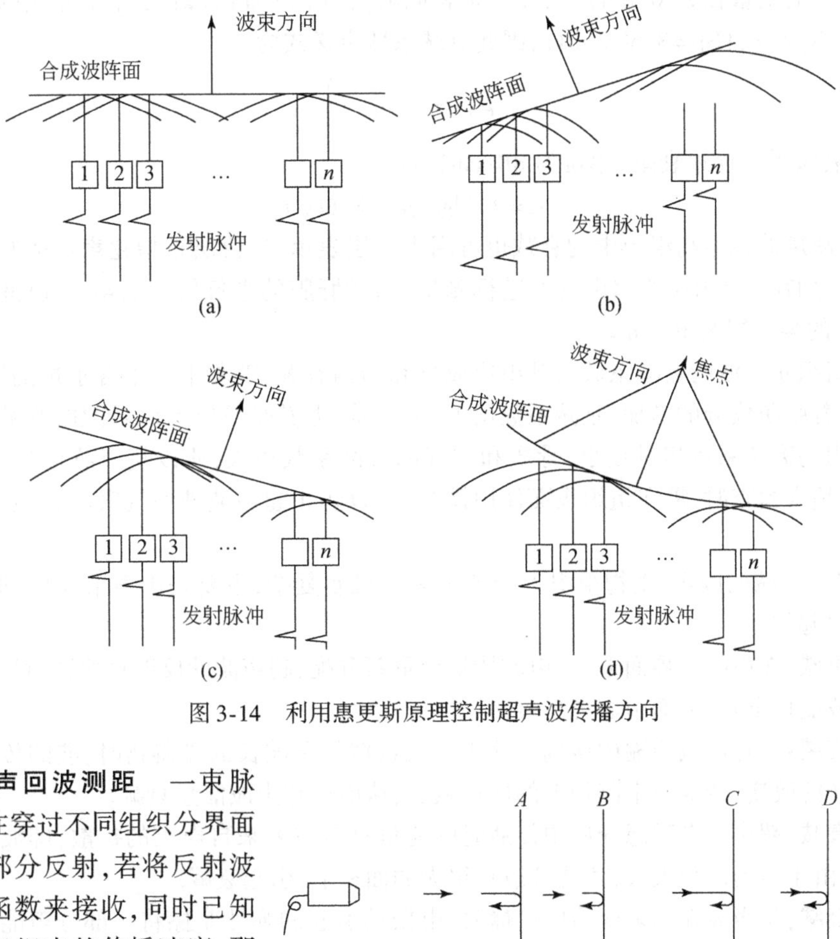

图 3-14　利用惠更斯原理控制超声波传播方向

8. 超声回波测距　一束脉冲超声波在穿过不同组织分界面时会发生部分反射，若将反射波作为时间函数来接收，同时已知超声波在组织中的传播速度，那么就可以获得组织分界面的位置信息，这就是超声回波测距的基本原理。如图 3-15 所示，其中 x 为超声探头与组织界面距离，c 为超声波速，t 为接收回波信号延迟时间。

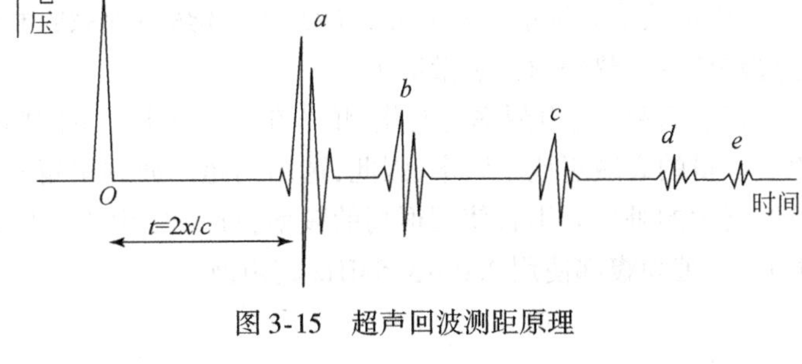

图 3-15　超声回波测距原理

(三)超声波的生物效应

由于组织类型和形状的差异,不同生物组织的超声特性也不尽相同,生物组织的声阻抗、声速和声衰减等特性在确定医学超声探测与成像技术的有用性方面有重要的作用。

1. 生物组织中的超声衰减

(1)衰减系数:超声波在非理想弹性介质中传播时,随着传播距离的增加,其声能逐渐减弱。通常用衰减系数描述衰减大小。

$$A_z = A_0 e^{-\mu_0 z} \tag{3-10}$$

式中 A_0 是波的变量在 $z=0$ 处的峰值,A_z 是相同的变量在 z 处的峰值,μ_0 是介质的幅度衰减系数(单位为 Np/cm,1Np=8.6859dB),因此衰减系数定义式为

$$\mu_0 = -\frac{1}{z}\ln\left(\frac{A_0}{A_z}\right) \tag{3-11}$$

通常用 α 衰减系数描述衰减(单位为 dB/cm),即

$$\alpha = 20(\lg e)\mu_0 = 8.686\mu_0 \tag{3-12}$$

另外,超声波在生物组织中的衰减也可用半价层表示,半价层是指超声声能减少一半时的传播距离。如在 1.0MHz 的超声波下进行测量,通常肝脏的半价层为 2.4cm,血液的半价层为 35cm,血浆的半价层为 100cm。

生物组织超声波的衰减系数与其组成成分和结构有关,随着组织中含水量的增加,衰减系数减小;随着脂肪成分的增加,衰减系数增大;蛋白质(尤其是胶原蛋白)增加,衰减系数明显增大。软组织的衰减系数相对较小,骨质和空气的衰减系数很大,所以超声波很难在其中传输。因此,在做超声检查时,需在组织表面使用耦合剂,以防止超声波被空气吸收,且超声波不宜检查硬组织。

(2)引起衰减的因素:生物组织中的超声衰减机制复杂,主要是由声束反射、散射、扩散和组织吸收引起的。

反射衰减:在声阻抗界面上,超声波能量会重新分配,超声波的反射将使透射进入更深层组织中的声波能量下降,从而引起能量衰减。

散射衰减:当超声波传输中遇到尺寸小于或近似等于波长的障碍物时,波的传播路径将发生不可逆转的改变,造成原来路径上的能量减少,从而使超声波能量衰减。

扩散衰减:超声波在理想介质中传播时的能量衰减主要来自声束的扩散,即波前距声源一定距离后,由于声场面积太大,声能分散在很大的面积上,引起衰减。

吸收衰减:超声波在均匀介质中传播时,由振动引起的弹性摩擦将一部分声能转换为其他形式的能量,表现为能量被介质吸收。吸收衰减主要有三种形式:①黏滞吸收,即由于介质黏滞性,介质质点相互摩擦,将部分声能转换为热能;②弛豫吸收,即介质将部分声能转换为分子势能,再以声波形式辐射出去导致声能减少;③热传导吸收和热辐射吸收,即声能转换为热能后再通过热传导或热辐射使热量散失。

(3)衰减随超声频率的变化:频率在 1~15MHz 范围内的超声波在非黏滞介质中传播时,超声波能量的衰减正比于频率,因此,选用的超声波频率越高,衰减就越大。通常在探测深层组织或厚度大的脏器时不宜使用很高的频率,对浅表组织可用较高频率,如眼科使用 10~20MHz 超声波,心脏和腹部使用 2.0~3.5MHz 超声波。

2. 生物组织的超声特性参数

(1)声速:在超声回波测距的过程中,声速的准确性至关重要。虽然人体组织结构非常复杂,但软组织性质接近流体,骨骼性质接近固体,超声波在软组织和骨骼中传播时的声速与在流体和固体中的声速相近。其在软组织中的平均声速为 $c=1540\text{m/s}$,在骨骼中的平均声速约为软组织的 3 倍。但实际上各种软组织的声速约有 5% 的差异,因此超声诊断仪器的系统误差在 5% 左右。

(2)声阻抗与声压反射系数:人体组织的声阻抗及声压反射系数是脉冲回波超声诊断的基础。由表 3-1 可知,人体组织可分为三类:低声阻抗的气体或充气组织;中等声阻抗的液体和软组织;高声阻抗的生物组织。三类组织的声阻抗差异甚大,由声压反射系数可知,彼此间不易传播超声波。超声检测主要用于第二类组织。

表 3-1 人体正常组织的密度、声速与声阻抗

介质名称	密度/($\times10^3\text{kg/m}^3$)	速度/(m/s)	声阻抗/($\times10^6\text{Pa}\cdot\text{m/s}$)
血液	1.055	1570	1.656
血浆	1.027	—	—
脂肪	0.955	1476	1.410
大脑	1.038	1540	1.599
小脑	1.030	1470	1.514
脑脊液	1.000	1522	1.522
颅骨	1.658	3860	6.400
肝	1.050	1570	1.648
肾		1560	
软组织(平均值)	1.016	1500	1.524
肌肉(平均值)	1.074	1568	1.684
甲状腺			1.620~1.660
胎体	1.023	1505	1.540

3. 超声波的生物特性

(1)超声波对生物组织的作用:超声波会对人体组织产生各种生物效应,包括热效应和非热效应。超声波生物效应复杂,取决于许多物理学和生物学因素,如超声波强度、辐射时间、声场时间、空间结构、组织类型、生理状态、温度及压力等。在实际应用中,人们利用这些生物效应治疗疾病或采取措施避免生物效应对细胞及组织的破坏。

热效应:超声波能量被组织吸收后所产生的热效应作用于生物分子上,会导致两种结果。第一,分子振动和转动能量发生可逆转的增加,由此引起组织温度升高;第二,分子结构发生永久性改变。由于某些生物组织吸收系数高、血液循环较少、热传导性差,如果长时间、高强度照射,那么组织温度可能持续升高,最终可造成某些生物分子的变性。但在许多情况下,超声波热作用可使血液循环加快、代谢旺盛,增强细胞吞噬能力、缓解肌肉痉挛,甚至杀死肿瘤细胞等,所以热效应在临床上有重要应用。

机械效应：超声波本质是振动在介质中的传播，其在人体组织中传播时由振动和压力产生的剪切力会对细胞和组织产生机械作用。超声波的机械效应是最基本的原发效应，主要分为行波场中的机械效应和驻波场中的机械效应。超声波的机械效应具有重要的临床价值，其对微小细胞可产生微细的按摩作用，改善血液和淋巴循环，加速新陈代谢，破坏体内结石，小剂量超声波还可降低神经兴奋性，具有镇痛作用。

空化效应：超声空化表现为超声空化核在液体中呈现产生、生长、崩溃的周期性循环过程，人们习惯将超声空化分为稳态空化和瞬态空化。当液体介质内的声场中存在适当大小的气泡（空化核）时，它会在声波的交变声压作用下进入振动状态，当声波频率接近气泡共振的特征频率时，气泡的振动就进入共振状态，脉动的幅度达到最大。气泡的这种动力学表现称为稳态空化。当用强度较高的超声波辐照液体时，声场中气泡的动力学过程变得复杂和激烈，在声波的负压半周期内，空化核迅速膨胀，随后又在声波正半周期内，气泡被压缩以致崩溃，这一过程称为瞬态空化。空化崩溃释放较高能量，产生高温、放电、发光效应、压力效应及化学效应等。应用于临床的超声波在大多数情况下会在生物组织中引起不同程度的空化现象，空化效应可用于诊断和治疗。

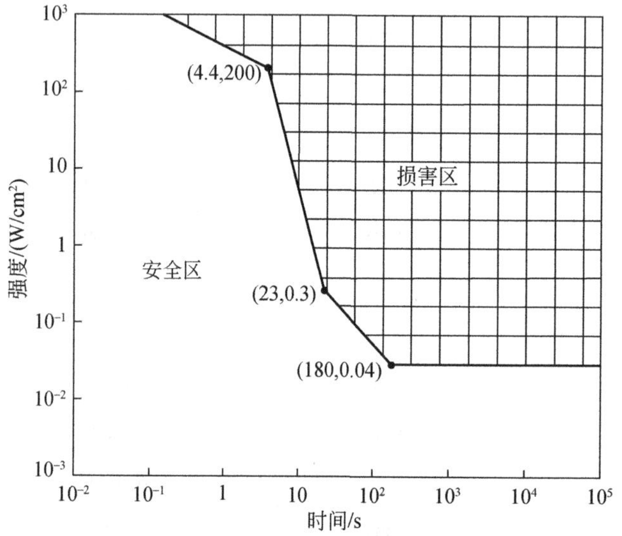

图 3-16　超声诊断仪安全剂量分布范围

（2）超声安全剂量阈值：自超声技术引入医学领域以来，超声安全剂量阈值一直是人们非常关心的问题。诊断超声中，一方面禁止使用过高的超声剂量以免损害人体组织，另一方面如果组织中超声剂量太小，甚至低于接收信号检测阈值，就失去了超声检测的意义。图 3-16 显示了超声诊断仪安全剂量分布范围，可以看出，人体允许使用的超声安全剂量与照射时间相关，照射时间越长，则允许的安全强度越低。在某段区域内，安全剂量的强度和时间的乘积基本上是一常数。

超声诊断和超声治疗应用需从不同角度考量超声的生物效应。一方面，在超声诊断中严格控制超声剂量，尤其在检查胎儿时，防止不利的生物医学效应破坏组织和细胞；另一方面，超声治疗需要充分合理利用超声的生物医学效应，达到破坏病变组织等目的。

第二节　超声波的多普勒效应

一、多普勒效应的基本原理

多普勒效应主要内容为：当波源和观察者有相对运动时，观察者接收到的频率会发生改变。

当观察者靠近波源时，观察者在单位时间内接收到的完全波的个数增多，即接收到的频率增大。同样的道理，当观察者远离波源时，观察者在单位时间内接收到的完全波的个数减少，即接收到的频率减小。

根据多普勒效应原理，当超声发射体(探头)和反射体之间有相对运动时，回声的频率有所改变，此种频率的变化称为频移。频移的程度与相对运动速度成正比，距离变近则频率增大，距离变远则频率减小。其增减的数值(差频)可用检波器检出，用不同类型的仪器还可显示出多普勒信号音和多普勒的线图，用脉冲多普勒超声仪可获得多普勒超声频谱图，可观察血流的方向和速度。

对反射式超声来说，发生多普勒效应必须具有两个条件：一是声源与目标之间必须存在相对运动；二是必须有强的反射源和散射源。入射超声波进入人体后，只要被测目标是运动的，且超声反射或散射的回声足够大，都可以产生多普勒效应和多普勒频移。例如，为了检查心脏、血管的运动状态，了解血液流动速度，可以通过发射超声波来实现。由于血管内的血液是流动的物体，所以超声波振源与相对运动的血液间就产生多普勒效应。血液向着超声源运动时，反射波的波长被压缩，因而频率增大。血液离开超声源运动时，反射波的波长变长，因而在单位时间里频率减小。反射波频率增大或减小的量与血液流动速度成正比，从而就可根据超声波的频移量测定血液的流速。

二、多普勒频移的数学表示

目前的多普勒频移信号显示方式主要有以下三种。

1. 频移-时间谱图显示　在频谱图上，横轴代表时间，纵轴代表多普勒频移，这是最常用的图谱。如图 3-17 所示，中间水平轴(横轴)代表零频移，称为基线。通常在基线上面的频移为正，表示血流方向迎着换能器而来；基线下面的频移为负，表示血流方向远离换能器而去。频谱幅值表示血流速度，可通过屏幕显示读出。频谱灰度表示某一时刻取样容积内速度相同的红细胞数目的多少，灰度亮则说明速度相同的红细胞多，散射回声强；灰度暗则说明速度相同的红细胞少，散射回声弱。频谱宽度表示某一时刻取样血流中红细胞速度分布范围的大小。频谱宽则速度分布范围大，频谱窄则速度分布范围小。其中在病变情况下血流是湍流，速度梯度大，频谱宽；正常血流是层流，速度梯度小，频谱窄。频谱宽度是识别血流动力学改变的重要标志。

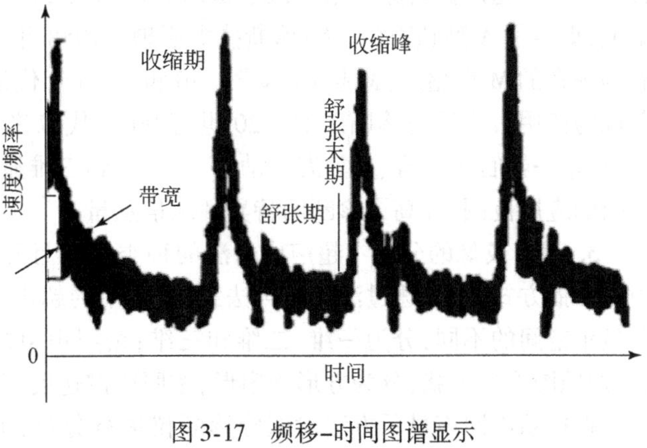

图 3-17　频移-时间图谱显示

通过超声多普勒的实时频率显示，可以得到许多血流动力学相关参数，包括收缩期流速(v_s)、舒张末期流速(v_d)、平均流速(v_m)、阻力指数(Ri)、搏动指数(Pi)、加速度(Ac)、加速度时间(At)等。

2. 功率谱图显示　如图 3-18 所示为功率谱图显示，它以横轴表示速度，纵轴表示振幅(红细胞数目)。频率与振幅的乘积等于信号的功率，也就是频谱曲线下的面积。在心脏和血管的多普勒检查中，功率谱可看作取样容积或声束内的红细胞流速与红细胞数量之间的关系曲线。

3. 三维显示 该频谱图的 x 轴表示时间，y 轴表示速度，z 轴表示强度，如图 3-19 所示。从图中观察血流方向便可知正的或负的多普勒频移；通过测量取样容积内红细胞的运动速率得到血流速度；可以通过测量强度来了解红细胞数目的多少，也可以通过定时使整个心动周期内不同部位的血流速度和方向同时显示。

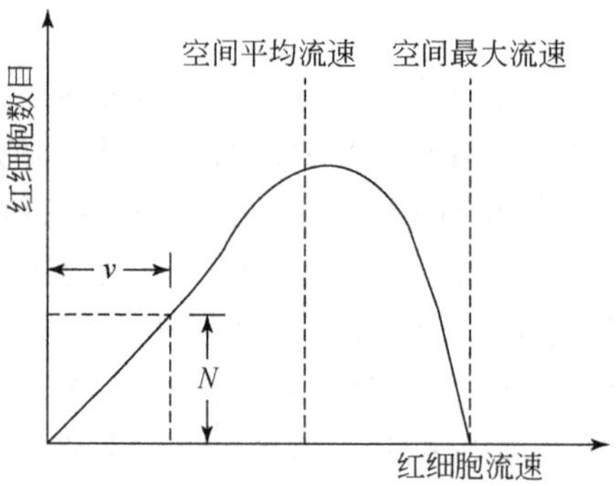

图 3-18 功率谱图显示

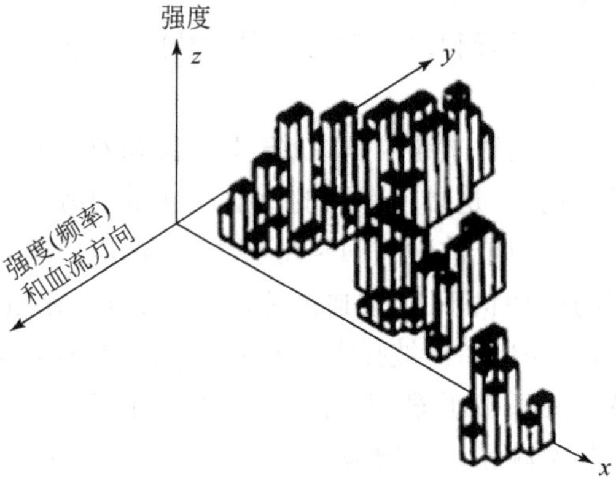

图 3-19 图谱三维显示

第三节 超声成像

一、超声成像简介

1. 基本原理 医用超声成像仪是将声呐原理和雷达技术相结合生产的为临床应用的医疗仪器。其基本原理是高频超声脉冲波辐射到生物体内，由生物体内不同界面反射出不同波形并形成图像，从而判断生物体内是否有病变。超声诊断仪由起初的一维超声扫描显示，发展为二维甚至三维、四维的超声扫描和显示，大大增加了回波信息量，使生物体内的病灶清晰易辨，因此，它将越来越广泛地应用于医学诊断。

2. 超声成像的发展 将超声波作为检测手段始于第二次世界大战。1942 年，奥地利学者首先把工业超声探伤原理用于医学诊断。1946 年，在反射波方法进行医学超声诊断的研究基础上，提出了 A 型超声（A 超）诊断技术原理。1958 年，脉冲回声法首次用于诊断心脏疾病，发展为现在的 M 型超声（M 超）心动图。20 世纪 70 年代是 B 型显像蓬勃发展的时期，超声成像设备成为使用最广泛的诊断工具。20 世纪 90 年代以来，随着计算机、电子技术、信息技术的发展，从单一器官到全身、从静态到动态、从二维到三维显示、从模拟到全数字化，大大扩充了超声诊断的应用范围，提高了诊断的特异性和信息量。

3. 超声成像的分类 超声成像法的种类较多且互有交叉，国内外分类均未统一。按照超声的传播方式，分为透过法和回声法；按照利用的超声物理参数不同，分为幅度法和频移法；按照显示空间的不同，分为一维、二维和三维；按照声束的扫查技术，分为手动、机械和电子扫查法；按照图形的形状，分为方形和扇形；按照成像速度，分为实时和非实时等。

根据超声回声显示方法对医疗诊断仪进行分类，可分为脉冲回声式和频移回声式两大类型。脉冲回声式超声诊断仪包括幅度调制型超声诊断仪（A 型超声诊断仪）、辉度调制型超声诊断仪(B 型超声诊断仪),以及回声辉度调制型超声诊断仪(M 型超声诊断仪)。频移回声式超声诊断仪(D 型超声诊断仪)包括频移示波型超声诊断仪(脉冲波式和连续波式多普勒)和彩色编码频移回声式超声诊断仪(彩色多普勒血流显像)等。

二、A 型超声成像

1. 原理　A 型超声(A 超)成像法,即幅度调制显示(amplitude modulation display)法,将回声以波的形式显示出来,回声强则波幅高,回声弱则波幅低。根据回波出现的位置,回波的幅度高低、形状、波数,以及来自受检体病变和解剖位置的有关信息进行诊断。

由于人体脏器、组织正常与异常的物理性质及结构不同,形成相应的超声界面,这些界面回声规律即为 A 超的诊断基础。A 超的探头根据探查部位,以固定方式向人体发射超声波,通过人体不同组织器官反射回波并加以放大,将回波的幅值和形态在屏幕上显示出来。声阻抗差别越大,反射回波的幅度越大。图 3-20 是 A 型超声诊断法界面回波模式图。在显示器上,纵坐标显示回波信号的幅度和波形;横坐标显示声束到达的时间,代表检测探头距离组织的深度,通常用距离单位定标。

2. 应用　A 型超声诊断仪是应用于医学诊断中最早、最基本的超声诊断仪,主要适用于检查解剖结构简单的肝、胆、脾、眼及脑等,测量线度以获得回波幅度的大小和形状,通过分析回波幅度的分布获得组织的特征信息。A 超可用于许多科室,其中最有代表性的应用是脑中线位置的测量。一般正常人脑中线位置通过颅骨的几何中心,最大偏差≤0.3cm。用双迹 A 型超声诊断仪测量人脑中线偏移大于 0.3cm,则应考虑有占位性病变。此法检查无痛苦,准确性高。

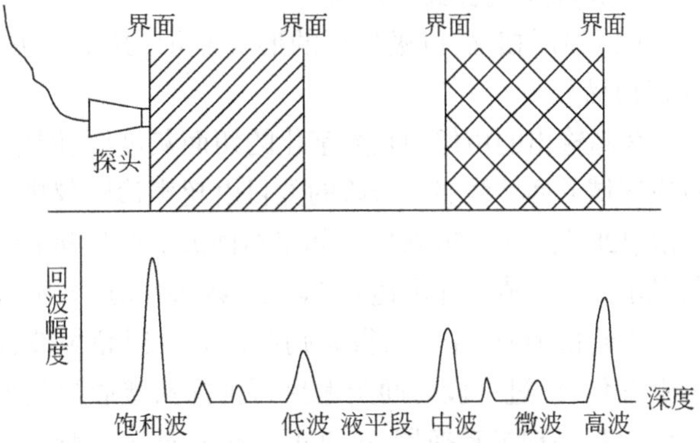

图 3-20　A 型超声诊断法界面回波模式图

由于 A 超的定位定性均欠准确,目前临床已较少采用,现仅用于脑中线及眼视轴的探测,但是 A 型超声诊断仪在组织的判别和确定(或称组织定征)、生物测量方面都具有很高的准确性和特异性。目前只有几家国外厂家在生产标准化的 A 型超声诊断仪。

三、B 型超声成像

(一)原理

由于一维扫描只能依据图形中超声波回波幅值的大小和回波的疏密对人体脏器进行诊断,因此一维超声在超声医学诊断上受到了很大限制。二维扫描系统探头通过二维空间运动,把人体反射回波信号处理后送到显示器,形成二维断层图像,可形象地反映出人体某一断面的信息。

B 型超声(B 超)成像法属于二维超声显像诊断法,是临床上最常用的诊断技术。B 超成像法通过将回声信号以光点的形式显示出来,回声强则光点亮,回声弱则光点暗,其为辉度调制型，二维图像形成模式图如图 3-21 所示。

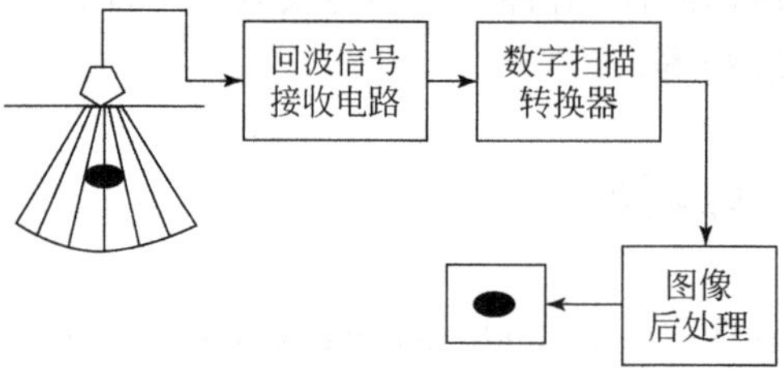

图 3-21　B 超诊断二维图像形成模式图

B 超原理与 A 超一样，都是应用超声反射回波，其不同点为：

（1）B 超将幅度调制显示改为辉度调制显示，将放大后的回声脉冲电信号送到显示器的阴极（cathode）（或控制栅上），使显示的亮度随信号大小变化。

（2）医生根据 B 超的声像图获得人体信息并进行疾病诊断，而不是像 A 超那样根据波形所反映的人体信息诊病。B 超所显示的切面图像与人体的解剖结构极其相似，故能直观地显示脏器的大小、形态、内部结构，并可将实质性、液性或含气性组织区分开。

（二）扫描及显示

B 超声束扫描方式有两种。

（1）线性扫描：以超声束平移位置为横坐标，以超声的传播距离（即检测深度）为纵坐标，主要用于腹部及浅表脏器扫描。

（2）扇形扫描：以极坐标的形式显示，其半径方向为距离轴，圆周角为扫查角，主要用于心血管扫描。

B 超输出的声像图是数字化的切面灰度图，图中每一个点称为像素，像素的明暗表示组织中对应区域的回波强弱。灰阶的数目由超声诊断仪内的存储器容量决定，分为 16 灰阶、32 灰阶、64 灰阶、128 灰阶和 256 灰阶。如果对回波的幅度进行彩色编码显示，则称为切面彩阶图，属于伪彩色显示法。当成像速度达到 24 ~ 30 幅每秒时，可显示脏器的活动状态，称为实时显像。

B 超检测时，探头获得激励脉冲后发射超声波，同时探头受聚焦延迟电路控制，实现声波的声学聚焦，经过一段时间延迟后再由探头接收反射回的回声信号，回声信号经过波束形成处理，然后由数字扫描转换器（digital scan converter，DSC）电路进行数字转换，形成数字信号，在 CPU 控制下进一步进行图像处理，再同图像形成电路和测量电路一起合成视频信号送给显示器形成 B 超图像，也称二维黑白超声图像。

（三）特点

（1）超声的传播速度快，成像速度快，每次扫描即产生一幅图像，快速地重复扫描，产生的众多图像组合起来便构成了实时动态图像。因而能够实时地观察心脏的运动功能、胎心搏动，以及胃肠蠕动等。

（2）由于人体内组织的密度不同，相邻两种组织的声阻抗也不同，当声阻抗差达千分之一时，两组织界面便会产生回声反射，从而将两组织区分开来。超声波对软组织的这种分辨力是 X 射线的 100 倍以上。

（3）B 超操作简便、价格便宜、无损伤、无痛苦、适用范围广，已被广大患者和临床医师所接受。

（四）临床应用

B 超用于诊断的依据是断层图像的特征，主要包括图像形态、辉度、内部结构、边界回声、回声总体、脏器后方情况及周围组织表现等，是目前临床使用最为广泛的超声诊断法。

(1)在妇产科中的探测。可以显示胎头、胎体、胎位、胎心、胎盘、异位妊娠(宫外孕)、死胎、葡萄胎、大脑儿、盆腔肿块等，也可以根据胎头的大小估计妊娠周数。

(2)人体内部脏器的轮廓及其内部结构的探测。例如，探测肝、胆、脾、肾、胰和膀胱等内部结构；区分肿块的性质，如浸润性病变往往无边界回声或边缘不齐，若肿块有膜，则其边界有回声且显示平滑；也可显示动态器官，如心脏瓣膜的运动情况等，对先天性心脏病、风湿性心脏病、黏液病的非侵入探测有特异性，可代替大部分心导管检查。

(3)表浅器官内部组织探测。例如，眼睛、甲状腺、乳房等内部结构的探查和线度的测量；眼科诊断非金属异物时，在玻璃体混浊的情况下，可显示视网膜及球后病变。

超声成像中常用的探测方式有四种：直接探测法、间接探测法、腔内探测法和术中探测法。直接探测法需在检查部位涂耦合剂，将探头直接置于检查部位进行探测，操作简便；间接探测法多用于探测浅表部位的病变，如眼、腮腺、甲状腺、乳腺、皮下肿瘤等；腔内探测法通过将特制的探头置入食管、胃、十二指肠、直肠等部位进行探测，诊断准确率高；术中探测法用于手术中将探头置于脏器表面，配合手术及时治疗。

B 超各项检查的注意事项包括：①检查心脏时，应休息片刻后脱鞋平卧于检查床上，解开上衣纽扣，暴露胸部，让医生检查；②探测易受消化道气体干扰的深部器官时，需空腹检查或作严格的肠道准备，如腹腔的肝、胆、胰的探测前三天最好禁食牛奶、豆制品、糖类等易于发酵产气食物，检查前一天晚上清淡饮食，当天需空腹禁食、禁水；③患者如同时要作胃肠、胆道 X 射线造影，超声波检查应在 X 射线造影前进行，或在上述造影三天后进行；④检查盆腔的子宫及其附件、膀胱、前列腺等脏器前需保留膀胱尿液，可在检查前两小时饮水 1000mL 左右，检查前 2 ~ 4 小时不要小便。

B 超检查时因检查部位和目的不同需要采取相应的体位，如仰卧位、左右侧卧位、俯卧位、坐位、立位、截石位、膝胸位等。

(五)局限性

B 超由于其无创及操作简便得到广泛的应用，但也存在难以克服的局限性。首先是它的穿透力弱，对骨骼、空气等很难达到深部，所以对含气性器官，如肺、胃肠等难以探测，对成人颅脑的诊断也较 X 射线检查、CT 逊色。其次，对 1cm 左右的肿瘤组织不易检出。另外，由于反射法中发生多次重复反射及旁边干扰出现假反射现象，因此有时易造成误诊。

四、M 型超声成像

M 型超声(M 超)成像法是在单声束 B 型扫描中获得活动界面的回声，再以慢扫描方法展开活动界面，从而获得各目标的位移随时间变化的曲线。反射光点亮度在显示屏上显示且亮度对应于目标回波信号的幅度。M 超诊断法属于回声辉度调制显示法，适用于运动脏器的探查。

(一)原理

例如，在心脏扫描的过程中，将探头固定后，心脏有规律地收缩和舒张，心脏各层组织和探头的距离便产生节律性的改变，随着水平方向的扫描，心脏各层组织的回声展开成曲线，这便是

M超诊断基础。M超主要应用于心脏及动脉等搏动的器官，故M超图形又称为M型超声心动图。

在M超的显示方式中，纵坐标是扫描空间位置曲线，代表被测结构的深度位置；横坐标是运动时间曲线，显示心脏各层结构相对距离随时间的变化。M型超声心动图主要观测所采集位置的活动线图，显示心脏的一维图像，不能观察心内结构的中间方位，是一种位置-时间曲线。M超虽然不能反映心脏的解剖结构，但是M超扫描集中通过探查部位某一点，取样点上信息量大，能在曲线上显示出细微快速活动，对诊断具有重要意义。

M超可连续记录并在同一画面显示多个心动周期变化，同时清晰方便地观察心脏收缩和舒张两期的心壁与瓣膜的活动规律，计测心腔的缩短分数与射血分数。M超图形可清晰显示心内膜的位置与动态，方便准确测量收缩末期与舒张末期左室前后径，计算心脏收缩功能。M超曲线能与心电图、心内压力曲线、心音间、心尖与脉搏波动图等同步记录，可进行切面图所不易进行的波形分析及血流动力学研究，分析心音产生与瓣膜活动的关系，推断心律有无异常，所以M超仍具有其不可替代的作用。随着全方位解剖M超的出现，其应用也更加广泛。

（二）临床应用

目前检查M型超声心动图均在二维超声心动图的引导下进行，先由二维图像观察心脏整体形态和各个结构的部位与连接关系，然后根据需要，选定取样位置，显示相关结构层次的活动情况。检测时，要求患者平卧或者侧卧，平静呼吸，在胸骨左侧涂耦合剂，探头与胸壁垂直。略加转动，寻找最清晰波形显示。

M超最适用于检查心脏的活动情况，其曲线的动态改变称为超声心动图，可以用来观察心脏各层结构的位置、活动状态、结构的状况等，多用于辅助心脏及大血管疾病的诊断。M超常用于心脏、胎心、动脉血管等功能检查，并可进行多种心功能参数的测量，其最大的优势是相对于二维超声来说时间分辨率高，可显示运动瓣膜及室壁的细微活动，并能准确检测局部心肌运动的幅度、室壁厚度、心脏内径等，在心脏功能定量评估中有重要的应用价值。M超还可测量声学造影剂流线的速度，用于校正多普勒的测量值。M超也被应用于心音的产生机制和诊断心律失常的研究。因此，在超声技术日益发展的今天，M超仍是临床工作中不可缺少的技术手段。

五、多普勒超声成像

（一）原理

1. 多普勒技术的两种模式 D型诊断法即多普勒超声成像法，属于超声频移诊断法。根据多普勒效应建立的超声多普勒血流检测技术，主要有两种工作模式：连续波多普勒和脉冲波多普勒。

连续波多普勒（continuous wave spectral Doppler，CW）技术使用的是双晶片探头，分别连续发射和接收脉冲波，具有良好的速度分辨率。连续波多普勒主要用于测量血流方向、速度、时相、最大跨瓣压和平均跨瓣压等，并用于估测相关腔室内的压力变化。

脉冲波多普勒（pulse wave spectral Doppler，PW）用一定宽度的调制脉冲获得取样容积内运动物体的多普勒信号，经过处理得到物体运动速度分布的相关信息，分辨率较高。PW技术对于鉴别正常与异常血流，具有重要意义。

2. 多普勒血流检测原理 对于血流检测应用，红细胞是主要的超声散射体，可检测到的散射超声的总能量取决于测量体积、红细胞浓度和每个红细胞散射超声的能量。一般认为红细胞的运动速度就是血流速度。

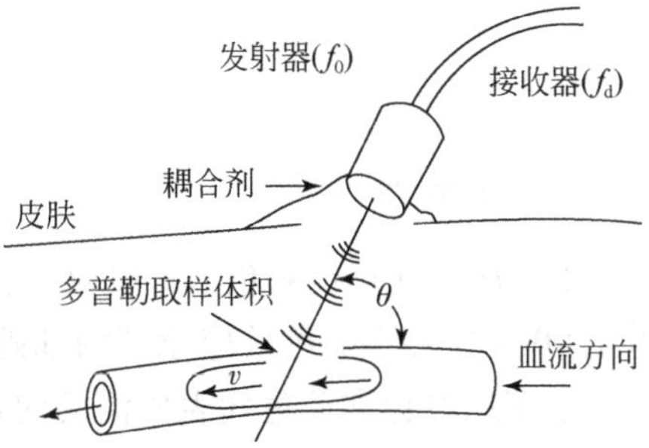

图 3-22 超声频谱多普勒及血流检测原理

超声多普勒技术，提供了人体内部有关血流的速度和方向信息。由换能器发射已知频率的超声波进入心脏或血管，超声波被运动的红细胞散射，产生频移，再由换能器接收背向散射回声，通过信号放大处理，取得多普勒频移信号。超声频谱多普勒及血流检测原理如图 3-22 所示。

（二）临床应用

多普勒检测属于无创伤性的检查方法，应用于产科方面检查胎儿心脏、胎儿和胎盘的血液循环，并可对心血管、颅脑、肝胆、胰腺、脾脏、肾脏、眼、腹部和盆腔肿块、浆膜腔积液、乳腺、甲状腺、肾上腺和膀胱及周围血管相关疾病作诊断，尤其是先天性心脏病及瓣膜病的分流及反流情况的检查，有较大的临床应用价值。

多普勒超声诊断仪种类繁多，根据显示方式的不同，可大致分为两类：超声频谱多普勒仪和超声多普勒显像仪。超声频谱多普勒仪根据产生信号的方式不同，又分为连续波多普勒仪和脉冲波多普勒仪。超声多普勒显像仪包括超声多普勒血管显像仪和彩色多普勒血流显像仪。在过去的几十年中，超声频谱多普勒探测血流的研究工作已取得了很大的成就，超声多普勒血流测量仪在临床被广泛应用。

1. 连续波多普勒诊断仪 通过发射与接收连续多普勒信号，来获得运动目标的信息。这类仪器结构简单，价格低廉，可用来观测心壁、瓣膜、胎体的运动状态。但是，这类仪器的测量也存在很大的局限性。例如，不能判断物体的运动方向，不能探测血流状态，由于没有深度分辨力，也不能探测运动物体的深度，因此，目前除用于胎儿的检测外，在临床上已很少使用。

2. 连续波多普勒血流计 利用连续波多普勒血流计，可以检测血流速度的大小与方向，尤其是在测量高速血流时，连续波多普勒血流计有其独特的优势。但是，此类仪器不能分辨探头和运动目标间的距离，且测量结果受声束和运动方向夹角的影响较大，无法了解异常血流的产生部位。

3. 脉冲波多普勒血流计 发射的是超声脉冲，同时用延迟电路来控制接收器，使得这种仪器具有距离选择能力。如果采用不同的延迟时间，就可以得到沿声束方向上的血流速度，从而构成血流剖面图。目前脉冲波多普勒血流计与 B 超显像仪进行组合，用前者检查血流状态，用后者探测解剖结构，能在诊断瓣口与血管狭窄、瓣膜关闭不全及先天性间隔缺损所致的分流方面取得良好的效果。这类仪器也有它的缺点，它所测血流速度的大小即多普勒频移大小受脉冲重复频率的限制。当其频移值超过奈奎斯特频率时，速度大的血流尖峰部分不能正常显示，出现频率倒错的现象。此外，由于采样体积很小，需要在断面上反复移动，检测时间较长。

六、彩　超

(一)原理

20 世纪 80 年代彩色多普勒兴起,可在 B 超图像的基础上,以不同彩色显示血流方向。20 世纪 90 年代在多普勒效应原理的基础上,又出现新的多普勒超声诊断技术——伪彩色编码技术。它多用红色和蓝色代表血流的向背方向,颜色的深浅代表血流的快慢,通称彩色多普勒血流显像(color Doppler flow imaging,CDFI)。

彩色多普勒血流显像由红、蓝、绿三种基色实时显示血流方向、来源、路径、时相、相对血流速度及血流离散度等的变化。通常朝向探头运动的血流用红色表示,远离探头运动的血流用蓝色表示。纯红或纯蓝色表示层流,绿色表示湍流,其混合比率与血流湍流程度成正比。血流速度越快,红蓝色彩越鲜亮,流速越慢,色彩越暗淡。正向血流方向紊乱,以黄色为主;负向血流方向紊乱,以青色为主。因此,同一瞬间血流方向、速度、离散程度不一致的时候,便会出现红、黄、蓝、绿、青五彩镶嵌的血流图像。图 3-23 为血流的彩色显示原理。

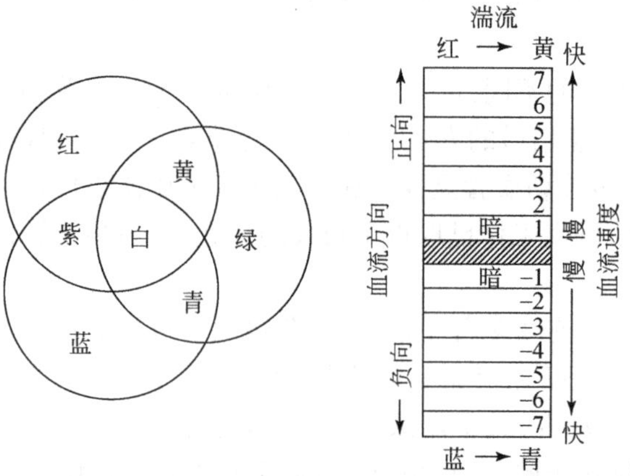

图 3-23　血流的彩色显示原理

彩色多普勒血流显像是通过对散射回声多普勒信息作相位检测,并经自相关处理、彩色灰阶编码,把平均血流速度分类以彩色显示。它与 B 超图像和 M 型超声心动图相结合,可提供心脏和大血管内血流的时间和空间信息,可同时显示心脏某一断面上全部血流束的分布及数目,腔室形态、大小;表现血流途径及方向,辨别层流、湍流或涡流;测量血流束的面积、轮廓长度和宽度,清楚显示血管结构异常与血流动力学异常的关系。彩色多普勒血流显像直观体现出血流的运动状态,对于心脏腔室分流、瓣膜狭窄和反流性疾病的定性定量的诊断是不可替代的。

彩超采用的相关技术是脉冲波,当检测物速度过高时,彩流颜色会产生差错,故在定量分析方面明显逊色于超声频谱多普勒。现今彩色多普勒超声仪均具有超声频谱多普勒的功能,即彩色双功能超声。

(二)临床应用

彩超在临床用于心脏瓣膜病、先天性心脏病、心肌病、心脏肿瘤的无创伤诊断。彩色多普勒血流显像直观、形象、快速,诊断灵敏度和准确率很高。在过去几十年中,超声频谱多普勒探测血流的研究工作已取得很大的成就,彩色多普勒的出现,使之更趋完美。超声频谱多普勒对血流的探测不是直观的,它是通过频谱的变化进而表达血流的改变,对血流的定量测定来说,超声频谱多普勒是必备的工具;彩色多普勒血流显像对血流的显示是直观的,它已成为定性诊断的最可靠的方法之一。

彩超既具有二维超声结构图像的优点，又提供了血流动力学的丰富信息，实际应用中受到了广泛的重视和欢迎，在临床上被誉为非创伤性血管造影。其主要优点是：①能快速直观地显示血流的二维平面分布状态；②可显示血流的运行方向；③有利于辨别动脉和静脉；④有利于识别血管病变和非血管病变；⑤有利于了解血流的性质；⑥能方便了解血流的时相和速度；⑦能可靠地发现分流和反流；⑧能对血流束的起源、宽度、长度和面积进行定量分析。当然，彩色多普勒血流显像也有其局限性，它更多地作为定性诊断的办法，而对血流动力学的定量分析还需借助超声频谱多普勒。

七、三维超声诊断仪

（一）原理

随着计算机技术的飞速发展，超声仪器的系统功能、图像质量、处理速度与数据存储量大大提高，不仅能显示各个器官的立体形态，探查组织结构的活动规律，而且可以直接观察血流状况和血管分布，被称为三维超声成像（three-dimensional ultrasonic imaging）。

三维超声成像主要分为静态三维成像（static three-dimensional imaging）和动态三维成像（dynamic three-dimensional imaging），动态三维成像由于参考时间因素（心动周期），用整体显像法重建区域的准实时活动的三维图像，又称为四维超声心动图。静态与动态三维超声成像重建的原理基本相同，均基于二维图像的三维重建。

三维超声成像的基本步骤包括：图像采集、图像预处理、图像重构、图像显示、后处理和定量测量，其中医学体数据可视化过程如图 3-24 所示。

图 3-24　医学体数据可视化过程

（1）图像采集：通过医学成像设备对人体进行扫描，得到二维图像序列或计算机模拟数据。这一过程主要为获得数据文件定义格式，便于读取。

（2）预处理：根据对象要求，对数据进行精简和插值，最大限度地利用有用信息，包括消除噪声、滤波处理、平滑、网络重新划分、坐标变换、几何变换、线性变换、图像分割、边缘提取及法向计算等。

（3）可视化映射：创建几何图素，将经过处理的数据转换为可供绘制的几何图素和属性，包括可视化方案设计。

（4）绘制：将几何图素和属性转换为可供显示的图像。根据数据的几何图素表达，对几何图素赋予视觉特性，包括确定图像的组合、颜色、透明度、纹理、阴影等各方面的性质，并进行绘制。

（5）显示：完成图像变换和计算机屏幕上的三维显示，包括图像的几何变化、图像压缩、颜色量化、格式转换及图像动态输出等。

（二）应用现状

三维超声技术可用于心脏、腹部、妇科、小器官、血栓、血管成像等多方面。其临床应用主要体现于：

(1)对含液性结构和病变可显示其立体形态、内部结构和内壁特征；

(2)对被液体环绕的结构和病变，可清楚显示其表面特征；

(3)采用透明成像技术可显示实质脏器内部结构的形态和空间位置关系；

(4)利用血流彩色多普勒信息可重建实质脏器内的血管三维图像。

三维超声尤其适用于妇产科，早期三维超声的临床研究也多围绕妇产科疾病进行，并取得了良好的应用成果。妇科诊断方面主要包括检查子宫疾病、卵巢疾病，监测卵泡发育和宫内节育器等。产科主要应用于不同孕龄胎儿的各器官的成像，胎儿生物学测量，胎儿泌尿生殖系统、中枢神经系统、腹壁缺损、面部、骨骼发育及心脏、血管等的成像。三维超声技术在妇产科中的应用已日益完善并不断向前发展，随着计算机技术和图像处理技术的进步，其临床应用范围也将不断扩展。

第四节　超声治疗及临床应用

一、超声治疗原理

随着超声波开始在医学诊断上应用，**超声治疗(ultrasonic therapy)**也成为科学工作者关注的热点之一。超声治疗主要是指物理治疗。超声波在声阻抗不同的两种介质中传播时，会发生反射、折射、散射和衍射，组织也会吸收部分能量而生热，超声波在生物组织中传播会产生热效应、机械效应和继发的理化效应。通过人体的各个神经体液系统的调节作用和各个神经系统的反射作用，各种生物效应会波及整个组织及整个人体，最后在上述生物效应的综合影响下，各种生理功能受到激发和改变，从而达到了治疗疾病的目的。

1. 热效应　超声波在人体或在其他介质中均可显著产热，产热过程就是机械能在介质中转变成热能的过程。超声波引起的热效应，对疾病的治疗是不可忽视的，同时超声波的热效应也限制了容许导给机体的声强的最高限度。热的形成主要有以下几种方式：

(1)超声波通过机体时，声能在介质中损耗(吸收)而生热。

(2)超声波通过介质时，由于疏密交替的压力变化而生热。

(3)不同组织界面上超声波能量的反射而生热。

其中，超声生热的多少取决于介质对声能的吸收。频率越高，被介质吸收的能量越多，生热量就越大；超声剂量越大，生热量也越大，热效应也越强；组织的动力学黏性越高，吸收声能也就越多，生热量也就越多。此外，在不同组织介质中形成的驻波所引起的质点、离子的摩擦也是产热的原因。

2. 机械效应　超声波在介质内传播的过程中，介质质点交替压缩与伸张而形成压力变化。这种变化对机体组织产生很大的压力，使细胞的体积和运动也随之发生变化，从而形成了对组织、细胞的细微按摩作用。这种作用可以引起细胞胞质的微流、胞质颗粒旋转、细胞内容物移动和细胞内部结构改变等，在治疗上有重要意义。

3. 理化效应　超声波的热效应、机械效应均可促发若干物理变化、化学反应，实践证明，这些理化效应往往是其他效应的继发效应。

(1)弥散作用：治疗剂量的超声波可增强生物膜弥散过程，促进物质交换，进而加速代谢，改善组织营养，对病变组织有促进其恢复的作用；超声波可提高半透膜的渗透作用，有利于营养物质进入细胞内，同样可使药物更易进入病菌体内，增强药物功效。这种变化在病理组织中尤为明显，在治疗上有实用价值。

（2）触变作用：超声作用可使凝胶转化为溶胶状态。超声波对肌肉、肌膜的软化作用及与一些组织缺水有关的病理改变，都与超声的触变作用有关。

（3）空化作用：空化泡在压力改变时可以使空腔破灭，其瞬间产生的巨大冲击力可冲断高分子的化学链，同时还伴随局部高温、高压、发光和放电等现象。这些都是促使理化反应的因素，超声波的理化反应与空化作用密切相关。

（4）聚合作用与解聚作用：超声波的生物学作用大多与此有关。聚合作用是将许多相同或近似的分子合成一个较大的分子过程。在超声作用下水分子分解，产生 OH^-、H^+ 和 O，它们能诱导水中稳定的化合物形成自由基。解聚作用是将大分子分解为小分子，使大分子化合物黏度下降，分子质量减小的过程。

（5）消炎、修复细胞和分子作用：一般认为，超声作用可使组织 pH 向碱性变化，并把它看成是缓解急性炎症所伴有的局部酸中毒及疼痛症状的根据，因此，认为超声波可以治疗急性炎症。不仅如此，超声波还可以直接或通过自由基作用，促进血管生成，胶原合成、成熟，以及瘢痕愈合等。

不同强度的超声波各具特点，作用也不尽相同。例如，低强度超声波可刺激并显著加速氧化过程，可刺激大脑皮层，使组织呼吸频率增高；而高强度超声波会抑制大脑皮质及皮质下组织，使呼吸频率明显降低，而且具有显著破坏作用，如破坏氨基酸、凝固蛋白等。此外，强剂量超声波形成的自由基具有极强的氧化还原作用。

超声治疗的机理是要重视超声作用的具体条件，如超声频率、输出方式、超声强度、作用时间及受作用的组织器官的特点等，同时还要认识到在不同的生理过程中，虽然某些超声生物效应会占据主导地位，但各种效应并非相互独立，它们是同时发生、相互影响的，因此，在超声治疗的研究中，充分考虑各个生物效应之间的协同作用至关重要。

二、超声治疗的临床应用

（一）超声针刺治疗和超声穴位治疗

针灸起源于中国，公元 6 世纪传入朝鲜，7 世纪传入日本，17 世纪传入欧洲，现已在全世界 50 多个同家和地区得到运用，成为世界医学的一个重要组成部分。近年来，随着科学技术的飞速发展，针灸疗法也在传统的基础上有很大的进步。超声针刺治疗是将针灸疗法与超声振动相结合的一种治疗方法。超声针刺治疗仪的基本工作原理是：针体在超声振动作用下，针尖作微弱的横向振动，一方面产生微按摩效应，另一方面使声能量直接通过针体导入穴位产生温热效应。在两种物理因素共同作用下加强对穴位的刺激，提高了治疗效果和功能。超声针刺治疗应用广泛，对偏头痛、肩周炎、颈椎病等疾病都取得了较好的疗效。有研究通过长期头皮针穴位的临床应用证明，它对脑血管意外后遗症、神经性头痛、高血压、肩周炎的治愈总有效率达 97.3%，特别是对其他方法治疗无效的晚期脑血管患者有明显疗效。

超声穴位治疗则是以超声波束代替针体对人体进行穴位治疗的一种治疗方法。在 20 世纪 70 年代，国外已将超声穴位治疗应用于临床治疗。20 世纪 80 年代国内陆续有采用国产穴位超声治疗机治疗的报道。

超声针刺治疗和超声穴位治疗的区别是：在超声针刺治疗中，针体以超声波的工作频率刺激穴位；在超声穴位治疗中，是用超声波代替针体刺激穴位。

（二）超声-电疗法

超声-电疗法是将声、电两种不同而又各具特色的物理因素相结合，并应用于治疗中。起初，人们只是将一般的脉冲电流附加超声治疗患者，结果发现治疗效果较好，尤其是对于疼痛症状有迅速的缓解作用。所以将声电结合，已经超出了它们各自单独应用的效果。根据引入电流的频率不同，在治疗中可以采用以下几种治疗方法。

1. 超声-低频电疗法

（1）超声-间动电疗法：是同时应用超声与间动电作用于人体治疗疾病的方法。它的主要治疗作用有：

（a）止痛：间动电流的密波引起抑制反应，组织导电性增强，解除交感神经紧张状态，痛阈值上升呈现短暂止痛效应。

（b）促进血液循环：改善血运，使局部血管扩张，血流加速，改善局部供氧，产生显著的促进周围血液循环的作用。

（c）同步叠加作用：除了超声和间动电各自所固有的治疗作用外，二者可产生同步叠加作用，使止痛效果更为明显。

（2）超声-脉冲电疗法：是同时应用超声与多种脉冲电流作用于人体治疗疾病的方法。超声-脉冲电治疗仪通常是将超声治疗机与脉冲电疗仪联合改装而成的。

2. 超声-中频电疗法

（1）超声-脉冲电疗法：是将超声与调制中频电同时作用于人体，以达到治病目的的方法，又称超声-调制中频电同步叠加疗法。主要治疗作用有；镇痛、促进血液循环、改善静脉和淋巴回流、软化瘢痕、松解粘连与血肿等。临床中应用于肌膜炎、滑膜炎、滑囊炎和瘢痕及瘢痕粘连的治疗。

（2）超声-干扰电疗法：是将超声与干扰电流同时作用于人体以治疗疾病的方法。超声的机械作用与热作用可以促进血液循环，改善营养，加强组织内废物排除；干扰电具有良好的镇痛作用和改善血循环作用，两者同时作用后效果进一步加强。主要适应证有肩周炎、发热疾病、不明原因的神经痛、血栓及血栓性静脉炎、静脉曲张、冠心病、心律失常等。

（三）超声雾化吸入疗法

超声雾化吸入疗法是利用超声的空化作用，使液体在空气中分散，将药液变成微细的雾状颗粒（气溶胶），通过吸入呼吸道，从而直接作用于病灶局部的一种疗法。

1. 作用原理 当高强度超声在液体中传播时，交变的声压使液体受压缩与牵拉，通常液体能承受较大的压力，但不能承受巨大的牵拉，当拉力超过其内聚力时，液体即被分裂成微小雾粒（直径为1～8μm）。超声雾化器工作原理如图3-25所示。

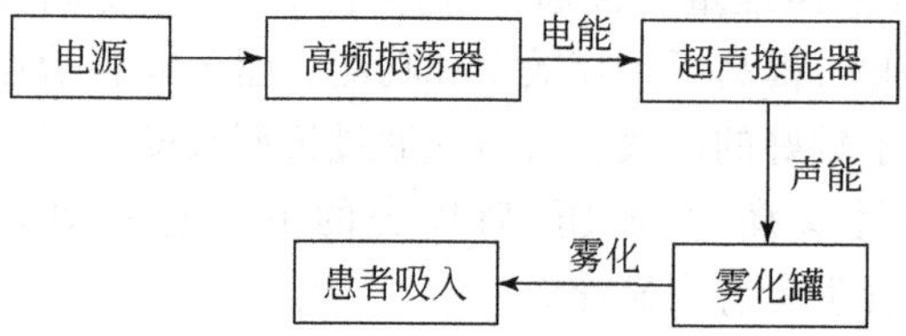

图3-25 超声雾化器工作原理图

人体呼吸道末端管径纤细，一般气雾颗粒

不易到达，而经超声雾化器产生的物化微粒，具有雾量大、颗粒小且均匀的特点。其中 5μm 以下的可直达细支气管；3μm 以下的可达肺泡导管，甚至有一些小到 1μm 以下的可以进入肺泡，药物在呼吸道深部沉积而直接作用于病灶局部。另外，超声雾化器一方面可以加速对炎症过程的控制；另一方面可解除支气管痉挛及黏膜水肿，促进支气管分泌物液化。故它有药效迅速、疗效显著、用药节省、不良反应少等特点。

药物溶液受超声作用后所形成的雾粒，大多带有负电荷。因此，超声雾化疗法实际上同时具有空气负离子疗法的功能，对人体各组织和重要器官将产生有益影响，起到防病治病的作用。

2. 超声雾化器　专门的超声雾化器由电源、高频振荡器、压电晶体换能器及雾化罐构成。工作时，通常使用 1.3～2.5MHz 的超声能量，通过以水为介质的耦合槽，传递至雾化罐底部，并借助凹面聚焦作用于罐内液体，使之形成细微的雾粒，供患者吸入，超声雾化器实物图如图 3-26 所示。

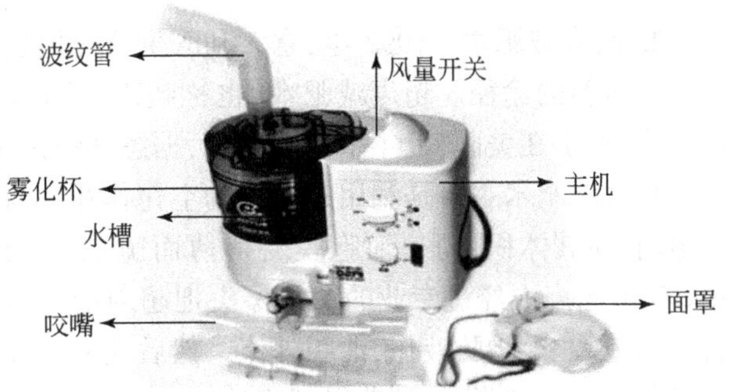

图 3-26　超声雾化器

（四）超声碎石

结石症是当今人类的常见疾病之一，它的发病率和复发率均比较高。将不同表现形式的机械波（如超声波）用于击碎人体内的结石，是近十几年来医学领域迅速发展应用的一项新技术。

超声碎石是腔内治疗结石的一种方法，原理是首先借助超声换能器将电能转换成机械能（振动），即超声波，通过金属探针将超声波直接传给结石，在结石的表面产生反射波，在结石前界面会产生压力作用，在结石后界面超声波被再次反射，这一反射产生张力作用，当结石表面的压力和张力大于结石的抗压强度和抗张强度时，结石碎裂。超声碎石的优点在于治疗过程基本上是非侵入性的，患者易于接受，而且它的治疗成功率高，对人体组织的损伤较小，目前在临床上已得到广泛的应用。

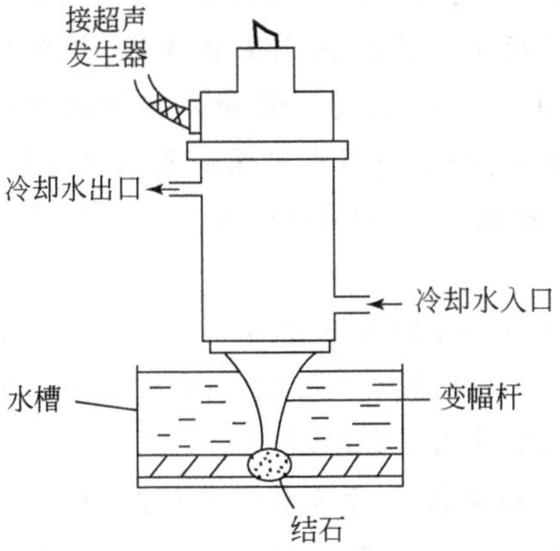

图 3-27　超声碎石原理示意图

图 3-27 为超声碎石的原理示意图，使用超声换能器产生 20kHz 的超声波并通过变幅杆使振动能量增强（振幅 15～20μm），直接作用于结石上，使其碎裂。超声碎石对正常有弹性的组织损伤极小，但高频振动能产生大量的热量，会对周围组织造成热损伤，所以工作时需用大量循环水冷却探针，通常采用中空探针，中空探针不仅用作水循环通道，还可用来抽吸结石碎片。为使探针准确接触结石，通常要借助于内镜。

（五）超声美容和超声减肥术

1. 超声美容　是 20 世纪 80 年代医学美容的新方法之一，它主要是利用超声波对人体表面皮肤及浅表组织的作用，因此使用的超声频率比超声理疗高，而输出声强较低，通常取 3.2 ~ 3.4MHz 的连续式超声波，声强为 0.25 ~ 0.50W/cm^2，操作时以略有温热感为宜。

超声美容的作用机理是利用超声波对人体细胞的微按摩及温热效应。其作用结果是可以改变细胞膜的通透性，改善血液循环，促进新陈代谢，增强药物透入。近年来，超声美容术已为各地美容院广泛采用，并在治疗酒渣鼻、暗疮后留下的瘢痕及色素沉着斑迹，改善眼袋及除皱等方面取得良好效果。

2. 超声减肥术 1992 年，意大利医生首先把超声波应用到临床的减肥手术上，为减肥手术开辟了崭新的途径。超声减肥术（也称超声去脂术）由于其独特的优点，在欧美国家获得了迅速推广，特别在美国，近年来发展迅速，据悉从业医生几万人。

超声减肥术主要是利用超声波的空化作用。首先，在手术前注入低渗溶液，它会深入脂肪细胞内，使其体积膨胀，细胞膜变得薄而脆弱，易于被超声破坏。其次，手术中，用频率 20 ~ 40kHz 的超声波经过专业的钛质探头把超声能量传入人体内皮下，引起强烈的空化作用，导致脂肪细胞破裂，脂肪液化，油脂外流。然后扎一小孔（针尖一样的小孔）让液体状的脂肪流出或通过负压吸出油脂，直到获得理想的体形。

超声波减肥术的优点是：选择性地破坏不需要的脂肪组织，而对皮下的动静脉及淋巴组织、血管、神经都不会损伤，而且只排除油脂，有利于皮肤表面的平滑，不会引起皮肤的松弛。超声减肥术时间短（传统吸脂约用 2h，而体外超声波减肥术只需 0.5h）、操作简便、恢复快且不易发生并发症。随着超声减肥术的不断成熟、推广和应用，这个方法的优点正日益被医生和患者认同。

阅读材料

早在 18 世纪，意大利传教士兼生物学家斯帕兰扎尼研究蝙蝠在夜间活动时，发现蝙蝠靠一种人类听不到的尖叫声（即超声）来确定障碍物——蝙蝠发出超声波后，靠返回的回波来确定物体的距离、大小、形状和运动方式。

自 19 世纪末到 20 世纪初，在物理学上发现了压电效应与逆压电效应之后，人们发现了利用电子学技术产生超声波的办法，从此迅速揭开了发展与推广超声技术的历史篇章。

超声波在医学上的应用开始于 20 世纪 20 年代至 30 年代，而超声诊断的研究始于 20 世纪 40 年代。1929 ~ 1935 年，苏联的索科洛夫（S. Y. Sokolov）应用超声波探测金属物体，并发明了基于压电效应的成像管；1931 年，德国的米尔豪泽（Q. Muhlhauser）获得了超声无损检测领域的第一个专利，他提出了基于超声连续波的不连续性检测方法，并应用超声波探测固体中的裂痕；美国科学家菲尔斯通（F. A. Firestone）和西蒙斯（Simons）分别于 1940 年和 1945 年发明了超声回波示波器。

20 世纪 40 年代末期超声治疗在欧美兴起，直到 1949 年召开的第一次国际医学超声波学术会议上，才有了超声治疗方面的论文交流，为超声治疗学的发展奠定了基础。1956 年第二届国际超声医学学术会议上已有许多论文发表，超声治疗进入了实用成熟阶段。

在第二次世界大战期间，人们利用超声波的回波形状和振幅来对潜水艇进行探测。随后，日本的研究人员开始致力于探究超声波在医学上的应用。直到 20 世纪 50 年代美国和欧洲的一些国家才知道了日本有关超声波的研究成果。随后，研究人员纷纷将其有关超声波的研究成果应用于诊断胆结石、乳房肿块和肿瘤等。

1942 年奥地利学者杜思科(K. T. Dussik)率先使用 A 型超声波探测颅骨,了解骨质变化,从而拉开了超声诊断的序幕。1949 年杜思科最先获得了脑室的超声波形。1951 年魏尔德(J. J. Widl)和约翰·瑞德(John M. Reid)研制成功手动接触式 B 型扫描仪,观察离体组织中肿瘤和活体中的脏器。1954 年赫兹(Hertz)和瑞典学者埃尔德(Edler)研制成 M 型超声心动仪,用来诊断心脏疾病。1955 年魏尔德(J. J. Widl)介绍了直肠内体腔探查的平面位置显示器。1972 年 BomN 研制成电子线性扫描 B 型成像仪,从此进入了超声图像诊断的新阶段。

日本是第一个将多普勒超声应用于心脏血管诊断的国家。1983 年日本阿洛卡(Alkoa)公司首先将彩色多普勒血流成像技术用于开发心脏疾病的诊断。近十余年,超声医学的发展尤为迅速,各种新技术应运而生,继美国物理学家科马克(A. M. Cormark)和英国电气工程师豪斯菲尔德(G. Housfield)于 1969 年发明 X-CT 后,1975 年格林利夫(Greenleaf)又研制出以衰减系数和声速为参数的超声 CT,开创了定量超声诊断的新途径。

1981 年美国的迪玛格诺(DiMagno)等将超声与内窥镜技术结合在一起,制造出超声内窥镜,使超声扫描由体表进入了内脏器官,为肠胃、肝、胆、胰疾病的诊断提供了直接信息。1982 年美国的博姆(Bomme)和日本的滑川(Namekawa)又分别设计出不同型号的彩色多普勒超声仪,它是继连续波和脉冲波式多普勒谱分析显示之后的第三代多普勒超声仪,因其能给人以直观的循环血流图像,展示心脏和血管内血流时间和空间信息,故有无创伤性心血管造影术之称。

超声治疗起步相对早于超声诊断,但其发展却不及超声诊断。超声治疗是将超声波施加于人体病患部位而达到治疗的效果。早在 1915 年法国科学家保罗·朗之万(Paul Langevin)在研究超声水压探测时,就发现了强超声对鱼类等水中小动物产生致死效应。1922 年德国首先获得了超声治疗的发明专利,1933 年波尔曼(Pohlman)将其用于治疗神经痛。20 世纪 70 年代后,随着整个科技的飞速发展,超声治疗技术又开始活跃起来,并在若干方面取得重要的突破,如超声外科、超声治癌、体外冲击波和超声碎石术。超声外科在骨、脑神经、矫形外科、眼科及肿瘤、息肉摘除及减肥手术中均得到有效的推广应用,并充分显示出它特有的优越性。超声治癌方法正在继外科、化疗、放疗之后作为第四种疗法日益受到重视,而超声治癌由于其安全、可控、适于对深部肿瘤加热而备受青睐。此外,超声药物透入疗法、超声雾化吸入疗法、超声牙科、超声穴位疗法及声电协同疗法等,也都相继得到发展。

1980 年德国慕尼黑市的肖西(Chaussy)等研究的体外震波碎石术在治疗肾、胆结石方面获得良好的效果。

我国在超声治疗领域起步稍晚,于 20 世纪 50 年代初才只有少数医院开展超声治疗工作。1950 年首先在北京开始用 800kHz 的超声治疗机治疗多种疾病,并开始逐步推广,才有了国产仪器。公开的文献报道始见于 1957 年。到了 20 世纪 70 年代有了各型国产超声治疗仪,超声疗法普及全国各大型医院。

几十年来,全国各大医院已积累了相当数量的资料和比较丰富的临床经验。特别是 20 世纪 80 年代初出现的超声体外机械波碎石术和超声外科,是结石症治疗史上的重大突破,如今已在国际范围内推广应用。高强度聚焦超声无创外科,已使超声治疗在当代医疗技术中占据重要位置。

高强度超声聚焦(HIFU)外科已被誉为 21 世纪治疗肿瘤的最新技术。

本章小结

一、频率高于 20000Hz 的声波称为超声波，超声波是一种机械波。

超声波的产生需要两个条件：第一，要有作机械振动的波源（超声声源）；第二，要有能传播机械振动的弹性介质（如人体组织）。

超声波的基本性质有方向性好、能量高、遵循几何光学基本定律的传播特性、穿透能力强等。

超声波根据质点振动方向分类有横波、纵波和表面波，根据波阵面的形状分类有平面波、柱面波和球面波，根据波源振动持续时间长短分类有连续波和脉冲波。

常用的超声波产生机制有压电效应、磁致伸缩效应、静电效应和电磁效应等。

超声波从一种介质传播到另一种介质时，若在界面上介质声阻抗突变或界面的线度远大于声波波长和声束直径，那么在界面上一部分能量反射回来（形成反射波），另一部分能量透过界面在另一种介质中传播（形成透射波）。在界面上，声能（声压、声强）的分配和传播方向遵循一定的变化规律。

超声波会对人体组织产生各种生物效应，包括热效应、机械效应和空化效应等。

二、当观察者靠近波源时，观察者在单位时间内接收到的完全波的个数增多，即接收到的频率增大；当观察者远离波源时，观察者在单位时间内接收到的完全波的个数减少，即接收到的频率减小。

多普勒频移信号显示方式主要有：频移-时间谱图显示、功率谱图显示和三维显示三种。

三、超声成像的基本原理是将高频超声脉冲波辐射到生物体内，由生物体内不同界面反射出不同波形并形成图像，从而判断生物体内是否有病变。

超声诊断仪由最初的一维超声扫描显示，发展为二维甚至三维、四维的超声扫描和显示，大大增加了回波信息量，使生物体内的病灶清晰易辨。

根据超声回声显示方法对医疗诊断仪进行分类，可分为脉冲回声式和频移回声式两大类型。

脉冲回声式超声诊断仪包括：幅度调制型超声诊断仪（A 型超声诊断仪）、辉度调制型超声诊断仪（B 型超声诊断仪）、回声辉度调制型超声诊断仪（M 型超声诊断仪）。

频移回声式超声诊断仪（D 型超声诊断仪）包括：频移示波型超声诊断仪（脉冲波式和连续波式多普勒）、彩色编码频移回声式超声诊断仪（彩色多普勒血流显像）等。

四、超声治疗（ultrasonic therapy）主要是指物理治疗。

超声波在声阻抗不同的两种介质中传播时，会发生反射、折射、散射和衍射，组织也会吸收部分能量而生热，超声波在生物组织中传播会产生热效应、机械效应和继发的理化效应。通过人体的各个神经体液系统的调节作用和各个神经系统的反射作用，各种生物效应会波及整个组织及整个人体，最后在上述生物效应的综合影响下，各种生理功能受到激发和改变，从而达到了治疗疾病的目的。

超声治疗的临床应用有超声针刺治疗、超声穴位治疗、超声-电疗法、超声雾化吸入疗法、超声碎石、超声美容和超声减肥术等。

思 考 题

3-1 什么是超声波？简述影响超声波在介质中传播的因素有哪些。

3-2 人体组织交界面两侧的声阻抗约差 1%，试计算超声波由小声阻抗组织进入大声阻抗组织时，在组织复合界面上的声压反射率和声强反射率。

3-3 什么叫超声波的衰减？简述衰减的种类和原因。

3-4 什么是超声波的多普勒效应？多普勒频移信号的显示方式主要有哪些？

第四章 磁场基础

教学要求

(1)掌握磁场的基本现象、特点及性质;掌握毕奥-萨伐尔定律。

(2)理解不同电流对磁场的作用。

(3)了解磁介质及磁体的分类。

磁体所提供的均匀而稳定的磁场,是核磁共振(NMR)现象发生的基本条件。因此,掌握磁场的有关知识、了解磁场产生规律及磁体运行机制,对于正确理解磁共振成像系统的工作原理大有帮助。

电和磁都是最常见的物理现象。在日常生活中,无论是发电机、电动机、变压器等电力装置,还是电话、收音机、电视等电子设备,无不与磁有关。电和磁不仅联系紧密,而且可以相互转化。因此,凡是有电之处几乎都有磁现象相伴。研究物质磁性及其应用的学科称为磁学。磁学是一门古老而又年轻的学科。说其古老,是因为在几千年前就有了对自然磁现象的观察和记载,就已经将强磁场物质应用于医疗中。说其年轻,是因为现代磁学不断有新的应用出现。

现代广义磁学还包括原子核磁学、基本粒子磁学、地球磁学、宇宙磁学和生物磁学等边缘磁学。广义磁学认为,包含生物体的任何物质都具有或强或弱的磁性;包括生物体内的任何空间都存在或高或低的磁场,生物磁性和磁场对生命活动有不同程度的影响。这说明物质磁性和空间磁性具有普遍性。对于各种磁现象广泛而深入的研究及现代高新技术的发展,使磁学的应用领域日益扩大,同其他学科的相互联系和影响也日益增多。

第一节 基本磁现象及其特点

一、基本磁现象

早期发现磁现象仅限于磁铁之间的相互作用。我国是发现天然磁体最早的国家。春秋战国时期,《吕氏春秋》一书中已有“磁石召铁”的记载;东汉思想家王充在《论衡》中所描述的“司南勺”被认为是最早的磁性指南器具;11 世纪沈括发明指南针,并发现地磁偏角,比哥伦布的发现早四百多年;12 世纪,我国已有关于指南针用于航海的记录。

磁石实际上是一种天然磁铁(Fe_3O_4),它在自然界的藏量很有限。现在所用磁铁多由人工方法制成,例如,用铁、钴、镍等合金制成的永久磁体。还有一种称为铁氧体(ferrite,也叫铁淦氧)的磁性材料,是氧化铁(Fe_2O_3)与二价金属氧化物(如氧化锌、氧化镁、氧化锰和氧化钡等)的烧结物。与天然磁铁相对应,把各种人工合成的磁铁通称为人造磁铁。

二、磁性、磁极和磁力

物理学上把磁铁能吸引铁、钴、镍等物质的性质称为**磁性(magnetism)**。它是物质的固有属性。人类最早发现的磁性物质就是天然磁铁矿石。

将磁石加工成条形后,人们发现条形磁铁上各处的磁性强弱有所不同:愈靠近中间磁性愈弱,愈接近两端磁性愈强。通常将条形磁铁两端磁性最强的区域称为**磁极(magnetic pole)**,中间没有磁性的区域叫作中性区(如图4-1所示)。

而某些本来不显磁性的物质,在接近或接触磁铁后就有了磁性,称为磁化。

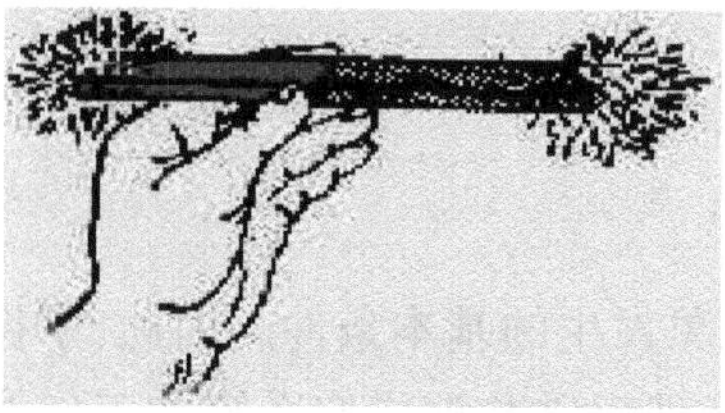

图4-1 条形磁铁

如果将一条磁铁悬挂起来,它将自动转向南北方向:指北的一极称为北极,一般用N表示;指南的一极称为南极,一般用S表示。磁铁在空中自动指向南北的事实说明地球本身是有磁性的,或者认为地球也是一块巨大的磁铁。地球的磁北极在地理的南极附近,磁南极在地理北极附近。地磁极之间有一定的偏角,叫作**地磁偏角(magnetie inclination)**。1600年,英国物理学家吉尔伯特(William Gilbert)首次证实地磁场的存在。

将两块磁铁放在一起,就会发现各自的磁极之间有相互作用力存在,这种作用力称为**磁力(magnetie force)**。磁力有排斥力和吸引力两种。相同磁极(N极和N极、S极和S极)之间存在排斥力,而异种磁极(S极和N极)之间存在吸引力。

自然界中的任何磁体的磁极总是成对出现的,没有独立存在的N极或S极。无论把磁铁分得多么小,每一块很小的磁铁仍具有N、S两个磁极。然而,静电学中的正、负电荷是可以各自独立存在的,这正是磁极和电荷的基本区别。通常的磁体只有一对磁极,也有两对磁极的磁体。

当然,近代理论认为可能存在"磁单极",但未观察到。

第二节 磁现象的本质

1600年,吉尔伯特出版《磁论》,对磁体作全面论述;1820年,奥斯特(Oersted)发现了电流的磁效应;1821年,安培(Ampere)提出了分子电流的假设。

安培认为一切磁现象都起源于电流。在磁性物质的分子中,存在着小的回路电流,称为分子电流,它相当于最小的基元磁体。物质的磁性就是决定于这些分子电流对外磁效应的总和。如果这些分子电流毫无规则地取各种方向,它们对外界引起的磁效应就会互相抵消,整个物质就不会显磁性。当这些分子电流的取向出现某种有规则的排列时,就会对外界产生一定的磁效应,显示出物质的磁化状态。

用近代的观点看,安培假说中的分子电流,可以看成是由分子中电子绕**原子核(atomic nucleus)**的运动和电子与核本身的自旋运动产生的。

一、磁场、磁场强度和磁力线

众所周知,在磁铁周围存在磁场(下面还将看到,在电流或运动电荷周围空间也存在磁场）。**磁场（magnetic field）**是一种看不见、摸不着，但可以探测的特殊物质。

实验表明，磁场不仅有强弱，而且有方向。磁场的强弱用**磁场强度（magnetic field strength 或 magnetic density）**来描述，并且以 ***H*** 表示之，可见它是一个向量。***H*** 的方向是这样规定的：在磁场中放置一个小磁针，当它在磁力的作用下发生偏转并停止后，其 N 极的指向就是小磁针所在处磁场强度的方向（如图 4-2 所示）。经过这样的逐点测试，就可以确定磁场中各个点上的磁场方向。至于磁场中的某点磁场强度 ***H*** 的大小，历史上是用该点单位磁极所受的力来定义的。如果单位磁极所受的力正好是 10^{-5}N，该点的磁场强度 ***H*** 就是 1 奥斯特（Oe）。在国际单位制中，磁场强度的单位为A/m（1Oe=79.5775A/m）。

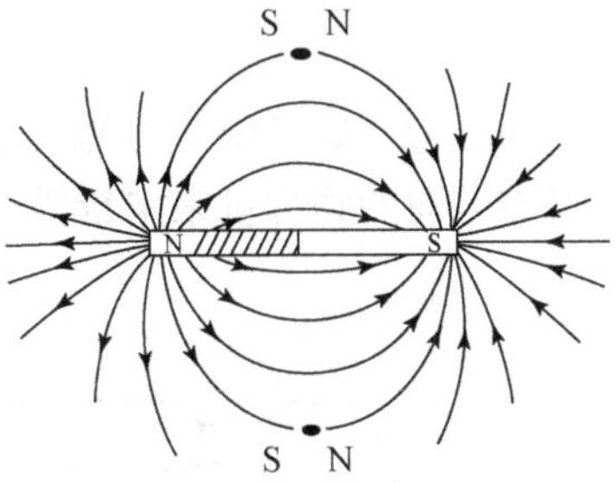

图 4-2 条形磁铁的磁场示意图

为了形象地表示磁场中各点磁场强度的分布，同采用电力线来描绘静电场一样，物理学上使用磁力线来描述磁场。画一组曲线，使这些曲线上任意一点的切线都和磁场方向一致，这组曲线就是**磁力线（line of magnetic force）**。同时规定，磁场中某点的磁力线密度等于该点磁场强度的大小。这样，磁力线既表示磁场强度 ***H*** 的方向，又表示了它的大小。图 4-2 表示条形磁铁的磁力线。

二、磁场和电场的联系与区别

在历史上很长的一段时间内，电学与磁学的研究一直是彼此独立地发展的，直到 19 世纪 20 年代，人们才认识到电与磁之间的联系，并认识到磁性起源于电荷的运动。

1820 年丹麦物理学家奥斯特发现在载流导线（有电流通过的导线）周围的磁针会受到力的作用而发生偏转。1820 年安培发现放在磁铁附近的载流导线或载流线圈也会受到力的作用而产生运动。1820 年法国物理学家毕奥（Biot）与萨伐尔（Savart）发表了长直导线通有电流时产生磁场的实验，并从数学上找出了电流元产生磁场的公式。1821 年英国物理学家法拉第（Faraday）开始研究把“磁变成电”，经过十年的努力，在 1831 年发现了电磁感应现象。1866 年世界上第一台直流发电机在英国曼彻斯特制成。此时人们才逐渐认识到电与磁之间的联系。到 20 世纪初，由于科学技术的进步和原子结构理论的建立与发展，人们认识到磁场也是物质存在的一种形式，磁力是运动电荷之间的一种作用力。

现已明确，不仅磁铁周围存在磁场，电流周围也存在磁场。另外，磁铁与磁铁、电流与电流及磁铁与电流间的相互作用都是通过磁场来传递的。磁现象的本质是电荷的运动，磁场的来源也是电荷的运动。这些正是法拉第电磁感应理论和麦克斯韦与磁相互关系理论的基本内容。

尽管磁场和电场均可用所谓力线（磁力线和电力线）加以表示，且磁场有 N、S 两个磁极，电场有正、负两种电荷，但二者有着根本区别。从力线来看，电力线起源于正电荷，止于负电荷，是有头有尾的曲线；磁力线既无起点又无终点，是无头无尾的闭合曲线。也就是说，磁力线并不中断，它在磁体内部也是接通的。由于磁力线总是闭合的，有人就将磁场称为涡旋场。其涡旋性的存在，使磁场力在推动一个小磁极沿闭合回路做功时，此功并不为零，亦即磁场力沿磁力线推动一个小磁极从一点到另一点做功与中间路程有关。这一点也与电场力推动电荷从一点到另一点做功时只取决于其始末位置，而与中间路程无关的情形不同。

三、磁感应强度

小磁针在磁场中受力的大小和方向与小磁针的位置有关(图4-3),因而需要一个既具有大小又有方向的物理量来定量描述磁场。

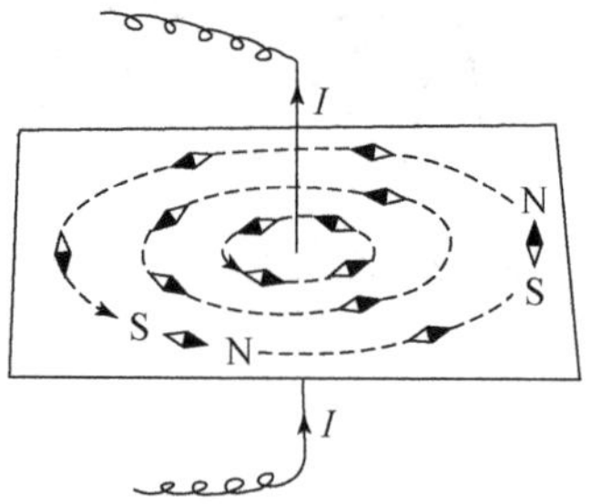

图4-3 小磁针在磁场中的受力方向

由于磁场对小磁针的作用本质上是磁场对运动电荷的作用,因而可以根据实验运动电荷在磁场中的受力情况来研究磁场。

1. 实验结论

(1)运动电荷所受的磁场力不仅与运动电荷的电量 q 和速度有关,而且与运动电荷的运动方向有关,且磁场力总是垂直于速度的;

(2)在磁场中的任一点存在一个特殊的方向,当电荷沿此方向或其反方向运动时所受的磁场力为零,与电荷本身的性质无关,而且这个方向就是自由小磁针在该点平衡时北极的指向;

(3)在磁场中的任一点,当电荷沿与上述方向垂直的方向运动时,电荷所受到的磁场力为最大值(计为 F_m),并且 F_m 与电荷 q 的比值是与 q、v 无关的确定值,比值$\frac{F_m}{qv}$是位置的函数。

2. 磁感应强度的定义 由实验结果可知,磁场中任一点都存在一个特殊的方向和确定的比值$\frac{F_m}{qv}$,与实验运动电荷的性质无关,它们分别客观地反映了磁场在该点的方向特征和强弱特征。为了描述磁场的性质,可据此定义一个矢量函数 $\boldsymbol{B}$,规定它的大小为

$$B=\frac{F_{max}}{qv} \tag{4-1}$$

即以单位速率运动的单位正电荷所受到的磁力的大小。其方向为放在该点的小磁针平衡时 N 极的指向(如图4-4所示)。$\boldsymbol{B}$ 称为**磁感应强度(magnetic induction intensity)**。

此外,我们还引进了磁场强度 $\boldsymbol{H}$ 和磁介质的概念。磁场强度 $\boldsymbol{H}$ 是用处于真空中的小磁针的受力情况来描述的。

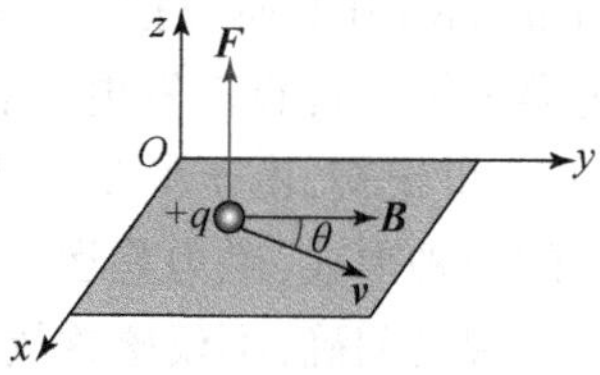

图4-4 磁感应强度

如果在电流的磁场中放进磁介质,情况就不同了。由于磁介质被磁化,在原磁场强度 $\boldsymbol{H}$ 的基础上,又附加了一个因磁介质磁化产生的磁场强度 $\boldsymbol{H}'$。那么,磁介质内部的磁场就等于没有磁介质时的磁场强度 $\boldsymbol{H}$ 与磁介质磁化产生的附加磁场强度 $\boldsymbol{H}'$ 之和。如果磁介质均匀地充满磁场空间,那么磁场内部某点的磁感应强度 $\boldsymbol{B}$ 应为该点磁场强度 $\boldsymbol{H}$ 的 μ 倍,也就是

$$\boldsymbol{B}=\mu\boldsymbol{H} \tag{4-2}$$

式中 μ 为磁介质的磁导率。

3. 磁感应强度的单位 在国际单位制中,磁感应强度的单位为特斯拉(Tesla),其符号为 T。在磁感应强度较小的场合还用毫特斯拉(mT)和微特斯拉(μT)。也有人沿用高斯这一电磁系单位,其符号为 G。上述几种单位之间的关系为 $1T=10^3mT=10^6\mu T=10^4G$。几种常见磁场的磁感应强度见表4-1。

在空气中，由于 μ_r 非常接近于 1，使得 $\boldsymbol{B}$ 与 $\boldsymbol{H}$ 几乎相同，因此，人们常对二者不加区别。在磁共振成像的文献中惯用的磁场强度一词，实际上就是指磁感应强度。

表 4-1　几种常见磁场的磁感应强度

物质	磁感应强度
地球磁场	5×10^{-5}T
赤道	3×10^{-5} ~ 4×10^{-5}T
南北极	6×10^{-5} ~ 7×10^{-5}T
脉冲星	1×10^{8}T
原子核	1×10^{4}T
电动机和变压器铁芯	0.7 ~ 0.9T
心脏	3×10^{-10}T
一般永磁体	0.4 ~ 0.7T
大型磁铁	2T
超导脉冲磁场	10T 以上

四、静磁场和均匀磁场

一般说来，磁感应强度 $\boldsymbol{B}$ 的大小和方向是随空间和时间而变化的。因此，它是空间位置 r 和时间 t 的函数，即 $\boldsymbol{B}=B(r,t)$。当 $\boldsymbol{B}$ 不随时间变化时，就称其为**静磁场**(**magnetostatic field**)。恒稳恒电流在其周围空间所激发的磁场一般为静磁场。

均匀磁场或**匀强磁场**(**uniform magnetic field**)是指空间各点的磁感应强度 $\boldsymbol{B}$ 大小和方向均相同的静磁场。反之称为非均匀磁场或非匀强磁场。两个相距很近的且相互平行的异性平面磁极之间的中央区域的磁场，以及长直密绕螺线管内部中央区域的磁场都是很好的均匀磁场。长直导线周围的磁场、长直螺线管管口处的磁场、平行磁极之间边界区的磁场及条形磁铁的磁场等都是非均匀磁场。

磁场的均匀性是均匀磁场的重要指标，MRI 系统的主磁体产生的是高度均匀强磁场。

第三节　电流的磁场

我们已经知道，不仅磁铁周围存在磁场，电流周围也会产生磁场。下面讨论几种形式的载流导线或线圈产生磁场的规律。了解这些规律有助于对磁共振磁体工作原理的理解。

一、毕奥-萨伐尔定律

在计算任意带电体在空间某点的电场强度时，可把带电体分成无限多个电荷元，先求出每个电荷元在该点产生的电场强度，再按场强叠加原理就可以计算出带电体在该点产生的电场强度($\mathrm{d}q\rightarrow\mathrm{d}\boldsymbol{E}\rightarrow\boldsymbol{E}$)。同样，对于稳恒电流产生磁场的计算问题，可把稳恒电流分成无限多个电流元，先求出每个电流元在该点产生的磁感应强度，再根据场强叠加原理就可以计算出带电体在该点产生的磁感应强度($I\mathrm{d}\boldsymbol{l}\rightarrow\mathrm{d}\boldsymbol{B}\rightarrow\boldsymbol{B}$)。

(一)毕奥-萨伐尔-拉普拉斯定律

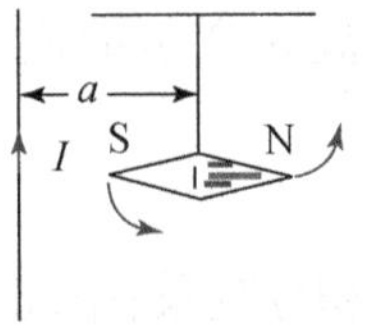

图 4-5　电流的磁效应

1820 年 10 月 30 日，在距奥斯特报道电流磁效应不到三个月，法国的毕奥和萨伐尔在法国科学院发表文章，从实验中分析了电流和磁效应之间的关系。如图 4-5 所示，小磁针转动强弱反映该点磁感应强度的大小。

实验发现：当 a 增大时，小磁针处的磁感应强度 $\boldsymbol{B}$ 小，$B\propto\frac{1}{a}$；当导线中的电流强度 I 增大，小磁针处的磁感应强度 $\boldsymbol{B}$ 大，$B\propto I$。

推导得出

$$B=k\frac{I}{a} \tag{4-3}$$

在此基础上,数学家拉普拉斯(Laplace)假定,电流由电流元 $Id\boldsymbol{l}$ 组成;$Id\boldsymbol{l}$ 产生的磁感应强度 $d\boldsymbol{B}$ 与 I 成正比;磁感应强度 $d\boldsymbol{B}$ 的大小与电流元 $Id\boldsymbol{l}$ 的表观长度 $dl\sin\theta$ 成正比;磁感应强度 $d\boldsymbol{B}$ 的大小与 r 的平方成反比。

在实验基础上经科学抽象得到:在载流导线上取电流元 $Id\boldsymbol{l}$,空间任一点 P 的磁感应强度为 $d\boldsymbol{B}$,$Id\boldsymbol{l}$ 与矢径 $\boldsymbol{r}$ 的夹角为 θ(如图 4-6 所示),实验表明,真空中

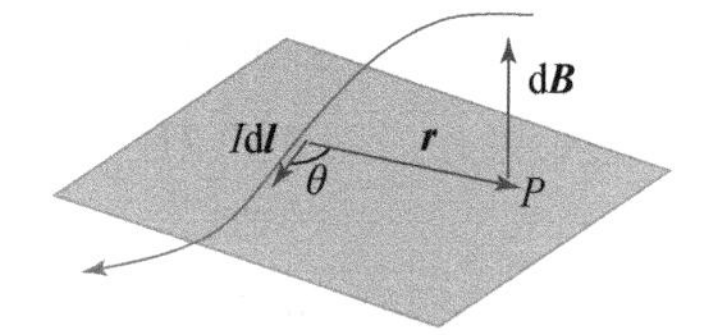

图 4-6 毕奥-萨伐尔-拉普拉斯定律

$$dB=k\frac{Idl\sin\theta}{r^2} \tag{4-4}$$

在 SI 制中,$k=\mu_0/(4\pi)$,其中 $\mu_0=4\pi\times10^{-7}\ \text{N/A}^2$ 为真空磁导率;得

$$dB=\frac{\mu_0}{4\pi}\frac{Idl\sin\theta}{r^2} \tag{4-5}$$

$d\boldsymbol{B}$ 的方向为 $Id\boldsymbol{l}\times\boldsymbol{r}$ 的方向(右手螺旋定则确定)写成矢量形式为

$$d\boldsymbol{B}=\frac{\mu_0}{4\pi}\frac{Id\boldsymbol{l}\times\boldsymbol{r}}{r^3} \tag{4-6}$$

或

$$d\boldsymbol{B}=\frac{\mu_0}{4\pi}\frac{Id\boldsymbol{l}\times\boldsymbol{r}_0}{r^2} \tag{4-7}$$

其中 $\boldsymbol{r}_0=\boldsymbol{r}/r$ 为矢径 $\boldsymbol{r}$ 方向上的单位矢量。这就是毕奥-萨伐尔定律,也称为毕奥-萨伐尔-拉普拉斯(Biot-Savart-Laplace)定律。

说明:

(1)该定律是在实验的基础上抽象出来的,不能由实验直接加以证明,但是由该定律出发得出的一些结果,却能很好地与实验符合。

(2)电流元 $Id\boldsymbol{l}$ 的方向即为电流的方向。

(3)$d\boldsymbol{B}$ 的方向由 $Id\boldsymbol{l}\times\boldsymbol{r}$ 确定,即用右手螺旋定则确定。

(4)毕奥-萨伐尔定律是求解电流磁场的基本公式,利用该定律,原则上可以求解任何稳恒载流导线的磁感应强度。

(二)毕奥-萨伐尔-拉普拉斯定律解题步骤

(1)根据已知电流的分布与待求场点的位置,选取合适的电流元 $Id\boldsymbol{l}$;

(2)选取合适的坐标系。要根据电流的分布与磁场分布的特点来选取坐标系,其目的是使数学运算简单;

(3)根据所选择的坐标系,按照毕奥-萨伐尔-拉普拉斯定律写出电流元产生的磁感应强度;

(4)由叠加原理求出磁感应强度的分布。

一般说来,需要将磁感应强度的矢量积分变为标量积分,并选取合适的积分变量,来统一积分变量。下面仅计算几个基本而又典型的稳恒电流产生磁场的问题。

二、直线电流的磁场

电流通过长直导线时,将在其周围空间产生磁场(图 4-7)。由图可见,长直导线周围的磁力线是沿着导线垂直平面的同心圆分布的。磁力线的方向可用右手螺旋定则判定,即用右手握载流导线,拇指伸直代表电流方向,则弯曲的四指就指向磁力线的回绕方向。

下面计算长直导线周围任意一点 P 的磁感应强度 B。

设直导线的长为 L,其中的点流强度为 I,该直导线放在磁导率为 μ 的磁介质中。现在通过辅助图(图 4-8)计算直线电流的磁场分布。图中 PO 是从导线外给定点 P 到直导线所作的垂线。根据毕奥-萨法尔定律,导线上任一电流元在给定点 P 所产生的磁感应强度的大小为

$$\mathrm{d}B=\frac{\mu}{4\pi}\frac{I\mathrm{d}z\sin\theta}{r^2} \tag{4-8}$$

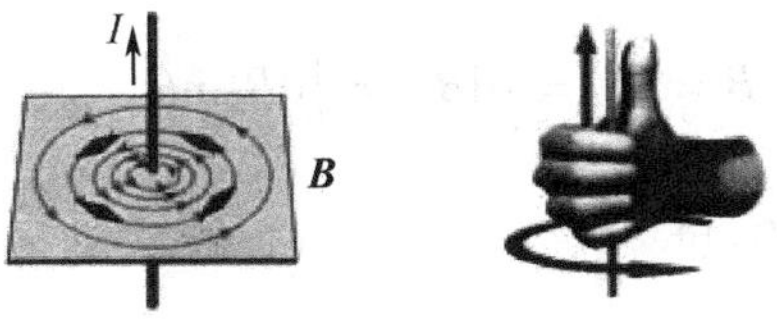

图 4-7　直线电流的磁场

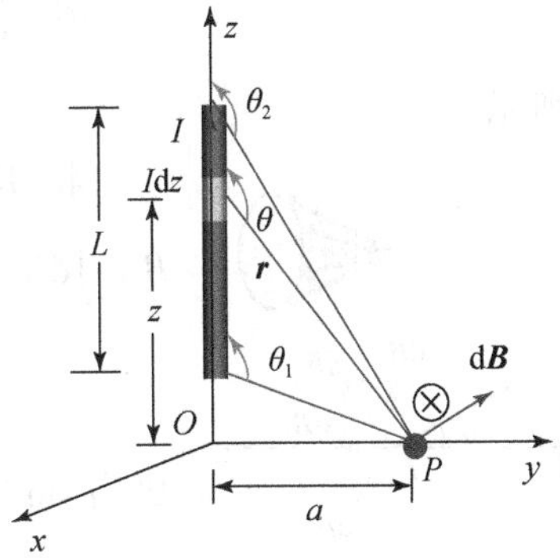

图 4-8　载流直导线磁场的计算

各电流元产生的磁场方向相同,磁场方向垂直纸面向里,因此,P 点的总磁感应强度可用积分式写作

$$B=\int \mathrm{d}B=\int_L \frac{\mu}{4\pi}\cdot\frac{I\mathrm{d}z\sin\theta}{r^2} \tag{4-9}$$

为了得出实用的计算式,对上述积分求解。以 O 为原点,以电流元 $I\mathrm{d}z$ 到 P 点的连线 $\boldsymbol{r}$ 与电流元 $I\mathrm{d}z$ 的夹角 θ 为变量。设 O 到线元 $\mathrm{d}z$ 处的距离为 z,PO 的长度为 a,显然有

$$z=-a\cot\theta \tag{4-10}$$

则对 z 求关于 θ 的微分为

$$\mathrm{d}z=a\csc^2\theta\mathrm{d}\theta=\frac{a}{\sin^2\theta}\mathrm{d}\theta \tag{4-11}$$

同时

$$r=\frac{a}{\sin\theta} \tag{4-12}$$

将上述各关系代入式(4-9),并按图中所示,取积分上、下限分别为 θ_1、θ_2,得

$$\begin{aligned}B&=\int_L \frac{\mu}{4\pi}\cdot\frac{Ia\mathrm{d}\theta\cdot\sin\theta}{\sin^2\theta\cdot(a/\sin\theta)^2}=\frac{\mu I}{4\pi a}\int_{\theta_1}^{\theta_2}\sin\theta\cdot\mathrm{d}\theta\\&=\frac{\mu I}{4\pi a}(\cos\theta_1-\cos\theta_2)\end{aligned} \tag{4-13}$$

当导线接近无限长即 $L\to\infty$，且 $L\gg a$ 时，$\theta_1\to 0$，$\theta_2\to\pi$，于是，式(4-13)可简化为

$$B=\frac{\mu}{2\pi}\frac{I}{a} \tag{4-14}$$

这就是我们要求的关系式。可见直线电流的磁场不仅与电流 I 成正比，还与它周围磁介质的磁导率成正比，显然，它还与给定点至直导线的距离成反比。

三、环形电流的磁场

当环形导线中通过电流时，其周围空间产生的磁场如图 4-9 所示。

设半径为 R 的载流线圈，放在磁导率为 μ 的磁介质中，其中通以电流强度为 I 的电流，求其轴线上距圆心 O 为 x 处的 P 点的磁感应强度。

建立坐标系如图 4-9 所示，任取电流元 $I\mathrm{d}\boldsymbol{l}$，由毕奥–萨伐尔定律得

$$\mathrm{d}B=\frac{\mu}{4\pi}\frac{I\mathrm{d}l\cdot\sin\frac{\pi}{2}}{r^2}=\frac{\mu}{4\pi}\frac{I\mathrm{d}l}{r^2}$$

方向如图所示。

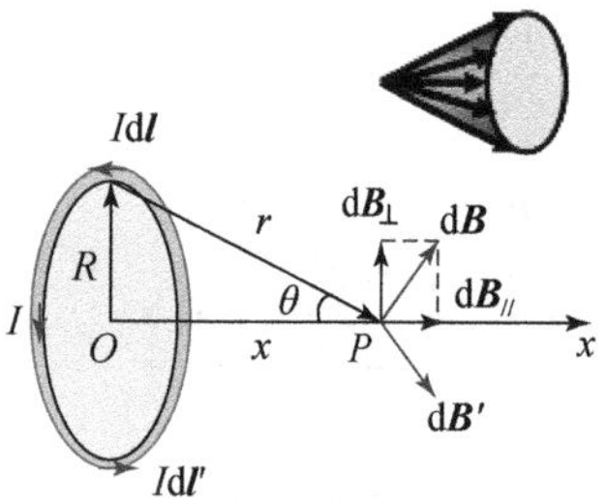

图 4-9　环形电流的磁场

将 $\mathrm{d}\boldsymbol{B}$ 进行正交分解得 $\mathrm{d}\boldsymbol{B}=\mathrm{d}\boldsymbol{B}_{/\!/}+\mathrm{d}\boldsymbol{B}_{\perp}$，则由对称性分析得 $B=\int\mathrm{d}\boldsymbol{B}_{\perp}=0$，所以有

$$B=B_{/\!/}=\int\mathrm{d}B_{/\!/}=\int\mathrm{d}B\sin\theta$$

因为 $\sin\theta=\frac{R}{r}$，$r\equiv C$，得

$$B=\frac{\mu IR}{4\pi r^3}\int_0^{2\pi R}\mathrm{d}l=\frac{\mu IR^2}{2r^3}$$

又由于 $r^2=x^2+R^2$，$S=\pi R^2$，可得

$$B=\frac{\mu IR^2}{2r^3}=\frac{\mu IR^2}{2\left(R^2+x^2\right)^{3/2}}=\frac{\mu IS}{2\pi\left(R^2+x^2\right)^{3/2}} \tag{4-15}$$

沿 x 轴正方向，与电流呈右手螺旋关系。

讨论：

(1)当 $x=0$ 时，圆心处的磁感应强度为 $B=\frac{\mu I}{2R}$。

(2)当 $x\gg R$ 时，即 P 点远离圆环电流时，P 点的磁感应强度为 $B=\frac{\mu IR^2}{2x^3}$。

四、直螺线管电流的磁场

直螺线管就是绕在直圆柱面上的螺旋线圈，如果在这种螺线管线圈中通以电流，它的周围空间立刻会产生如图 4-10 所示的磁场，其方向可采用上述载流线圈的右手螺旋定则确定。

螺线管上的每匝线圈相当于一个环形线圈。由于各匝线圈一般绕得很紧密，载流螺旋管在某点所产生的磁感应强度应该等于各线圈在该点所产生的磁感应强度之和。下面推导这种情况下其内部磁感应强度的解析式。符号“⊙”“⊕”表示螺线管电流的方向，其中前者为

电流流出纸面(流向读者),后者则表示电流进入纸面(背离读者)。

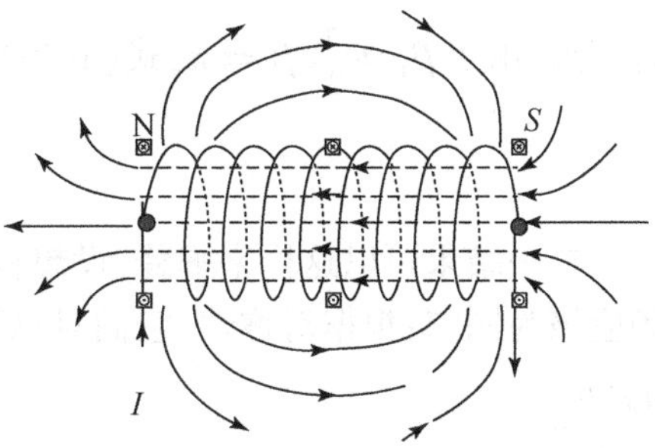

图 4-10 直螺线管电流的磁场

设有一半径为 R,总长为 L 的载流直螺线管,n 为单位长度上的匝数,在螺线管上任取一长度元 dx,则这一长度元螺线管上有线圈 ndx 匝。设线圈是密绕的,那么,所取小段上的线圈相当于一个环形导线,其中环形电流的电流强度为 $Indx$。应用式(4-15)的结果,可知该长度元线圈在轴线上某点 P 所产生的磁感应强度为

$$dB=\frac{\mu}{2}\frac{R^2(I\cdot n\cdot dx)}{(R^2+x^2)^{3/2}} \tag{4-16}$$

式中 x 为 P 点至 dx 的距离,磁感应强度的方向沿轴线向右。由于螺线管上各小段在 P 点所产生的磁感应强度同向,得出整个直螺线管所产生的总磁感应强度为

$$B=\int dB=\frac{\mu}{2}\int\frac{R^2I\cdot n}{(R^2+x^2)^{3/2}}dx \tag{4-17}$$

设螺线管轴线与从 P 点到 dx 上任意一点之矢径间的夹角为 α,为便于积分,做积分变换并引入参数 α 与 β。由图 4-11 可以得到

$$R^2+x^2=\left(\frac{R}{\sin\alpha}\right)^2=R^2\csc^2\beta \tag{4-18}$$

而 $R\csc\beta=\frac{R}{\sin\beta}=\frac{R}{\sin(\pi-\beta)}=\frac{R}{\sin\alpha}$,$x=-R\cot\beta$;对 x 求微分可得

$$dx=R\csc^2\beta d\beta \tag{4-19}$$

将式(4-18)和式(4-19)代入式(4-17)可得

$$dB=\frac{\mu}{2}\frac{R^2In\cdot(R\csc^2\beta d\beta)}{(R^2\csc^2\beta)^{3/2}}=\frac{\mu}{2}\frac{In\cdot(R^3\csc^2\beta d\beta)}{R^3\csc^3\beta}=\frac{\mu}{2}\frac{In\cdot d\beta}{\csc\beta}=\frac{\mu nI}{2}\cdot\sin\beta d\beta$$

积分得

$$B=\int_{\beta_1}^{\beta_2}dB=\frac{\mu nI}{2}\int_{\beta_1}^{\beta_2}\sin\beta d\beta=\frac{\mu nI}{2}(\cos\beta_1-\cos\beta_2) \tag{4-20}$$

式(4-20)就是直螺线管内部轴线上某点磁感应强度的表达式,式中 β_1 和 β_2 分别表示指定点到螺线管两端的连线与轴线之间的夹角。

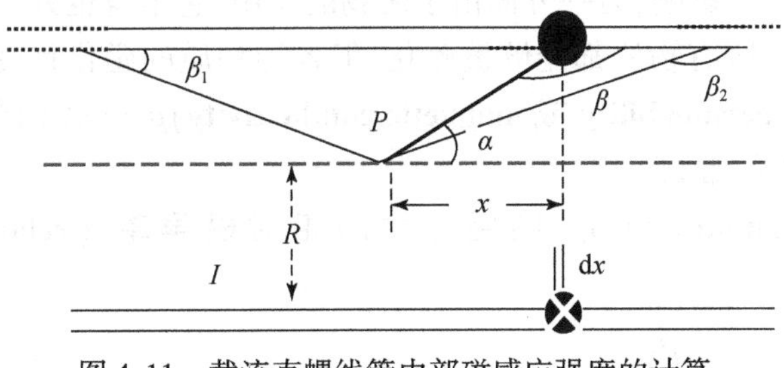

图 4-11 载流直螺线管内部磁感应强度的计算

下面讨论两种特殊情形。

(1)对于无限长或长度比直径大很多的螺线管,由于 $\beta_1\Rightarrow 0,\beta_2\Rightarrow\pi$,式(4-20)可以近似为

$$B=\mu nI \tag{4-21}$$

式(4-21)说明,任何密绕长螺线管内部的磁场为均匀磁场,即螺线管内部的磁感应强度处处相等。也可以说,这种情况下 $\boldsymbol{B}$ 的大小与 P 点的位置无关。

(2)长螺线管两端点的磁感应强度在数值上恰是其内部磁感应强度的一半。例如,在螺线

管端点，由于$\beta_1 \Rightarrow \frac{\pi}{2}$，$\beta_2 \Rightarrow \pi$，式(4-20)可以近似为

$$B=\frac{\mu nI}{2} \tag{4-22}$$

这一结果可以这样来解释：设想将一个长螺线管从任何一处一分为二，则这两半产生的磁场应该为同向；根据对称性，它们对总磁感应强度μnI的贡献也应该相同，即每一半的单独贡献为$\frac{\mu nI}{2}$。

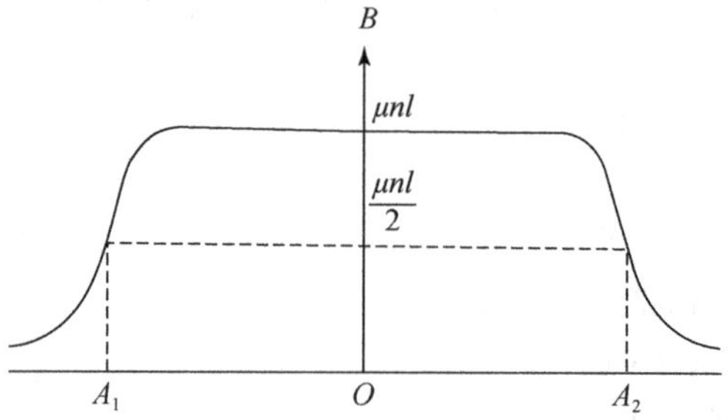

图 4-12　载流螺线管上各处磁感应强度分布

另外，除了端点附近，长螺线管外部空间的磁场是很弱的。在L趋于无限长的极限情形下，整个外部空间的磁感应强度趋于0。因此，无限长密绕载流螺线管是这样一种理想装置：它产生一个匀强磁场，并将其全部限制在自己内部。

载流螺线管上各处磁感应强度分布情况如图4-12所示，图中A_1和A_2分别为螺线管两端面与其轴线的交点。

由上面的计算可知，载流导线或线圈在给定点所产生的磁感应强度$\boldsymbol{B}$的大小与导线或线圈中流过的电流强度、导线的形状、磁介质的性质及该给定点相对于导线的位置有关。

直螺线管线圈是共振磁体线圈的主要形式。

第四节　磁介质　磁化强度

一、磁　介　质

电介质在电场的作用下被极化后产生附加电场而影响原来的电场。与此相仿，存在于磁场中的各种物质将被磁化，磁化了的物质会反过来在空间产生附加磁场，从而使原来的磁场发生变化。物理学上把在磁场的作用下能发生变化，并能反过来影响原磁场的物质称为**磁介质**(**magnetic media**)。从对磁力的影响方面来说，一切物质都可以称为磁介质。

位于磁场中的磁介质，一方面对磁场产生影响，另一方面由于磁场的作用，它本身也处于一种特殊状态之中，这种状态称为磁化状态。所有物质都能够被磁化，但各种物质的磁化程度却有很大差别。于是，物理学上采用**磁导率**(**permeability 或 magnetic conductivity**)μ表示不同物质被磁化的程度，μ是仅决定于磁介质性质的常数。

设**真空磁导率**(**permeability of vacuum**)为μ_0，则磁介质的**相对磁导率**(**relative permeability**)μ_r可定义为

$$\mu_r=\frac{\mu}{\mu_0} \tag{4-23}$$

由此可见物质的相对磁导率为一纯数。

磁介质在磁场的作用下所发生的变化，称为磁介质的**磁化**(**magnetization**)，其结果是产生了附加磁场。若真空中某点的磁感应强度为$\boldsymbol{B}_0$，磁介质磁化而产生的附加磁场为$\boldsymbol{B}'$，磁介质中

磁感应强度为 $\boldsymbol{B}$,则

$$\boldsymbol{B}=\boldsymbol{B}_0+\boldsymbol{B}' \tag{4-24}$$

$\boldsymbol{B}$ 的方向随磁介质的不同而不同。

在电介质中,附加电场 $\boldsymbol{E}'$ 总是削弱原电场 $\boldsymbol{E}'_0$(反向)。而在磁介质中,$\boldsymbol{B}'$的方向随介质而变。根据 $\boldsymbol{B}'$与 $\boldsymbol{B}_0$ 方向是否相同,磁介质可分为下述三类。

第一类为磁化方向与磁场方向相同的物质,称为**顺磁质(peramagnetic substance)**。如锰、铝、铬、铂、一氧化氮、液氧、氯化铜($CuCl_2$)等都是顺磁质。将顺磁质移近磁铁时,它会受到吸引作用。顺磁质的$\mu_r>1(\mu_r\approx 1+10^{-4})$。

第二类是磁化方向与磁场方向相反的物质,称为**抗磁质(diamagnetic substance)**。如水银、氮、氯、金、银、铜、铋、铅、硫、氯化钠(NaCl)、二氧化碳(CO_2)和惰性气体等都是抗磁质。生物有机体的组织多属于抗磁质,如氢和水等;也有少数顺磁质,如自由基等。将抗磁质移近磁铁时,它会受到排斥作用。但是,迄今所发现的抗磁质在外磁场中所呈现的磁性都很微弱。抗磁质的$\mu_r<1(\mu_r\approx 1-10^{-6})$。

这两类物质的 $\boldsymbol{B}'$比 $\boldsymbol{B}_0$ 小得多(通常只有 $\boldsymbol{B}_0$ 的十万分之几),通称为弱磁质,由此可见,一切抗磁质和大多数顺磁质的 μ_r均非常接近于 1。

顺便提一下,如果把一块超导体放在外磁场中,磁体的外磁场会使超导体表面中出现超导电流。此超导电流形成的磁场,在超导体内部,恰好和磁体的磁场大小相等,方向相反。这两个磁场抵消,使超导体内部的磁感应强度永远等于零($\boldsymbol{B}=0$),即它能把磁场全部排斥出去。这就是因为超导体存在的迈斯纳效应,如图 4-13 所示。由此可见,超导体是一种理想的抗磁质。

最后一类是磁性很强的物质,称为**铁磁质(ferromagnetic substance)**。在纯化学元素中,除了铁以外,过渡族中的镍、钴和稀土族中的钛等具有铁磁性。然而,常用的铁磁质多数是铁和其他金属或非金属组成的合金,包括某些含铁的氧化物。这类物质的 $\boldsymbol{B}'$比 $\boldsymbol{B}_0$ 大得多,能够显著地增强磁场,铁磁质是强磁性材料,$\boldsymbol{B}'$与 $\boldsymbol{B}_0$ 同向,$B'>B_0$,$B\gg B_0$,因而其应用非常广泛。铁磁质 $\mu_r\geqslant 1$。表 4-2列出了部分磁介质的相对磁导率。

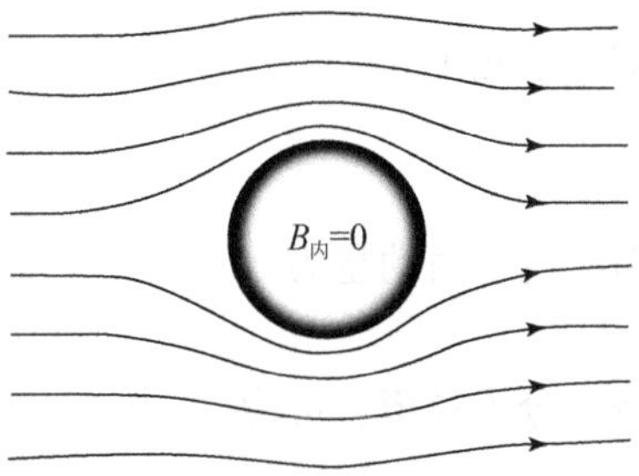

图 4-13 超导体的完全抗磁性

表 4-2 部分磁介质的相对磁导率(气体压强为 1.01325×10^5 Pa)

顺磁质	μ_r	抗磁质	μ_r	铁磁质	μ_r
氧	1.0000019	汞	0.999971	铸铁	200 ~ 400
铝	1.000023	铋	0.999824	纯铁(99.5%)	18000(最大值)
钠	1.0000072	银	0.999974	硅钢(硅 4%)	7000(最大值)
铂	1.00026	铜	0.999990	坡莫合金(镍 78.5%,铁 21.5%)	100000(最大值)

实验证明,所有物质(包括气态、液态和固态)分别属于上述三类磁性物质之一。

二、弱磁质磁化的微观机制

关于介质磁化的理论,存在着两种不同的观点:分子电流的观点和磁荷的观点。尽管两种观点的微观模型不同,但在宏观结果上完全一致,因而这两种观点是等效的。磁荷观点出现较早,分子电流是安培提出的,比较流行,揭示了电现象与磁现象之间的内在联系。

(一)分子磁矩

顺磁质和抗磁质的磁化特性决定于物质的微观结构。物质分子中任何一个电子都同时参与两种运动:环绕原子核的运动和本身的自旋运动。这两种运动都能够产生磁效应,可以用分子电流来代替。分子电流有一定的磁矩,称为**分子磁矩(molecular magnetic moment)**。

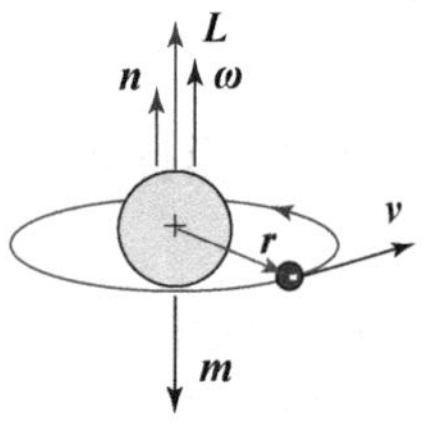

图 4-14 分子磁矩

电子轨道运动相当于一个圆电流产生轨道磁矩,电子自旋运动产生电子自旋磁矩。因为电子带负电,所以分子磁矩 $\boldsymbol{m}$ 与角速度 $\boldsymbol{\omega}$ 反向(如图 4-14 所示)。

设电子绕核运动的速度大小为 v,则电子运动周期为

$$T=\frac{2\pi r}{v}=\frac{2\pi}{\omega} \tag{4-25}$$

产生的等效圆电流为

$$I=-\frac{e}{T}=-\frac{e\omega}{2\pi} \tag{4-26}$$

则分子磁矩为

$$\boldsymbol{m}=IS\boldsymbol{n}=-\frac{e\omega}{2\pi}\pi r^2\boldsymbol{n}=-\frac{er^2}{2}\boldsymbol{\omega} \tag{4-27}$$

由于电子角动量为

$$\boldsymbol{L}=\boldsymbol{r}\times m_e\boldsymbol{v}=rm_e v\boldsymbol{n}=m_e\boldsymbol{r}^2\boldsymbol{\omega} \tag{4-28}$$

所以分子磁矩也可为

$$\boldsymbol{m}=-\frac{e}{2m_e}\boldsymbol{L} \tag{4-29}$$

分子总磁矩是分子中所有电子磁矩的矢量和(忽略原子核磁矩)。

说明:

(1)电子绕核运动的磁矩 $\boldsymbol{m}$ 与角速度 $\boldsymbol{\omega}$ 方向相反。

(2)若电子绕核运动的半径不变,则当角速度变化时,磁矩变化为

$$\Delta\boldsymbol{m}=-\frac{er^2}{2}\Delta\boldsymbol{\omega} \tag{4-30}$$

(二)磁介质的磁化机理

1. 磁介质磁化的微观机理 当没有磁场时,抗磁质的分子磁矩为零,顺磁质的分子磁矩不为零(称为固有磁矩),但是由于热运动,这些分子电流的流向是杂乱无章的,在磁介质中的任一宏观体积中,分子磁矩相互抵消,因此对外不显磁性。将磁介质放到磁场中,磁介质将受到下面两种作用:

(1)分子固有磁矩将受到外磁场 $\boldsymbol{B}_0$ 的磁力矩作用,使各个分子磁矩要克服热运动的影响

而转向外磁场的方向排列，这样各个分子磁矩将沿外磁场 $\boldsymbol{B}_0$ 方向产生附加的磁场 $\boldsymbol{B}'$。

(2) 外磁场 $\boldsymbol{B}_0$ 将使各个分子固有磁矩发生变化，即对每一个分子产生一个附加的磁矩。可以证明，不论外磁场的表现如何，总是产生一个与外磁场方向相反的附加磁矩，结果会产生一个与外磁场方向相反的 $\boldsymbol{B}'$。

2. 顺磁质磁化机理——来自分子的固有磁矩　由于分子的热运动，各分子磁矩的取向是无规则的，因而在磁介质中任一宏观的小体积内，所有分子磁矩的矢量和为零，即顺磁质材料在无外磁场的条件下，不具有磁性，对外不呈磁性，处于未磁化状态，如图 4-15(a) 所示。

当顺磁质放在磁场中时，各分子磁矩都受到磁力矩的作用，转到与外磁场 $\boldsymbol{B}_0$ 一致的方向，附加磁场 $\boldsymbol{B}'$ 与外磁场 $\boldsymbol{B}_0$ 同方向，如图 4-15(b) 所示。介质内磁感应强度为

$$\boldsymbol{B}=\boldsymbol{B}_0+\boldsymbol{B}'>\boldsymbol{B}_0 \tag{4-31}$$

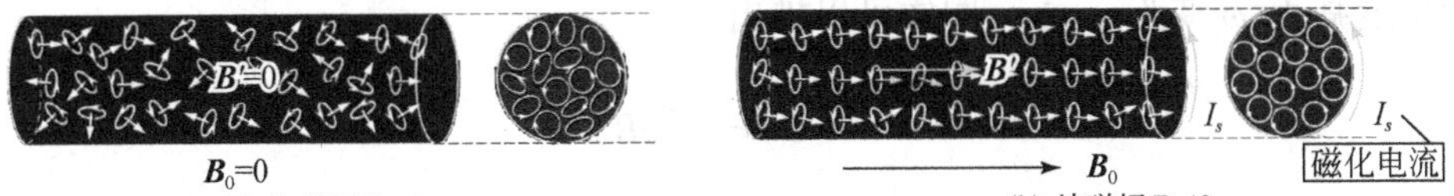

(a) 外磁场 $\boldsymbol{B}_0=0$　　(b) 外磁场 $\boldsymbol{B}_0\neq 0$

图 4-15　顺磁质磁化机理

所以，顺磁质的分子固有磁矩不为零，加上外磁场后，要产生与外磁场反向的附加分子磁矩。但是由于顺磁质的分子固有磁矩一般要比附加磁矩大得多，因而在顺磁质内可以忽略不计。所以顺磁质在外磁场中的磁化主要取决于分子磁矩的转向作用，即顺磁质产生的附加磁场总是与外磁场方向相同。

3. 抗磁质磁化机理——电子的轨道在外磁场的作用下发生变化　无外磁场时，分子中所有电子绕核运动的轨道磁矩的矢量和不为零，因而不呈磁性，当抗磁质放在外磁场中时，呈抗磁性。

以下分两种情况讨论：

(1) 当电子绕核运动的角速度 $\boldsymbol{\omega}$ 与 $\boldsymbol{B}_0$ 同向时，如图 4-16(a) 所示。

若电子运动半径不变，电子在磁场作用下还要受到洛伦兹 (Lorentz) 力的作用，在此力作用下，电子的角速度要增大，由 ω 增大到 $\omega+\Delta\omega$。下面先来计算这个 $\Delta\omega$。

未加磁场时，向心力由库仑力提供，即 $F_{向}=F_{库}$，得

$$mr\omega^2=\frac{1}{4\pi\varepsilon_0}\frac{eq}{r^2} \tag{4-32}$$

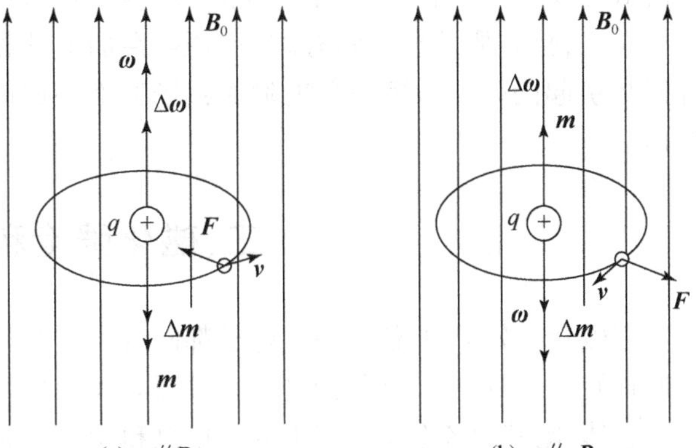

(a) $\boldsymbol{\omega}\,/\!/\,\boldsymbol{B}_0$　　(b) $\boldsymbol{\omega}\,/\!/\,-\boldsymbol{B}_0$

图 4-16　抗磁质中附加磁矩与外磁场方向

当施加一个与 $\boldsymbol{\omega}$ 方向一致的磁场 $\boldsymbol{B}_0$ 时，$F_{向}=F_{库}+F_{磁}$，即

$$mr\omega'^2=\frac{1}{4\pi\varepsilon_0}\frac{eq}{r^2}+er\omega' B_0 \tag{4-33}$$

其中 $\omega'=\omega+\Delta\omega$ 且 $\omega\gg\Delta\omega$，则 $\omega'^2=\omega^2+2\omega\Delta\omega$；代入可得

$$2mr\omega\Delta\omega=er\omega'B_0=er(\omega+\Delta\omega)B_0 \tag{4-34}$$

所以

$$\Delta\omega=\frac{e}{2m}\left(\frac{\omega+\Delta\omega}{\omega}\right)B_0\approx\frac{e}{2m}B_0 \tag{4-35}$$

式中 m 为电子的质量，因而磁矩的变化是

$$\Delta\boldsymbol{m}=-\frac{e^2r^2}{4m}\boldsymbol{B}_0 \tag{4-36}$$

其与 $\boldsymbol{B}_0$ 方向相反。

(2)当电子绕核运动的角速度 $\boldsymbol{\omega}$ 与 $\boldsymbol{B}_0$ 反向时，如图 4-16(b) 所示，洛伦兹力背离核，电子运动角速度减小，ω 变为 $\omega+\Delta\omega$，同样可以推出

$$\Delta\omega=-\frac{e}{2m}B_0 \tag{4-37}$$

磁矩的变化是

$$\Delta\boldsymbol{m}=-\frac{e^2r^2}{4m}\boldsymbol{B}_0 \tag{4-38}$$

在这两种情况下，抗磁质中电子的附加磁矩总是与外磁场相反，于是

$$\boldsymbol{B}=\boldsymbol{B}_0+\boldsymbol{B}'<\boldsymbol{B}_0 \tag{4-39}$$

其总磁场比 $\boldsymbol{B}_0$ 小。

说明：

(1)在外磁场的作用下，电子轨道半径保持不变而角速度有变化，于是磁矩也有变化，而且磁矩变化的方向与外磁场的方向相反，这就是抗磁质的起因。

(2)抗磁性是一切磁场介质的特性，顺磁质也具有这种抗磁性，只不过顺磁性物质中，抗磁性的效应较磁性要小，因此，在研究顺磁性物质的磁化时，可以不考虑抗磁性。

总之，抗磁质的分子固有磁矩为零，在加上外磁场后，分子磁矩的转向效应不存在，所以外磁场引起的附加磁矩是产生附加磁场的唯一原因。因而抗磁质产生的磁场总是与外磁场反向。

三、磁化强度和磁化率

在磁介质分子中，任何一个电子都同时参与两种运动，即环绕原子核的轨道运动和电子本身的自旋。这两种运动同时产生动量矩和相应的磁矩，其表现就是磁化效应。如果将分子看作一个整体，则其中各个电子产生的磁矩总和就叫作磁矩，常用 $\boldsymbol{m}_{分子}$ 表示。

为了表示磁介质在外加磁场 $\boldsymbol{B}_0$ 作用下的磁化程度，我们引用磁化强度矢量 $\boldsymbol{M}$ 这个物理量。所谓**磁化强度(magnetization)**，是单位体积内分子磁矩的矢量和。如果在磁介质内取一个宏观体积元，这个体积元内就包含了大量的磁分子。设 ΔV 内所有分子磁矩的矢量和为 $\sum\boldsymbol{m}_{分子}$，则磁化强度矢量 $\boldsymbol{M}$ 的表达式为

$$\boldsymbol{M}=\frac{\sum\boldsymbol{m}_{分子}}{\Delta V} \tag{4-40}$$

下面以图 4-17 为例来进一步说明磁化强度矢量的物理含义。图示为一个插有软磁棒的线圈。当线圈中未通过电流时，软磁棒不显示磁性，我们说它处于未磁化状态。一旦线圈中有了电流，它将产生一个外磁场 $\boldsymbol{B}_0$，从而使软磁棒磁化。从微观上讲，当它处于未磁化状态时，各个分子磁矩的取向杂乱无章，其矢量和 $\sum \boldsymbol{m}_{分子}$ 必然为 0，从而使棒内的磁化强度矢量 $\boldsymbol{M}=0$。在外磁场存在的情况下，棒内的分子磁矩在一定程度上沿着 $\boldsymbol{B}_0$ 方向排列起来，这时候有 $\sum \boldsymbol{m}_{分子} \neq 0$，使得合成矢量按 $\boldsymbol{B}_0$ 进行取向。也就是说，这时磁化强度矢量 $\boldsymbol{M}$ 成为一个沿 $\boldsymbol{B}_0$ 方向的矢量。分子磁矩 $\boldsymbol{m}_{分子}$ 定向排列的程度越高，$\boldsymbol{M}$ 的数值就越大。由此可见，式(4-40)所定义的磁化强度矢量确是一个反映介质磁化状态的物理量。

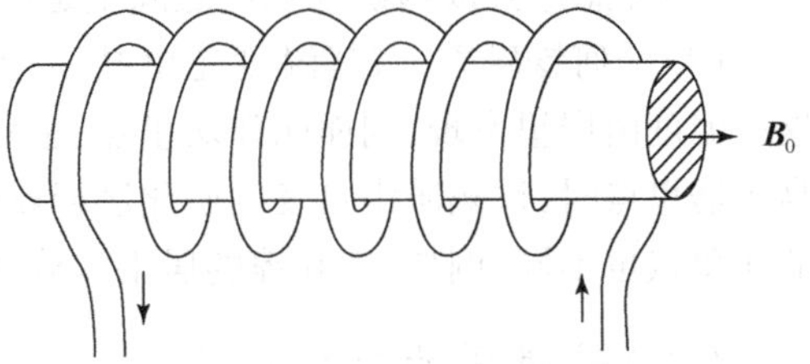

图 4-17 磁介质在外磁场中的磁化

实验证明，磁介质中某点的磁化强度 $\boldsymbol{M}$ 通常与该点处的磁感应强度 $\boldsymbol{B}$ 成正比。在国际单位制中，二者的关系可用下式表示：

$$\boldsymbol{M}=\frac{\chi_m}{\mu}\boldsymbol{B}=\chi_m \boldsymbol{H} \tag{4-41}$$

式中 χ_m 为物质的**磁化率(magnetic susceptibility)**。它的量值与磁介质的性质有关：顺磁质的 χ_m 为正，磁化强度 $\boldsymbol{M}$ 亦为正；抗磁质的 χ_m 为负，磁化强度 $\boldsymbol{M}$ 亦为负。但是，顺磁质和抗磁质的 χ_m 都很小，故可认为它们与磁化强度 $\boldsymbol{M}$ 有关；铁磁质的 χ_m 却很大。表 4-3 列举了 293K 下一些物质的磁化率。

表 4-3 一些物质的磁化率(293K)

物质	磁化率(χ_m)	物质	磁化率(χ_m)	物质	磁化率(χ_m)
铝(Al)	2.3×10^{-5}	金(Au)	-3.5×10^{-5}	水(H_2O)	-2.93×10^{-5}
镁(Mg)	1.2×10^{-5}	银(Ag)	-2.5×10^{-5}	氮(N_2)	-5×10^{-9}
钨(W)	6.8×10^{-5}	铜(Cu)	-9.8×10^{-6}	二氧化碳(CO_2)	-1.19×10^{-5}
氧(O_2)	1.92×10^{-6}	汞(Hg)	-2.9×10^{-5}	铋(Bi)	-1.7×10^{-4}

同磁导率一样，磁化率也是表征磁介质性质的物理量。

人体的主要成分为微带抗磁性的水。因此，正常人体组织的磁化率很小。

四、铁磁质及其特性

铁磁质是一类特殊的磁介质，具有极大的磁导率。在外加磁场的作用下，铁磁质将只产生与外磁场同向的、量值很大的附加磁场。不仅如此，铁磁质还有下述特性。

(一)铁磁质的特性

铁磁质是一类性能特殊、用途广泛的磁介质，与弱磁质相比，有如下特性：

(1)在外磁场作用下能产生很强的磁感应强度。

(2)当外磁场停止作用时，仍能保持其磁化状态。

(3)磁感应强度与磁场强度之间不是简单的线性关系。

(4)任何铁磁质,当其温度超出某一特定值时,铁磁性会完全消失而成为普通的顺磁质。这一温度由居里发现,因而叫作居里点,也称为居里温度。此现象说明,当铁磁质的温度达到或高于居里点时,铁磁质中自发的磁化区域就完全瓦解而成为普通的磁性物质了。不同的铁磁质的居里点也不同,例如,铁和镍的居里点分别是769℃和358℃。

(二)铁磁质的磁化规律

磁化曲线用来描述铁磁性物质的磁化特性。铁磁性物质的磁感应强度 B 随磁场强度 H 变化的曲线,称为**磁化曲线(magnetization curve)**,也叫 B-H 曲线。

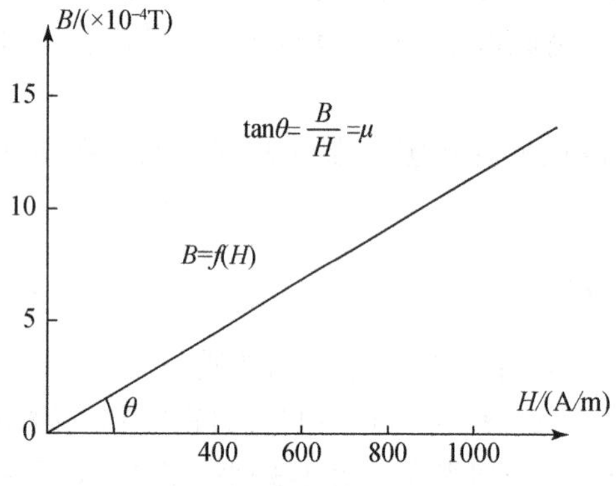

图4-18 顺磁质 B-H 曲线

1. 顺磁质的 B-H 曲线 顺磁质的 μ 很小,为一常量,不随外磁场而改变,B 与 H 的关系为线性的(如图4-18所示),即

$$B=\mu H \tag{4-42}$$

曲线的斜率:

$$\tan\theta=\frac{B}{H}=\mu$$

2. 铁磁质的 B-H 曲线(起始磁化曲线) 铁磁质的 μ 很大,且随外磁场而变化,B 与 H 之间为非线性关系(如图4-19所示)。

初始磁化曲线:

$O\to1$,$H\uparrow$,$B\uparrow$;

$1\to2$,H 增大,B 急剧增大,因为磁畴在外场作用下迅速沿外磁场方向排列;

$2\to3$,$H\uparrow$,$B\uparrow$,增加缓慢;

$3\to a$,$H\uparrow$,$B\uparrow$,增加十分缓慢;

$a\to\infty$,$H\uparrow$,B 到饱和状态,所有磁畴都与外场方向一致,相应的磁场强度称为饱和磁场强度,磁感应强度称为饱和磁感应强度。

可见铁磁质的 B-H 曲线的显著特点是非线性。据实验可得磁导率 μ 与 H 关系,如图4-20所示。

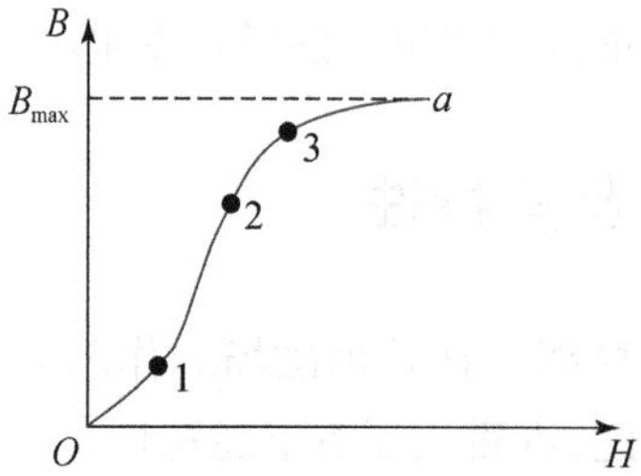

图4-19 铁磁质的 B-H 曲线

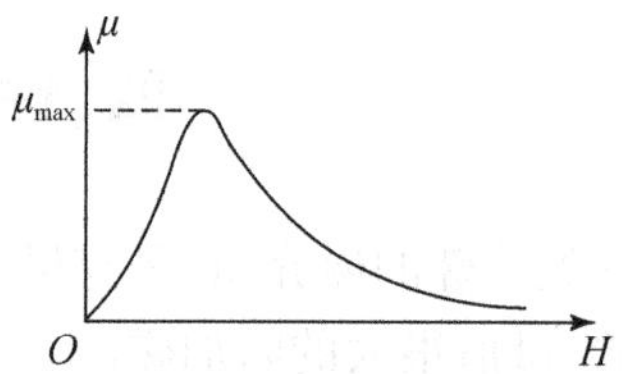

图4-20 磁导率 μ 与 H 的关系

3. 磁化曲线的重要性 B 与 H 之间的关系,若已知一个量可求出另一个量。在设计电磁铁、变压器及一些电气设备时,磁化曲线是很重要的实验依据,一般由实验得到。当磁场强度 H 相同时,硅钢片的磁感应强度 B 比铸铁大得多,所以变压器、电机等均采用硅钢片。图4-21给

出了几种铁磁性物质的磁化曲线，从曲线上可看出，在相同的磁场强度 H 下，硅钢片的 B 值最大，铸铁的 B 值最小，说明硅钢片的导磁性能比铸铁要好得多。

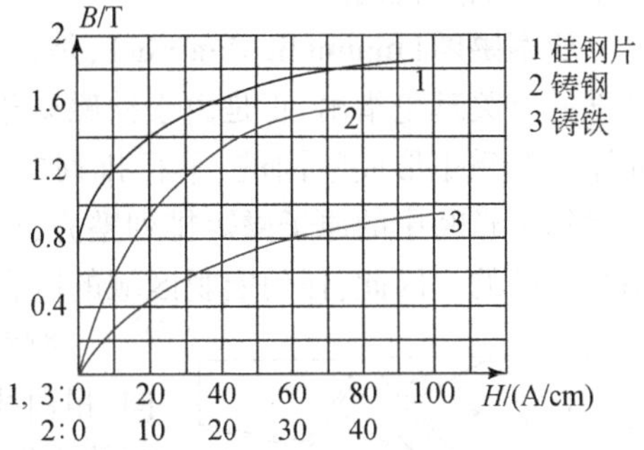

图 4-21　几种铁磁性物质的磁化曲线

（三）磁滞现象和磁滞回线

铁磁质的磁化达到饱和状态后，如果减小磁场强度 H，磁化强度 M 也将随之减小。但是，M 并不沿着原来上升时的曲线（Oa）下降，而是沿着另一个曲线（ab）下降。由图 4-22 可见，当 $H=0$ 时，磁介质的磁化强度 M 并不完全消失，即尚保留一定的剩余磁化强度 M_z。过了 b 点之后，如果按下述顺序继续改变 H，即 $O \to -H_c$、$-H_c \to -H_s$、$-H_s \to O$、$O \to +H_c$、$+H_c \to +H_s$，则磁化强度 M 相应地沿着曲线中下述各点变化，即 $b \to c$、$c \to a'$、$a' \to b'$、$b' \to c'$、$c' \to a$，形成闭合曲线。如果从 O 点开始，在磁化饱和之前就减小 H，M 将沿着另一曲线下降，形成较小的闭合曲线（如图 4-22 中虚线所示）。

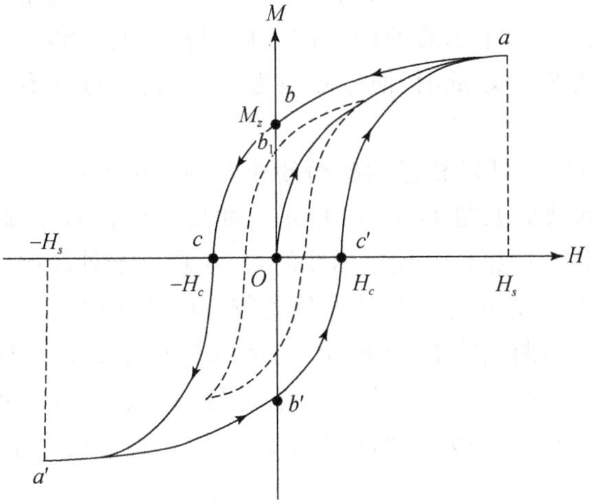

图 4-22　*M-H* 磁滞回线

上述实验结果表明，铁磁质的磁化强度 M 不是磁场强度 H 的单值函数，即对同一磁场强度，磁化强度可能对应于若干个量值（如图中 $H=0$ 时，有 $M=Ob$、Ob'、Ob_1 等）；磁化强度的取值不仅与当时的外加磁场有关，还与磁化前的状态有关。物理学上把磁化强度 M 的变化总是落后于磁场强度 H 的现象称为**磁滞现象（magnetic hysteresis phenomenon）**，并将图 4-22 所示的闭合曲线 $abca'b'c'a$ 称为 ***M-H* 磁滞回线（*M-H* magnetic hysteresis loop）**。

（四）剩磁现象和矫顽力

由图 4-22 可见，外磁场撤去后，铁磁体中尚有剩余磁化强度存在，这就是所谓的**剩磁（remanent magnetism）**现象。具有剩磁的铁磁体就成了永久磁铁。因此常用磁化铁磁体的方法来形成永久磁铁。

要消除铁磁体中的剩磁，就必须给铁磁体加反向磁场。所需反向场强的量值 H_c 称为**矫顽力（coercive force）**。不同的铁磁质之所以有不同的磁滞回线，主要原因就是其矫顽力不同。矫顽力小的材料，如软铁、硅钢及其他用作变压器芯子的合金，称为软磁物质（软磁质）；矫顽力大的材料，如碳钢、钨钢、钴钢等，称为硬磁物质（硬磁质）。

（五）磁畴

前已述及，铁磁质是一类特殊的磁介质，它磁化后产生的附加磁场特别强。下面通过磁畴理论来说明其机制。

所谓**磁畴(magnetic domain)**,是指铁磁质内部原已存在的许多自发饱和的小区域。量子力学的有关理论指出,正是由于铁磁质相邻原子间存在非常强的电子“交换耦合作用”,才使相邻原子的磁矩形成坚固的、平行排列的和大小不一的磁畴。磁畴和磁畴之间由“磁壁”隔开。虽然每个磁畴中的原子磁矩排列整齐,但在没有外磁场的情况下,铁磁质内部大量磁畴的取向却是杂乱的。因此,任何宏观区域的联合磁矩这时将相互抵消,使铁磁质对外不呈现磁性。

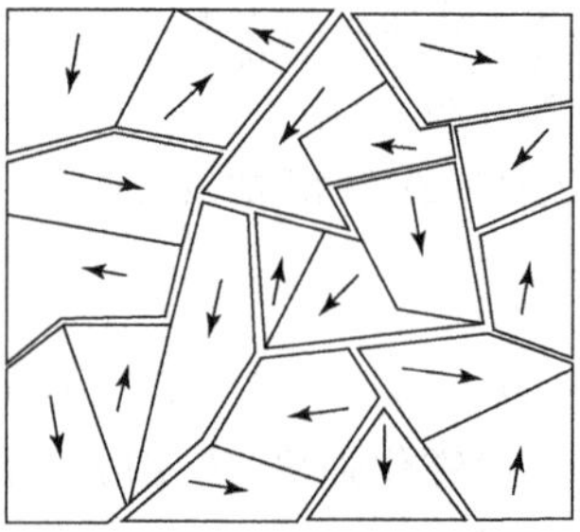

图 4-23 磁畴的结构

磁畴的结构如图 4-23 所示。图中箭头表示磁畴的磁矩取向,粗白线是组成固体之晶体的边界,细黑线则表示晶体内部磁畴的边界。不同材料磁畴的形状和大小不尽相同,其几何线度在微米到毫米量级($10^{-4}\sim10^{-2}$mm),其中包含约10^{15}个原子。磁畴的形状也没有图 4-23 所示那么简单。

磁畴的观点可概略地说明铁磁质的磁性。图 4-24 是铁磁质的磁化过程示意图。图 4-24(a)表示铁磁质内各磁畴的无规则排列(无磁场化),图中示意地画了四个体积相同的磁畴。由于取向不同,其磁矩恰好抵消,使总磁矩为零,即它们对外不呈现磁性。

当出现外加磁场时,铁磁质内自发磁化方向与外场相近的磁畴便在外场作用下扩大,自发磁化与外场方向偏离较大的磁畴则会缩小,其情形如图 4-24(b)所示。如果磁场较弱,磁畴这种扩大和缩小的过程就进行得比较缓慢,这相当于图 4-19 所示曲线的 $O\to1$ 段。当外场增强到一定值时,磁畴界壁就会发生跳跃式移动,使自发磁化方向与外场偏离较大的那些磁畴全部消失,如图 4-24(c)所示。这一过程与图 4-19 所示曲线的 $1\to2$ 段相当,是一不可逆过程,亦即外磁场减弱后,磁畴不能完全恢复原状了。如果此后继续增大外场,留存的磁畴便逐渐转向外场方向,使磁化进入饱和(图 4-24(d))。这相当于图 4-19 磁化曲线的 $2\to3$ 段。磁化场停止后,各磁畴之间的排列保留下来,就呈现出剩磁。

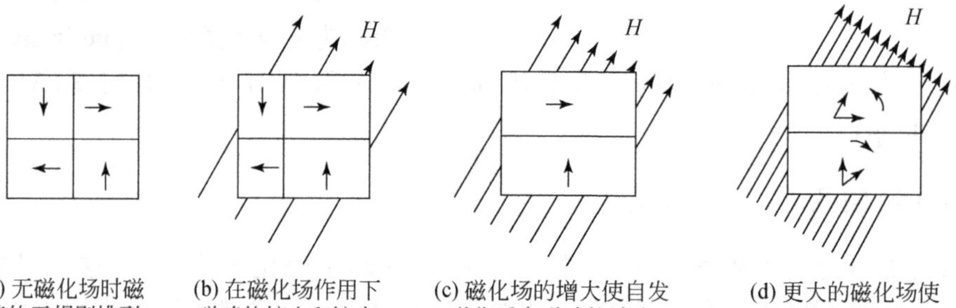

(a) 无磁化场时磁畴的无规则排列　(b) 在磁化场作用下磁畴的扩大和缩小　(c) 磁化场的增大使自发磁化反向磁畴的消失　(d) 更大的磁化场使磁畴转向外场方向

图 4-24 铁磁质的磁化过程示意图

(六)铁磁质的分类

根据矫顽力的大小或磁滞回线的形状,把铁磁质分为三种:

(1)软磁材料,如纯铁、硅钢、坡莫合金、铁氧体等,矫顽力小,容易磁化,也容易退磁;磁滞回线细而窄,所包围的面积小,因而磁滞损耗小,如图 4-25(a)所示。适用于交变磁场中,常用作变压器、继电器、电磁铁、电动机和发电机的铁芯。

(2)硬磁材料，如碳钢、钨钢、铝镍合金等，矫顽力大，剩磁大，磁滞回线粗而宽，磁滞损耗大，如图4-25(b)所示。这种材料磁化后能保留很强的磁性，适用于制造各种类型的永久磁体、扬声器。

(3)矩磁铁氧体材料，如锰-镁、锂-锰等铁氧体，磁化瓷等，磁滞回线接近于矩形，特点是剩磁接近饱和值。若矩磁材料在不同方向的外磁场下磁化，当电流为零时，总是处于$+B_S$或$-B_S$两种剩磁状态，因此可用作计算机的“记忆”元件、自动控制技术等。

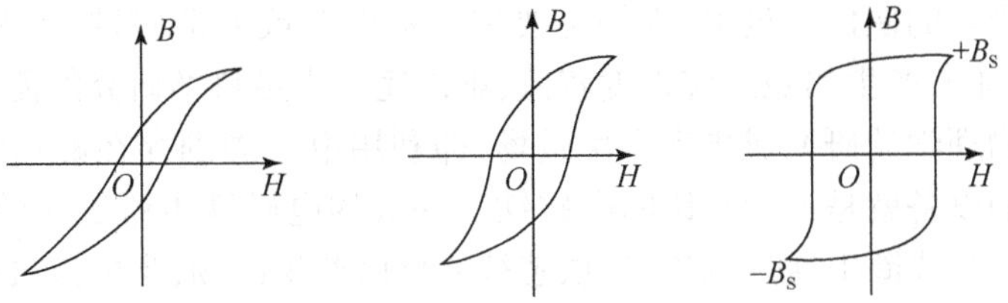

(a) 软磁材料　(b) 硬磁材料　(c) 矩磁铁氧体材料

图4-25　铁磁质的分类

(七)磁屏蔽

从磁感应线的折射定律可以看出，从磁导率小的介质到磁导率大的介质，磁感应线偏离法线，从磁导率大的介质到磁导率小的介质，磁感应线偏向法线。

用磁导率很大的软磁材料(铁铬合金等)做成的罩放在外磁场中，由于罩的磁导率μ比真空磁导率μ_0大得多，绝大部分磁感应强度从罩壳的壁内通过而罩的空腔内部磁感应线极少，这就达到了**磁屏蔽(magnetic screen)**的目的(如图4-26所示)。例如，屏蔽线、屏蔽罩。

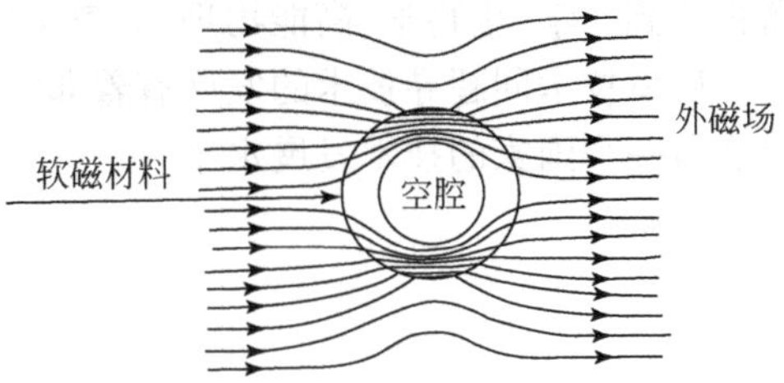

图4-26　磁屏蔽

(八)铁磁质的应用

铁磁质材料按矫顽力H_c的大小可分为软磁材料和硬磁材料两大类。软磁材料的矫顽力H_c很小、磁滞回线狭长，因而剩磁很容易被消除。这种材料在交变磁场中的磁滞损耗非常小，故多用于交变磁场中，如制造各种电感元件及变压器、镇流器、电动机、发电机的铁芯等。它在计算机和微波领域也有许多特殊用途，例如，可用它来制作记忆元件、开关、振荡器和频率倍加器等。在医学上，软磁材料主要被用来进行磁疗和磁探测。

硬磁材料的特点是剩磁大(矫顽力也大)，其磁滞回线“肥胖”，适于制造永久磁铁。核磁共振成像技术的成熟，使这种铁磁材料得到更加广泛的应用。现在，用高性能的钕铁硼材料，已能生产场强约0.4T的成像用永磁体。而早期采用铁氧体材料时，构筑一个场强为0.15T的磁体，就需要数十吨的材料。

永磁型磁铁的优点是造价和维护费用低，因此，它较适合中小型医院使用。但场强低、均匀性和稳定性差，是其进一步发展的制约因素。

第五节 磁体及其分类

一、磁 体

磁铁周围存在磁场,这一事实已为大家所熟知了。物理学把凡能产生磁场的物体通称为磁体。磁铁就是最简单的磁体。过去,人们主要用天然磁铁或人造磁铁(统称永磁铁)来构筑磁体。但是,这种磁体所产生的磁感应强度较低,难以完全满足科学研究的需要。于是,人们很自然地想到了利用物理学的研究成果来产生磁场,即利用电流周围存在磁场的原理来制造磁场。这种能产生磁场的设备就是人们常说的电磁铁。一般的电磁铁由激磁线圈和高磁导率的软磁材料铁芯所组成。当线圈中通过电流时,铁芯被磁化而产生磁场;当电流被切断时,磁场也随之消失。这种电磁铁常用在继电器、接触器、电磁制动器等设备中,其工作磁场不高。现在,磁体一词已经被用来专指那些具有一定工作孔径(以空气为磁介质)的、能产生强磁场的、庞大的和具有特殊用途的电磁铁。但是,由永磁铁堆积的永磁体仍在使用着。

在磁共振成像系统中,磁体是非常重要的组成部分。20 世纪 50 年代左右,随着高能加速器的建立,磁体技术的发展进入了新时代。大约 10 年之后,或者说在发现超导电性 50 年之后的 1961 年,强磁场实验磁体才成为现实,现在,超导磁体的应用已从过去实验室的某些大型设备推广到药学、生物学、高能物理、等离子体物理、海水淡化、污水净化和磁力选矿等领域。

磁体技术同超导技术的发展有着非常密切的关系,因而它属于高精尖技术,在某种程度上标志着一个国家的技术发展水平。

二、磁体的分类

关于磁体的分类方法,常用的有以下四种。

(一)按磁体的规模分类

按磁体的规模分类,即按磁体的几何尺寸、场值、工作电流、工作孔径和造价等指标分类。这是一种笼统的分型方法,各型之间没有明显的界限,但是它是文献中使用最多的分类方法之一。

1. 小型磁体 多指研究用的螺旋管磁体,其特点主要是内径较小(一般在 2 ~ 20cm)。小型磁体通常由“分裂”对线圈组成,这种结构允许样品横向进入高场区。有文献认为此类磁体的场强应在 6T 以下,但实际上已经有超过 9T 的在使用。

2. 中型磁体 指内径在 0.3 ~ 1m,中心最大磁场在 7T 以上,工作电流达数千安培的磁体。目前,大多数这类磁体都用在高能物理实验中,如作为加速器磁体及电子束实验用磁体。中型磁体一般具有马鞍形偶极子或四极的结构。

3. 大型磁体 指内径大至数米,而场强并不太高的磁体。典型的大型磁体是高能物理实验用的气泡室磁体和受控热核研究用的磁镜。建造这种规模的磁体需要消耗数以吨计的超导材料,其工作电流在 5000A 以上。

(二)按磁体线圈供电的方式分类

1. 直流磁体 指使用直流线圈来获得稳定工作磁场的磁体。这种磁体运行时需要消耗大量功率且由于这些功率都将转化为焦耳热,其散热问题通常很难解决。因此过去直流磁体的场强不可能做得很大。随着超导技术的日益成熟,这类磁体的场强已经达到很高的数值。磁共振成像用的磁体就属于此类。

2. 脉冲磁体　给磁体线圈通以脉动电流,就可获得脉冲磁场。脉冲磁体因此而得名。它所需要的能量可根据回路阻抗的大小以低速率储存于外部,却以高速率释放。这种磁体所需平均功率要比直流磁体低很多,但其峰值有可能极高。脉冲磁体的最大磁场可达上千特斯拉。

3. 交流磁体　指线圈工作电流为工频交流的磁体。

(三)按磁体线圈的绕线方式分类

1. 直螺线管圈绕成的磁体　这种磁体的原理已在前面阐明,其线圈绕法非常简单。工程上常将磁体线圈分成若干个同心绕组,再根据中心场的分布来选取每个绕组的最大电流密度。将用不同粗细的超导线绕制的线圈串联起来,就可达到各绕组既有不同电流密度,又能共用一个电源的双重目的。

2. 横向磁场的磁体　有些场合要求磁场的方向垂直于磁体,这时绕组必须要做成那样的跑道形或马鞍形,这样绕制的磁体就是横向磁场磁体,如图 4-27 所示。

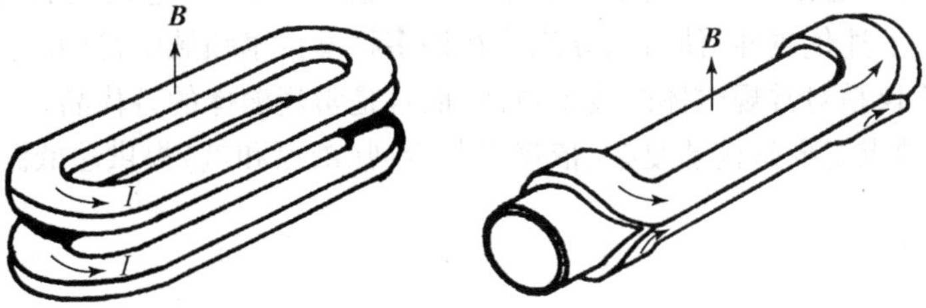

(a) 偏平跑道形绕组　　(b) 马鞍形绕组

图 4-27　横向磁场磁体

(四)按线圈的绕制材料分类

1. 常导磁体　又称**常规磁体(conventional magnet)**或**阻抗型磁体(resistive magnet)**,其线圈一般由电阻率很低的铜线绕成。常导是磁体早期广泛采用的磁体形式。

从理论上讲,可通过增加电流来获得任意大小的磁场。但实际上铜线的临界电流密度只有 10^7 A/m² 左右,当电流增加到 10^8 A/m^2 时绕线就会熔断。除了电阻会产生焦耳热外,这类磁体的磁阻也将产生大量的能量损耗而发热,因此,散热一直是困扰常导磁体的主要问题。

为了减少磁体的线圈匝数,常导磁体一般采用软铁轭增加磁感应强度,但这样的铁磁材料在磁场大约为 2T 时就已进入饱和状态。因此,用常导磁体获得高场是困难的。目前,高能物理和固体物理实验中用的大型磁体已被超导磁体所取代。

常导磁体的主要缺点是场强低(小于 0.4T)、功耗大、对电源的要求高。例如,用于磁共振成像的 0.2T 的常导磁体就需要约 300A 的电流,功率达 60kW 以上。同时,它还要配以水冷系统,以使磁体热量散发。常导磁体的优点是容易制造且价格低廉。随着高性能永磁材料的出现及超导磁体价格的下降,在磁共振成像领域中这类磁体已基本淘汰。

根据所采取的散热方式,常导磁体又分为水冷式和风冷式两种。

2. 超导磁体　顾名思义,**超导磁体(superconductive magnet)**就是用超导线绕制而成的磁体。

应该说,从发现超导现象的1911年起,科学家就试图用超导材料获得更强的磁场。人们意识到,一种既能产生磁场又不消耗功率的磁体将会出现,几年以后,超导材料的其他许多性质相继被发现,使人们对超导的本质有了进一步的认识。但是,直到实用的Ⅱ类超导体发现以后,世界上第一个超导磁体才于1961年问世。此后不到10年时间,国外就建成了内径为5m、总质量约50t的大型超导磁体。目前,世界上已经有了数千个场强从几特斯拉到十几特斯拉、孔径仅几厘米的小型超导磁体装备着现代化的实验室,并用于一系列尖端科学的研究。用于磁共振成像的超导磁体已多达上万台,且以每年近千台的速度增加着。各种规格的超导磁体都已商品化。一些巨型磁体正在试制之中。对于大孔径的人体成像用超导磁体来说,目前10T以下磁体的技术难题也全部解决。可以说,超导磁体的制造技术已经相当成熟。

当前,超导磁体已广泛应用于核磁共振、磁流体发电、超导电机、磁悬浮高速列车、高能加速器及探测器等设备中。

超导材料有极高的电流密度(比铜高出一两个数量级),因此,它绕制的磁体可以在较大的空间内获得强磁场。它没有常规的焦耳热损耗,自然不需水冷却。超导磁体的空间内均匀度可以达一亿分之一,比常规磁体高得多。由于超导磁体在短路电流下持续运行,它还具有很高的时间稳定性。在所谓的四极(Q型)磁体中,超导磁体还可以获得用常规磁体根本无法达到的磁场梯度(14T/cm),这在一些应用中有非常重大的意义。此外,它还具有易于启动、可长期运转、轻便等优点。上述优越性,使得超导磁体在许多科学技术领域中得到广泛应用,从发展的角度看,超导磁体不仅是对常规磁体的技术革命,而且是常规磁体的替代品。

超导磁体的缺点主要是构造复杂、依赖于制冷剂(液氮和氦)提供超低温环境等。

阅读材料

玛丽·居里

玛丽·居里(Marie Curie,1867年11月7日—1934年7月4日),出生于华沙,世称“居里夫人”,全名玛丽亚·斯克沃多夫斯卡·居里(Maria Skłodowska Curie),法国著名波兰裔科学家、物理学家、化学家。1903年,居里夫妇和贝可勒尔(H. Becguerel)由于对放射性的研究而共同获得诺贝尔物理学奖,1911年,居里夫人因发现元素钋和镭再次获得诺贝尔化学奖,因而成为世界上第一个两获诺贝尔奖的人。

玛丽·居里原名玛丽亚·斯克沃多夫斯卡,1867年11月7日生于波兰王国华沙市一个中学教师的家庭。父亲乌拉狄斯拉夫·斯克沃多夫斯卡是中学的数学教师,母亲布罗尼斯洛娃·柏古斯卡·斯克沃多夫斯卡是女子寄宿学校校长。家人对其的爱称为“玛妮雅”。玛丽亚有三姐一兄,即苏菲、布罗尼施拉娃、海伦娜和约瑟夫。

1891年11月进入索尔本大学(即巴黎大学)理学院物理系学习。

1894年4月,经波兰学者、瑞士福利堡大学物理学教授约瑟夫·科瓦尔斯基的介绍,与皮埃尔·居里结识。1895年7月26日,玛丽与比埃尔·居里在巴黎郊区梭镇结婚。

1896年8月,玛丽通过大学毕业生担任教师的职称考试。得到理化学校校长舒曾伯格(1827—1897)的支持,玛丽谋得职位,在该校物理实验室工作,与皮埃尔(室主任)共事。他们两个经常在一起进行放射性物质的研究，以成吨的工业沥青废渣为原料，因为这种矿石的总放射性比其所含有的铀的放射性还要强。1898 年，居里夫妇对这种现象提出了一个逻辑的推断：沥青铀矿石中必定含有某种未知的放射成分，其放射性远大于铀的放射性。

1898 年 7 月，居里夫妇向巴黎科学院提出《论沥青铀矿中一种放射性新物质》，说明发现新的放射性元素 84 号，比铀强四百倍，类似铋，居里夫人建议以她的祖国波兰的名字构造新元素的名称钋(polonium)。从此居里夫妇密切合作，共同研究，建立最早的放射化学工作方法。

1898 年 12 月，居里夫妇和同事贝蒙特向巴黎科学院提出《论沥青铀矿中含有一种放射性很强的新物质》，说明又发现新元素 88 号，放射性比铀强百万倍，命名为镭(radium)。

玛丽·居里关于发现新元素钋的报告，用波兰文在华沙《斯维阿特罗》画报月刊上发表。

1900 年 10 月，两位德国学者瓦尔柯夫和吉泽尔宣称镭对生物组织有奇特效应。后经居里夫妇证实，镭射线会烧灼皮肤。

1902 年年底，经过三年又九个月的提炼，居里夫妇从数吨残渣中分离出微量(一分克)氯化镭($RaCl_2$)，测得镭原子量为 225，后来得到的精确数为 226。从此镭的存在得到了证实。

镭虽然不是人类第一个发现的放射性元素，但却是放射性最强的元素。利用它的强大放射性，能进一步查明放射线的许多新性质，以使许多元素得到进一步的实际应用。医学研究发现，镭射线对于各种不同的细胞和组织，作用大不相同，那些繁殖快的细胞，一经镭的照射很快都被破坏了。这个发现使镭成为治疗癌症的有力手段。癌瘤是由繁殖异常迅速的细胞组成的，镭射线对它的破坏远比对周围健康组织的破坏大得多。这种新的治疗方法很快在世界各国发展起来。在法兰西共和国，镭疗术被称为居里疗法。镭的发现从根本上改变了物理学的基本原理，对于促进科学理论的发展和在实际中的应用，都有十分重要的意义。

1903 年，居里夫妇和贝可勒尔共同荣获诺贝尔物理学奖。

1911 年，居里夫人因分离出纯的金属镭而获诺贝尔化学奖。出乎意外的是，在居里夫人获得诺贝尔奖之后，她并没有为提炼纯净镭的方法申请专利，而是将之公布于众，这种做法有效地推动了放射化学的发展。同年，她参加了在布鲁塞尔举办的第一届索尔维会议。

在第一次世界大战时期，居里夫人倡导用放射学救护伤员，推动了放射学在医学领域里的运用。她奔波于各地，指导十八个战地医疗服务队。1916 年，她在巴黎镭学研究院为卫生员开设辐射学速成课，教医生学会寻找人体中异物(如弹片)位置的新法，受协约国军方赞许。

1921 年，居里夫人根据战时笔记整理，于巴黎出版《放射学和战争》一书。

1922 年 2 月，居里夫人当选为巴黎医学科学院院士。

1922 年 5 月，应第一次世界大战后建立的国际联盟秘书长埃里克·德拉蒙德爵士根据国际理事会的决定发出的邀请，居里夫人参加上年设立的国际文化合作委员会。初任委员，后当选为副主席。为此，她经常去日内瓦出席会议。

1930 年，居里夫人向法国政府申请特别研究补助费，得到 50 万法郎。

在居里夫人指导下，她的大女儿伊雷娜·约里奥·居里夫妇，发现人工放射性并获 1935 年诺贝尔化学奖。

居里夫人由于长期接触放射性物质，1934 年 6 月，住进上萨瓦省桑塞罗谟疗养院。7 月 4 日，因恶性贫血症(由镭引起)逝世于疗养院。

托贝医生写下了这样的报告："她所得的疾病是一种发展迅速、伴有发烧的继发性贫血。骨髓没有造血反应，可能是因为长期积累的辐射量造成的伤害。"闻此噩耗，她最喜欢的一个学生乔治·福尼埃写道："我们失去了一切。"

爱因斯坦说:“在所有的世界名人当中,玛丽·居里是唯一没有被盛名宠坏的人。”

居里夫人的成就包括开创了放射性理论、发明分离放射性同位素技术、发现两种新元素钋和镭。在她的指导下,人们第一次将放射性同位素用于治疗癌症。

本章小结

一、磁现象的本质

在磁性物质的分子中,存在着小的回路电流,称为分子电流,它相当于最小的基元磁体。物质的磁性就是决定于这些分子电流对外磁效应的总和。当这些分子电流的取向出现某种有规则的排列时,就会对外界产生一定的磁效应,显示出物质的磁化状态。

二、磁感应强度

在磁场中同一点,定义$\frac{F_{max}}{qv}$为磁场磁感强度$\boldsymbol{B}$的大小,即$B=\frac{F_{max}}{qv}$,方向由右手螺旋定则确定。磁感应强度反映了磁场在该点的方向特征和强弱特征。磁感应强度的单位是特斯拉(T),在实际中又常用高斯(G)作单位,$1T=10^4G$。

三、毕奥-萨伐尔定律

磁场中电流元的磁场

$$\mathrm{d}\boldsymbol{B}=\frac{\mu_0}{4\pi}\frac{I\mathrm{d}\boldsymbol{l}\times\boldsymbol{r}_0}{r^2}$$

毕奥-萨伐尔定律是求解电流磁场的基本公式,利用该定律,可以求解任何稳恒载流导线的磁感应强度。

任意电流的磁场

$$\boldsymbol{B}=\sum\boldsymbol{B}_i \quad (求矢量和)$$

$$\boldsymbol{B}=\int_L \mathrm{d}\boldsymbol{B} \quad (求矢量积分)$$

几种特殊电流分布的磁场:

无限长载直流电流的磁场为 $B=\frac{\mu}{2\pi}\frac{I}{a}$

环形电流的磁场,当$x=0$时,圆心处的磁感应强度为$B=\frac{\mu I}{2R}$

当$x\gg R$时,即P点远离圆环电流时,P点的磁感应强度为$B=\frac{\mu IR^2}{2x^3}$

无限长载流直螺线管内部的磁场 $B=\mu nI$

四、磁介质

物理学上把在磁场的作用下能发生变化,并能反过来影响原磁场的物质称为磁介质。

磁介质中磁感应强度为

$$\boldsymbol{B}=\boldsymbol{B}_0+\boldsymbol{B}'$$

$\boldsymbol{B}_0$为真空中某点的磁感应强度,$\boldsymbol{B}'$为磁介质磁化而产生的附加磁场。

1. 磁介质磁化的微观机理 顺磁质的分子固有磁矩不为零,加上外磁场后,要产生与外磁场反向的附加分子磁矩。顺磁质产生的附加磁场总是与外磁场方向相同。

抗磁质的分子固有磁矩为零,在加上外磁场后,分子磁矩的转向效应不存在,所以外磁场引起的附加磁矩是产生附加磁场的唯一原因,因而抗磁质产生的磁场总是与外磁场反向。

2. 磁矩和磁化强度 各个电子产生的磁矩之总和就叫作磁矩,用$\boldsymbol{m}_{分子}$表示。

磁化强度是单位体积内分子磁矩的矢量和:$\boldsymbol{M}=\frac{\sum\boldsymbol{m}_{分子}}{\Delta V}$

3. 磁化率 磁介质中某点的磁化强度$\boldsymbol{M}$通常与该点处的磁感应强度$\boldsymbol{B}$成正比。二者的关系表达式为

$$M=\frac{\chi_m}{\mu}B=\chi_m H$$

式中χ_m为物质的磁化率。

五、铁磁质

铁磁质是一类特殊的磁介质，具有极大的磁导率。在外加磁场的作用下，铁磁质将只产生与外磁场同向的、量值很大的附加磁场。

磁体的分类：

按磁体的规模分类：小型磁体、中型磁体、大型磁体；

按磁体线圈供电的方式分类：直流磁体、脉冲磁体、交流磁体；

按磁体线圈的绕线方式分类：直螺线管圈绕成的磁体、横向磁场的磁体；

按线圈的绕制材料分类：常导磁体、超导磁体。

思考题

4-1 什么是磁介质？

4-2 铁磁质的特性有哪些？

4-3 简述铁磁质的 B-H 曲线的特点。

4-4 简述铁磁质材料的种类。

4-5 简述超导材料的优点。

第五章　原子核物理基础

教学要求

（1）掌握α、β和γ三种衰变过程，理解α、β、γ三种射线特性；掌握重带电粒子、β射线、γ射线和中子与物质相互作用过程。

（2）了解核裂变、核聚变及核反应的能量。

本章研究物质结构的一个层次，讨论物质是由什么组成的，这些组成物是怎样运动的，它们又是怎样相互作用的。本章是实验性很强的一章，它遵循着实验—理论—实验的发展原则。另外，原子核物理学也是一门应用性很强的物理学分支学科，它不仅和其他学科（如化学、生物、材料、冶金、地质等）一起产生了不少边缘学科，而且核技术应用也已深入工、农、医、能源等国民经济的许多领域中，影响到人们生活的许多方面。

第一节　基本概念

一、原　　子

原子（atom）是化学反应中的最小粒子。原子可以分为原子核与**核外电子（orbital electrons）**，原子核由**质子（proton）**和**中子（neutron）**组成，而质子数是区分各种不同元素的依据。质子和中子还可以继续再分。原子又可以构成分子。

当质子数与电子数相同时，这个原子就是电中性的；否则，就是带有正电荷或者负电荷的离子。根据质子和中子数量的不同，原子的类型也不同：质子数决定了该原子属于哪一种元素，而中子数则确定了该原子是此元素的哪一个同位素。

原子直径的数量级大约是10^{-10} m。原子的质量极小，一般为质量标准单位（kg）的-27 次幂，质量主要集中在质子和中子上。原子核外分布着电子，电子跃迁产生光谱，电子决定了一个元素的化学性质，并且对原子的磁性有着很大的影响。

原子能级（atomic energy level）取决于原子的**电子组态（electron configuration）**，此外还取决于原子内相互作用的耦合类型。原子的四个量子数是指：**主量子数（principal quantum number）**n，**角量子数（orbital angular momentum quantum number）**l，**磁量子数（magnetic quantum number）**m，**自旋量子数（electron spin quantum number）**m_s。它们是在量子力学中表征波函数或者电子云的空间性质及电子自旋情况的参量。

1. 主量子数 *n*　它描述原子中电子出现概率最大区域离核的远近（电子层数），它的理论取值范围是 1 到无穷大的整数，即 1，2，3，4，5，6，7，…。每一个数值表示一个能层，数值越大表示距核越远。可以简单地理解为从原子核向外数，能层的层序数。

2. 角量子数 l　它决定了原子轨道或电子云的形状，表示电子亚层（同一 n 层中的不同分层），它的取值范围是从 0 到 $n-1$ 的所有自然数。也就是说，当主量子数 n 不同时，角量子数 l 的值及其个数是不同的。主量子数 $n=1$ 时，角量子数 $l=0$；主量子数 $n=2$ 时，角量子数 $l=0,1$；主量子数 $n=3$ 时，角量子数 $l=0,1,2$。相同的数值表示相同名称的能级，如 $l=0$ 表示 s 亚层，$l=1$ 表示 p 亚层，$l=2$ 表示 d 亚层，$l=3$ 表示 f 亚层。因此可以看出，角量子数 l 的取值的个数等于主量子数 n 的值。

3. 磁量子数 m　它决定波函数（原子轨道）或电子云在空间的伸展方向，决定角动量在空间给定方向上的分量大小，它的取值范围是从 $-l$ 到 $+l$ 的所有整数值。也就是说，当角量子数 l 的值不同时，会有不同个数的磁量子数 m。例如：当角量子数 $l=0$ 时，磁量子数 m 只能是 0；当角量子数 $l=1$ 时，磁量子数 m 有 $-1,0,+1$；当角量子数 $l=2$ 时，磁量子数 m 有 $-2,-1,0,+1,+2$；当角量子数 $l=3$ 时，磁量子数 m 有 $-3,-2,-1,0,+1,+2,+3$。可以看出，磁量子数 m 值的个数就是每个能级（亚层）中的轨道数。综上所述，主量子数为 n 的能层中的原子轨道数为 n^2。

4. 自旋量子数 m_s　它表示同一轨道中电子的两种自旋状态，它的取值范围是 $+\frac{1}{2}$ 或者 $-\frac{1}{2}$。电子的自旋方向相同时，自旋量子数 m_s 的值相同；电子的自旋方向相反时，自旋量子数 m_s 的值不同；一个原子中，如果有两个电子的主量子数 n、角量子数 l、磁量子数 m 都相同，则自旋量子数 m_s 一定不同。意思是说，在同一能层的同一能级的同一原子轨道中，只能够容纳两个自旋量子数 m_s 不同的电子，所以主量子数为 n 的能层中的原子轨道数为 n^2，最多能够容纳的电子数是 $2n^2$。比如钾原子的最外层中那个电子，它的 4 个量子数就是 $n=4$，$l=0$，$m=0$，$m_s=+\frac{1}{2}$。

原子核所处的各种能量状态直接反映核子间的相互作用及原子核多体系统的运动规律。原子核能级的性质决定于核子间的相互作用，后者主要包括强相互作用（即**核力（nuclear force）**）及电磁相互作用。所有质子数相同的原子组成元素，每种元素大多有一种不稳定的同位素，可以进行放射性衰变。原子核的基本性质指原子核作为整体所具有的静态性质，包括电荷、质量、半径、自旋、磁矩和统计性质等。

二、原子核的电荷、质量和半径

研究原子核，与研究其他层次一样，除了要回答原子核是由什么组成的以外，还要回答原子核的组成体在核内是如何运动的。这个问题很复杂，至今没有完全解决。

原子中的相互作用力是库仑力，它的性质十分清楚。而且，电子是运动的主要承担者，它与原子核之间的相互作用对运动起了决定性的作用。

相比之下，原子核中主要的相互作用是核力，核力是一种很复杂的相互作用，人们通过多年的实验研究和理论分析，才对它的特性有了比较细致的了解，但仍不完全。即使对核力已彻底了解，我们仍碰到一个棘手的多体问题：核内的核子数很多，不可能像两体问题那样求解，但核子数又不足以采用统计方法很好地处理，而且核内的核子平等相处，没有一个中心。因此，到目前为止，我们难以从第一性原理（根据原子核和电子相互作用的原理及其基本运动规律，运用量子力学原理,从具体要求出发,经过一些近似处理后直接求解薛定谔方程的算法,习惯上称为**第一性原理(first principles)**,出发来解决核内核子的运动问题。目前成功的还是模型理论,利用各种原子核结构模型,对核内核子的运动及核整体的运动作近似的唯象描述。当然,模型的提出,应以实验事实为依据,模型的正确程度,应由实验来检验,并在实践中不断得到修正。所以,每种模型都有它的局限性,往往只能反映某一方面的特性。

(一)核的电荷

1911 年,欧内斯特·卢瑟福(Ernest Rutherford)做了如下实验:用一束 α 粒子去轰击金属薄膜,发现有大角度的 α 粒子散射。分析实验结果得出:原子中存在一个带正电的核心,叫作原子核。它的直径在 $10^{-15}\sim10^{-14}$m 的数量级,只有原子大小的万分之一,但其质量却占整个原子质量的 99.9% 以上。从此建立了有核心的原子模型。由于原子是电中性的,因而原子核带的电量必定等于核外电子的总电量,但两者符号相反。任何原子的核外电子数就是该原子的原子序数 Z,因此原子序数为 Z 的原子核电量是 Ze,此处 e 是**元电荷(elementary charge)**,即一个电子电量的绝对值。当用 e 作电荷单位时,原子核的电荷是 Z,所以 Z 也叫作核的**电荷数(charge number)**。

不同的原子核由不同数目的中子和质子所组成。中子和质子统称为核子,它们的质量差不多相等,但中子不带电,质子带正电,其电量为 e。因此,电荷数为 Z 的原子核含有 Z 个质子。可见,原子序数 Z 同时表示了核外电子数、核内质子数及核的电荷数。

(二)核的质量

原子核质量(nuclear mass)是原子质量与核外电子质量之差(当忽略核外电子的结合能时)。由于核的质量不便于直接测量,通常都是通过测定原子质量(确切地说是离子质量)来推知核的质量。一般不必推算核的质量,只需利用原子质量,因为对于核的变化过程,变化前后的电子数目不变,电子质量可以自动相消。但对有些核变化过程,就必须考虑核外电子结合能的影响。

由于 1mol 原子的任何元素包含 6.022142×10^{23} 个原子,此即阿伏伽德罗(Avogadro)常数 N_A,因而一个原子的质量是很微小的,通常不是以克(g)或千克(kg)做单位,而是采用原子质量单位,记作 u(是 unit 的缩写)。一个原子质量单位定义如下:

$$1\text{u}=\frac{1}{12}m({}^{12}_{6}\text{C})$$

这种原子质量单位叫作碳单位,是 1960 年物理学国际会议通过采用的,现在被定为我国的法定计量单位。在这以前采用的是氧单位,记作 amu(是 atomic mass unit 的缩写)。1amu 定义为 ^{16}O 原子质量的 $\frac{1}{16}$。碳单位和氧单位的换算关系如下:

$$1\text{u}=1.000318\text{amu}$$

根据定义,原子质量单位与 g 或 kg 单位间的关系有

$$1\text{u}=\frac{12}{N_A}\cdot\frac{1}{12}=\frac{1}{6.022142\times10^{23}}\text{g}\approx1.660539\times10^{-27}\text{kg}$$

由此可见,阿伏伽德罗常数 N_A 是宏观质量单位“g”与微观质量单位“u”的比值。如果采用氧单位,则 N_A 是“g”与“amu”的比值。由于“amu”与“u”略有差异,因而氧单位的 N_A 与碳单位的 N_A 也稍有不同。

显然,在碳单位中,一个 ^{12}C 原子的质量为 12.000000u;在氧单位中,一个 ^{16}O 原子的质量为

16.000000amu。这是区分两种单位制的明显标志。

(三)核的半径

实验表明,原子核是接近于球形的。因此,通常用核半径来表示原子核的大小。**核半径(nuclear radius)**用宏观尺度来衡量是很小的量,无法直接测量,而是通过原子核与其他粒子相互作用间接测得。根据这种相互作用的不同,核半径一般有两种定义。

1. 核力作用半径　由 α 粒子散射实验发现:在 α 粒子能量足够高的情况下,它与原子核的作用不仅有库仑斥力作用,当距离接近时,还有很强的吸力作用,这种作用力叫作核力。核力有一作用半径,在半径之外,核力为零,这种半径叫作核半径。

实验上,通过中子、质子或其他原子核与核的作用所测得的核半径就是核力作用半径。实验表明:核半径与质量数 A 有关。它们之间的关系可近似地表示为

$$R \approx r_0 A^{\frac{1}{3}} \tag{5-1}$$

式中$r_0 = 1.4\times10^{-13} \sim 1.5\times10^{-13}\text{cm} = 1.4 \sim 1.5\text{fm}$。

2. 电荷分布半径　核内电荷分布半径就是质子分布的半径。测量电荷分布半径比较准确的方法是利用高能电子在原子核上的散射,电子与原子核的作用实际上就是电子与质子的作用。为了准确地测量质子分布半径,电子的波长必须小于核半径,因此电子的能量必须足够高。事实上,电子的波长 λ 与电子的动能 E_k之间有以下关系:

$$\lambda = \frac{hc}{[E_k(E_k+2E_0)]^{\frac{1}{2}}} \tag{5-2}$$

式中 E_0 是电子的静止能量。当 $E_k \gg E_0$时,式(5-2)成为

$$\lambda = \frac{hc}{E_k} \tag{5-3}$$

可见电子的动能越高,波长越短。

高能电子在核上散射的角分布是核内电荷分布的函数,而且电子能量越大,角分布曲线对电荷分布越敏感。用这种方法测得的核半径是

$$R \approx 1.1\times A^{\frac{1}{3}}(\text{fm}) \tag{5-4}$$

式中 A 为原子核的质量数。

总结前面两种方法测得的核半径,较精确的结果为

$$R = r_0 \times A^{\frac{1}{3}},\quad r_0 = 1.2\times10^{-15}\text{m}$$

知道了核的半径,就可以根据核的质量数估算原子核的密度 ρ

$$\rho = M/V = \frac{\frac{3A}{N_A}}{4\pi r_0^3 A} = \frac{3}{4\pi r_0^3 N_A} \approx 1.60\times10^{14}\text{t/m}^3$$

可见核的密度是非常大的,且每种核的密度都差不多相等。核的密度近似为一常数,说明核力的饱和性,可以用来说明比结合能曲线的平稳部分,比结合能越大,原子核中核子结合得越牢固,原子核越稳定。

三、原子核的自旋

原子核的角动量,通常称为**核自旋(nuclear spin)**,是原子核最重要的特性之一。由于原子

核由中子和质子所组成，中子和质子是自旋为$\frac{1}{2}$的粒子，它们除有自旋外，还在核内做复杂的相对运动，因而具有相应的轨道角动量。所有核子的自旋角动量与轨道角动量的矢量和就是原子核的自旋。它是核的内部运动所具有的，与整个核的外部运动无关。

原子核自旋角动量(atomic nucleus spin angular momentum)P_I的大小是

$$P_I = \sqrt{I(I+1)}\,\hbar \tag{5-5}$$

I为整数或半整数，是**原子核的自旋量子数(atomic nucleus spin quantum numbe)**。P_I在空间给定z方向的投影P_{Iz}为

$$P_{Iz} = m_I\hbar \tag{5-6}$$

m_I叫**磁量子数(nuclear magnetic quantum number)**，它可以取$2I+1$个值：

$$m_I = I, I-1, \cdots, -I+1, -I$$

实际上，自旋量子数I是自旋角动量P_I在z方向投影的最大值(以$\hbar$为单位)。通常用这个投影的最大值，即自旋量子数I来表示核自旋的大小，正如核子的自旋量子数$\frac{1}{2}$用来表示核子的自旋一样。例如，平常说^{14}N的自旋为1，是指它的$I=1$；^{9}Be的自旋为$\frac{3}{2}$，是指它的$I=\frac{3}{2}$。

原子核的自旋可以通过原子光谱的超精细结构来测得。研究原子光谱的初级阶段，只把原子核看成有一定质量的点电荷，得到原子光谱的粗结构；考虑了电子的自旋作用后，得到原子光谱的精细结构；考虑到原子核的自旋、磁矩后，得到原子光谱的超精细结构。

为了了解超精细结构的成因，先从光谱的精细结构谈起。原子处于激发态时，要通过处于高能级的电子跃迁到低能级来退激，此时可以放出光子，这叫原子发光。例如，早期发现的钠D线(其波长$\lambda_D=589.3$nm)是钠原子的价电子从3P能级跃迁到3S能级时发出的谱线，如图5-1(a)所示。后经进一步研究，发现D线是由波长相差0.6nm的$\lambda_1=589.6$nm和$\lambda_2=589.0$nm两条谱线构成，这叫钠D线的精细结构。精细结构是由于电子的自旋与轨道运动相互作用而产生的。

电子的轨道角动量$\boldsymbol{P}_l$与自旋角动量$\boldsymbol{P}_s$耦合成总角动量$\boldsymbol{P}_j$，即

$$\boldsymbol{P}_j = \boldsymbol{P}_l + \boldsymbol{P}_s \tag{5-7}$$

$P_j=\sqrt{j(j+1)}\,\hbar$，$P_l=\sqrt{j(j+1)}\,\hbar$，$P_s=\sqrt{s(s+1)}\,\hbar$；j，l和s分别是电子的总角动量、轨道角动量和自旋角动量量子数。根据角动量耦合理论，j取如下一系列值：

$$j = l+s, l+s-1, \cdots, |l-s|$$

j不同的能级具有不同的能量。因电子的$s=\frac{1}{2}$，所以j只取$l+\frac{1}{2}$，$l-\frac{1}{2}$两个值。这就使原来l为定值的一个能级分裂成两个具有不同j值的子能级，从而产生了光谱的精细结构。例如，钠的3P能级，因$l=1$，$s=\frac{1}{2}$，则分裂成$j=\frac{3}{2}$和$\frac{1}{2}$的两个能级：$3P_{\frac{3}{2}}$和$3P_{\frac{1}{2}}$。原来的3S能级，因$l=0$，j只能取$\frac{1}{2}$，则此能级不发生分裂。于是电子从子能级$3P_{\frac{3}{2}}$和$3P_{\frac{1}{2}}$跃迁到$3S_{\frac{1}{2}}$能级时，就产生了D线的精细结构，如图5-1(b)所示。

当光谱仪的分辨本领进一步提高后，发现D_1线又由相距为0.0023nm的两条线组成，D_2线由相距0.0021nm的两条线组成，这种分裂大约为D_1和D_2线之间距离的$\frac{1}{300}$，这就是原子光谱的超精细结构。

为什么会产生超精细结构？正如电子的自旋与轨道运动相互作用产生精细结构一样，超精细结构是核的自旋与电子的总角动量相互作用的结果。因为核自旋比电子自旋的影响小很多，所以这种能级分裂比精细结构情形小很多。

核的自旋角动量 $\boldsymbol{P}_I$ 与电子的总角动量 $\boldsymbol{P}_j$ 耦合而成的原子总角动量 $\boldsymbol{P}_F$ 为

$$\boldsymbol{P}_F=\boldsymbol{P}_I+\boldsymbol{P}_j \tag{5-8}$$

$\boldsymbol{P}_F$ 的大小为 $P_F=\sqrt{F(F+1)}\hbar$，F 可取下列数值：

$$F=I+j, I+j-1, \cdots, |I-j|$$

如果 $j\geqslant I$，F 有 $2I+1$ 个值；如果 $I\geqslant j$，F 有 $2j+1$ 个值。不同 F 的能级具有不同的能量。于是原来 F 为定值的能级又分裂成 $2I+1$ 个或 $2j+1$ 个具有不同 F 值的子能级。当然，这种子能级之间的距离，比不同 j 值的能级之间的距离要小很多，从而造成了原子光谱的超精细结构。例如，钠的 $3S_{\frac{1}{2}}$ 能级，它最靠近原子核，受核自旋影响最大，其电子的 $j=\frac{1}{2}$，则 F 可取两个值：$F=I+\frac{1}{2}$，$I-\frac{1}{2}$，因此 $3S_{\frac{1}{2}}$ 能级分裂成具有不同 F 值的两个能级。$3P_{\frac{3}{2}}$ 和 $3P_{\frac{1}{2}}$ 能级也将分裂，但它们的分裂非常小，可暂不考虑。由于 $3S_{\frac{1}{2}}$ 能级一分为二，则由 $3P_{\frac{1}{2}}$ 跃迁到 $3S_{\frac{1}{2}}$ 的 D_1 线变成了双线，由 $3P_{\frac{3}{2}}$ 跃迁到 $3S_{\frac{1}{2}}$ 的 D_2 线也变成了双线，如图 5-1(c) 所示。这就是超精细结构的成因。

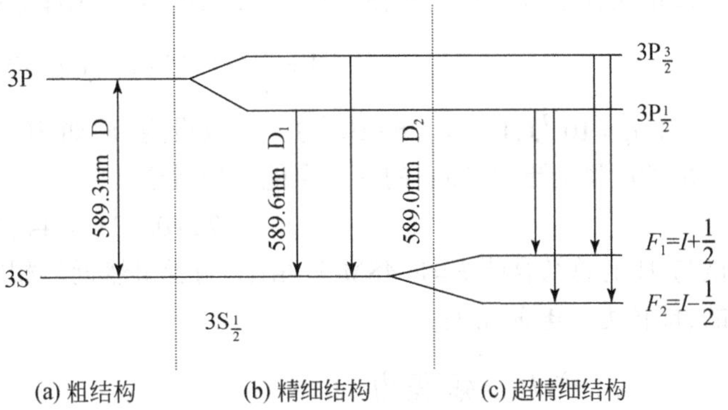

图 5-1　钠 D 线的结构

四、原子核的统计性质

大量微观粒子系统（质子、中子、电子、原子核）服从两种**统计规律（statistical law）**：费米-狄拉克（Fermi-Dirac）统计和玻色-爱因斯坦（Bose-Einstein）统计。在量子力学中，统计性质不同，描述粒子系统的波函数的对称性不同。

由量子力学知道：自旋为半整数的粒子组成的全同粒子系统服从 Fermi-Dirac 统计，自旋为整数的粒子组成的全同粒子系统服从 Bose-Einstein 统计。可见，自旋为半整数与自旋为整数的粒子是不同的粒子系统。统计性质的差异直接影响散射截面等问题的计算。

五、核力的基本性质

既然原子核由质子与中子所组成，那么，在这些质子与中子之间必定存在着相互吸引的力量，这样才能使它们聚集成一个稳定的整体，这种力量就是核力。显然，原子核的结构及其所有特性，都是与核力的性质密切联系的，因此，了解核力的详细性质是核物理中的一个基本问题。

核力的基本性质，概括起来有下列几点。

(一)核力与核子的电荷无关

核内质子与中子之间,质子与质子之间,中子与中子之间具有相同的核力。

下面,我们以^3_1H核和^3_2He核为例来说明这个问题:^3_1H核是由一个质子与两个中子所组成,它的总结合能$E=8.48MeV$;^3_2He核是由两个质子与一个中子所组成,它的总结合能$E=7.72MeV$。这两种核都是由三个核子所组成,而^3_2He的总结合能要比^3_1H的小。这是因为在^3_2He核中多了一个质子,因此,在^3_2He核中的两个质子间存在着与核力作用相反的库仑排斥能。这可以证明如下:设两质子间的距离$r=2\times10^{-13}cm$,则库仑排斥能为

$$V=\frac{e^2}{r}=1.15\times10^{-7}erg\approx0.72MeV \tag{5-9}$$

$1erg=10^{-7}J$,$1eV=1.6\times10^{-19}J$。可以设想,假如^3_2He核中不存在这个排斥能,则^3_2He结合时放出的能量会更多,即它的总结合能本应等于

$$E=7.72+0.72=8.44(MeV)$$

试与^3_1H的总结合能$E=8.48MeV$相比,两者果然近似相等。可见,不同类核子间的核力是相同的,即核力与电荷无关。

(二)核力是短程力

我们已经知道,核力只在距离为$10^{-13}cm$的数量级内发生作用,作用范围在$1.5\times10^{-15}m$之内。大于$8\times10^{-14}m$时,表现为吸引力,且随距离的增大而减小;超过$1.5\times10^{-15}m$时,核力急速降低,几乎消失;而距离小于$8\times10^{-14}m$时,表现为斥力,因此核子不会融合在一起。这说明核力是短程力。

核力也是强相互作用力,核内核子间的万有引力、磁力、静电力与它相比是微不足道的。在原子核中,每个核子的平均结合能约为8.6MeV,而两核子间万有引力的势能却只有$10^{-36}MeV$,质子与中子间的磁作用势能只有0.03MeV,至于质子与质子间的静电势能,也只有0.72MeV,它们与8.6MeV相比,都是很小的量。

(三)核力是具有饱和性的交换力

在前面的讨论中,我们已知道核的总结合能与核内核子数A成正比,这与液体中原子间的化学结合能与原子总数成正比的事实相类似。在液体中,原子间的分子键力具有饱和性,例如,氢液滴中的每两个氢原子结合成氢分子H_2后,第三个氢原子就不再能与它们结合了。根据以上的对比,容易想到核力也具有饱和性。在分子键理论中,氢原子间化学键力的饱和性,是由两个氢原子间相互交换电子来解释的,这种键力称为"交换力"。由此可以设想核力也是一种交换力。

六、核素和同位素

元素是具有相同核电荷数(质子数)的同类原子的总称;**核素(nuclein)**是指具有一定数目质子和一定数目中子的一种原子;**同位素(isotope)**是同一元素的不同种原子,它们具有相同的质子数,但中子数却不同。同位素的原子核结构方式不同,因而表现出不同的核性质。

很多元素有质子数相同而中子数不同的几种原子。例如,氢有^1H、^2H、^3H三种原子,就是

三种核素，它们的原子核中分别有0个、1个、2个中子。这3种核素互称为同位素。具有多种核素的元素称为多核素元素。自然界仅有一种核素存在的元素称为单核素元素，如铍、氟、铝、钠等20种元素。

七、电磁辐射、电离辐射和核辐射

电磁辐射（electromagnetic radiation）是带能量的电磁波，仅有能量而无静止质量，可见光、无线电波、X射线、γ射线都属于电磁辐射。

电离辐射（ionizing radiation）指直接或间接使物质产生电离作用的电磁辐射或粒子辐射。电离辐射包含α射线（α粒子）、β射线（β粒子）、中子等高能粒子流与γ射线、X射线等高能电磁波。

核辐射（nuclear radiation）通常称为放射性，是原子核从一种结构或一种能量状态转变为另一种结构或另一种能量状态过程中所释放出来的微观粒子流。核辐射可以使物质电离或激发，所以也是一种电离辐射。带电粒子的核辐射包括质子、α粒子和β粒子等带电粒子。非带电粒子的核辐射包括γ射线和中子等不带电粒子。

第二节　放射性衰变和核的稳定性

在人们发现的两千多种核素中，绝大多数都是不稳定的，它们会自发地蜕变为另一种核素，同时放出各种射线。这样的现象称为**放射性衰变（radioactive decay）**。

1896年贝可勒尔首先发现了铀的放射现象，这是人类认识原子核的开始。1897年居里夫妇发现了放射性元素钋和镭。1899年发现α射线、β射线，1900年发现γ射线。1934年约里奥·居里夫妇第一次人工制造放射性元素成功，这是人工制备放射性元素的开始。放射现象的重要性在于它们不仅为人们提供了原子核内部运动的许多重要信息，而且在工农医等许多领域中展现了广泛的实际应用。

本节首先介绍放射性衰变的一些基本概念，然后讨论α衰变、β衰变和γ衰变等。

一、放射性物质

1. 放射性元素　有些元素能够自发地从不稳定的原子核内部放出粒子或射线（如α射线、β射线、γ射线等），同时释放出能量，最终衰变形成稳定元素，这种性质称为放射性，这类元素称为放射性元素。在元素周期表上，原子序数大于83的元素都是放射性元素，83以下的元素中只有锝（Tc，原子序数43）和钷（Pm，原子序数61）是放射性元素。

放射性元素可以分为天然放射性元素和人工放射性元素。天然存在的放射性元素只有钋（Po）、氡（Rn，气体）、钫（Fr）、镭（Ra）、锕（Ac）、钍（Th）、镤（Pa）和铀（U），其中铀和钍最为常见；人工放射性元素是通过核反应人工合成的元素，如锝（Tc）、钷（Pm）和原子序数大于93的元素，比较出名的就是锝（用于医疗）和钚（Pu，用于核工业）。

2. 放射性同位素　原子序数为1的氢就有三种同位素，分别是氕（H）、氘（D）、氚（T），它们的原子内都只有一个质子，但分别有0个、1个、2个中子。在自然界，H占氢元素的99.98%，D占0.016%，T主要通过人工合成（自然界里极微量的T是宇宙射线与上层大气间作用，通过核反应生成的）。这三种同位素里，T具有放射性。

同位素分为稳定同位素和放射性同位素，它们按一定的比例在自然界存在。碳和钾虽然有天然的放射性同位素，但含量极少，所以这两种元素不被认为是放射性元素。更多的放射性同位素是由人工合成的，服务于国防、生产、科研、医疗等领域。

3. 半衰期 放射性元素的原子在释放α射线、β射线、γ射线的同时，会衰变成其他元素，这种衰变有一定的速率。当原子中有半数发生衰变时所需要的时间，叫半衰期（half life）。

在自然界，只有4种主要的放射性元素和地球寿命可比拟：

铀-238：半衰期是45亿年；

铀-235：半衰期是7亿年；

钍-232：半衰期140亿年；

钾-40：半衰期12.8亿年。

通常来说，半衰期越短的放射性核素，其放射性也越强。钍-232的半衰期是140亿年，放射性是4种主要放射性元素中最弱的。

值得一提的是氡，它是放射性监测的重点对象，因为它是气体，容易通过呼吸道进入人体，形成内照射。氡的半衰期只有4天，它很快就可以大部分衰变成稳定元素，而不再具有放射性。但危险之处也在此，短半衰期意味着它的放射性更强。在核医学临床应用中使用最广的核素是$^{99}_{43}Tc$，半衰期只有6.02h，射线能量适中，可利用其杀死癌细胞，但又不至于在体内长留。

二、总的衰变常数（活度）

让我们来考虑很大数目的N个全同放射性原子。我们定义λ为**总的衰变常数（total transformation constant）**，它具有时间倒数的量纲，单位通常用s^{-1}。λ乘以用协调一致的单位表示的时间（例如秒）所得的乘积是单个原子在那段时间间隔内衰变的概率（这段时间要远小于$1/\lambda$）。

假定λ不依赖于原子的年龄（也不依赖于诸如温度、压力、浓度等所有的物理、化学条件）。成群的原子在比$1/\lambda$短得多的时间内衰变的总期望值为λN，称为这群原子的活度。活度也以时间单位的倒数为单位来表示。

只要原始的那群原子不被额外的原子核源所补充，在任何时刻t，N的变化率便等于活度，即

$$-\frac{dN}{dt}=\lambda N \tag{5-10}$$

分离变量并从$t=0$（这时$N=N_0$）积分到t：

$$\int_{N_0}^{N}\frac{dN}{N}=-\int_0^t \lambda dt \tag{5-11}$$

得

$$\ln N-\ln N_0=-(\lambda t-0)$$

$$\ln\left(\frac{N}{N_0}\right)=-\lambda t$$

$$\frac{N}{N_0}=e^{-\lambda t} \tag{5-12}$$

这样,我们便可以写出 t 时刻活度和 $t_0=0$ 时刻活度的比:

$$\frac{\lambda N}{\lambda N_0}=e^{-\lambda t} \tag{5-13}$$

可以发现,结果与实验观测到的放射性衰变规律一致。

三、活度的单位

活度的常用单位为居里(Ci),起初居里定义为1g 的$^{226}_{88}Ra$每秒发生的衰变数,后来,居里的定义与镭的质量脱节,简单地定值为$3.7\times10^{10}s^{-1}$。后来镭的活度测量结果确定,1g$^{226}_{88}Ra$的活度为$3.655\times10^{10}s^{-1}$或0.988Ci。

目前,活度专用单位是"贝可勒尔"(Bq),$1Bq=1s^{-1}$,$1Ci=3.7\times10^{10}Bq$。贝可勒尔和赫兹(Hz)有相同的量纲,二者的单位均为s^{-1}。它们之间的唯一区别在于其应用,赫兹旨在表示周期运动的频率,而贝可勒尔只被用于放射性。在其他需要用s^{-1}作单位的应用领域,则不赋予专门的名字。

四、α 衰变

α 衰变(alpha decay)指放射性原子核放出 α 粒子(He 原子核)后生成另一个核的过程。子核的电荷数比母核减少2,质量数比母核减少4。

$$^{A}_{Z}X\rightarrow^{A-4}_{Z-2}Y+^{4}_{2}He+Q \tag{5-14}$$

它一般发生在原子序数较高的重原子核中,尤其是原子序数大于82的重金属原子核中,如

$$^{226}_{88}Ra\rightarrow^{222}_{86}Rn+^{4}_{2}He+4.897MeV$$

$$^{238}_{92}U\rightarrow^{234}_{90}Th+^{4}_{2}He+4.15MeV$$

α 粒子的衰变是不能用经典理论来解释的。例如,实验表明,铀核对能量为8.8MeV 的 α 粒子的散射是库仑放射,这说明铀核对于 α 粒子的库仑势垒应该大于8.8MeV。根据经典概念,在核内的 α 粒子,只有当它的能量大于势垒高度时,才能越过势垒跑到核外,即$^{238}_{92}U$放射的 α 粒子的能量至少要大于8.8MeV。但实验表明,铀核放出的 α 粒子能量却只有4.2MeV。因此,用经典理论来解释 α 粒子的衰变现象行不通。

根据量子力学的隧穿效应,用微粒子具有波动性的观点,可以说明 α 粒子是可以贯穿势垒而跑到核外的。因为 α 粒子具有波动性,在量子力学中,这种物质波在空间某处的振幅平方表示可能在该处发现 α 粒子的概率。通过量子力学的计算,这种波的振幅在核内具有较大值,这表示 α 粒子存在于核内的概率较大。当进入势垒区域后直到核外,波的振幅逐渐减小,但都不为零,这也就是说 α 粒子是能够跑到核外的。以上观点可用图5-2形象地说明。

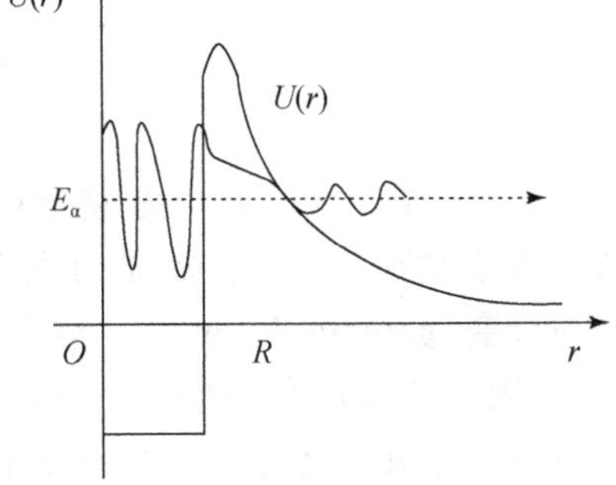

图5-2　α 衰变示意图

由图5-2可以推想,若 α 粒子的能量愈高,则要贯穿

的势垒愈薄，因此，α 粒子贯穿势垒的可能性也就愈大，即衰变概率 λ 愈大。相反，若 α 粒子的能量愈低，则要贯穿的势垒愈厚，因此衰变概率 λ 也就愈小。这个结论与盖革-努塔尔定律相符。

五、β 衰变

β 衰变（beta decay）又分 β^-衰变、β^+衰变和轨道电子俘获三种方式。

1. β^-衰变 为放出高速负电子（e^-）的衰变，它是由原子核中中子过多造成的。一般地，中子相对丰富的放射性核素常发生 β^-衰变。这可看作母核中的一个中子转变成一个质子的过程。放出一个负电子后，核内一个中子转变为一个质子，原子序数增加 1，衰变式为

$$^{A}_{Z}X \rightarrow ^{A}_{Z+1}Y+\beta^-+\nu+Q \tag{5-15}$$

由于 β^-衰变产生的能量在 β^-粒子和反中微子 ν 之间分配，因此 β^-粒子的能量是连续分布，最大为 Q，最小为 0，如

$$^{137}_{55}Cs \rightarrow ^{137}_{56}Ba+\beta^-+\nu+Q$$

$$^{60}_{27}Co \rightarrow ^{60}_{28}Ba+\beta^-+\nu+Q$$

2. β^+衰变 同理，β^+衰变是放出正电子（e^+）的衰变，它是由原子核内质子过多而引起的。一般地，中子相对缺乏的放射性核素常发生 β^+衰变。这可看作母核中的一个质子转变成一个中子的过程。放出一个正电子后，核内一个质子转变为一个中子，原子序数减少 1，其衰变式为

$$^{A}_{Z}X \rightarrow ^{A}_{Z-1}Y+\beta^++\nu+Q \tag{5-16}$$

自然界中找不到正电子衰变的核素。

3. 轨道电子俘获 又称 K 俘获，它是原子核自核外层轨道上（通常在 K 层，由于 K 层最靠近核，所以 K 俘获最易发生）俘获一个电子，使核内的一个质子转变成一个中子，并放出中微子，衰变式为

$$^{A}_{Z}X+e^+ \rightarrow ^{A}_{Z-1}Y+\nu+Q \tag{5-17}$$

很多放射性同位素会发生轨道电子俘获，如

$$^{55}_{26}Fe+e^- \rightarrow ^{55}_{25}Mn+\nu+Q$$

$$^{125}_{53}I+e^- \rightarrow ^{125}_{52}Te+\nu+Q$$

在 K 俘获发生时，必有外层电子去填补内层上的空位，并放射出具有原子体特征的标识 X 射线。这一能量也可能传递给更外层电子，使它成为自由电子发射出去，这个电子称作"俄歇电子"。

六、γ 衰变和内变换

1. γ 衰变 在 α 衰变、β 衰变和轨道电子俘获过程中，原子核往往处于激发态（即较高的能级），处于激发态的原子核，通过发出 γ 光子回到基态（即核平常所处的最低能级），这一过程称为 **γ 衰变（gamma decay）**。γ 衰变对于核的原子序数 Z 和质量数 A 均无影响，仅能量状态发生变化，因此又称同质异能跃迁。由于原子核处于激发态的时间一般都十分短暂（10^{-13} s 左右），可以认为 γ 衰变是与 α 衰变或 β 衰变同时发生的，前面提到的 ^{137}Cs、^{60}Co 和 ^{125}I 等 β 衰变同位素，均伴有 γ 衰变。

处于激发态的原子核，还可以以内转换电子方式将能量直接传给核外电子，把壳层（主要

为 K 层)电子以单能电子束发射出去,该电子称为内转换电子,此时还会发出标识 X 射线或俄歇电子等次级射线。

γ 衰变中射线能量大小取决于激发态与基态之间的能量差,它们用千电子伏特(keV)和兆电子伏特(MeV)表示。它是发射 γ 射线的放射性同位素的特征量,是用于识别放射性核素种类的主要依据,也是 γ 能谱仪分析的主要依据和原理。

γ 射线的穿透力很强,在医学核物理技术等应用领域占有重要地位。

2. 内变换 有时处于激发态的核可以不辐射 γ 射线回到基态或较低能态,而是将能量直接传给一个核外电子(主要是 K 层电子),使该电子电离出去。这种现象称为**内变换(inner conversion)**,所放出的电子称作内变换电子。

七、三种射线的主要特性

放射性物质具有 α 衰变和 β 衰变形式,分别释放出 α 射线和 β 射线,多余的能量通过 γ 射线释放。一般放射性物质衰变的时候,α、β、γ 三种射线同时产生。

三种射线中以 α 射线的电离能力最强,对人体伤害最大,但其穿透力相当弱,几厘米的空气或纸张就能完全挡住 α 射线,更不用说穿透皮肤了;β 射线电离能力较弱,但具有较好的穿透力,可以被 3mm 的铝板阻挡;γ 射线具有极强的穿透力,超过 X 射线,可以穿透几厘米厚的铅板,但由于它的电离能力最弱,所以对人体造成的伤害最小。

α 射线和 β 射线经过几厘米的空气或者普通玻璃就会被阻隔,γ 射线穿透力虽强,但对人体的伤害也最小,所以放射性物质在体外对人造成的危害是相当有限的。但如果放射性物质进入体内,危害就要大得多,这在后文的“内照射”中将作解释。有一点要记住,α 射线的内照射是各种放射性危害中最大的。

八、核的稳定性

2700 多种核素分类:一类是天然的,其中 280 多种是稳定的,60 多种有天然放射性;另一类是人工放射性核素,有 2300 多种。理论预言有 5000 种核素。有些原子核是不稳定的,能经过放射粒子而转化为稳定的原子核,可经 α 衰变、β 衰变、γ 衰变和自发裂变等方式转化为稳定的原子核。关于原子核的稳定性,由实验得到了一些经验规律。

(一)β 稳定线

为了研究原子核的不稳定性,寻找不稳定性与核所包含的质子数和中子数的关系,将核素都标在**核素图(chart of nuclides)**上。核素图以质子数 Z 为横坐标,以中子数 N 为纵坐标,图 5-3 所示。

从核素图上看到,稳定的核素都分布在一个狭长的带状区域内,通过这个狭长的带状区域中心可画一条光滑曲线,这条曲线称为 β 稳定线。

β 稳定线及其附近的这个狭长的带状区域称为核素的稳定区。β 稳定线起始段与 $N=Z$ 的直线相重合;随着核子数增多偏向 $N>Z$ 方向。

上侧区域是缺中子的核素区,具有 β^+放射性(包括电子俘获)或放射质子;下侧区域是丰中子核素区,具有 β^-放射性或放射中子。这两个区域的核素经衰变后转变为更靠近 β 稳定线的

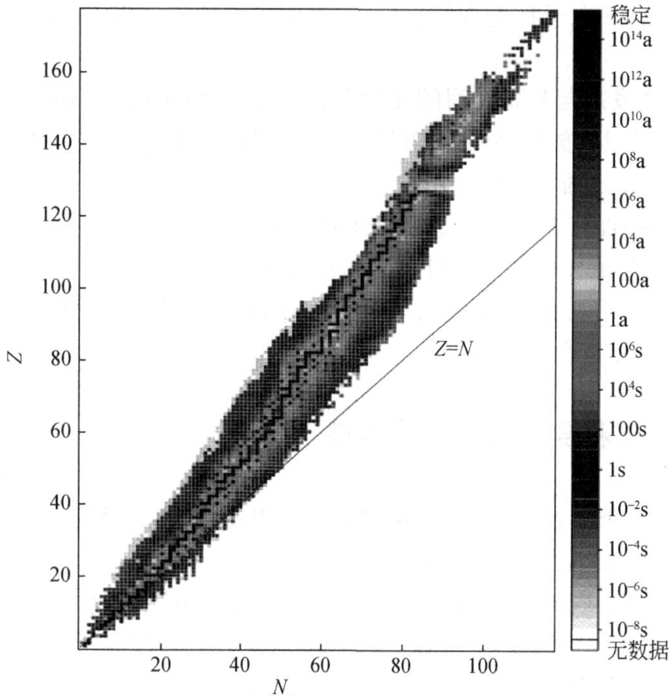

图 5-3 β 稳定线的核在 Z-N 平面上的标绘

核素。

在 β 稳定线的起始段，曲线走向满足 $N=Z$。在轻核中，中子数与质子数相等，核才趋于稳定。

随着 Z 增大，由于质子间库仑作用，β 稳定线向 $N>Z$ 的方向偏离。

随着 Z 增大，库仑力比核力增加得更快，为保持核稳定，必须靠更多中子提供更大的核力来抵消库仑力的排斥作用。稳定核素的中子数比质子数增加得更快。

当 Z 增大到一定程度时，稳定核素不再存在；Z 再增大，连长寿命放射性核素也不能存在了，已知核素区就逐渐终止了。核力已不能克服质子间的库仑作用将原子核结合成一个紧密的实体。

（二）核子数的奇偶

对于近 300 种稳定的核素，可以按质子数 Z、中子数 N 的奇偶分类，见表 5-1。偶数（even）以 e 表示，奇数（odd）以 o 表示。

表 5-1 稳定核素的奇偶分类表

Z	N	名称	稳定核素数目
e	e	偶偶核	156
e	o	偶奇核	48
o	e	奇偶核	50
o	o	奇奇核	5
	合计		259

从表中可以看到，在稳定的核素中有一大半是偶偶核（质子数和中子数都是偶数的核）。而奇奇核（质子数和中子数都是奇数的核）只有 5 种，即 ^{2}H、^{6}Li、^{10}B、^{14}N 及丰度较小的 $^{180}_{73}Ta$。奇 A 核（质量数为奇数的核）有质子数为奇数和中子数为奇数的两类，稳定核素的数目差不多，介于稳定的偶偶核和奇奇核的数目之间。这表明质子数 Z、中子数 N 各自成对时，原子核有较大的稳定性。或者说，质子、中子各有配对相处的趋势。

（三）重核的不稳定性

另外，实验发现，能发生 α 衰变的天然放射性核素都是一些重核，其中最轻的是 ^{142}Ce，很重

的核几乎都具有 α 放射性。能够发生自发裂变的核素也都是些很重的核。这是因为对于很重的原子核，其比结合能小，核子间结合得比较松。原子核的不稳定性就要通过 α 衰变、自发裂变等方式表现出来。

自然界存在的最重的一些核素是^{235}U、^{238}U和极少量的^{244}Pu，而且它们都是放射性的。这表明重核的稳定性差。但是在 $Z=114$，$N=184$ 附近的超重核有可能存在一定的稳定性，这有待通过实验来检验。

原子核的稳定性可以通过广义质量亏损来判断，显然，只有广义质量亏损 $\Delta M>0$ 时，原子核的变化才有可能自发进行。

第三节 核 反 应

一、原 子 能

原子核由中子和质子构成。核子组成原子核时，放出结合的能量。原子核全部结合能量除以组成原子核的核子数（质量数）所得的商，称为平均结合能。若将对应质量数的平均结合能用曲线表示，就如图 5-4 所示。由图可知，平均结合能在质量数 60 附近为最大。这就意味着可以采用一些方法，使得原子核向着质量数 60 左右的原子核变化，使其释放出多余的结合能量。

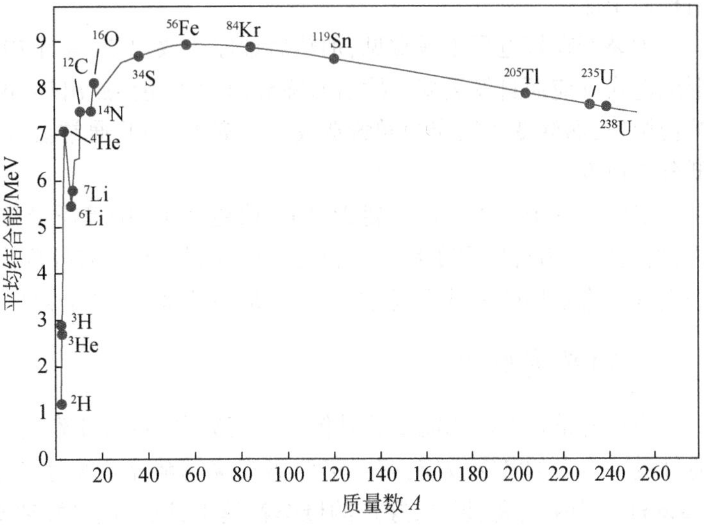

图 5-4 原子核的平均结合能

利用这种结合能就是利用**原子能（atomic energy）**。由图 5-4 可知，有两种方法：第一种是使非常重的原子核裂变成 2 个，分别利用质量数变换成 60 左右的原子核时放出能量的方法（核裂变反应）；第二种是利用 2 个轻原子核聚合为重原子核时放出能量的方法（核聚变反应）。

二、核 裂 变

（一）重核的裂变

核裂变（nuclear fission）是一个原子核分裂成几个原子核的变化。只有一些质量非常大的原子核像铀、钍等才能发生核裂变。

当中子打击铀核时，能使铀核分裂为 2 个质量差不多相等的碎片，同时放出 2 ~ 3 个中子

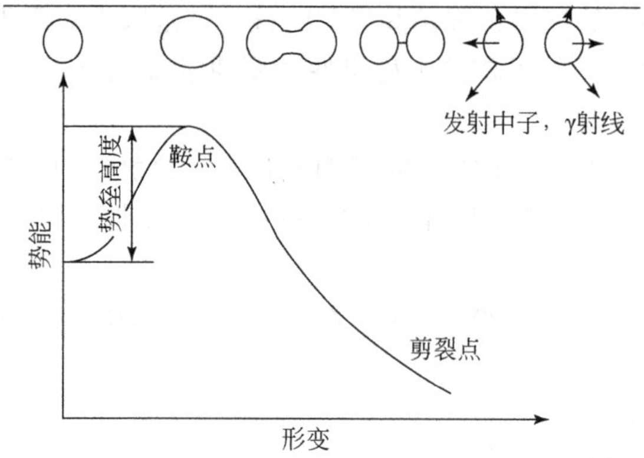

图 5-5 裂变过程示意图
图的上方是不同阶段的裂变核及碎片

(如图 5-5 所示)，称为铀核的裂变。例如，当慢中子轰击 $^{235}_{92}U$ 时，可以发生下列反应：

$$^{235}_{92}U+^{1}_{0}n \rightarrow ^{139}_{54}Xe+^{95}_{38}Sr+2^{1}_{0}n \quad (5\text{-}18)$$

反应产物 $^{139}_{54}Xe$、$^{95}_{38}Sr$ 的核内含有过多的中子(它们的稳定同位素分别为 $^{135}_{54}Xe$、$^{88}_{38}Sr$)，所以是不稳定的，将发生一系列 β 衰变而转变为稳定的核，如

$$^{139}_{54}Xe \xrightarrow{\beta} ^{139}_{55}Cs \xrightarrow{\beta} ^{139}_{56}Ba \xrightarrow{\beta} ^{139}_{57}La \quad (5\text{-}19)$$

最后的 $^{139}_{57}La$ 是稳定的。

如上所示，原子的原子核在吸收一个中子以后会分裂成两个或更多个质量较小的原子核，同时放出 2～3 个中子和很大的能量，又能使别的原子核接着发生核裂变，使过程持续进行下去，这种过程称作链式反应。原子核在发生核裂变时，释放出的巨大能量称为原子核能，俗称原子能。

铀裂变在核电厂中最常见，加热后铀原子放出 2～4 个中子，中子再去撞击其他原子，从而形成链式反应而自发裂变。撞击时除放出中子还会放出热，再加快撞击，但如果温度太高，反应炉会熔掉，而演变成反应炉融毁造成严重灾害，因此通常会放控制棒(硼制成)去吸收中子以降低分裂速度。

我们把一个重原子核分裂成两个(或更多个)中等质量粒子的现象称为裂变。按分裂的方式，裂变可分为自发裂变和感生裂变。自发裂变是没有外部作用时的裂变，类似于放射性衰变，是重核不稳定性的一种表现；感生裂变是在外来粒子(最常见的是中子)轰击下产生的裂变。

(二)裂变概率

稳定的重核的基态能量总是低于裂变势垒，要越过势垒，才能发生裂变，处于基态的核可以通过量子力学的隧穿效应，有一定的概率穿越势垒而发生裂变，这就是**自发裂变(spontaneous fission)**。势垒越高、越宽，穿透的概率就越小，原子核自发裂变的平均寿命 τ 就越长。图 5-6 给出了几种重核的自发裂变半衰期 $\tau_{1/2}$(约 0.693τ)。从图上可见**裂变概率(fission probability)**变化的总趋势是随 Z^2/A(Z 是原子核的电荷数，A 是质量数)的增加而迅速增加，和液滴模型的预测一致。

重核又可能受到外来因素的影响而激发，当激发能超过裂变势垒时，就有比隧穿效应大得多的概率越过势垒发生裂变，这就是**感生裂变(induced fission)**。对于感生裂变，发生裂变的概率大小可用裂变截面(核反应、核反应截面)来衡量。对于低能中子引起的裂变，偶偶核与奇 A 核(见原子核)的情况有显著的差别。图 5-7 是奇 A 核铀-235 和偶偶核铀-238 的中子裂变截面曲线。可以看到，只有当中子能量超过 1MeV 时，才能使铀-238 裂变，这样的裂变称为有阈裂变，而铀-235 却没有这个限制。这是由于偶偶核俘获热中子后形成的复合核的激发能低于裂变势垒，只有当入射中子能量足够高时，才能超过势垒；奇 A 核吸收一个中子的结合能较大，即使是热中子入射，形成的复合核的激发能也已超过了裂变势垒的高度。这就是只有铀-233、铀-235、钚-239 等奇 A 核才能做核燃料的主要原因。

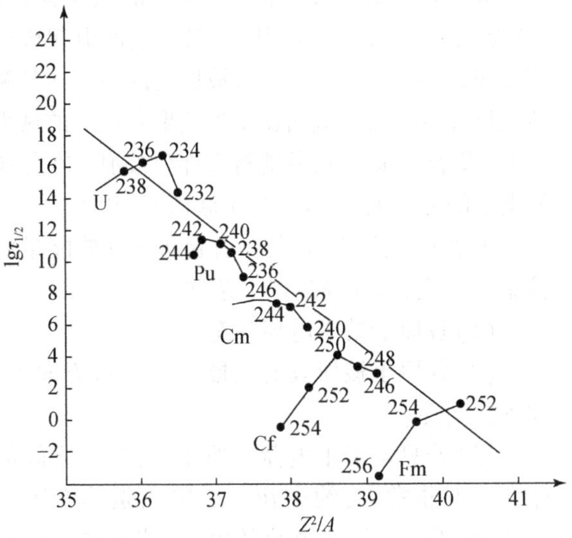

图 5-6　自发裂变半衰期与母核 Z^2/A 的关系

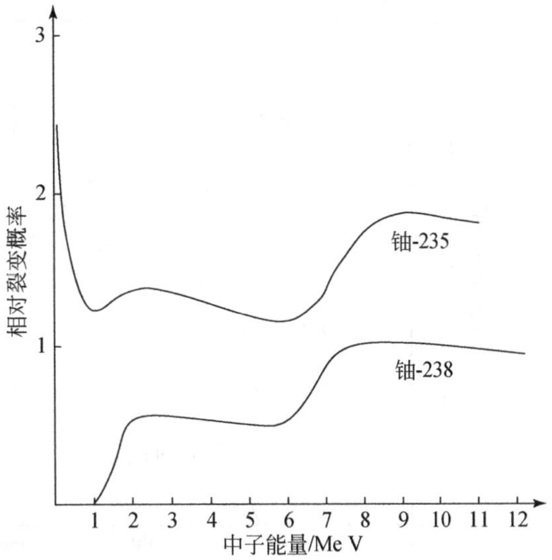

图 5-7　铀同位素的中子诱发裂变概率与入射中子能量的关系

纵轴以铀-238 的最大裂变概率为 1

三、核　聚　变

核聚变(nuclear fusion),即轻原子核结合成较重原子核时放出巨大能量。

(一)核聚变反应类型

核聚变反应,正如前面所述,是轻核聚合的反应,因此随着不同的原子核的聚合,而分为不同的核聚变反应。从能源的观点来看,考虑到有丰富的资源,要容易引起反应(反应截面比较大)等条件,在实际中感兴趣的核聚变反应有如下两种(亦有其他核聚变类型,如氘和氦-3 反应、氦-3 和氦-3 反应,这两种在本节不作讨论):

(1)
$$^{2}D+^{2}D \begin{cases} \longrightarrow {}^{3}He(0.8)+{}^{1}n(2.5) & ① \\ \longrightarrow {}^{3}T(1.0)+p(3.0) & ② \end{cases} \quad (5\text{-}20)$$

(2)
$$^{2}D+^{3}T \longrightarrow {}^{4}He(1.0)+{}^{1}n(14.1) \quad ③$$

这里 D 是氘(原子核内有 1 个质子、1 个中子),T 是氚(原子核内有 1 个质子、2 个中子),He 是氦,n 是中子。左上角表示质量数,括号内是以 MeV 为单位表示的反应结束后氢离子的动能,其和为核聚变反应所释放出的能量。式①的反应称为 DD 反应,式②的反应称为 DT 反应。DD 反应大致以 50% 的概率得到式①或式②的结果。

如果两个原子核非常接近,那么强大的核力作用就会引起核聚变反应。但是原子核总是带正电,相互之间会有库仑斥力。要引起核聚变反应,就必须克服这种库仑斥力,使原子核接近到核力可以起作用的地方,这就必须是原子核具有很大的能量,以使其能够碰撞反应。由图 5-8(反应截面积可以近似地理解为反应的概率)可知,要发生聚变,需要加给原子核的能量的数量级是 keV,而从式①～③可知,核聚变反应所产生的能量是几 MeV 到几十 MeV,可以向外输出能量。

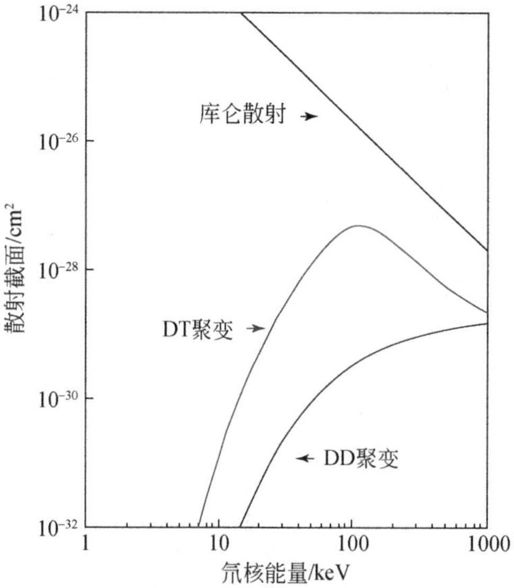

图 5-8 DT 和 DD 聚变反应截面和 DT 反应库仑散射截面的比较

如果简单地考虑前边所谈的能量关系，使keV能量级的氘原子核射入，似乎应该引起核聚变反应，但事实并不是这样，被加速的原子核与靶核的核外电子反应截面比发生核聚变反应的截面大 10^8 多倍，因而入射的能量大部分被浪费在与核外电子的反应上了，并不能引起核聚变反应。

考虑到以上的问题，要引起向外释放能量的核聚变反应，就要满足以下条件：

(1)各原子处于电离状态。

(2)各原子核所具有的能量不具有方向性，即各向同性。

(3)若只是带正电荷的原子核，相互之间的库仑斥力非常大，约束在一定空间是非常困难的，因而要混入等量电荷的电子，使其在宏观上呈现电中性状态。

超高温等离子体可以满足这些条件，各原子核在激烈的热运动过程中发生碰撞，引起核聚变反应。这被称为受控热核聚变反应，是目前发生聚变发应的最可行的途径。

(二)核聚变反应实现的条件

在 DD 反应或者 DT 反应堆中发生聚变反应时，为使反应的能量收支平衡，堆芯等离子体就要有一定的条件，即等离子体必需的温度 T、等离子体的密度 n 及不使等离子体接触器壁而在真空中保留的时间 τ。要实现热核聚变反应，这三者必须满足一定的条件。英国科学家劳森(Lawson)用简单的模型就推导出了这些条件。

要将 D 或 T 加热至可以引起充分核聚变反应的高温 T，需要将等离子体在真空中束缚 τs，并保持核聚变反应生成能量收支平衡。在此期间，应该由外部注入的能量提供等离子体加热的高温所需要的能量。在核聚变反应的等离子体中，由于减速而产生的辐射(轫致辐射)损失最大，因而假定能量损失只是轫致辐射的，要满足核聚变反应所产生的能量是从外部注入该系统能量的两倍的条件，可得出下列关系式：

(1)对 DD 反应来说

$$T>2\times10^8\,\text{K},\quad n\tau>10^{16}\,\text{s/cm}^3 \tag{5-21}$$

n 的单位为 cm^{-3}，下同。

(2)对 DT 反应来说

$$T>3\times10^7\,\text{K},\quad n\tau>10^{14}\,\text{s/cm}^3 \tag{5-22}$$

这被称为 Lawson 条件，虽然是从简单的模型推导出来的结果，但是却给出了聚变反应自持进行的大致标准。

四、核反应的能量

核裂变是一个原子核分裂成几个原子核的变化。只有一些质量非常大的原子核像铀、钍等才能发生核裂变。这些原子的原子核在吸收一个中子以后会分裂成两个或更多个质量较小的原子核,同时放出 2 ~ 3 个中子和很大的能量,又能使别的原子核接着发生核裂变,使过程持续进行下去,这种过程称作链式反应。原子核在发生核裂变时,释放出的巨大能量称为原子核能,俗称原子能。1g 铀-235 完全发生核裂变后放出的能量相当于燃烧 2. 5t 煤所产生的能量。

比原子弹威力更大的核武器是氢弹,是利用核聚变来发挥作用的。核聚变的过程与核裂变相反,是几个原子核聚合成一个原子核的过程。只有较轻的原子核才能发生核聚变,比如氢的同位素氘、氚等。核聚变也会放出巨大的能量,而且比核裂变放出的能量更大。太阳内部连续进行着氢聚变成氦过程,它的光和热就是由核聚变产生的。

核聚变能释放出巨大的能量,但目前人们只能在氢弹爆炸的一瞬间实现非受控的人工核聚变。而要利用人工核聚变产生的巨大能量为人类服务,就必须使核聚变在人们的控制下进行,这就是受控核聚变。实现受控核聚变具有极其诱人的前景。不仅因为核聚变能放出巨大的能量,而且由于核聚变所需的原料——氢的同位素氘可以从海水中提取。经过计算,1L 海水中提取出的氘进行核聚变放出的能量相当于 100L 汽油燃烧释放的能量。全世界的海水几乎是“取之不尽”的,因此受控核聚变的研究成功将使人类摆脱能源危机的困扰。

第四节　射线与物质相互作用

射线和物质相互作用是核物理和高能物理实验、核辐射探测器及核技术应用的基础知识。尼·玻尔曾指出:“高速原子粒子通过物质时受阻止和被散射的现象及伴随着发生的电离和辐射效应,是获取原子结构信息的最主要的来源之一。”

这里所说的射线,泛指核衰变、核反应和核裂变放出的粒子,也包括由加速产生的或来自宇宙射线的多种粒子,包括 α、β、γ、X 射线,中子,裂变碎片和重离子等;物质是指宏观意义上的物质,包括固体、液体和气体,可以是单质,也可以是化合物。

根据实际应用情况,这里着重讨论 α、β、γ 射线及中子与物质的相互作用。

一、射线与物质相互作用概述

1. 辐射与物质相互作用种类　辐射与物质相互作用是辐射进入物质发生的一些过程,在此过程中,入射粒子的能量或传播方向发生了变化,或者粒子被吸收了。相互作用后,可能发射一个或多个次级粒子。入射粒子的电荷、质量、能量不同,发生相互作用的过程不同。

带电粒子可以通过与物质原子(核)的电磁场发生相互作用(库仑力),将能量传递给物质,使原子直接电离。带电粒子主要分为两种:一是重带电粒子(如 α 粒子),二是轻带电粒子(如负电子和正电子)。

不带电粒子(光子、中子)不能直接使原子电离,它们的相互作用中首先将能量转移给次级带电粒子,这些次级带电粒子再产生电离。因此,不带电粒子是间接电离粒子。

辐射与物质相互作用是核物理、高能物理实验、核辐射探测器及核技术与应用的基础。只有当辐射穿过物质并与物质发生相互作用时才会留下有关辐射的种类、能量和强度等信息。

2. 带电粒子在物质中的慢化过程　具有一定能量的带电粒子(如质子、α 粒子、电子等)入射到靶物质中时,带电粒子与其路径上靶物质的原子核或电子会发生库仑相互作用,从而把一部分动能转移给靶物质的电子或原子核而逐渐损失能量,最终停止在靶物质中,这个过程称为

慢化过程(moderating process)。

二、重带电粒子与物质的相互作用

以 α 粒子为例,从 Bethe-Bloch 电子阻止本领、核阻止本领、重带电粒子在物质中的能量损失和重带电粒子的射程四个方面阐述重带电粒子与物质的相互作用。

(一)Bethe-Bloch 电子阻止本领

快速运动的质子、α 粒子一类的重带电粒子在穿过靶物质时,与物质原子会发生非弹性碰撞,将能量转移给电子,导致原子的电离和激发,从而产生**电离损失(ionization loss)**。考虑到相对论和其他修正因子后,根据量子理论推导的重带电粒子在靶物质中的**电子阻止本领(electronic stopping power)**公式(称为 Bethe-Bloch 公式)为

$$\left(-\frac{\mathrm{d}E}{\mathrm{d}x}\right)_{\mathrm{ion}}=\frac{4\pi z^2e^4NZ}{m_0v^2}\left[\ln\left(\frac{2m_0v^2}{I}\right)+\ln\frac{1}{1-\beta^2}-\beta^2-\frac{C}{Z}\right] \tag{5-23}$$

式中 $\beta=v/c$(c 为光速);I 为靶原子的核外电子的平均激发和电离能,可以近似估计为 $I=I_0Z$,其中 $I_0\sim10\text{eV}$ 量级。对原子序数低的靶物质($Z<13$),I_0 稍大,约为 13eV;而对原子序数大的靶物质($Z>13$),I_0 较小,I 可写成 $I=9.76Z+58.8Z^{-0.19}$(eV)。

式(5-23)中方括号内的第二、三项是相对论修正值。$\frac{C}{Z}$为壳修正项,是当入射粒子速度不能满足大于靶原子内层电子的轨道速度时,束缚得很紧的内层电子并不能被电离和激发,即不能参与和入射粒子的相互作用而引入的修正。参数 C 由内部各壳层的贡献组成:$C=C_K+C_L+C_M+\cdots$。当入射粒子速度比较低时,壳修正显得较为重要。

$\left(-\frac{\mathrm{d}E}{\mathrm{d}x}\right)_{\mathrm{ion}}$ 的单位常用 eV/Å 和 MeV/μm 表示,也可以用单位质量厚度的能量损失来表示,其单位是 $\text{MeV}\cdot\text{cm}^2/\text{mg}$。

根据 Bethe-Bloch 阻止本领公式,可以得到下面几点结论:

(1)阻止本领只与入射粒子的速度有关,而与它的质量无关:

$$\left(-\frac{\mathrm{d}E}{\mathrm{d}x}\right)_{\mathrm{ion}}\propto\frac{z^2}{v^2}f(v) \tag{5-24}$$

(2)阻止本领与入射重带电粒子所带电荷数的平方成正比:

$$\left(-\frac{\mathrm{d}E}{\mathrm{d}x}\right)_{\mathrm{ion}}\propto z^2 \tag{5-25}$$

(3)阻止本领与入射粒子速度(或能量)有关。

(4)阻止本领与靶物质的 NZ 乘积成正比。原子序数高和密度大的物质阻止本领大。

(二)核阻止本领

核阻止本领(nuclear stopping power)是指入射粒子与靶原子核的碰撞(非弹性碰撞)引起的能量损失率。随入射粒子速度的减小,核阻止本领逐步增大。在入射离子速度 $v\ll v_0$($v_0=2.2\times10^8$ cm/s,为玻尔速度)时,核阻止在能量损失中占主要地位,达到一个最大值后逐渐趋于零。核阻止本领只有在重离子的速度很低时才充分考虑。在实际工作中,可用 Ziegler 等给出的核阻止截面的理论公式进行估计:

$$S_n(E)=\frac{8.462\times10^{-15}zZmS_n(\varepsilon)}{(m+M)(z^{0.23}+Z^{0.23})} \tag{5-26}$$

式中 E、m 和 z 分别为入射粒子的能量、质量和原子序数，M 和 Z 分别是靶原子的质量和原子序数。$S_n(\varepsilon)$ 为约化核阻止截面，ε 为约化能量：

$$\varepsilon=\frac{32.53mE}{zZ(m+M)(z^{0.23}+Z^{0.23})} \tag{5-27}$$

（三）重带电粒子在物质中的能量损失

总之，当一定电荷态的重离子穿过靶物质时，除入射粒子的原子核与靶原子电子、靶核之间的作用外，还需考虑靶原子核与入射离子的束缚电子之间的库仑作用，而入射粒子中的电子与靶原子中的电子相互作用一般不考虑。

当入射离子速度大时，导致靶原子电离激发的电离损失是其主要**能量损失（energy loss）**方式，但必须考虑由电子拾取引起的入射离子电荷态的变化和核阻止作用引起的入射离子能量损失重要性的提高。

一般情况下，在离子速度小于轨道电子的平均运动速度时，离子电离阻止本领随离子速度的减小而减小，一直降为零。而核阻止本领，随着离子速度的减小，先是很快增加，在离子速度很低时，核阻止作用占优势，达到极大值后，很快降为零。

（四）重带电粒子的射程

重带电粒子在物质中运动时，不断损失能量，待能量耗尽，就停留在物质中。沿原来运动方向所穿过的最大距离，称为入射粒子在该物质中的**射程（range of fire）**，以 R 表示。

显然可以通过下式来计算能量为E_0的入射粒子的射程：

$$R=\int_{E_0}^{0}\frac{\mathrm{d}E}{\mathrm{d}E/\mathrm{d}x} \tag{5-28}$$

但实际上人们宁可使用由实际数据总结出的经验公式。例如，对天然放射性核所放 α 粒子，在空气中的射程为

$$R_0=0.318\,E^{\frac{3}{2}} \tag{5-29}$$

式中能量 E 单位为 MeV，射程单位为 cm。α 粒子在其他物质中的射程为

$$R=3.2\times10^{-4}\frac{\sqrt{A}}{\rho}R_0 \tag{5-30}$$

其中 A 为该物质原子量；ρ 为密度，单位为 g/cm^3。这样我们就能知道 α 粒子在任何物质中的射程。将式(5-30)中阻止本领与速度 v 的关系换成 E/M 的函数，则由 α 粒子射程可以推算出质子或其他重带电粒子射程，例如 4MeV 的 α 粒子与 1MeV 的质子射程是相同的。

三、β 射线与物质的相互作用

以 β 射线为例，从电离损失、辐射损失、电子的散射、β 射程和正电子与物质的相互作用五个方面阐述轻带电粒子与物质的相互作用。

β 射线（包括负电子和正电子）是轻带电粒子，质量小。能量损失情况和运动轨迹与重带电

粒子相比很不一样。电子在物质中运动的径迹十分曲折。电子与靶原子的作用除了电离能量损失外,还有辐射能量损失。此外电子还会被靶物质中的电子和原子核所散射。

(一)电离损失

快电子穿过介质时,与核外电子发生非弹性碰撞,使靶原子电离激发而损失的能量,称为电子电离能量损失。其损失率 Bethe-Bloch 公式如下:

$$\left(-\frac{dE}{dX}\right)_{电离}=\frac{2\pi\cdot e^4\cdot Z\cdot N}{m_0v^2}\left[\ln\frac{m_0v^2E}{2I^2(1-\beta^2)}-\ln\left(2\sqrt{1-\beta^2}-1+\beta^2\right)+(1-\beta^2)+\frac{1}{8}\left(1-\sqrt{1-\beta^2}\right)^2\right] \tag{5-31}$$

其中 m_0 为电子的静止质量;v 为 α 粒子的速度;Z 为介质的原子序数;N 为介质单位体积($1cm^3$)内的原子数目;I 为吸收介质原子的平均电离电势;E 为入射电子动能;$\beta=v/c$(c 为光速)为相对论因子,因为能量为 MeV 级的 β 粒子速度已接近光速,故需考虑相对论效应。

快电子产生的直接电离占总电离的 20%~30%;次级电离占 70%~80%;对于相同能量电子和重离子,电子的速度远大于重离子。因此,电子在单位路程上损失的能量远小于重带电粒子,相对于重带电粒子,电子是弱电离粒子。

(二)辐射损失

β 粒子穿过物质时,除了使原子电离激发损失能量外,还有另外的损失能量方式——发射电磁波(光子),称**辐射损失(radiation loss)**。

1. 韧致辐射 带电粒子受到物质原子核电场的作用,运动方向和速度都发生变化,能量减少,多余的能量以 X 射线的形式辐射出来,称为**韧致辐射(bremsstrahlung)**。韧致辐射实际上是一种非弹性散射。

根据电磁理论,电磁波的振幅正比于加速度 a,而 a 正比于 Ze^2/m_e。因此,电磁辐射的强度,即振幅的平方正比于 z^2/m_e^2。理论计算得到的韧致辐射引起的能量损失率为

$$\left(-\frac{dE}{dx}\right)_{rad}\propto\frac{Z^2}{m^2}NE \tag{5-32}$$

式中 m、E 分别为入射电子的质量、能量,Z、N 分别为靶物质的原子序数和单位体积中的原子数。辐射损失率与Z^2成正比,表明电子打到重元素中,容易发生韧致辐射。这一特性对选择合适的材料来阻挡 β 粒子很重要。因为电离损失率与 Z 成正比,从电离损失考虑,采用高 Z 元素来阻挡 β 粒子较好;可是,采用高 Z 会产生很强的韧致辐射,反而起不到防护作用,所以应采用低 Z 元素防护 β 粒子。例如,2MeV 的电子,它的辐射损失占总能量损失的比例,在有机玻璃中只有 0.7%,而在铅中超过 20%。

辐射损失率与粒子能量 E 成正比。这点与电离损失是不同的,所以当电子能量低时,电离损失占优势;当能量高时,辐射损失就变得重要了。在相对论能区,辐射损失与电离损失之比为

$$\frac{\left(-\frac{dE}{dx}\right)_{rad}}{\left(-\frac{dE}{dx}\right)_{ion}}=\frac{ZE}{800} \tag{5-33}$$

式中能量 E 以 MeV 为单位。

2. 切连科夫辐射 除了上述韧致辐射外,快电子在穿过透明介质时,还存在另一种微弱的

辐射效应：当电子在介质中运动速度 v 超过电磁波在介质中的传播速度时，即 $v>c/n$（n 为介质折射率），会在某一特定方向发射出电磁波，称为切连科夫辐射（Cerenkov radiation），又称超光速电子辐射，它是苏联科学家切连科夫（P. A. Cherenkov）在 1937 年发现的。

由图 5-9(a) 我们看到切连科夫辐射沿 $\theta=\arccos(1/(n\beta))$ 方向传播。由惠更斯原理，电子以速度 $v=\beta c$ 由 A 点运动到 B 点时，切连科夫辐射的波前为 BC。当快艇以比水面波更快的速度前进时，可以看到类似的景象。

考虑到辐射行为的旋转对称性，在某一瞬间，辐射在以粒子为顶点、顶角为 2θ 的锥面方向发射出来，称为光锥（图 5-9(b)）。

切连科夫辐射为连续谱的可见光，在游泳池式核反应堆中，人们用肉眼看到美丽的蓝色微光，即为堆中放射性物质发出的 β 射线在重水中引起的切连科夫辐射。

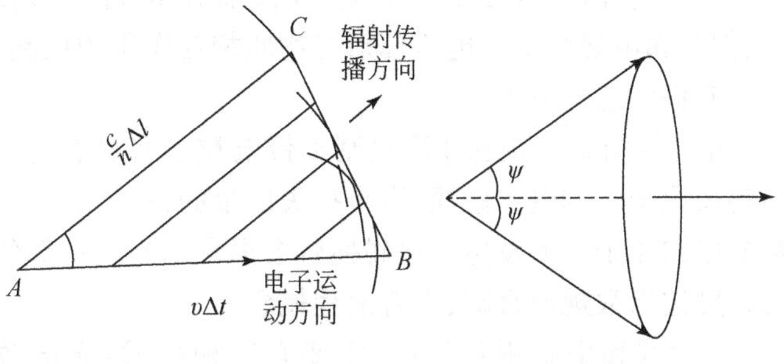

(a) 传播方向　(b) 光锥

图 5-9　切连科夫辐射

3. 电子的散射　除以上两种能量损失外，β 射线在物质中与原子核的库仑场发生弹性散射，使 β 粒子改变运动方向，因电子质量小，可能发生较大角度的散射，还可能发生多次散射，因而偏离原射束方向，使入射方向上的射线强度减弱，这种机制称为多次散射。如果散射角超过 90°，这种散射称为反散射。

4. β 射程　考虑一束初始强度为 I_0 的单能电子束，当穿过厚度为 x 的物质时，强度减弱为 I，其示意图见图 5-10(a)。强度 I 随厚度 x 的增加而减小且服从指数规律，可表示为

$$I=I_0 e^{-\mu x} \tag{5-34}$$

式中 μ 是该物质的线性吸收系数。实验指出，不同物质的线性吸收系数有很大的差别，但随原子序数 Z 的增加，质量吸收系数 $\mu_m=\mu/\rho$（ρ 是该物质的密度）却只是缓慢地变化，因而常用**质量厚度（mass thickness）**$d=\rho x$ 来代替线性厚度 x，于是式(5-34)变为

$$I=I_0 e^{-\mu_m d} \tag{5-35}$$

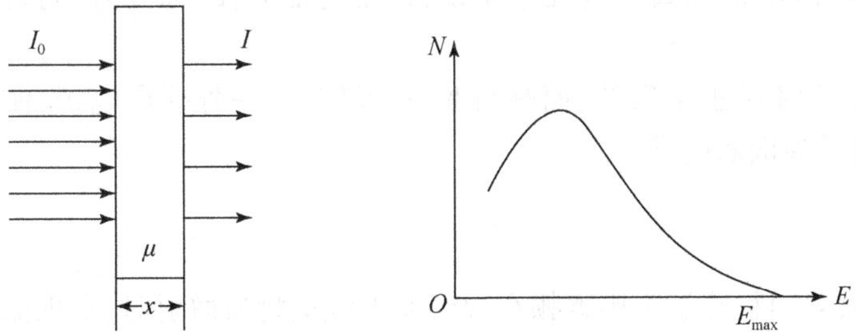

(a) 物质吸收β射线示意图　(b) β衰变能谱图

图 5-10　物质吸收 β 射线示意图和 β 衰变能谱图

原子核 β 衰变放出高速电子的同时，还放出中微子，因此放出的电子并不是单一能量的，而是具有各种能量分布的连续能谱，因此 β 射线的吸收曲线并不精确地服从指数规律，图 5-10(b) 是典型的 β 衰变能谱图。从图中可以看出，有一最大能量 E_{max}，不同的核发生 β 衰变时，放出的电子能谱的 E_{max} 值不同，常以 E_{max} 代表 β 射线的特征能量。

5. 正电子与物质的相互作用　正电子（positive electron）通过物质时，也像**负电子（negative electron）**一样，要与核外电子和原子核相互作用，产生电离损失、辐射损失和弹性散

射。以上对负电子的讨论,对于正电子同样适用。能量相等的正电子和负电子,它们在物质中的能量损失和射程大体相同。但是,正电子有其特点:高速正电子进入物质后很快被慢化,然后遇负电子会结合在一起生成寿命很短的正电子素,随即发生湮没,放出 γ 光子;或者直接湮没放出 γ 光子,这种 γ 光子称为湮没光子。湮没时,两个光子的发射方向相差近似为 180°,各自的能量为 0.51MeV。

四、γ 射线与物质的相互作用

γ 射线、韧致辐射、同步辐射、湮没辐射和特征 X 射线等,虽然它们的起源不一、能量大小不等,但都属电磁辐射。电磁辐射与物质相互作用的机制,一般与这些电磁辐射的起源是无关的,只与它们的能量有关。

γ 射线与物质相互作用机制和带电粒子有显著差别。我们已经知道带电粒子是通过多次与物质原子中的电子碰撞,逐步损失能量的,一次碰撞损失自己很小一部分能量。而 γ 光子与物质中的原子只要发生一次碰撞就会损失相当大一部分甚至全部能量。γ 射线穿过物质时,它的强度按指数规律衰减,没有射程概念。

γ 射线和物质相互作用,主要有三种形式:**光电效应(photoelectric effect)**、**康普顿效应(Compton effect)**和**电子对效应(electron pair effect)**。

(一)光电效应

1. 作用机制 γ 射线(光子)与物质原子中束缚电子相互作用,把全部能量转移给某个束缚电子,使之发射出去(称为光电子),而光子本身消失的过程,称为光电效应。

光电效应是光子与原子整体相互作用,而不是与自由电子发生相互作用。因此,光电效应主要发生在原子中结合最紧的 K 层电子上。

光电效应发生后,由于原子内层电子出现空位,将发出特征 X 射线或俄歇电子。

2. 特点 入射 γ 光子的能量必须大于壳层电子结合能,才能发生光电效应,其后,靶原子由于内壳层出现电子空位而处于激发态。处于激发态的靶原子可以通过两种方式退激:

(1)外层电子直接跃迁填充内层电子空位,使原子回复到较低的能量状态,跃迁过程中,放出电磁辐射,其能量等于两个电子壳层的结合能之差。电子跃迁过程中释放的电磁辐射是一种 X 射线。由于其能量取决于原子的结构,故对每一种元素来说,都是特征的,故称其为"特征 X 射线"或标识 X 射线。

(2)壳层电子在跃迁过程中不发射特征 X 射线,而是将激发能转移给一外壳层电子,使它从原子中发射出来,发射出来的电子为俄歇电子。

(二)康普顿效应

1. 实验发现与结果 1920 年,美国物理学家康普顿在观察 X 射线被物质散射时,发现散射线中含有波长发生了变化的成分——散射束中除了有与入射束波长 λ_0 相同的射线,还有波长 $\lambda>\lambda_0$ 的射线。实验结果发现:

(1)波长的偏移量($\Delta\lambda=\lambda-\lambda_0$)与散射角有关;

(2)$\Delta\lambda$ 与散射物体无关。

康普顿效应为:入射 γ 光子与原子的核外电子发生碰撞,光子的一部分能量转移给电子,使它反冲出来（康普顿电子），而光子的运动方向和能量都发生了变化，成为散射光子（继续在靶材料中行进）的现象。

康普顿效应与光电效应的不同之处主要有两点：一是康普顿效应中反冲电子只获得光子一部分能量，并且作用完后仍然存在散射光子；二是康普顿效应发生在外层电子上，而光电效应主要发生在最内层电子上。

2. 定性分析

（1）入射光子与散射物质中束缚微弱的电子弹性碰撞时，一部分能量传给电子，散射光子能量减少，频率下降，波长变大。

（2）光子与原子中束缚很紧的电子发生碰撞，近似与整个原子发生弹性碰撞时，能量不会显著减少，所以散射束中出现与入射光波长相同的射线。

（三）电子对效应

1. 定义　当能量足够高的辐射光子从原子核旁边经过时，在核库仑场作用下，辐射光子可能转化成一个正电子和一个负电子，这种过程称作电子对效应。

2. 效应

（1）能量关系。根据能量守恒

$$h\nu = E_{e^+} + E_{e^-} + 2m_0c^2 \tag{5-36}$$

得到电子对效应发生的条件：$h\nu > 2m_0c^2$。

（2）电子对效应必须在有原子核参加（才能满足能量守恒与动量守恒）时才能发生。核反冲能量很小可忽略。原子核带走多余的动量，又不带走过多的动能。

（3）发生电子对效应后，入射光子消失，其能量转化为正、负电子的动能。正、负电子获得的动能之和为$(h\nu-2m_0c^2)$，该能量在正、负电子之间任意分配，因此正、负电子的能量取值范围为0～$(h\nu-2m_0c^2)$。

（四）γ射线的吸收

一般来说，低能量的光子与物质作用的主要形式是光电效应，中等能量的光子与物质作用的主要形式是康普顿效应，高能量的光子与物质作用的主要形式是电子对效应。在单能窄束γ射线穿过物质时，因γ射线与物质将会发生光电效应、康普顿效应和电子对效应，注量率将逐渐衰减，注量率的衰减服从指数衰减规律，即

$$I = I_0 e^{-\mu d} \tag{5-37}$$

式中I为γ射线穿过物质后的注量率，I_0为γ射线穿过物质前的注量率，μ为物质的线吸收系数（单位为cm^{-1}），d为物质的厚度（单位为cm）。

在相同的实验条件下，某一时刻的计数率总是与该时刻γ射线的注量率成正比，因此式(5-37)中的注量率与物质厚度的关系可以用计数率n（仪器读数）与物质的厚度关系来代替，因此式(5-37)可写为

$$n = n_0 e^{-\mu d} \tag{5-38}$$

式中n为γ射线穿过物质后的仪器测量的计数率；n_0为γ射线穿过物质前的仪器测量的计数率。

式(5-38)表示γ射线遵循典型的指数衰减规律。在线性坐标系中是一条光滑的逐渐减弱

的指数曲线。若对式(5-38)两端取对数,则得到

$$\ln n=\ln n_0-\mu d \quad (5\text{-}39)$$

从而可得物质吸收系数为

$$\mu=\frac{1}{d\cdot\ln(n_0/n)} \quad (5\text{-}40)$$

式(5-39)显示,若在半对数坐标纸上,吸收曲线将是一条直线,直线斜率的绝对值即为μ。

物质对γ射线的吸收能力也经常用半吸收厚度$d_{1/2}$表示。所谓半吸收厚度$d_{1/2}$就是使入射的γ射线强度减弱到一半时吸收物质的厚度,记作

$$d_{1/2}=(\ln 2)/\mu=0.693/\mu \quad (5\text{-}41)$$

五、中子与物质的相互作用

(一)中子的基本性质

中子存在于除氢以外的所有原子核中,是构成原子核的重要成分。自由中子是不稳定的,一个自由中子会自发转变成一个质子、一个电子、一个反中微子,并释放0.782MeV的能量;其半衰期为(10.61±0.16)min,与中子和物质相互作用的时间相比,这个时间是很长的,即一般情况下,中子在衰变之前就已经被原子核俘获了。因此,通常将其视为稳定粒子。

中子整体呈电中性,但其内部具有电荷分布。如果正负电荷分布的中心稍有不重合,中子就应有电偶极矩,电偶极矩是否为零是非常重要的基础研究课题,正负电荷中心距离小于10^{-24}cm;该粒子具有自旋角动量数$s=1/2$(费米子,服从泡利不相容原理,遵守费米统计)、磁矩$\mu_n=-1.913042\mu_N$(核磁子,磁矩结构有分布,均方根半径为0.9fm,可产生极化中子束)、波粒二象性等。

中子具有极强的穿透能力,由于物质中原子的电子相互作用很小,基本不会使原子电离和激发而损失能量,比相同能量的带电粒子具有强得多的穿透能力;其在物质中损失能量的主要机制是与原子核发生碰撞。

(二)中子源

为满足研究和实际工程应用的要求,必须要有不同的**中子源(neutron source)**以产生所需的中子。中子源大致分三大类:加速器、反应堆和放射性同位素中子源。

1. 加速器中子源 利用加速器加速的带电粒子轰击适当的靶核,通过核反应产生中子,最常用的核反应有(d,n)、(p,n)、(α,n)和(γ,n)等,其中子强度比放射性同位素中子源大得多,可以在很宽的能区上获得单能中子。加速器采用脉冲调制后,可成为脉冲中子源。

2. 反应堆中子源 利用原子核裂变反应堆产生大量中子。反应堆是最强的热中子源。在反应堆的壁上开孔,即可把中子引出。所得的中子能量是连续分布的,很接近麦克斯韦分布。采取一定的措施,可获得各种能量的中子束。

3. 放射性同位素中子源 该中子源具有以下性质:体积小,制备简单,使用方便。(α,n)中子源利用核反应($^{9}Be+\alpha\rightarrow{}^{12}C+n+5.701MeV$)将放射α射线的$^{238}Pu$、$^{226}Ra$或$^{241}Am$同金属铍粉末按一定比例均匀混合压制成小圆柱体密封在金属壳中。(γ,n)中子源利用核反应中发出的γ射线来产生中子,有^{24}Na-Be源、^{124}Sb-Be源等。

(三)中子与物质作用机制

由于电中性,中子与物质中的电子不能发生库仑相互作用而使电子离开原子(虽然中子有磁矩,但由于磁相互作用太弱,不足以引起电离)。中子与物质相互作用主要靠中子和物质原子的原子核相互作用,产生能引起电离反应的次级带电粒子。它有四种方式:核反应、弹性散射(核反冲)、核裂变和活化。

(1)载能带电粒子在物质中损失能量是渐退过程,即通过和物质原子碰撞,使之电离或激发,一小部分逐步降低能量。阻止本领$\frac{dE}{dx}$服从贝特公式。带电粒子在物质中受阻后沿原来运动方向穿行的最大距离为射程。

(2)快电子除了上述电离损失外还存在辐射损失:轫致辐射和切连科夫辐射。

(3)γ射线和物质相互作用有三种主要形式:光电效应、康普顿效应和电子对效应。γ射线和原子一次碰撞就损失相当大一部分甚至全部能量。γ射线在物质中的吸收服从指数衰减规律,没有射程概念。

(4)中子不直接和原子电子发生相互作用,它通过和原子核的相互作用,即核反应、弹性散射、核裂变和活化,能产生次级带电粒子和γ射线。

阅读材料

欧内斯特·卢瑟福(Ernest Rutherford,1871年8月30日—1937年10月19日),英籍新西兰裔著名物理学家,是世界闻名的"原子核物理学之父",被誉为"微观宇宙之王"。在整个物理学术界,卢瑟福是公认的继法拉第之后最伟大的实验物理学家。

欧内斯特·卢瑟福

卢瑟福首先提出放射性半衰期的概念,证实放射性涉及从一个元素到另一个元素的衰变。他又将放射性物质按照贯穿能力分为α射线与β射线,并且证实前者就是氦离子。在1908年因为"对元素蜕变及放射化学的研究",卢瑟福获得了诺贝尔化学奖;并且为了感谢他的研究带来的进步,特将第104号元素命名为"𬬻"。

100新西兰元

卢瑟福领导的团队成功地证实在原子的中心有个原子核,创建了卢瑟福模型(行星模型)。卢瑟福的成就是伟大的,为了纪念这位历史上伟大的物理学家,新西兰将他的头像印在最大面值的100新西兰元货币上,作为新西兰对他最崇高的敬意和纪念。

1871年8月30日,卢瑟福生于新西兰纳尔逊的一个普通手工业工人家庭。父母都是工人,家庭情况并不好。卢瑟福在新西兰长大。之后他进入新西兰的坎特伯雷学院学习,23岁时获得了三个学位(文学学士、文学硕士、理学学士),是一个名副其实的学霸。

1895年在新西兰大学毕业后,卢瑟福收到了英国剑桥大学发来的通知书,通知他已被录取为伦敦国际博览会的奖学金生,进入英国剑桥大学卡文迪许实验室,成为汤姆孙的研究生。

1898 年,在汤姆孙的推荐下,卢瑟福担任加拿大麦吉尔大学的物理教授。他在那里待了 9 年,于 1907 年返回英国出任曼彻斯特大学的物理系主任。

1911 年,卢瑟福根据 α 粒子散射实验现象提出原子核式结构模型。该实验被评为“物理最美实验”之一。另外,卢瑟福还做了放射性的研究,证实了原子内部的变化就是放射性,并且这种放射性可以让一种原子转变成另一种原子,让人所惊奇的是,这种变化是一般物理和化学变化所达不到的;这一发现打破了元素不会变化的传统观念,使人们对物质结构的研究进入原子内部这一新的层次,为开辟一个新的科学领域——原子物理学,做了开创性的工作。

1919 年,卢瑟福做了用 α 粒子轰击氮核的实验。他从氮核中打出一种粒子,并测定了它的电荷与质量,它的电荷量为一个单位,质量也为一个单位,卢瑟福将之命名为质子。他通过 α 粒子为物质所散射的研究,无可辩驳地论证了原子的核模型,因而一举把原子结构的研究引上了正确的轨道,于是他被誉为“原子物理学之父”。

由于电子轨道也就是原子结构的稳定性和经典电动力学的矛盾,才导致玻尔提出背离经典物理学的革命性的量子假设,成为量子力学的先驱。

人工核反应的实现是卢瑟福的另一项重大贡献。自从元素的放射性衰变被确证以后,人们一直试图用各种手段,如用电弧放电来实现元素的人工衰变,而只有卢瑟福找到了实现这种衰变的正确途径。这种用粒子或 γ 射线轰击原子核来引起核反应的方法,很快就成为人们研究原子核和应用核技术的重要手段。在晚年,卢瑟福已能在实验室中用人工加速的粒子来引起核反应。

1919 年卢瑟福接替退休的汤姆孙,担任卡文迪许实验室主任。

卢瑟福是一位杰出的学科带头人,被誉为“从来没有树立过一个敌人,也从来没有失去一位朋友”的人。他的学生卡皮查曾指出:“卢瑟福不仅是一个伟大的科学家,而且是一个伟大的教师。我能记起除卢瑟福之外,没有一个当代科学家在他的实验室中培养出这样多的卓越物理学家。科学史告诉我们,一个卓越的科学家不一定是一个伟人,但一个伟大的教师必须是一个伟人。”1922 年诺贝尔物理学奖的获得者玻尔曾深情地称卢瑟福是“我的第二个父亲”。科学界中,至今还传颂着卢瑟福精心培养学生的许多小故事。他曾经工作过的实验室被后人称为“诺贝尔奖得主的幼儿园”。

卢瑟福作为一个有伟大科学家和伟大教师光辉形象的人,吸引了来自世界各国的大量优秀青年科学家到他的周围。他的实验室犹如一个和睦的国际性大家庭,为了共同的目标——科学发现,齐心协力,世界一流的研究成果泉涌般地展示在各国科学家面前。他在曼彻斯特和剑桥的实验室,被公认为培养优秀青年科学家的“苗圃”和世界物理学家的圣地——“麦加”。

卢瑟福在剑桥的卡文迪许实验室,有来自世界各地的青年科学家和访问学者,其中包括中国的科学家颜任光、赵宗尧、霍秉权、李国鼎、张文裕和周长宁,苏联的卡皮查和伽莫夫,德国的哈恩、盖革和海森伯,日本的长岗、清水,丹麦的玻尔,美国的密里根和奥本海默,加拿大的刘易斯等,既从事核物理研究,也允许研究强电磁场、低温物理和大气电现象等。卢瑟福主张“应给大家以自由,以便尽可能发展他们自己的研究路线,并鼓励他们培养青年研究人员”。

据统计,由卢瑟福直接培养并沿着他指导的研究方向进行研究而获诺贝尔奖的达十多人。这在诺贝尔奖史上是绝无仅有的。

1921 年,卢瑟福的助手弗雷德里克·索迪获诺贝尔化学奖;

1922 年,卢瑟福的学生弗朗西斯·阿斯顿获诺贝尔化学奖;

1922 年,卢瑟福的学生尼尔斯·玻尔获诺贝尔物理学奖;

1927 年,卢瑟福的助手查尔斯·威耳逊获诺贝尔物理学奖;

1935 年,卢瑟福的学生詹姆斯·查德威克获诺贝尔物理学奖;

1943 年,卢瑟福的助手乔治·查尔斯·德海韦西获诺贝尔化学奖;

1944 年,卢瑟福的学生奥托·哈恩获诺贝尔化学奖;

1947 年,卢瑟福的助手爱德华·维克多·阿普尔顿获诺贝尔物理学奖;

1948 年,卢瑟福的助手帕特里克·布莱克特获诺贝尔物理学奖;

1950 年,卢瑟福的助手塞西尔·弗兰克·鲍威尔获诺贝尔物理学奖;

1951 年,卢瑟福的学生约翰·道格拉斯·考克饶夫和欧内斯特·沃尔顿,共同获得诺贝尔物理学奖;

1978 年,卢瑟福的学生彼得·卡皮查获诺贝尔物理学奖。

有人说,如果世界上设立培养人才的诺贝尔奖的话,那么卢瑟福是第一号候选人。

1925 年,卢瑟福当选为英国皇家学会会长,1931 年受封为纳尔逊男爵,1937 年 10 月 19 日因病在剑桥逝世,与牛顿和法拉第并排安葬,享年 66 岁。

本章小结

一、基本概念

1. 原子的四个量子数是指:主量子数、角量子数、磁量子数和自旋量子数。它们是在量子力学中表征波函数或者电子云的空间性质及电子自旋情况的参量。

主量子数 n,描述原子中电子出现概率最大区域离核的远近(电子层数),它的取值范围是 1 到无穷大的整数,即 1,2,3,4,5,6,7,…。

角量子数 l,决定了原子轨道或电子云的形状或表示电子亚层(同一 n 层中的不同分层),它的取值范围是从 0 到 $n-1$ 的所有自然数。

磁量子数 m,决定波函数(原子轨道)或电子云在空间的伸展方向,决定角动量在空间给定方向上的分量大小,它的取值范围是从 $-l$ 到 $+l$ 的所有整数值。

自旋量子数 m_s,表示同一轨道中电子的两种自旋状态,它的取值范围是 $+\frac{1}{2}$ 或者 $-\frac{1}{2}$。电子的自旋方向相同时,自旋量子数 m_s 的值相同;电子的自旋方向相反时,自旋量子数 m_s 的值不同。

2. 一个原子质量单位:$1\text{u}=\frac{1}{12}m({}^{12}_{6}\text{C})$

核力作用半径:$R\approx r_0A^{\frac{1}{3}}$

3. 核力的基本性质,概括起来有下列几点:

(1)核力与核子的电荷无关,即核内质子与中子之间,质子与质子之间,中子与中子之间具有相同的核力。

(2)核力是短程力;

(3)核力是具有饱和性的交换力。

4. 核素和同位素:

元素是具有相同核电荷数(质子数)的同类原子的总称;

核素是指具有一定数目质子和一定数目中子的一种原子;

同位素是同一元素的不同种原子,它们具有相同的质子数,但中子数却不同。

二、放射性衰变和核的稳定性

1. 放射性元素:有些元素能够自发地从不稳定的原子核内部放出粒子或射线(如 α 射线、β 射线、γ 射线等),同时释放出能量,最终衰变形成稳定元素,这种性质称为放射性,这类元素称为放射性元素。同位素分为稳定同位素和放射性同位素,它们按一定的比例在自然界存在。

2. 半衰期:放射性元素的原子在释放 α 射线、β 射线、γ 射线的同时,会衰变成其他元素,这种衰变有一定的速率。当原子中有半数发生衰变时所需要的时间,叫半衰期。

3. 活度：成群的原子在比 $1/\lambda$ 短得多的时间内衰变的总期望值为 λN，称为这群原子的活度。t 时刻的活度和 $t_0=0$ 时刻活度的比：

$$\frac{\lambda N}{\lambda N_0}=e^{-\lambda t}$$

活度的常用单位为居里(Ci)，活度的专用单位是贝可勒尔(Bq)，$1Bq=1s^{-1}$，$1Ci=3.7\times10^{10}Bq$。贝可勒尔和赫兹(Hz)有相同的量纲，二者的单位均为 s^{-1}。它们之间的唯一区别在于其应用，赫兹旨在表示周期运动的频率，而贝可勒尔只被用于放射性。在其他需要用 s^{-1} 作单位的应用领域，则不赋予专门的名字。

4. α 衰变：${}^{A}_{Z}X\rightarrow{}^{A-4}_{Z-2}Y+{}^{4}_{2}He+Q$

5. β 衰变：β 衰变又分 β^- 衰变、β^+ 衰变和轨道电子俘获三种方式。

$${}^{A}_{Z}X\rightarrow{}^{A}_{Z+1}Y+\beta^-+\nu+Q$$

$${}^{A}_{Z}X\rightarrow{}^{A}_{Z-1}Y+\beta^++\nu+Q$$

$${}^{A}_{Z}X+e^+\rightarrow{}^{A}_{Z-1}Y+\nu+Q$$

三、核反应

1. 核子组成原子核时，放出结合的能量。原子核全部结合能量除以组成原子核的核子数(质量数)所得的商，称为平均结合能。平均结合能在质量数60附近为最大，这就意味着可以采用一些方法，使得原子核向着质量数60左右的原子核变化，使其释放出多余的结合能量。

2. 核裂变：一个原子核分裂成几个原子核的变化。只有一些质量非常大的原子核像铀、钍等才能发生核裂变。当中子打击铀核时，能使铀核分裂为两个质量差不多相等的碎片，同时放出2～3个中子，称为铀核的裂变。

3. 核聚变：轻原子核结合成较重原子核时放出巨大能量。

(1) $${}^{2}D+{}^{2}D\rightarrow{}^{3}He(0.8)+{}^{1}n(2.5) \quad ①$$

$${}^{2}D+{}^{2}D\rightarrow{}^{3}T(1.0)+p(3.0) \quad ②$$

(2) $${}^{2}D+{}^{3}T\rightarrow{}^{4}He(1.0)+{}^{1}n(14.1) \quad ③$$

四、射线与物质相互作用

1. 天然放射性核所放 α 粒子，在空气中的射程为 $R_0=0.318\,E^{\frac{3}{2}}$。

2. β 射线与物质的相互作用：β 射线(包括负电子和正电子)是轻带电粒子，质量小。能量损失情况和运动轨迹与重带电粒子相比很不一样。电子在物质中运动的径迹十分曲折。电子与靶原子的作用除了电离能量损失外，还有辐射能量损失。此外电子还会被靶物质中的电子和原子核所散射。

3. γ 射线与物质的相互作用：γ 射线、韧致辐射、同步辐射、湮没辐射和特征 X 射线等，虽然它们的起源不一、能量大小不等，但都属电磁辐射。

电磁辐射与物质相互作用的机制，一般与这些电磁辐射的起源是无关的，只与它们的能量有关。

γ 射线与物质相互作用机制和带电粒子有显著差别。

γ 射线穿过物质时，它的强度按指数规律衰减，没有射程概念。

γ 射线与物质相互作用，主要有三种形式：光电效应、康普顿效应和电子对效应。

4. 中子与物质的相互作用：中子具有极强的穿透能力，由于物质中原子的电子相互作用很小，基本不会使原子电离和激发而损失能量，比相同能量的带电粒子具有强得多的穿透能力；其在物质中损失能量的主要机制是与原子核发生碰撞。

思 考 题

5-1 光子与物质相互作用主要有哪三种形式？

5-2 正电子发射计算机断层成像(PET)过程中发生的衰变是哪一种？

5-3 简述 α 衰变、β 衰变、γ 衰变在医学中的应用。

5-4 两种放射性核素的半衰期分别为 8 天和 4 天，设含这两种放射性药物的放射性活度相同，问其中放射性物质的物质的量相差多少倍？

第六章　X 射线基础

教学要求

(1)掌握 X 射线的特性、产生的基本原理及条件。

(2)掌握 X 射线与物质的相互作用,了解 X 射线在人体内的衰减情况。

(3)了解 X 射线成像原理。

(4)了解常见医用 X 射线设备及技术,了解 X 射线在医学中的应用。

第一节　X 射线的产生和性质

X 射线(X-ray),即伦琴射线,是德国物理学家伦琴(Wilhelm Conrad Rontgen)于 1895 年发现的。它与放射线和电子的发现并称为“19 世纪末 20 世纪初物理学的三大发现”,是现代物理学兴起的标志。X 射线的发现让人类社会,特别是生命科学的研究翻开了崭新的一页。

一、X 射线的发现及应用

1. X 射线的发现过程　1895 年 11 月 8 日,50 岁的伦琴在维尔茨堡大学的实验室用克鲁克斯管做实验时偶然发现工作台上涂了荧光的纸屏可以发出荧光,他分别用纸和书本遮住纸屏,纸屏仍能发光。使伦琴更为惊讶的是,当把手放在纸屏前时,纸屏上留下了手骨的阴影。经过反复的实验,伦琴确认这的确是一种新的射线。当时因不详其性质,他将这种射线称为“X”射线。伦琴也因发现 X 射线及对其性质的深入研究,荣获了第一届(1901 年)诺贝尔物理学奖。1905 年,第一届国际放射学会召开,大会正式把 X 射线命名为伦琴射线,以纪念他为人类进步做出的杰出贡献,但伦琴仍把这种射线称为 X 射线并延续至今。

2. X 射线的用途　X 射线这一重大发现轰动了全世界,并引起科学界,尤其是医学界的高度重视和浓厚兴趣。X 射线在医学上的首要用途是对人体的透视,应用到医学诊断上,在发现后的第二年就用于放射治疗,直至目前,X 射线诊断和治疗在现代医疗工作中也占有重要地位。它与后来发展起来的核医学成像、超声成像、X-CT、磁共振成像、热图像、介入性放射学和内窥镜等技术共同组成现代医学影像学的崭新领域。X 射线除广泛应用于医学诊断和治疗外,还在晶体结构分析、工业探伤、货运集装箱透视检查和科学研究等方面也发挥了巨大作用。被称为“最佳 X 射线源”的同步加速辐射装置业已问世,由此产生的高能量 X 射线不仅能用来观察分析物质,而且还能对半导体和微型机械进行精细加工。

二、X 射线的产生

（一）X 射线的产生条件

伦琴发现：当高速运动的电子轰击物质而突然受阻时，能产生 X 射线。现代医学中，就是利用这种方法来产生 X 射线的。所以，医用 X 射线的产生必须具备两个条件：①高速电子流；②适当的障碍物——阳极靶。

（二）X 射线的产生装置——X 射线管

医用 **X 射线管（X ray tube）**是一个高度真空的热阴极二极管，是 X 射线成像设备的能量源，也是 X 射线机中的核心部件。随着科技发展及使用要求的不同，其外观和内部结构都有很大差异，但其基本原理相同，X 射线管主要是由阴极、阳极构成的管芯和玻璃管套组成，图 6-1 是 X 射线管的基本结构示意图。

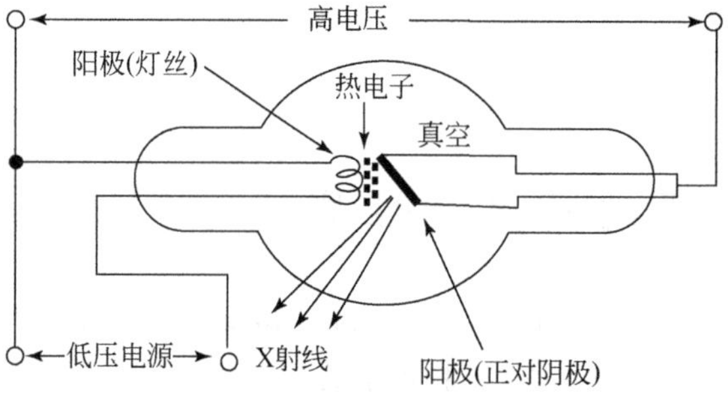

图 6-1　X 射线管的基本结构示意图

阴极　阴极为电子源，是 X 射线管的负极，其作用是按需要提供足额数量的电子，经聚焦加速后撞击阳极而产生 X 射线。阴极由灯丝和集射罩组成。灯丝多用高熔点的钨丝绕制而成。灯丝上加有通低压电源为灯丝加热，当灯丝温度升到一定值时，钨材料中的一些自由电子便可以脱离金属的束缚而逸出灯丝表面，形成包绕灯丝的电子云。灯丝电压愈高，灯丝温度便愈高，每秒钟蒸发出的电子数目就愈多。

阳极　阳极又称阳极靶，是 X 射线管的正极，当在阴极和阳极之间接通高电压（管电压）时，在强电场的作用下，从阴极蒸发出的电子奔向阳极并被加速，阳极靶面使高速电子突然受阻而产生 X 射线。

（三）X 射线的产生原理

X 射线是高速电子与靶原子相互作用产生的。在 X 射线管中，从阴极发射的电子，经几十到几百千伏的管电压形成的电场加速，到达阳极靶时具有很大的动能，这些电子以高能高速的状态撞击靶，与靶原子发生作用，其动能转变为其他形式的能量。

1. 碰撞损失与辐射损失　一般情况下，电子在失去它的全部动能前多次与靶原子碰撞，其能量损失分为碰撞损失和辐射损失。

高速电子与靶原子整体或外层电子作用而损失的能量统称为**碰撞损失**。高速电子与靶原子的外层电子作用时，可以使原子激发或电离而损失部分能量。使原子激发所需的能量只有几个电子伏特，因此入射电子的能量损失是很小的。当入射电子的能量损失大于外层电子的电离能时，靶原子被电离，其外层电子脱离靶原子并且具有一定的动能，如果电离出的电子动能大于 100eV，此电离出的电子与入射电子一样还可以使其他原子激发或电离。被激发电子是不稳定的，会很快以红外辐射的形式放出能量，回到正常能级，所以碰撞损失的能量最后全部转化为热能。

高速电子与靶原子的内层电子或原子核相互作用而损失的能量,统称为**辐射损失**。辐射损失会放出 X 射线,此过程涉及内层电子和原子核。

高速电子若电离原子的内层电子,将能量转化为特征辐射,产生的 X 射线呈线状谱;高速电子若与靶原子核发生相互作用,则将能量转化为电磁辐射,产生的 X 射线呈连续谱。

理论与实验指出,碰撞损失和辐射损失各按一定的概率分布。通过辐射损失放出 X 射线而使高速电子损失的能量不足电子能量的 1%,其余 99% 以上的电子能量损失于电子同靶原子的碰撞而最后转变成可见光和热,其中热占绝大部分。

2. X 射线谱　X 射线管发出的 X 射线,包含各种不同的波长成分,将其强度按照波长的不同排列开来的图谱,称为 **X 射线谱**。钨靶 X 射线管所发射的 X 射线谱如图 6-2 所示,上部是谱强度与波长的关系曲线,下部是照在胶片上的射线谱。从该图可以看出,X 射线谱包含两个部分:曲线下面的部分对应于照片上的背景,它包括各种不同波长的射线,称为**连续 X 射线谱**;另一部分是曲线上凸出的尖峰,具有较大的强度,对应于照片上的明显谱线,这相当于可见光中的线光谱,称为**标识 X 射线谱**。

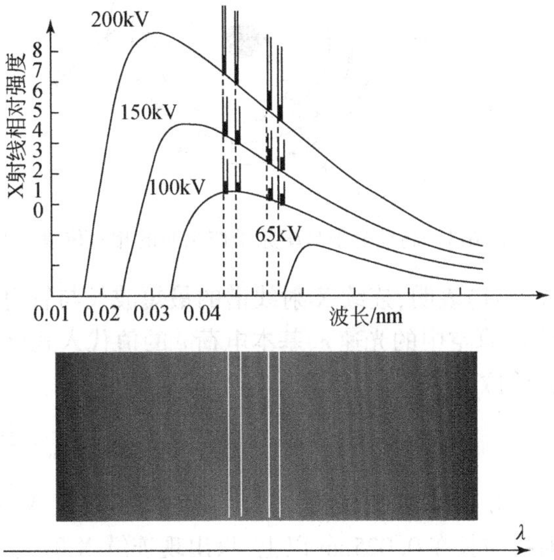

图 6-2　钨靶 X 射线管所发射的 X 射线谱

3. 连续 X 射线谱

(1)连续 X 射线谱的产生机制:高速电子与靶原子核发生相互作用,产生的 X 射线呈连续谱。

高速电子进入靶原子核附近的强电场区域,然后飞离强电场区域从而完成一次电子与原子核的相互作用时,电子的速度大小和方向必然发生变化。按照电磁学理论,当一个带电体在外电场中速度变化时,带电体将向外辐射电磁波。电磁波的频率由 $\Delta E=h\nu$ 确定,ΔE 是电子在此过程中损失的能量,这种辐射叫韧致辐射,产生能量为 $h\nu$ 的电磁波波列,又可表述为 X 射线光子,由于每个高速电子与靶原子作用时的相对位置不同(图 6-3),且每个电子与靶原子作用前具有的能量不同,所以各次相互作用对应的辐射损失也不同,因而发出的 X 射线的波长互不相同(X 射线的能量互不相同),从而形成具有各种波长的**连续 X 射线谱**。

(2)短波极限:实验指出,当 X 射线管在管电压较低时只出现连续 X 射线谱。图 6-4 是钨靶 X 射线管在四种比较低的管电压下的连续 X 射线谱。由图可见,X 射线的强度随着波长的减小逐渐上升,达到最大值后很快下降为零。强度为零时对应的波长是连续谱中的最短波长,称为短波极限 λ_{min}。在图 6-4 中还可以看到,当管电压增大时,各波长的 X 射线的强度都增大,而且对应强度最大的波长和短波极限都向短波方向移动。

短波极限由 X 射线管的管电压决定,设管电压为 U,电子电量为 e,则电子到达阳极靶时具有的动能为 eU,这也是光子可能具有的最大能量 $h\nu_{max}$,对应着一个电子在与核电场的一次作用中将全部能量转变成 X 光子。ν_{max} 是与短波极限 λ_{min} 对应的最高频率,由此得到

$$\lambda_{\min} = \frac{hc}{e} \cdot \frac{1}{U} \tag{6-1}$$

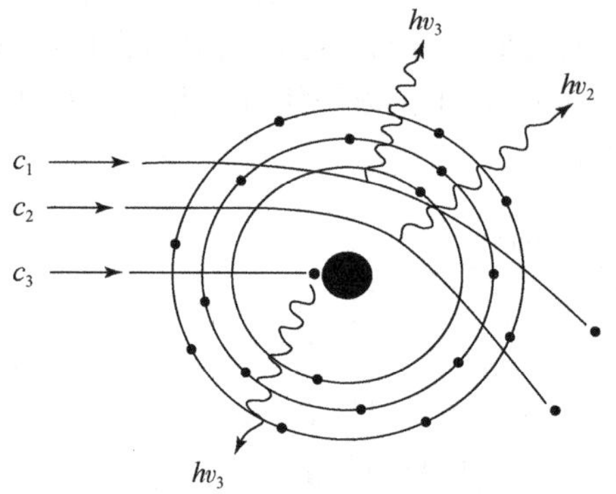

图 6-3　高速电子与靶原子作用时的相对位置

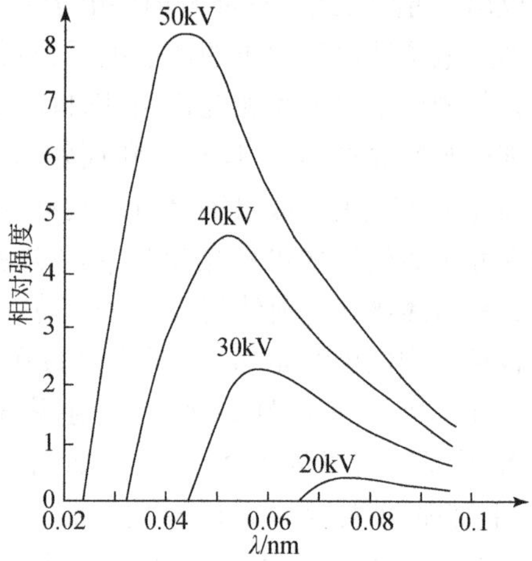

图 6-4　钨靶 X 射线管在较低管电压下的连续 X 射线谱

式(6-1)表明,连续 X 射线谱的最短波长与管电压成反比。管电压愈高,$\lambda_{\min}$ 愈短。把普朗克常量 h、真空中的光速 c、基本电荷 e 的值代入式(6-1),并取千伏(kV)为电压单位,纳米(nm)为波长单位,可得

$$\lambda_{\min} = \frac{1.242}{U}\text{nm} \tag{6-2}$$

4. 标识 X 射线谱　以上讨论的是钨靶 X 射线管在 50kV 以下工作的情况,此时产生的 X 射线波长在 0.025nm 以上,只出现连续 X 射线。当管电压升高到 70kV 以上时,如图 6-2 所示,在连续谱 0.02nm 附近叠加了 4 条谱线,曲线上出现了 4 个尖峰。当电压继续升高时,虽然连续谱发生很大改变,但这 4 个尖峰的位置却始终不变,即它们的波长不变,这就是 X 射线的标识谱线,又称特征谱。

(1)标识 X 射线谱的产生机制:高速电子与靶原子的内层电子发生相互作用,产生标识 X 射线。

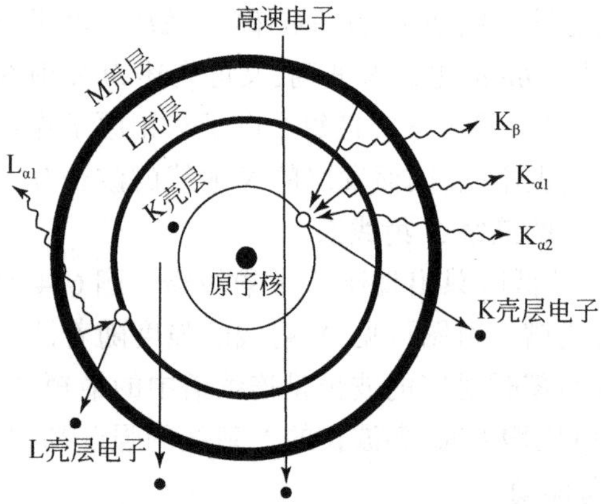

图 6-5　元素特征 X 射线的激发机理

原子是由原子核及核外电子组成的,多电子原子的核外电子分壳层围绕原子核运动,每一个电子与原子核之间,存在着大小不同的结合能。越靠近原子核的电子,其结合能越大,电子所处的定态能级越低;相反,离原子核较远的外壳层电子,与原子核之间的结合能就比较小,相应所处的定态能级就比内层电子高。

高速电子到达靶面时,如果电子能量 eU 大于内层电子的结合能,则靶内一些原子的内层电子会被轰出成为自由电子,原子内电子层出现空位,原子处于不稳定的激发态。按能量分布最低的原则,处于高能态的外壳层电子必然要向内壳层跃迁填补内壳层电子空位,便释放出能量 $h\nu$ 等于电子跃迁前 E_2、跃迁后 E_1 两能级之差的标识 X 光子,即

$$h\nu = E_2 - E_1 \tag{6-3}$$

如图 6-5 所示，若高速电子将 K 级电子轰出，便会在 K 层产生一个临时的电子空位，对靶原子来说，这是一个非常不稳定的状态，外壳层电子必然要向这个壳层跃迁填充，由 L 层、M 层等不同壳层发生的跃迁分别产生确定的、不同波长的 X 谱线，为 K 系特征线。以此类推，会产生 L 系、M 系特征线。很明显，这些有特征波长的辐射是线状谱，能够标记出阳极靶材料原子的结构特点，不同元素制成的靶具有不同的线状 X 射线谱，并可以作为这些元素的标识，我们称之为标识谱，又叫特征光谱。

(2)标识 X 射线的激发电压：靶原子的轨道电子在原子中具有确定的结合能 W，只有当入射高速电子的动能大于其结合能时，才有可能被击脱造成电子空位，产生特征 X 射线。入射电子的动能完全由管电压决定，因此，管电压 U 必须满足下式的关系

$$eU \geqslant W \tag{6-4}$$

式中 W 为脱出能或结合能。当 $eU = W$ 时，$U = \frac{W}{e}$ 为最低激发电压。

对于给定的靶原子，各线系的最低激发电压大小按其相应的电子空位所产生的壳层内电子结合能大小顺序排列，即 $U_K > U_L > U_M > U_N$。壳层越接近原子核，最低激发电压越大。若实际管电压低于某激发电压，则此系的特征 X 射线将不会产生。例如，钨的 K 电子结合能为 69.51keV，那么钨的 K 系激发电压就是 69.51kV。显然低于此激发电压将不会产生钨的 K 系特征 X 射线，但可以产生其他各系的特征放射。相反，在产生 K 系特征 X 射线的同时必定伴随其他各系的激发和辐射，但由于 L、M、N 等各系的光子能量小、辐射强度弱，通常被 X 射线管的管壁所吸收而不能射出，所以在大多数元素的 X 射线谱中只有该元素的 K 系特征 X 射线。表 6-1 列出几种靶物质材料产生 K 系和 L 系特征放射的激发电压。

表 6-1　几种靶材料产生 K 系和 L 系特征放射的激发电压

靶材料	原子序数	激发电压/kV	
		K 系	L 系
铝(Al)	13	1.56	0.09
铜(Cu)	29	8.98	0.95
钼(Mo)	42	20.00	2.87
锡(Sn)	50	29.18	4.14
钨(W)	74	69.51	12.09
铅(Pb)	82	88.00	15.86

需要指出，医用 X 射线管发出的主要是连续 X 射线，标识 X 射线在全部 X 射线中所占的分量很少。但是，标识 X 射线的研究，对于认识原子的壳层结构、化学元素分析都是非常有用的，如 X 射线微区分析技术就是利用很细的电子束打在样品上，根据样品发出的标识 X 射线来鉴定各个微区中的元素成分，该方法也用于医学和生物学方面的超微观察和超微分析。

三、X 射线的描述

(一)X 射线的硬度

X 射线的硬度指它的贯穿本领，取决于 X 射线的能量，组成 X 射线的单个光子的能量愈

大,贯穿本领愈强,我们就说它的硬度大,常用于深部位治疗;反之,光子的能量较小,贯穿本领就弱,我们就说 X 射线较软,常用于 X 射线成像及表面治疗。

X 射线的硬度由管电压控制,管电压愈高,电子撞击阳极靶时的动能愈大,由此产生的 X 射线光子的能量愈大,相应的 X 射线就愈硬。由于 X 射线的能量不易用简单方法测出,所以在医学上通常用管电压(单位为 kV)来表示 X 射线的硬度,并通过调节管电压来控制 X 射线的硬度。

实际应用中医用 X 射线的硬度还与设备中的过滤物质的厚度有关。过滤物质越厚,低能 X 射线被吸收得越多,X 射线的有效能量提高,X 射线变硬。在医学上常根据用途把 X 射线按硬度分为四类,相应的管电压、最短波长及主要用途见表 6-2。

表 6-2 X 射线按硬度的分类

名称	管电压/kV	最短波长/nm	主要用途
极软 X 射线	5~20	0.248~0.062	软组织摄影、表皮治疗
软 X 射线	20~100	0.062~0.012	透视和摄影
硬 X 射线	100~250	0.012~0.005	较深组织治疗
极硬 X 射线	250 以上	0.005 以下	深部组织治疗

(二)X 射线的强度

与波的强度概念一致,**X 射线的强度**是指单位时间内通过与射线方向垂直的单位面积的 X 射线的能量,单位为 W/m^2。它与靶物质的原子序数有关,还与管电流和管电压有关。用 I 表示 X 射线的强度,则

$$I=N_1h\nu_1+N_2h\nu_2+\cdots+N_nh\nu_n \tag{6-5}$$

式中 $N_1,N_2,\cdots,N_n$ 分别表示单位时间内通过单位横截面积的能量为 $h\nu_1,h\nu_2,\cdots,h\nu_n$ 的光子数目。由式(6-5)可见,使 X 射线的强度增加的方法有两种:①增加管电流,使单位时间内轰击靶的高速电子数目增多,从而增加所产生的 X 射线的光子数目 N_i;②增加管电压,使每个光子的能量 $h\nu_i$ 增大。

使用时,首先按照用途确定管电压 U,获得合适的硬度,U 确定后,X 射线的强度便由管电流决定。因此,在 X 射线的诊断应用中,作为一种简便方法,常用 X 射线管的管电流(单位为 mA)来间接反映 X 射线的强度,用管电流(mA)与照射时间(s)的乘积来间接反映 X 射线的量,单位为毫安·秒(mA·s)。例如,某投照部位需要 20mA·s 的 X 射线的量来满足影像要求,则选择 100mA×0.2s 或 50mA×0.4s 均可满足要求。

管电流的大小由灯丝的加热电流控制,加热电流变大使灯丝的温度升高,单位时间内灯丝发射的电子数增多,管电流增大,单位时间内撞击靶的电子数增多,产生的 X 光子增多,则 X 射线的强度增大。反之,加热电流减弱,管电流减小,X 射线的强度也相应减小。

四、X 射线的性质

X 射线与可见光、红外线、紫外线、γ 射线一样都属于电离辐射,是不可见的电磁波,属于电磁辐射谱中的一部分。其频率很高,在 $3\times10^{16}\sim3\times10^{20}$ Hz;波长很短,介于紫外线和 γ 射线之

间，在 10 ~ 10^{-3}nm。X 射线具有电磁波和光量子的双重特性。X 射线不带电荷，所以它不受外界磁场或电场影响，在经过电场和磁场时不会发生偏转。X 射线在物理、化学、生物等方面都具有一些独特的性质。

（一）物理特性

1. 波粒二象性　波动性和粒子性是 X 射线作为一种电磁波的最基本属性。

X 射线的波动性　X 射线具有波动性，是一种横波，在均匀且各向同性的介质中，以一定的波长和频率在空间沿直线传播，其传播速度在真空中与光速相同，可以用波长 λ、频率 ν 等来描述。并具有干涉、衍射、偏振、反射、折射等现象，可在波长测定、物质结构分析等技术中得到应用。

X 射线的粒子性　虽然 X 射线的波动性可以解释 X 射线的干涉与衍射现象，但不能解释 X 射线的光电效应、荧光作用、电离作用等，这些只能用 X 射线的另外一个特性——粒子性来解释。所谓粒子性，即把 X 射线看作大量由单个运动粒子组成的粒子束，这些粒子我们称之为 X 光子。

对应于频率为 ν 的 X 射线，单个光子的能量为

$$E=h\nu \tag{6-6}$$

式中 h 是普朗克常量，$h=6.626\times10^{-34}\text{J}\cdot\text{s}$。

按照相对论原理，能量与质量相联系，物质具有某数量的能量 E，就有相应的一定数量的质量 m，二者的关系满足质能方程 $E=mc^2$。取能量 E 的单位为 J，质量 m 的单位为 kg，光速 c 的单位为 m/s，则光子的质量为

$$m=\frac{E}{c^2}=\frac{h\nu}{c^2} \tag{6-7}$$

作为粒子，光子也有动量，其数值是

$$p=mc=\frac{h\nu}{c}=\frac{h}{\lambda}=h\tilde{\nu} \tag{6-8}$$

式中 $\tilde{\nu}=\frac{1}{\lambda}$，称为波数，即单位距离中波的数目。

式(6-6) ~ 式(6-8)同时反映了 X 射线的波动性和粒子性。公式左侧表示了光的粒子性，即光子的能量 E、质量 m、动量 p，而公式右侧反映了 X 射线的波动性，即频率 ν、波长 λ、波数 $\tilde{\nu}$。

波动性和粒子性都属于 X 射线的客观属性，在不同的场合下，X 射线表现的特性会有所侧重。X 射线的波动性突出表现在其传播过程中，如反射、干涉、衍射、偏振等现象；而 X 射线的粒子性主要表现在其与物质的相互作用时，如光电效应、电离作用、荧光作用等。

2. 穿透作用　因为 X 射线的波长很短，能量很大，故能穿透物质的原子间隙，但其穿透程度与物质的性质、结构有关。例如，X 射线束进入人体后，一部分被吸收和散射，另一部分透过人体沿原方向传播。由于穿透程度因人体结构中不同的物质而异，透过的 X 射线的空间分布与人体结构相对应，这便形成了 X 射线影像。可见，X 射线影像是人体的不同组织的密度和厚度对射线引起不同衰减的结果。

人体各组织对 X 射线的衰减按骨、肌肉、脂肪、空气的顺序由大变小。有一些组织比其他组织能衰减更多的射线，这种差别的大小就形成了 X 射线影像的对比度（contrast）。为了扩大 X 射线的诊断范围，还常用各种人工造影检查技术增加组织间的对比度。在 X 射线通过人体的衰减过程中，组织的密度是最重要的影响因素。在一定厚度中，某一组织的密度的大小影响着

阻止射线的能力，与被阻挡的光子数量成正比，而与能透过的光子数量成反比。由于组织密度的差异，形成了X射线影像。

3. 荧光作用 某些物质受到X射线照射时，该物质原子被激发或电离，当被激发的原子恢复到基态时，能够发出荧光，具有这种光特性的物质称为荧光物质，如钨酸钙、铂氰化钡等。应用：医学中透视用的荧光屏、X射线摄影用的增感屏、影像增强器中的输入屏和输出屏等都是利用荧光特性制成的。

4. 电离作用 X射线虽然不带电，但是具有足够能量的X射线光子撞击原子中的轨道电子，使核外电子脱离原子轨道，这种作用叫电离作用。X射线在气体中较固体和液体中电荷的电离更容易。许多X射线测量仪器都是根据这种原理制成的，如电离室、盖革-米勒(G-M)计数管等都是根据这个原理制造的。在光电效应和散射研究中，脱离的电子仍有足够能量，去电离更多的原子，X射线的电离作用主要是它的次级电子的电离作用。

5. 热作用 X射线被物质吸收，最终绝大部分都将转变为热能，使物体升温。测定X射线吸收剂量的量热法就是依据这个原理研究出来的。

（二）化学特性

1. 感光作用 当X射线照射胶片时，由于电离作用，溴化银药膜起化学变化，出现银粒沉淀，这就是X射线的感光作用。银粒沉淀的多少，由胶片受X射线的照射量而定。银粒沉淀再经化学显影，变成黑色的金属银，组成X射线影像，而未感光的溴化银则可以被定影液溶去。X射线摄影就是利用这种X射线化学感光作用使人体结构影像显现在胶片上。

2. 着色作用 某些物质（如铅玻璃、水晶等）经X射线长期大剂量照射后，其结晶体脱水，导致物质渐渐改变颜色，称为着色作用。

（三）生物特性

X射线对生物组织、细胞具有损伤作用，称为X射线的生物效应。X射线对人体不同组织的损伤程度是不同的。生长力强、分裂活动快的组织和细胞（如神经系统、淋巴系统、生殖系统和肿瘤细胞等）对X射线特别敏感，也就越容易受到损害，当X射线停照后，其恢复越慢；而软组织（如皮肤、肌肉、肺和胃等）对X射线敏感性较差，受X射线的破坏性也相对小一些。生物细胞特别是增殖性强的细胞，经一定量X射线照射后，可被抑制、损伤甚至坏死，在X射线治疗上正是恰当地利用了X射线的这种特性。当然X射线对正常人体组织也可能产生损伤作用，故应注意对非受检部位和非治疗部位的屏蔽防护，同时医护工作者也应注意自身的防护。

X射线的生物效应归根结底是X射线的电离作用造成的。

第二节　X射线的衰减

一、X射线与物质的相互作用

当X射线照射物体时，X光子与物质原子发生相互作用，射线的一部分或全部能量转移给物质。如果吸收物质是生物组织，足够的能量可以沉积在生物细胞内，破坏其再生殖能力，而大部分能量转化为热量，产生非生物效应，这个过程很复杂，如图6-6所示。

X 射线与物质相互作用的主要形式有光电效应、康普顿效应和电子对效应,其他次要形式还有相干散射、光核反应等。本节主要介绍前三个主要形式。

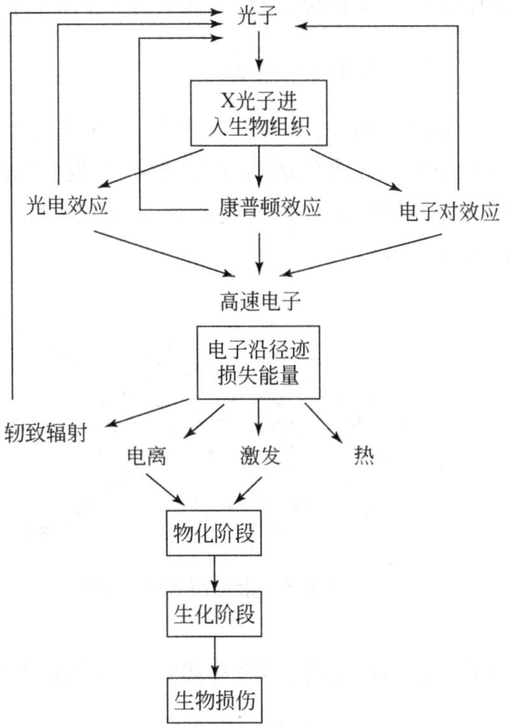

图 6-6　X 射线与生物组织相互作用的结果

(一)光电效应

能量为 $h\nu$ 的 X 射线通过物质时,X 光子与物质原子的内层电子发生相互作用,把全部能量传递给这个电子,获得能量的电子挣脱原子束缚成为自由电子(称为光电子),同时 X 光子本身消失。由于电子的脱出,原子的电子轨道出现一个空位,原子处于激发态,此空位很快被原子外层的某一个电子占据使原子回到基态,同时以发射特征 X 射线或俄歇电子的形式完成能量的转换。这个过程称为光电效应,如图 6-7 所示。

光电效应发生的概率与物质有关,与 X 光子的能量有关,大约与原子序数 Z 的三次方成正比、与光子能量 $h\nu$ 的三次方成反比。随着原子序数的增大,光电效应发生的概率迅速增大,也就是说,电子在原子中束缚得越紧,其参与光电效应的概率越大;而随着 X 光子能量的增加,其参与光电效应的概率迅速减小。

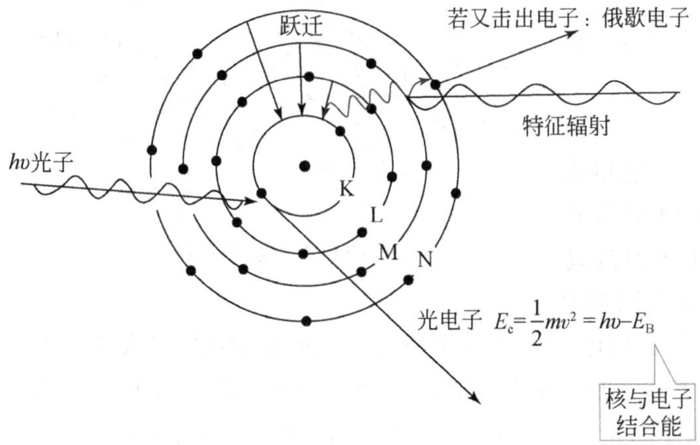

图 6-7　光电效应示意图

脱出的光电子具有一定的能量,它又在物质中与其他原子相互作用而损失能量。

在 X 射线诊断摄影中,与其他相互作用相比,光电效应占主要地位;诊断放射学中的光电效应有利有弊。

有利的方面是能产生质量好的影像,其原因有二:一是不产生散射线,大大减少了照片的灰雾;二是人体不同组织和造影剂对射线的吸收差别比较大,可以产生高对比度的 X 射线照片,对提高诊断的准确性有好处。钼靶乳腺 X 射线摄影,就是利用低能 X 射线在软组织中因光电吸收的明显差别产生高对比度照片的。

有害的方面是入射 X 射线通过光电效应可全部被人体吸收,同等影像效果的情况下,增加了受检者的剂量。从全面质量管理观点讲,应尽量减少每次 X 射线检查的剂量,为此,应设法减少光电效应的发生。光电效应发生概率与光子能量的三次方成反比,利用这个特性在实际工作中采用高千伏摄影技术，可以达到降低剂量的目的。

（二）康普顿效应

能量为 $h\nu$ 的 X 射线通过物质，X 光子与物质原子中的一个电子发生相互作用时，光子损失一部分能量并改变运动方向（形成宏观上的散射 X 射线），电子获得能量而脱离原子，这个过程称为康普顿效应。损失能量后的 X 光子称为散射光子，获得能量脱出的电子称为反冲电子，如图 6-8 所示。

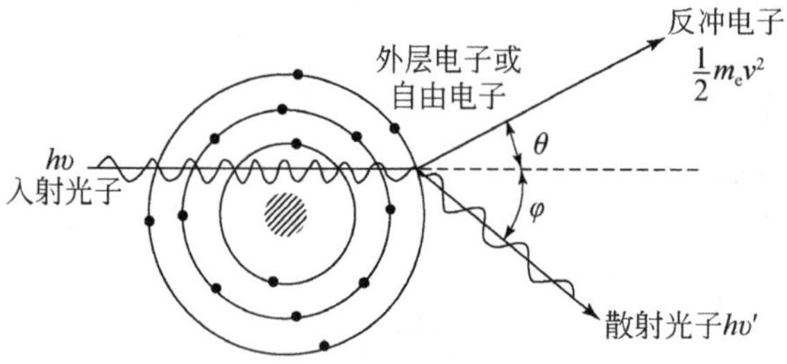

图 6-8 康普顿效应示意图

康普顿效应发生的概率与物质无关，与 X 光子能量 $h\nu$ 成反比。

康普顿效应中产生的散射线是辐射防护中必须引起注意的问题。在 X 射线诊断中，康普顿效应中产生的散射线的能量与原射线相差很少，并且比较对称地分布在整个空间，这个事实必须引起医生和技术人员的重视，并采取相应的防护措施。另外，散射线增加了照片的灰雾，降低了影像的对比度，但康普顿效应与光电效应相比，受检者需要接受的剂量较低。

（三）电子对效应

能量为 $h\nu$ 的 X 射线通过物质，当 X 光子距离原子核足够近时，在原子核库仑场的作用下，光子转为一对正负电子，此过程称为电子对效应，如图 6-9 所示。

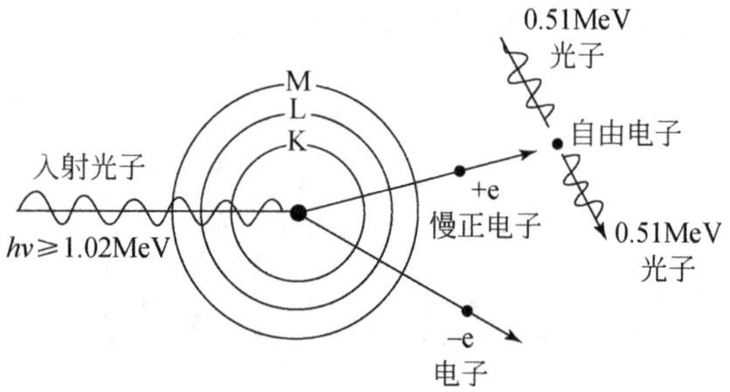

图 6-9 电子对效应

原子核质量大，它能获得的能量可忽略，因此可认为 X 光子的能量一部分转变为正负电子的静止质量 $2m_ec^2$，另一部分作为正、负电子的动能 E_+ 和 E_-

$$h\nu = E_+ + E_- + 2m_ec^2 \tag{6-9}$$

由式(6-9)知，只有当入射 X 光子能量大于 $2m_ec^2 = 0.02\text{MeV}$ 时，才能发生电子对效应。对一定能量的入射 X 光子，电子对的动能之和为常数，但单个电子的动能可以取 0 到 $(h\nu - m_ec^2)$ 的任意值。获得动能的正负电子在物质中通过电离或辐射的方式损失能量。当正电子停下来时，它和一个自由电子结合而转变为两个光子，此过程称为电子对湮没，湮没时放出的光子属于湮没辐射。根据能量守恒和动量守恒，两个光子的能量均为 0.51MeV，飞行方向正好相反。

电子对效应发生的概率与物质的原子序数成正比；当 X 光子能量较低时随光子能量增大而线性增加，当 X 光子能量较高时随光子能量增大而增加变慢。

(四)原子序数、光子能量与三种主要作用的关系

在 0.01～10MeV 这个最常见的 X 射线能量范围内,除少数例外,几乎所有效应都是由光电效应、康普顿效应及电子对效应这三种基本作用过程产生的。图 6-10 对范围很宽的入射 X 光子能量($h\nu$)和吸收物质原子序数(Z),简单明了地指出了这三种基本作用过程的相对范围。由图中曲线可见,在 X 射线能量较低时,除低 Z 物质以外的所有元素,都以光电效应为主;在 0.8～4MeV 时,无论原子序数大小,几乎全部作用都是康普顿效应;在大的 $h\nu$ 处则电子对效应占优势。

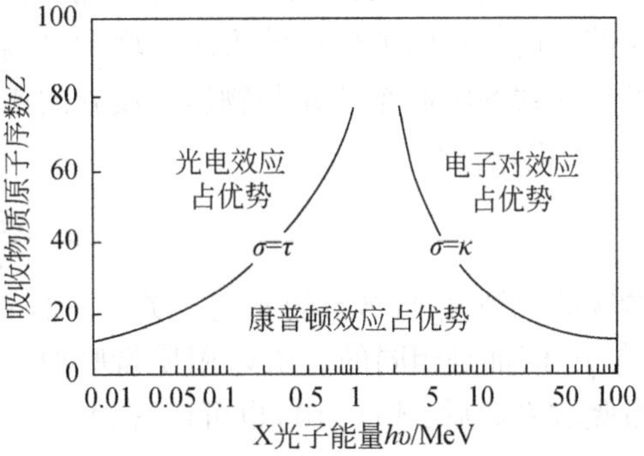

图 6-10　原子序数、X 光子能量与三种基本作用的关系

τ 为光电线性衰减系数,σ 为康普顿线性衰减系数,κ 为电子对线性衰减系数

二、X 射线在物质中衰减的基本规律

X 射线在其传播过程中的强度减弱,包括距离所致的衰减和物质所致的衰减两个方面。

距离所致的衰减称为扩散衰减。X 射线点源在向空间各方向辐射时,若不考虑物质的吸收,则与普通点光源一样,在半径不同球面上的 X 射线强度与距离(即球半径)的平方成反比,这一规律称为 X 射线强度衰减的平方反比定律。该定律只在真空中成立,但由空气引起的物质衰减很少,在一般摄影中可忽略不计,故在一般摄影中,可通过改变 X 射线管焦点到胶片的距离来调节 X 射线的强度。

物质所致的衰减称为吸收衰减或物质衰减。当 X 射线通过物质时,X 光子与物质中的原子发生光电效应、康普顿效应和电子对效应等,在此过程中散射和吸收使入射方向上的 X 射线强度减弱。

X 射线强度在物质中的衰减规律是 X 射线摄影、透视及 X-CT 检查的基本依据,同时也是屏蔽防护设计的理论根据。

(一)单能 X 射线在物质中的吸收规律

单能 X 射线在物质中的吸收规律可分为窄束和宽束两种情况来讨论。

1. 窄束 X 射线的吸收规律

(1)吸收规律:理论和实验均可证明,一窄束单色准直的 X 射线通过物质时,其强度 I 是随着深入物质的厚度 x 而按指数规律衰减的,即

$$I=I_0 e^{-\mu x} \tag{6-10}$$

式中 I_0 是入射 X 射线的强度,I 是通过物质厚度为 x 后的 X 射线的强度,μ 是该物质的线性吸收系数(linear absorption coefficient)。如果厚度的单位为 cm,则 μ 的单位为cm^{-1}。

由式(6-10)可以看出,μ 越大则 X 射线强度在物质中衰减越快、吸收本领越强,μ 越小则衰减越慢、吸收本领越弱。吸收系数 μ 是描述物质对 X 射线的吸收本领的物理量,原子序数越大

的物质,μ 越大;波长越长的 X 射线,μ 越大;物质的密度越大,μ 越大。

(2)质量吸收系数和质量厚度:对于同一种物质,线性吸收系数 μ 与其密度 ρ 成正比,因为同一种吸收体的密度越大,则单位体积内可能与 X 光子发生相互作用的原子数就越多,光子在通过单位路程时被吸收或散射的可能性增大,X 射线被吸收得也就越多。

我们定义线性吸收系数 μ 与物质密度 ρ 的比值为物质的质量吸收系数(mass absorption coefficient),记作 μ_m,即

$$\mu_m=\frac{\mu}{\rho} \tag{6-11}$$

质量吸收系数 μ_m 与物质的密度无关。一种物质,不论是液态、气态还是固态,虽然密度相差很大,但 μ_m 值都是相同的。所以用质量吸收系数可以比较不同物质对 X 射线的吸收本领。引入质量吸收系数后,式(6-10)也可以写为

$$I=I_0 e^{-\mu_m x_m} \tag{6-12}$$

式中 $x_m=x\rho$ 称为物质的质量厚度,它等于单位面积、厚度为 x 的吸收层的质量。x_m 的常用单位为 g/cm^2,μ_m 的相应单位为 cm^2/g。

(3)半值层:X 射线在物质中传播到强度被衰减一半时的厚度(或质量厚度),称为该种物质的半值层(half value layer)。由式(6-10)和式(6-12)可以得到半值层与吸收系数之间的关系式

$$x_{1/2}=\frac{\ln 2}{\mu}=\frac{0.693}{\mu} \tag{6-13}$$

$$x_{m1/2}=\frac{\ln 2}{\mu_m}=\frac{0.693}{\mu_m} \tag{6-14}$$

也可以用半值层来表示物质对 X 射线的吸收规律。只要将式(6-13)和式(6-14)分别代入式(6-10)和式(6-12)就可得到

$$I=I_0\left(\frac{1}{2}\right)^{\frac{x}{x_{1/2}}} \tag{6-15}$$

$$I=I_0\left(\frac{1}{2}\right)^{\frac{x_m}{x_{m1/2}}} \tag{6-16}$$

2. 宽束 X 射线的衰减规律 真正窄束的 X 射线实际上很少,大多为宽束射线。所谓宽束 X 射线是指含有散射线成分的 X 射线束。若把窄束改为宽束,则在通过物质的 X 射线中不但有未经互相作用的原射线光子,而且有在吸收物质中产生的散射线光子,结果射线的强度比窄束情况大。所以,线性衰减系数不再是一个常数,而是与吸收体的厚度、面积和形状,探测器和吸收体间的距离,以及光子的能量有关。显然,宽束 X 射线的衰减规律比较复杂,它可以在窄束衰减规律基础上加以修正,即

$$I=BI_0 e^{-\mu x} \tag{6-17}$$

式中 B 是积累因子,描述了散射光子对辐射衰减的影响,相对地反映了宽束与窄束的差别。对宽束而言,B 总是大于 1;在理想窄束条件下,$B=1$。

在屏蔽设计中,积累因子是一个重要的因素。若用窄束的衰减规律来处理宽束的问题,将会过高估计吸收体的衰减能力,对屏蔽是不安全的。

(二)连续 X 射线在物质中的衰减规律

窄束和宽束 X 射线的指数衰减规律只是对单能的 X 射线而言。一般情况下,X 射线是由

能量连续分布的光子组成的。当穿过一定厚度的物质时，各能量成分衰减的情况并不一样，不遵守单一的指数衰减规律，因此连续 X 射线的衰减规律比单能 X 射线复杂得多。理论上，连续能谱窄束 X 射线的衰减可由下式描述

$$I=I_1+I_2+\cdots+I_n=I_{01}e^{\mu_1 x}+I_{02}e^{\mu_2 x}+\cdots+I_{0n}e^{\mu_n x} \tag{6-18}$$

式中 $I_1,I_2,\cdots,I_n$ 表示各种能量 X 射线束的透过强度；$I_{01},I_{02},\cdots,I_{0n}$ 表示各种能量 X 射线束的入射强度；$\mu_1,\mu_2,\cdots,\mu_n$ 表示各种能量 X 射线束的线性吸收系数；x 为吸收物质层的厚度。

（三）X 射线在人体内的衰减

X 射线影像是人体的不同组织对射线不同衰减的结果，研究 X 射线在人体中的衰减规律，应首先了解人体各组织器官的元素构成、分布、密度及衰减系数等基本情况。

1. 人体的构成　人体骨骼由胶原蛋白和钙质组成，其中钙质（$Ca_3(PO_4)_2$、$CaCO_3$、$Mg_3(PO_4)_2$）占 50%~60%；软组织内水占 75%，蛋白质、脂肪及碳水化合物占 23%，其余 2% 是 K、Na、Cl、Fe 等元素。人体内除少量的钙、磷等中等原子序数的物质外，其余全由低原子序数物质组成。表 6-3 给出三种人体组织中所含元素及它们的质量百分比。

表 6-3　三种人体组织中所含元素及它们的质量百分比

元素	脂肪组织	肌肉	骨	水
H	11.21%	10.2%	7.8%	11.2%
C	57.31%	12.3%	25.4%	
N	1.11%	3.5%	2.5%	
O	30.31%	72.9%	37.8%	88.8%
Na		0.08%		
Mg		0.02%	6.4%	
P		0.2%	6.4%	
S	0.06%	0.5%	0.2%	
K		0.3%		
Ca			13.5%	

人体吸收 X 射线最多的是由 $Ca_3(PO_4)_2$ 组成的牙，吸收 X 射线最少的是充满气体的肺。

2. 人体组织的有效原子序数　描述物质对 X 射线的吸收本领的物理量线性吸收系数 μ 与物质的原子序数 Z 有关，人体组织是复合物质，讨论 X 射线在人体组织中的衰减时，就需要定义有效原子序数 $\overline{Z}$。所谓有效原子序数是指：若在相同照射条件下，1kg 复合物质与 1kg 单质所吸收的辐射能相同，则此单质的原子序数 Z 就称为复合物质的有效原子序数 $\overline{Z}$。在医用 X 射线的能量范围内，有效原子序数的计算公式为

$$\overline{Z}=\left(\sum a_i Z_i^{2.94}\right)^{\frac{1}{2.94}} \tag{6-19}$$

其中 a_i 为第 i 种元素在单位体积中电子数的占有比例，Z_i 为第 i 种元素的原子序数。

式(6-19)的近似公式为

$$\overline{Z}=\left(\frac{a_1Z_1^4+a_2Z_2^4+\cdots+a_nZ_n^4}{a_1Z_1+a_2Z_2+\cdots+a_nZ_n}\right)^{\frac{1}{3}} \tag{6-20}$$

其中 a_i 为第 i 种元素原子在分子中的原子个数，Z_i 为第 i 种元素的原子序数。

例如，氢原子在水分子中的个数为 2，氧原子的个数为 1，代入式(6-19)可得到占人体成分大部分的水的有效原子序数为

$$\overline{Z}_{水}=\left(\frac{2\times1^4+1\times8^4}{2\times1+1\times8}\right)^{\frac{1}{3}}=(410)^{\frac{1}{3}}=7.43 \tag{6-21}$$

3. X 射线通过人体的衰减规律 X 射线通过人体时，主要因为光电效应和康普顿效应两种作用形式而衰减，其衰减规律一般采用单能宽束 X 射线的指数衰减规律 $I=BI_0e^{-\mu x}$，式中 μ 为被检体的线性吸收系数。实验证明，当光电吸收为主时，被检体的线性吸收系数与 X 光子的波长 λ 的三次方成正比，与有效原子序数 $\overline{Z}$ 的四次方成正比，还与组织密度 ρ 成正比，即

$$\mu=K\lambda^3\,\overline{Z}^4\rho \tag{6-22}$$

式中 K 是一个比例系数。

人体各组织器官的密度、有效原子序数和厚度不同，对 X 射线的衰减程度各异，一般按骨骼、肌肉、脂肪和空气的顺序由大变小。表 6-4 列出人体不同组织的线性吸收系数。

表 6-4 人体不同组织的线性吸收系数 μ

管电压/kV	脂肪/($\times10^2$ m^{-1})	肌肉/($\times10^2$ m^{-1})	骨/($\times10^2$ m^{-1})
40	0.3393	0.4012	2.4434
50	0.2653	0.2933	1.4179
60	0.2196	0.2455	0.9677
70	0.2009	0.2213	0.7342
80	0.1905	0.2076	0.6047
90	0.1832	0.1994	0.5408
100	0.1801	0.1942	0.4865
110	0.1774	0.1906	0.4530
120	0.1755	0.1882	0.4298
130	0.1742	0.1864	0.4132
140	0.1732	0.1852	0.4010
150	0.1724	0.1842	0.3918

从式(6-22)，我们得出：

(1)原子序数愈大的物质，吸收本领愈大。人体肌肉组织的主要成分是 H、O、C 等，而骨骼的主要成分是 $Ca_3(PO_4)_2$，其中 Ca 和 P 的原子序数比肌肉组织中任何主要成分的原子序数都高，因此骨骼的线性吸收系数比肌肉组织的大，在 X 射线照片或透视荧光屏上显示出明显的阴影。铅的原子序数很高($Z=82$)，因此铅板和铅制品是应用最广泛的 X 射线防护用品。

(2)波长愈长的 X 射线，愈容易被吸收。这就是说，X 射线的波长愈短，贯穿本领愈大，即硬度愈大。因此，在浅部治疗时应使用较低的管电压，在深部治疗时则使用较高的管电压。

第三节　医用 X 射线成像技术原理

一、X 射线透视和摄影

（一）X 射线透视

X 射线透视术是用直接投射方法观察受检体的解剖学结构的影像技术。其基本原理是利用强度均匀的 X 射线照射人体，将穿过人体的透射 X 射线投射到荧光屏上，由于人体内不同组织和器官对 X 射线的吸收不同，因而透过的 X 射线强度不同，在荧光屏上引起的荧光作用就有较大差别，因而显示出不同密度的阴影，就是反映被照射部位解剖学结构的荧光图像。结合临床表现、化验结果和病理诊断，即可判断人体某一部分是否正常。X 射线透视技术是世界上最早应用的非创伤的内脏检查技术。

X 射线透视的优点是设备结构简单、造价低廉，操作快捷、费用低。不仅可以观察器官的形态，还可以观察器官的动态活动情况（如膈肌运动、心脏跳动、大血管搏动、胃肠道蠕动和排空等），是骨折检查、肺部检查、观察各种病灶损伤和体内异物、胃肠道造影检查和介入放射学采用的基本方法。

传统荧光屏常用硫化锌镉或碘化铯材料制成，其将 X 射线转化为可见光的效率仅为 5%~7%，因此图像暗淡细节模糊、透视检查时患者吸收 X 射线剂量大（是 X 射线摄影的十倍）、影像不能永久保留等是传统 X 射线透视的主要缺点。为了克服上述缺点，由影像增强器、光分配器和电视系统组成的 X 射线电视系统已经逐步取代传统的荧光屏透视。

（二）X 射线摄影

X 射线摄影是用直接投射方法拍摄记录受检体的解剖学结构的影像技术。其基本原理与 X 射线透视一样，是利用人体内不同组织对 X 射线的差别吸收来反映被照射部位解剖学结构的医学影像技术。

早期的 X 射线摄影是用强度均匀的 X 射线照射人体，将穿过人体的透射 X 射线投射到感光胶片上，因为不同强度的透视线在胶片上不同位置产生的感光点密度不同，经显像后便形成一幅反映被照射部位解剖学结构的图像，就像伦琴所获得的第一张人体 X 射线影像一样，这样的图像称作模拟图像，而现代医学影像获得的大多是数字图像。

一幅图像在数学上可以用一个函数 $I(x,y)$ 来描述，其中 (x,y) 表示二维空间中一个坐标点的位置，I 为图像在点 (x,y) 的关于光强的某种性质的数值，如对于 X 射线影像这样的灰度图，I 表示灰度值。

模拟 X 射线影像上的灰度是空间位置的连续函数，图像内的空间位置也是可以连续变化的。

随着计算机技术在医学影像上的应用和现代测量技术的发展，出现了数字图像。将一幅模拟图像的坐标空间和性质空间都离散化，即将图像分解成有限个（例如 mn 个）被称为像素的小区域，每个像素中的灰度平均值用一个整数来表示，也就是说，I、x、y 的值都是整数，这就是数字图像。一幅数字图像所有像素的阵列称为图像矩阵，这个矩阵是一个整数数值的二维数组。当图像视野确定后,图像矩阵的大小就决定了图像的空间分辨率(spatial resolution),矩阵越大,像素的数量越多,像素的尺寸越小,可以观察到的图像细节就越多,图像的空间分辨率越高,反之则反。

计算机X射线摄影系统,使常规X射线摄影的模拟信息直接转换为数字信息,可采用计算机技术,实施各种图像后处理(post-processing)功能,只需要一次曝光就能捕捉到多层次的影像信息来满足诊断的要求、能够增加显示信息的层次、在曝光量不足或过量时能在一定程度上较好显示图像,避免X射线摄影参数选择不当而导致重拍、可通过窗宽窗位的调整和边缘增强等技术改善影像质量,从而提高图像的分辨、显示能力,减少被检者X射线接受剂量。此外,还可通过磁盘保存图像,避免了传统照片保存时间长而使影像质量下降,便于照片的打印及网上传输、会诊、资源共享。

普通X射线摄影设备的优点是结构简单,造价低廉,操作方便,其位置分辨能力和对比分辨能力都优于X射线透视,是使用率较高的一项常规影像检查手段。普通X射线摄影的主要缺点是使用简单的投影方法造成各层信息重叠、影像模糊,尤其是对于厚度大的脏器和对比度低的软组织成像效果较差。

在临床上,利用X射线摄影可以清楚地观察到骨折的程度、体内肿瘤的位置和大小、脏器形状及断定体内异物的位置等。

二、特殊X射线影像

在普通X射线摄影的基础上,利用某种特殊装置或者特殊方法使人体的某一器官或组织显示出普通X射线摄影所不能显示的图像,即为特殊X射线摄影。

1. 软X射线影像 人体各种组织器官对通过它的X射线的衰减不同是形成X射线影像的基础。软X射线是低能X射线,是管电压在20~40kV条件下产生的X射线。软X射线与物质相互作用时物质对X射线的吸收衰减以光电效应为主,光电效应发生概率与吸收物质有效原子序数的四次方成正比。对于密度相差不大但有效原子序数存在微小差别的物质,光电效应发生概率有较大的不同,因而对X射线的吸收、衰减就有明显差别,可以形成对比良好的X射线影像。从表6-5中可以看出,肌肉、脂肪的密度和有效原子序数都相差不多,若采用普通X射线拍摄,图像对比度会很低,看不出区别。但由于光电效应的发生概率与吸收物质的有效原子序数的四次方成正比,采用软X射线摄像,肌肉吸收的软X射线几乎是脂肪的2.5倍,使密度相差无几的肌肉和脂肪组织的对比度大大提高,各组织的影像有更明显的区别。

表6-5 人体部分组织的物理性能

物质	密度/(kg/m³)	有效原子序数	每立方米电子数
空气	1.29	7.64	0.0039×10^{29}
水	1×10^{3}	7.42	3.34×10^{29}
肌肉	1×10^{3}	7.42	3.36×10^{29}
脂肪	0.91×10^{3}	5.92~6.46	3.04×10^{29}~3.17×10^{29}
骨	1.65×10^{3}~1.85×10^{3}	11.6~13.8	5.25×10^{29}~5.43×10^{29}

目前低电压(约 25kV)的钼靶 X 射线管专供软组织特别是乳腺摄影之用,对于乳房的腺体组织、结缔组织、脂肪、血管等细微组织结构及乳腺的其他疾病甚至肿瘤的边缘都有较清晰的显示,为乳腺的良性病变和乳腺癌的早期诊断及普查提供了有力的工具。

2. 高千伏 X 射线影像　使用高于 120kV 的管电压所产生的 X 射线进行的摄影称为高千伏 X 射线摄影。

120kV 以上管电压产生的 X 射线是高能 X 射线,与物质发生作用时以康普顿效应为主,由于康普顿效应发生的概率与有效原子序数无关,由此产生的骨骼影像密度与软组织及气体的影像密度相差不大,即使相互重叠,也不至于为骨骼所遮盖,从而使与骨骼相重叠的软组织或骨骼本身的细小结构及含气的管腔等变得易于观察。

三、X 射线造影

用一般的 X 射线检查方法只能使人体中那些由于天然的物质密度不同而对 X 射线有明显吸收差别的结构呈现出光密度明显不同的影像。人体中的肺组织含有大量的气体,密度小,对 X 射线的吸收系数小,而含钙盐的骨骼密度最大,对 X 射线的吸收系数最大,所以肺和骨骼与任何其他结构都具有明显的吸收差别,在一般的 X 射线中能清楚显影。人体中有很多重要结构和器官由软组织组成,周围也为软组织结构所环绕,它们之间的物质密度大致相同,或仅有细微的差别,因此普通 X 射线检查不能使其显影,而一些特殊器官如心脏、血管、胃、肠道、肾和胆囊呈腔管状,中间充填着与组织密度相差不大的物质,为了达到 X 射线诊断效果,扩大 X 射线的诊断范围,常常借助于人工造影形成人工对比度。将某种对比剂引入欲检查的腔状器官内或器官周围,使该器官与周围组织的 X 射线影像密度差增大,就能更好地区分该器官的形态和功能,这种方法称为 X 射线造影。

对比剂可分为阳性对比剂和阴性对比剂两类,阳性对比剂的有效原子序数大,物质密度高,对 X 射线吸收很强,如各种钡剂和碘剂;阴性对比剂的有效原子系数小,物质密度低,对 X 射线吸收很差,如空气、氧气、二氧化碳及氧化亚氮等。例如,在检查消化道时,让受检者吞服吸收系数很高的"钡盐"(即硫酸钡),使它陆续通过食管和胃肠,并同时进行 X 射线透视或摄影,就可以把这些脏器显示出来;在做关节检查时,可以在关节腔内注入密度很小的空气,然后用 X 射线透视或摄影,从而显示出关节周围的结构。图 6-11 给出了食道的造影 X 线片和普通 X 线片。

X 射线造影检查的应用扩大了 X 射线检查的范围和价值,但是 X 射线造影检查程序比较复杂,耗费的时间较长,需要专门的造影剂与设备,被检查者有一定的痛苦和危险。

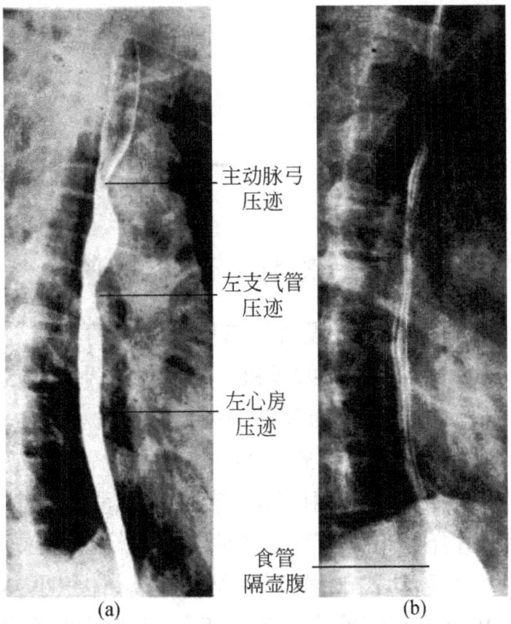

图 6-11　食道的造影 X 线片(a)和普通 X 线片(b)

四、数字减影血管造影

数字减影血管造影(digital substraction angiography,DSA)是20世纪80年代兴起的一项基于数字图像处理的X射线成像技术。在通常血管造影的过程中,运用数字计算机工具,取人体同一部位两帧不同的数字影像,进行相减处理,消去两帧影像的相同部分,得到造影剂充盈的血管影像。

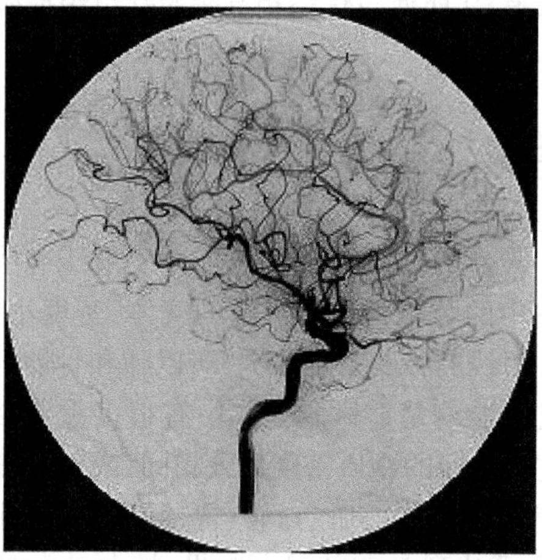

图6-12 颈部和大脑血管DSA图像

这种技术开始于血管系统的研究。为了研究血管系统的状态,通常在血管内注入造影剂,但影像中的血管影像会与其他各种组织结构的影像重叠在一起,不利于辨别。为此,设想了减影的方法,在注入造影剂之前,首先进行第一次成像,称为"原像"或"本底图像",并用计算机将图像转换成数字信号储存起来;注入造影剂后,再次成像并转换成数字信号,称为"造影像";然后将两次数字信号对应地一一相减,消除相同的信号,即从造影像中减去原像,使充盈造影剂的血管图像保留下来,而骨骼等无关组织的影像则被减影除去,从而得到一个只有造影剂的实时血管图像。

如图6-12所示是颈部和大脑血管DSA图像。理论上,如果两帧影像的拍摄条件完全相同,则处理后的影像将只剩下造影血管,其余组织结构的影像将被全部消除。这种图像较以往所用的常规脑血管造影所显示的图像更清晰和直观,一些精细的血管结构亦能显示出来,是一种理想的非损伤性血管造影检查技术。

第四节 医用X射线设备

一、医用X射线设备的分类与功能

(一)医用X射线设备的分类

医用X射线设备按其使用目的的不同分为诊断用和治疗用两大类。

1. 诊断用X射线机 指利用X射线透过人体所形成的各种影像对患者进行诊断的X射线机。它又可分为多种类型。

(1)按结构形式分类

1)便携式X射线机:结构简单,重量轻,装卸方便,整机机件可分别装于手提箱或背包内携带,适合院外做流动性临时检查。

2)移动式X射线机:结构紧凑,体积小,X射线发生装置和应用设施紧凑地组装在机座上,其机座置有滚轮或装有电瓶车,人力或电力驱动,移动方便。它能在病房内做流动性床边透视和摄影检查,如配有影像增强器和X射线电视,可进行监视和介入性治疗。

3)固定式 X 射线机:机件多而重,结构复杂,需固定在专用机房内使用。这类机器对供电电源、机房、安装、调试等都有严格要求。

(2)按输出功率分类:输出功率是指 X 射线管的标称功率,如 10kW、20kW、50kW 等。在我国通常以 X 射线管允许通过的最大管电流的大小分类。

1)小型机:最大管电流在 100mA 以下的 X 射线机。

2)中型机:最大管电流在 200 ~ 500mA 的 X 射线机。

3)大型机:最大管电流在 500mA 以上的 X 射线机。

(3)按使用范围分类

1)综合性 X 射线机:具有透视和摄影等各种功能,适合做多种疾病和部位检查的 X 射线机。

2)专用 X 射线机:为适应某些专科疾患检查的 X 射线机,如牙科 X 射线机、乳腺摄影 X 射线机、心血管造影 X 射线机等。

2. 治疗用 X 射线机　指根据 X 射线的生物效应,对疾患进行治疗的 X 射线机。按其用途可分为三类。

1)接触治疗机:主要用于治疗皮肤表面或体腔浅层的疾患。

2)表层治疗机:主要用于较大面积的皮肤或浅层疾患的治疗。

3)深部治疗机:主要用于组织深部疾患的治疗。

(二)诊断用 X 射线机的功能

诊断用 X 射线机,因其结构、输出功率不同而功能各异。现以中型机为例,简述其具有的各项功能。

1. X 射线透视　指利用 X 射线具有穿透作用和荧光作用这两大特性,借助荧光屏而实现的一类诊断方法。

(1)普通透视:利用人体不同组织间的密度差异,或正常组织与病变组织间的形态差异,形成密度(或亮度)对比的影像而进行诊断的方法。

(2)胃肠钡剂透视:由于消化道组织间缺乏密度差异,普通透视不易发现疾患,故需口服能吸收 X 射线的硫酸钡,方能形成具有明显对比的影像,以对疾患作出诊断。

2. X 射线摄影　指借助 X 射线机各种摄影装置将被检部位的影像记录在 X 射线胶片上而进行诊断的一类方法。

(1)普通摄影:X 射线透过人体直接照射到装有 X 射线胶片的暗盒上,使胶片感光而形成影像的摄影方法。

(2)滤线器摄影:为了提高影像清晰度而采取的一种摄影措施。X 射线穿过人体时,其中一部分因人体组织的作用而产生一些方向不一、波长较长的 X 射线,称为散射线或二次射线。这些散射线也会使胶片感光,造成影像模糊不清,对比度下降。为了消除这种影响,在 X 射线机结构上设计了滤线装置,称滤线器。在普通 X 射线摄影中,根据需要增设滤线器的方法,即滤线器摄影。

3. 胃肠摄影　又称点片摄影,是专为显示消化道影像而采用的一种摄影方式。

4. 体层摄影　也称断层摄影,是专为摄取人体内部某一断面结构上的影像所采用的一种摄影方式。因为在上述前三种摄影方式中,人体组织投影相互重叠,所形成的影像必然是组织重叠在一起的复合影像,这种影像会使某些具有诊断意义的病变显示不清,造成诊断上的困难。

为消减这一弊端带来的影响,可采用体层摄影方式。

二、医用 X 射线设备的结构

(一)X 射线机的基本构成

X 射线是由高速运动的电子束撞击物质而突然受阻时产生的。如前所述,要产生 X 射线需具备以下条件:有高速运动的电子流、有能承受高速电子撞击的阻挡物、为获得高速电子流而应有的高真空和高电压。

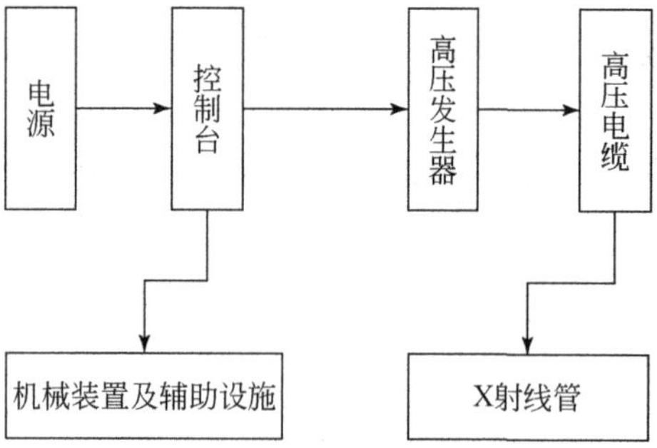

图 6-13 X 射线机基本结构框

医用 X 射线机就是根据 X 射线产生的必备条件,结合医学临床诊断和治疗的需要设计制造的一种把电能转换为 X 射线能的综合性医疗仪器。其型号不同,结构差异会很大,但其基本构成都可分为 X 射线发生装置和辅助设施两大部分,如图 6-13所示。

1. X 射线发生装置 指完成 X 射线产生并对其进行控制的装置。它由 4 个部件组成,分别为控制台、高压发生器、X 射线管和高压电缆。

(1)控制台:控制 X 射线的输出时间,调节 X 射线的质和量,并对其进行指示的装置。X 射线机的主机部分,以实现 X 射线管在透视和摄影过程中的管电压、管电流和曝光时间三个基本参量的控制为主要目的,称为三钮制控制阶段。所使用的主要元件为多位多层选择开关、通用继电器和接触器。1950 ~ 1960 年,随着 X 射线机技术的发展,出现了二钮制控制主机系统,即在 X 射线摄影前只预选 kV 值和 X 射线总辐射量值(mA · s)。20 世纪 70 年代以后出现了单钮控制主机系统,在摄影操作过程中,只需选定 kV 值,即可在 X 射线管允许的最大容量范围内曝光。后来,由于计算机技术在 X 射线机领域的应用及采用自动曝光控制系统,又出现了零钮制控制主机系统,按人体脏器分类,设置部位按钮,曝光参数自动选定,操作进一步简化。目前,为了摄影条件搭配的灵活性需要,三钮制仍然普遍使用。

(2)高压发生器:为 X 射线管提供直流高压的装置。由于电路结构的需要,为 X 射线管灯丝提供加热电流的 X 射线管灯丝变压器也设置在高压发生器中。高压发生器是 X 射线机主机系统的重要组成部分。它的作用:一是将由自耦变压器输入的初级交流低电压升高数百倍,再经整流后输出,为 X 射线管两极提供直流高压;二是将初级电路输入的交流电压降压后输出,为 X 射线管灯丝提供加热电流;三是完成管电压、灯丝加热电流在不同负载间的切换。由上述可知,它应包括下列元件:高压变压器、灯丝变压器、高压整流器、高压交换闸等。

1)高压变压器:X 射线机的高压变压器的工作原理与普通变压器一样,但由于运行状态较为特殊,在构造上也有其固有的特点。图 6-14 为高压变压器结构示意图。

(a)铁芯:多采用闭合式的导磁体,一般用 0. 35mm 厚的热轧硅钢片(D41 ~ D43)或冷轧硅钢片(D310 ~ D340)冲压成不同宽度的矩形片叠成阶梯形状。为了减少涡流损失,每片表面涂上一层很薄的绝缘漆。为了减少叠片接合处的磁隙,采取交叉叠片方法以消除明显接合缝隙,最后嵌成闭合“口”字形或“日”字形。为了使铁芯压紧减少漏磁,多用扁铁或角钢夹持,并用螺

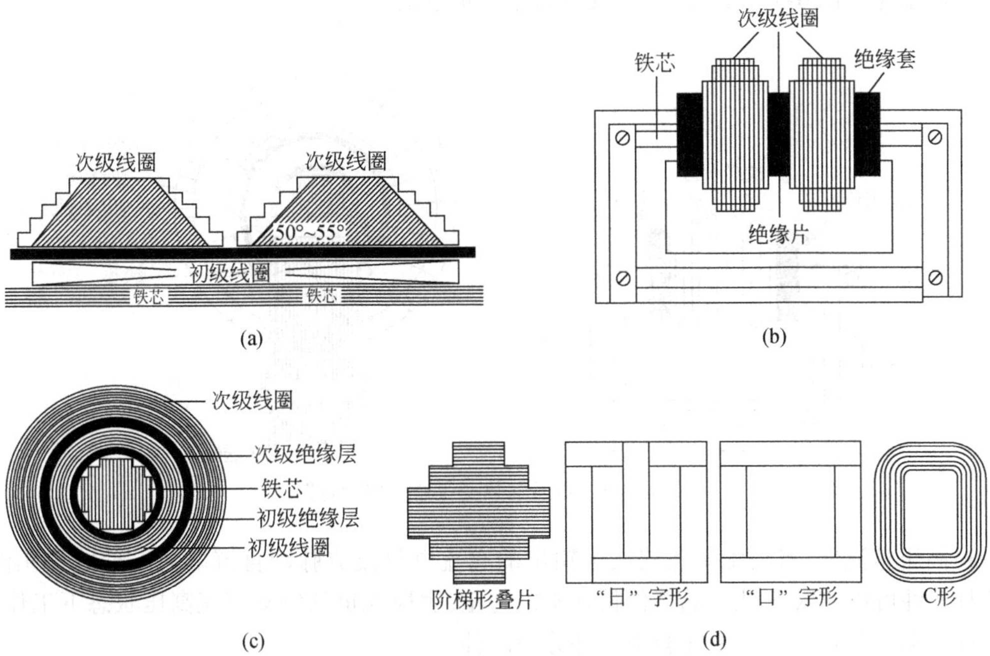

图 6-14　高压变压器结构示意图

栓紧固。

(b)初级绕组：由变压器的原理可知，高压变压器的初级绕组通过的电流强度很大。中型以上诊断 X 射线机在摄影时可达百余安培，但其电压不高，故其绝缘要求不十分严格，一般有 0.1～0.2mm 的电容器纸衬垫绝缘即可，但要用较粗的纱包线或玻璃丝包的扁铜线。有的初级绕成 2 个绕组，串联或并联使用。但两线圈的接线方向不能接错，否则因磁通反向抵消而无输出。

(c)次级绕组：高压变压器次级通过的电流强度较小，一般在 1000mA 以下，故多采用直径较小的油性或高强度漆包线绕制。又因为次级电压很高，其总匝数在数万到数十万之间，多绕成匝数相同的 2 个绕组，套在初级绕组上。初次级之间必须有良好的绝缘。为提高层间的绝缘强度，需衬垫数层电容器纸。

(d)高压次级中心点接地：诊断用 X 射线机的高压变压器一般都采用 2 个线圈、中心点接地方式，这样可使高压变压器的绝缘要求降低一半。高压次级中心点接地后就获得与地相同的零电势，因此次级两输出端的任何一端对中心点的电压等于两输出端间电压的一半。同时由于中心点是零电势，就可以把指示管电流的电流表(一般以毫安作为电流强度的单位，故又称毫安表)接在中心点处，安装在控制台上使控制台免受高压袭击，保证工作人员安全。为了防止毫安表断路而使中心点电势升高，设有保护装置，其方法有两种：其一为在两个中心点接线柱上并联一对放电针或一个纸质电容器；其二为在中心点接线柱上并联一只放电管。这样中心点电势升高时，以上保护装置导通，接通对地回路，起到保护作用。

2)灯丝变压器：X 射线管的灯丝电流的电流强度一般为 4～8A，灯丝电压为 5～20V，故灯丝变压器为100～150W 的降压变压器。X 射线管灯丝变压器的初级输入电压在小型机中多直接采用自耦变压器供给，而中型以上还需经过磁饱和稳压器稳压，初级电压多为 220V。主要特点是其次级绕组与高压变压器次级的一端相连，在工作时带有高电势，因此初、次级线圈间应具有良好的绝缘。图 6-15 为灯丝加热变压器结构示意图。

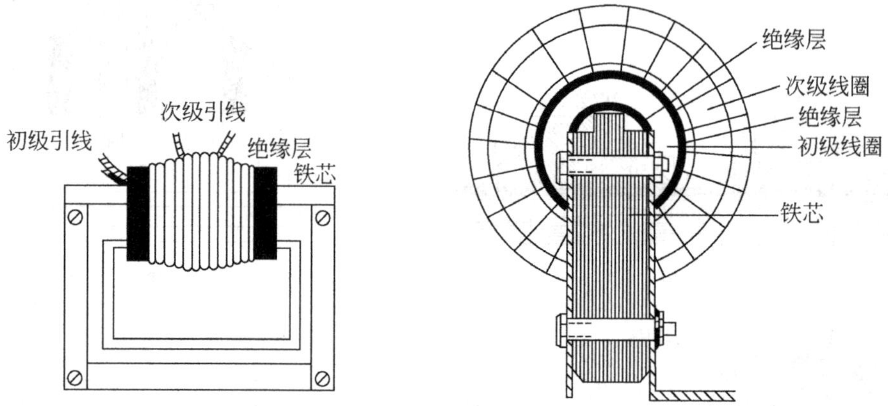

图 6-15　灯丝加热变压器结构示意图

3）高压整流器：将高压变压器次级输出的交流电整流成脉动直流电的一种电子元件。利用这种元件可以使 X 射线管始终保持在阳极为正、阴极为负的脉动直流高压状态下工作，可充分发挥 X 射线管的效率。高压整流元件分为两种。

（a）高压真空整流管：常称高压整流管。高压整流管的结构与工作原理同 X 射线管基本相似，即有一个能加热而发射电子的阴极，有一个接收电子的传导电流的阳极面，并且管内具有高度真空，如图 6-16 所示。高压整流管具有一般二极管的单向导电特性。

（b）高压硅整流器：常称高压硅堆。使用高压真空整流管时，灯丝需要加热，消耗一定电能，同时压降也大，还需要灯丝变压器，占体积较大。故目前已用高压硅堆取代了高压真空整流管，它具有体积小、机械强度高、绝缘性高、寿命长、性能稳定、压降小、无需灯丝加热等优点，从而可简化电路，并缩小高压发生装置的体积，如图 6-17 所示。它由许多单晶硅做成的二极管用银丝串联而成，外壳一般用环氧树脂密封。由于硅和环氧树脂的热膨胀系数差别很大，考虑到耐压，每个硅堆首先用硅胶加以密封，然后充填环氧树脂。

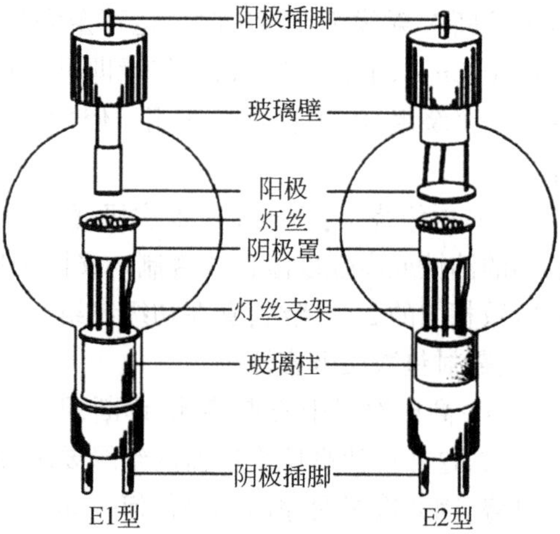

图 6-16　高压真空整流管

4）高压交换闸：在较大功率的诊断用 X 射线机上，多配有 2 个或 2 个以上的 X 射线管，以适应一机多用的需要。但由于几个 X 射线管共用一个高压发生器，而各 X 射线管又不能同时工作，所以高压变压器产生的高压必须经过切换装置送到不同用途的 X 射线管上，这种切换装置称高压交换闸。它除了把高压输出到各个 X 射线管外，还将高压发生器内 X 射线管灯丝变压器的加热电流同时输送到相对应的 X 射线管。目前高压交换闸多为电磁接触器式，其结构包括铁芯、吸合线圈、衔铁和带有触点的高压绝缘臂。其工作原理与普通接触器相同。

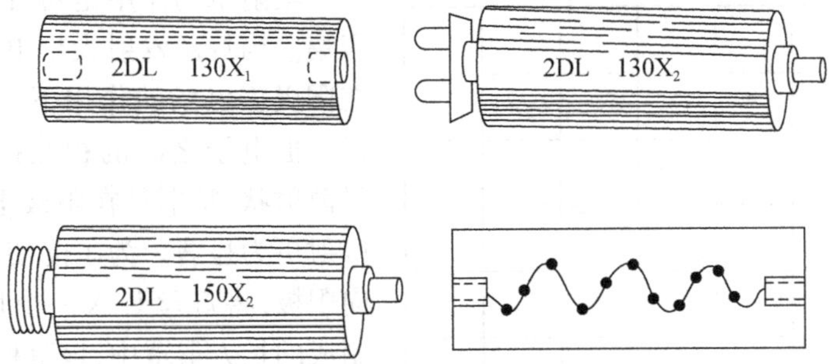

图 6-17 高压硅整流器

(3)X 射线管:将电能转换为 X 射线能的关键部件,由 X 射线球管和管套组成。

1)X 射线管的基本结构:X 射线管是一个高度真空的热阴极二极管,是 X 射线成像设备的能量源,其可谓是 X 射线机的心脏,是产生 X 射线的关键部件。随着科技发展及使用要求的不同,其外观和内部结构都有很大差异,但其基本原理相同,高速电子所携带的能量,在遭到急剧阻挡后,大部分转变为热能,很小的一部分转变为 X 射线。产生 X 射线的实质是能量转换。

X 射线管主要由阴极、阳极组成的管芯和玻璃管套组成,图 6-18 是 X 射线管的基本结构示意图。

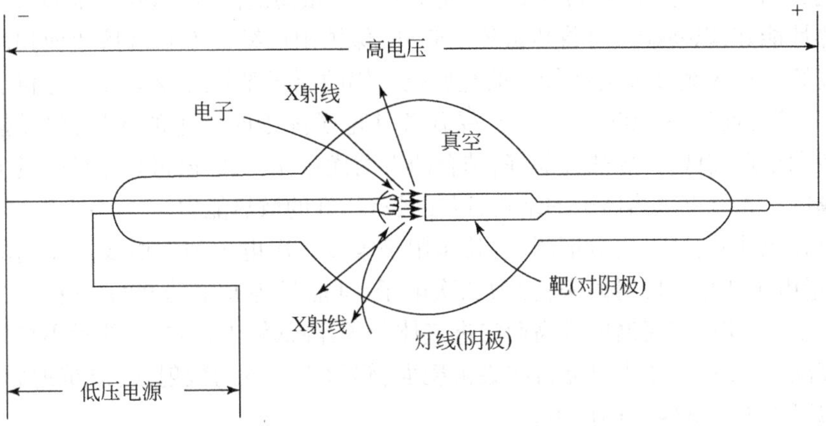

图 6-18 X 射线管基本结构示意图

(a)阴极:为电子源,是 X 射线管的负极,其作用是发射热电子和聚焦,即按需要提供足额数量的电子,经聚焦加速后撞击阳极而产生 X 射线,并使打在靶面上的电子束具有一定的形状和大小,形成 X 射线球管的焦点。阴极由灯丝和集射罩组成。

灯丝多用高熔点的钨丝绕制而成,其作用是发射电子。灯丝通电后,灯丝加热,温度逐渐上升至一定值后开始发射电子,即钨原子的轨道电子脱离原子核的束缚而逸出灯丝表面,形成包绕灯丝的电子云。发射电子的能力与灯丝温度(或灯丝消耗的功率)密切相关,即灯丝电压愈高,灯丝温度便愈高,每秒钟蒸发出的电子数目就愈多。根据 $W=I^2R$(W 为灯丝消耗的功率,I 为灯丝电流强度,R 为灯丝电阻),$R=\frac{\rho L}{S}$(ρ 为灯丝电阻率,L 为长度,S 为灯丝截面积),灯丝的电流密度(单位截面积上的电流强度)与温度之间的关系如图 6-19 所示。当在阴极和阳极之间接通高电压(阴极为负,阳极为正)时,在强电场的作用下,蒸发电子奔向阳极便形成管电流,管电流以毫安(mA)为单位。

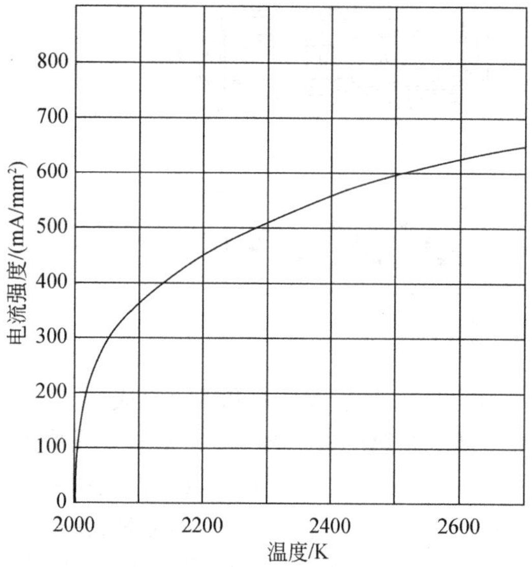

图 6-19 灯丝的电流强度与温度之间的关系

集射罩的作用是对灯丝发射的电子进行聚集。当灯丝发射大量电子后，接通高压时，在阳极正电场的作用下，电子将高速飞向阳极。但电子之间的相互排斥作用，致使电子呈散射状，特别是在阳极电压较低的情况下，散射更为显著。为了能使电子集中成束状飞向阳极，将灯丝装入一个用镍或铁镍合金等制成的长方形罩中，该罩称集射罩。

(b)阳极：又称阳极靶面，是 X 射线管的正极，其作用是产生 X 射线、散热、吸收二次电子和散射线，它能使高速电子突然受阻而产生 X 射线。阳极通常由靶面、散热体和阳极罩组成。

通常是将阳极靶面焊接在实心或空心铜材料圆柱体上。采用这种结构是因为从阴极飞来的高速电子的 99% 以上的能量都在阳极转变为热能，只有 1% 左右转换为 X 射线，使阳极产生很高的温升，这就要求阳极材料既要耐高温又要散热性能好，以便能及时将热量传出管外，保护阳极靶面不致因熔化而损坏。故靶面材料多选用高熔点且 X 射线发射率较高的金属钨。钨的原子序数高($Z=74$)，有利于提高 X 射线产生的效率；其熔点高(3370℃)，可以经受住高速电子撞击时产生的热量；但导热性能差。铜的原子序数和熔点较低，但导热性能好，结合两者的优点，故一般通过真空熔焊的方法将阳极制成钨靶面镶嵌在无氧铜散热体上的结构，以便具有良好的散热能力。

阳极罩在靶外面，也由无氧铜制成，其作用是吸收二次电子和散射线。高速电子轰击靶面时，会有少量电子从靶面反射回来，称为二次电子，其能量为原来的 90% 左右。二次电子若轰击在玻璃壳上，会使玻璃壳温度升高而渗进气体分子，降低管内真空度，热量不均匀时甚至会使玻璃壳击穿漏气；二次电子也可能再次轰击靶面，辐射出大量的散射线，严重地影响成像质量。加设阳极罩可以大大减轻上述危害。

(c)玻璃管套：用来支撑阴阳两极和保持管内真空度。对管套的要求比较严格，常采用硬质玻璃制成。玻璃管套具有耐高温、不漏气、绝缘性好及对 X 射线吸收较少等特性。它多用耐高温、绝缘强度高、膨胀系数小的钼玻璃制成。

2)X 射线管的工作原理：X 射线管包含阳极和阴极两个电极，分别是接受电子轰击的靶和发射电子的灯丝。两极均被密封在高真空的玻璃或陶瓷外壳内。X 射线管供电部分至少包含一个使灯丝加热的低压电源和一个给两极施加高电压的高压发生器。钨丝通过足够的电流使其产生电子云，且有足够的电压(千伏等级)加在阳极和阴极间，使得电子云被拉往阳极。此时电子以高能高速的状态撞击钨靶，高速电子到达靶面，运动突然受到阻止，其动能的一小部分便转化为辐射能，以 X 射线的形式放出，以这种形式产生的辐射称为轫致辐射。改变灯丝电流的大小可以改变灯丝的温度和电子的发射量，从而改变管电流和 X 射线强度的大小。改变 X 射线管激发电势或选用不同的靶材料可以改变入射 X 射线的能量或在不同能量处的强度。

3)焦点：分为实际焦点和有效焦点。X 射线球管的焦点电子轰击在靶面上的面积称为实际焦点(actual focus)。实际焦点在X射线投照方向上的投影称有效焦点(effective focus)。设靶面与X射线投照方向的夹角为θ,实际焦点的长度为b,宽度为a,那么它在θ方向上的投影宽度不变,长度为$b\sin\theta$,因此有效焦点为$ab\sin\theta$。当投照方向与X射线管轴相垂直时,θ称为靶角或阳极倾角。两个焦点的关系如图6-20所示。

实际焦点的大小直接影响X射线管的散热和影像的清晰度。实际焦点越大,对散热越有利,但有效焦点也增大,必然影响在胶片上所形成影像的清晰度。所以,两方面的情况都要考虑,大多数诊断X射线管的靶倾角在6°~7°变化。有效焦点与成像质量有密切联系。有效焦点尺寸越小,影像清晰度越高。由图6-21可以看出,当有效焦点为点光源时,胶片上的影像界限分明,清晰度高;当有效焦点具有一定尺寸时,胶片上的影像边界产生了半影,边缘模糊,清晰度降低。

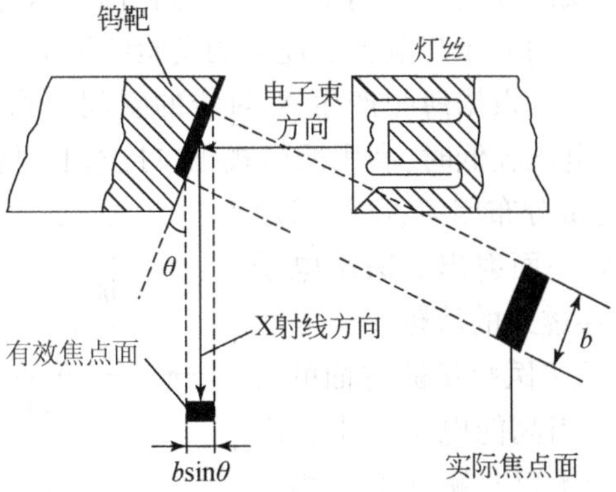

图6-20　阳极靶面的有效焦点与实际焦点

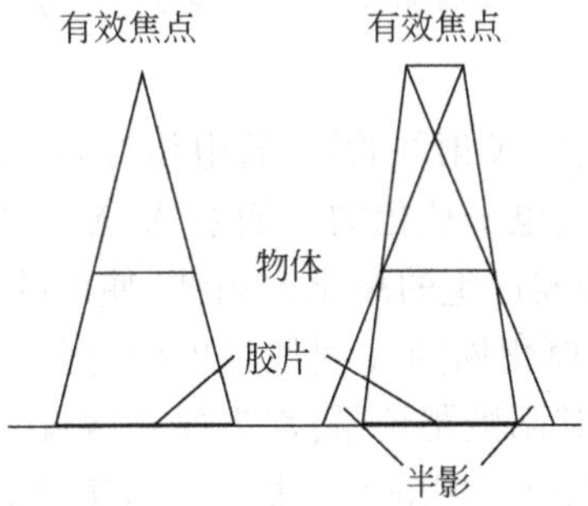

图6-21　焦点尺寸与影像的关系

有效焦点的大小与X射线球管的电流强度(管电流)和电压(管电压)有关。在管电流一定的条件下,管电压越高,电子间排斥力相对电场力的作用变小,所以有效焦点尺寸略有减小;在管电压一定的条件下,尤其在低压时,管电流增大,电子间的排斥力增大,有效焦点尺寸将明显增加,这种现象称为焦点增涨。所以在测量有效焦点时,既要规定与管轴垂直的投影方向,还应规定相应的管电流和管电压值,一般取管电流最大值的50%,管电压为75kV作为测量条件。

4)X射线强度的空间分布:从X射线管上产生的X射线,在空间各个方向上的分布是不均匀的,即在不同的方位角上的辐射强度是不同的,这种不均匀的分布称为X射线强度的空间分布或辐射场的角分布。X射线强度的空间分布主要受入射电子的能量、靶物质(原子序数)及靶厚度影响。

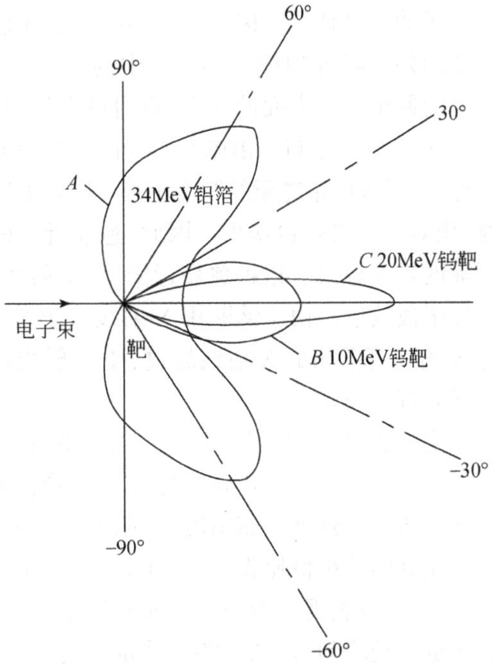

图6-22　X射线强度的角度分析

(a)薄靶周围X射线强度的空间分布:薄靶产生的X射线在周围空间的分布情况如图6-22

所示。在不同角度上的矢径长度代表在该方向上的X射线强度，即从电子束入射的靶点 O 到各曲线的长度，表示X射线在该方向上的强度。从图6-22中可见，低能电子束冲击薄靶产生的X射线强度分布，主要集中在与电子束垂直的方向上，沿着电子束方向上X射线强度相对较小；高能电子束冲击薄靶时产生的X射线集中向前方，X射线束变窄。图6-22为X射线强度分布的剖面图，若以电子束入射方向为轴旋转一周，可得X射线强度在空间的角分布的立体图。

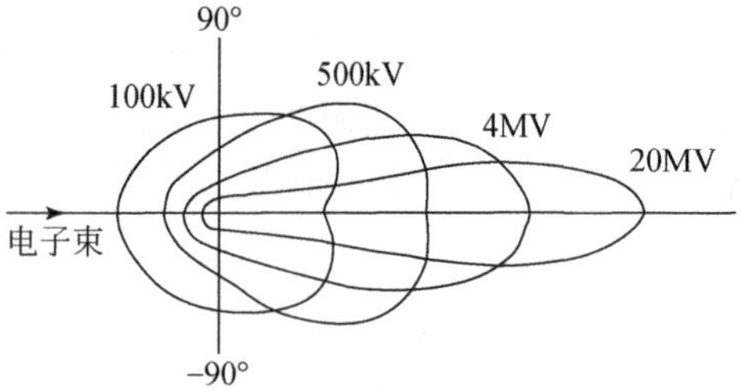

图6-23　薄靶周围X射线强度的角分布

图6-23表示一薄靶在不同管电压下产生的X射线强度在靶周围分布的变化情况。工作电压在100kV左右时，X射线在各方向上强度基本相等。当管电压升高时，X射线最大强度方向逐渐趋向电子束的入射方向，其他方向的强度相对减弱，X射线的强度分布趋于集中。这种高能X射线强度的空间分布与电子加速器的实验结果基本一致。

根据薄靶产生X射线的空间分布特点，在管电压较低时，利用反射式靶在技术上很有好处。但使用超高压X射线管时，管电压过高，考虑能量分布因素，则须采用穿透式靶，电子从靶的一面射入，X射线从另一面射出。医用电子直线加速器产生的高能X射线，使用的就是穿透式的薄靶。

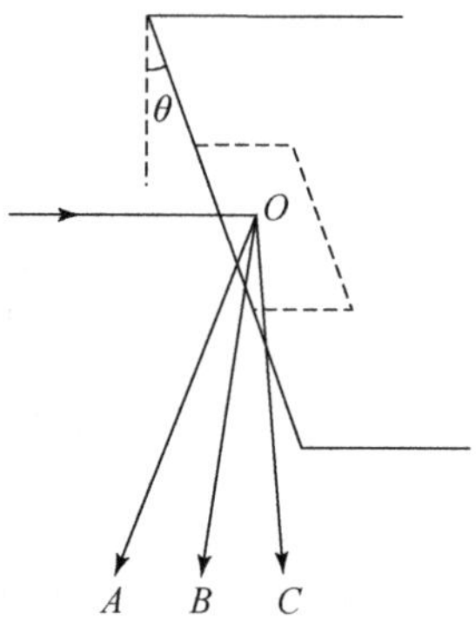

图6-24　厚靶阳极效应示意图

(b)厚靶周围X射线强度的空间分布：用于医疗诊断方面的X射线管，其阳极靶较厚，称为厚靶X射线管。当高能电子轰击靶面时，由于原子结构的"空虚性"，入射高速电子不仅与靶面原子相互作用辐射X射线，而且还穿透到靶物质内部的一定深度(电子每穿过 50×10^{-12}m 的深度，能量损失10keV)，不断地与靶原子作用，直至将电子的能量耗尽。因此，除了靶表面辐射X射线外，在靶的深层也能向外辐射X射线(图6-24中的 O 点)。

为便于应用方面的研究，仅讨论在投照方向(即 OA、OB、OC)上的X射线强度分布。由图6-24可见，从 O 点辐射出去的X射线，愈靠近 OC 方向，穿过靶的厚度愈厚，靶本身对它的吸收也愈多；愈靠近 OA 方向，穿过靶的厚度愈薄，靶对它的吸收也愈少。因此，愈靠近阳极一侧，X射线的强度下降得愈多，而且靶角 θ 愈小，下降的程度愈大。这种愈靠近阳极，X射线强度下降得愈多的现象，就是所谓的"足跟"效应，也称阳极效应。由于诊断用X射线管倾角 θ 小，X射线能量不高，足跟效应非常显著。因此，要将X射线管射出的X射线滤过，使X射线趋于均匀，投照时还应考虑若被照体厚且密度大时应置于靠近阴极端。

实验表明，从X射线管窗口射出的有用X射线束，其强度分布是不均匀的，普遍存在阳极效应。在图6-25中，若规定与X射线管长轴垂直方向中心线(0°)的强度为100%，从其他不同角度方向上的强度分布情况看，阳极效应十分明显。

在具体的影像操作中，应注意阳极效应的影响，尤其是检查部位的密度和厚度的差别很大时，阳极效应表现最为明显。通常把密度高、厚度大的被检部位置于阴极一侧，这样会使胶片的感光量比较均匀，得到的图像质量会更高。另外，应尽量使用中心线附近强度较均匀的X射线束摄影。

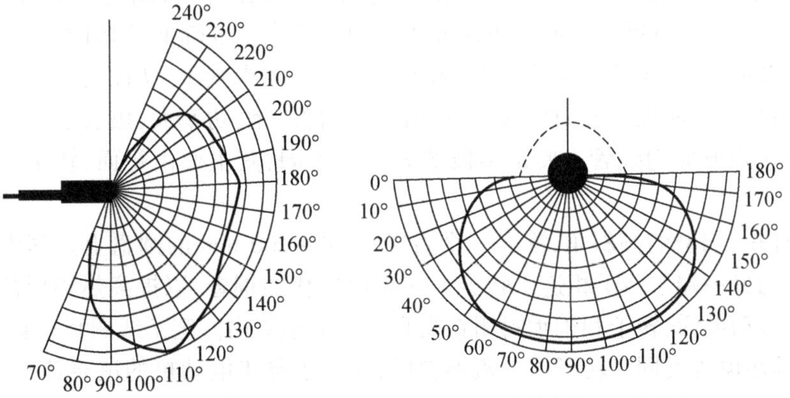

(a) X射线空间分布纵剖面　　(b) X射线空间分布横剖面

图 6-25　厚靶 X 射线强度的空间分布

阳极效应的另一个表现就是改变了 X 射线管有效焦点的大小和形状，在 X 射线照射视野中靠近阴极一侧的有效焦点比靠近阳极一侧的要大。乳腺摄影设备恰恰是依据这一特点，调整 X 射线管的方位，从而在摄影时得到小焦点。

5）X 射线管的分类：X 射线球管从结构上分为固定阳极和旋转阳极两种。

（a）固定阳极 X 射线管：固定阳极 X 射线管的阳极固定不动，电子由热阴极发射，其具有 X 射线量和质可以任意调节的特点。因其功率小、焦点较大，已满足不了飞速发展的 X 射线影像技术的要求，目前仅用于小型和部分中型 X 射线机中。

固定阳极 X 射线管主要由阳极、阴极和玻璃壁三部分组成，如图 6-26 所示。阳极由靶面、铜体、阳极罩、阳极柱 4 部分组成。阳极柱由紫铜制成，铜体延伸出管外，通过与外部油液之间的传导作用把热传递出去。

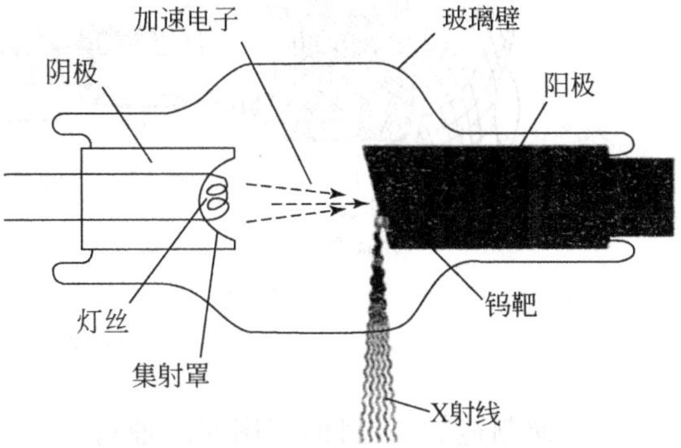

图 6-26　固定阳极 X 射线管结构

（b）旋转阳极 X 射线管：固定阳极 X 射线管因阳极焦点面受温度的影响，功率受限制。要提高功率就必须增大焦点面积，这又使影像清晰度大大降低，两者不能兼顾。1930 年以后出现了旋转阳极 X 射线管，其结构如图 6-27 所示。

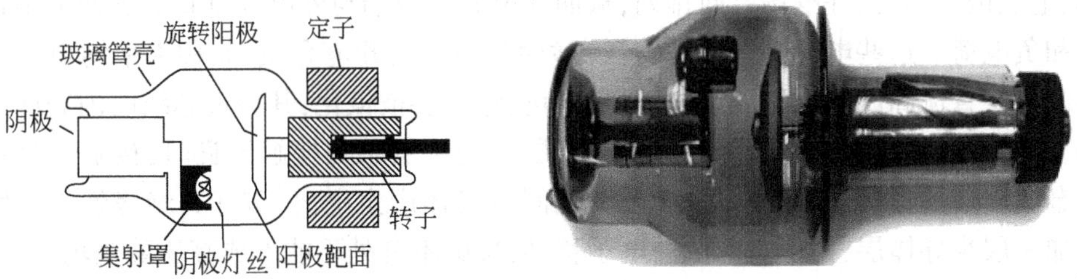

图 6-27　旋转阳极 X 射线管结构

从偏离管中心轴线的阴极灯丝发射出来的电子，轰击在转动的阳极靶面上，由于热量被均匀地分布在一个转动着的圆环面上，单位面积上的热量大幅度降低，因而能有效地提高 X 射线管的功率；或者说，在一定的负载功率下，阳极倾角可以大大减小，从而使有效焦点变小而大大提高了影像清晰度。所以旋转阳极 X 射线管的最大优点是：功率大、焦点小。与固定阳极 X 射线管相比，旋转阳极 X 射线管主要是阳极部分构造不同，其主要由靶面、转子、转轴、轴承和定子组成。

靶面具有 6°～18°的倾斜角，镶在一个直径为 70～100 mm 的圆盘上。其中心铆接在钼制细杆上，钼杆的另一端与转子相连。转子为一表面黑化的铜管，以提高热辐射能力。转子内装有滚珠轴承，转动灵活，转子和轴承封闭在高真空的玻璃管内。定子线圈装在管壁外面，其结构和小型单相异步电机类同。转子由无氧铜制成，相当于异步电动机的鼠笼转子。对低速管（例如 f=50Hz），实际转速约为 2700r/min；对高速管（例如 f=150Hz），实际转速为 8500r/min 左右。转速越高，X 射线管的功率越大。

（4）高压电缆：连接高压发生器与 X 射线管的多芯绝缘导线。在中、大型 X 射线机中，高压发生器和 X 射线管是分离部件，两者之间通过两根特制的导线连接在一起，这种输送高压的导线称为高压绝缘电缆。高压电缆构造上要求除具有一定的耐压性能外，还要尽可能减少截面积，使其轻便和柔软。按芯线分布位置可分成同轴型和非同轴型两种，如图 6-28 所示。

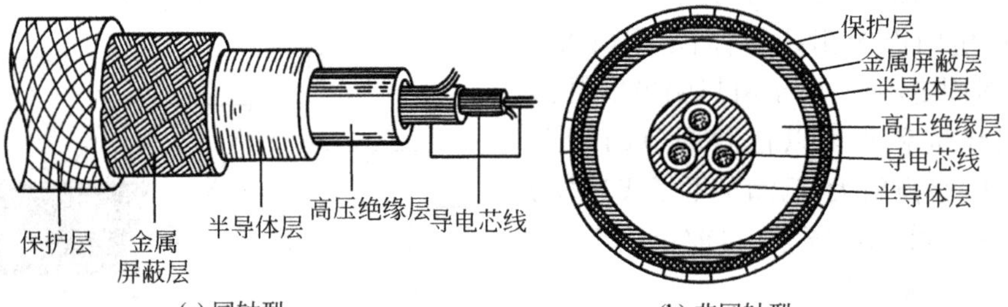

图 6-28 高压电缆结构

为方便制造加工，目前多用非同轴高压电缆，其组成及功能简述如下。

1）导电芯线：位于高压电缆的最内层，每根芯线由多股细铜丝组成，外包绝缘橡皮。

2）高压绝缘层：位于芯线外，由天然橡胶和化学原料配制而成，使芯线的高电压与地之间绝缘。

3）半导体层：用半导体橡皮紧包在绝缘层上，呈灰黑色。它的作用是消除绝缘层外表面与金属屏蔽层之间的静电场。由物理学可知，电介质（绝缘体）受到外电场作用时其分子将被极化，形成电偶极子，并按外电场方向排列，从而使电介质两端与外电场垂直的表面上出现等量的正电荷和负电荷。这些电荷受原子核的强大束缚，不能离开电介质，其称为束缚电荷。由于高压电缆芯线在直流高压下工作，形成高压静电场，绝缘层被极化，其靠近芯线的内表面层将出现负电荷，外表面层将出现正电荷。当金属屏蔽层与绝缘层某处接触不良时，接触不良处的正电荷将与金属屏蔽层形成高压静电场，使两者之间的气体产生电离，破坏其绝缘性能。因而在两层之间加一层半导体层，由于它的层内电子移动，接触不良处不能形成高压静电场。

4）金属屏蔽层：由镀锡铜丝编织而成，包在半导体层上，在电缆的两端与插头焊接，作用是防止高压电缆击穿时使操作者和被检者受到伤害。

5）保护层：电缆的最外层，一般用黑色的棉纱和维尼纶线织成。其作用是加强电缆的机械强度。

为了保证高压绝缘和装卸方便,将高压电缆制成可以拆卸的形式。高压电缆的两头装有高压插头,在高压变压器和 X 射线球管上装有相应的插座。具体结构如图 6-29 所示。

2. 机械装置及辅助设施　辅助设施是指为满足临床诊疗的需要而设计的与 X 射线发生装置配套的各种设施。主要有支持 X 射线管的各种机械装置,如天轨、地轨、立柱、吊架等;安置人体进行 X 射线检查的各种检查床,如摄影床、诊视床等;将荧光影像转换成电视影像的影像增强器和 X 射线电视,以及用于心血管检查的各种配套设施等。诊断用 X 射线机除了主机之外,尚配置有各种辅助装置,如 X 射线管支持装置、遮线器、滤线器、点片装置、体层摄影装置、信号记录等,它们的主要作用是与主机配合协调工作,充分发挥主机的各项性能,达到良好的成像和诊断效果。随着科学技术的日益发展,现代诊断用 X 射线机的结构日趋完善和复杂,除主机系统外,其外围设施和辅助装置的发展也日新月异。

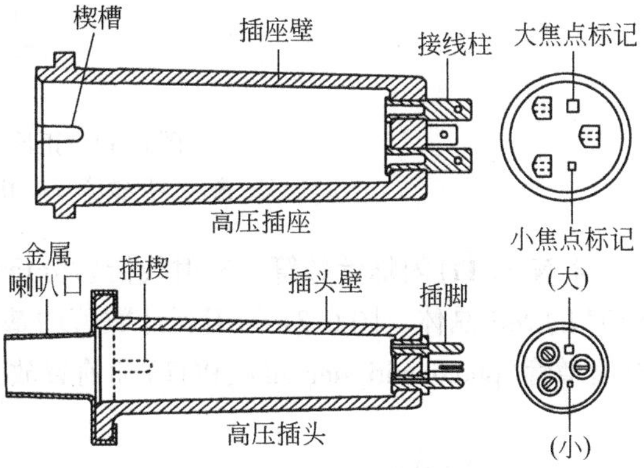

图 6-29　高压电缆插头及插座

(二)X 射线探测器

利用 X 射线和物质相互作用的一些效应,我们可以有很多有效的 X 射线检测方法。常用的检测手段如下。

1. 荧光板　是将 ZnS、CdS 等荧光材料涂布在纸板上制成,常用来确认光源产生的原射线束的存在。

2. 照相法　是最早使用的检测并记录 X 射线的方法,直到现在仍是一种常用的基本方法。X 射线与可见光一样,能够使感光乳剂感光。当感光乳剂受到 X 射线照射后,AgBr 颗粒离解形成显影核,经过显影而游离出来的单质银微粒使感光处变黑。在一定的曝光条件下,黑度是与曝光量成比例的。黑度也和波长有关。测量黑度的简单方法是目估,较为准确的测量方法则需要事先制作好黑度标准,或者用光电黑度计来扫描测量。

3. 正比计数管(PC)　一般以一个内径约 25mm 的金属圆筒作为阴极,圆筒中心有一根拉成直线的钨丝作为阳极,筒内充满 0.5 ~ 1atm 的氩气或氙气,并加有 10% 左右的淬灭气体(一般为 CH_4、乙醇或 Cl_2)。圆筒的侧壁或一端设有入射 X 射线的“窗”,由于衍射实验使用的 X 射线多为软 X 射线,因此要求窗壁极薄,所用窗口材料通常为云母片或者铍片。

图 6-30 为正比计数管结构示意图。在使用正比计数管时,两电极间需要加上 1000 ~ 2000V 的直流高压。计数管在被 X 射线照射时,管内气体被电离,初始产生的离子对数目与 X 射线的量子能量成比例,在极间电压的作用下,离子定向运动并在运动过程中不断碰撞其他的中性气体分子,由此产生二次以至多次的电离并伴随着光电效应,此时电离的数目大量增殖从而形成放电(称为电子雪崩或气体放电),直到所有电荷都聚集到相应的电极上,放电才停止,每次放电的时间历程极短,为 0.2 ~ 0.5μs。因此,每当有一个 X 射线量子进入计数管时,两极间有一脉冲电流通过。正比计数管工作在气体放电的正比区,脉冲电流在负载电阻上产生的平均电压降(即脉冲电压幅度)与入射 X 射线的量子能量成正比,故称正比计数管。

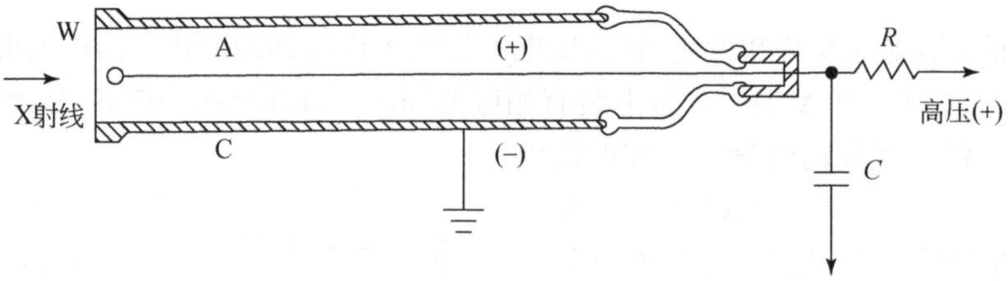

图 6-30 正比计数管结构示意图

W. 窗(云母、铍等);A. 阳极钨丝;C. 阴极(金属圆筒)

4. NaI(Tl)闪烁计数管 X 射线衍射分析中使用的闪烁计数管(SC),其闪烁体大多使用掺有 Tl 的 NaI 晶体。图 6-31 为闪烁计数管的基本结构及工作原理,它由三部分组成:闪烁体、光电倍增管(photomultiplier tube,PMT)和前置放大器。

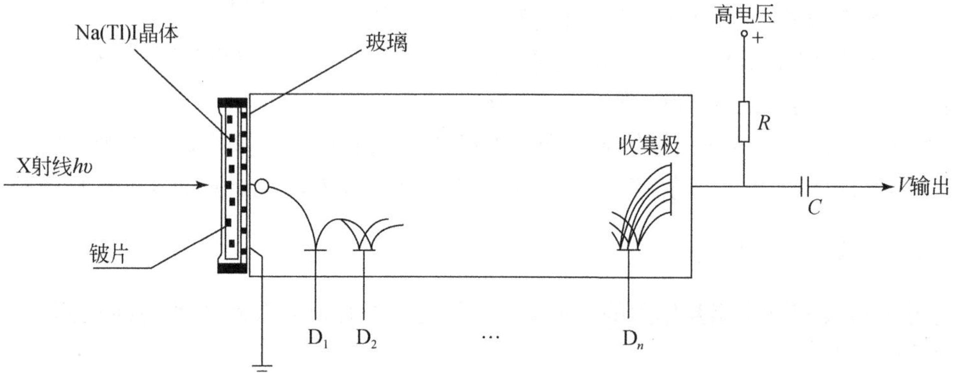

图 6-31 闪烁计数管的基本结构及工作原理

闪烁体是掺有 0.5% 左右的 Tl 作为激活剂的 NaI 透明单晶体的切片,厚 1～2mm。晶体被密封在一个特制的盒子里,以防止 NaI 晶体受潮损坏。密封盒的一面是薄的铍片(不透光),用来作为接收 X 射线的窗;另一面是对蓝紫光透明的光学玻璃片。密封盒的透光面紧贴在端窗式的光电倍增管的光电阴极窗面上,界面上涂有一薄层光学硅脂以增加界面的光导率。NaI 晶体被 X 射线激发能发出 4200Å(蓝紫色)的可见光,每个入射 X 射线量子将使晶体产生一次闪烁,每次闪烁将激发倍增管光电阴极产生光电子,这些一次光电子被第一级倍增电极(D_1)收集并激发出更多的二次电子,再被下一级倍增电极(D_2)收集,又倍增出更多的电子,如此,光电阴极发射的光电子经 10 级倍增电极的倍增作用,最后收集极能获得约为初始电子数目 10^5 倍的电子,从而形成可检测的电脉冲信号。

目前,闪烁计数管仍是各种晶体 X 射线衍射工作中通用性最好的检测器。它的主要优点是:对于晶体 X 射线衍射工作使用的各种 X 射线波长,均具有接近 100% 的很高的量子效率;稳定性好;使用寿命长;此外,它和正比计数管一样具有很短的分辨时间(10^{-7}s),因而实际上不必考虑检测器本身所带来的计数损失;它对晶体衍射用的软 X 射线也有一定的能量分辨力。因此现在的 X 射线衍射仪大多配用闪烁计数管。

5. 固体检测器(SSD) 又称半导体检测器,图 6-32 为 Si(Li)半导体检测器的基本结构。SSD 的工作原理如下:当 X 射线照射半导体时,由于射线量子的电离作用,能产生一些电子-空穴对,电子-空穴对在电极间的电场作用下,电子集中在 N 区,空穴则聚集在 P 区,其结果是将有一股小脉冲电流向外电路输出，本征区起着“电离箱”的作用。SSD 被电离产生一对电子-空穴对所需的能量约为 3.8eV，而 PC 约为 30eV，SC 约为 500eV，由此可见，与 PC 和 SC 相比，SSD 的能量分辨率最佳。此外，SSD 脉冲分辨时间约为 10^{-8}s，可见 SSD 是性能极其优异的检测器。

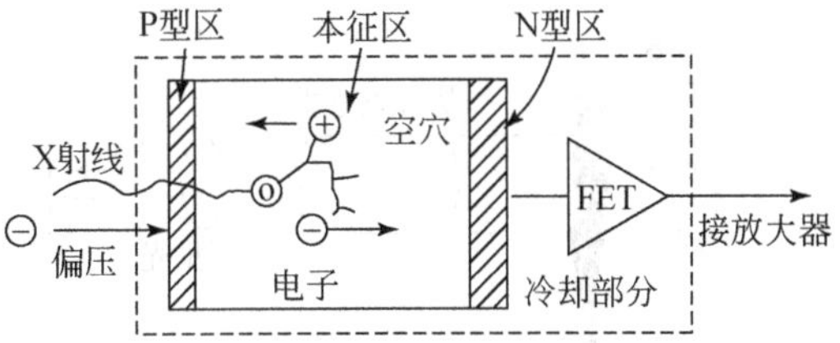

图 6-32　Si(Li)半导体检测器的基本结构
FET：场效应晶体管

6. 位敏正比计数管　测量正比计数管阳极丝两端产生脉冲的时间差，有可能使正比计数管在丝线方向上具有位置分辨力，这就是一维的位敏正比计数管。从这一基本思想出发，正比计数管的阳极采用并排平行的多根丝，便发展成为二维面积型的位敏正比计数管。这类器件的位置分辨率可达 0.1mm，可以对整个窗口范围内的每个位置同时进行测量，不用扫描，所以可以在极短的(微秒级)的时间内同时完成 X 射线衍射的强度和方向的测量，高速记录 X 射线衍射图，动态跟踪 X 射线衍射图的变化。

7. 成像屏　成像屏技术是 1990 年前后开始应用于 X 射线分析的新技术。一些荧光材料(掺 Eu 的 BaFBr)有光刺激发光性质：当受 X 射线照射时，荧光体中的一些原子受激发跃迁至亚稳态的能级上，从而贮存了一部分被吸收的 X 射线的能量。而后，当受到可见光或红外辐射刺激的时候，将产生光刺激发光(PSL)。PSL 的强度正比于吸收 X 射线光子的数目。把这些荧光粉涂在胶片上制成荧光屏就可以把 X 射线产生的图像暂时贮存起来。这种荧光屏称为成像屏，是一种新型的 X 射线面积型积分检测器。利用聚焦的 He-Ne 激光束逐点扫描屏的表面，测量每点的 PSL 的强度，通过检出系统便能读出成像屏贮存的 X 射线图像。

成像屏比照相底片的性能优越得多。成像屏的荧光粉对 X 射线的吸收效率很高；灵敏度高于 X 射线胶片 60 倍而背景约为其 1/300；成像屏整个面积的响应十分均匀；成像屏的线性动态范围为 $1:10^5$，实际上没有计数速率的限制。如此高的动态范围使得可以在很短的时间内在一块成像屏上记录一张完整的 X 射线衍射图。成像屏的出现使 X 射线分析的各种照相方法焕发新的生机。

(三)X 射线电视

1. 基本原理与结构　20 世纪 50 年代后发展起来的 X 射线电视是工业电视技术在医疗领域中最早的同时也是比较成功的应用。其基本原理是通过人体的 X 射线在影像增强器上显示影像，经光学镜头变为平行光源投射到摄像管靶面上，把光信号变为电视信号，在同步信号作用下传送到显示器上，显示出人体各部位的组织结构(图 6-33)。这种由 X 射线影像增强器、摄像机、显示器及完成视频信号处理和整机协调工作的控制器组成的系统称为 X 射线电视(X-TV)。

2. 优点　与普通 X 射线机相比，X 射线电视的增设具有以下明显的优点：

(1)透视剂量低。由于采用了影像增强器，透视剂量大为降低。这样不仅减轻了对受检者和放射医生的辐射危害，而且降低了 X 射线管的工作负荷，有利于延长机器寿命。

(2)改善医生工作环境。普通 X 射线机透视时必须在暗室里进行操作和诊断，而 X 射线电视可以将诊断医生从暗室中“解放”出来，使其在宽敞明亮的环境里进行遥控操作和诊断，并且可以配备透视亮度自动控制器(IBS)，减小操作的复杂性，即使检查部位、厚度随机变化，均可

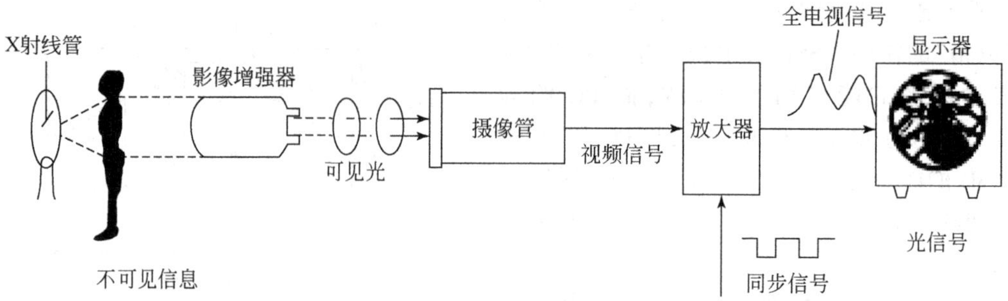

图 6-33　X 射线电视工作原理示意图

由 IBS 来自动保持显示屏影像亮度恒定。

(3)为教学和科研打好基础。X 射线电视使用方便灵活,可配置多路显示器、录像机及其他高科技的影像处理和记录系统,以方便会诊、教学和资料的记录与传输。

(四)影像增强器

20 世纪 60 年代,电子工业发达的国家已基本普及了 X 射线电视,并装配在小型 X 射线机上,在病房、手术室实现了 X 射线电视检查。20 世纪 70 年代又研制出遥控诊断床,借助于电视观察,使放射工作者免受 X 射线的直接照射。影像增强器的出现使 X 射线成像装置基本趋向完善。

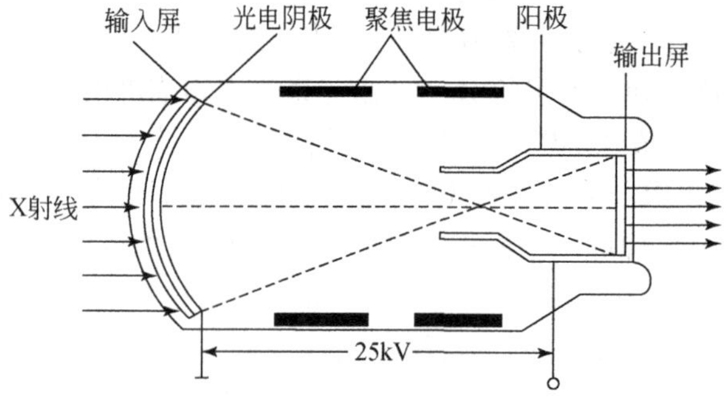

图 6-34　影像增强器结构剖面图

1. 影像增强器的结构和原理　图 6-34 是影像增强器的结构剖面图。从外形看,影像增强器是一个大型玻璃管,表面涂有黑色敷物作为光封闭层,管内保持高度真空。

管内前端有一个面积较大的输入屏,在输入屏面上涂敷着一层荧光粉。荧光粉层愈厚则亮度愈高,但这会由于光的散射和反射作用使分辨率降低;荧光粉层愈薄则分辨率愈高,但亮度却降低了。为了解决这一矛盾,近年来新型影像增强器采用了原子序数比较高的碘化铯荧光粉输入屏。比起早期采用的硫化锌镉荧光粉,碘化铯荧光粉具有 X 射线吸收率很高、荧光效率高、影像分辨率高及与光电阴极光谱匹配好的优点。与普通透视荧光屏一样,该屏吸收带有影像信息的 X 射线光子,而产生可见的荧光影像。

紧贴着输入屏的是光电阴极(两者之间有很薄的透明层)——锑-铯型光电阴极,当输入屏荧光影像的光子照射到光电阴极面时,另一面就发出光电子从而形成电子影像,完成光电变换过程。在管壁附近有聚焦电极组成的静电透镜(通常加 0.6kV 电压),静电透镜又称为电子透镜,起着聚焦作用。电子从光电阴极发射出来,在阳极电场作用下加速奔向输出屏。由于电子束本身有散焦作用,破坏了电子影像,因此在阴极和阳极之间加装聚焦电极,它起着对电子束的聚焦作用,使之不失真地射到输出屏上。

尾端有面积较小的输出屏,输出屏的前方是锥筒形的加速电极(即阳极,通常约加 25kV 电压),涂有硫化锌镉的输出屏可以把电子影像转换为荧光影像(电致发光),颜色为黄绿色,与人眼敏感的光谱相适应。为了提高输出屏的分辨率,荧光物质颗粒很细,涂敷密度大,涂层薄(约

0.05mm)。荧光粉层前面喷镀一层极薄的铝膜,使之与阳极连接。这层铝膜的作用是能接收电子影像激发荧光物质时所产生的二次电子,同时防止荧光屏因电子猛烈冲击而产生灼伤的现象,还能防止输出屏的荧光向光电阴极反馈。

2. 工作过程简述　X 射线带有的信息在影像增强器的输入屏上形成荧光影像(可见光影像),紧贴输入屏内侧的光电阴极各点按荧光的强弱程度产生对应不同数量的光电子(光电效应),形成电子影像。光电子束被阳极正电势吸引,高速飞向阳极,在聚焦电极作用下于输出屏前方形成缩小了的电子影像(倒像),其电子束射到输出荧光屏上,在电致发光作用下,形成了荧光影像,但其亮度比输入屏荧光影像增加了 1000～10000 倍。

(五)数字 X 射线成像系统

用 X 射线机进行人体病变诊断,最后能得到人眼可见的医学 X 射线影像。这种影像最初是荧屏式的,随着电子技术的发展,X 射线机配上了影像增强器、摄像机和显示器,由直接看 X 射线成像荧屏变成了观察显示器上的视频影像。与直接荧屏式 X 射线观察相比,这种 X 射线电视视频观察已有了巨大的进步,大大降低了被检查者所接收的 X 射线剂量,同时也大大提高了对医生们的防护水平。但 X 射线电视的信号还仅仅是模拟式的,难以进行各种有效的处理及长期保存。

20 世纪 80 年代前后,开始了数字荧光成像(digital fluroescence,DF)研究,在 X 射线电视系统的基础上,利用计算机数字化处理,使模拟视频信号经过采样模数(A/D)转换后直接进入计算机中进行处理和存储。因此,这种 DF 系统实际上是 X 射线电视系统与计算机数字影像系统的一个结合,我们又称之为数字 X 射线成像系统。图 6-35 是一个典型的数字 X 射线成像系统的原理图。

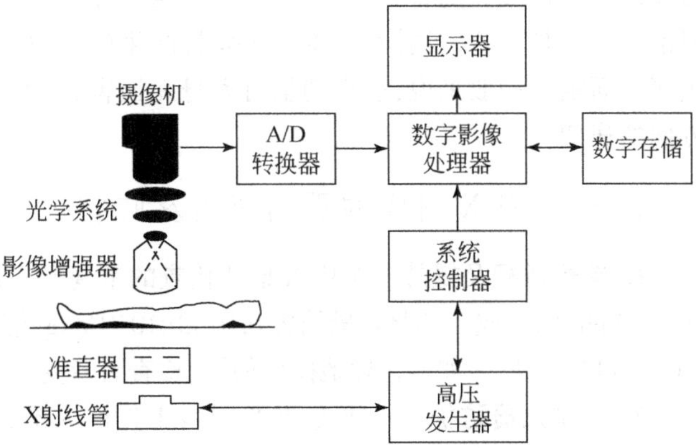

图 6-35　数字 X 射线成像系统原理图

数字影像处理的含义是用数字计算机对影像进行加工处理以达到某些预期的效果,或从影像中提取出各种有用信息。数字影像和模拟影像的区别在于:模拟影像是以一种直观物理量的方式来连续、形象地表现我们期望得知的另一种物理信息的特征,而数字影像则完全以一种规则的数字量的集合来表达我们所面对的物理影像。用模拟影像的方法来显示影像具有直观、方便等特点,一旦设计出一种影像处理方法则具有全息性与实时处理等优点。但模拟影像亦有抗干扰性低、重复精度差、处理功能有限、处理灵活性不好等缺点。数字影像具有很好的抗干扰性、影像处理方便、适应性能强等优点,随着计算机技术的发展,数字影像处理的速度正变得越来越快,显示出它的发展潜力和优势。

计算机中的影像是一个实数矩阵,其中每一个元素称为像素。一幅灰度连续变化的模拟影像通过计算机采样电路被转换成数字影像。对二维视频影像来说,这种采样,首先是根据时间进程将空间连续的影像转变成空间离散的影像。一幅空间离散的数字影像,为了尽可能真实并充分地表现出原先模拟影像的各个部分,要求离散的空间像素点越多越好。一般组成一幅影像的空间像素点越多，所反映的影像细节就越清晰。

在影像的数字化处理过程中，采样所得的像素灰度值必须进行量化，即分成有限个灰度级，才能进行编码送入计算机。因此，影像灰度的量化是数字影像的又一个基本概念。由于计算机是一种二进制的运算器件，其中每一个电子逻辑单元具有“0”和“1”两种状态，我们对影像的量化和存储是以这种逻辑单元为基础的，称之为位(bit)。系统的实际量化等级数则由量化过程中实际选用的量化位数所决定。如果采样量化位数为 n，则影像量化级别数 m 表示为 $m=2^n$。例如，当 n 等于 8 时，m 等于 256 个级别(灰阶)。

当量化等级越多时，数字化过程带来的误差就越小。但是设想无限量地去增加灰阶数则是一种不切合实际的要求。有两个原因限制了这种提高精度的做法：第一是模拟信号电路中存在着电子电路噪声；第二是 X 射线原始影像中存在着 X 射线量子统计学的不确定性。这两项加在一起使得模拟视频信号本身包含着一定的随机误差，它使得我们用适当的有限等级的灰阶去量化模拟信号时不会明显增加附加的误差。对于任何已知大小的模拟信号的不准确性(噪声)都必须使最小量化级差保持在与之相同的量级水平，以便在数字化转换后并不提高信号的总体误差水平。对 X 射线影像来说，不同的 X 射线机，不同的数字减影仪器，所能达到的精度水平是不同的。

第五节　X 射线的防护

X 射线具有波长短、穿透力强、荧光作用、摄影作用及生物效应等特性。根据其穿透力强的特性，工业上用于探伤检测金属焊接质量及金属结构情况，医学上用于透视检查肉眼所看不到的人体内部器官，如心、肝、肾、肺等；根据摄影作用的特性，可使 X 射线胶片感光、显影，用于 X 射线的拍片检查。随着科学技术的发展，医学上还通过 X 射线的生物效应对各种肿瘤进行放射治疗。但是，X 射线射入人体后被吸收产生的生物效应对人体有损害，损害的程度随吸收剂量多少而定。一般来说，过小剂量对人身无损害，大剂量可导致组织细胞破坏及血液循环系统方面的病变。

(一) 医用 X 射线的正确使用及防护

1. 常规透视及摄片　医用 X 射线检查的常规形式是透视及摄片，患者的胸透或腹透一般应在 3～5min 内完成。其照射量约为 0.0258×10^{-4} C/kg 允许量的 1/10。特殊造影检查，照射量约为 0.0156×10^{-4} C/kg。如能正确地操作使用，检查者及受检查者的安全还是相当有保证的。

2. 工作人员防护　从事专职 X 射线工作的人员，虽然防护条件非常完善，但因长期接触，仍应在人体可接受的容许剂量范围内进行工作，以免发生职业性损伤。因此，必须特别注意各种防护设备的设置和防护制度的制定、实施和检查。国际及国内对 X 射线量早已有具体规定。

我国电离辐射的最大容许剂量每天不得超过 1.29×10^{-5} C/kg，在特殊情况下每周剂量不得超过 7.74×10^{-5} C/kg。如果仅局部受到照射者，如手、足等处，每周的容许剂量可以增至 5 倍，即 3.87×10^{-4} C/kg。但对眼、生殖腺、造血系统等敏感器官，决不宜超过每周 7.74×10^{-5} C/kg 剂量。

3. 被检查者的防护　被检查患者的防护问题，是防护工作的重中之重。由于 X 射线剂量与距离平方成反比，故越近 X 射线管窗口其剂量率越高。因此，透视时应使被检者与 X 射线管之间保持一定距离(一般至少 3.5cm)。另外，管球窗须加滤片以减少穿透力不强、易被人吸收的软线；同时对产生 X 射线的管球四壁用铅套严密封闭。对于敏感部位检查，要缩小视野，严格掌握检查的指征及次数。

4. 对周围环境和工作中的要求

(1)医务人员在开机工作时,一定要示牌告知,避免一切非工作人员在机房周围停留。

(2)患者接受X射线各项检查,一周内最好不要超过1次。

(3)医师要本着对患者负责的态度,力争检查时间短、准确率高。

(4)工作室四周墙要设铅皮夹层墙,高度从地面起2.5cm高,X射线管球必须用铅皮包裹封闭。

(二)X射线辐射可能引发的临床症状及诊断

(1)以神经衰弱症候群和植物神经功能紊乱的症状为主,诉有乏力、头昏、头痛、耳鸣、睡眠障碍、记忆力减退、多汗、心悸等;其次为消化道症状,如腹胀、腹痛,少数人牙痛、牙龈易出血,但无明显皮肤出血点及瘀斑;部分人易感冒、腰痛、关节酸痛等。

(2)从事放射性工作的人员手部最不宜暴露于直接辐射下,长期低剂量辐射又不注意防护可引起皮肤损害。主要为皮肤、指甲的营养障碍,放射性皮肤损害亦为放射性损伤的一种器官损伤。因此,在对射线作业人员定期体检中,也应注意皮肤检查,发现可疑征象及时处理。

(3)造血系统是对放射最敏感的器官,外周血改变是接触放射线后最常见的改变,且早期骨髓变化,是早期发现最客观的重要指标。特别是通过动态观察的自身对照更是放射工作者健康的监护手段,至于白细胞态改变,因既非特异且目前国内尚缺乏大量正常值资料,不能作为慢性放射性损伤的主要诊断依据。

(4)外周血淋巴细胞的染色体畸变既是直接观察外界因素对人类细胞染色体影响的最适宜的方法,又是作为辐射危害的一个重要而敏感的指标,在对长期接触小剂量照射的放射工作者进行定期医学观察时,染色体畸变往往比临床或者其他检查指标的改变较早出现。染色单体畸变的出现只能作为慢性小剂量辐射效应的参考,不作为评价指标,但染色体畸变分析对个体慢性外照射放射病的诊断具有综合评价实际意义,是较好的辅助诊断指标之一。

阅读材料

威廉·康拉德·伦琴(德语:Wilhelm Röntgen,1845年3月27日—1923年2月10日),德国物理学家。1895年11月8日发现了X射线,为开创医疗影像技术铺平了道路,1901年被授予诺贝尔物理学奖。这一发现不仅对医学诊断有重大影响,还直接影响了20世纪许多重大科学发现。例如,安东尼·亨利·贝可勒尔就因发现天然放射性,与居里夫妇共同获得1903年的诺贝尔物理学奖。到今天,为了纪念伦琴的成就,X射线在许多国家都被称为伦琴射线,另外第111号化学元素Rg也以伦琴命名。

威廉·康拉德·伦琴

1845年3月27日威廉·康拉德·伦琴出生于德国莱茵州莱耐普城(Lennep),父亲是一个毛纺厂小企业主,母亲是一个心地非常善良的荷兰人,他是独生子。

1862年年底,伦琴进入乌德勒支一所技术实科学校,在这里因被诬告画了一位教师的漫画而被不公正地开除学籍,事实上漫画是别人画的,这一事实使他最终失去参加中学毕业证书考试的机会,对他顺利进入大学设立了一道障碍。

1865 年年初,在舅舅的帮助下,伦琴以旁听生的身份进入乌德勒支大学,选修了哲学和几门自然科学课程,其中有巴洛特(Balech)讲授的数学分析、里斯(Rise)讲授的物理学,为了能进入大学深造,他去了瑞士的苏黎世,那里不需要中学毕业证书,但对那些没有中学毕业证书的人规定要进行一次专门的入学考试,伦琴面试后被免去了入学考试,并于 1865 年 11 月进入苏黎世工业大学学习机械工程。1869 年以论文《各种气体的研究》获苏黎世大学哲学博士学位。

苏黎世工业大学有许多著名的教授,对广义相对论的形成起了很大作用的克利斯托维尔(Cristowell)和在热力学方面做出了卓越贡献的克劳修斯(Clausius)都在这里任教,伦琴跟随克劳修斯学习热力学课程。

1868 年 8 月 6 日,伦琴由于毕业成绩优异,破格提前获得了机械工程师的资格证书。1857 年克劳修斯在他的著名论文《论热运动形式》中,初步讨论了比热理论,但是还没有人精确地测出定容比热和定压比热的比值,伦琴准备完善克劳修斯的热力学理论,他在孔特老师的支持下于 1869 年 6 月 22 日以《各种气体的研究》的杰出论文获得哲学博士学位,并成了苏黎世工业大学的助教,他的学位论文的评语中写道:伦琴先生"在数学物理学方面具有丰富的知识和表现出独立的创造才能"。

1869 年,在维尔茨堡大学任物理学教授的克劳修斯接受了波恩大学的邀请;维尔茨堡大学极力聘请孔特接替克劳修斯的职务。

1870 年,孔特接受这一职务并邀请伦琴一同前往。

1871 年,伦琴随孔特到维尔茨堡大学。

1872 年,伦琴随孔特到斯特拉斯堡大学并升任讲师和副教授。

1879 年,伦琴由于杰出的研究工作在济森大学取得了教授职衔,他在这里主要是研究"光"和"电"的关系。

1888 年,伦琴又回到了维尔茨堡大学,继孔特之后,任物理研究所所长。

1894 年,伦琴被选任维尔茨堡大学校长。这时欧洲的物理学家们和伦琴都在研究真空放电现象和阴极射线。伦琴在克鲁克斯高度真空管通高压电流时看到阴极射线,电子碰在管壁上发出蓝白色的荧光,还发现玻璃管外也有荧光。于是便产生疑问,或许这是一种肉眼看不见的未知射线,只有真正工作细心、认真踏实的人才能注意并进一步去探索这种细微的变化。

1895 年 11 月 8 日,伦琴在进行阴极射线的实验时第一次注意到放在射线管附近的氰亚铂酸钡小屏上发出微光。经过几天废寝忘食的研究,他确定了荧光屏的发光是由射线管中发出的某种射线所致。12 月 22 日晚上,他说服他的夫人充当实验对象,当他夫人的手放在荧光屏后时,她简直不敢相信,荧光屏上这只有戒指和骨骼毕露的造影就是她自己的手,这种实验对伦琴夫人,也像以后对许多人一样,仿佛产生了一种死亡的征兆。因为当时对于这种射线的本质和属性还了解得很少,所以他称它为 X 射线,表示未知的意思。

1895 年 12 月 28 日,伦琴把《关于一种新的射线》为题的论文送交维尔茨堡物理学会和医学协会会长手里,他以严谨的文笔,将 7 个星期的研究结果,写成 16 个专题。这年伦琴正好 50 岁,这是他为人类奉献的一份最珍贵的礼物。

1896 年年初,伦琴把他的新发现公之于众,立即引起了巨大的轰动,其反应之强烈,影响之迅速,实为科学史上罕见。所有研究机构的物理学家都开始仿造伦琴的实验设备,抓紧时间重复他的实验,伦琴陆续收到了威廉·汤姆孙、斯托克斯(Stokes)、庞加莱(Poincaré)、科尔劳施(Kohlrausch)、玻尔兹曼(Boltzmonn)等著名科学家的来信,这些热情洋溢的信都赞扬他为科学做出了极大的贡献。1896年1月23日,伦琴在自己的研究所中作了第一次报告。报告结束时,用X射线拍摄了维尔茨堡大学著名解剖学教授克利克尔一只手的照片,克利克尔带头向伦琴欢呼三次,并建议将这种射线命名为伦琴射线。

同年9月举行的大英科学促进协会年会上,协会主席李斯特(Lister)提出"按首先明确地向世界揭示它们的人命名"。后来,著名物理学家罗兰认为:"应该把伦琴射线和X射线的名称并用",这就形成了现在两种名称混用的原因,同时把X射线的照射剂量的单位称为"伦琴"。伦琴的这次报告引起了人们广泛的注意,报告印刷成的单行本在以后若干星期内出版了五次;它还被译成了英文、法文、意大利文和俄文。

1900年,伦琴任慕尼黑大学物理学教授和物理研究所主任。

1901年,伦琴成为第一位诺贝尔物理学奖获得者,他立即将此项奖金转赠维尔茨堡大学物理研究所为添置设备之用。此后根据不完全统计,他生前和逝世后所获得的各种荣誉不下150项。

伦琴一生谦虚谨慎,从不居功自傲,他以一个普通成员的身份进行教学和科研工作。他的X射线研究工作从当前的水平来看,已非常完整。他谢绝了贵族的称号,不申请专利,不谋求赞助,使X射线的应用得到迅速发展和普及。

1923年2月10日,伦琴在慕尼黑逝世。

X射线的发现,为人类利用X射线诊断与治疗疾病开拓了新途径,开创了医疗影像技术的先河。

20世纪70年代中期,电子计算机的应用为医疗影像带来了第一次革命性的创新,结合了电子计算机技术的第一台医疗影像设备——CT扫描仪诞生了。X-CT可以更好地分辨人体内部结构图像,大幅提高了疾病诊断的准确性,成为20世纪医学诊断领域所取得的最重大的突破之一。

伦琴射线直到今天最重要的应用领域仍然是医学诊断。用于诊断的射线强度已被大大降低,同时诊断结果可以显示更清晰的细节。在现代数字技术的帮助下,伦琴射线诊断已经可以提供人体内部三维图像。除了在医学上,伦琴射线还应用在微观世界的观察和对太空的研究。伦琴射线的另外一个重大应用领域是材料无损探伤。使用伦琴射线可以检测出金属材料和焊接部位的内部缺陷。

伦琴用双手开辟了向原子物理学进军的道路,医用放射学从此诞生并得到了发展,给人类带来了幸福。伦琴毕生从事伟大的科学研究事业,他作风严谨,虚心好学,诚恳待人,刻苦钻研,专心致志,坚持不懈,历尽艰辛完成他的理想,这就是他留给我们最宝贵的遗产。

本章小结

一、X射线的产生和性质

1. X射线的产生条件　医用X射线的产生必须具备两个条件:①高速电子流;②适当的障碍物——阳极靶。

2. X射线的产生装置——X射线管　主要由阴极、阳极构成的管芯和玻璃管套组成。阴极为电子源,阳极是X射线管的正极。

3. X射线的产生原理　阴极灯丝上加低压电源为灯丝加热,当灯丝温度升到一定值时,钨材料中的一些电子便可脱离金属束缚而逸出灯丝表面,在阴极和阳极间接通的高电压作用下,电子加速奔向阳极,在阳极靶面突然受阻而产生X射线。

4. X射线谱　X射线管发出的X射线,包含各种不同的波长成分,将其强度按照波长的不同排列开来的图谱,称为X射线谱。X射线谱分为连续X射线谱和标识X射线谱。

连续X射线谱:高速电子与靶原子核发生相互作用,产生的X射线呈连续谱。

短波极限:X射线的强度为零时对应的波长是连续谱中的最短波长,称为短波极限λ_{min}。即

$$\lambda_{min}=\frac{hc}{e}\cdot\frac{1}{U}$$

$$\lambda_{min}=\frac{1.242}{U}\text{nm}$$

标识X射线谱:高速电子与靶原子的内层电子发生相互作用,产生标识X射线。

标识X射线的激发电压:只有当入射高速电子的动能大于原子轨道电子结合能时,才有可能被击脱造成电子空位,产生特征X射线,即$eU\geqslant W$,式中W为脱出能或结合能。当$eU=W$时,$U=\frac{W}{e}$为最低激发电压。

5. X射线的描述 X射线的硬度:指其贯穿本领,取决于X光子的能量。单个光子的能量愈大,贯穿本领愈强,则其硬度愈大,常用于深部位治疗;反之,光子的能量较小,贯穿本领就弱,则X射线较软,常用于X射线成像及表面治疗。X射线的硬度由管电压控制,管电压愈高,产生的X射线就愈硬。

X射线的强度:指单位时间内通过与射线方向垂直的单位面积的X射线的能量,单位为W/m^2。它与靶物质的原子序数有关,还与管电流和管电压有关。

6. X射线的性质 X射线属于不可见的电磁波,波动性和粒子性是X射线作为电磁波的基本属性,X射线的波动性突出表现在其传播过程中,如反射、干涉、衍射、偏振等现象,而X射线的粒子性主要表现在其与物质的相互作用时。

(1)X射线的主要物理特性

穿透作用:X射线的波长很短,能量很大,故能穿透物质的原子间隙,但其穿透程度与物质的性质、结构有关。

荧光作用:某些物质受到X射线照射时,该物质原子被激发或电离,当被激发的原子恢复到基态时,能够发出荧光,具有这种光特性的物质称为荧光物质。

电离作用:X射线光子撞击原子中的轨道电子,使核外电子脱离原子轨道,这种作用叫电离作用。

热作用:X射线被物质吸收,最终绝大部分都将转变为热能,使物体升温。

(2)X射线的化学特性:X射线的化学特性有感光作用和着色作用。

(3)X射线的生物特性:X射线对生物组织、细胞具有损伤作用,且对不同组织的损伤程度不同,生长力强、分裂活动快的组织和细胞(如神经系统、淋巴系统、生殖系统和肿瘤细胞等)对X射线特别敏感,也就越容易受到损害。

二、X射线的衰减

1. X射线与物质相互作用的主要形式

光电效应:X射线通过物质时,X光子与物质原子的内层电子发生作用,把全部能量传递给电子,获得能量的电子挣脱原子束缚成为自由电子(称为光电子),同时X光子本身消失。由于电子轨道出现空位,外层电子向内层补位,同时以发射特征X射线或俄歇电子的形式完成能量的转换。这个过程称为光电效应。

康普顿效应:X射线通过物质时,X光子与物质原子中的一个电子发生相互作用时,光子损失一部分能量,并改变运动方向(形成宏观上的散射X射线),电子获得能量而脱离原子,这个过程称为康普顿效应。损失能量后的X光子称为散射光子,获得能量脱出的电子称为反冲电子。

电子对效应:X射线通过物质时,当X光子距离原子核足够近时,在原子核库仑场的作用下,光子转变为一对正负电子,此过程称为电子对效应。

2. X射线在物质中衰减的基本规律

单能X射线在物质中的吸收规律:$I=I_0e^{-\mu x}$

质量吸收系数:线性吸收系数μ与物质密度ρ的比值,即$\mu_m=\frac{\mu}{\rho}$

用质量吸收系数描述单能X射线在物质中的吸收规律:$I=I_0e^{-\mu_m x_m}$

3. 半值层　X 射线在物质中传播到强度被衰减一半时的厚度(或质量厚度)。半值层与吸收系数之间的关系式为 $x_{1/2}=\frac{\ln 2}{\mu}=\frac{0.693}{\mu}$，$x_{m1/2}=\frac{\ln 2}{\mu_m}=\frac{0.693}{\mu_m}$

用半值层来表示物质对 X 射线的吸收规律：$I=I_0\left(\frac{1}{2}\right)^{\frac{x}{x_{1/2}}}$、$I=I_0\left(\frac{1}{2}\right)^{\frac{x_m}{x_{m1/2}}}$

4. 宽束 X 射线的衰减规律：$I=BI_0e^{-\mu x}$，式中 B 是积累因子。

5. 连续 X 射线在物质中的衰减规律：$I=I_1+I_2+\cdots+I_n=I_{01}e^{\mu_1 x}+I_{02}e^{\mu_2 x}+\cdots+I_{0n}e^{\mu_n x}$

6. 人体组织的有效原子序数　若在相同照射条件下，1kg 复合物质与 1kg 单质所吸收的辐射能相同，则此单质的原子序数 Z 就称为复合物质的有效原子序数 $\overline{Z}$。在医用 X 射线的能量范围内，有效原子序数的计算公式为

$$\overline{Z}=\left(\sum a_i Z_i^{2.94}\right)^{\frac{1}{2.94}}$$

上式的近似公式为

$$\overline{Z}=\left(\frac{a_1Z_1^4+a_2Z_2^4+\cdots+a_nZ_n^4}{a_1Z_1+a_2Z_2+\cdots+a_nZ_n}\right)^{\frac{1}{3}}$$

三、医用 X 射线成像技术原理

1. X 射线透视　利用强度均匀的 X 射线照射人体，将穿过人体的透射 X 射线投射到荧光屏上，由于人体内不同组织和器官对 X 射线的吸收不同，因而透过的 X 射线强度不同，在荧光屏上引起的荧光作用就有较大差别，因而显示出不同密度的阴影，就是反映被照射部位解剖学结构的荧光图像。

2. X 射线摄影　X 射线摄影是用直接投射方法拍摄记录受检体的解剖学结构的影像技术。其基本原理与 X 射线透视一样，是利用人体内不同组织对 X 射线的差别吸收来获得反映被照射部位解剖学结构的医学影像技术。

3. X 射线造影　将某种对比剂引入待检查的腔状器官内或器官周围，使该器官与周围组织的 X 射线影像密度差增大，就能更好地区分该器官的形态和功能。

4. 数字减影血管造影　在注入造影剂之前和之后分别进行成像，并用计算机将图像转换成数字信号，然后将两次数字信号对应地一一相减，消除相同的信号，使充盈造影剂的血管图像保留下来，而骨骼等无关组织的影像则被减影除去，从而得到一个只有造影剂的实时血管图像。

四、医用 X 射线设备

1. X 射线机基本构成　分为 X 射线发生装置和辅助设施两大部分。X 射线发生装置是指完成 X 射线产生并对其进行控制的装置，它由 4 个部件组成，分别为控制台、高压发生器、X 射线管和高压电缆。

2. X 射线探测器　利用 X 射线和物质相互作用的一些效应，我们可以有很多有效的 X 射线检测方法。常用的检测手段如下：荧光板、照相法、正比计数管(PC)、NaI(Tl)闪烁计数管(SC)、固体检测器(SSD)、光敏正比计数管、成像屏。

3. X 射线电视　其基本原理是通过人体的 X 射线在影像增强器上显示影像，经光学镜头变为平行光源投射到摄像管靶面上，把光信号变为电视信号，在同步信号作用下传送到显示器上，显示出人体各部位的组织结构。

4. 影像增强器　X 射线带有的信息在影像增强器的输入屏上形成荧光影像，输入屏内侧的光电阴极各点按荧光的强弱程度产生对应不同数量的光电子，形成电子影像。光电子束高速飞向阳极，在聚焦电极作用下于输出屏前方形成缩小了的电子影像，其电子束射到输出荧光屏上，在电致发光作用下，形成了荧光影像，但其亮度比输入屏荧光影像增加了 1000～10000 倍。

5. 数字 X 射线成像系统　在 X 射线电视系统的基础上，利用计算机数字化处理，使模拟视频信号经过采样模数(A/D)转换后直接进入计算机中进行处理和存储。

五、X 射线的防护

1. 常规透视及摄片　患者的胸透或腹透一般应在 3～5min 内完成，其照射量约为 0.0258×10^{-4} C/kg 允许

量的 1/10。特殊造影检查，照射量约为 0.0156×10^{-4} C/kg。

2. 工作人员防护 我国电离辐射的最大容许剂量每天不得超过 0.129×10^{-4} C/kg，在特殊情况下每周剂量不得超过 0.774×10^{-4} C/kg。如果仅局部受到照射者，如手、足等处，每周的容许剂量可以增至 5 倍，即 3.87×10^{-4} C/kg。但对眼、生殖腺、造血系统等敏感器官，决不宜超过每周 0.774×10^{-4} C/kg 剂量。

3. 被检查者的防护 透视时应使被检者与 X 射线管之间保持一定距离（一般至少 3.5cm）。另外，管球窗须加滤片以减少穿透力不强、易被人吸收的软线；同时对产生 X 射线的管球四壁用铅套严密封闭。对于敏感部位检查，要缩小视野，严格掌握检查的指征及次数。

4. 对周围环境和工作中的要求 医务人员在开机工作时，一定要示牌告知，避免一切非工作人员在机房周围停留；患者接受 X 射线各项检查，一周内最好不要超过 1 次；医师要本着对患者负责的态度，力争检查时间短、准确率高；工作室四周墙要设铅皮夹层墙，高度从地面起 2.5cm 高，X 射线管球必须用铅皮包裹封闭。

思考题

6-1 产生医用 X 射线必备哪些条件？

6-2 X 射线摄影中，光电效应和康普顿效应对影像质量和患者防护各有何利弊？

6-3 X 射线管的管电压为 50 kV，求：

(1) 连续射线谱的最高频率、最短波长；

(2) 光子的最大能量。

6-4 一厚为 2×10^{-3}m 的铜片能使单色 X 射线的强度减弱至原来的 1/5，试求铜的线性吸收系数和半值层。($\ln5 = 1.6094$)

6-5 铅对某 X 射线的线性吸收系数为 2610cm^{-1}，$\ln3 = 1.0986$，求：

(1) 铅的半值层；

(2) 欲使透过的 X 射线强度为入射的 X 射线强度的 1/3，需要多厚的铅板？

6-6 一束单色 X 射线通过某人体组织后强度减弱了 95%，已知该组织的线性吸收系数为 20cm^{-1}，求该人体组织的厚度。($\ln20 = 2.9957$)

第七章 X 射线计算机体层摄影基础

教学要求

(1)掌握 X-CT 成像原理、X-CT 仪器工作原理及结构。

(2)理解 X-CT 图像重建的基本原理及 CT 图像重建的方法。

(3)了解螺旋 X-CT 在医学中的应用。

CT 是**计算机体层摄影(computed tomography)**的简称。自伦琴 1895 年发现 X 射线以来,X-CT 的发明是医学 X 射线诊断方面最重要的突破。

常规 X 射线摄影采用 X 射线源成像,主要有三方面的缺点:第一是影像重叠,因为常规 X 射线摄影是利用近似为点状的 X 射线源发出 X 射线,通过物体的衰减吸收后,在接收介质上得到的是一幅二维的、各组织结构重叠的图像,其密度的大小受 X 射线穿过一个三维物体衰减投影值大小的影响,并且沿射线方向的投影没有空间分辨率。X 射线的体层摄影,部分地解决了沿射线方向的空间分辨率问题,但体层摄影的层面外结构并未完全被去除,并且体层图像显示的清晰程度还取决于被检物体本身的对比度。第二是密度分辨率低,常规 X 射线摄影或透视只能区分密度差别大的脏器,如肺、骨骼等,对密度差别不大的脏器如肝、胰等大部分组织脏器则无法显示,而须借助造影剂才能显示。其原因是 X 射线记录介质的动态范围不够大。第三是 X 射线照片的存储、检索不便,通常 X 射线的图像都记录在感光胶片上,经冲洗后装袋归档。经多年保存后其数量浩瀚,使归档、检索成为一桩繁重的工作。

第一节 X-CT 基础知识

一、X-CT 技术简介

(一)X-CT 的发明

1967 年,英国电子工程师亨斯菲尔德(G. N. Houndsfield)在研究模型识别技术时认识到:如果 X 射线从各个方向通过一个物体,并且对所有这些衰减的 X 射线作测量,就有可能得到这个物体内部的信息,且该信息可用图像的形式提供给放射诊断医师。在图像的重建过程中,亨斯菲尔德发现透过被扫描物体的 X 射线束的各个部分形成了数学上的联立方程式。经多次研究实验后,采用了一个合适的数学模型使计算机程序化,结果重建出了第一幅完整的图像。X-CT 能够成功地应用于临床,另一个重要人物是美国的艾伦·科马克(A. M. Cormack)。科马克教授基本解决了 X-CT 图像重建方面的数学问题。由于他们的贡献,1979 年亨斯菲尔德和科马克教授一起，获得了诺贝尔生理学或医学奖。

（二）X-CT 的临床应用

X-CT 除了在工业、农业等方面的应用以外，主要用于医学影像学对疾病的诊断。在影像学检查中，X-CT 检查几乎可包括人体的任何一个部位。在常规 X-CT 检查中，由于密度分辨率高，它可以分辨人体组织内微小的差别，使影像诊断的范围大大扩大，以前常规 X 射线检查无法看到的如软组织等，X-CT 都能显示。

X-CT 与常规 X 射线检查相比有一个重要的相同之处——同样采用 X 射线源。其对人体的扫描成像，类似于常规 X 射线摄影，但它没有层面上下结构的干扰，彻底解决了影像的重叠问题。

X-CT 成像是利用 X 射线的衰减特性，通过物体的 X 射线由高灵敏度的接收器接收，并由计算机重建成像。因为 X-CT 的图像重建是完全依赖于被检层面内物体衰减值的投影数据，与被检层面外的结构无关，所以是一幅完全的断层图像。

在增强的 X-CT 检查中，除了能分清血管的解剖结构以外，还能观察血管与病灶之间的关系，以及病灶部位的血供和血流动力学的一些变化。利用 X-CT 计算机软件提供的标尺和距离测量等，X-CT 还可辅助完成人体多个部位的穿刺活检，其准确性也优于常规 X 射线透视下的定位穿刺。利用 X 射线的衰减，X-CT 还可做各种定量计算工作，如 CT 值。在老年骨质疏松患者中，利用 X 射线的衰减及计算，可测量人体内某一部位的骨矿含量。对心脏冠状动脉钙化的测量，有助于临床上冠心病的诊断。利用 X-CT 的三维成像软件，还可作人体某些部位（如颅骨和颌面部）的三维图像，为外科制订手术方案和选择手术途径提供直观的影像学资料，该方法尤其适合额面部的整形外科手术。X-CT 还有助于放射治疗计划的制订和治疗效果的评价。根据病变组织的 X 射线吸收衰减值和计算软件，能把放射线集中至病变部位并使放射线量均一，使患者得到更恰当、更合理的治疗。

（三）X-CT 的优点及局限性

1. X-CT 的优点 与常规的影像学检查手段相比，X-CT 主要有以下四个方面的优点。

（1）X-CT 能显示真正的断面图像。X-CT 检查获取的图像是人体组织器官真正的横断面或冠状面的图像，这些图像既避免了不同组织器官病变影像相互重叠影响观察分析，又能提供受检切面组织器官和病灶等的解剖细节。通过 CT 机的特殊软件功能，根据扫描切层的厚度、层距、数目等可对病变或组织器官的形态、大小、部位解剖邻属关系作出准确和“立体”的判断。

（2）X-CT 图像清晰，密度分辨率高。X-CT 和普通 X 射线检查最大的不同是可把组织间的微小 X 射线吸收差异表现在图像上，其原因是：第一，X-CT 所摄取的是极薄层的人体横断面，将其显示在二维空间的画面上，不含有其他纵深阴影的重叠；第二，X-CT 是以笔形或扇形 X 射线射入人体，照射范围局限，故 X 射线散射小；第三，X-CT 解决了普通 X 射线信息“探测器”为荧光屏和胶片的问题，由于荧光屏和胶片涂抹的荧光体和感光物质颗粒往往分布不均匀，因而影响了 X 射线信息的接收效率和准确度，降低了图像的密度分辨率；第四，X-CT 的数据处理采用高速阵列处理机（AP），根据 X 射线探测器所收集的资料进行图像重建，大量检查数据的保管、检索、显示，可直接存取并迅速重复地进行，而普通 X 射线检查是无法实现的。一般 X-CT 的密度分辨率要比常规 X 射线检查高约 20 倍。

（3）X-CT 检查的操作简单、安全。与普通 X 射线检查、同位素和超声波检查一样，X-CT 检查不需要采取破坏体表的措施即可完成检查,而且检查全过程中所接受的照射均在安全允许范围内。

(4)X-CT 可作定量分析。X-CT 能够准确地测量各组织的 X 射线吸收衰减值,通过各种计算,可作定量分析。

2. X-CT 的局限性　X-CT 虽然极大地改善了诊断图像的密度分辨率,但由于各种因素的影响,也有其局限性和不足。

(1)极限分辨率仍未超过常规的 X 射线检查。

(2)X-CT 虽然有很广的应用范围,但也不是所有脏器都适合 X-CT 检查。如空腔性脏器胃肠道的 X-CT 扫描,就不如常规 X 射线检查,更不如内窥镜;由螺旋 X-CT 扫描的 CT 血管造影(CTA)目前的影像质量仍不及常规的血管造影。

(3)X-CT 的定位、定性诊断只能相对比较而言,其准确性受各种因素的影响。在定位方面,X-CT 对于体内小于 1cm 的病灶,常常容易漏诊。在定性方面,也常受病变的部位、大小、性质,病程的长短,患者的体型和检查配合度等诸多因素的影响。

(4)X-CT 的图像基本上只反映了解剖学方面的情况,几乎没有脏器功能和生化方面的资料。当体内的某些病理改变其 X 射线吸收特性与周围正常组织接近,或病理变化不大,不足以对整个器官产生影响时,X-CT 也无能为力。

二、X-CT 成像基本原理

(一)X 射线的衰减和衰减系数

如前所述,X-CT 像是利用 X 射线的衰减特性,这一过程与 X 射线的基本特性有关。在一匀质的物体中,X 射线的衰减与在该物质内的行进距离成正比。如设比例常数为 μ,X 射线的行进路程为 $\mathrm{d}x$,穿过该物质后 X 射线强度为 $\mathrm{d}I$,则

$$\mathrm{d}I=-\mu\mathrm{d}x \tag{7-1}$$

将式(7-1)进行不定积分运算,其路径 $\mathrm{d}x$ 被看作 X 射线所通过物质的厚度,并以 d 表示,则式(7-1)可写成

$$I=I_0\mathrm{e}^{-\mu d} \tag{7-2}$$

式中 I 是通过物体后 X 射线的强度,I_0是入射 X 射线的强度,e 是欧拉常数(2.718),μ 是线性吸收系数,d 是物体厚度。式(7-2)是 X 射线通过均匀物质时的强度衰减规律。因为在实际情况中,X 射线的衰减还与物质的密度和原子序数有关,即密度越大、原子序数越高,X 射线的衰减越大,则式(7-2)可写成

$$I=I_0\mathrm{e}^{-\mu_\mathrm{m}d_\mathrm{m}} \tag{7-3}$$

式中 $\mu_\mathrm{m}=\dfrac{\mu}{\rho}$为质量吸收系数,$d_\mathrm{m}=\rho d$ 为质量厚度。

在实际扫描 X 射线穿过人体组织时,各处的密度往往是不均匀的。为便于分析,把 X 射线通过的目标分成若干小块,设每块长度为 l(此时假设小块内的线性吸收系数 μ 是一个常数),因此对于每一个小块可有下列等式

$$I_l=I_0\mathrm{e}^{-\mu_l l} \tag{7-4}$$

n 个小块的强度则为

$$I_n = I_0 e^{-(\mu_1+\mu_2+\cdots+\mu_n)l} \tag{7-5}$$

一般地说，软组织的 μ 值接近水的 μ 值，肌肉的 μ 值比水的 μ 值约高5%，而脂肪的 μ 值比水的 μ 值约低10%，脑灰白质间的 μ 值约差0.5%，比水的 μ 值约高3.5%，骨的 μ 值约为水的 μ 值的2倍。在实际应用中，使用吸收系数不甚方便，X-CT的发明者亨斯菲尔德便定义了一个新的吸收系数标尺，即将空气与致密骨之间的X射线线性吸收系数的变化，划分为2000个单位，称为CT值。人们为了纪念亨斯菲尔德的功绩，将这一尺度单位命名为HU（Hounsfield unit），现在人们在临床应用中，均用HU作为CT值的测量单位。

（二）X-CT成像原理

X-CT成像原理如图7-1所示。X-CT是高度准直的X射线束环绕人体某部按一定厚度的层面进行断层扫描，由**探测器**（又叫检测器）接收透过该层面的X射线，然后经放大并转化为电子流，再经A/D转换器转为数字信号，输入电子计算机进行处理运算，由图像显示器将不同的数据用不同的灰度等级显示出来，即构成供诊断用的图像。成像的基础在某些方面与X射线照片是一致的：与X射线的穿透性有关；与组织（器官）吸收X射线的多少（X射线的衰减）有关，即与组织的密度有关；图像以从黑到白的不同灰度表示。

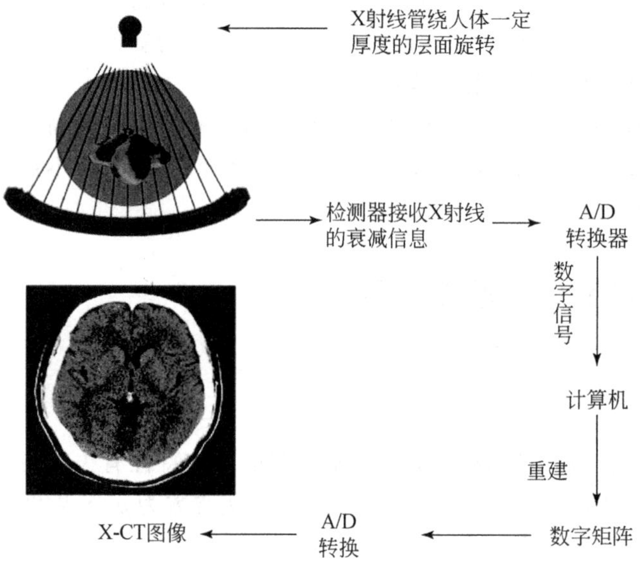

图7-1　X-CT成像原理

X射线穿过人体后的衰减遵循指数衰减规律：

$$I = I_0 e^{-\mu d} \tag{7-6}$$

式中 I_0 为入射X射线强度；I 为穿过物体衰减后的X射线强度；d 为物体厚度；μ 为接受X射线照射组织的线性吸收系数或衰减系数，与电子密度有关。

如果已知 I_0 和 d，测出 I 后便可知物体的 μ 值。X射线穿射人体经部分吸收后为检测器所接收，检测器接收射线信号的强弱，取决于人体截面内组织的密度。如组织为骨，密度高，吸收较多的X射线，检测器测得的射线量信号弱；反之，如脂肪、含气的脏器等，密度低，吸收较少的X射线，检测器将得到比较强的射线量信号。不同的组织对X射线吸收具有不同的特性，可用组织的线性吸收系数 μ 来表示。

沿着X射线束通过的路径上，X射线穿过的物质是不均匀的。我们可将目标分割成许多小体素，每个体素的长度为 Δd，Δd 应足够小。设第一个小单元入射的X射线强度为 I_0，则可求出透过第一个小单元的X射线强度 I_1 为

$$I_1 = I_0 e^{-\mu_1 \Delta d} \tag{7-7}$$

式中 μ_1 为第一个小单元的衰减系数。

对于第二个小单元来说，I_1 为入射X射线的强度，设第二个小单元的衰减系数为 μ_2，X射线穿射第二个小单元后的强度 I_2 则为

$$I_2=I_1e^{-\mu_1\Delta d}=I_0e^{-(\mu_1+\mu_2)\Delta d} \tag{7-8}$$

依次类推，则最后一个小单元穿射后的 X 射线强度 I_n 为

$$I_n=I_0e^{-(\mu_1+\mu_2+\cdots+\mu_n)\Delta d} \tag{7-9}$$

如果已知入射 X 射线强度 I_0、穿射后的强度 I_n，像素的长度 Δd，即可求出 $\mu_1+\mu_2+\mu_3+\cdots+\mu_n$。

为建立 X-CT 图像就必须求出每个像素的衰减系数。X-CT 成像过程就是求出 μ_1、μ_2、μ_3、…、μ_n 的过程。然而 n 个未知的衰减系数不可能由一次穿射而获得，必须从不同方向进行多次穿射，就可以收集足够多的数据，从而建立起足够数量的方程式（图 7-2）。如果把断面等分成 256×256 个单元，X 射线在每个角度上投射 256 次，这样每个角度可建立 256×256 个方程式，求得 256×256 个单元所对应的衰减系数，通过计算机运算出每个小单元的衰减系数。如果像素越小，检测器数目越多，计算机测得的衰减系数就越精确，所重建图像就越清晰。

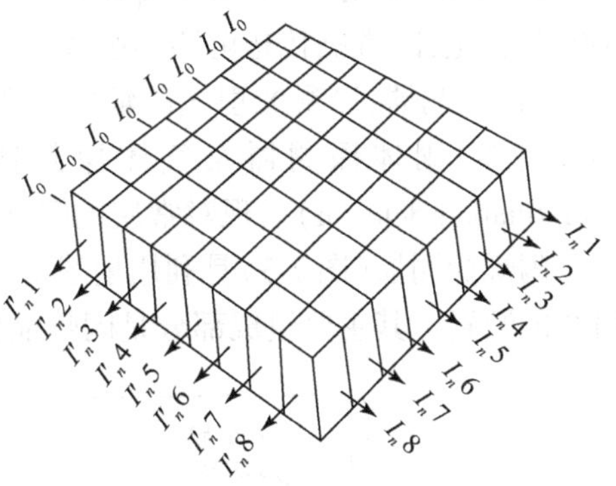

图 7-2　X-CT 图像重建原理图

I_0 为入射 X 射线强度，I_n、I'_n 为穿射后强度

三、X-CT 的工作原理及结构

（一）X-CT 的工作原理

X-CT 扫描成像工作过程是：由 X 射线管发出的 X 射线经准直器准直后，以窄束的形式透过被检查物体，被探测器接收，并由探测器进行光电转换，而后通过模数转换器作模拟信号和数字信号的转换，再交由计算机作图像重建，重建后的图像由数模转换器转换成模拟信号，最后以不同的灰阶形式在监视器上显示，或以数字形式存入计算机硬盘。

（二）X-CT 机的基本结构

X-CT 诞生至现在已发展到第五代，其设备主要由扫描系统与检查床、计算机系统和阵列处理机、扫描控制显示系统、图像与记录系统组成。

按照功能可将其分为以下几个部分。

1. X 射线发生部分　包括高压系统、位于扫描机架内的 X 射线管及其冷却系统等。

（1）高压系统：包括高压发生器及高压控制系统。X-CT 机对高压的稳定要求很高，因为高压值的变化直接反映了 X 射线能量的变化，而 X 射线能量与衰减系数的关系十分敏感（在光电效应区域，衰减系数与能量的三次方成反比）。因此在任何高压系统中均需要用高精密度的反馈稳压措施。对于电源电压不稳定的城市，需要外加稳压装置。在结构上，高压发生器大都采用三相 12 脉冲供电方式。首先给高压电容器充电，再供 X 射线管两端，新 X-CT 的高压发生器采用高频供电。X 射线管灯丝加热是采用交流 50Hz 整流后再振荡的形式供电，使 X 射线发射稳定。

（2）X 射线管及其冷却系统：X-CT 机上使用的 X 射线管与一般 X 射线机上使用的 X 射线管结构基本相同，也有固定阳极 X 射线管和旋转阳极 X 射线管两种。固定阳极 X 射线管主要

用于单束型和多束型扫描机中,焦点是矩形,主要用于第一代与第二代 X-CT 机中。第一代、第二代 X-CT 机通常采用油冷或水冷方式强制冷却球管。旋转阳极 X 射线管主要用于扇形束旋转扫描机中,即在第三代、第四代 X-CT 机上使用,通常采用油冷却方式。

2. 数据采集系统(data acquisition system,DAS) 一般由探测器、准直器、脉冲积分电路、A/D 转换电路、数据传送电路等组成。

(1)探测器:探测 X 射线的辐射强度,将 X 射线能量转化为可供记录的电信号的装置。有两种类型:固体探测器及气体探测器。固体探测器包括半导体探测器和闪烁探测器(scintillation detector)。现对常用的闪烁探测器的工作原理作一介绍。

闪烁探测器(图 7-3)是利用射线能使某些闪烁晶体(scintillation crystal)发光的特性来探测射线的装置。其主要组成部分是闪烁晶体、光导、光电倍增管等,整个装置外部用铝屏蔽。

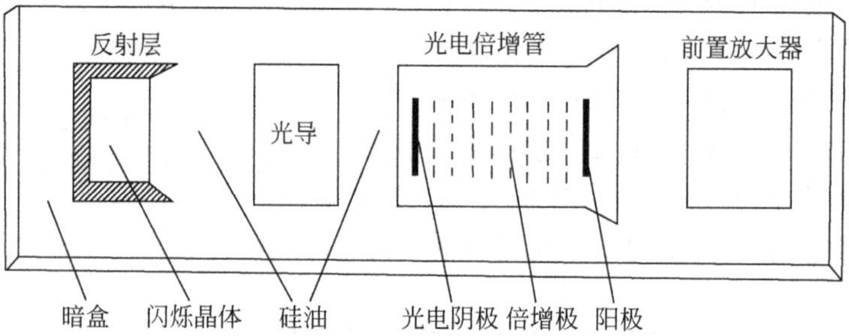

图 7-3 闪烁探测器

其工作原理是:当带电粒子进入闪烁晶体时,使其原子激发或电离,当受激发原子由激发状态返回到基态时,可以发出荧光光子,荧光光子经光导投照到光电倍增管的光电阴极上,光电阴极上的光电敏感物质放出光电子,光电子经聚焦投照到光电倍增管的倍增极。由于倍增极的电子倍增作用,光电子数量大大增加,这些电子打在光电倍增管的阳极上,并在输出电阻上形成一个电压脉冲,该脉冲经前置放大器反馈到后续的测量电路上。在闪烁晶体前面加有反射层,常常是涂有白色氧化镁粉末的铝盒,它使闪烁晶体产生的荧光光子能大部分反射到光电阴极上。另外,在晶体与光电倍增管间放置由有机玻璃制成的光导,并涂有硅油以保证良好的光耦合。一般闪烁晶体用碘化钠(NaI)、碘化铯(CsI)、锗酸铋(BGO)和钨酸镉($CdWO_4$)等。探测器灵敏度高,光子转换效率高,但几何利用率低,稳定性差。

固体探测器的优点是灵敏度较高,有较高的光子转换效率。缺点首先是相邻的探测器之间存在缝隙,X 射线辐射的利用率相对较低;其次是晶体发光后余辉较长,会影响响应函数,使高低密度交界处的图像产生拖尾伪影;最后是整个探测器阵列中的各个探测器难以做得完全一致,将造成误差而影响质量。

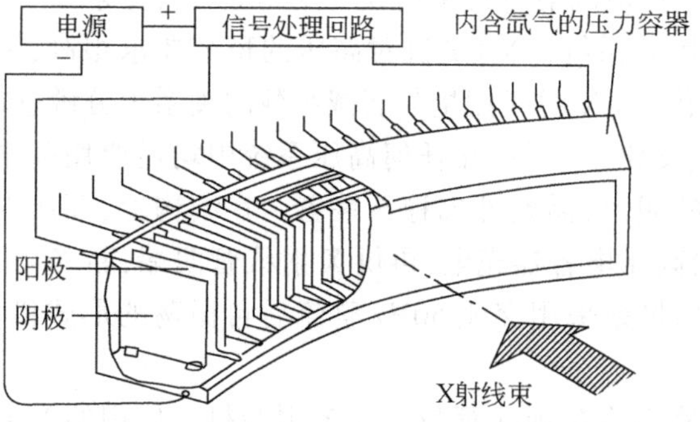

图 7-4 气体探测器

气体探测器(图 7-4)是采用化学性能稳定的惰性气体氙气或氪气。它是通过收集在气体中产生的电离电荷记录辐射强度的。一般都具有类似结构,在充有一定的压力气体的密封容器中,置有一根金属丝或金属棒、金属板作为探测器的正极,容积壁作为负极。

其工作原理为：工作时，两极间加有一定的工作电压，在两极间形成电场。当带电粒子进入探测器时，气体电离产生许多正负离子对，它们在电场的作用下分别向负、正极移动，形成放电电流，在外电路电阻上便产生了相应的电压信号。同固体探测器相比，其几何利用率高，稳定性较好，但光子的转换率低。通常电离室中封入具有 10 ~ 15 atm 的高压氙气，以提高 X 射线光子的捕捉效率。

（2）准直器：X-CT 扫描机中的准直器分为两种，一是 X 射线管端的准直器，二是探测器端的准直器（如图 7-5 所示）。准直器的作用是减少患者吸收的 X 射线剂量和对 X-CT 成像过程产生的不必要的散射线，其次还决定了 X-CT 扫描的层厚。X-CT 用准直器一般采用多叶式，其面向患者的最后一组叶片决定层厚的大小。

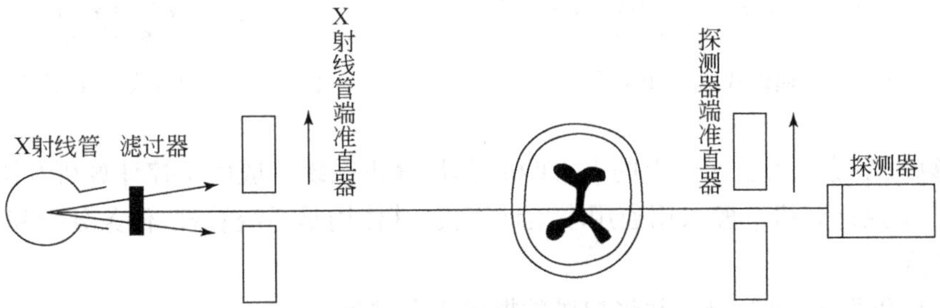

图 7-5　X-CT 扫描机中的准直器结构示意图

（3）脉冲积分电路：从检测器来的电流脉冲信号被送到脉冲积分电路，转变成直流电压信号。电流脉冲幅度越高即 X 射线剂量越大，积分电路所得的直流信号越大。通过测量得到不同的直流电压信号，即不同的 X 射线强度，可以间接地得到被检测物体不同的密度。

（4）A/D 转换电路：DAS 中的主要部分，它将积分电路得到的直流电压信号经浮点放大，然后通过 A/D 转换器变为数字信号再送到阵列处理机中进行图像重建。最常用的 A/D 转换器有两种：逐次逼近式 A/D 转换器和双积分式 A/D 转换器。

逐次逼近式 A/D 转换器：（图 7-6）其工作原理为，将一待转换的模拟输入信号 V_{IN} 与一个“推测”信号 V_1 相比较，根据“推测”信号是大于还是小于输入信号来决定减小或增大该“推测”信号，以便向模拟输入信号逼近。“推测”信号由 D/A 转换器的输出获得，当“推测”信号与模拟信号“相等”时，向 D/A 转换器输入的数字即为对应的模拟输入的数字。其“推测”的算法是，它使二进制计数器中的二进制数的每一位从最高位起依次置 1。每改变一位时，都要进行测试。若模拟输入信号 V_{IN} 小于或大于推测信号 V_1，则比较器的输出为零；否则比较器的输出为 1，此时在 D/A 转换器的数字输入即为模拟输入信号的数字量，将此数字输出，即完成其 A/D 转换过程。

双积分式 A/D 转换器（图 7-7）：它的抗干扰能力较强。其工作原理是测量两个时间，一个是模拟输入电压向电容器充电的固定时间，另一个是在已知参考电压下放电所需的时间。模拟输入电压与参考电压的比值就等于上述两个时间值之比。

在“转换开始”信号控制下，模拟输入电压 V_{IN} 在固定时间内充电几个时钟脉冲，时间一到，控制逻辑就把模拟开关转换到与 V_{IN} 极性相反的基准电源上，开始使电容器放电。放电期间，计数器计数脉冲的多少反映了放电时间长短，从而决定了模拟输入电压的大小。输入电压大则放电时间长。当比较器判定电容器放电完毕时，输出信号使计数器停止计数，并由控制逻辑发出“转换结束”信号。计数器计算值大小反映输入电压 V_{IN} 在固定积分时间的平均值。

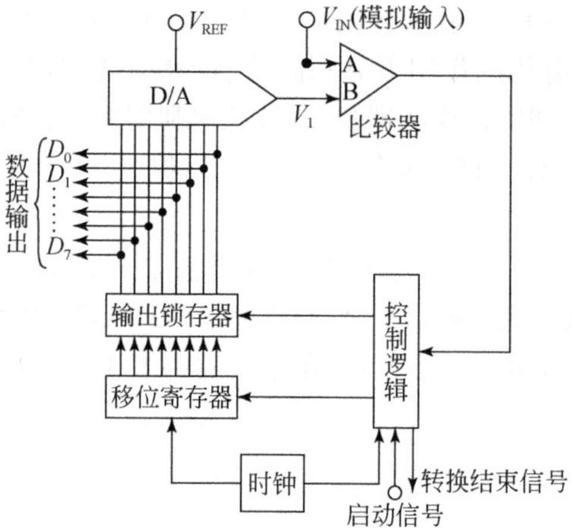

图 7-6　逐次逼近式 A/D 转换器

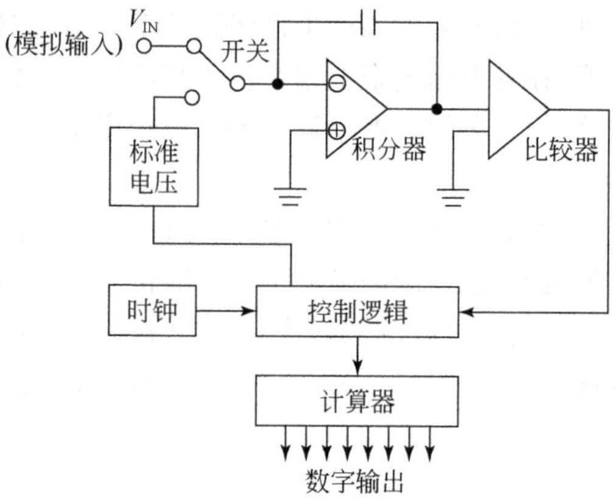

图 7-7　双积分式 A/D 转换器

3. 计算机系统　第三代以上的 X-CT 机,其计算机系统一般由主控计算机和阵列处理机两部分组成。主控计算机一般采用通用小型计算机,其作用是系统管理、任务分配和外设控制等,具体内容如下:

(1)控制和监视扫描过程,并将扫描数据送入存储器;

(2)CT 值的校正和输入数据的扩展;

(3)与操作者对话并控制扫描等信息的传送;

(4)图像重建的程序控制;

(5)故障诊断及分析。

阵列处理机与主控计算机相连,其本身不能独立工作,主要的任务是在主控计算机的控制下,进行图像重建等处理。图像重建时,阵列处理机接收由数据采集系统或磁盘送来的数据,进行运算后再送给主控计算机,然后在终端显示。它与主控计算机是并行工作的,阵列处理机工作时,主机可执行自己的运算,而当阵列处理机把数据运算的结果送给主机时,主机暂停自己的运算,处理阵列处理机交给的工作。

随着 X-CT 的发展,各部件均有自己的微处理器来控制工作。主控计算机按系统运行时间将各个微处理器的工作协调起来。这样机器在扫描的过程中仍可进行图像重建,医务人员仍可进行图像的诊断,大大提高了工作效率。计算机系统框图及图像处理过程如图 7-8 所示。

4. 图像存储和记录系统　常用的有硬盘(disk)、软盘(floppy disk)、磁带机(magnet tape driver)、光盘(optical disk)、多幅照相机(muti-format camera)、激光打印机(laser printer)等。目前主要用的是多幅照相机或激光打印机。

5. 机械控制部分　主要指扫描框架和床,扫描框架具有倾斜功能,可依需要作不同角度的倾斜,一般均能使其机架有 120°的倾斜角度。

扫描床可做上下运动,其床面还可做前后运动。前后运动除受操作人员手动按钮控制外,在扫描过程中受计算机控制。整个机械控制部分的运动状态直接影响图像质量,且通过接口电路显示在控制台的监视器上。

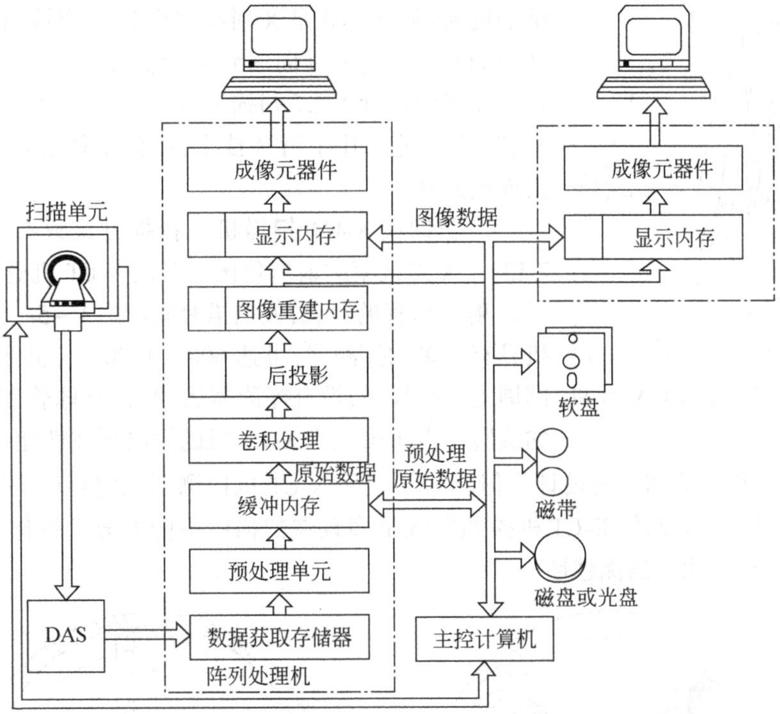

图 7-8　计算机系统框图及图像处理过程

四、X-CT 扫描方式

X-CT 自 20 世纪 70 年代问世以来发展很快,根据其发展的时序、扫描方式和构造性能,X-CT扫描机大致可分成五代,具体介绍如下。

1. 第一代 X-CT 扫描机　为旋转-平移扫描方式,多属头颅专用机(图 7-9)。X 射线管是油冷固定阳极,扫描 X 射线束为笔形束,探测器一般是 2～3 个。扫描时,X 射线管和探测器环绕患者做旋转和同步直线平移运动,X 射线管每次旋转 1°,同时沿旋转反方向做直线运动扫描。下一次扫描,再旋转 1°并重复前述扫描动作,直至得到 180°以内的 180 个平行投影值。这种 X-CT 机结构的缺点是射线利用率很低,扫描时间长,一个断面需 3～5min。

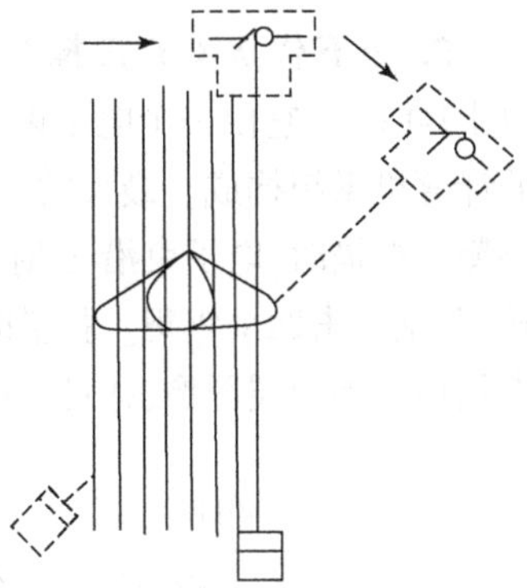

图 7-9　第一代笔形束 X-CT 机

2. 第二代 X-CT 扫描机　仍为旋转-平移扫描方式,与第一代 X-CT 机相比没有本质上的差别(图 7-10)。扫描 X 射线束由笔形改为 5°～20°的小扇形束,探测器增加到 3～30 个,平移扫描后的旋转角度由 1°提高到扇形射线束夹角的数值,扫描的时间缩短到 20～90s。但第二代 X-CT 机由于作了一些小的改进,与第一代 X-CT 机相比,如缩小了探测器的孔径、加大了矩阵和提高了采样的精确性等,图像质量有了明显的改善。

3. 第三代 X-CT 扫描机　改变了扫描方式,为旋转-旋转方式(图 7-11)。X 射线束是 30°～45°的大扇形束,探测器数目增加到 300～800 个。扫描时间进一步缩短到 2～9s 或更短。所

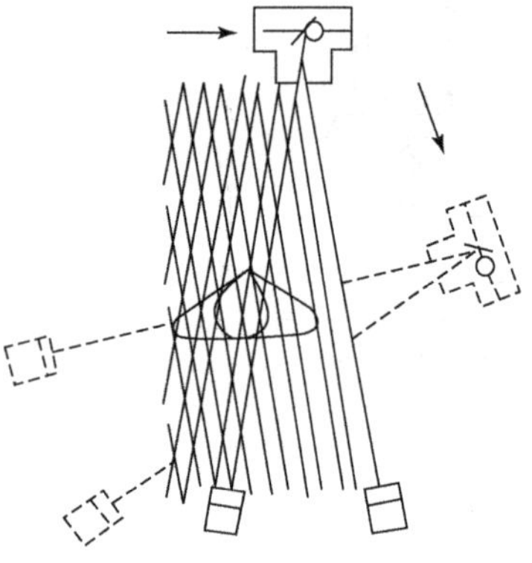

图 7-10 第二代小扇形束 X-CT 机

谓的旋转-旋转方式是 X 射线管作 360°旋转扫描后，X 射线管和探测器系统仍需反向回到初始扫描位置，再作第二次扫描。近年发展的螺旋 X-CT 扫描方式，其基本结构仍归类为第三代 X-CT 机，但它采用了滑环技术，取消了往复式的旋转，是单向的连续旋转。

4. 第四代 X-CT 扫描机 扫描方式只有球管的旋转（图 7-12）。X 射线束的扇形角比第三代 X-CT 机更大，因此也减少了 X 射线球管的负载，使扫描时间可达 1 ~ 5s。这一类的 X-CT 机具有更多的探测器，可达 600 ~ 1500 个，全部分布在 360°的圆周上。扫描时，没有探测器运动，只有球管围绕患者作 360°的旋转。由于第三代 X-CT 机的探测器在性能不稳定时易产生环形伪影，而采用了第四代的设计。但随着第三代 X-CT 机探测器稳定性的提高，并在软件上采用了相应的措施，第四代 X-CT 机探测器数量多且在扫描中不能充分发挥作用，相对于第三代 X-CT 机，它已无明显的优越性。

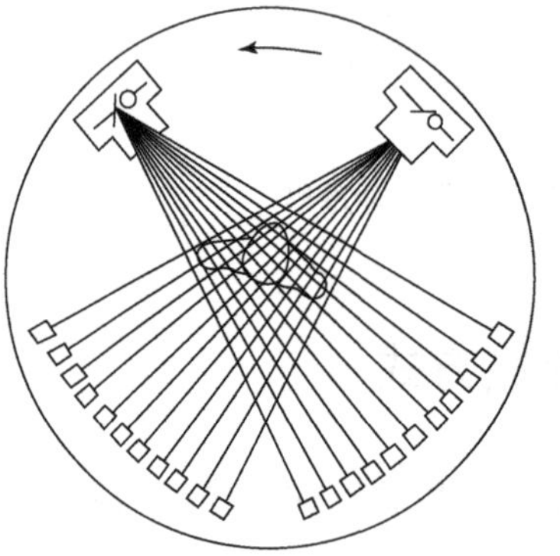

图 7-11 第三代大扇形束 X-CT 机

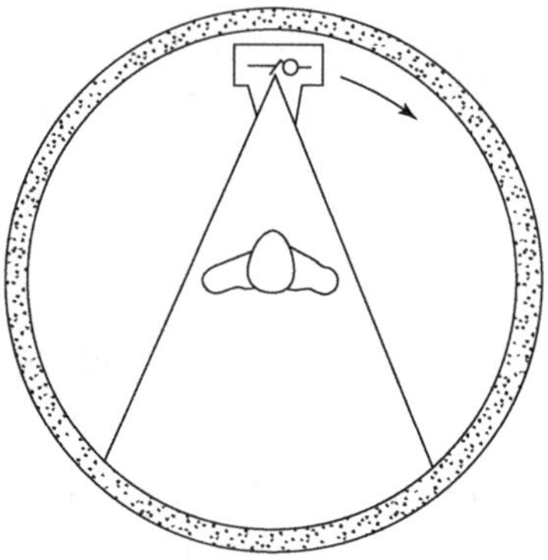

图 7-12 第四代 X-CT 机

5. 第五代 X-CT 扫描机 又称电子束 X-CT 机，它的结构明显不同于前几代 X-CT 机（图 7-13）。它由一个电子束 X 射线管，一组 864 个固定探测器阵列和一个采样、整理、数据显示的计算机系统构成。最大的差别是 X 射线管，它有一个电子枪、偏转线圈和处于真空中的半圆形钨靶。扫描时，电子束沿 X 射线管轴向加速，电磁线圈将电子束聚焦，并利用磁场使电子束瞬时偏转，分别轰击四个钨靶。扫描时间为 30ms、50ms 和 100ms。由于探测器是排成两排 216°的环形，一次扫描可得两层图像，并且一次扫描分别轰击四个靶面，故总计一次扫描可得八个层面。

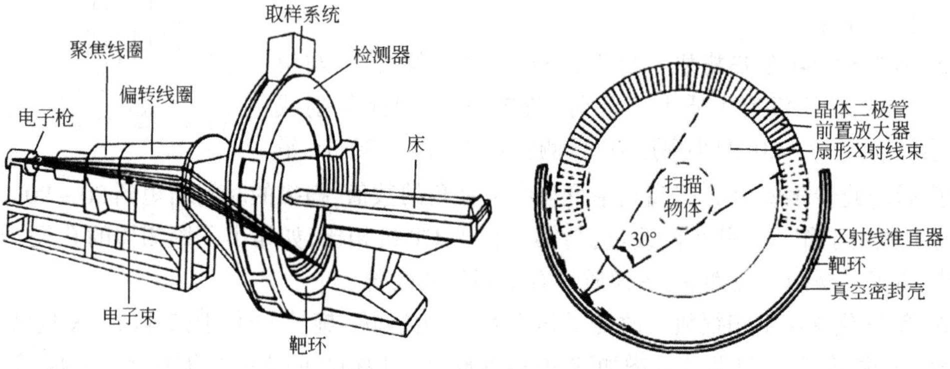

图 7-13 第五代 X-CT 机

现将各代 X-CT 机扫描方式的主要特性总结在表 7-1 中。

表 7-1　各代 X-CT 机扫描方式的主要特性

	第一代	第二代	第三代	第四代	第五代
扫描方式	旋转-平移	旋转-平移	旋转-旋转	旋转	静止
射线束	单束扫描	小扇形束	大扇形束	反扇形束	动态空间重现
扫描时间	3~5min	20~90s	2~9s	1~5s	30ms、50ms、100ms
探测器数量	2~3 个	3~30 个	300~800 个	600~1500 个	864 个
射线束角度	—	5°~20°	30°~45°	50°~90°	30°~45°
扫描层/次	1	2	1	1	8
应用范围	头部	头部	全身	全身	心等动态器官

五、X-CT 常用概念及参数

（一）准值器宽度

准值器位于 X-CT 扫描架的两个位置：接近 X 射线球管（前准值器）和接近检测器（后准值器）。患者前准值器用于形成特定形状的 X 射线束，由两部分组成：第一部分是固定的准值器，保证 X 射线束在横断面上呈扇形；第二部分是可调节的准值器，可以在纵轴方向上变化不同的准值，以获得所需的 X 射线束厚度。此 X 射线束厚度就是临床应用中经常提到的准值器宽度。例如，在 64×0.5mm 检测器结构的 64 层螺旋 X-CT 中，准值器宽度为 32mm；而在 16×1mm 检测器结构的 16 层螺旋 X-CT 中，准值器宽度为 16mm；此距离指扇形 X 射线束通过扫描中心点时的距离。

（二）床速和螺距

在螺旋扫描方式中，X-CT 扫描床移动速度（床速）是一项密切关系图像质量、辐射剂量、扫描时间和覆盖范围的重要参数。多层螺旋 X-CT 和宽 X 射线束范围有助于在每次扫描架旋转期间有更快的床速。

螺距是主要用于定量评价 X-CT 床速的参数，其定义为 X 射线管每旋转 360°X-CT 扫描床移动的距离除以准值器的宽度。螺距是没有单位的参数。当床速与准值器宽度相等时，螺距为 1；当床速小于准值器宽度时，螺距小于 1，扫描数据会有部分重叠。螺距越小，重叠的部分越多。对于 4 层螺旋 X-CT，采用 4×1.0mm 的准值器，床速为 6mm/r 的参数设置时，螺距等于 6/(4×1)=6/4=1.5。对于 64 层螺旋 X-CT，采用 64×0.5mm 的准值器，床速为 48mm/r 的参数设置时，螺距仍等于 48/(64×0.5)=1.5。

螺距对于多层螺旋 X-CT 图像质量的影响要比单层螺旋 X-CT 小，但其与图像质量、伪影（artifact）、辐射剂量之间的关系更为复杂，有些也有争议。螺距的最佳选择取决于检测器的设置和 X-CT 投影数据的内插算法模式。一些厂家推荐在多层螺旋 X-CT 中使用一组固定大小的螺距值，而其他厂家则建议可任意选择不同的螺距值。总之，采用较高的螺距时，层面形态增宽可致 z 轴分辨力下降。采用较低的螺距时，可改善 z 轴分辨力，但是要维持相同的信噪比（SNR）则会产生更高的辐射剂量。在特定临床条件下，进行扫描参数的螺距值设定时，应当认真考虑图像质量与辐射剂量之间的平衡。

实际临床应用中，多层和单层螺旋 X-CT 选择螺距值范围为 1 ~ 2；但心脏 X-CT 需要低螺距的重叠扫描，以保证获得足够的连续采样扫描数据。此外，低螺距值扫描能更有效地减少多层螺旋 X-CT 的相关伪影，这在多平面重组和 3D 图像中更为明显。

（三）管电压和管电流

恰当地选择 X-CT 的扫描参数对于优化辐射剂量和图像质量是至关重要的。在管电流恒定而降低管电压，或者管电压恒定而降低管电流时，会降低 X 射线管的输出量和对患者的辐射剂量。对于大多数 X-CT 设备，只能进行几个管电压值的选择。成人的常规体部 X-CT 采用 120 ~ 140kV 的管电压进行扫描；对于儿童，绝大多数采用 80kV 的管电压进行扫描，以降低辐射剂量。

与管电压相比，管电流的选择更加灵活，常见的范围从 20mA 到 800mA 不等。与管电压相比，调节管电流的实际优点是它对图像质量的影响更为直接。因此，控制管电流或旋转时间是一种比管电压更常见和实用的降低辐射剂量的方法。例如，对于胸部 X-CT，肺部结节普查的参数可以采用 20mA · s、120kV，而常规临床检查的参数为 120mA · s、120kV。

在单层螺旋 X-CT 中，更高的螺距会导致层厚增大，这样当管电流恒定时，每个层面的噪声保持不变；而在多层螺旋 X-CT 中，增加螺距不一定会造成层厚增加。当层厚不变时，如管电流恒定，增大螺距可降低辐射剂量并增加图像噪声。为了使噪声水平保持不变，增加螺距时必须增大管电流。这样，就需要介绍新的术语——有效毫安秒（单位为 mA · s），它的定义为毫安秒值除以螺距的值。螺距为 2 时 200mA · s 扫描方式与螺距为 1 时 100mA · s 扫描方式的有效毫安秒相等，这使两种扫描方式的辐射剂量和噪声相同。

（四）层厚

层厚的选择取决于具体的临床应用、定量检查和显示的要求。薄层图像可提供清晰的解剖细节，但数据量和阅读图像的时间会增加。此外，薄层图像较厚层图像需要更长的采集时间，图像噪声也更大。临床常规诊断应用的层厚为 5mm。对于 3D 显示、X-CT 血管成像或筛查肺小结节的图像，通常是以 1 ~ 2mm 的层厚进行采集。对于细微结构定量检测的一些临床应用（如冠状动脉的小斑块或颞骨结构），可能需要 0. 4 ~ 0. 6mm 的层厚。

在单层螺旋 X-CT 中，所采集的扫描投影数据确定了固定的层厚。与此不同的是，在多层螺旋 X-CT 中，扫描架每次旋转期间所得到的螺旋数据可产生不同层厚的图像。然而，层厚不能低于采集期内所使用的检测器的宽度。例如，16 层螺旋 X-CT 采用 16×0. 5mm 检测器设置的扫描方式可产生 0. 5mm、1mm、1. 5mm、2mm、3mm、4mm、5mm 等不同的层厚。采用较大层厚时，所重建的图像数目会减少，而每幅图像的噪声会降低。

（五）X-CT 成像基本参数

X-CT 图像是通过计算机计算出来的 X 射线衰减值的二维分布图。X-CT 图像是由一定数目的像素按矩阵排列所构成的二维断层图像。这些像素反映相应单位容积的 X 射线吸收系数，目前常用的装置的像素大小为 256×256，320×320 或 512×512。X-CT 图像以不同灰度等级（即灰阶（gray scale））在显示屏上显示。为了更好地认识 X-CT 图像，以下介绍一些与图像有关的概念。

1. 矩阵　按照横行纵列排成的栅状矩形阵列叫矩阵（matrix），可用计算机的图像存储器的硬件来实现。它由两项指标来评价：一是矩阵的大小，如 256×256，512×512 等；二是矩阵中数字的精度，它用二进制的位数来表示，如 10bit，12bit 等。矩阵大小影响着图像的质量。如构成图像矩阵小，像素数量少，图像的分辨率则低，观察到的原始图像细节就少；反之，矩阵大，像素数量多，尺寸小，图像的分辨率高，观察的细节多。在实际应用中，有重建矩阵和显示矩阵之分。

2. 视野（field of view，FOV）　扫描时按观察部位大小选用的扫描野（SFOV）和显示野（DFOV）。以 cm × cm 来表示，通常两者大小相近，但显示野可以根据欲观察范围的大小而改变，使重建图像显示更清晰，突出病变检查的细致度。通常可改变显示野范围或者以不同矩阵形式来提高图像的显示分辨率。但影像重建像素大小不会大于机器本身固有分辨率。

$$\text{重建像素的大小：Pixel（像素）} = \frac{\text{DFOV（显示野）}}{\text{matrx（矩阵）}} \tag{7-10}$$

由式(7-10)可见图像的重建像素大小与矩阵和显示野大小的关系，当显示野范围不变，矩阵大时，重建像素值就大小，图像分辨率好，但图像重建时间也长。如在可获得相同效果的影像质量的前提下，矩阵大小不变，而改变显示野的范围，即减小显示野，也能获得小的像素值，提高了影像的空间分辨率，且大大缩短了影像重建时间。

3. 体素（voxel-volume element）　是一个三维的概念。由于被准直的 X 射线束是有一定厚度的(5mm，10mm 等)，因而图像实际上是具有一定厚度的三维体层图像。体素作为体积单位，有三要素，即长、宽、高。通常 X-CT 中体素的长和宽都为 1mm，高度、深度则根据层厚可分别为 10mm、5mm、3mm、2mm、1mm 等。体素即为这一体层的最小单元。在每个体素中我们认为其吸收系数是均匀的，体素的线性衰减遵循沿直线衰减分布的投影规律。

4. 像素（pixel-picture element）　又称像元，是构成 X-CT 图像的最小单位。它与体素相对应，体素的大小在 X-CT 图像上的表现，即为像素（图 7-14）。它是一个二维的概念。由于体素中组织的线性吸收系数(μ 值)是稳定的，因而体素在成像时以像素的形式显示。像素的尺寸由扫描野与矩阵的比值来确定。若矩阵大小固定，视野增加时，图像分辨率低。因为视野增加，每个像素尺寸也增大。像素尺寸减小虽然可提高分辨率，但由于图像矩阵常为正方形，会造成像素增多，像素多则占据计算机内存大，即图像储存量减少，且一幅图像的重建时间长。

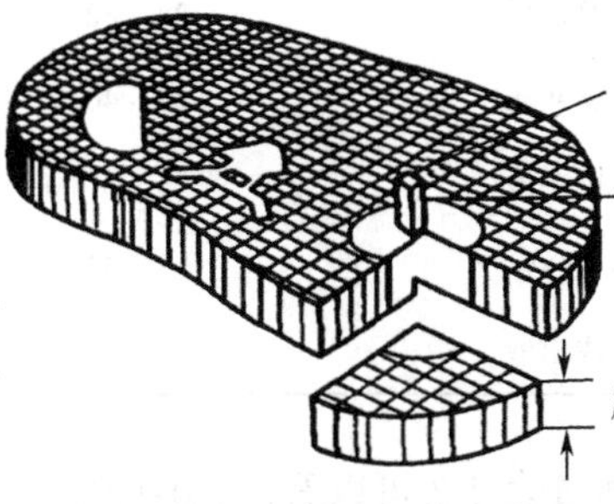

图 7-14　体素与像素关系

5. 灰阶　图像是将重建后矩阵中每一像素的 CT 值，经 D/A 转换后变成相应的不同亮暗度的信号，并显示在图像显示器上。显示器所表现的亮暗信号的等级差别称为灰阶，灰阶一般只有 16 个刻度，在 2000 个 CT 值范围内，64 级灰阶中的每一等级，将分别代表 31 个连续的 CT 值。人眼一般只能识别 16 级左右连续的灰阶,根据个体的差异最多不超过 30 级,而对应的组织密度灰阶差要大得多,通过窗口技术中窗宽、窗位的调节,以适应视觉的最佳范围。

(六)CT 值

CT 值是人为制定的,与物质吸收系数相关的相对值,用以表达图像上组织密度的数值。X-CT 图像的重要优点是能够分辨人体组织密度的细微差别,所采用的标准是根据各种组织对 X 射线的线性吸收系数(μ)来决定的。为了明确表示组织的密度高低,规定将受测物质的衰减系数μ_m减去水的衰减系数$\mu_水$,与水的衰减系数$\mu_水$作比值,并以骨皮质和空气的衰减系数分别作为上下限进行分度,这样得出 CT 值。其计算公式为

$$\text{CT 值}=\frac{\mu_m-\mu_水}{\mu_水}\times\alpha \tag{7-11}$$

μ_m表示所测组织的 X 射线衰减系数,$\mu_水$为水的衰减系数,α 为分度因数。CT 值多以 HU 为单位来表示,$\alpha=10000$。$\mu_水$为 1。μ_B表示骨的衰减系数,为 1.9～2.0。μ_α表示空气的衰减系数,为 0.0013,约等于 0。将上述值代入公式可计算出水、空气、骨的 CT 值:

$$\text{水的 CT 值}=\frac{\mu_水-\mu_水}{\mu_水}=\frac{1-1}{1}\times1000=0$$

$$\text{空气的 CT 值}=\frac{\mu_\alpha-\mu_水}{\mu_水}=\frac{0-1}{1}\times1000=-1000$$

$$\text{骨的 CT 值}=\frac{\mu_B-\mu_水}{\mu_水}=\frac{2-1}{1}\times1000=+1000$$

将人体组织的 CT 值定为 2000 个分度,上界为骨的 CT 值,即+1000HU,下界为空气的 CT 值,即-1000HU。近代有些机器为了使 CT 值更为精确,将 CT 值的界限定为 4000 个分度,上界为+2000HU,下界为-2000HU。

CT 值不是绝对不变的数值,它是以水的 CT 值为 0 的相对值。它受许多因素的影响,如 X 射线管电压、X-CT 装置、室内环境、扫描条件、邻近组织等。因此,在评价组织的 CT 值时应考虑到种种因素的影响,它不能作为组织定性诊断的绝对依据。正常人体不同组织、器官的 CT 值见表 7-2。

表 7-2 正常人体不同组织、器官的 CT 值

组织或器官	CT 值/HU	组织或器官	CT 值/HU
骨组织	>400	脂肪	-100～-20
血块	64～84	漏出液(蛋白<30g/L)	<18
脑白质	28～32	肝脏	50～70
脑灰质	32～40	脾	35～60
脑脊液	3～8	胰腺	30～55
血液	13～32	肾脏	40～55
渗出液	>15	肌肉	40～55

通过表 7-2 可以看出,组织密度越大,CT 值越高。通过 CT 值,我们可以量化组织的 X 射线吸收系数,反映不同组织的密度差别;一旦某种组织发生病变,可以通过病变 CT 值的测量,辅

助判断病变成分与性质。需要指出的是,CT 值并不是恒定不变的,会因 X 射线硬化、电源状况、扫描参数、温度和邻近组织等因素发生改变,因此要在诊断中作出合理的判断。

(七)窗口技术

X-CT 影像显示技术又称窗口技术,即正确地选择和运用窗宽、窗位技术,来获得清晰的图像,使病变部位明显地显示出来。窗宽、窗位对 X-CT 图像显示窗的调整也会对图像的对比度、解剖结构和边缘位置有明显的影响。通常较大的窗宽适用于较大的部位,如肺部和骨骼;较小的窗宽适用于软组织部位。因此,窗口技术是 X-CT 诊断不可缺少的一个重要环节,根据诊断需要选择恰当的窗宽和窗位在技术操作中是十分重要的。

人眼难以分辨微小的灰度差别。而人体组织的 CT 值范围有 2000 个分度,如阴极射线管(CRT)上用 2000 个不同灰阶来表示这 2000 个分度,图像层次多,但人眼无法观察。为了提高组织细微结构的显示,人们可根据诊断需要调节图像的对比度和亮度,称为**窗(window)**,窗可分为**窗宽(windows width)**、**窗位(window level)**。这种调节窗宽、窗位的技术即为窗口技术。

1. 窗宽　代表的是显示图像上所包括的 16 个灰阶的 CT 值的范围。如窗宽为 160HU,则可分辨的值为 160HU/16=10HU,两种组织的密度差别超过 10HU 可分辨。窄窗宽显示的 CT 值范围小,每级灰阶代表的 CT 值幅度小,提供高对比图像;反之,宽窗宽显示的 CT 值范围大,每级灰阶代表值幅度大,降低了图像的密度分辨率,密度差别较小的组织不易显示。

2. 窗位　又称窗中心,是指 X-CT 图像上灰白刻度中心点的 CT 值。在理论上,窗位应与欲观察组织的 CT 值接近,但实际操作中需兼顾其他结构来调节适当的窗位。窗位的高低影响图像的亮度,窗位低图像亮度高呈白色,窗位高图像亮度低呈黑色。

3. 窗口技术的应用　通过 CT 值的概念,已经知道人体组织的密度差别较大:肺部含有大量的空气,CT 值接近-1000;骨骼含有密度很高的矿物质,最高的 CT 值接近+1000,这样 CT 值的变化范围仅不计小数点以下,就有 2000HU。人眼所能够分辨的显示器上的灰阶变化在 128 个左右。为了提高对较小密度差别间组织的分辨能力,在 X-CT 图像的显示过程中引入了窗技术,即通过窗位和窗宽的设置,有针对性地观察特定的部位和组织,突出感兴趣结构在图像中的对比和层次。

在 X-CT 图像中,若减小窗宽范围,会突出不同组织间的差别,图像的反差加大,但看起来较粗糙。这样做的好处是,密度差较小的病灶由于增大反差变得容易发现,如在肝脏的检查中,可适当减小窗宽,有利于较低密度差别病灶的检出;另一方面,如果加大窗宽,图像的反差会减小,层次会更丰富些,图像看起来较柔和,但是密度差别较小的病灶不易观察。在腹部 X-CT 检查时,适当放宽窗位,则可以使腹部的脂肪和气体的密度有所区别。

在临床工作中,应根据具体的情况,恰当地对 X-CT 图像的窗宽和窗位加以调整,将能够获得更多的诊断信息。当然这种调整是有限度的。总之,要获得较清晰且能达到诊断要求的图像,必须正确应用窗技术。

第二节　X-CT 图像重建

一、X-CT 图像重建的基本原理

图 7-15 是图像重建基本原理。假设物体 O 是一个具有不同密度的物体,P 是该物体中不

同密度的平面投影,该物体被想象切成一个断面 S,该断面在平面 P 上被投影成一条状影像,那么断面圆柱体的密度投影在平面上则产生可计算的数据。由此则在平面 P 上某一点的投影密度值是沿直线方向通过物体 O 密度的直线方向合成。我们在数学上需解决的图像重建问题即是作平面内沿直线方向密度的线合成。另一个数学上需解决的问题是,要准确地重建这个物体需作多少投影。

X-CT 图像重建投影基本原理可如图 7-16 所示,假设一个物体 O 由坐标 x,y 表示,衰减系数 μ 的分布则由 $\mu(x,y)$ 作出,在物体中 x,y 方向各点之间的 μ 值是各不相同的。

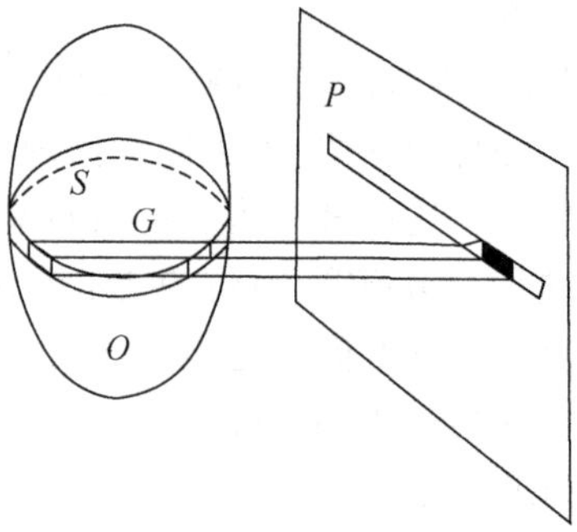

图 7-15　图像重建基本原理

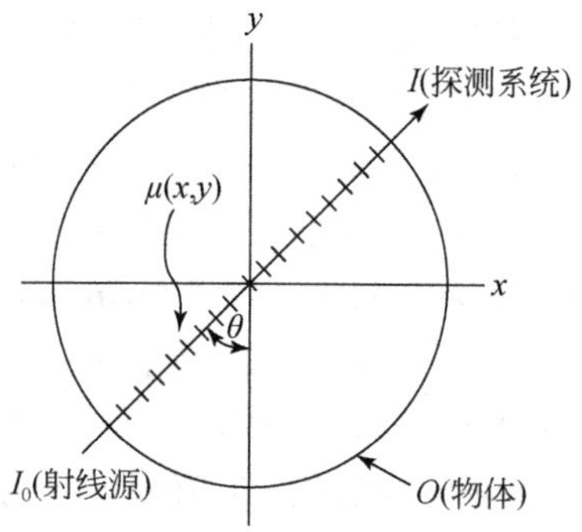

图 7-16　X-CT 图像重建投影基本原理

如果一强度为 I_0 的 X 射线沿直线方向通过物体,落在探测器上的射线强度是 I,那么就可作出 $\mu(x,y)$ 线合成的投影:

$$I = I_0\left[-\sum_{\text{射线源}}^{\text{探测器}}\mu(x,y)\right] \tag{7-12}$$

将式(7-12)取负对数,则可得一线性合成等式:

$$T_0(X) = \ln\left(\frac{I}{I_0}\right) \tag{7-13}$$

$$\ln\left(\frac{I}{I_0}\right) = \sum_{\text{射线源}}^{\text{探测器}}\mu(x,y) \tag{7-14}$$

式中 $T_0(\mathrm{X})$ 是 X 射线在角度 θ 的行进路径,如图 7-16 所示,这是沿直线全部吸收值的测量结果,简言之,则是沿射线方向 $\mu(x,y)$ 的合成。

实际应用的问题是通过物体后必须有足够的射线量,目前实际使用的 X-CT 机都提供了这方面的保障。

二、X-CT 图像重建的方法

(一)直接矩阵变换法重建 X-CT 图像

设一个物体的内部吸收系数矩阵为

$$\begin{bmatrix} u_{11} & u_{12} & \cdots & u_{1n} \\ u_{21} & u_{22} & \cdots & u_{2n} \\ \vdots & \vdots & & \vdots \\ u_{n1} & u_{n2} & \cdots & u_{nn} \end{bmatrix} \tag{7-15}$$

为了求得该矩阵中的元素值，我们可以先计算该矩阵在 T 个角度下的 T 组投影值为 $p_{\theta1}$，$p_{\theta2}$，$p_{\theta3}$，…，$p_{\theta m}$，设水平方向时 $\theta=0$，则有

$$\begin{cases} u_{11}+u_{12}+\cdots+u_{1n}=p_{01} \\ u_{21}+u_{22}+\cdots+u_{2n}=p_{02} \\ \cdots \\ u_{n1}+u_{n2}+\cdots+u_{nn}=p_{0n} \end{cases} \tag{7-16}$$

同样，其他角度下也有类似方程，把所有方程联立求解，即可得到所有 u 值。实际应用中，由于图像尺寸较大，联立的方程个数较多，采用直接矩阵变换法难度较大。

（二）迭代重建法重建 X-CT 图像

迭代重建（iterative reconstruction，IR）法又称逐次近似法，是 X-CT 图像重建的一种基本方法。迭代重建法包括代数重建法、迭代最小平方法和联立方程重建法，本节只介绍代数重建法。

代数重建法首先对一幅图像的各像素给予一个初始值，并利用这些假设数据计算射线束穿过物体时可能获得的投影值，然后用这些计算值和实际投影值比较，根据两者的差异获得一个修正值，再用这些修正值修正各对应射线穿过物体后的诸像素值。如此反复迭代，直到计算值和实测值接近并达到要求的精度。下面我们以四个像素为例（图 7-17），对代数重建法迭代的过程作简单介绍。

预设的投影数据如图 7-17（a）所示，分别为 1、2、3、4。其水平方向上的投影数据总和分别为 3 和 7，其垂直方向上的投影数据总和分别为 4 和 6。接下来我们利用迭代重建法重建此 X-CT 图像。

首先，假设可能的投影数据（图 7-17（b））。计算 4 个像素值的平均值，即（1+2+3+4）/4=10/4=2.5，于是 4 个像素的初始值均假设为 2.5，其水平方向上的投影数据总和分别为 5 和 5。

随后，进行第一次误差校正（图 7-17（c））。由于第一行的预设投影数据总和为 3，而假设的投影数据总和为 5，（3－5）/2=－1，因此第一行的每个假设数据均减去 1，由 2.5 变为 1.5。第二行的预设投影数据总和为 7，而假设的投影数据总和为 5，（7－5）/2=1，因此第二行的每个假设数据均加上 1，由 2.5 变为 3.5。如此得到新的可能的投影数据，如图 7-17（d）所示。

接下来对比垂直方向的投影数据，并进行第二次误差校正（图 7-17（e））。由于第一列的预设投影数据总和为 4，而假设的投影数据总和为 5，（4－5）/2=－0.5，因此第一列的每个假设数据均减去 0.5，分别由 1.5 变为 1，由 3.5 变成 3。第二列的预设投影数据总和为 6，而假设的投影数据总和为 5，（6－5）/2=0.5，因此第二列的每个假设数据均加上 0.5，分别由 1.5 变为 2，由 3.5 变为 4。

如此即可得到最后的投影值（图 7-17（f）），与预设的投影数据一致，图像重建完成。

迭代重建法由于重建时间长，计算复杂，早期仅在 SPEX-CT 和 PET 等核医学领域得到应用。近年来，得益于计算机技术和图像重建算法的不断发展及低剂量成像的需求，迭代重建法又逐步在 X-CT 领域受到广泛关注。

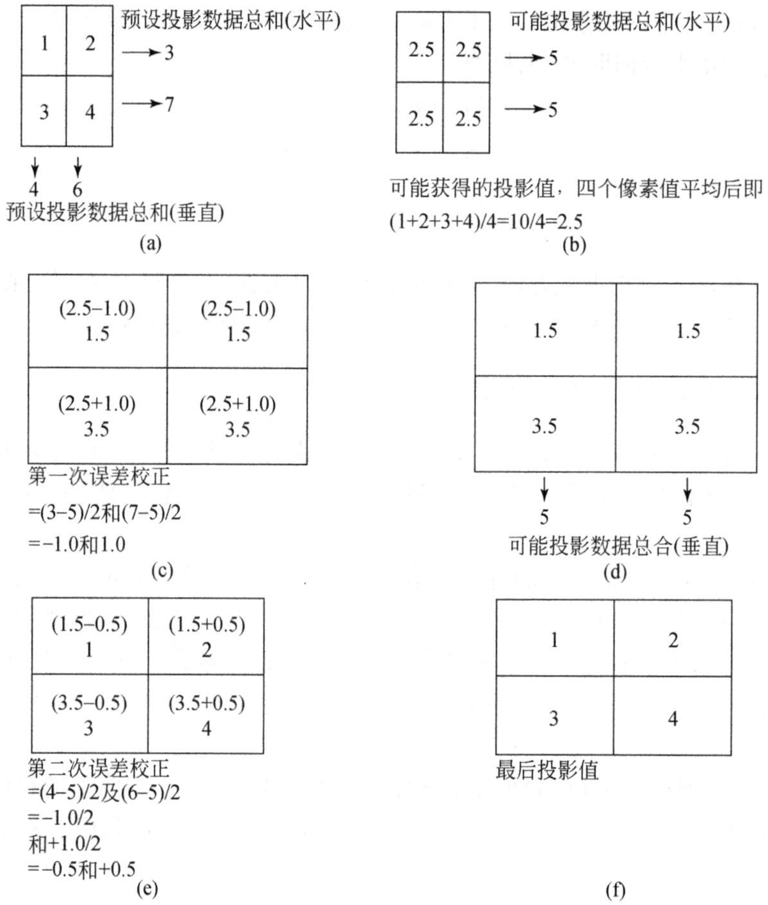

图 7-17　代数重建法图像重建过程

(三)反投影法重建 X-CT 图像

反投影法又称总和法或线性叠加法。它是利用所有射线的投影累加值计算各像素的吸收值,经分配后形成 X-CT 图像。

图 7-18 是以图解方式说明反投影法的图像重建过程。假设一个物体由四个像素组成,这四个像素分别由四个方块表示。设原图像投影值如图 7-18(a)所示,其各方向投影总和过程如图 7-18(b) ~ (e)所示。图像的背景强度等于某投射角各投影值之和,本例的背景强度为 10,计算中将总和值减去背景强度,再将各吸收系数除以最大公约数,即得各像素的吸收系数值。

(四)傅里叶变换法重建 X-CT 图像

二维傅里叶重建的基本思想是:一个二维图像的一维投影的傅里叶变换精确地等于过该图像的傅里叶变换中心的直线。当旋转投影角时,其傅里叶变换的过中心的直线随之旋转。如果在 $0 \sim \pi$ 采集足够多的投影,即可以填满重建图像的傅里叶空间,再通过傅里叶逆变换就可以恢复原来图像。

(五)滤波反投影法重建 X-CT 图像

滤波反投影法也称卷积反投影法。它的成像方法是在反投影之前,对所有的投影数据进行

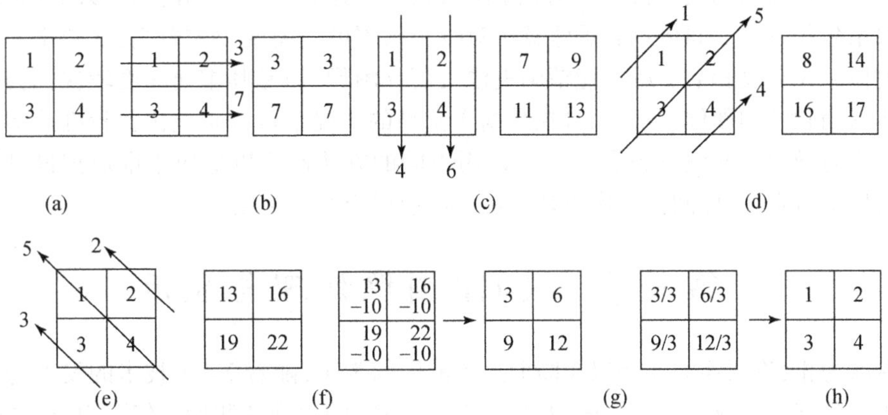

图 7-18　反投影法图像重建过程

滤过或卷积。

其成像的过程大致可分成三步(图 7-19)。首先是获取全部的投影数据并作预处理。在这一过程的开始是先取得各投影数据的衰减吸收值并将其转换成重建所需的形式,如果数据中有射线硬化产生,则同时将其校正。经过预处理的数据又称为原始数据(raw data),可存入硬盘,在需要时可再取出为重建图像用。其次是将所得数据的对数值与卷积公式相乘,其间须通过大量的数学运算,同时采用算法还须考虑图像的分辨率和噪声等。最后,其反投影数据值中正负值相互抵消,根据系统显示的不同矩阵大小(512×512 和 1024×1024),各投影滤过的原始数据被投影成像并通过监视器显示。

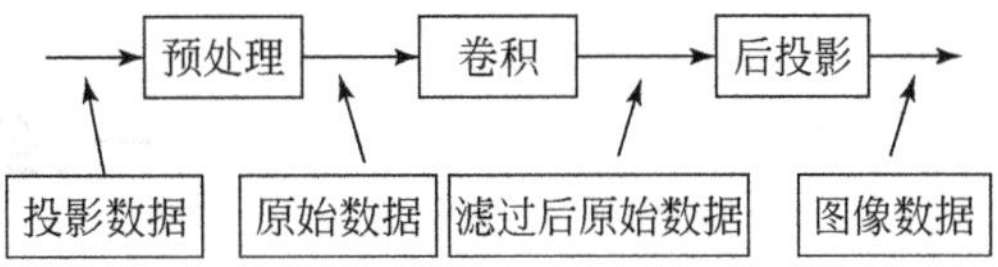

图 7-19　滤过反投影法图像重建过程

三、X-CT 图像重建算法的比较

直接矩阵法是利用线性代数理论来求解吸收系数矩阵,比较直观,而且其求解速度通常要比迭代重建法快,但是它最大的问题就是适用性差,尤其当图像尺寸较大时,求解过程变得异常困难。

迭代重建法很好地解决了直接矩阵法所面临的问题,并且这种方法还有一个优点就是能很容易地把与空间几何相关的、与测量值条件相关的各种校正因子添加到计算过程中。但是迭代重建法的计算量大,重建时间长,加上下述原因,限制了其在医学领域的应用,目前的临床用 X-CT 扫描机已不采用这种重建方法。

迭代重建法存在的主要问题如下:

(1)由于量子噪声和患者的运动,射线总和较难准确获得;

(2)迭代需在全部投影数据都获得后才能进行,重建耗时太长;

(3)要获得更真实的图像,需采用比像素数还多的投影总数。

反投影法是一种比较简单且易于理解的算法,但由于反投影法是把从各个方向上得到的投影看作对这个方向上的像素具有同等贡献,邻近结构对反投影图像中所有点的密度都要产生影响,包括原先像素值为零的点,因此会产生星状伪迹,造成成像不够清晰。反投影法需花大量的计算时间并且分辨率不够,目前也已不采用这种成像算法。

傅里叶变换法和滤波反投影法均属于间接投影重建算法,即先计算投影的傅里叶变换,再导出吸收系数的方法。间接投影重建算法对投影数据的完备性要求较高,从数学上讲,只有获得被检物体的完全投影数据后才能精确重建其切片图像,但是其重建速度较快,尤其是滤波反投影很容易用软件和硬件实现,而且在数据质量高的情况下可以重建出比较准确清晰的图像,在平行投影时导出的滤波反投影公式可以用不同的方法修改以适应于扇形扫描投影的情况。由于具有以上特点,因此间接投影重建算法广泛应用于医学领域。

第三节 X-CT 图像处理与显示

到目前为止,诊断疾病还是以横断面显示的图像为主,随着 X-CT 技术的发展,扫描中得到的数据不再是某一个或某几个层面的信息,螺旋 X-CT 的出现使我们能够获得整个扫描范围内的容积信息;16 层及以上多层螺旋 X-CT 的出现导致 z 轴方向上的分辨力大大提高,达到了各向同性体素的要求,从而极大地促进了 X-CT 后期处理技术的发展。另一方面,多层螺旋 X-CT 检查中得到的数据量成倍增加,一次扫描可以得到数百乃至近千幅图像,如何方便快捷地显示所得到的大量数据,也需要 X-CT 后期处理技术的发展来提供帮助。

本节介绍目前常用的 X-CT 图像处理与显示技术。

一、多平面重组

1. 多平面重组(multi-planar reformation,MPR) 目前应用最广,也是最简单和耗时最少的后处理技术。它是指在一定范围的容积扫描所得的组织结构内,任意截取三维体积的冠状、矢状或任意角度方向的影像,成像平面位于任意方向或斜面,成像的厚度为 1 个至数个体素,即 0.4 ~ 1mm。由于层面的层厚一般较小,不存在成像层面内的各种重叠问题,因此所显示图像中各像素的 CT 值不需作任何处理。

多平面重组可以弥补常规横断面显示的不足,从而多方向、多角度地显示立体结构的空间位置关系。由于不进行任何阈值选择或 CT 值的处理,图像最为可靠;但是由于每层仅能显示一个较薄的层面,显示复杂的立体结构时相对烦琐并且对观察者的空间位置判断有较高要求。

2. 曲面重组(curved planar reformation,CPR) 与多平面重组原理类似,都是对所采集三维容积进行某二维方向的截取,但二者稍有不同,曲面重组所截取的层面方向不再局限为固定的平面,可以根据感兴趣解剖结构的具体走形而任意画线,而后将所画曲面内的像素显示于一幅平面图像内,从而获得该曲面的结构二维图像。

二、多平面容积重组

多平面容积重组(multi-planar volume reformation,MPVR) 依然是采用平面方式截取容积内的扫描信息,但与多平面重组方式不同的是,多平面容积重组所截取的平面具有较大的厚度,所截取的范围内具有较多的结构,彼此相互重叠,所以此技术常必须配合采用最大或最小密度投影技术,这样可以消除部分容积效应,使此厚度范围内的所有感兴趣的高密度或低密度结构在同一个层面内清楚显示。

该方法可以选择性地显示某范围区域内迂曲走形的高密度或低密度结构,如高密度的血管或骨骼、低密度的气管,可显示一定厚度范围内的结构,并有利于观察其与周围结构的关系。

1. 最大密(强)度投影(maximum intensity projection,MIP)　在多平面容积重组技术截取一定厚度的成像容积后,对沿层面垂直方向上每一投影轨迹上的多个体素数据,选择其中最大密(强)度的值重组为一幅二维图像的技术,常可用于 X-CTA、骨骼等的显示。

最大密度投影是对沿一定方向将一定厚度的容积数据中最大密(强)度的体素投影于一个平面内,这样可在该成像层面内形成连续的血管影像。因为此过程不作阈值选择,故不丢失与 X 射线衰减信息,可反映微小的密度差别;缺点是不能区分密度近似的结构,不能充分显示重叠结构的关系。

2. 最小密(强)度投影(minimum intensity projection,MinIP)　基本原理与最大密(强)度投影相同,在平面容积重组技术截取一定的成像容积后,在沿层面垂直方向上每一投影轨迹上的多个体素数据处理时,选择其中最小的密(强)度值重组为一幅二维图像的技术。最小密(强)度投影适合显示密度低的结构,如充气的结肠或气道等。

三、表面遮盖显示

表面遮盖显示(shaded surface display,SSD)是将容积扫描的数据按数学模式进行计算处理,将超过预设的 X-CT 阈值的相邻像素连接而重组成不同明暗、颜色区别的图像,可显示复杂的、重叠结构的三维关系及相关结构的表面形态。表面遮盖显示的图像特点是高于所设阈值的结构都得到显示,低于阈值的结构完全不能显示,各结构之间没有透明度的变化。

人体中骨或增强后的血管与周围组织有最明显 CT 值差异,故表面遮盖显示技术常用于骨或血管结构的显示,可以清楚地观察二者的表面形态,特别是血管瘤等异常结构。但因为数据处理时低于所设定阈值的结构完全不能显示,这样表面遮盖显示处理过程中会丢失较多的信息,特别是小血管,邻近稍低密度的结构也无法得到观察。

四、容积再现

容积再现(volume rendering,VR)是比表面遮盖显示更加复杂的技术,与表面遮盖显示不同的是,它可设定几个不同的阈值,分别用不同的颜色表示;而对于一定范围内低于或高于所设定阈值的结构,容积再现技术通过给予相应不同的透明度进行显示处理。此方式较表面遮盖显示在重组过程中丢失的数据信息少,通过不同的透明度和伪彩技术处理,低于所设定阈值一定范围内的结构也得到显示,可更好地显示较多解剖结构的空间关系,给以近似真实的三维感受。容积再现图像不仅可显示血管三维立体结构,而且可显示血管与周围组织的关系。

五、仿真内窥镜

仿真内窥镜(virtual endoscopy,VE)是利用计算机软件功能将扫描获得的图像数据进行后处理,将观察角度置于生理管腔(如气管、胆管、血管等)内,对管腔内壁作表面重建,调节不同的明暗度与色彩,重建出空腔器官内表面的立体图像,并可变换观察者所在位置,如旋转不同角度观察,或者沿管腔前进或后退,类似纤维内窥镜所见。仿真内窥镜可直观地显示管腔内部的病变,如对充气胃肠道的显示。单纯的仿真内窥镜由于观察位置的不断变化会对定位造成困难,因而常结合其他后处理手段综合显示。

第四节 螺 旋 X-CT

一、螺旋 X-CT 简介

螺旋 X-CT 是容积扫描在医学成像方面的一个重要进展。螺旋 X-CT 硬件方面最重要的改进是滑环技术。现在的螺旋 X-CT 扫描机中,诸如机架内的滑环、高精度检查床的步进电机、大热容量的 X 射线管、高速大容量的计算机系统和新的图像重建方式等诸方面都作了相应的改进,从而确保了螺旋 X-CT 容积扫描数据采集的需要。

螺旋 X-CT 机改变了以往扫描方式,是连续单向的旋转。射线束仍为大扇形束。单层螺旋 X-CT 的扫描时间通常是 1s,而多层螺旋 X-CT 扫描的最短时间为 0.37s,一次扫描时间更短。单层螺旋 X-CT 的探测器与第三代 X-CT 机相比没有数量的增加和材料的改变。但是,多层螺旋 X-CT 的探测器不仅在数量上有较大的增加,而且改用了稀土陶瓷材料,使射线的利用率大大提高,从原来的 50% 左右上升到 99% 。射线束角度没有什么大的改变,与以往的非螺旋 X-CT 扫描机相同。扫描层面在单层螺旋 X-CT 机中仍为每次一层,在多层螺旋 X-CT 机中一次扫描最多可达 4 层、8 层、16 层、64 层甚至更多。结合层厚、扫描通道的组合运用,已可逐步满足动态器官如心脏等成像的需要。单层螺旋 X-CT 只是提高了连续扫描的能力,而多层螺旋 X-CT 不仅扫描速度快、覆盖范围大,而且几乎能作人体所有器官的 X-CT 检查。

与常规 X-CT 扫描相比,螺旋 X-CT 扫描主要有以下优点:

(1)整个器官或一个部位一次屏息下的容积扫描,不会产生病灶的遗漏。

(2)单位时间内扫描速度提高,使造影剂的利用率提高。

(3)可任意地、回顾性重建,无层间隔大小的约束和重建次数的限制。

(4)容积扫描,提高了多方位和三维重建图像的质量。

螺旋 X-CT 扫描最主要的缺点是:层厚响应曲线(slic sensitivity profile,SSP)增宽,使纵向分辨率下降。

二、螺旋 X-CT 的关键技术

(一)滑环技术

常规 X-CT 机 X 射线球管系统的供电及信号的传递是由电缆完成的,扫描时球管随机架做往复旋转运动,电缆易缠绕并且影响扫描速度的提高。近年来,世界上一些大的 X-CT 机制造厂家在 X-CT 扫描机架旋转过程中去掉了电缆,代之以铜制的滑环和导电的碳刷,通过碳刷和滑环的接触导电使机架能做单向的连续旋转。

根据 X 射线产生部分传递电压的高低,滑环的方式可分为高压滑环和低压滑环。高压滑环通过滑环传递给 X 射线发生器的电压达上万伏,而低压滑环通过滑环传递给 X 射线发生器的电压为数百伏。

高压滑环易发生高压放电导致高压噪声，影响数据采集系统并影响图像质量。低压滑环的X射线发生器须装入扫描机架内，要求体积小、功率大的高频发生器。目前，大多数厂家都采用低压滑环。

（二）螺旋X-CT的扫描方式

常规X-CT扫描通常是患者和检查床固定的情况下，机架旋转、X射线曝光，同时采集扫描的原始数据，由计算机作图像重建后传送给显示器显示，在重建图像的过程中移动床位，准备下一层面的扫描，周而复始，直至扫完整个预定的检查部位或器官。而螺旋X-CT扫描，又称容积扫描，是在机架连续旋转的基础上，患者随床一起以一定的速度纵向连续运动，同时X射线连续曝光并采集数据，扫描完毕，可根据需要作不同层厚和层间距的图像重建（图7-20）。

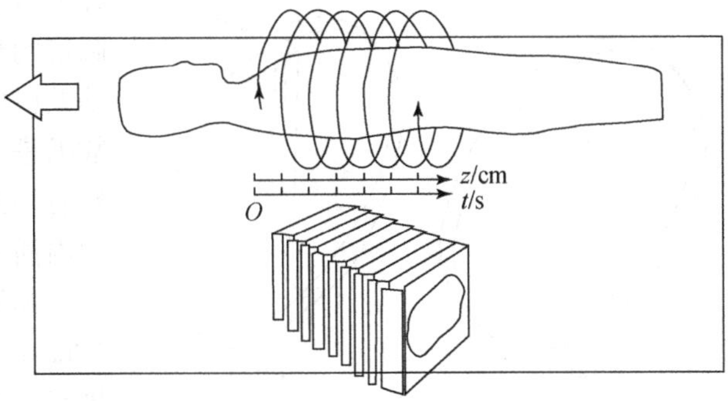

图7-20 螺旋X-CT扫描方式与图像重建

螺旋X-CT扫描对硬件的要求除必须采用滑环技术以外，首先，必须采用一个热容量大、散热快的X射线球管；其次，为使大量的图像处理工作能迅速进行和完成，必须配备高速的计算机系统；第三，由于要存取大量的原始扫描数据，还需要一个大容量的硬盘，以适应大量存取的需要。近年，随着X-CT机硬件的不断改进和完善，螺旋X-CT扫描一次可允许完成多个扫描的区段，在几次扫描间隔可允许患者作短暂的呼吸。这些改进适应了临床诊断工作的需要，使螺旋X-CT扫描的应用范围更加扩大。

（三）螺旋X-CT扫描的特性

螺旋X-CT由于扫描的方式不同，产生了两个新的成像参数，即螺距（helical pitch）和重建间隔（reconstruction interval）。螺距的定义是床速和层厚的比值。该比值是一个无量的单位，并可由下式表示：

$$螺距(P)=\frac{S}{W} \tag{7-17}$$

式中S是床运动的速度（单位为mm/s），W是层厚的宽度（单位是mm）。螺旋X-CT扫描螺距等于零时与常规X-CT相同，通过患者的曝光层面在各投影角也相同。螺距等于0.5时，层厚数据的获取一般采用两周机架的旋转及扫描；在螺距等于1.0时，层厚的数据采用机架旋转一周的扫描；螺距等于2.0时，层厚的数据只得到机架旋转半周的扫描。因此，增加螺距使探测器接收的射线量减少，并使图像的质量下降。在螺旋X-CT扫描中，床运行方向（z轴）扫描的覆盖率或图像的纵向分辨率与螺距有关。

重建间隔的定义是被重建的相邻两层横断面之间长轴方向的距离。

螺旋X-CT的一个重要特点是可作回顾性重建，也就是说，先获取螺旋扫描原始数据，然后可根据需要作任意横断面的重建。螺旋X-CT扫描的重建间隔并非是常规X-CT扫描层厚、层间隔的概念，因为螺旋X-CT扫描是容积扫描，不管扫描时采用什么螺距，其对原始数据的回顾性重建可采用任意间隔，并且间隔大小的选择与图像的质量无关。有研究表明，采用较小的螺距和重叠重建的方法，可使螺旋X-CT的长轴分辨率改善甚至超过常规X-CT。

三、螺旋 X-CT 图像重建

(一)螺旋 X-CT 扫描的图像重建方法

常规 X-CT 的成像过程,X 射线是以不同的方向通过患者获取投影数据,并利用投影数据由计算机重建成像,常规 X-CT 扫描形成一个完整的圆形闭合环,而螺旋 X-CT 扫描的圆形闭合环则有偏差(图 7-21)。在螺旋 X-CT 扫描中,平面投影数据是通过螺旋 X-CT 扫描的原始数据内插合成,然后再由滤过反投影重建成像。因此,原始数据的内插方式是螺旋 X-CT 扫描成像的关键。

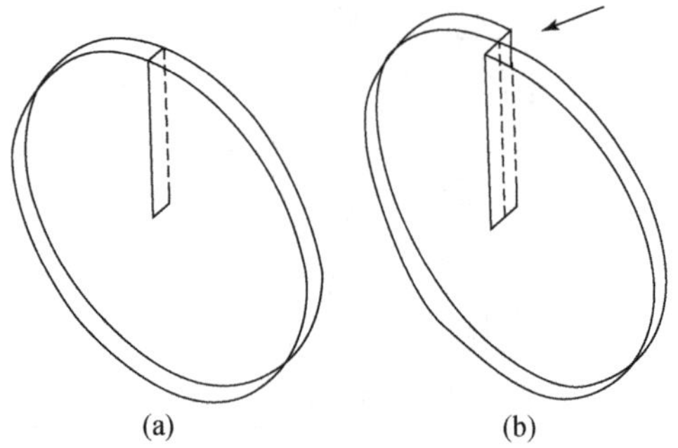

图 7-21 螺旋 X-CT 扫描原始数据采集不对称现象

螺旋 X-CT 有许多内插方法,但线性内插(linear interpolation,LI)由于效果好和易使用等优势而被普遍应用。线性内插方法有全扫描(full-scan)、不完全扫描(under-scan)、半扫描(half-scan)、内插全扫描(full-scan with interpolation)、内插半扫描(half-scan with interpolation)和外插半扫描(half-scan with extrapolation)。

全扫描法:它是 360°收集原始投影数据,在卷积和反投影前不作修正,是最简单的内插算法。不完全扫描法和半扫描法:分别是 360°和 180°加个扇形角,它们的原始投形数据在靠近扫描的开始部分和结束部分采用不完全加权,通过靠近扫描中间部分的加强加权投影来补偿。内插全扫描法:它的 360°平面投影数据,通过邻近同方向的原始投影数据线性内插获取,故重建所涉及的原始数据范围达 720°。内插半扫描法:它是利用多余的扇形束原始数据,在原始数据附近的相反方向内插,可将数据采集角范围减少到 360°加两个扇形角。外插半扫描法:它没有内插半扫描法那种投影射线的位置必须不同于重建平面的情况,若相对的射线来自于平面的相同位置,外插半扫描法估计这个相应的投影值,否则内插则按照内插半扫描法进行。内插全扫描法和内插半扫描法在临床应用中,分别等同于 360°LI 和 180°LI。

在上述的内插方法中,内插半扫描法和外插半扫描法较好,原始数据利用率高,平面合成可靠,能得到满意的重建图像。

(二)螺旋 X-CT 扫描的图像质量

和常规 X-CT 一样,螺旋 X-CT 扫描的图像质量也有三方面的内容:分辨率、噪声和伪影。研究表明,螺旋 X-CT 扫描采用内插半扫描法和外插半扫描法的平面空间分辨率与常规 X-CT 相同,但长轴分辨率与常规 X-CT 有差异。其长轴分辨率与层厚响应曲线(SSP)密切相关。

1. 层厚响应曲线 SSP 的定义是 X-CT 扫描机沿长轴方向通过机架中心测量的点分布函数(point spread function,PSF)的长轴中心曲线。与常规 X-CT 相比,螺旋 X-CT 扫描的 SSP 增宽,其半值宽度(full width at maximum,FWHM)也相应增加,即螺旋 X-CT 扫描的实际层厚增加。通常,在其他条件不变的情况下,层厚增加,光通量也增加,并且噪声降低,对比度增加,但也使 z 轴方向的空间分辨率下降和部分容积效应增大。理想的 SSP 应为矩形,常规 X-CT 的 SSP 接近矩形,而螺旋 X-CT 扫描的 SSP 呈杯形分布(图 7-22)。

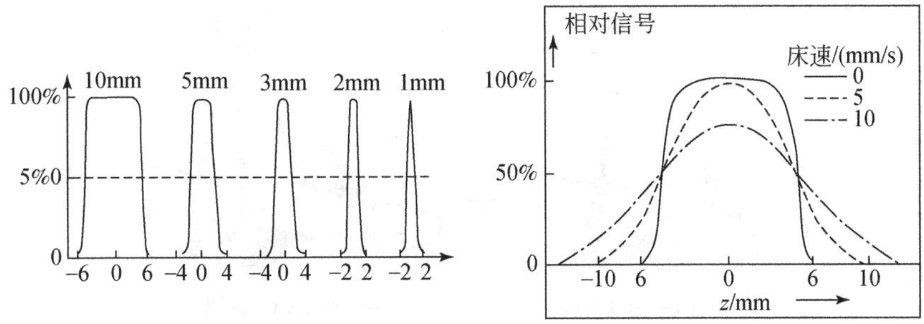

(a) 常规X-CT　(b) 螺旋X-CT扫描

图 7-22　常规 X-CT 与螺旋 X-CT 扫描的 SSP 改变现象

2. 噪声　由于螺旋 X-CT 扫描是采用线性内插法重建图像,所以图像噪声应该与所选的内插方法有关。不考虑 z 轴方向对横断面产生的影响,则螺旋 X-CT 扫描的图像噪声与原始投影的噪声值成正比,并不受扇形角大小的影响。同样,螺旋 X-CT 扫描图像噪声的大小与重建滤过方阵的大小也成正比。噪声大小的变化对于临床应用诸如病灶的显示、体积的测量和图像的还原性相当重要。

3. 伪影　本节只讨论与螺旋 X-CT 扫描有关的一种伪影——阶梯状伪影。

阶梯状伪影的出现,在螺旋 X-CT 扫描中与扫描长轴(z 轴)方向的倾斜面有关,并与成像的放大倍数有关。另外,还与采用较大的重建间隔(由于混淆作用)和不同步的螺旋 X-CT 扫描内插(由于旋转作用)有关。也就是说,内插方式、重建参数和被重建物体的不同影响了横断面,在这种情况下,由于旋转作用的影响,重建后的图像形成了不同大小的阶梯状伪影。在实际情况中,混淆作用和旋转作用两者可相互影响,并且不管重建间隔的大小,只要长轴方向的横断面有变化,阶梯状伪影的出现就无法改变。

四、多层螺旋 X-CT

1999 年,GE、Siemens、Marconi 和 Toshiba 四家医疗设备公司同时推出了新一代的 X-CT 设计,此次 X-CT 技术的进步也是发生在 X 射线的检测系统(图 7-23)。X 射线束由扇形束改为锥形束,即增大 z 轴方向上 X 射线的厚度;而检测器也设计增大在 z 轴方向上的排列数目,由一列增加为多列,形成具有一定宽度的检测器阵列。通过把多列检测器检测到的信息进行不同的组合,可以同时得到 4 个层面的螺旋扫描信息,称多排检测器螺旋扫描 X-CT,简称"多层螺旋 X-CT"。

由于多层螺旋 X-CT 技术的出现,X-CT 的时间分辨力有了较大程度的提高,例如,640 层螺旋 X-CT 的时间分辨力可缩短至几十毫秒,能够用于心脏和冠状动脉的成像。多层螺旋 X-CT 的出现再次促进了 X-CT 技术的发展。

多层螺旋 X-CT 的优势主要表现在:①时间分辨力大大提高,使原 X-CT 成像有困难的运动器官如心脏和冠状动脉的成像成为可能;②由于设备能力的提高,可进行连续大范围扫描,如全身成像,并且可在扫描后针对不同部位进行不同层厚、不同重建与重组方式的显示;③对于腹部脏器,单次扫描时间明显缩短,这样可以进行精确的多期像扫描,有利于病变定性和发现微小病变。

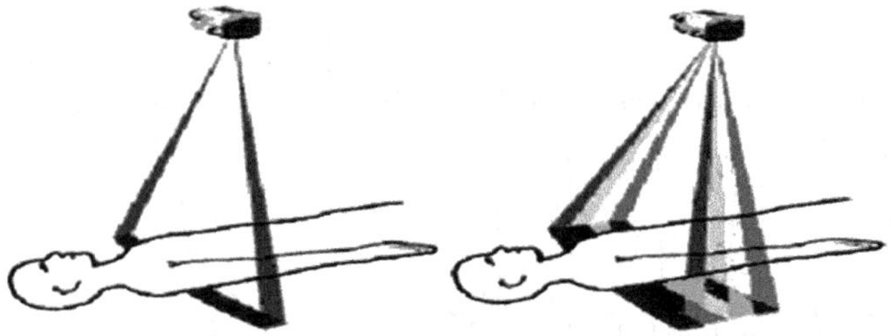

(a) 单层X-CT扫描　　(b) 多层X-CT扫描

图 7-23　X-CT 扫描方式

第五节　X-CT 图像质量控制

一、X-CT 图像质量参数

图像的分辨力是衡量 X-CT 设备图像质量的重要指标,它主要包括显示器分辨率、空间分辨率、密度分辨率和时间分辨率等几方面的内容。

1. 显示器分辨率　包括图像监视器和胶片的分辨率,它们很容易与空间分辨率和密度分辨率相混淆。X-CT 图像中的空间分辨率概念是指 X-CT 机本身在系统接收和传递过程中所产生的分辨率,它与显示器分辨率无关;但是显示器分辨率的优劣也影响 X-CT 机的空间分辨率,如果监视器或胶片的分辨率低于 X-CT 机的分辨率,那么再高的空间分辨率也无法在图像上得到体现。

2. 空间分辨率(spatial resolution)　又称高对比度分辨率(high contrast resolution),是在高对比度情况下(ΔX-CT>100HU)区分相邻最小物体的能力,它是测试一幅图像质量的量化指标,其结果通常以毫米(mm)为单位或每厘米的线对数(LP/cm)表示。

空间分辨率通常采用两种方法来测试和表示:一是采用成对排列、黑白相间的分辨率测试体模或由大到小排列的圆孔测试体模来测试表示;二是采用模量传递函数(modulation transfer function,MTF)测试表示。采用黑白线条体模测试以线对数(LP/cm)表示,而用圆孔体模测试则以线径(mm)表示。两者之间可用数学式转换,即

$$\frac{5}{\mathrm{LP/cm}}=\text{线径(mm)} \tag{7-18}$$

空间分辨率反映成像系统各元件的解像力。

主要影响因素如下:

(1)探测器的几何尺寸、间距大小。小的探测器孔径可提高空间分辨率。

(2)总的原始数据量。它取决于取样频率、扫描时间、每次取样时接收信号的探测器的数目等。因而采样率越高,空间分辨率也越高。

(3)重建卷积函数。卷积函数是利用矩阵的卷积功能将图像数据进行数字滤波,使图像产生变化。高频数据包含着小物体信息,因而适当选择卷积函数,使高频数据通过,可提高空间分辨率。

(4)扫描矩阵像素大小及重建矩阵大小。扫描矩阵像素越小,空间分辨率越高。重建矩阵

为 512× 512 的空间分辨率大于 312×312 矩阵。

3. 密度分辨率（density resolution） 又称对比分辨率（contrast resolution），是在低对比度情况下（ΔX-CT<10HU）分辨物体微小差别的能力。它表示 X-CT 对密度差别的分辨能力，以百分数来表示。通常 X-CT 机密度分辨率范围为 0.3% ～2%，大多数 X-CT 机在头颅扫描时能分辨 0.5% 的密度差。如某 X-CT 设备的密度分辨率为 0.35%，3mm，<5rad，即表示对于直径为 3mm 的物体，物质的密度差大于 0.35% 时，X-CT 可分辨，患者接受的剂量小于 5rad。

影响密度分辨率的主要因素如下。

（1）通道的分辨率：通道的分辨率越高，密度分辨率越高。

（2）层厚：在射线剂量不变的情况下减少层厚，则密度分辨率降低。

（3）所检测的光子数；增加光子流（即 X 射线剂量），可提高密度分辨率。

（4）重建卷积函数：选择平滑滤波函数，可滤掉高频噪声，从而提高密度分辨率；但由于高频数据被滤掉，则空间分辨率降低。

4. 时间分辨率（temporal resolution） 探测系统在足够短的间隔期内快速重复扫描的能力，它受 X 射线球管性能限制。若 X 射线球管热容量小，则冷却时间长，那么快速重复检查能力下降，特别是动态增强受到限制。

5. 图像对比度 ΔH 重建后的图像与 CT 值有关的亮度差。其用公式表示为

$$\Delta H = |H_1 - H_2| = K \times \left[\frac{\mu_1 - \mu_2}{\mu_{水}}\right] \times 1000(\text{HU}) \tag{7-19}$$

式中 ΔH 为图像对比度，K 为对比度比值。

对比度比值 $K=\dfrac{\text{图像对比度}(\Delta H)}{\text{物体对比度}(\Delta \text{X-CT})}$。根据物体的大小和重建算法的不同，我们可以得出以下结论：

（1）对于一个较大的物体，其对比度比值不变（$K=1$）；

（2）对于一个较小的物体，其图像对比度下降（$K<1$）；

（3）如采用软组织算法（Soft），图像的对比度下降（$K<1$）；

（4）如采用边缘增强算法（High），图像的对比度增加（$K>1$）。

除了物体的大小和重建算法外，窗的设置也影响图像的对比度，但是不影响 CT 值的测量。

二、X-CT 图像噪声

X-CT 图像噪声和伪影是评价成像质量的重要指标，降低噪声及减少伪影是 X-CT 质量控制的重要内容。

噪声的定义是一均匀物质扫描图像中各点之间 CT 值的上下波动，也可解释为图像矩阵中像素值的标准偏差。噪声水平是对比度或 CT 值的百分比。噪声可影响图像的质量。X-CT 图像中噪声的产生与射线的剂量，也就是到达探测器上光子数量的大小有关，射线剂量越大或光子数越多，噪声越小。射线的强度、光子数与剂量、毫安秒密切相关。在 X-CT 扫描中，剂量也就是穿透某一物体的射线能。剂量的单位是戈瑞（Gray，Gy）。一般一层横断面扫描剂量是 30～50 毫戈瑞（mGy）。剂量的产生与球管电流（mA）和扫描时间（s）有关，两者常通称为毫安秒（mA · s）。毫安秒增加，剂量同比例增加。因为光子数与剂量密切相关，所以剂量增加噪声减少或剂量降低噪声增加，它们之间有下述的关系：

$$噪声 \propto \sqrt{\frac{1}{剂量}} \tag{7-20}$$

(一)噪声的分类

噪声可分为随机噪声和统计噪声(常规所指的噪声为统计噪声)。它们的产生机理和对图像质量的影响各不相同,严重的随机噪声往往就形成了伪影。

1. 随机噪声 在 X-CT 成像中,X 光子数是一个随机起伏的统计量,即使电源非常稳定,一切条件都不变,表示 X 射线强度的光子数(N)也是随时间起伏的,测量出的或理论计算出的 N 只是它的平均值,其起伏范围的均方根值约为$\sqrt{N}$,但在少数时间起伏范围可达 $2\sqrt{N} \sim 3\sqrt{N}$。此外,检测器和放大器中也有随机起伏的噪声,所有这些构成了随机测量误差,反映在投影值上,它以投影值曲线上产生单个的向上或向下的小尖峰的形式出现。由于在 X-CT 重建中,每个测量值都被反投影到整个图像上,所以这单个尖峰就变成重建图像上的一条条纹。再则,在反投影之前我们又进行了一次卷积,卷积核的形状为中间是正的高峰,两侧是负的凹谷,因此又在这亮的条纹两边加上了两条平行的较暗的区域,使条纹更为明显。当有许多随机噪声的小尖峰时,重建的图像上就出现许多杂乱的细小条纹和由许多条纹交叉形成的颗粒斑点,成为图像噪声。当 X 射线剂量增加时,N 增大,由于尖峰的相对值$\sqrt{N}/N = 1/\sqrt{N}$减小,所以细小条纹和颗粒变得越来越不明显。

2. 统计噪声 又称像素噪声,指服从泊松统计分布的噪声。在 X-CT 中,影像噪声产生的主要原因有:①在描述 X-CT 时,一般假定的 X 射线扇形束是一强度恒定单色射线,而实际上,由于管电流的散粒效应,X 射线束不论强度还是数目均存在着统计起伏;②X 射线穿透人体时要产生散射和吸收,这也是服从泊松统计分布的过程;③不同的重建算法,降噪能力是不同的,因而噪声还与重建算法有关。X-CT 的噪声用下式来描述:

$$\sigma^2 = C^2 \cdot K/(W^3 \cdot hD) \tag{7-21}$$

式中 σ 为 CT 值的标准差;W 为像素大小;h 为断层厚度;D 为皮肤剂量的最大值;K 表示剂量效率的常数;C 即为与卷积核有关的常数。

(二)影响噪声的因素

1. 光子数量 光子数量的多少主要由毫安秒决定。在 X-CT 检查中要根据不同情况分别对待,增加或减少扫描条件。如在软组织为主的肝脏部位,需要提高扫描剂量,以能分辨肝脏内微小的病变;而在肺或内耳的检查中,可适当降低扫描条件,因为这些部位本身具有较高的对比度,少量的噪声不会影响诊断。光子的数量通常还受球管电压(kV)的影响,相对高的电压可降低噪声,反之则增加噪声。一般地,球管电压较高,可使骨和造影剂的 CT 值有所降低,并且软组织显示的对比度也降低。但因电压增加降低了噪声,能改善密度分辨率,使图像细节显示更清楚。

2. 物体大小 比像素噪声更为重要的是通过物体后剂量的衰减。如在骨盆的扫描中,射线的衰减系数达到 300,即只有 3% 的射线量到达探测器。在与人体组织相仿的水中,每 3. 6cm 水的厚度,射线衰减约 50% ,也就是说,在实际扫描中,患者体厚每增加 4cm,射线量可有 50% 的衰减。因而只要诊断上许可,应尽可能采用高的扫描条件和较大的扫描层厚。

3. 扫描层厚 扫描层厚的大小可影响噪声的量及图像的空间分辨率。这是一对相互制约的因素,即增加扫描层厚,噪声降低,但空间分辨率亦相应下降;减小层厚,空间分辨率上升但噪声也增加。层厚的大小直接决定了光子的数量。一般来说,大的层厚图像较细致,小的层厚则分辨率较高,另外,小的层厚有利于多方位和三维重建。

4. 扫描算法 供重建图像时选择用,采用不同的算法可同时影响噪声和分辨率,这两方面也是相互制约的。采用边缘增强的算法,如高分辨率算法,可使分辨率增加但也使噪声增加;相反,采用平滑的算法,如软组织算法,使噪声降低但分辨率也降低。在临床应用中,各个解剖部位都有相应的高、中、低的不同算法,不能互用。

还有其他一些因素也可影响噪声的大小,它们是矩阵的大小、散射线和电子噪声(探测器噪声)。

三、X-CT 图像伪影

X-CT 图像上真实的阴影或干扰即称伪影。它降低图像的质量,易造成误诊或不可诊。它可分为患者引起的伪影与设备本身造成的伪影两大类。

(一)患者引起的伪影

患者引起的伪影包括运动伪影、金属伪影等。

运动伪影是在扫描取样时,患者自主或不自主的运动造成的。如呼吸、肠蠕动、心跳等均属不自主运动,小儿、不合作的患者或严重外伤者也会发生不自主运动。由于重建过程中对被扫体层中的各个体素是按照静止状态来考虑的,若扫描过程中患者运动,那么 0°的投影轮廓和180°的投影轮廓不一致,常会产生音叉状的伪影。这种伪影的强烈程度决定于目标运动速度与扫描速度的相对值。

金属伪影是由体内的金属异物引起的放射状伪影,如颅内银夹一般能造成放射状的高密度伪影,这是因为金属异物与周围组织密度相差太大,通过这些物体的投影会改变吸收值的测量。

另外,患者体内的高密度结构和异物,如岩骨周围出现的线状低密度伪影,而岩骨蜂房附近出现的线状高密度伪影。低密度物体,如气体,周围会出现带状或线状高密度伪影。

克服此类伪影的有效方法如下:

(1)做好扫描前的准备,这是最重要的;

(2)缩短扫描时间,短的扫描时间对防止运动伪影十分有效;

(3)某些设备还采取重复采集数据的方式来模糊运动伪影;

(4)选用适当的扫描线,如用瑞氏基线(RB 线)进行颅底扫描可减少骨骼伪影;

(5)用平滑过滤重建可减少伪影的影响,但效果有限。

(二)设备本身造成的伪影

由 X 射线球管、高压装置、图像显示系统、计算机的故障及探测器的电压不稳等因素引起的不同形式的伪影。

(1)条状伪影:一种是在骨的边缘产生的辐射状细条纹,另一种是因为取样率低、数据不足造成的。条状伪影多为探测器、D/A 转换器故障和线束效应所致。

(2)环状伪影:主要由探测器至中央计算机信号传递故障、探测器漂移、光谱改变等因素造成。

(3)假皮层灰质伪影:在头部 X-CT 图像中,骨脑交界处存在着白雾状影像,主要由偏角辐射引起。因而提高准直系统可减少此种伪影。

(4)指纹状伪影:一般很少出现,多由球管老化所致。

伪影降低了图像的质量,在某种情况下还可出现误诊。因而扫描时间短,取样准确性高,探测器尺寸小且间隙窄是减少伪影的有效方法。而探测器及电路的稳定性又是由设备所造成伪影的保证。

(三)射线束硬化伪影的原因及对策

由X射线球管发出的X射线束是具有不同能量的、连续的光谱,通过物体后光子能量的改变由该物质的衰减系数决定,而有效能转移到高值一端这一现象,称为"射线束硬化效应"。射线束硬化使X光子吸收不均衡,相应产生部分高信号。如果这种非线性衰减不作补偿,会产生条状或环状伪影。抑制的方法是在焦点侧采取预滤过及在扫描时尽可能避开骨性结构。

(四)部分容积效应产生的原因及对策

1. 部分容积效应 X-CT图像是有一定层厚的图像,那么某像素位置上可能存在多个不同X射线吸收系数的体素,该处像素的CT值往往是多个体素CT值依其体积所占比例所得的平均CT值,此种现象叫部分容积效应(partial volume effect)。

在诊断中,由于部分容积效应的存在,小于层面厚度的病变虽可显示,但所测CT值并不真实反映该病变组织的CT值。病变密度高于周围组织且其厚度小于层厚时,所测CT值比实际的CT值要小。相反,病变组织密度比周围组织密度低而其厚度小于层面厚度时,其CT值比实际的CT值要大。因此,对于小病灶CT值的评价要特别注意。X-CT扫描时层厚愈薄,图像矩阵愈大,体素愈小,则部分容积效应愈小,X-CT像与实际的解剖像差异愈小。

图7-24是在1cm厚层面内不同厚度物体所测CT值的情况:(a)厚度为1cm,其CT值确定;(b)物体部分在扫描层内,不能得到真实的CT值;(c)物体小于扫描层厚度,不能得到真实的CT值。

基于部分容积效应,高原子序数或吸收系数大的物体部分投影于扫描平面将产生伪影,如图7-25所示。换言之,被断层面内显示的并非是该物体的全部。其伪影的形状可因物体的不同而不一样,一般在重建后该断面图像上可见条形、环形或大片干扰的伪像。

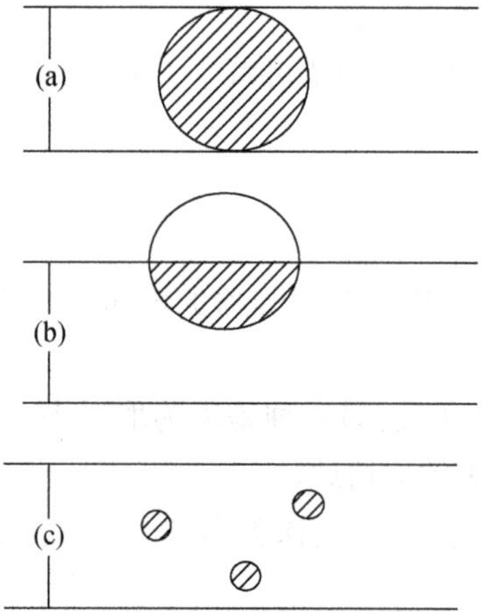

图7-24 部分容积效应示意图

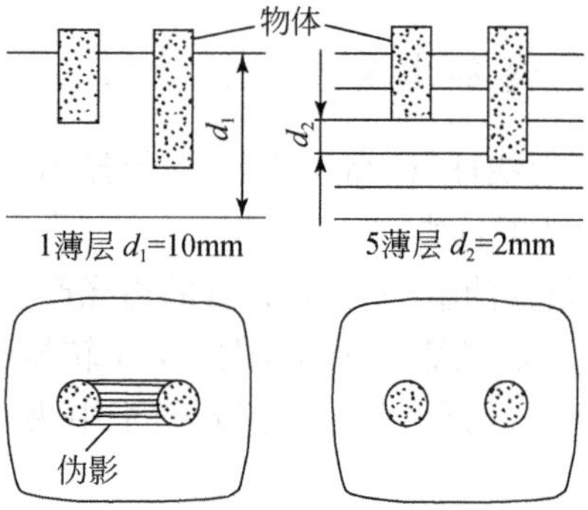

图7-25 部分容积效应

2. 周围间隙现象　与层面垂直的两种相邻且密度不同的组织，在测量 CT 值时由于相互重叠造成 CT 值的不准确，此种物理现象即周围间隙现象（peripheral space phenomenon）。周围间隙实质上也是一种部分容积效应。这是因为扫描 X 射线束宽、透过 X 射线测量的间隔和像素大小之间不一致。由于周围间隙现象的存在，密度不同的物体交界处，在密度高的物体边缘，其 CT 值小，而在密度低的物体边缘，其 CT 值大。

（五）扫描系统误差的原因及对策

扫描系统误差的原因是：由于环境、系统本身等种种原因，对相同强度的入射 X 射线，探测器不可能始终输出同样的扫描信号。在扫描期间，对不同的测量数据，系统本身根据每天的校正测量数据会及时地做出修正。如超出该修正范围，可出现错误信号甚至无信号，导致图像中的环状伪影，该伪影的半径对应于探测器阵列中出现测量误差探测器的位置。防止出现系统误差的方法一般是每天开机或连续几小时不工作后，作系统校正测量及定期地作系统维护。而一旦伪影出现，须由维修工程师解决。

（六）采样或测量系统误差的原因及对策

在扇形束扫描方式中，两个物体或结构的间距小于到达该物体的扫描束的宽度，则无法由射线束分辨，可产生采样误差。采样频率的原则是：采样频率 F_A（射线束数/cm）至少需是被成像物体 F_0（物体数/cm）的两倍，其由下式表示：

$$F_A \geqslant 2F_0 \tag{7-22}$$

如上述条件未被满足，则可出现物体结构重叠模糊现象。改良的方法是采用局部放大扫描或根据不同部位采用合适的重建算法（高分辨率、标准、软组织）。

（七）扫描野不一致性的原因及对策

X-CT 扫描时，在射线路径剖面图上，中心部分的路径要长于边缘部分（图 7-26）。通常在成像过程中，图像处理计算机根据参考值对相应的射线硬化作校正补偿，使射线束均匀一致（图 7-27），反之，在水模测试中可出现环状模糊伪影。该伪影的出现是由于射线的硬化，而与散射线、焦外辐射和系统的非线性无关。良好的扫描野一致性应在水模的中间和四周 CT 值均无大的差别。防止扫描野不一致性的措施是尽可能将患者置于扫描野范围内。

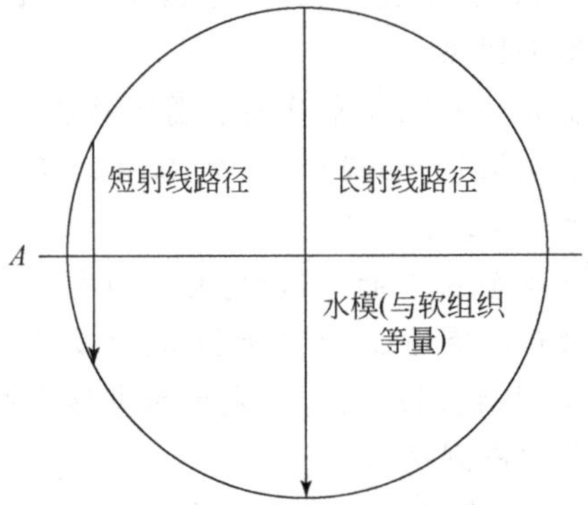

图 7-26　扫描路径长引起射线束的硬化

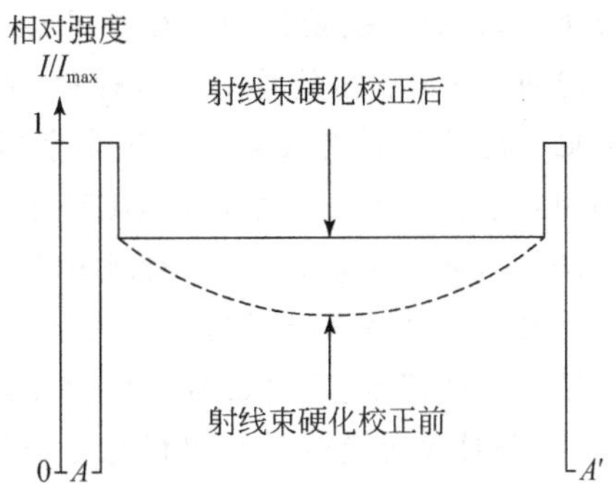

图 7-27　射线束硬化的校正

阅读材料

亨斯菲尔德

亨斯菲尔德(Hounsfield, Godfrey Newbold, 1919—2004),英国电子工程师,发明家,X-CT的发明者。

亨斯菲尔德于1919年8月28日出生于英国的诺丁汉郡Newark,在家中5个孩子中是最小的一个,亨斯菲尔德在父亲的农场度过了自己的童年。他从幼年开始,就对农场使用的各种机械和电气设备着迷,如打谷机、发电机等。从11岁开始到18岁中学毕业的这段时间见证了亨斯菲尔德在实验上的一些大胆行为,例如,他曾拼装出一台电子记录装置,坐在自制的家用滑翔机中从草垛上往下跳,用装满水的沥青大桶和乙炔做实验看自己被喷射出的水射向空中的高度。

中学毕业后,正值第二次世界大战爆发,对飞机着迷的亨斯菲尔德成了英国皇家空军的一名预备人员,随之学习了无线电机械课程,并成为雷达技术指导老师,后来到英国皇家空军设在Kensinton的皇家科学院继续担任雷达技术指导老师,再到Cranwell雷达学校承担同样的职务。工作之余,他学习无线通信技术课程,建了一台大屏幕的示波器,将它用在雷达技术的教学之中。

亨斯菲尔德的工作引起了一名空军将领的注意,第二次世界大战结束后,这名将军帮助他获得了一笔资金,他得以在伦敦的Farady电气工程学院进一步深造并获得毕业证书。

1951年,亨斯菲尔德进入EMI公司后,初期主要从事雷达和制导武器研究工作,后来负责一个小型设计实验室并开始对计算机产生兴趣,他参加了早期计算机系统中使用的磁鼓和磁带卡座的设计工作。

1958年,亨斯菲尔德领导的一个研制小组建造了英国第一台完全由晶体管构成的计算机,完成这项工作后,他到EMI的中心研究实验室工作,主要研究项目是自动模式识别技术。

1961年,亨斯菲尔德研究用计算机处理断层图像的技术,1967年他在脑子里勾画出了计算机断层图像的概念,1968年为了实现这种技术,亨斯菲尔德设计了一整套系统并申请专利,4年后专利被批准,这就是X-CT的诞生。1972年,他研制出一台能够在不到5min的时间内完成大脑断层图像的X-CT机,采用这种X-CT技术获得患者的检查图像,震惊了医学界。X-CT机改变了临床诊断的面貌,使医师能分层观察患者的横断面图像。

1973年,亨斯菲尔德接受采访时称,他之所以能够对常规X射线获取图像的技术有突破,是因为他当时认识到用X射线通过多个不同角度对物体进行扫描后,可以100%地获取信息。

1979年,亨斯菲尔德因发明X-CT获得诺贝尔生理学或医学奖。

在诺贝尔奖颁奖仪式上,在对所有未来的诺贝尔奖候选人的寄语中,他下面这段朴素的讲话既是对自己的总结又是对后来者的忠告:如果你考试没有通过,不用太担心,只要你感到你的确理解了所学的课程;将自己常用的推理方法充分使用后,通过对身边发生的事物基本要素的掌握,你就会对你所能达到的理解能力和所掌握的知识感到吃惊。

亨斯菲尔德于1975年成为英国皇家学会会员,1981年被授予爵士称号,1985年退休,2004年8月12日在英国一家医院逝世,享年85岁。

目前X-CT技术中所使用的表示图像亮度的CT值单位HU就是以他的名字来表述的。

本章小结

一、X-CT基础知识

1. X-CT成像原理：X-CT是高度准直的X射线束环绕人体某部按一定厚度的层面进行断层扫描，由探测器接收透过该层面的X射线，然后经放大并转化为电子流，再经A/D转换器转为数字，输入电子计算机进行处理运算，由图像显示器将不同的数据用不同的灰度等级显示出来，即构成供诊断用的图像。

2. X-CT机的基本结构包括X射线发生部分、数据采集系统、计算机系统、图像存储和记录系统、机械控制部分。

3. X-CT扫描方式：第一、二代X-CT机为旋转-平移扫描方式；第三代X-CT机为旋转-旋转方式；第四代X-CT机只有球管旋转；第五代X-CT机为电子束X-CT，扫描时，电子束沿X射线管轴向加速，电磁线圈将电子束聚焦，并利用磁场使电子束瞬时偏转轰击靶面。

4. X-CT常用概念：准值器宽度、床速、螺距、管电压、管电流、层厚。

5. X-CT成像基本参数：矩阵、视野、体素、像素、灰阶、窗宽、窗位技术。

6. CT值是与物质吸收系数相关的相对值，用以表达图像上组织密度的数值。其计算公式为：CT值 = $\frac{\mu_m-\mu_水}{\mu_水}\times\alpha$，其中$\mu_m$表示所测组织的X射线衰减系数，$\mu_水$为水的衰减系数，$\alpha$为分度因数。

二、X-CT图像重建

1. X-CT图像重建的基本原理：设一物体O由坐标x,y表示，衰减系数由$\mu(x,y)$表示。一强度为I_0的X射线沿直线方向通过物体，落在探测器上的射线强度是I，则有$I = I_0\left[-\sum_{射线源}^{探测器}\mu(x,y)\right]$，变换可得$T_0(X)=\ln\left(\frac{I}{I_0}\right)$，其中$\ln\left(\frac{I}{I_0}\right)=\sum_{射线源}^{探测器}\mu(x,y)$，其中$T_0(X)$是沿直线全部吸收值的测量结果。

2. X-CT图像重建的方法：直接矩阵变换法、迭代重建法、反投影法、傅里叶变换法、滤波反投影法。

三、X-CT图像处理与显示

当前常用X-CT图像处理技术：多平面重组（包含多平面重组、曲面重组），多平面容积重组（包含最大密度投影、最小密度投影），表面遮盖显示，容积再现，以及仿真内窥镜等。

四、螺旋X-CT

1. 螺旋X-CT的扫描方式：螺旋X-CT扫描是在机架连续旋转的基础上，患者随床一起以一定的速度纵向连续运动，同时X射线连续曝光并采集数据，扫描完毕，可根据需要作不同层厚和层间距的图像重建。

2. 螺旋X-CT成像参数：螺距，为床速和层厚的比值；重建间隔，为被重建的相邻两层横断面之间长轴方向的距离。

3. 螺旋X-CT扫描的图像重建方法：线性内插法由于效果好和易使用等优势而被普遍应用。线性内插法包括：全扫描，不完全扫描，半扫描，内插全扫描，内插半扫描和外插半扫描。在上述的内插方法中，内插半扫描法和外插半扫描法较好，原始数据利用率高，平面合成可靠，能得到满意的重建图像。

4. 螺旋X-CT扫描的图像质量包括分辨率、噪声和伪影。其长轴分辨率与层厚响应曲线密切相关。

5. 多层螺旋X-CT：X射线束由扇形束改为锥形束，即增大z轴方向上X射线的厚度；而检测器也在z轴方向上由一列增加为多列，形成具有一定宽度的检测器阵列。通过把多列检测器检测到的信息进行不同的组合，可以同时得到多个层面的螺旋扫描信息。

五、X-CT图像质量控制

1. X-CT的图像分辨力主要包括显示器分辨率、空间分辨率、密度分辨率和时间分辨率等方面。

2. 图像对比度ΔH是重建后的图像与CT值有关的亮度差，如下式所示：

$$\Delta H=\left|H_1-H_2\right|=K\times\left[\frac{\mu_1-\mu_2}{\mu_水}\right]\times1000(\text{HU})$$

3. X-CT图像噪声分为随机噪声和统计噪声，受到光子数量、物体大小、扫描层厚、扫描算法的影响。

4. X-CT图像伪影分为患者引起的伪影与设备本身造成的伪影两大类。其中患者引起的伪影包括运动伪影、金属伪影等;设备本身造成的伪影包括条状伪影、环状伪影、假皮层灰质伪影、指纹状伪影等。

5. 部分容积效应:X-CT 图像是有一定层厚的图像,那么某像素位置上可能存在多个不同 X 射线吸收系数的体素,该处像素的 CT 值往往是多个体素 CT 值依其体积所占比例所得的平均 CT 值,此种现象叫部分容积效应。

思考题

7-1 X-CT 诞生至今已发展到第五代,各代 X-CT 机扫描方式的特性是什么?

7-2 X-CT 的成像原理及螺旋 X-CT 的扫描方式是什么?

7-3 如何正确运用窗宽、窗位技术,使病变部位清晰地在 X-CT 图像显示出来?

7-4 CT 值的计算方式及其在影像诊断中的用途有哪些?

7-5 X-CT 的部分容积效应对临床诊断成像有何影响?

7-6 与常规的影像学检查手段相比,X-CT 具有哪些优势及局限?

第八章　磁共振基础

教学要求

(1)理解原子核的磁性及原子核在静磁场中的描述；
(2)掌握核磁共振的基本原理与表现；
(3)了解弛豫过程及化学位移与磁共振波谱。

核磁共振(NMR)研究具有磁矩的原子核在静磁场中与电磁波的相互作用,是20世纪核物理研究的重要成果之一。核磁共振技术的应用,如同曾经给人类带来巨大影响的重核裂变和轻核聚变一样,将广泛造福于人类。本章将从经典力学和量子力学两种方法入手介绍原子核的某些特性及核磁共振现象。为了避免过多的理论推导,在使用量子力学方法时仅引用相关结论。

第一节　原子核的磁性

一、原子核的自旋

(一)转动与进动

1. 转动　物体运动时,如果其上各点都绕同一直线做圆周运动,该运动就称为转动(rotation),此直线就是转轴。转动是自然界一切物体的基本运动形式之一。砂轮的运动、车轮相对于车身的运动及地球的自转都是转动的例子。图8-1是圆盘转动的示意图。图中圆盘D绕转轴OO'旋转,圆盘上任一点P_0与O的连线OP_0用r表示。通常把$\Delta\theta$叫作圆盘在Δt时间内的角位移(单位为rad)。如果盘的转动是匀速的,则角速度$\omega=\dfrac{\Delta\theta}{\Delta t}$为常数,单位是弧度/秒(rad/s)。这时角速度与频率f(单位为Hz)之间存在如下关系

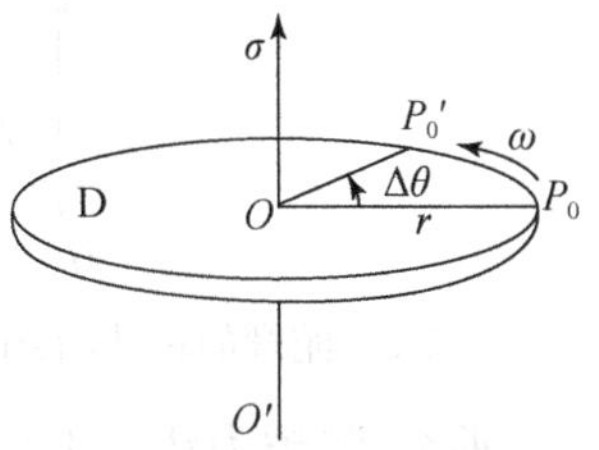

图8-1　圆盘的转动

$$\omega=2\pi f \tag{8-1}$$

2. 角动量　大小和方向都不变的力F,作用在一质量为m的物体上。如果作用时间为Δt,物体将获得如下的平均加速度

$$a=\frac{v-v_0}{\Delta t} \tag{8-2}$$

式中v_0和v分别为受力前后的速度。当$\Delta t\to 0$时,a就是瞬时加速度。式(8-2)两边乘以m就得到牛顿第二定律

$$F=\frac{d(mv)}{dt} \tag{8-3}$$

物理学中将式(8-3)中的 mv(物体质量与速度的乘积)叫作运动物体的动量(momentum)，且在讨论转动时用力矩来代替力的概念。我们知道，力使物体发生转动时，不仅与力的大小和方向有关，还与力对转轴的位置有关。一般把物体所受力的作用线到转轴 O 的垂直距离叫作力对转轴的力臂，力的大小和力臂的乘积则称为力矩。力矩常用 $\boldsymbol{M}$ 表示。根据式(8-3)，力矩亦具有如下的规律，即

$$\boldsymbol{M}=\frac{d(\boldsymbol{I}\omega)}{dt}=\frac{d\boldsymbol{L}}{dt} \tag{8-4}$$

式中 $\boldsymbol{I}$ 为转动惯量(rotational inertia)，其大小由物体的质量、质量分布及转轴的位置三者决定；$\boldsymbol{I}$ 和 ω 相当于式(8-3)中的 m 和 v。因此，乘积 $\boldsymbol{I}\omega$ 与质点运动中的动量 mv 相似，我们把它叫作角动量(angular momentum)或动量矩(moment of momentum)，用 $\boldsymbol{L}$ 表示。角动量是用来度量转动的物理量。它是矢量，其方向由右手螺旋定则来确定，即伸出右手，使弯曲的四指指向物体的转动方向，则伸出的大拇指便指向角动量的方向。

3. 进动 以陀螺的转动为例来说明进动的物理含义。观察陀螺的转动就会发现，当其转动轴线与重力方向的倾角为零时，它所受的重力矩亦为零，陀螺将不停地转动下去，而角动量 $\boldsymbol{L}$ 则保持不变(图 8-2)。

但是，当转轴与重力方向出现倾角 θ 时，陀螺在绕自身轴线转动的同时，其转轴还绕重力方向回转(图 8-3)。物理学上把这种回转现象称为进动(precession)。

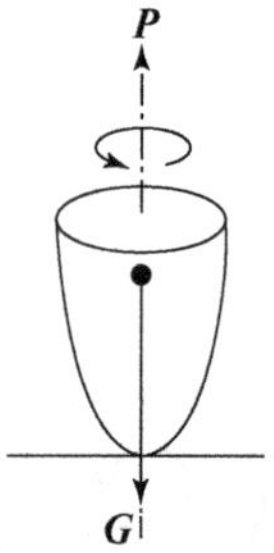

图 8-2 陀螺的转动(转轴与重力方向相同)

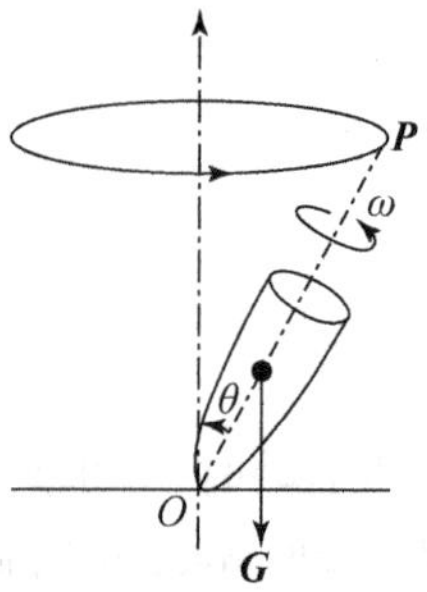

图 8-3 陀螺的进动(转轴与重力方向成 θ 角)

那么，陀螺为什么不会倾倒呢？这是因为转动的陀螺在倾斜状态时，重力对 O 点产生一个力矩，其方向垂直于转轴和重力所构成的平面，它只改变陀螺角动量 $\boldsymbol{L}$ 的方向，转轴与重力之间的夹角并不变化。这时陀螺的转轴是围绕一个锥而转动的。

以上讨论说明，只要角动量受一垂直力矩的作用，它就会产生进动，其表现是角动量的矢端沿一圆周转动。接下来阐明核磁共振原理时将要用到这一结论。

(二)原子核的自旋

自然界中的任何物质都是由分子或原子组成的，分子是由原子组成的，原子由原子核与核外电子组成。原子核具有一定的质量和大小，故可将其看作球体。早在 1924 年，为了解释原子光谱的超细结构，泡利就提出：原子作为一个整体，必须假定它具有自旋。现在已经证明，同电子一样，大多数原子核也具有自旋的特性。

原子核的自旋情况由核的自旋量子数 I 来表征。由于 I 是原子核的固有特性，因而不同

的核具有不同的 I 值。根据量子力学的计算，I 只能取整数或半整数，即它只能取 0，1/2，1，3/2，…，而不能取别的值。I 的取值与构成原子核的中子数和质子数有关。下面分三种情况讨论。

（1）质子数是偶数，中子数也是偶数（质量数为偶数，原子序数也为偶数）的核。其自旋量子数 $I=0$。这种核没有自旋，例如，$^{12}_{8}C$、$^{16}_{8}O$ 和 $^{32}_{16}S$ 等核。

（2）质子数和中子数中一个是奇数、另一个是偶数（质量数为奇数）的核。其自旋量子数 $I=1/2,3/2,5/2$ 等半整数。这种核有自旋，例如，I 为 1/2 的 $^{1}_{1}H$、$^{13}_{6}C$、$^{31}_{15}P$，I 为 3/2 的 $^{11}_{5}B$、$^{33}_{16}S$、$^{35}_{17}Cl$ 和 I 为 5/2 的 $^{17}_{8}O$ 等核。

（3）质子数是奇数，中子数也是奇数（质量数为偶数，原子序数为奇数）的核。其自旋量子数 $I=1,2,3$ 等整数。这种核有自旋，例如，I 为 1 的 $^{2}_{1}H$ 和 $^{14}_{7}N$ 及 I 为 3 的 $^{12}_{5}B$ 等核。

为便于比较，我们将上述三种情况归纳于表 8-1 中。由表可见，凡自旋量子数 I 不为零的原子核都有自旋。

表 8-1　原子核的自旋量子数

核的种类（质子数/中子数）	原子序数（Z）	中子数（N）	自旋量子数（I）	核自旋
偶/偶核	偶数	偶数	0	无
奇/偶核	奇数	偶数	1/2，3/2，5/2，…	有
偶/奇核	偶数	奇数	1/2，3/2，5/2，…	有
奇/奇核	奇数	奇数	1，2，3，…	有

二、原子核的磁矩

（一）磁场和磁矩

1. 磁场　物质存在的一种形式。它存在于磁体、运动电荷及电流的周围空间。磁场具有力和能的双重性质，是一种特殊的物质形式。近代物理学理论指出，物质的磁性是由分子电流引起的。磁体的 N 极和 S 极同时并存。

磁感应强度 $\boldsymbol{B}$ 是用来度量磁场中某点磁场大小和方向的物理量，它是矢量。在磁体内部，磁场方向由 S 极指向 N 极；在磁体外部，磁场方向则由 N 极指向 S 极。直线电流产生的磁场，其方向用右手螺旋定则确定。当拇指指向电流方向时，与拇指垂直的其余四指所指方向就是螺旋管内部的磁场方向。

磁共振成像（MRI）系统中经常使用的磁感应强度单位为高斯（G）和特斯拉（T），二者的关系为 $1G=10^{-4}T$ 或 $1T=10^{4}G$。

2. 磁矩

（1）条形磁铁的磁矩：如图 8-4 所示，将磁极强度为 m、长度为 l 的条形磁铁放入场强为 $\boldsymbol{B}_0$ 的匀强磁场中，磁铁就会受到一种力偶矩（$\boldsymbol{M}$）的作用。$\boldsymbol{M}$ 可表示为

$$\boldsymbol{M}=ml\boldsymbol{B}_0 \tag{8-5}$$

式中 m 与 l 反映磁铁的固有性质，与外磁场无关。物理学上把二者的乘积 ml 称为条形磁铁的磁矩。由图 8-4 中可见，当磁铁与磁场正交时，磁铁受到的力偶矩最大。

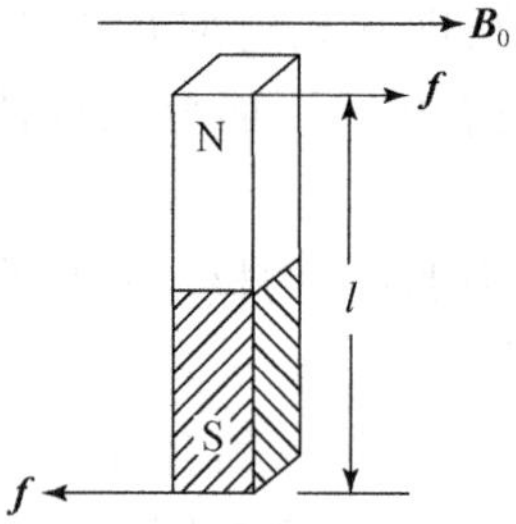

图 8-4 条形磁铁的磁矩

(2)环形电流的磁矩及其磁场中的能量:通电的环形线圈或螺旋管周围都有磁场存在,因此它相当于一块磁铁,如果把环形电流平面置入均匀磁场中,它亦会受到力偶矩 $\boldsymbol{M}$ 的作用。当该平面与磁场方向平行时,磁场作用于环形电流的力偶矩最大,即

$$M = M_{\max} = iSB_0 \tag{8-6}$$

式中 i 为流经线圈的电流强度;S 为环形线圈的面积。通常将 i 与 S 的乘积称为环形电流的磁矩,用 $\boldsymbol{\mu}$ 表示。$\boldsymbol{\mu}$ 的方向取环形平面的法线,并由右手螺旋定则确定。$\boldsymbol{\mu}$ 的单位是 J/T,但当 $\boldsymbol{B}_0$ 取 Wb/m^2 时,其单位成为 $A \cdot m^2$。$\boldsymbol{\mu}$ 是环形电流的固有性质,与外磁场无关。

当磁矩为 $\boldsymbol{\mu}$ 的环形电流在外磁场中转动时,它具有的势能 E 与磁矩 $\boldsymbol{\mu}$ 和外磁场 $\boldsymbol{B}_0$ 有关。如果以 Φ 表示磁矩与磁场方向的夹角,环形电流具有的势能可表示为

$$E = -\mu B_0 \cos\Phi \tag{8-7}$$

可以看出,该势能的大小随着 Φ 的变化而变化。当 $\Phi = 180°$ 时,势能达到最大值($E = \mu B_0$),这时力偶矩虽然为零,但其平衡位置是不稳定的;如果磁矩的方向稍有偏转,它就会立刻转向 $\Phi = 0°$ 的稳定平衡位置,使得势能最小($E = -\mu B_0$)。这说明磁矩总要转向磁场的平行方向。

(二)核磁矩的量子表达式

原子核是带正电的粒子。粗略地讲,原子核的电荷均匀地分布在它的表面上。由于 $I \neq 0$ 的核有自旋运动,上述电荷也随之围绕自旋轴旋转,其效应相当于环形电流,结果使核的周围出现磁场。中子虽然呈电中性,但由于它内部的电荷分量分布不均匀,自旋时也能产生磁场。因此,自旋核必然伴有核磁矩。这时的核很像一个小磁体。如图 8-5 所示。

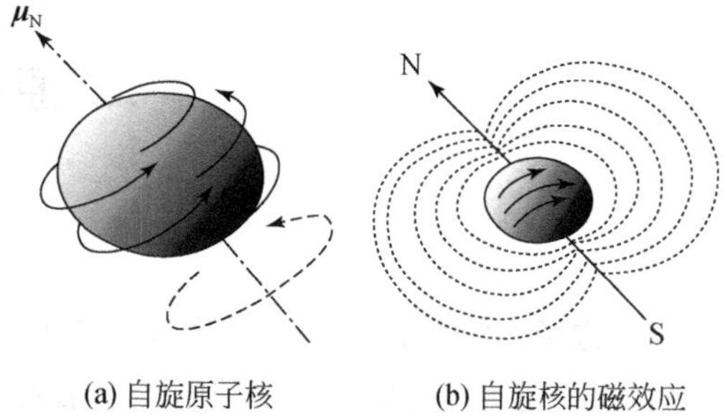

(a) 自旋原子核 (b) 自旋核的磁效应

图 8-5 核自旋及其效应

设原子核的磁矩为 $\boldsymbol{\mu}_N$,则其方向垂直于上述环形电流的方向,且与自旋角动量 $\boldsymbol{P}_N$ 相重合。与同时具有磁矩和角动量的微观粒子一样,$\boldsymbol{\mu}_N$ 和 $\boldsymbol{P}_N$ 成正比,即

$$\boldsymbol{\mu}_N = \gamma_N \boldsymbol{P}_N \tag{8-8}$$

式中 γ_N 为核的磁旋比(magnetogyric radio 或 gyromagnetic radio)。γ_N 是核的特征常数(不同的原子核具有不同的 γ_N 值),与核的运动无关。根据量子力学的推导,核磁旋比的计算公式为

$$\gamma_N = \frac{e}{2m_p} g_N \tag{8-9}$$

式中 e 为质子电量,其数值与电子电量相同;m_p 为质子的质量;g_N 是核的朗德因子(无量纲)。g_N 的大小与核的种类有关,且只能通过实验来测量。由于 m_p 比电子的质量大很多倍($m_p = 1836m_e$),因而核的自旋磁矩比电子的小很多。

利用量子力学可得核磁矩的量子化表达式

$$\mu_N = g_N \beta_N \sqrt{I(I+1)} \tag{8-10}$$

和

$$\mu_{\mathrm{N}}=\gamma_{\mathrm{N}}\hbar\sqrt{I(I+1)} \tag{8-11}$$

式中 I 为核的自旋量子数，β_{N} 称为核磁子，其值为

$$\beta_{\mathrm{N}}=\frac{e\hbar}{2m_{\mathrm{p}}}=\frac{eh}{4\pi m_{\mathrm{p}}}=5.05095\times10^{-27}(\mathrm{J/T})$$

上面是利用量子力学的成果，推出了核磁矩的计算式。需要指出的是，目前核磁矩还只能通过实验测定而不能精确计算。

三、用于磁共振成像的磁性核

如原子核含有的质子和中子数均为偶数，则其自旋所产生的磁场相互抵消，为非磁性。原子核含有奇数（不成对）的质子或中子，其自旋可产生磁场，也就是说，凡是质子数或中子数，或者二者都为奇数的原子核都有磁性。

原子核的磁矩 μ_{N} 的测定采用核磁共振法，其结果有正有负。表 8-2 列出了一些原子核（包括中子）的自旋量子数和磁矩。

表 8-2　一些原子核（包括中子）的自旋量子数和磁矩

核的种类	自旋量子数（I）	核磁矩（μ_{N}）
$^{1}_{1}\mathrm{H}$	1/2	2.792743
$^{2}_{1}\mathrm{H}$	1	0.857348
$^{1}_{1}\mathrm{He}$	1/2	-2.128
$^{6}_{3}\mathrm{Li}$	1	0.82129
$^{7}_{3}\mathrm{Li}$	3/2	3.25586
$^{13}_{6}\mathrm{C}$	1/2	0.7023
$^{17}_{8}\mathrm{O}$	5/2	-1.894
$^{14}_{7}\mathrm{N}$	1	0.40371
$^{19}_{9}\mathrm{F}$	1/2	2.628
$^{31}_{15}\mathrm{P}$	1/2	1.818
$^{23}_{11}\mathrm{Na}$	3/2	2.218
$^{1}_{0}\mathrm{n}$（中子）	1/2	-1.9128

生物组织中含有 $^{1}\mathrm{H}$、$^{13}\mathrm{C}$、$^{19}\mathrm{F}$、$^{23}\mathrm{Na}$、$^{31}\mathrm{P}$ 等元素，有磁性的元素有百余种。但在现今核磁共振中研究和使用得最多的为 $^{1}\mathrm{H}$，这有两个原因：一是 $^{1}\mathrm{H}$ 为磁化最高的原子核；二是它占活体组织原子数量的 2/3，形成 MRI 的 $^{1}\mathrm{H}$ 原子大部分位于生物组织的水和脂肪中。因 $^{1}\mathrm{H}$ 只有一个质子，故 $^{1}\mathrm{H}$ 的 MRI 影像也称为质子像，MRI 文献中未特别注明者，均指的是生物组织的 $^{1}\mathrm{H}$ 像。人体内 $^{1}\mathrm{H}$ 的含量非常丰富，因而它在医学 MRI 中起着不可替代的作用。

第二节　静磁场中的磁性核

一、微观描述

我们已经讨论了原子核的一些固有特性，下面介绍自旋核在静磁场中的变化。

（一）自旋角动量的空间量子化

将有磁矩的原子核放在外磁场 $\boldsymbol{B}_0$ 中，自旋角动量将受磁场力矩的作用而定向排列，这就是

自旋的空间量子化。在直角坐标系中，z 轴与 $\boldsymbol{B}_0$ 同向。根据量子力学的原则，原子核的自旋角动量在 z 轴上的投影 P_z 只能取一些不连续的数值，其计算公式为

$$P_z=\frac{h}{2\pi}m=\hbar m \quad (m=I,I-1,I-2,\cdots,-I) \tag{8-12}$$

式中 m 为原子核的磁量子数，它共有 $(2I+1)$ 个可能取值，对应于核自旋在空间的 $(2I+1)$ 个可能取向。例如，对于 $I=1$ 的自旋核，有 $m=0$，$m=1$ 和 $m=-1$ 三种取向。氢核（${}^1_1H$）是医用磁共振成像中使用的核种，它是 $I=1/2$ 的自旋核，有 $m=1/2$ 和 $m=-1/2$ 两种空间取向（图 8-6）。由式（8-12）可见，P_z 的各个可能取值之间相差 $\hbar$ 的整数倍。

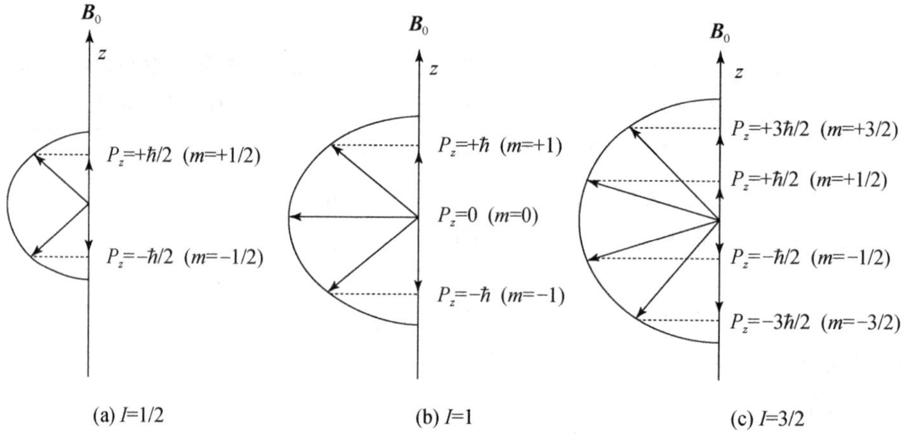

图 8-6　自旋角动量的空间量子化

核的自旋角动量 $\boldsymbol{P}$ 在 z 轴上的最大投影通常用 P_{max} 表示，其值为

$$P_{max}=\hbar I \tag{8-13}$$

（二）核磁矩的空间量子化

外磁场 $\boldsymbol{B}_0$ 除了影响自旋角动量外，还影响核磁矩 μ，结果使 μ 也进行空间量子化取向。核磁矩在 z 轴上的投影为

$$\mu=\gamma P_z=\gamma\hbar m \quad (m=I,I-1,I-2,\cdots,-I) \tag{8-14}$$

式中 m 为原子核的磁量子数。

由图 8-7 可见，各种情况下 m 均有 $(2I+1)$ 个取值。对于质子（氢核），由于自旋量子数 $I=1/2$，故 $m=\pm1/2$，即其磁矩在外磁场中仅有两个不同取向，它们在外磁场方向上的分量分别为 $\frac{1}{2}\gamma\hbar$ 和 $-\frac{1}{2}\gamma\hbar$。

核磁矩在外磁场方向的最大投影值 μ_{max} 为

$$\mu_{max}=\gamma P_{max}=\gamma\hbar I \tag{8-15}$$

原子核角动量和核磁矩空间投影的不连续（空间量子化）是微观世界的特征之一。

（三）自旋核在静磁场中的进动

我们已经知道，自旋核有一定的自旋角动量和核磁矩。在静磁场作用下，核磁矩将如旋转陀螺在地球引力场中进动一样运动，称为自旋核的进动。图 8-8 为磁性核在磁场中的进动示意

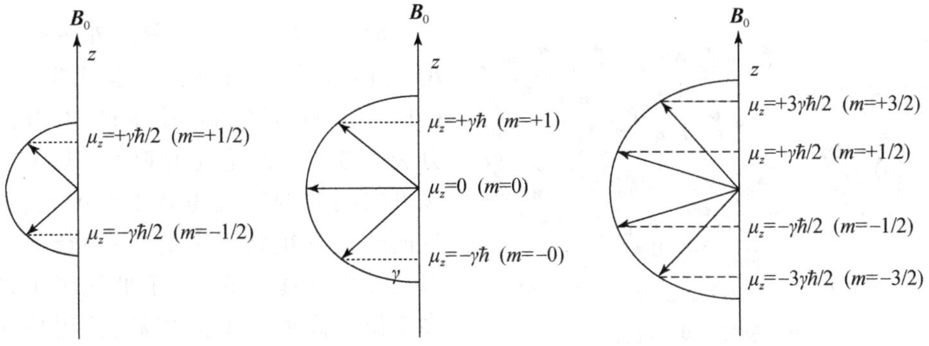

图 8-7 核磁矩在磁场中的取向

图。一个磁矩为 $\boldsymbol{\mu}$ 的孤立原子核处于磁感应强度为 $\boldsymbol{B}_0$ 的磁场中,若磁矩 $\boldsymbol{\mu}$ 与 $\boldsymbol{B}_0$ 的方向不同,它在磁场作用下将产生进动。

经理论推导分析,磁矩进动的频率符合拉莫尔(Larmor)方程(8-16)。通常把 ω_0 称为拉莫尔频率(Larmor frequency)

$$\omega_0 = \gamma B_0 \tag{8-16}$$

即自旋核的进动频率 f 为

$$f=\frac{\gamma}{2\pi}B_0 \tag{8-17}$$

式中 γ 为磁旋比。不同的原子核具有不同的磁旋比。ω_0 与 γ 和 $\boldsymbol{B}_0$成正比,而与 $\boldsymbol{\mu}$ 和 $\boldsymbol{B}_0$之间的夹角 θ 无关。在核磁共振学科中,又将核磁矩的上述进动称为拉莫尔进动(Larmor precession)。

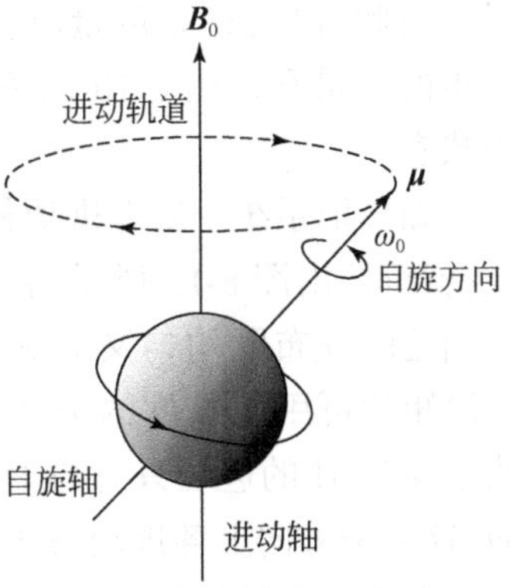

图 8-8 磁性核在磁场中的进动示意图

二、宏观描述

为研究核磁矩的宏观特性,布洛赫(Ernst Bloch)提出了原子核磁化强度矢量的概念。所谓磁化强度矢量(magnetization vector),指的是单位体积内所有核磁矩的矢量和。它通常用 $\boldsymbol{M}$ 表示,其定义式为

$$\boldsymbol{M} = \sum_{i=1}^{N}\boldsymbol{\mu}_i \tag{8-18}$$

作为矢量,$\boldsymbol{M}$ 的大小和方向就可以用线段的长短和箭头来表示。更有意义的是,我们还可以用 $\boldsymbol{M}$ 在磁场中的运动规律来表征核的集体行为。这一分析思想构成了核磁共振经典力学理论的核心。

如图 8-9 所示,以条形磁铁为原子磁矩的符号,表明在没有外场的情况下,自旋核系统中各原子核磁矩 $\boldsymbol{\mu}_i$ 的方向是杂乱无章的。从统计学的观点来看,就是它们的矢量和等于零,也就是

$$M = \sum_{i=1}^{N} u_i = 0 \quad (8\text{-}19)$$

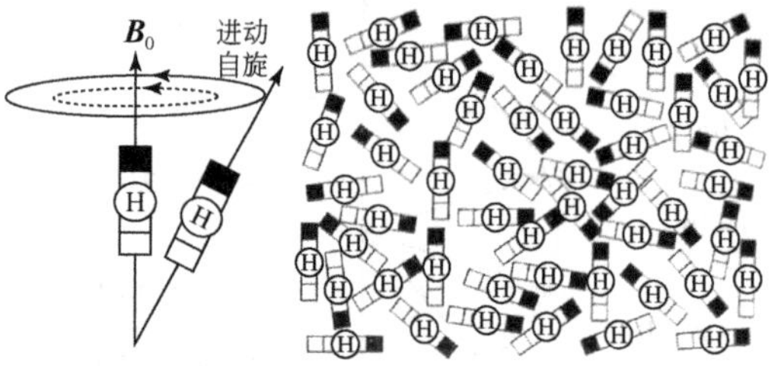

图 8-9 氢核磁矩的磁化

原子核系统一旦被放入外磁场，各核便在 B_0 的作用下一边自旋，一边又都围绕磁场方向以一定的角度和角速度进动，并进行能级分裂。按照前面论述的观点，其结果为：与磁场方向同向的核磁矩处于低能级，而与磁场反向的核磁矩处于高能级；两能级上的核数服从玻尔兹曼分布；位于低能级上的核数稍多于位于高能级上的核数，使得原子核磁矩不能完全抵消。这时 M 在 z 轴上的投影 M_z 便不再为零。对 ^1H 而言，各磁矩只取与 B_0 同向或反向两种状态。这时，我们说系统被磁化了。由此可见，M 是度量原子核系统磁化程度的物理量，它代表的是单位体积中全部原子核磁矩的矢量和。图 8-10 以条形磁铁为原子磁矩的符号，形象地表明了氢原子核系统被磁化的状态。

如果把系统中所有进动相位相同之核的矢量和用一箭头表示，并将其始端平移到坐标原点，就可绘出图 8-11 所示的矢量分布图。由于进动相位的分布既均匀又对称，空间各方向上核的总磁矩均可用同长度的矢线来表示。我们知道，热平衡时 ^1H 的进动只有与 B_0 相同或相反两种取向，这两个方向上各进动矢线就构成了图 8-11(a) 中的上下两个圆锥面。图中分别用 M_+ 和 M_- 表示低、高能级上的进动核在 B_0 方向和 B_0 反方向上的矢量和。

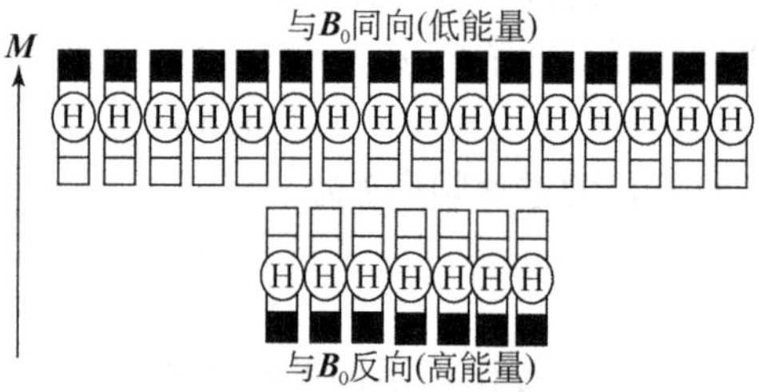

图 8-10 质子群被磁化

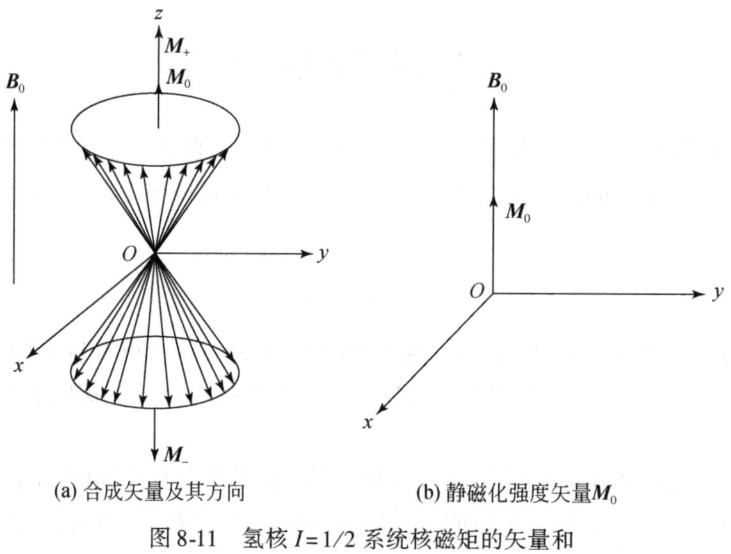

图 8-11 氢核 $I=1/2$ 系统核磁矩的矢量和

通常又将 $\boldsymbol{M}$ 在 z 方向的投影 $\boldsymbol{M}_z$ 叫作 $\boldsymbol{M}$ 的纵向分量，而把 $\boldsymbol{M}$ 在 xOy 面上的投影 $\boldsymbol{M}_{xy}$ 叫作 $\boldsymbol{M}$ 的横向分量。

由于低能级上的核数略多于高能级上的核数，所以存在 $\boldsymbol{M}_+ > \boldsymbol{M}_-$，即出现平行于 $\boldsymbol{B}_0$ 的净磁化强度矢量 $\boldsymbol{M}_0$，如图 8-11(b)所示。$\boldsymbol{M}_0$ 为 $\boldsymbol{M}_+$ 和 $\boldsymbol{M}_-$ 的矢量和。

实际上 $\boldsymbol{M}_{xy}$ 还可分解为 $\boldsymbol{M}_x$ 和 $\boldsymbol{M}_y$ 两部分，它们分别表示 $\boldsymbol{M}$ 在 x 轴和 y 轴上的投影。三者之间的关系为

$$\boldsymbol{M}_{xy} = \sqrt{\boldsymbol{M}_x^2 + \boldsymbol{M}_y^2} \tag{8-20}$$

图 8-11(a)还表明，由于各个自旋磁矩 $\boldsymbol{\mu}_i$ 按统计规律分布，其横向分量互相抵消，对磁矩总矢量没有贡献，即 $M_{xy}=0$。对 $\boldsymbol{M}_0$ 有贡献的是各个 $\boldsymbol{\mu}_i$ 的纵向分量。也就是说，系统平衡时的磁化强度矢量 $\boldsymbol{M}_0$ 就等于纵向分量 $\boldsymbol{M}_z$，而 $\boldsymbol{M}_0$ 是可测的。

这样一来，平衡状态下磁化强度矢量 $\boldsymbol{M}$ 的大小就等于它的纵向分量 $\boldsymbol{M}_z$，其方向指向 $\boldsymbol{B}_0$。原子核在静磁场中的这种磁化矢量称为静磁化强度矢量，用 $\boldsymbol{M}_0$ 表示。经理论推导可得 $\boldsymbol{M}_0$ 的计算式

$$\boldsymbol{M}_0 = \frac{N\gamma^2\hbar^2 I(I+1)}{3kT}\boldsymbol{B}_0 \tag{8-21}$$

其中 N 为系统的核总数，T 为热力学温度，k 为玻尔兹曼常量。令

$$\chi_0 = \frac{N\gamma^2\hbar^2 I(I+1)}{3kT} \tag{8-22}$$

则静磁化强度矢量的计算式为

$$\boldsymbol{M}_0 = \chi_0 \boldsymbol{B}_0 \tag{8-23}$$

式中常数 χ_0 称为静磁化率（magnetic susceptibility），又叫居里磁化率。

对于自旋量子数 I 为 1/2 的核，式(8-21)成为

$$\boldsymbol{M}_0 = \frac{N\boldsymbol{B}_0\gamma^2\hbar^2}{4kT} \tag{8-24}$$

可见，静磁化强度 $\boldsymbol{M}_0$ 不仅与 $\boldsymbol{B}_0$ 有关，还与样品所处的热力学温度 T 有关。温度高时，上、下能级间的核数差小，在相同的 $\boldsymbol{B}_0$ 中磁化现象就不明显，对应的 $\boldsymbol{M}_0$ 就小；反之 $\boldsymbol{M}_0$ 就大。图 8-12 形象地表示了上述因素与 $\boldsymbol{M}_0$ 的关系。

从式(8-24)还可看出：$\boldsymbol{M}_0$ 与系统的核总数 N 成正比，这说明单位体积内的微观磁矩越多，其平衡分布时统计平均的磁化效果就越显著；$\boldsymbol{M}_0$ 还与 γ^2 成正比，表明磁旋比大的核种，微观磁矩表现出的宏观磁化效应也越大。

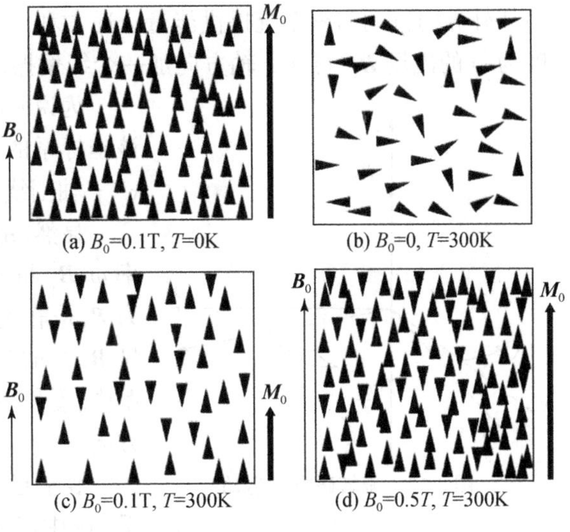

图 8-12　温度和外磁场的强度对静磁化强度矢量 $\boldsymbol{M}_0$ 的影响

第三节 磁 共 振

一、磁共振的基本原理

自然界中共振现象是普遍存在的。它是许多物体及设备吸收和发射能量的基础。但是,共振又是有条件的。例如,在力学中,当作用于振动体的外力的方向与振动方向相反时,振动将很快停止;如果不仅使外力的作用方向和振动方向相同,也使外力的作用频率与振动的固有频率相同,振动系统的振幅将达到最大值。这就是所谓的机械共振。弦乐器就是根据这一原理发声的:改变弦的张力就改变了它的共振频率,从而使其发出不同音高的声音来。在科学技术高度发达的今天,利用电子共振的原理进行工作的设备就更多了。这方面最简单的例子就是无线电收音机。它之所以能够选择一个特定的广播电台,就是因为每个电台发射不同频率的广播信号,调谐收音机实际上就是调节它的共振频率。由此看来,发生共振必须满足一定的条件,如频率条件和相位条件。在共振的条件下,物体的能量交换才是最有效的。对于原子核来说,其共振频率是由原子核的特性和磁感应强度共同决定的。只有自旋核才能发生核磁共振,因为只有这类核才有磁矩。下面将进一步分析磁共振现象及其条件。随后我们还将从质子群的角度,即从宏观上来描述原子核的共振行为。

(一)磁共振的条件

我们知道,核磁矩$\boldsymbol{\mu}$具有一定能量。在静磁场中,它以定角θ作拉莫尔进动,其能量并没有发生变化,这时称系统处于稳定状态。但是,如果在静磁场$\boldsymbol{B}_0$的垂直平面内施加一个以角速度ω旋转的磁场$\boldsymbol{B}_1$(取$B_1 \ll B_0$),就可使$\boldsymbol{\mu}$所具有的能量发生变化。也就是说,要破坏其平衡,必须从外界向进动的核系统提供能量。通常利用射频磁场的能量来实现这一目的。为获得角速度为ω的磁场$\boldsymbol{B}_1$,可在x轴方向加一个线偏振的交变磁场。

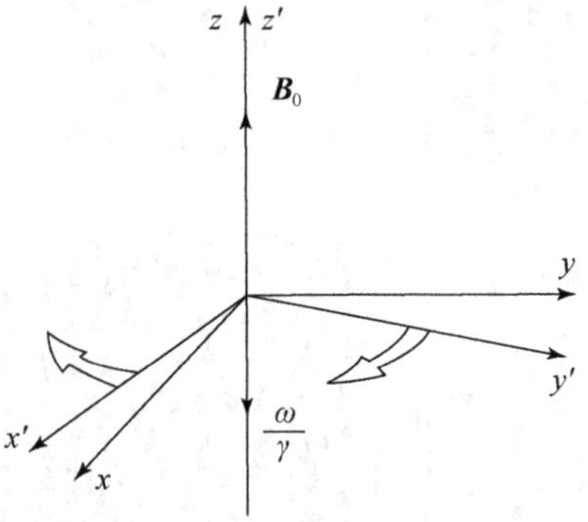

图 8-13 旋转磁场的运动

为说明问题,引入如图 8-13 所示的旋转坐标系$x'y'z'$。该坐标系的z'轴与固定坐标系xyz的z轴及$\boldsymbol{B}_0$相重合,其x'、y'轴围绕z轴旋转,并取旋转角速度为ω。

显然,由于旋转坐标系与旋转磁场$\boldsymbol{B}_1$有着相同的角频率ω,$\boldsymbol{B}_1$将永远与x'轴相重合。这样,在$x'y'z'$系中就可认为$\boldsymbol{B}_1$是静止的,或者说它就成为垂直于z轴的静磁场。可见$\boldsymbol{B}_1$的时间依赖性已经消除了。另外,在这样的旋转坐标系中,看作静磁场的旋转磁场可以任意取向,我们不妨取x方向。

我们已经知道,当系统稳定时,核磁矩$\boldsymbol{\mu}$在固定坐标系xyz中以$\omega_0=\gamma B_0$的角频率围绕$\boldsymbol{B}_0$进动。如果上述旋转磁场的旋转频率ω正好等于核磁矩的进动频率ω_0,那么在$x'y'z'$系中观察,$\boldsymbol{\mu}$也将是静止的。$\boldsymbol{B}_1$场一旦加入,$\boldsymbol{\mu}$立刻受到$\boldsymbol{B}_1$场的作用。根据前面的结论,这时$\boldsymbol{\mu}$又将围绕$\boldsymbol{B}_1$进动(图 8-14(a))。其进动角频率为

$$\omega_1=\gamma B_1 \tag{8-25}$$

不过，由于 B_1 很小，这一进动通常进行得非常缓慢。物理学上把这种核磁矩在射频场作用下进行的缓慢进动称为章动（nutation），因此，进动是指固定坐标系 xyz 中 $\boldsymbol{\mu}$ 绕 z 轴的转动，而章动特指满足共振条件时 $\boldsymbol{\mu}$ 绕 x' 轴的转动。可见，$\boldsymbol{\mu}$ 在以 ω_0 绕 $\boldsymbol{B}_0$ 高速进动的同时，又以 ω_1 绕 $\boldsymbol{B}_1$ 方向章动。在 xyz 坐标系中观察，将会看到这两种运动的合成（图 8-14（b））。

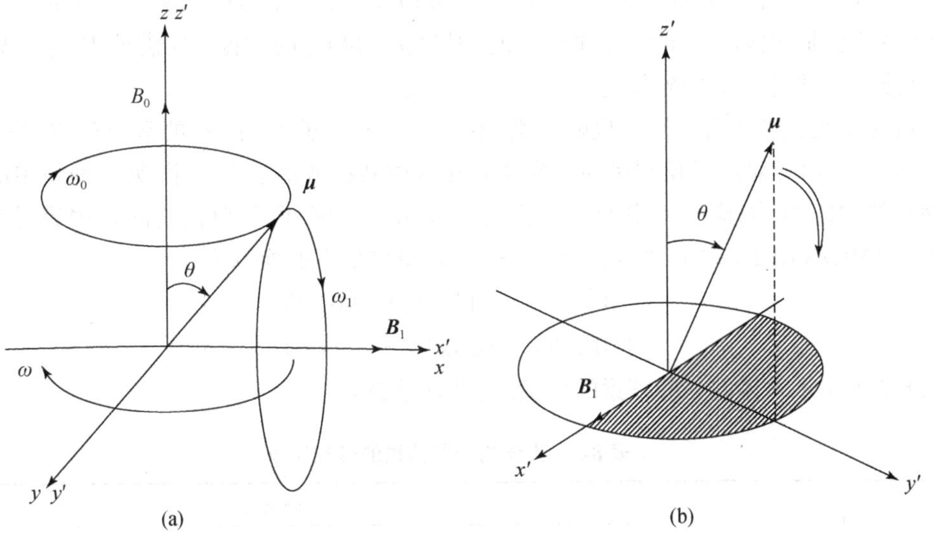

图 8-14　核磁矩 $\boldsymbol{\mu}$ 同时绕 $\boldsymbol{B}_0$、$\boldsymbol{B}_1$ 进动

同时我们注意到，由于 $\boldsymbol{\mu}$ 围绕 $\boldsymbol{B}_1$ 的章动，核磁矩 $\boldsymbol{\mu}$ 与静磁场 $\boldsymbol{B}_0$ 之间的夹角 θ 有了变化，通常将 θ 称为章动角。当章动角变化时，$\boldsymbol{\mu}$ 在 $\boldsymbol{B}_0$ 中的能量也将随之改变（θ 增加，能量增加），而它的变化是以旋转磁场的能量变化为依据的。由此可见。如果 θ 增加，核磁矩就要从外场中吸收能量，这就是核磁共振现象。我们得出的共振条件是

$$\omega=\omega_0=\gamma B_0 \tag{8-26}$$

核磁矩 $\boldsymbol{\mu}$ 吸收能量的过程，是以外加交变磁场 $\boldsymbol{B}_1$ 的角频率 ω 与原子核的进动频率 ω_0 相等为条件的。由于核磁矩是空间量子化的，如果 $\boldsymbol{\mu}$ 吸收的能量不满足相应的量子化数值，$\boldsymbol{\mu}$ 就不吸收这种能量，θ 则不改变。也就是说，$\omega\neq\omega_0$ 时不发生核磁共振。

还需要明确的是，也可以通过量子力学的观点对核磁共振条件进行解释，其结果与上述采用经典物理学方法所得的分析结果是一致的。

（二）常用的核磁共振观测方法

拉莫尔方程是核磁共振的基本公式。它规定了自旋核在一定磁场中引起共振的必要条件。下面从几个方面进一步讨论核磁共振的条件问题。

为了观察核磁共振现象，人们根据拉莫尔公式给定的条件采用了多种方法。在实验中使用最多的有扫场法、扫频法和脉冲法等几种。

所谓扫场法，就是保持电磁波的角频率 ω_0 不变，而连续改变外磁场 $\boldsymbol{B}_0$ 的方法。当场值变到 $B_0=\omega_0/\gamma$ 时便发生共振吸收。与此相反，扫频法是固定静磁感应强度 $\boldsymbol{B}_0$，并通过连续改变射频场的振荡角频率 ω 来达到共振目的的方法。显然，当满足 $\omega=\omega_0$ 的条件时将有共振信号检出。

扫场法和扫频法均称为连续波法。如果固定磁场，并以一个能量很高的、含有各种频率成分的宽带脉冲源去覆盖所选区域，可使全部同类核同时被激发。采用这种原理达到共振目的的

就是脉冲法。用脉冲法可以获得比前两种方法高得多的信噪比。脉冲法又被称作脉冲傅里叶变换法。扫场法、扫频法和脉冲法在核磁共振波谱分析中均有应用。

医用 MRI 系统中所采用的实际上是一种脉冲激励的定核检测方法。MRI 中不仅固定静磁场 $\boldsymbol{B}_0$,而且固定扫描频率 ω_0。因此,只有满足条件 $\gamma=\omega_0/B_0$ 的核在射频脉冲作用下才发生核磁共振。人体内含有大量的 ^{1}H,加之它的信号灵敏度很高,显然应选氢核作为定核。换句话说,MRI 系统就是用体内 ^{1}H 的分布来成像的,因此,ω_0 和 $\boldsymbol{B}_0$ 的设置均应满足 ^{1}H 的共振条件,即 ω_0/B_0 在数值上要等于氢的磁旋比。

磁旋比 γ 是核的固有属性。也就是说,原子核不同,γ 就不同。γ 的常用单位有两种:一种是 10^7rad/(s·T)(对应于角频率 ω),它主要在核磁共振波谱学中使用;另一种是 MRI 技术中经常使用的 MHz/T(对应于频率 f)。根据各自采用的量纲,两种单位之间是很容易进行换算的。由于 1MHz=10^6Hz=10^6 周/s,1 周=2πrad,可得出如下的换算式

$$10^7\text{rad}/(\text{s}\cdot\text{T})=1.591\text{MHz/T} \tag{8-27}$$

$$1\text{MHz/T}=0.628\times10^7\text{rad}/(\text{s}\cdot\text{T}) \tag{8-28}$$

表 8-3 列出了人体内一些核素的磁旋比(两种单位)。

表 8-3 人体内一些核素的磁旋比 γ

原子核	磁旋比 γ	
	10^7rad/(s·T)	MHz/T
$^1_1$H	26.752	42.562
$^2_1$H	4.107	6.534
$^{13}_6$C	6.728	10.704
$^{14}_7$N	1.934	3.077
$^{15}_7$N	2.712	4.315
$^{17}_8$O	-3.628	-5.772
$^{19}_9$F	25.181	40.063
$^{23}_{11}$Na	7.080	11.264
$^{36}_{17}$Cl	2.624	4.175
$^{31}_{15}$P	10.841	17.245
$^{39}_{19}$K	1.250	1.989

例如,对于 1T 磁场中的 ^{1}H 来说,其共振频率为 42.562MHz,而这时 ^{31}P 和 ^{23}Na 的共振频率分别为 17.245MHz 和 11.264MHz。

表 8-4 列出了各种场强医用 MRI 系统所需的射频电磁波频率,也即氢质子在不同场强下的共振频率。这些频率均大大低于 X 射线的频率(甚至低于可见光的频率),因而它不会对生物系统的分子造成破坏。这也是 MRI 被广泛接受的原因之一。

表 8-4 氢质子在不同场强的 MRI 系统中的共振频率

磁感应强度 B_0/T	共振频率/MHz
0.2	8.52
0.35	14.90
0.5	21.29

续表

磁感应强度 B_0/T	共振频率/MHz
1.0	42.56
1.5	63.87
2.0	85.16
3.0	127.68

二、磁共振的宏观表现

(一)磁共振激发

前面讨论了孤立自旋核的磁学性质、它在均匀磁场中的运动规律及核磁共振现象。但是，人们只能测量样品或被检体中大量同种核的集体行为，单个原子核的行为是无法检测的。原子核群的集体行为表现为一些可测的宏观量，根据这些宏观量才能做出判断或显像。

对磁共振现象进行宏观描述，我们已经引入了原子核磁化强度矢量的概念。从图 8-11 看出，热平衡时，被磁化的核系统中所有核的总磁矩等同于一个与 $\boldsymbol{B}_0$ 同向的静磁化强度矢量 $\boldsymbol{M}_0$。因此，$\boldsymbol{M}_0$ 又叫作热平衡磁化强度。同时我们看到，$\boldsymbol{M}_0$ 是 $\boldsymbol{M}$ 在 z 轴上投影的最大值。

关于 $\boldsymbol{M}$ 的相位特征，即它在 xOy 面上的投影特点，常用相位相干和不相干来表征。相位的相干是说所有核磁矩 $\boldsymbol{\mu}_i$ 的进动是同相的，或者说它们在 xOy 面上的投影是会聚的；相位的不相干是指进动圆锥上各磁矩的相位是均匀分布的，因而它们在 xOy 面上的投影是发散的。相位相干时 $\boldsymbol{M}_{xy}\neq 0$，相位不相干时 $\boldsymbol{M}_{xy}=0$。由此可将热平衡时系统的特点表述为

$$\boldsymbol{M}_z=\boldsymbol{M}_0=\frac{N\gamma^2\hbar^2 I(I+1)}{3kT}\boldsymbol{B}_0 \tag{8-29a}$$

$$\boldsymbol{M}_{xy}=0 \tag{8-29b}$$

但是，$\boldsymbol{M}_0$ 与 $\boldsymbol{B}_0$ 相比很微弱。为了检测 $\boldsymbol{M}$ 的变化，必须将它从与 $\boldsymbol{B}_0$ 的平行关系中分离开来。

根据本章第二节的讨论，当 x 方向加入射频磁场 $\boldsymbol{B}_1$ 时，核磁矩 $\boldsymbol{\mu}$ 与 $\boldsymbol{B}_0$ 之间的夹角就要变化，其宏观表现为 $\boldsymbol{M}$ 偏离 z 轴一定的角度 θ。因此，在 $\boldsymbol{B}_0$ 的垂直方向施加适当频率的电磁波，就可达到分离 $\boldsymbol{M}_0$ 和 $\boldsymbol{B}_0$ 的目的。这一过程称为磁化强度矢量的激发。

在激发过程中，处于低能级上的核吸收射频能量后跃迁到相应的高能级上，使高低能级上的核数接近并趋于相等。与此同时，处在各能级上的核磁矩的相位也趋向一致(趋向于射频场方向)，即出现相位相干。一旦相位相干发生，$\boldsymbol{M}$ 将偏离 $\boldsymbol{B}_0$ 方向。此时，$\boldsymbol{M}$ 将包含垂直分量 $\boldsymbol{M}_z$ 和水平分量 $\boldsymbol{M}_{xy}$。系统激发后的特征为

$$M_z<M_0 \tag{8-30a}$$

$$M_{xy}\neq 0 \tag{8-30b}$$

精确地说明激发后磁化强度矢量 $\boldsymbol{M}$ 的运动情况，这里仍利用图 8-15 所示的旋转坐标系 $x'y'z'$ 来讨论问题。射频场 $\boldsymbol{B}_1$ 作用后，设其磁矢量 $\boldsymbol{B}_1$ 就在 x' 上。那么根据前面的论证，它所产生的磁力矩将使 $\boldsymbol{M}$ 绕 $\boldsymbol{B}_1$ 进动。进动角频率为

$$\omega_1=\gamma B_1 \tag{8-31}$$

显然，这时 $\boldsymbol{M}$ 将偏离 $\boldsymbol{B}_0$ 方向。一旦 $\boldsymbol{M}$ 与 $\boldsymbol{B}_0$ 相偏离，$\boldsymbol{M}$ 又立即受到 $\boldsymbol{B}_0$ 的磁力矩作用，使它同

时绕 $\boldsymbol{B}_0$ 进动。进动角频率为

$$\omega_0=\gamma B_0 \tag{8-32}$$

当 $\boldsymbol{B}_1$ 在 xyz 坐标系中以角速度 ω 旋转时，若满足 $\omega=\omega_0=\gamma B_0$ 的条件，$x'y'z'$ 坐标系中的 $\boldsymbol{B}_1$ 就相当于作用在 $\boldsymbol{M}$ 上的静磁场，它将使 $\boldsymbol{M}$ 绕 $\boldsymbol{B}_1$ 的进动持续下去。由此看来，激发后的 $\boldsymbol{M}$ 相当于处在两个静磁场中，因而两种进动会同时进行。为了对二者进行区别，把固定坐标系 xyz 中 $\boldsymbol{M}$ 绕 $\boldsymbol{B}_0$（z 轴）的转动称为进动，而把满足共振条件时 $x'y'z'$ 中 $\boldsymbol{M}$ 绕 $\boldsymbol{B}_1$（x'轴）的转动叫作章动，上面提到的 θ 就是章动角。由于拉比（Isidor Isaac Rabi）首次从理论上预言了磁化强度矢量的章动，故在核磁共振中 ω_1 常被称为拉比频率。

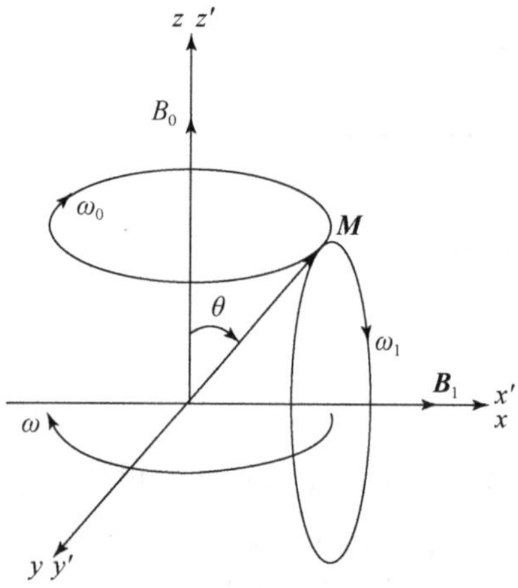

图 8-15　磁化强度矢量 $\boldsymbol{M}$ 同时绕 B_0、$\boldsymbol{B}_1$ 进动

这里关于 $\boldsymbol{M}$ 的进动和章动的概念，与前面所说的关于核磁矩 $\boldsymbol{\mu}$ 的进动和章动是既有区别又有联系的。二者的不同之处是，前者 $\boldsymbol{M}$ 是对磁系统宏观磁效应的力学描述，而后者 $\boldsymbol{\mu}$ 反映的是单一微观粒子的磁效应。然而，它们所反映的运动形式是相同的，采用的分析方法和得出的结论也是相同的。无数个不可测的进动和章动表现出来的宏观效果，这就是磁化强度矢量 $\boldsymbol{M}$ 的进动和章动。

一般情况下，由于 $\omega_1<\omega_0$，进动的速度快于章动。也就是说，$\boldsymbol{M}$ 在较快地绕 $\boldsymbol{B}_0$ 转动的同时，又较慢地绕 $\boldsymbol{B}_1$ 转动。于是，$\boldsymbol{M}$ 矢端的运动就局限在以 $\boldsymbol{B}_0$ 为半径的球面上，其轨迹为一条从球面顶点开始逐渐展开的螺线，如图 8-16 所示。

$\boldsymbol{M}$ 的章动使其偏离 $\boldsymbol{B}_0$ 的角度 θ 不断增大。θ 的增大速度，或者说 $\boldsymbol{M}$ 偏离 $\boldsymbol{B}_0$ 的速度决定于射频场 $\boldsymbol{B}_1$ 的大小。$\boldsymbol{B}_1$ 的变化又是通过章动角速度 ω_1 来体现的，ω_1 越大，θ 就可能越大。下面推导章动角速度、章动角与射频场之间的关系。

根据定义，ω_1 为单位时间内 $\boldsymbol{M}$ 在 $x'y'z'$坐标系中旋转的角速度。设 $\boldsymbol{B}_1$ 场的持续时间为 τ，则有如下近似关系

$$\omega_1=\gamma B_1\approx\frac{\theta}{\tau} \tag{8-33}$$

从而得到

$$\theta=\gamma B_1\tau \tag{8-34}$$

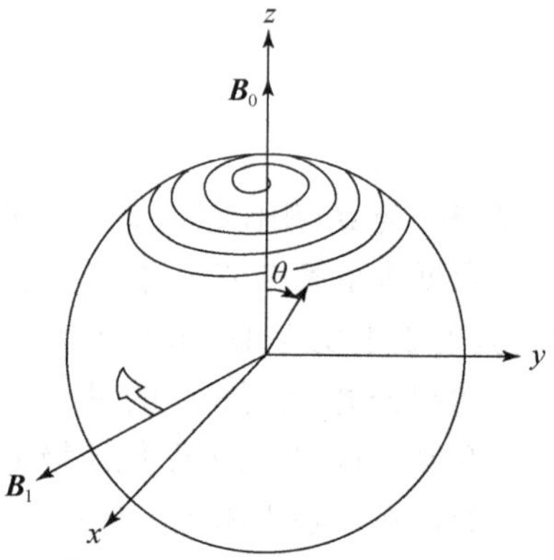

图 8-16　磁化强度矢量 $\boldsymbol{M}$ 的运动轨迹

式(8-34)表明，只要在 $\boldsymbol{B}_0$ 的垂直方向施加一旋转磁场 $\boldsymbol{B}_1$，核磁化强度矢量 $\boldsymbol{M}$ 就会偏离 $\boldsymbol{B}_0$ 方向，偏离的角度取决于 $\boldsymbol{B}_1$ 场的强度与持续时间 τ。因此，可以通过控制射频场的强度和持续时间来改变磁化强度矢量 $\boldsymbol{M}$ 的翻转角 θ。射频场 $\boldsymbol{B}_1$ 通常是以脉冲形式发射的。一般地，如果使用的脉冲使 $\boldsymbol{M}$ 偏离了 $\boldsymbol{B}_0$ 并与其成 θ 角，我们就称这一脉冲为 θ 脉冲，如能够使 $\boldsymbol{M}$ 翻转到 xOy 平面上的射频脉冲称为 90°脉冲或 $\pi/2$ 脉冲，能够使 $\boldsymbol{M}$ 翻转到 $\boldsymbol{B}_0$ 反方向的射频脉冲称为 180°脉冲或 π 脉冲。

在 MRI 技术中使用较多的是 90°、180°脉冲。以施加 90°脉冲为例，宏观磁化矢量 $\boldsymbol{M}$ 以螺旋运动的形式离开其原来的平衡状态，脉冲停止时，$\boldsymbol{M}$ 垂直于主磁场 $\boldsymbol{B}_0$，其总的运动轨迹就呈

现如图 8-17(a)所示的锥形转动,由 $\boldsymbol{M}$ 的顶端划出一个球形的螺旋线,最终使 $\boldsymbol{M}$ 翻转到 xOy 平面上(图 8-17(b))。这是一个吸收能量的过程。

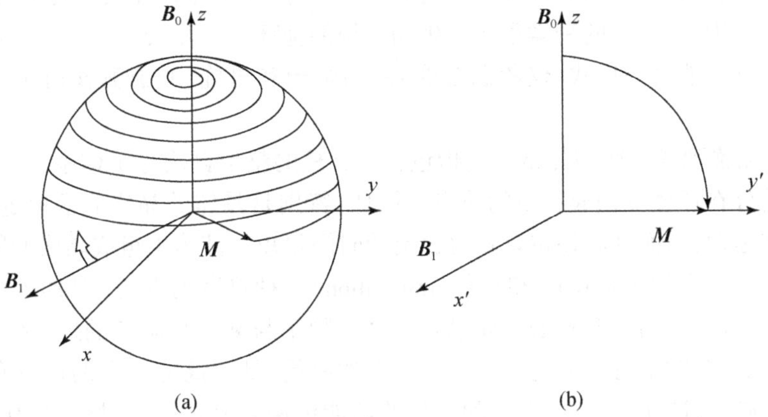

图 8-17　90°脉冲的激发

综上所述,核磁共振就是原子核在进动中吸收外界能量产生的一种能级跃迁现象。外界能量是由垂直于静磁场 $\boldsymbol{B}_0$,且以拉莫尔频率变化的交变磁场 $\boldsymbol{B}_1$ 提供的。$\boldsymbol{B}_1$ 场的强度和持续时间决定了核系统磁化强度矢量偏离 $\boldsymbol{B}_0$ 的角度。施加的射频脉冲越强,持续时间越长,在射频脉冲停止时,$\boldsymbol{M}$ 离开其平衡状态 $\boldsymbol{B}_0$ 越远。

(二)饱和现象

在射频场的作用下,低能态的核吸收射频场的能量后将从低能态向高能态跃迁而产生信号。如果高能态上的核不及时回到低能态,低能态上的核数将随之减少,使两能级上核的数目趋于相等。这种情况下,自旋核系统对射频场能量的吸收就要减少或者完全不能吸收,导致核磁共振信号减少或消失,这就是饱和(saturation)现象。

在忽略其他因素的前提下,射频照射开始后核吸收射频场能量并由低能态向高能态跃迁。结果使低能态上的核数 N_l 逐渐减少,高能态上的核数 N_h 逐渐增加。二者之间的差值便按指数规律逐渐衰减直至趋于零,即高能态与低能态的核数趋于相等,达到饱和。饱和后两能级上的核处于动态平衡之中,这时即使射频波继续照射,系统对电磁场能量的净吸收也将表现为零,其核磁共振信号几乎消失。

在核磁共振检测过程中,要尽量避免出现饱和现象,以获得所需的共振信号。但是,在 MRI 系统中,饱和技术也被广泛用来抑制各种无关信号,如建立饱和带来抑制有些器官的运动伪影等。

第四节　弛 豫 过 程

一、弛豫及其规律

射频脉冲停止后,受激的核系统将逐渐向平衡态恢复。我们把原子核系统从受激的不平衡态向平衡态恢复的过程称为弛豫过程(relaxation process)。

(一)弛豫的分类

从理论上讲,自旋核周围局部场的任何波动,只要其频率与自旋核的共振频率相当,均可引起系统的弛豫。因此,弛豫的种类很多。生物系统的弛豫就更复杂。但是,在多数情况下,根据自旋核与外界交换能量的形式,仅考虑自旋-晶格弛豫和自旋-自旋弛豫就足够了。下面分别介绍。

1. 自旋-晶格弛豫 所谓晶格是泛指包含自旋核的整个自旋分子体系,也可以说它是构成质子和原子的外在环境或构成物质的质点。固体,特别是晶体的晶格非常稳定。液体则相反,晶格本身也在运动,因而其晶格位置相对稳定的时间很短。液体中组成晶格的原子和分子主要有旋转(rotation)、振动(vibration)和平移(translation)三种热运动方式(图 8-18),由此产生瞬息万变的、具有各种频率的交变磁场。如果其中之一频率与某一自旋核的进动频率相同,换句话说,如果在高能态核的附近有使它跃迁到低能态的磁场,处于高能态上的核就有可能把能量转移给这个交变磁场,即作为转动、振动和平移的热能传递到晶格中去,核自身则弛豫到低能态。就这一类磁性和整体而言,总的能量随之下降。这种保持玻尔兹曼过剩的机制称自旋-晶格弛豫(spin-lattice relaxation)。它又叫热弛豫(thermal relaxation)。由此看来,自旋-晶格弛豫是一个自旋核与环境交换能量的过程。

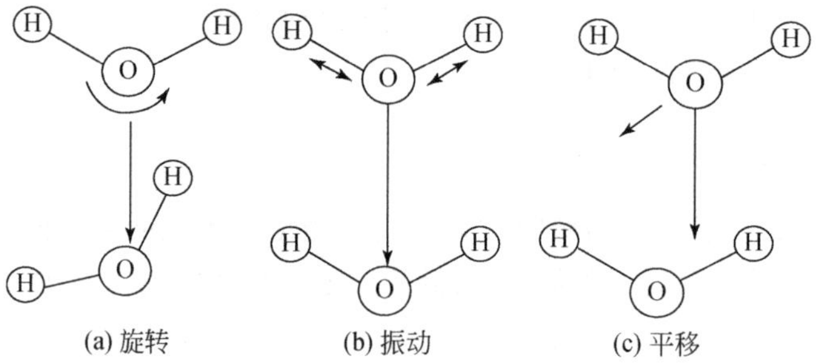

图 8-18 晶格中分子运动的三种形式

2. 自旋-自旋弛豫 设核系统中有两个分别位于高、低能态的自旋核,当高能态的核与低能态的核互相接近时,如果它们的进动频率相同,这两个核是可以交换能量的。高能态的核将能量传递给低能态的核,使后者跃向高能态,而本身则跃向低能态。这里,体系中各种取向的核数并没有变化,因而体系的总能量不变。该过程是由自旋核相互作用引起的,所以称为自旋-自旋弛豫(spin-spin relaxation)。自旋-自旋弛豫是一个自旋核与另一个自旋核交换能量的过程。

(二)弛豫时间

1. 自旋-晶格弛豫时间(T_1) 核磁共振中,自旋体系因受到射频波的激励而失去平衡。射频场关断后它又借自旋-晶格弛豫而恢复玻尔兹曼平衡。核系统这种从共振激发到恢复平衡所需要的时间称为自旋-晶格弛豫时间,通常用 T_1 表示。

T_1 由环境温度和样品的物理状态而定,如核所处的位置和运动状态等。T_1 越小,表示自旋-晶格弛豫过程的效率越高。液体的 T_1 较小,为几秒。固体分子的热运动受到限制,不能有效地产生自旋-晶格弛豫,其 T_1 就很长,有时可达几小时。在生物组织中,T_1 的值在几百毫秒到数秒之间。

2. 自旋-自旋弛豫时间(T_2) 自旋-自旋弛豫的特点是能量交换在相同的自旋核之间进行,因而弛豫的效率非常高。固体分子中各个原子的位置相对固定,自旋核可更有效地交换能量,因而它的时间常数 T_2 特别短。在黏度大的溶液中,T_2 也较小,大约为 0.1ms。生物组织的 T_2 值在 30~150ms。可见一般情况下 $T_1>T_2$(T_1 为 T_2 的 4~10 倍)。

二、弛豫的机制

(一)纵向弛豫和横向弛豫

1. 纵向弛豫 医学磁共振成像中所说的弛豫通常是指磁化强度矢量 $\boldsymbol{M}$ 的弛豫过程。它是上述两种弛豫的宏观反映。因此,$\boldsymbol{M}$ 弛豫的时间常数 T_1 和 T_2 就是上面所说的 T_1 和 T_2。不同的是,自旋-晶格弛豫和自旋-自旋弛豫在射频激励期间已经进行,二者均伴随着自旋核的能量变化,但可认为对外无辐射;$\boldsymbol{M}$ 弛豫反映的是射频脉冲后自旋核系统的总能量变化过程,可看作放出能量的过程。下面讨论弛豫的机制。

根据前面的论证,处于热平衡条件下的核系统,如果受到外界作用(比如,在 $\boldsymbol{B}_0$ 垂直方向施加激发脉冲),磁化强度矢量 $\boldsymbol{M}$ 就会偏离平衡位置一个角度,使得 $\boldsymbol{M}_z \neq \boldsymbol{M}_0$、$\boldsymbol{M}_{xy} \neq 0$,即磁化强度矢量的纵向分量小于平衡值 $\boldsymbol{M}_0$,并出现横向分量 $\boldsymbol{M}_{xy}$。

射频脉冲停止后,受激的核系统将逐渐向平衡态恢复。我们把原子核系统从受激的不平衡态向平衡态恢复的过程称为弛豫过程。由此看来,$\boldsymbol{M}$ 在宏观上反映了这一过程。因此,$\boldsymbol{M}$ 的弛豫过程就是核系统的弛豫过程。

磁化强度矢量 $\boldsymbol{M}$ 的弛豫应该包括两个方面:一方面是 $\boldsymbol{M}_z$,即纵向分量的恢复;另一方面是 $\boldsymbol{M}_{xy}$,即横向分量的消失。通常将纵向磁化强度矢量的恢复称为纵向弛豫(longitudinal relaxation)。它是自旋-晶格弛豫的反映,因此又叫 T_1 弛豫。横向磁化强度矢量的消失过程就是横向弛豫(transverse relaxation)。它是自旋-自旋弛豫的宏观表现,因而又称为 T_2 弛豫。

图 8-19 是 90°脉冲激励作用后宏观磁化强度矢量 $\boldsymbol{M}$ 的弛豫过程示意图。

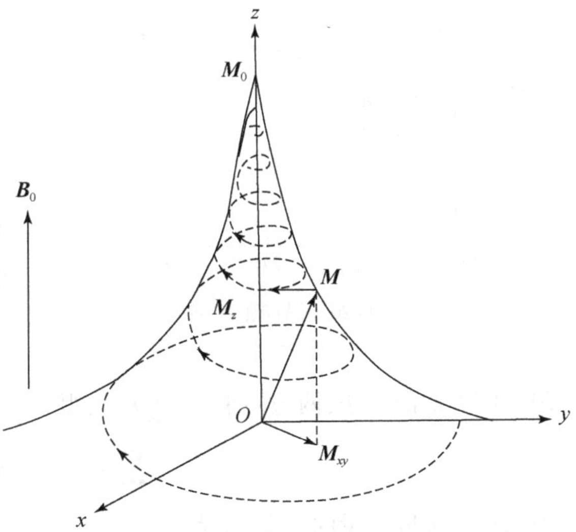

图 8-19 宏观磁化强度矢量 $\boldsymbol{M}$ 的弛豫过程示意图(以 90°脉冲为例)

下面分别推导纵向弛豫和横向弛豫的数学式。

设 ΔN_0 为热平衡状态下两能级之间的核数之差。吸收晶格能量(低能态核)和向晶格转移能量(高能态核)的两能态上的核数之差为 ΔN。式(8-35)是弛豫过程中两能级间核数差的变化率表达式。

$$\frac{\mathrm{d}\Delta N}{\mathrm{d}t} = -\frac{\Delta N - \Delta N_0}{T_1} \tag{8-35}$$

设核磁矩的 z 分量为 μ_z。上式两边同乘以 $\sum\mu_z$ 得

$$\sum\mu_z\frac{\mathrm{d}\Delta N}{\mathrm{d}t}=-\sum\frac{\Delta N-\Delta N_0}{T_1}\mu_z \tag{8-36}$$

根据磁化强度矢量的定义，就有

$$\frac{\mathrm{d}M_z}{\mathrm{d}t}=-\frac{1}{T_1}(M_z-M_0) \tag{8-37}$$

解此微分方程，得

$$\int_{M_0\cos\theta}^{M_z}\frac{\mathrm{d}M_z}{M_z-M_0}=\int_0^t-\frac{1}{T_1}\mathrm{d}t$$

$$\ln\frac{M_z-M_0}{M_0\cos\theta-M_0}=-\frac{t}{T_1} \tag{8-38}$$

计算得

$$M_z=M_0\left[1+(\cos\theta-1)\mathrm{e}^{-\frac{t}{T_1}}\right] \tag{8-39}$$

式(8-39)即为纵向弛豫的表达式。可以看出，受激核系统的纵向弛豫符合指数规律，其稳定状态为 $\boldsymbol{M}_0$。式中的 θ 表示在射频脉冲激发下 $\boldsymbol{M}$ 偏离 $\boldsymbol{B}_0$ 的角度，也就是前面提过的翻转角。如果激发使用的是 90°脉冲，即弛豫开始时 θ 为 90°，则式(8-39)成为

$$M_z=M_0(1-\mathrm{e}^{-\frac{t}{T_1}}) \tag{8-40}$$

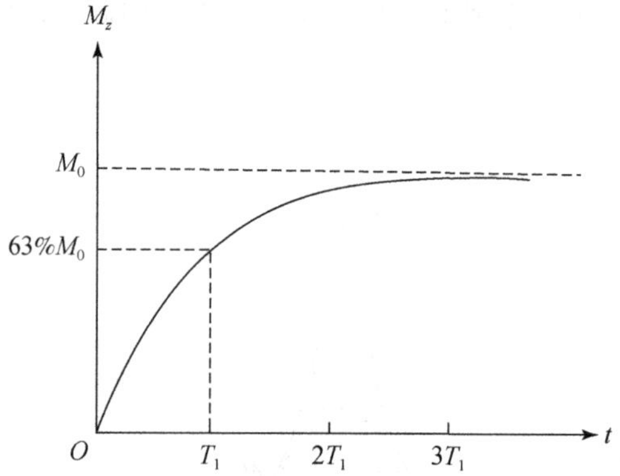

图 8-20 纵向弛豫曲线

图 8-20 是纵向弛豫曲线。我们看到，弛豫开始的瞬间($t=0$ 时刻)，$M_z=0$。经过一个 T_1 时间即 $t=T_1$ 时刻，M_z 已恢复至其稳态值 M_0 的 63%($1-\mathrm{e}^{-1}=0.63$)。因此，又可以说 T_1 是 M_z 弛豫至其稳态 63% 所需的时间。经过三个 T_1 即 $t=3T_1$ 时刻，M_z 已恢复至稳态值的 95%($1-\mathrm{e}^{-3}=0.95$)，弛豫过程基本完成。

2. 横向弛豫 对于横向弛豫，由于弛豫过程中各种取向的核总数并没有变化，可令 $\Delta N_0=0$。于是，相应形式成为

$$\frac{\mathrm{d}\Delta N}{\mathrm{d}t}=-\frac{\Delta N}{T_2} \tag{8-41}$$

用上面类似的方法，两边同乘以 $\sum\mu_{xy}$，得

$$\sum\mu_{xy}\frac{\mathrm{d}\Delta N}{\mathrm{d}t}=-\sum\frac{\Delta N}{T_2}\mu_{xy}$$

根据磁化强度矢量的定义，就有

$$\frac{\mathrm{d}M_{xy}}{\mathrm{d}t}=-\frac{M_{xy}}{T_2} \tag{8-42}$$

解此微分方程，得

$$\int_{M_0\sin\theta}^{M_{xy}}\frac{\mathrm{d}M_{xy}}{M_{xy}}=-\int_0^t\frac{\mathrm{d}t}{T_2}$$

$$\ln\frac{M_{xy}}{M_0\sin\theta}=-\frac{t}{T_2}$$

计算得

$$M_{xy}=M_0\sin\theta e^{-\frac{t}{T_2}} \tag{8-43}$$

式(8-43)为横向弛豫的表达式。可以看出，受激核系统的横向弛豫也符合指数规律。如果激发使用的是90°脉冲，则式(8-43)成为

$$M_{xy}=M_0 e^{-\frac{t}{T_2}} \tag{8-44}$$

图8-21是横向弛豫曲线。我们看到，弛豫开始的瞬间（$t=0$ 时刻），$M_{xy}=M_0$，是其最大值。经过一个 T_2 时间即 $t=T_2$ 时刻，M_{xy} 已衰减到它初始值的37%（$e^{-1}=0.37$）。因此，又可以说 T_2 是 M_{xy} 弛豫至其最大值37%所需的时间。经过三个 T_2 时间即 $t=3T_2$ 时刻，M_{xy} 已减少至最大值的5%（$e^{-3}=0.05$），弛豫过程基本完成。

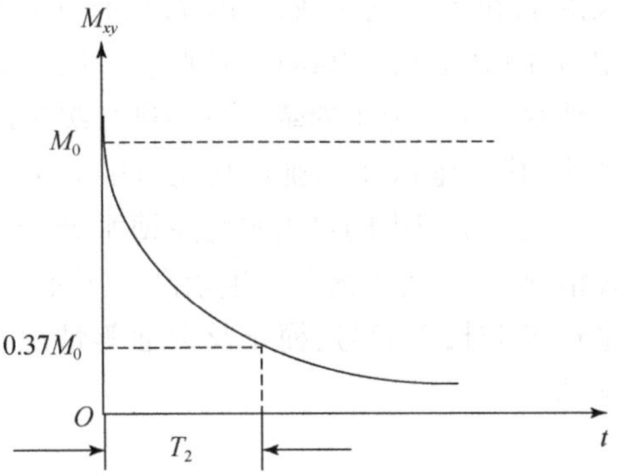

图8-21　横向弛豫曲线

（二）弛豫的生物学意义

1. 人体组织中的水及其弛豫特性　人体水分约占体重的70%。因此，人体MRI属于液体成像的范畴。前面讨论核磁共振弛豫时所采用的分析法和建立的数学模型均适用于人体的环境。早期的动物实验和临床观察研究证明，人体的不同组织器官及正常组织间氢质子的弛豫特性有很大的不同，这样就构成了氢质子MRI的物理学基础。

影响人体水含量或分布的因素比较多，如健康水平、营养、用药、气候和年龄等。表8-5给出了20～40岁的正常人体内部分组织、器官或体液的含水量。表中所列的数值均由干燥称重法测定，并用每千克脱脂组织的百分率来表示。

表8-5　20～40岁的正常人体内部分组织、器官或体液的含水量

组织或器官	含水量/%	牙或体液	含水量/%
骨骼肌	79.2	牙釉质	3.0
脑白质	70～74	牙本质	10.0
脑灰质	84.0	上皮	64.5
胎盘(20～40周)	86.6	血浆	93
脊髓	64.4～82	脑脊液	96～98.8
左心室	78.2	腹膜液	95～99
右心室	80.2	腔膜液	98
心房	81.2	唾液	99.4
房室间隔	79.2	胃液	99.4～99.5
肝	71.0	胰液	98.7
肾	81.0	尿	98.7
肺	79.0	精液	91.5
外周神经	56	糖	98～99.5

我们已经知道,溶液中所有的分子都在进行无规则的布朗运动,其运动方式主要有旋转、振动和平移三种。自由水的分子较小,因而运动频率要比氢质子的共振频率高得多,这使它有很长的 T_1 和 T_2。例如,脂肪的 T_1 只有几百毫秒,而自由水的 T_1 则长达近 3s;在典型的生物组织中,T_2 的值在 50~100ms 范围内波动,但是自由水的 T_2 却在数百毫秒的量级。与之不同的是,束缚水受亲水分子的牵扯只能进行缓慢运动,其运动速率比较接近拉莫尔进动频率,因而弛豫增快,其 T_1 弛豫和 T_2 弛豫均比自由水快。

正常组织中的自由水与束缚水处于一种快速的动态平衡之中(图 8-22)。但是,在某些病理情况下,上述平衡会发生紊乱。例如,肿瘤及邻近的水肿区,其结合水释放、游离水增加,因而呈长 T_1 和长 T_2 信号;梗死及炎症等情况下也可以检出高 T_2 信号。这就是 MRI 诊断的病理学基础。

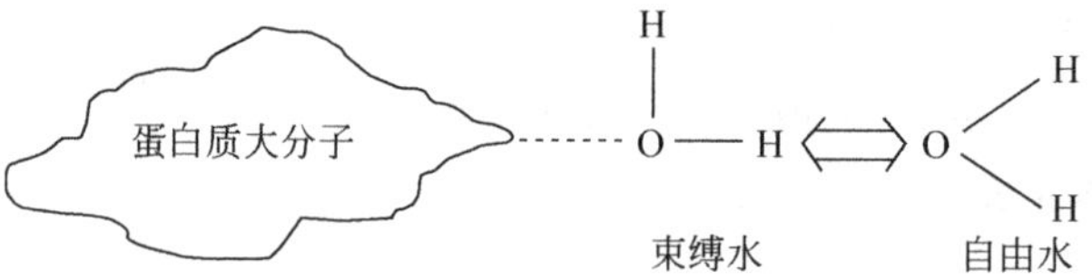

图 8-22 正常组织中的自由水与束缚水的动态平衡

表 8-6 给出了人体各种脑组织的 T_1 和 T_2 弛豫时间。由表可见,由于蛋白质中的含水量明显低于灰质,所以皮层灰质和尾状核的 T_1 弛豫时间明显长于胼胝体等处。T_2 的长短也反映了各种组织的含水量。脑脊液基本上是自由水的成分,因此其 T_1 和 T_2 弛豫时间都很长。

表 8-6 各种脑组织的弛豫时间(B_0=1.4T)

脑组织的种类	T_1/ms	T_2/ms
胼胝体	509±39	69±8
内囊	559±18	67±7
丘脑	703±34	75±4
壳核	747±33	71±4
尾状核	822±16	76±4
皮层灰质	871±73	87±2
侧脑室脑脊液	1900±353	250±3

2. 人体组织中其他成分的弛豫特性 除水之外,人体组织还包括大量的蛋白质、脂肪及少量的无机物。它们的弛豫情况与分子的运动状态密切相关。脂肪等中等大小的分子,其运动频率与氢质子的拉莫尔频率最接近,因此它的弛豫要比水分子快得多。蛋白质如脱氧核糖核酸(deoxyribonucleic acid,DNA)等属于巨大分子,其热运动的频率非常缓慢,因而具有固体的某些特性。固体中氢质子的 T_2 弛豫时间极短。

在研究生物体的弛豫时,细胞质往往被看成含有粒子和大分子的稀释水溶液。这些成分中也有少量的氢质子,它们对磁共振的弛豫有少量贡献。

第五节　自由感应衰减信号

(一)自由感应衰减信号的测量

在脉冲结束一瞬间,$\boldsymbol{M}$ 在 xy 平面上的分量 $\boldsymbol{M}_{xy}$ 达最大值,在 z 轴上的分量 $\boldsymbol{M}_z$ 为零。当恢复到平衡时,纵向分量 $\boldsymbol{M}_z$ 重新出现,而横向分量 $\boldsymbol{M}_{xy}$ 消失。在弛豫过程中通过测定横向磁化矢量 $\boldsymbol{M}_{xy}$ 可得知生物组织的磁共振信号。

横向磁化矢量 $\boldsymbol{M}_{xy}$ 垂直于并围绕主磁场 $\boldsymbol{B}_0$ 以拉莫尔频率旋进,按法拉第定律,磁矢量 $\boldsymbol{M}_{xy}$ 的变化使环绕在人体周围的接收线圈产生感应电动势,这个可以放大的感应电流即磁共振信号。磁共振信号的测量只能在垂直于主磁场的 xy 平面进行。由于脉冲发射和接收生物组织原子核的共振信号不在同一时间,而射频脉冲和生物组织发生的共振信号的频率又是一致的,因此,可用一个线圈兼作发射和接收线圈(图 8-23)。

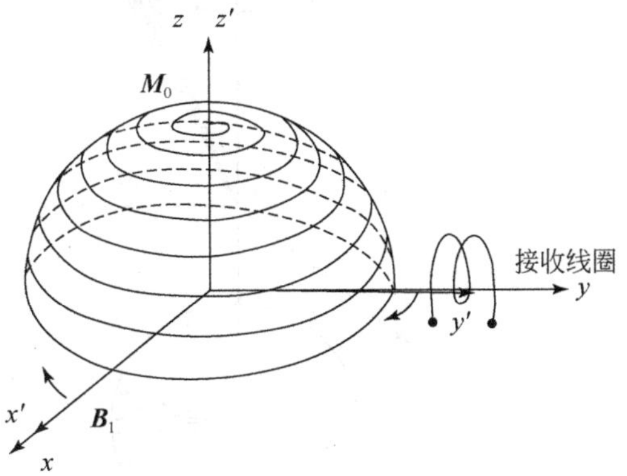

图 8-23　$\boldsymbol{M}_{xy}$ 的变化使环绕在人体周围的接收线圈产生感应电动势

90°脉冲后,由于受 T_1、T_2 的影响,磁共振信号以指数曲线形式衰减,称为自由感应衰减(free induction decay,FID),如图 8-24 所示。检测 FID 信号,以下几点是要注意的:

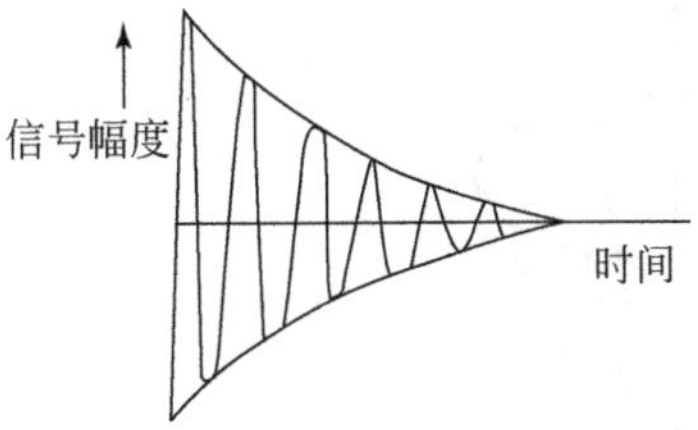

图 8-24　FID 信号

(1)只有横向磁化才能产生磁共振信号,要测量纵向磁化,必须将其翻转到平面上来。

(2)90°脉冲作用下 FID 信号的初始幅度正比于 M_0。

(3)影响 FID 信号强度的因素包括 T_1、T_2 和质子密度(proton density,PD),所以磁共振成像是多参数成像。质子密度相同,T_2 较长的组织横向磁化衰减较慢,所以组织 FID 信号较高,反之则较低;质子密度相同,T_1 较短的组织纵向磁化恢复得快,FID 信号较高,反之则较低。

(二)T_2 与 T_2^* 的关系

原子核的横向磁化需要两个基本条件:一是必须使原子核磁矩在横向或横向平面内取向;二是必须使大多数磁矩在横向平面内处于相同方向,即造成相位相干。我们知道,加上 90°脉冲后,核磁矩将进行横向取向,且同相位地既绕 $\boldsymbol{B}_0$ 进动,又在 xOy 平面内绕 $\boldsymbol{B}_1$ 章动,宏观上就表现为静磁化强度矢量 $\boldsymbol{M}$ 倒向 xOy 面。

在理想的均匀磁场中,所有被激发的核都应有相同的进动频率。此后,原子核的相位将失去同步而立即开始横向弛豫过程。这时如果外磁场是绝对均匀的,那么横向弛豫或相位发散过程的快慢就完全由核系统的弛豫时间 T_2 决定。然而,由于空间磁场的非均匀性(field inhomogeneity),这时样品中的核实际上在略有差异的场强中自旋,其进动频率自然也会略有差异。这样一来,必然加速横向弛豫的过程。图 8-25 展示出了横向弛豫相位发散过程。为了形象地说明磁场不仅有对横向磁化的相位影响，在自旋核系统中，我们不妨设开始时质子 a 和 b 均以 10MHz 的频率进动。但是，质子 b 所处的局部场的变化（增强）使质子 b 的进动频率加快了 1%，即质子 b 将以 10.1MHz 的频率进动。那么，5μs 后质子 b 已旋转了 50.5 周，而质子 a 只旋转了 50 周，即在如此短的时间内二者的相位已相差了 180°。

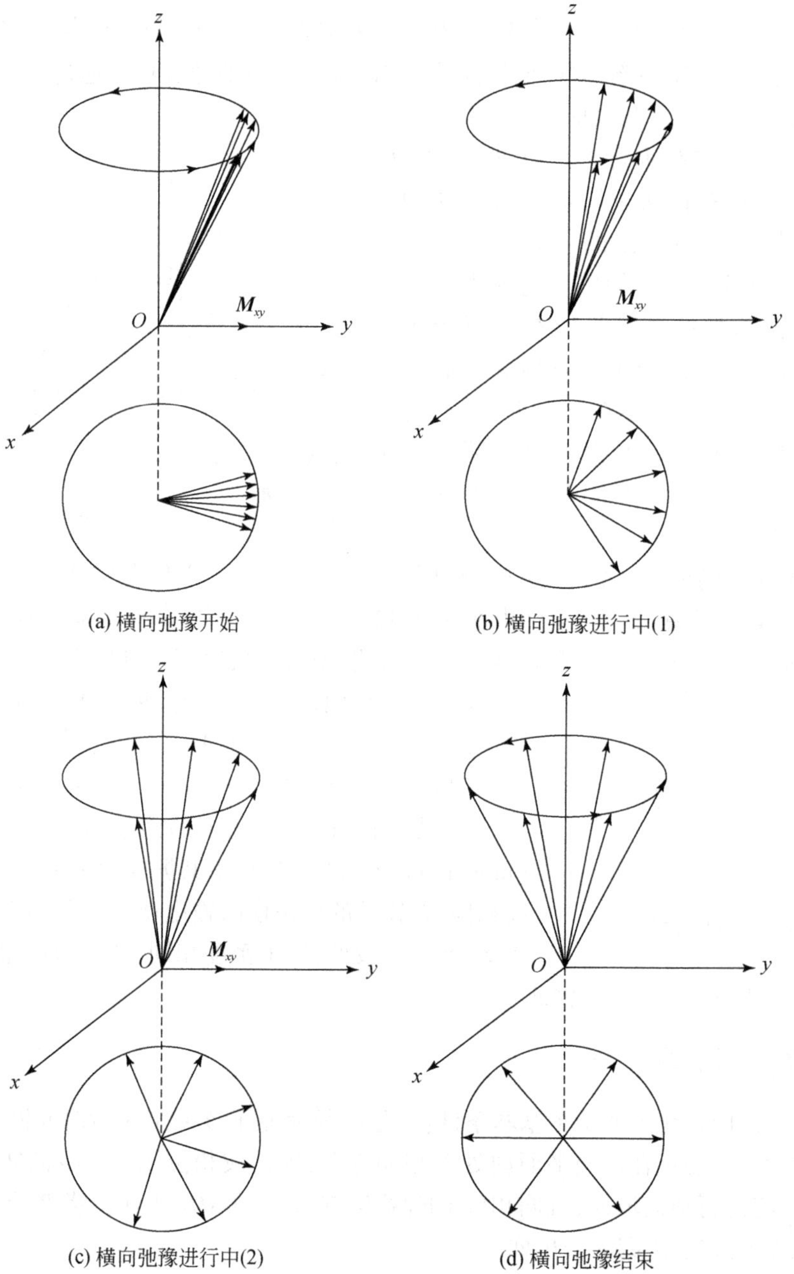

图 8-25　横向弛豫相位发散过程

由此可见，实际测得的横向弛豫比核的本征性所决定的弛豫要快。一般把核系统所固有的弛豫时间 T_2 称为本征 T_2 弛豫时间（简称为 T_2），而把实际测得的 T_2 称为实际 T_2 弛豫时间或准 T_2 弛豫时间，记作 T_2^*。二者之间具有如下关系

$$\frac{1}{T_2^*}=\frac{1}{T_2}+\frac{1}{T_2'} \tag{8-45}$$

式中 T_2' 为磁场不均匀所导致的弛豫时间常数。式(8-45)说明，实际的横向弛豫率为质子的本征弛豫率与外部弛豫率(相对于本征弛豫率而言)之和。图 8-26 表示了 T_2、T_2^* 与核磁共振信号幅度的关系。实际测得的 T_2 弛豫时间(T_2'衰减)显著短于本征 T_2 弛豫时间(T_2衰减)。

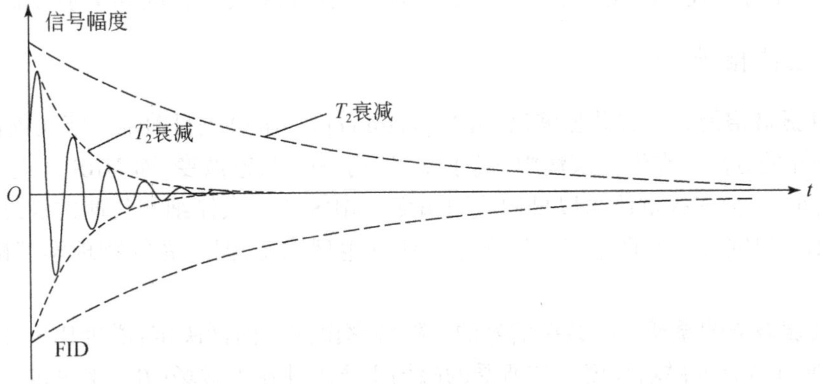

图 8-26 T_2、T_2^* 与核磁共振信号幅度的关系

第六节 化学位移和磁共振波谱

(一)化学位移

均匀静磁场中，处于不同化学环境下的同一种自旋核会受到不同磁场 $\boldsymbol{B}$ 的作用，因而会有不同的共振频率，这种共振频率的差异称为化学位移(chemical shift)。

$$\Delta\nu=\nu-\nu_s \tag{8-46}$$

其中 ν 为测试样品自旋核共振频率，ν_s 为标准样品自旋核共振频率。

MRI 中的化学位移成像也叫同/反相位成像，目前应用越加广泛。我们已经知道，人体 MRI 的信号主要来源于两种成分：水和脂肪。水分子中的氢质子的化学键为 O—H 键，而脂肪分子中氢质子的化学键为 C—H 键。这两种结构中氢质子周围电子云分布的不同，造成水分子中氢质子所感受到的磁场强度稍高些，最终导致水分子中氢质子的进动频率要比脂肪分子中氢质子稍快些，其差别为 3.5ppm，相当于 150Hz/T，这种进动频率差异随着场强的增大而加大。1.5T 时，水分子比脂肪分子中的氢质子进动频率快 225Hz。

MRI 的化学位移成像特点如下：

(1)水脂混合组织信号明显衰减。

(2)纯脂肪组织信号没有明显衰减，如皮下脂肪、肠系膜、网膜等。

(3)勾边效应。周围富有脂肪组织的脏器边缘会出现一条黑线，把脏器的轮廓勾画出来。因为一般脏器的信号主要来自水分子，而其周围脂肪组织的信号主要来自脂肪，所以在反相位图像上，脏器和周围脂肪组织的信号下降都不明显，但在两者交界面上的各像素中同时夹有脏器(水分子)和脂肪，因此反相位图像上信号明显降低，从而出现勾边效应。

化学位移成像技术的临床应用：

（1）肾上腺病变的鉴别诊断。因为肾上腺腺瘤中常含有脂质，反相位明显降低，其敏感性为70%～80%，特异性为90%～95%。

（2）脂肪肝的诊断与鉴别诊断，敏感性超过常规MRI和CT。

（3）判断肝脏局灶病变内是否存在脂肪变性。因为肝脏局灶病变中发生脂肪变性者多为肝细胞腺瘤或高分化肝细胞癌。

（4）有助于肾脏或肝脏血管平滑肌脂肪瘤等其他含脂病变的诊断和鉴别诊断。

（二）磁共振波谱

1. 磁共振波谱简介 磁共振波谱（MR spectroscopy，MRS）是目前唯一能无创伤地探测活体组织化学特性的方法。在许多疾病中，代谢改变先于病理形态改变，而MRS对这种代谢改变的潜在敏感性很高，故能提供信息以早期检测病变。MRS研究人体细胞代谢的病理生理改变，而常规MRI则是研究人体器官组织大体形态的病理生理改变，但二者的物理学基础都是磁共振现象。

2. 磁共振波谱的原理 磁共振信号的共振频率由两个因素决定：磁旋比γ（即原子的内在特性）和核所处位置的磁场强度。核所受的磁场主要由外在主磁场（$\boldsymbol{B}_0$）来决定，但是核所受的磁场强度也与核外电子云及邻近原子的原子云有关。电子云的作用会屏蔽主磁场的作用，使这核所受的磁场强度小于外加主磁场。这种由电子云的作用所产生的磁场差别被称为化学位移。因此，对于给定的外磁场，不同核所处的化学环境不一样，从而产生共振频率的微小差别，导致磁共振波谱峰的差别，从而识别不同代谢产物及其浓度。

3. 磁共振波谱的临床应用 临床波谱学的一个重要方面是可以对代谢产物进行定量分析。利用波谱峰的高度和宽度计算峰下面积，代谢物的峰下面积与所测的代谢产物的含量成正比。主要有三种定量方法：绝对定量、半定量和相对定量。绝对定量是将已知含量的化合物作为外标准，内标准用内生水来计算代谢物的浓度，用其峰下面积来校正代谢产物的峰下面积，计算出代谢产物含量的绝对值；半定量是直接测峰下面积；相对定量是求代谢物峰下面积的比值。

活体定域脑组织的MRS检查可显示脑组织代谢和生物化学改变。其中^{1}H-MRS能检测脂肪、氨基酸、酮体和乳酸等生物重要代谢物质，^{31}P-MRS用于能量代谢的检查，并可测定组织的pH。此外，^{13}C-MRS可检测葡萄糖无氧酵解过程，而^{23}Na和^{39}K的MRS则可观察钾、钠离子动力学变化。MRS作为一种研究工具已经成熟，正进入临床应用阶段，敏感度较低为其主要缺点。

MRS在海马硬化的诊断中有极其重要的应用。虽然MRI通过对海马容积的测定可有效诊断海马硬化，但对于轻微海马硬化或病理改变严重但体积变化不明显的患者及海马神经元缺失后胶质细胞增生导致海马体积变化不大的情况，则不能有效确诊。研究证明，几乎所有氮-乙酰天门冬氨酸（NAA）均存在于神经元内，成熟的胶质细胞中不含NAA，而Cr和胆碱Cho主要位于胶质细胞内。只要存在神经元缺失的病理改变，就会表现为NAA/（Cr+Cho）的减少。MRS可以探测出以上物质的含量，通过计算即可早期发现海马硬化。MRS和MRI分别从不同角度反映海马硬化的特点，互相补充，提高海马硬化的诊断敏感性。

目前，MRS作为无创伤性地研究人体器官组织代谢及生化改变，进行化合物定量分析的唯一方法，广泛用于肿瘤、缺血性脑卒中、脑出血、阿尔茨海默病、新生儿重症监护、脑外伤的预后、脑白质病变、感染性疾病及艾滋病的临床和基础研究中。可以相信，随着技术的不断进步，MRS必将在疾病诊治中发挥越来越重要的作用。

阅读材料

伊西多·艾萨克·拉比

伊西多·艾萨克·拉比(Isidor Isaac Rabi,1898 年 7 月 29 日—1988 年 1 月 11 日),美国人,物理学家,发明家,核磁共振仪的发明者。

1898 年 7 月 29 日,拉比出生于波兰的雷马努夫 (Rymanow) 小镇。父亲是一位既未受过教育,又没有特别职业技能的平民。为了谋生,在拉比不满周岁时,一家人远涉重洋移居美国纽约。由于家庭入不敷出,因此,拉比的启蒙教育是在一所启蒙学校而不是正规学校。

后来,拉比的父亲开了间杂货店,家庭经济稍好了点,拉比才能够进入公立学校。在那里,他通过大量借阅公共图书馆的书籍而深受科学的教益。

1916 年高中毕业后,拉比考入了纽约的康奈尔 (Cornell) 大学电工系,除了学习电气工程类课程之外,还在同宿舍同学的影响下,研修了实验化学课程,结果于 1919 年取得了化学学士学位。1922 年他申请到康奈尔大学一笔奖学金,重回学校攻读化学研究生。直到 1923 年年底,25 岁的拉比才真正找到了自己所向往的专业,转入哥伦比亚(Columbia)大学学习物理学。

在拉比看来,造成这种迂回曲折的求学之路的原因颇多:起初觉得求学只是为了摆脱贫穷、无知和迷信的环境;后来虽然立志献身于科学,然而又误以为“对于科学,化学是一个非常好的向导”。直到重返康奈尔大学后不久,拉比才发现“我所喜爱的那部分化学原来叫物理学”。

1927 年,拉比以高超的智慧与技巧,运用一项技术革新大大简化了测定晶体磁化率的实验方法,并以题为《晶体的主磁导率》的实验论文,取得了博士学位。同年 6 月,拉比获得了巴纳德基金资助,前往欧洲留学。在那里他先后与索末菲(A. Sommerfeld)、泡利(W. Pauli)等大师共事。在汉堡与泡利共事期间,他成了斯特恩(O. Stern,1943 年诺贝尔物理学奖得主)分子束实验室的常客,而“斯特恩–盖拉赫演示原子空间量子化真实性的实验”点燃了拉比对量子力学的浓郁兴趣。于是他成了斯特恩实验室的编外人员,跟随斯特恩学习分子束实验方法。

1928 年年底,拉比在斯特恩的激励及在同一实验室作博士后研究的人员弗拉瑟(R. Fraser)和泰勒(J. Taylor)的支持下,通过类比联想,成功地改良了斯特恩于 1921 年所完成的验证原子空间量子化理论的著名实验(斯特恩–盖拉赫实验)。

拉比于 1929 年从欧洲返回美国后,在海森伯(W. Heisenberg) 的推荐下,在哥伦比亚大学讲授理论物理学。

早在斯特恩于 1933 年所进行的利用分子束实验装置测量氢核(质子)和氘核的磁矩实验之前,拉比就以敏锐的直觉和鉴赏力认识到:原子核磁矩的测量,对于了解核力性质及建立核模型是至关重要的。于是,他雄心勃勃,准备攻克这个难度较大的堡垒,此时幸运之神又一次降临到拉比身上。一则在研究经费上,他分别得到了学校、亚当斯 (E. K. Adams)和尤里(H. Urey,因发现氘而获 1934 年诺贝尔化学奖)等的基金资助;二则 1936 年拉比和他的学生扎卡赖亚斯(J . R. Zacharias)等提出的非绝对跃迁确定核磁矩的思想,及其与弟子施温格(J. S. Schwinger,1965 年诺贝尔物理学奖得主)关于非绝热跃迁研究所取得的成果,都为他的分子束共振实验奠定了理论基础；三则在实验技巧上，拉比受到了荷兰物理学家哥特(C. J. Gorter)在1936年所进行过的一个原子核磁共振吸收实验的启示。有了这些必不可少的先决条件，拉比采用了斯特恩分子束实验的许多技术与设备装置，并进行了大胆的改良和创造，设计了一台磁共振仪，于1938年用这台仪器先后测定了80多种原子核的磁矩，其准确度达到了10^{-5}，比斯特恩等的实验结果提高了两个数量级。这一成果初步显示了分子束磁共振方法的优越性，一时间被传为佳话。为了表彰拉比的这一科学功绩，他于1944年获得了诺贝尔物理学奖。

1967年5月23日，在哥伦比亚大学举行的欢送拉比教授退休的一个集会上，拉比的学生与同事扎卡赖亚斯用一幅“拉比树”(Rabi's tree)的图画，形象而客观地描述了拉比对美国物理学和整个物理学事业的承上启下方面所做的贡献。拉比还通过合作研究的方式为美国物理学界培养了大批颇有影响的科学精英。“筑巢在这棵‘拉比树’各个分支上，有20位学者先后获得诺贝尔奖”，正因为拉比的这一杰出的成就，加之他平日里就是一位善于培养学生创新意识的深受学生爱戴的老师，1981年，美国物理教师协会将用于奖励“在物理教学上有突出贡献的人”的最高荣誉——奥斯特(H. C. Oersted)奖章，授予了拉比。

拉比不是一个只懂得物理学的教授，他还非常关注科学与文化的关系，高度重视科学的人文意义与社会作用，鼎力推崇科学与人文这两种文化的彼此交融。拉比认为，要想推进科学与人文的合流，就必须在全社会大力推行科普教育，加强科学家与社会其他各阶层人士进行广泛的对话与交流，引导人们正确认识科学的两面性。拉比还认为，科学家必须承担社会责任，以此来促进科学与人文的联姻。正是鉴于这些认识，拉比身体力行，以一个科学家和公民的身份积极参与社会公众事务，甚至到了20世纪50年代中期，他基本不再进行物理学研究，而是全力以赴地投身到了政治这个更广阔的舞台上。

在20世纪40年代末，拉比和费米(E. Fermi)一起曾强烈地表示反对美国制造氢弹和超级弹。他曾以美国驻联合国教科文组织代表的身份，积极促成了欧洲核子研究中心(CERN)的建立；特别是在他的不懈努力下，终于使联合国在1954年12月4日通过一项召开国际和平利用原子能会议的决议，并成立了顾问委员会，从而促使了首届日内瓦原子能和平利用国际会议的举行。当拉比被人问及他对以往哪些行为感到满意并觉得具有特殊意义时，他自豪地回答：“我非常引以为荣的就是日内瓦原子能和平利用国际会议。”

1988年1月11日，拉比在纽约逝世，享年90岁。

本章小结

一、原子核的磁性

1. 原子核的自旋：原子核的自旋情况由核的自旋量子数I来表征。由于I是原子核的固有特性，因而不同的核具有不同的I值。根据量子力学的计算，I只能取整数或半整数，即它只能取0，1/2，1，3/2，…，而不能取别的值。I的取值与构成原子核的中子数和质子数有关。

2. 原子核的磁矩：

$$\mu_N = g_N \beta_N \sqrt{I(I+1)} \quad (\beta_N \text{ 为核磁子})$$

$$\mu_N = \gamma_N \hbar \sqrt{I(I+1)} \quad (\gamma_N \text{ 为核的磁旋比})$$

二、静磁场中的磁性核

1. 核磁矩的空间量子化：核磁矩在z轴上的投影

$$\mu = \gamma P_z = \gamma \hbar m \quad (m = I, I-1, I-2, \cdots, -I; m \text{ 为原子核的磁量子数})$$

核磁矩在外磁场方向的最大投影值

$$\mu_{max} = \gamma P_{max} = \gamma \hbar I$$

2. 自旋核在静磁场中的进动：自旋核的进动频率为

$$f=\frac{\gamma}{2\pi}B_0 \quad (\gamma\text{ 为磁旋比})$$

3. 磁化强度矢量：单位体积内所有核磁矩的矢量和，用 $\boldsymbol{M}$ 表示。

$$\boldsymbol{M}=\sum_{i=1}^{N}\boldsymbol{\mu}_i$$

4. 静磁化强度矢量：原子核在静磁场中的磁化矢量，用 $\boldsymbol{M}_0$ 表示。

$$\boldsymbol{M}_0=\chi_0\boldsymbol{B}_0$$

式中 χ_0 为静磁化率，$\chi_0=\frac{N\gamma^2\hbar^2 I(I+1)}{3kT}$。

三、磁共振

1. 磁共振的条件：$\omega=\omega_0=\gamma B_0$。

2. 常用的核磁共振观测方法：扫场法、扫频法和脉冲法等。

3. 磁共振激发：在 $\boldsymbol{B}_0$ 的垂直方向施加适当频率的电磁波，就可达到分离 $\boldsymbol{M}_0$ 和 $\boldsymbol{B}_0$ 的目的。

4. 饱和现象：如果高能态上的核不及时回到低能态，低能态上的核数将随之减少，使两能级上核的数目趋于相等。这种情况下，自旋核系统对射频场能量的吸收就要减少或者完全不能吸收，导致核磁共振信号减少或消失。

四、弛豫过程

1. 弛豫过程：原子核系统从受激的不平衡态向平衡态恢复的过程。

2. 弛豫的分类：自旋-晶格弛豫、自旋-自旋弛豫。

3. 弛豫时间：自旋-晶格弛豫时间（T_1）、自旋-自旋弛豫时间（T_2）。

4. 弛豫的机制：纵向弛豫——纵向磁化强度矢量的恢复。

$$M_z=M_0\left[1+(\cos\theta-1)\mathrm{e}^{-\frac{t}{T_1}}\right]$$

横向弛豫——横向磁化强度矢量的消失过程。

$$M_{xy}=M_0\sin\theta\mathrm{e}^{-\frac{t}{T_2}}$$

五、自由感应衰减信号

1. 自由感应衰减信号的测量

2. T_2 与 T_2^* 的关系

$$\frac{1}{T_2^*}=\frac{1}{T_2}+\frac{1}{T_2'}$$

式中 T_2' 为磁场不均匀所导致的弛豫时间常数。

六、化学位移和磁共振波谱

1. 化学位移：均匀静磁场中，处于不同化学环境下的同一种自旋核会受到不同磁场 $\boldsymbol{B}$ 的作用，因而会有不同的共振频率，这种共振频率的差异称为化学位移。

$$\Delta\nu=\nu-\nu_s$$

式中 ν 为测试样品自旋核共振频率，ν_s 为标准样品自旋核共振频率。

2. 磁共振波谱：磁共振波谱简介、磁共振波谱的原理、磁共振波谱的临床应用。

思　考　题

8-1　样品的磁化矢量与哪些量有关？

8-2　什么时候可以观察持续稳定的核磁共振吸收信号？

8-3　为什么 T_1 会随环境温度的升高而增长？

第九章　磁共振成像原理

教学要求

(1)掌握梯度磁场及其作用原理,理解磁共振的空间定位方法。
(2)理解傅里叶图像重建方法。
(3)理解磁共振信号及加权图像关系。
(4)了解磁共振的一些基本序列。
(5)了解影响磁共振图像质量的因素。

磁共振现象是医学磁共振成像的物理学基础,本章从梯度磁场入手,逐步阐明磁共振成像(MRI)常用的成像层面选择、空间定位、激发方式及图像重建的概念和方法。

第一节　磁共振图像的空间定位

在第8章中,我们已经介绍了用射频(RF)脉冲诱发核磁共振信号的原理和方法。但是,在匀强磁场中,所有的质子将在同一频率下共振,这就意味着没有质子的位置信息可供利用。为了获得有意义的图像,必须设法产生所需的空间信息。

对人体组织成像,首先要明确组织在人体中的位置,即明确图像中的像素与人体体素的对应关系。我们知道,质子的共振频率与质子所处的磁场强度成正比。如果能在被检体所在的空间内随意地改变各点的场强,就可使该空间内各点的共振频率发生变化,从而得到以场强标记的空间信息。由于自旋质子的共振频率与其磁场强度成正比,通过被检体在静磁场$\boldsymbol{B}_0$上叠加梯度磁场$\Delta\boldsymbol{B}$,就可使该空间内各点的共振频率发生变化,从而得到以场强标记的空间信息。有了变化的磁场,再用含有各种频率分量的RF脉冲激发一定数量的空间质子,就可以描绘出质子的空间分布图像。这时,MRI线圈中接收到的核磁共振信号是不同体素内的质子所发出的不同共振频率的复合信号,运用傅里叶变换技术可将这一复合信号还原为与其空间磁场相对应的位置信号。于是,人们对梯度磁场和RF脉冲的变化进行组合,就诞生了众多的成像方法。

一、组织体素和像素

人体一旦被置入磁场中,生物体可以吸收电磁波能量,然后再发射出具有特定频率的电磁辐射。辐射是以典型RF信号的形式进行的,其特性取决于一定体积内组织的物理和化学特性。在成像技术中,把这种很小的组织单元就称为体素,体素是取得成像信息的最小单位。体素是一个空间概念,在同一种组织的前提下,体素的体积越大,它所包含的氢质子就越多,共振时发出的核磁共振信号就越强。因此,如果仅从信号的角度考虑,MRI中的体素就不能选得太小。许多整齐排列的体素构成成像层面(图 9-1),层面的厚度就是体素的高度,而层面的大小取决于体素的大小及长和宽两个方向上体素的个数,常用层面的长和宽两个方向上体素个数的乘积来表示层面的大小,例如,128×128、128×256 和 256×256 等。实际成像时,层面的大小由扫描序列参数中的成像矩阵给定。

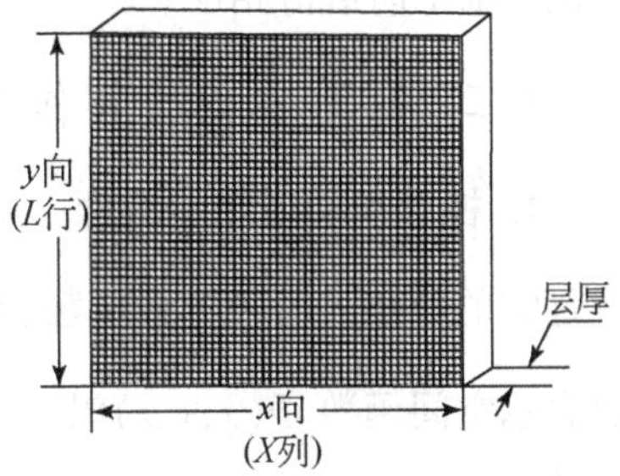

图 9-1　体素和成像层面关系

图像是由许许多多的像素构成的。在数学上,图像可以用矩阵来表示,矩阵的行(*L*)就是图像在纵方向上的像素数,列(*C*)就是图像在横方向上的像素数,这样的矩阵叫作图像矩阵,表示为 *L*×*C* 的形式。体素是三维的,而像素是平面的范畴,是二维的。磁共振成像时,图像中每个像素的亮度代表组织体素所发出的核磁共振信号强度,而体素信号强度又由组织内的氢核密度、组织弛豫特性及质子的状态等因素所决定。因此,磁共振图像实际上是体内质子的分布状态图或弛豫特性图。在 MRI 技术中,图像像素与组织体素是一一对应的(图 9-2),组织的细节可由图像的像素及其亮度来反映。从这一意义上说,磁共振图像就是代表体素特性的像素阵列。

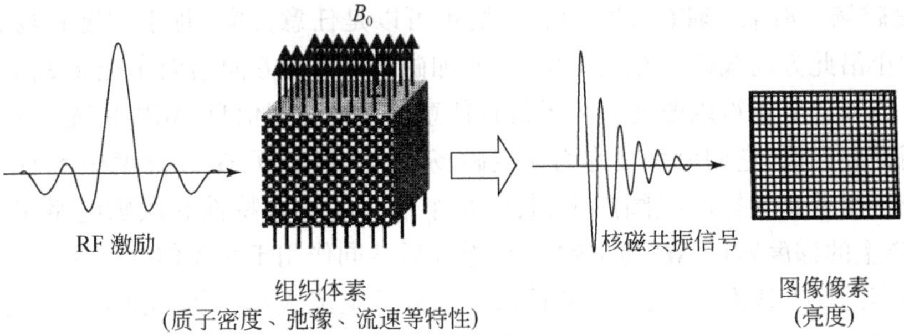

图 9-2　体素与像素的关系

二、梯度和梯度磁场

(一)MRI 系统的坐标系

如果按静磁场 $\boldsymbol{B}_0$ 的方向进行分类,MRI 的磁体可分为纵向磁场的磁体和横向磁场的磁体两大类,其中超导磁体几乎都采用了纵向磁场。在纵向磁场的全身 MRI 系统中,磁体 *z* 轴一般定义为磁体的轴向,并规定其正向指向检查床一端。这样定义后,*z* 轴与被检体轴正好平行。*z* 轴一经确定,*x* 轴和 *y* 轴的方位就可通过右手螺旋定则加以定义,将坐标原点移至磁体中心就得到 MRI 系统的坐标系(图 9-3)。需要指出的是,指定坐标系只是讨论问题和梯度磁场控制的需要,与静磁场 $\boldsymbol{B}_0$ 无关。MRI 系统磁体的 S 极一般在检查床一端,而 N 极在远离检查床的一端,可见 $\boldsymbol{B}_0$ 的方向与我们所定

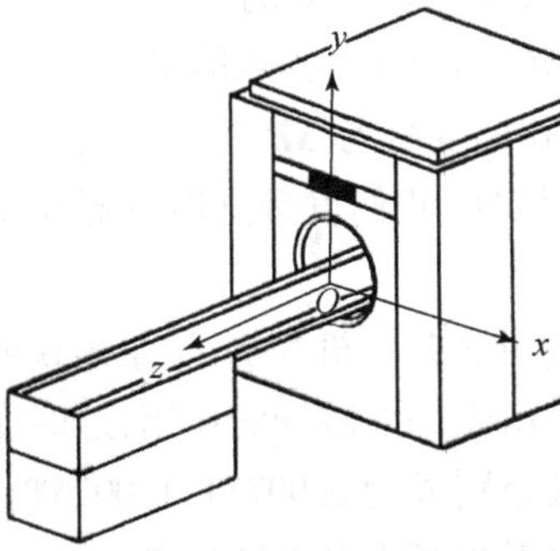

图 9-3　磁体系统的坐标系

义的 z 轴正向恰恰相反。

(二)梯度磁场及其作用原理

1. 梯度和梯度场的概念 所谓梯度,是指一个空间位置函数(物理量)的变化率,在数学上就是它的导数。对于多元函数,每个空间坐标变量都有一个偏导数,如$\frac{\partial\Phi}{\partial x}$、$\frac{\partial\Phi}{\partial y}$、$\frac{\partial\Phi}{\partial z}$等。这些导数表示空间函数 $\Phi(x,y,z)$ 沿三个坐标方向的变化率。下面给出三元函数梯度和梯度场的具体定义。

设函数 $U=\Phi(x,y,z)$ 在空间或部分空间具有一阶连续偏导数,则对于空间或空间已知部分的每一个点 $p(x,y,z)$ 都可确定一个向量

$$\frac{\partial\Phi}{\partial x}\boldsymbol{i}+\frac{\partial\Phi}{\partial y}\boldsymbol{j}+\frac{\partial\Phi}{\partial z}\boldsymbol{k} \tag{9-1}$$

该向量就称为函数 $U=\Phi(x,y,z)$ 在点 $p(x,y,z)$ 的梯度,记做 $\mathrm{grad}\Phi(x,y,z)$,即

$$\mathrm{grad}\Phi(x,y,z)=\frac{\partial\Phi}{\partial x}\boldsymbol{i}+\frac{\partial\Phi}{\partial y}\boldsymbol{j}+\frac{\partial\Phi}{\partial z}\boldsymbol{k} \tag{9-2}$$

向量函数 $\mathrm{grad}\Phi(x,y,z)$ 同时确定了一个向量场,这就是梯度场。

2. 梯度磁场 沿某个轴(x 轴、y 轴、z 轴,也可以是任意方向)加上梯度磁场 $\Delta\boldsymbol{B}$,其含义是加上一个大小沿此方向线性变化的磁场,但所加磁场 $\Delta\boldsymbol{B}$ 的方向指向主磁场 $\boldsymbol{B}_0$ 的方向,从而使成像层面上各处的磁场得以改变。为了得到任意层面的空间信息,MRI 系统在 x、y、z 三个坐标方向均使用梯度磁场,它们分别被称为梯度磁场 $\boldsymbol{G}_x$、梯度磁场 $\boldsymbol{G}_y$ 和梯度磁场 $\boldsymbol{G}_z$。$\boldsymbol{G}_x$、$\boldsymbol{G}_y$ 和 $\boldsymbol{G}_z$ 分别由三个互相垂直的梯度线圈产生,其中每个线圈的工作特性和激励电路完全相同。扫描时,它们所产生的梯度磁场 $\Delta\boldsymbol{B}$ 与主磁场 $\boldsymbol{B}_0$ 叠加后共同作用于相关体素。梯度磁场 $\Delta\boldsymbol{B}$ 由两个相距一定距离的梯度线圈产生,其中流过每个线圈的电流大小相等、方向相反。这必然产生两个相反的磁场:一个使 $\boldsymbol{B}_0$ 增强,另一个使 $\boldsymbol{B}_0$ 减弱。

梯度磁场的方向都是这样规定的:梯度磁场的存在使得对应坐标轴正方向的磁场线性增大,而坐标轴负方向的磁场线性减小,坐标原点也就是磁场中心点的场强值不变,还等于外磁场的强度。

现在用图 9-4 来说明静磁场 $\boldsymbol{B}_0$ 和梯度磁场 $\Delta\boldsymbol{B}$ 的叠加关系。在图 9-4 中,我们用水平箭头表示静磁场 $\boldsymbol{B}_0$ 的方向,用向上的箭头表示各个点上的场强。图 9-4(a)为将要施加的线性梯度磁场。这里箭头的长短表示各点上梯度磁场的大小,箭头的方向为梯度磁场的方向(箭头向上为正梯度磁场,向下为负梯度磁场,二者分别起增强和削弱主磁场的作用)。需要提请注意的是,梯度磁场中心的场强总为零,这说明它与主磁场叠加后,磁体中心的场强总是不变的。图 9-4(b)和图 9-4(c)分别表示梯度磁场叠加前、后的情况。我们注意到,图 9-4(b)中各点的箭头同样高,说明所有点的场强相同。但是,图 9-4(c)就不同了,静磁场 $\boldsymbol{B}_0$ 和梯度磁场 $\Delta\boldsymbol{B}$ 的叠加使得每个点上的场强发生了变化,表明每个点的拉莫尔频率也不同了。另外,我们发现这时总磁场 $\boldsymbol{B}_0+\Delta\boldsymbol{B}$ 的方向仍为 $\boldsymbol{B}_0$ 方向。

下面以主磁场为 1.0T、梯度磁场为 0.1mT/cm(10mT/m)的磁共振扫描机为例,定量地说明一下 $\boldsymbol{B}_0$ 和 $\Delta\boldsymbol{B}$ 的叠加情况。设所选成像区域为直径 50cm 的空间。由于梯度磁场的作用,这时在磁体中心两侧(选层方向)将产生±2.5mT 的场强变化,使其总场强分别成为 0.9975T、1.0025T。虽然 2.5mT 仅相当于 $\boldsymbol{B}_0$ 的四百分之一,但这一微小差别已足以使其共振频率发生显著变化。

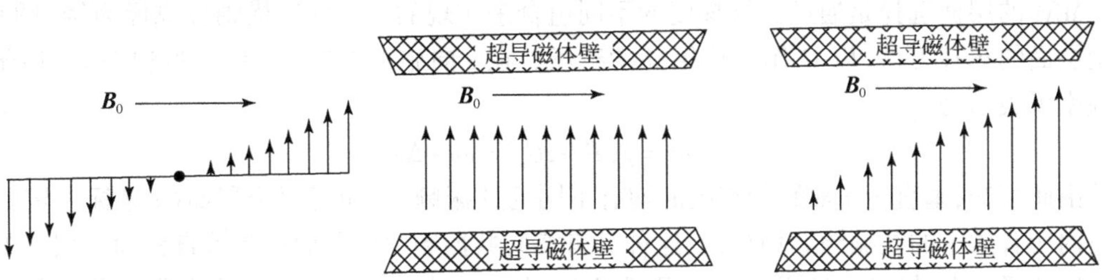

(a) 线性梯度磁场　(b) 静磁场B_0　(c) 总磁场$B_0+\Delta B$

图 9-4　梯度磁场的叠加

3. 梯度磁场的数学模型　MRI 系统所使用的梯度磁场是线性梯度。梯度磁场的线性是指它随时间上升时的平稳性或者均匀性。我们知道,梯度磁场是梯度线圈中电流变化的结果,如果其电源质量或带负载能力下降,则直接影响梯度磁场的线性。另外,受梯度线圈形状和几何尺寸的限制,其有效梯度的范围一般只限于磁体中心附近的小区域(直径一般不大于 50cm),该区域外梯度磁场的质量必然变差。

梯度磁场随时间 t 成比例地上升或下降,且只有在扫描周期才出现,其过程如图 9-5 所示。图中 ΔB_{max} 为梯度磁场的预定值,$t_0 \sim t_1$是梯度上升时间或梯度预备时间,$t_1 \sim t_2$是梯度持续时间,t_3以后又开始一个新的梯度周期。$\Delta B_{max}/(t_1-t_0)$是梯度的变化率,它和梯度上升时间都是梯度磁场系统的重要指标。在梯度磁场预定值一定的情况下,上升时间越短,即梯度的斜率越大,系统的性能就越好。

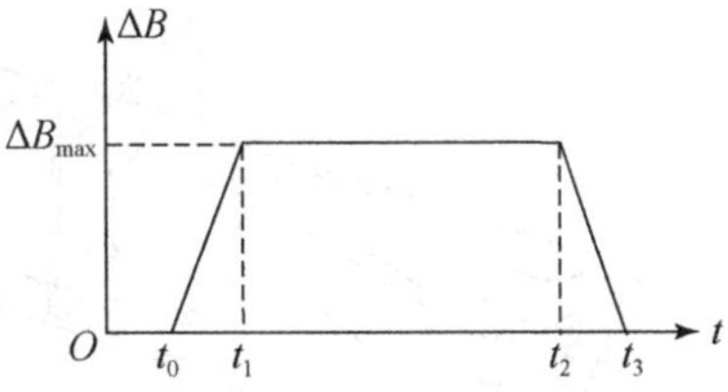

图 9-5　梯度磁场 ΔB 的波形

4. 三个梯度磁场的关系　确定体素空间坐标的第一步是选择扫描层面,在我们所定义的坐标系统下,分别以 G_x、G_y和 G_z作层面选择梯度时,可实施矢状位、冠状位和横轴位的成像(设受检者仰卧于检查床上)。选择不同方向的成像层面时,需要沿不同的方向加上梯度磁场。选沿 x 轴、y 轴方向组成的层面,需要沿 z 轴加上梯度磁场;选沿 y 轴、z 轴方向组成的层面,需要沿 x 轴加上梯度磁场;选沿 x 轴、z 轴方向组成的层面,需要沿 y 轴加上梯度磁场。选任意方向的成像层面,需要同时在 x 轴、y 轴和 z 轴加上梯度磁场,合成的梯度磁场垂直于所选成像层面。层面选定后,质子的空间位置被限制在层面选择梯度所确定的平面内,在二维傅里叶成像方法中,其余两个梯度分别被用来进行频率编码和相位编码,解码后即得检测点的平面坐标。可见,梯度磁场 G_x、梯度磁场 G_y和梯度磁场 G_z共同确定了一个空间点的坐标,对该坐标对应的空间体素所发出的核磁共振信号进行检测就得到了所需的图像信息。

三、层 面 选 择

解剖学中定义了三个标准断面,它们是矢状面(于前后方向将人体纵断为左右两部的断面)、冠状面(于左右方向将人体纵断为前后两部的断面)和水平面(垂直于矢状面和冠状面,将躯体横断为上下两部的断面)。这三种断面亦用于 MRI。尽管 MRI 可任意方位断层,但所有层面都是以上述某一标准面为基准向其他方向旋转得到的。MRI 中,平行于矢状面、冠状面和水平面切取的层面分别被称为矢状位(面)像、冠状位(面)像和横轴位(面)像。

MRI 的层面选择是通过三维梯度的不同组合来实现的。下面以横轴位成像为例(图 9-6)，讨论层面的选择方法，以 G_z 作为选层梯度磁场。在 z 向施加梯度后，沿 z 轴各层面上质子的进动频率可表示为

$$\omega_z = \gamma(B_0 + zG_z) = \omega_0 + \Delta\omega \tag{9-3}$$

由此可知，垂直于 z 轴的所有层面均有不同的共振频率，而对每个层面(z 坐标一定)来说，层面内所有质子的共振频率均相同，这种具有相同共振频率的层面称为等自旋面。层面的选择常采用选择性激励原理，即用一个有限频宽 $\Delta\omega$ 的 RF 脉冲仅对共振频率在频带范围的质子进行共振激发，其频宽 $\Delta\omega$ 为

$$\Delta\omega = \gamma \Delta z G_z \tag{9-4}$$

假设此时需要成像的层面处的进动频率为 $\omega_z \in [\omega_0 - \Delta\omega/2, \omega_0 + \Delta\omega/2]$，则选择一个频谱分布在 $\omega_z \in [\omega_0 - \Delta\omega/2, \omega_0 + \Delta\omega/2]$ 的 RF 脉冲。根据核磁共振原理，仅层面内的自旋磁矩产生核磁共振而偏离 z 轴，转到 xOy 平面，因而只有所选层面有横向磁化矢量，才会在检测线圈中产生信号。断层之外的其他组织不满足共振条件，也就得不到激发，在检测线圈中不产生信号，这样就实现了成像层面的选择。

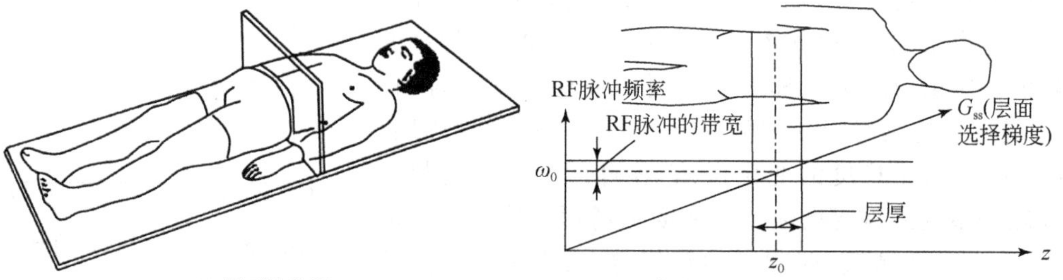

(a) 层面的选择　　(b) 激励脉冲带宽与层面的关系

图 9-6　成像层面的选择

由图 9-6 可知，层面厚度主要受梯度磁场强度和 RF 脉冲的宽带两个因素影响。因此，改变上述因素中的任何一个，层厚都会随之而变。然而调整 RF 脉冲的带宽将引起脉冲序列时间参数的复杂变化，因而通常不主张使用这一方法。

目前，层厚的改变一般通过梯度场强度的变化来实现。图 9-7 是层厚随梯度场强度变化的原理图。图的左右两部分表示的是同一磁体，施加的 RF 脉冲的带宽也相同，只是采用了不同的梯度场(右边的梯度场高于左边)。可以看出，对于同一带宽，右边的梯度场对应一个较小的 Δz，而左边的梯度场对应一个较大的 Δz。因此，增大梯度便可使层面变薄，减小梯度使层面增厚。

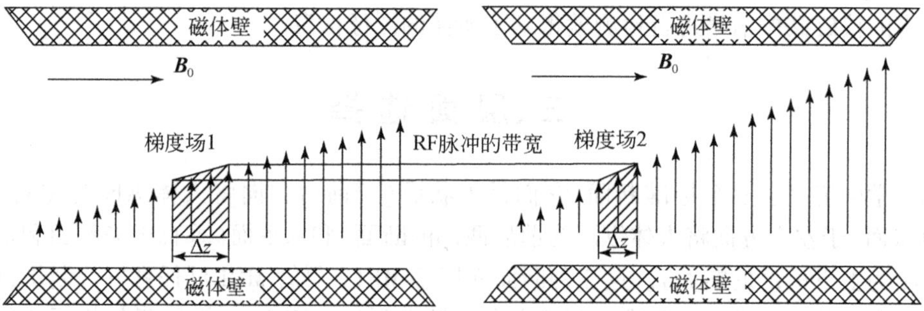

图 9-7　层厚与梯度场的关系

最小层厚与图像的空间分辨率有关,从图 9-7 可以看出,在 RF 脉冲一定的前提下,最小层厚完全取决于梯度场所能达到的最大强度。梯度场所能达到的强度越大,层面就可能取得越薄。

四、相位编码和频率编码

经过选层过程,核磁共振信号已被限定在指定平面内。这时 RF 线圈中可得到成像层面内所有质子同时发出的复合共振信号,必须对其加以分辨,才能重建出二维图像。

在二维傅里叶变换成像方法中,选层梯度以外的两个梯度被确定为平面定位梯度,$\boldsymbol{G}_x$ 和 $\boldsymbol{G}_y$ 分别称为频率编码梯度和相位编码梯度,同时设 G_x 和 G_y 分别位于图像矩阵的水平方向和竖直方向。相应的,沿这两个梯度方向的位置信息就分别叫作频率编码和相位编码。

(一)相位编码

所谓相位编码(phase encoding),就是先利用相位编码梯度磁场造成质子有规律的进动相位差,然后用此相位差来标定体素空间位置的方法。

当引起共振的 RF 脉冲终止后,每个体素内的质子均发生横向磁化,其磁化强度矢量 $\boldsymbol{M}$ 倒向 xOy 面进动(以 90°RF 激发为例),进动相位与 $\boldsymbol{M}$ 所处的磁场强度有关。相位编码梯度的加入,将使各体素磁化强度矢量的相位发生规律性变化,利用这种相位特点便可实现体素位置的识别,这就是相位编码的含义。

下面结合图 9-8 来说明相位编码的原理。图中 v_1、v_2 和 v_3 分别标识相位编码方向上三个相邻的体素。设开始时所有体素的磁化强度矢量($\boldsymbol{M}_1$、$\boldsymbol{M}_2$ 和 $\boldsymbol{M}_3$)均有相同的相位,并以相同的频率进动。这相当于图 9-8(a)所示情况。$t=0$ 时刻,相位编码梯度 $\boldsymbol{G}_y$ 开启。由图 9-8(b)可知,在 $\boldsymbol{G}_y$ 的作用下,相位编码方向上各体素将处于不同的磁场中,因而该方向上各磁化强度矢量将以不同频率进动,其进动频率由下式决定

$$\omega_y=\gamma(B_0+yG_y) \qquad (9\text{-}5)$$

式(9-5)告诉我们,该方向上各磁化强度矢量的进动频率为 y 的函数,即 y 坐标越大,质子的进动速度越快。由体素 v_1、v_2 和 v_3 在相位编码方向上的位置关系可知,v_3 较 v_2 有更快的进动相位的不同。设相位编码梯度的持续时间为 t_y,则 t_y 后相位编码方向上各体素的进动相位 Φ_y 为

$$\Phi_y=\omega_y t_y=\gamma(B_0+yG_y)t_y \qquad (9\text{-}6)$$

在图 9-8(c)中,我们用 Φ_1、Φ_2 和 Φ_3 分别为表示相位编码梯度结束时 $\boldsymbol{M}_1$、$\boldsymbol{M}_2$ 和 $\boldsymbol{M}_3$ 的进动相位。

在 $t=t_y$ 时刻,相位编码梯度关断。这时各体素再次置于相同的外磁场中,其进动频率均恢复至 G_y 作用前的数值(同频率),但是 G_y 所诱发的进动相位却被保留下来,这就是相位编码的所谓“相位记忆”(phase memory)功能。图 9-8(c)表示了这一情形。从这一意义上讲,相位编码就是通过梯度磁场对选中层面内各行间的体素进行相位标定,从而实现行与行之间体素位置识别的技术。也就是说,相位编码的作用是确定层面在一维上的体素。

图 9-8 所示为一次相位编码脉冲作用后引起的相位变化情况。其实,每个采样周期中图示的相位变化过程都会重复一遍,且梯度脉冲的幅度也就会变化(每次施加采用的梯度值均不同)。习惯上将相位编码梯度的一次变化称为一个相位编码步(phase encoding step)。对于 128×128 的图像来说,需要 128 个相位编码步才能完成。

更重要的是,由于 $G_{y1}<G_{y2}<\cdots<G_{yn_y}$,$\boldsymbol{G}_y$ 造成的体素间磁化矢量的相位差将越来越大。还需强调指出的是,相位编码梯度 $\boldsymbol{G}_y$ 仅使 y 向的体素出现进动相位差,而位于 x 向一排排体素内的

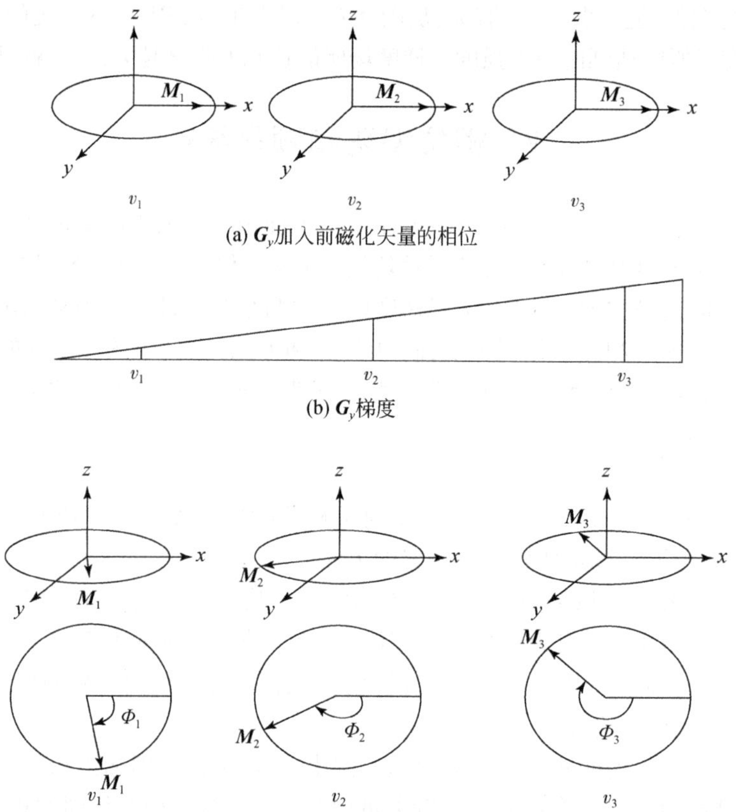

(a) G_y加入前磁化矢量的相位

(b) G_y梯度

(c) G_y对相位的作用

图 9-8 相位编码原理

质子却以相同的共振频率进动,这样的行叫等自旋线。因此,可以说一次 G_y 的作用,即一个 t_y 后在选中层面中就出现若干条等自旋线(图 9-9)。

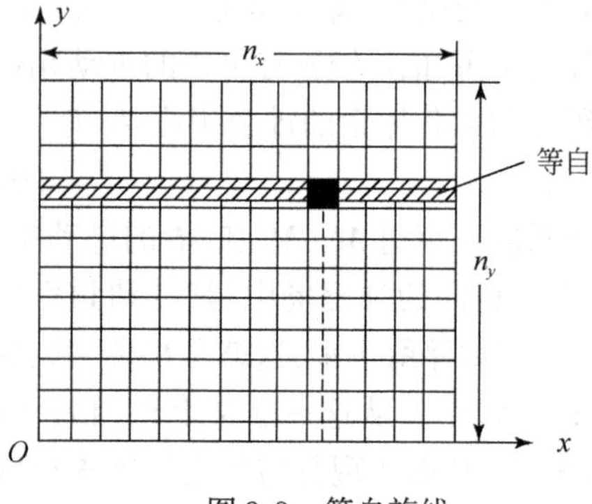

图 9-9 等自旋线

在 G_y 作用期间,体素所发出的 RF 信号并不利用。因此,相位编码梯度又叫准备梯度。为表达方便,相位编码梯度常常被简写为 G_{pe},下标 pe 表示相位编码之意。

G_{pe} 的波形如图 9-10 所示(设 $n_y=9$)。途中用多个不同幅度的梯度脉冲来表明梯度脉冲的幅值是不断变化的,也表示序列中一个周期要多次重复才能完成。由图可知,图像在相位编码方向上的步数直接关系到扫描时间的长短。

图 9-11 是相位编码梯度脉冲在序列途中使用的符号。

(二)频率编码

相位编码梯度作用后将在 x 的平行方向形成一行行等自旋线,即它仅在一维方向提供了体素的识别信息。为了产生 x 方向体素的位置信息,还需加入 G_x。在 MRI 中,G_x 对体素的识别采用频率编码方案。

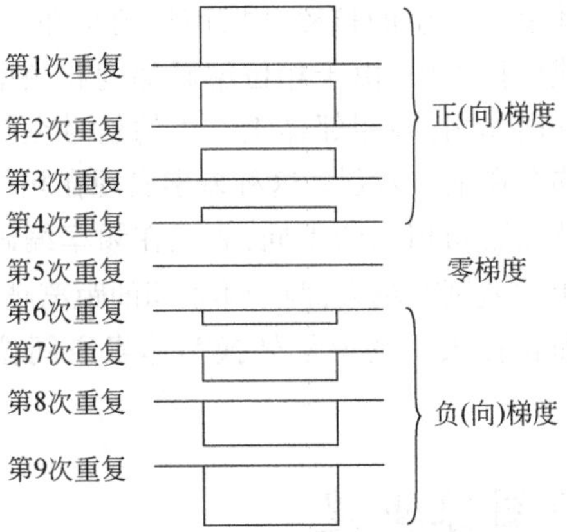

图 9-10　相位编码梯度 G_{pe} 的幅度变化

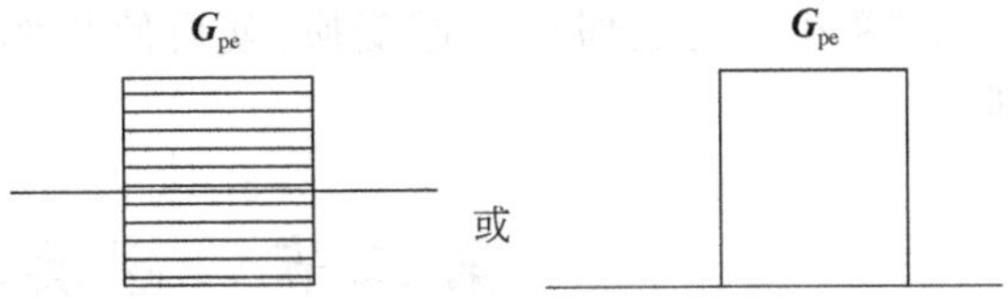

图 9-11　相位编码梯度 G_{pe} 的符号

频率编码(frequency encoding),就是利用梯度磁场造成相关方向上各磁化矢量进动频率的不同,并以此为根据来标记体素空间位置的编码方法。

图 9-12 为频率编码原理示意图。可以看出,由于 G_x 的存在,成像层面中频率编码方向上的体素列位于不同的场强中。这时与 y 轴平行之各列体素的进动频率 ω_x 由下式决定

$$\omega_x=\gamma(B_0+xG_x) \tag{9-7}$$

从式(9-7)清楚地看出,ω_x 为 x 坐标的函数,即不同的 x 决定了不同的进动频率。由此可见,RF 信号中编码了 x 坐标的位置信息。例如,图 9-12 中 C_2 列处的场强高于 C_1 列,这时 C_2 列内各磁化强度矢量将以比 C_1 列更快的速度进动。磁化矢量进动频率的变化,将从 RF 信号中反映出来。也就是说,我们所接收到的信号中已包含体素的空间位置信息。通过傅里叶逆变换,便可将这种带有频率编码的位置信息分离出来。

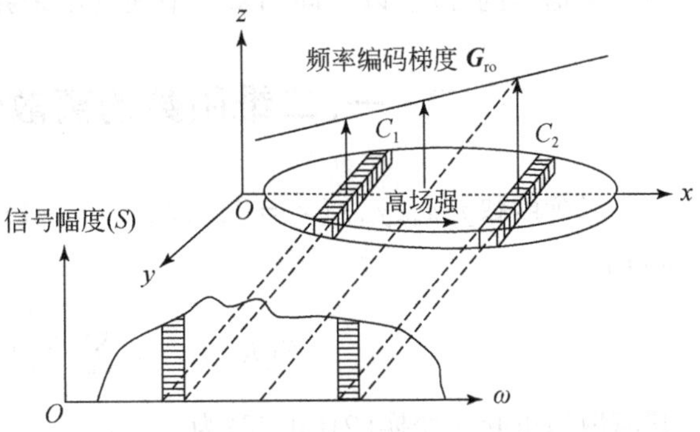

图 9-12　频率编码原理示意图

相位编码形成的是一行行与 G_y 垂直的等自旋线(相位编码线),而频率编码的结果将出现一列列与 G_x 垂直的等自旋线(频率编码线)。等自旋线上所有体素磁化矢量的进动频率均相同。在频率编码中,两条等自旋线间的频差为

$$\Delta\omega_x=\gamma\Delta xG_x \tag{9-8}$$

式中 Δx 为两条等自旋线间沿 x 向的坐标差。可见,两自旋线相距越远,其频差越显著。

与相位编码不同的是,每个周期的频率编码脉冲均相同,即频率编码梯度以相同的幅度周期性重复出现。另外,频率编码梯度一般只在核磁共振信号出现时施加,所以它又被叫作读出梯度或测量梯度。为表达方便,频率编码梯度常被简写为 G_{ro},下标 ro 表示信号读出(read-out)之意。频率编码梯度在序列时序图中的符号如图 9-13 所示。图中的竖线表示 G_{ro} 须反复施加。

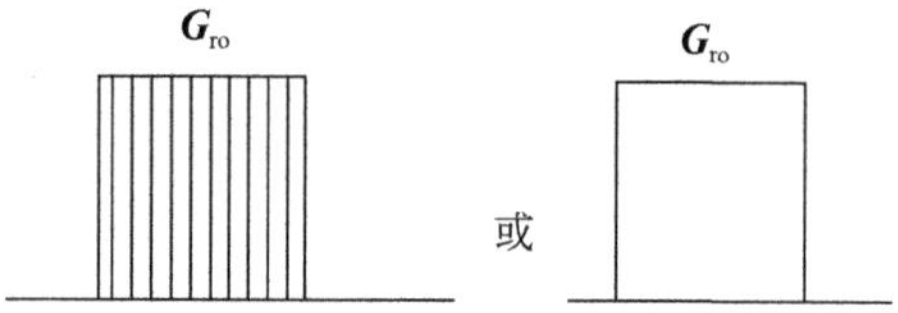

图 9-13 频率编码梯度 $\boldsymbol{G}_{ro}$ 的符号

我们知道,MRI 线圈中接收到的信号是受激层面内各体素所产生的核磁共振信号的总和。但是,在二维成像技术中,由于相位编码梯度和频率编码梯度的共同作用,各相邻体素产生的信号在频率和相位上均存在细微差别。这种差别表现在相位编码方向上就是进动相位的不同,表现在频率编码方向上就是进动频率的不同。两个体素间的距离越远,上述差别就越大;两个体素间的距离越近,上述差别就越小。通过傅里叶逆变换,就可使频率和相位表示的差别转换为体素空间位置的差别。

第二节 磁共振图像重建

傅里叶变换是用于专门计算含有各种频率的复合信号的一种数学算法,其主要功能是实现信号在空间域和频率域之间的转换。磁共振信号是由大量不同频率的信号叠加在一起的复合信号,傅里叶变换可以区分复合信号中不同的频率成分及相位成分,提取具有相位、频率特征的磁共振信号的强度,以不同的灰度值表现出来并形成图像。

一、二维函数的离散傅里叶变换和逆变换

二维函数 $f(x_n,y_m)$ ($x_n=0,1,2,\cdots,n_x-1$; $y_m=0,1,2,\cdots,n_y-1$) 的离散傅里叶变换(2D-FFT)为

$$F(K_x,K_y)=\sum_{x_n=0}^{n_x-1}\sum_{y_m=0}^{n_y-1}f(x_n,y_m)\,e^{-2\pi i\left(\frac{K_x x_n}{N_x}+\frac{K_y y_m}{N_y}\right)} \tag{9-9}$$

其离散傅里叶逆变换(2D-iFFT)为

$$f(x_n,y_m)=\sum_{K_x=0}^{N_x-1}\sum_{K_y=0}^{N_y-1}F(K_x,K_y)\,e^{2\pi i\left(\frac{K_x x_n}{N_x}+\frac{K_y y_m}{N_y}\right)} \tag{9-10}$$

如果获得了二维傅里叶变换的所有值 $F(K_x,K_y)$,其所描述的空间称为 K 空间,由离散傅里叶逆变换获取 $f(x_n,y_m)$。在 K 空间某个点 (K_x,K_y),$F(K_x,K_y)$ 值的含义是图像中沿 x 方向以 $e^{2\pi i\frac{K_x x_n}{N_x}}$ 形式变化,且沿 y 方向以 $e^{2\pi i\frac{K_y y_m}{N_y}}$ 形式变化的成分。

二、K 空 间

MR 的每一个信号都含有全层的信息。接收线圈采集到的 MR 信号实际是带有空间编码信息的无线电波,属于模拟信号而非数字信息,需要经过模数转换变成数字信息,后者被填充到 K 空间,称为数字点阵。K 空间与 MR 信号的空间定位息息相关。

K 空间也叫傅里叶空间,是带有空间定位编码信息的 MR 信号原始数字数据的填充空间,每一幅 MR 图像都有其相应的 K 空间数据点阵。对 K 空间的数据进行傅里叶变换,就能对原始数字数据中的空间定位编码信息进行解码,分解出不同频率、相位和幅度的 MR 信号,不同的频率和相位代表不同的空间位置,而幅度则代表 MR 信号强度。把不同频率、相位及信号强度

的 MR 数字信号分配到相应的像素中，我们就得到了 MR 图像数据，即重建出 MR 图像。傅里叶变换就是把 K 空间的原始数据点阵转变成磁共振图像点阵的过程。

图 9-14 所示为典型的 K 空间。在二维图像的 MR 信号采集过程中，每个 MR 信号的频率编码梯度场的大小和方向保持不变，而相位编码梯度场的大小和方向则以一定的步级发生变化，每个 MR 信号的相位编码变化一次，采集到的 MR 信号填充 K 空间 K_y 方向的一条线，因此，把带有空间信息的 MR 信号称为相位编码线，也叫 K 空间线或傅里叶线。

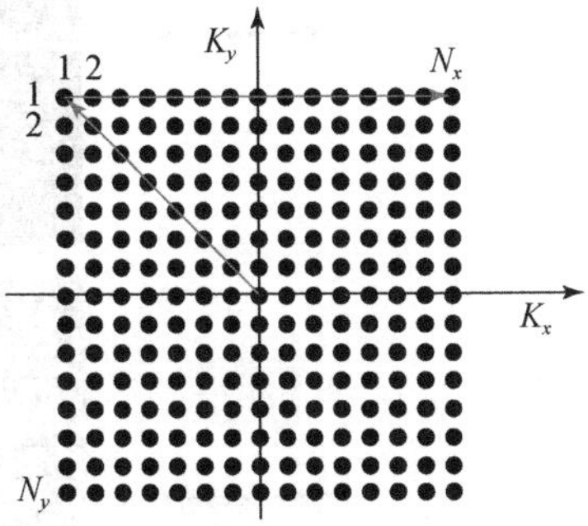

图 9-14　K 空间示意图

从相位编码方向看，填充在 K 空间中心的 MR 信号的相位编码梯度场为零，这时相位编码造成的质子群失相位程度最低，不能提供相位编码方向上的空间信息（因为几乎没有相位差别），但是 MR 信号强度最大，其 MR 信号主要决定图像的对比，我们把这一条 K 空间线称为零傅里叶线。而填充 K 空间最周边的 MR 信号的相位编码梯度场强度最大，得到的 MR 信号中各体素的相位差别最大，所提供相位编码方向解剖细节的空间信息最为丰富，施加的梯度场强度最大，造成质子群失相位程度最高，其 MR 信号的幅度很小，因而其 MR 信号主要反映图像的解剖细节，对图像的对比贡献很小。简单说，填充 K 空间中央区域的相位编码线主要决定图像的对比，而周边区域的相位编码线主要决定图像的解剖细节。零傅里叶线两边的相位编码线是镜像对称的。

K 空间在频率编码方向上也是镜像对称的，而且中心区域的信息对图像的对比起着绝对性的影响。

K 空间特性：①K 空间中的点阵与图像的点阵不是一一对应的，K 空间中每一点包含扫描层面的全层信息；②K 空间在 K_x 和 K_y 方向上都呈现镜像对称的特性；③填充 K 空间中央区域的 MR 信号主要决定图像的对比，填充 K 空间周边区域的 MR 信号主要决定图像的解剖细节。

比如矩阵为 256×256 的图像需要采集 256 条相位编码线来完成 K 空间的填充，每条相位编码线均含有全层 MR 信息。K 空间呈对称填充，但是 K 空间的数据点阵与图像的点阵不是一一对应的。填充 K 空间中央区域的相位编码线决定图像的对比，填充 K 空间周边区域的相位编码线决定图像的解剖细节。K 空间填充如图 9-15 所示。

K 空间数据的采集和填充与 MR 图像的空间分辨率直接相关，也将直接决定图像的采集时间。MR 图像在相位编码方向上像素的多少直接决定于相位编码的步级数，也即不同的相位编码的 MR 回波信号的数目。相位编码方向的像素越多，图像在相位编码方向的像素直径就越小，空间分辨率越高；但需要进行相位编码的步级数越多，一幅图像所需的采集时间就越长。

MR 图像频率编码方向上的像素数目决定于在 MR 回波信号采集过程中采样点的多少，采样点越多，则图像在频率编码方向上的像素数目越多，像素径线越小，空间分辨率越高，但由于采样点增多，采集一个完整的回波信号所需要的时间越长。

常规 MRI 序列中一般采用循序对称方式填充 K 空间。实际上，K 空间中相位编码线的填充顺序是可以改变的，可以采用 K 空间中央优先采集技术，即扫描一开始先编码和采集 $K_y=0$ 附近的一部分相位编码线，决定图像的对比，然后再采集决定图像解剖细节的 K 空间周边的相位编码线。这一技术在利用透视实时触发技术进行的三维动态增强扫描和对比增强 MR 血管成像时有较多的应用。

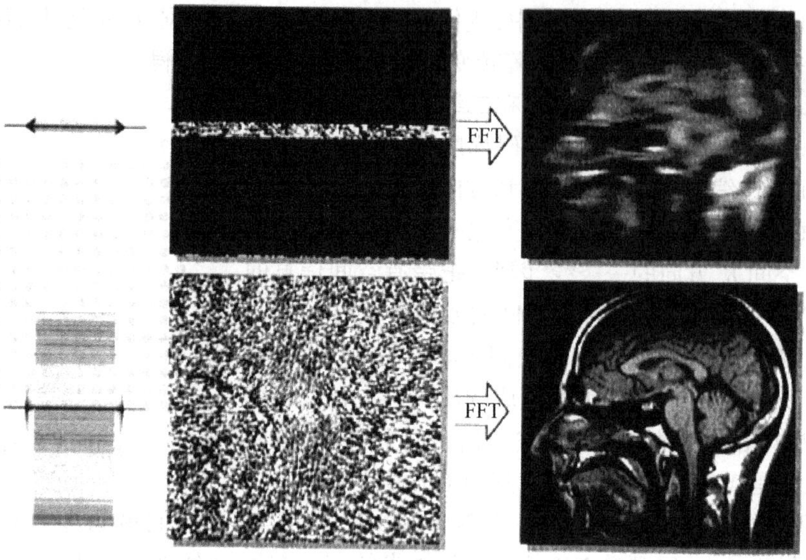

图 9-15 K 空间填充示意图

三、磁共振图像重建方法

MRI 是一种低灵敏度、高噪声的成像技术。当人们认识到它的潜在用途之后，曾投入大量精力进行成像方法的研究。有些方法沿用至今，且已非常完善。本节主要介绍各种 MRI 法及现今广为使用的傅里叶变换图像重建方法。

（一）MRI 法及其分类

无论何种成像法，首先要考虑的都是如何用磁场值来标记受检体共振核空间位置的问题。我们知道，核的共振频率与它所在位置的磁场强度成正比。在有梯度场作用的情况下，由于梯度场本身是空间位置的函数，因而只要把氢质子共振吸收的频率分布显示出来，就得到了共振核的空间分布。应用傅里叶变换技术，很容易得到信号的频率分布。

MRI 法可根据数据或信号的获取形式分为点成像、线成像、面成像和体积成像四大类，其数据的测量如图 9-16 所示。下面就按这种分类法分别加以介绍。

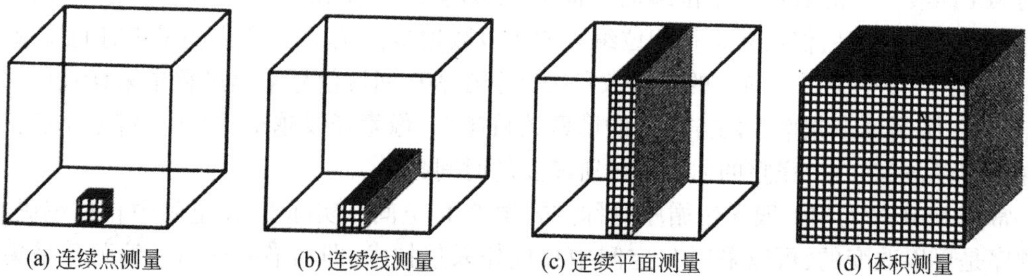

图 9-16 成像法分类

1. 点成像法 所谓点成像，是指对每个体素的核磁共振信号逐一进行测量的成像方法。在这种技术中，任何时候只能接收到单一体素的信号。属于点成像范畴的成像方法主要有敏感点成像法和场聚焦成像法两大类。

(1)敏感点成像法：所谓敏感点(sensitive point, SP)，就是在主磁场上同时施加三个相互垂直的梯度场后在交点形成的零梯度点。此点的磁场强度与时间无关，因而在射频场作用下，只有位于敏感点上的核可发出核磁共振信号。如果先用梯度场 G_z 选出一个垂直于 z 轴的层面，再施加梯度场 G_x，使敏感点沿 x 轴方向运动，在射频场作用下就可得到敏感点沿 x 轴方向各个点的核磁共振信号，从而完成一行的扫描。敏感点这种有规律的运动与电视系统的行扫描方式有点相似。要使敏感点在沿 x 轴方向做周期性运动的同时又沿 y 方向移动，还需在 y 轴上同时施加一频率较低的梯度 $\boldsymbol{G}_y$，这样便可得到层面内所有点的信号。

敏感点成像法是一种很容易实现的技术。同时，它可将直线和平面技术中出现的许多问题，如带宽、动态范围和梯度场线性等因素的影响降至最低程度。这种方法的缺点是信号弱、灵敏度低和成像时间长。

(2)场聚焦成像法：这种技术的关键是要用一个分布成马鞍形的磁场，定出一个叫共振孔的小区域。该小区域又叫鞍点。其中的鞍形磁场是需要精心设计的。扫描时它所选定的小区域在物体的一个层面上往返移动(相当于进行逐点扫描)。在射频脉冲作用下仅此小区域给出核磁共振信号。用这种方法既能进行扫描(成像)，也可以将鞍点固定于感兴趣区进行直接的共振谱测量，有利于临床诊断和分析。

2. 线成像法　一次采集一条扫描线数据的成像方法。多敏感点(敏感线)成像法、线扫描及多线扫描成像法、化学位移成像法都是线成像法的例子。还有些选择性激励技术也可归于线成像法的范畴。下面举例说明。

(1)多敏感点(multiple sensitive point, MSP)成像法：它是敏感点技术的发展。两个互相垂直的梯度场之零平面相交而成的直线叫敏感线。将敏感线分为若干个敏感点，然后沿这条线加一个与时间无关的线性梯度场和选择性射频脉冲，就可使线上各敏感点的核都得到激发。脉冲过后，接收各敏感点的自由感应衰减(FID)信号，经傅里叶变换即可得到线上所有点的质子密度分布。再以一定的频率调制敏感线的移动，就能获得每条线的质子密度分布，进而得到全层面图像。

(2)线扫描及多线扫描成像法：线扫描成像一般分如下步骤进行。

1)在 z 轴方向施加线性梯度场 $\boldsymbol{G}_z(t)$，以便在一平面上定义出一个厚度为 Δz 的层面；

2)用一个短而强的 $\pi/2(90°)$ 窄带脉冲对该层面内的所有自旋核实施激发；

3)关断 $\boldsymbol{G}_z$，并立即在 y 方向施加梯度场 $\boldsymbol{G}_y$(这时层面内会产生 FID 信号，但弃之不用)；

4)用 π 窄带脉冲激发层面内坐标为 y_0 的一条线，以便在这条直线上产生自旋回波信号；

5)关断 $\boldsymbol{G}_y$，并在 x 方向施加梯度场 $\boldsymbol{G}_x$，以读取回波信号。

图 9-17 表示线扫描成像的选择过程。由于线上各点所处的磁场不同，释放出来的电磁辐射频率亦不相同。因此，这时获得的信号是具有许多频率成分的复合信号，对其进行傅里叶变换便得(z_0, y_0)线上的质子密度分布。逐次改变 y_0 进行测量，可得到整个 z_0 处的层面图。

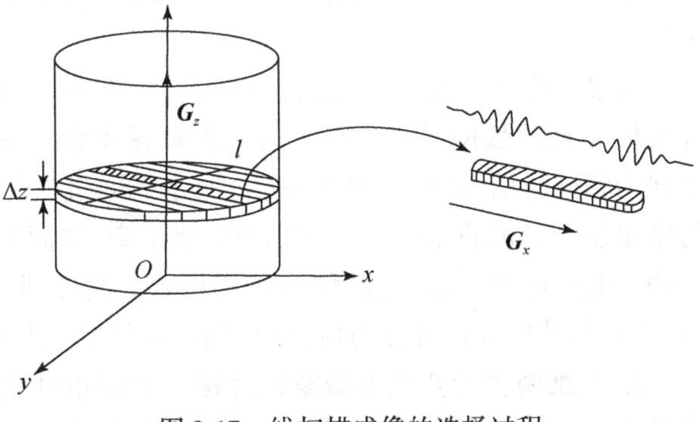

图 9-17　线扫描成像的选择过程

3. 面成像法 同时采集整个断层数据的成像方法。投影重建成像法、各种平面成像法及傅里叶变换成像法等都是面成像法的范例。

(1)投影重建成像法:有了梯度场,就可以同 X 射线 CT 那样用投影重建(projection reconstruction)的方法成像。成像过程可概括为三个步骤。首先,沿某个方向施加一个随时间变化的线性梯度场,定义要观测的层面。其次,在此层面内施加旋转梯度场,以获得相应方向的一维投影。最后一步为图像重建。反投影法、傅里叶变换法和滤波反投影法等均可用来重建磁共振图像。由于同时激发受检体中的所有自旋核,这种方法具有较高的灵敏度。加之技术比较成熟,它曾被许多厂家所采用。成像时间长、对梯度场的线性度要求高是其缺点。

(2)平面成像法:一种一次性获得整个平面信息的成像方法。扫描时首先选出一个层面,然后用一线性梯度场 $\boldsymbol{G}_y$ 及一选择性射频脉冲,对矩阵各行内的核进行激发。此后,再施加一线性梯度场 $\boldsymbol{G}_x$,对各列内的核逐一进行标记,使层面内各列上的点具有不同的共振频率。这样得到的信号即含有空间编码信息,经傅里叶变换就可重建出图像。其成像思想与二维傅里叶变换成像法相仿。

(3)多面多线扫描成像法的成像原理可表述为:先在 z 方向施加一个梯度场 $\boldsymbol{G}_z$,定出垂直于 z 轴的平面 $P_1,P_2,\cdots,P_n$,然后用具有一定频谱的 90°选择脉冲,使这些平面上的自旋核同时倒向 xOy 平面。脉冲过后再在 x 轴上施加梯度场 $\boldsymbol{G}_x$ 和一定频谱的 180°选择脉冲,使垂直于 x 轴的平面 $L_1,L_2,\cdots,L_m$ 上的质子全部激发。此后再在 y 轴方向施加梯度场 $\boldsymbol{G}_y$,便可使 L 与 P 相交处的体素产生较强的自旋回波信号。此信号经傅里叶变换,可得到沿 y 方向的自旋密度分布。用这种同时激发的成像方法,不仅可以提高成像速度,而且能改善分辨率。

4. 体积成像法 多层面及三维体积成像技术是面成像的发展。进行多层面成像时,同一个成像周期中每一个层面均被依次激励。第一个射频脉冲从第一层组织中激励并读出,其他层面依次类推。在快速成像方法中,也用隔层扫描的方法获取信息,以使受激的质子有足够的时间进行弛豫。这与电视系统中的隔行扫描相类似。一定脉冲序列能够获得的最多层面数受到重复时间(repetition time,TR)及有关序列参数的限制。当 TR 一定时,多层面成像增加额外的采集时间(层数由 TR 决定),因而它是一种效率很高的成像法,目前被许多扫描序列所采用。

(二)二维傅里叶变换图像重建

1. 二维傅里叶变换图像重建基本思路 图像重建是根据核磁共振复合信号的采样值计算出图像的纯数学过程,也是磁共振成像的最后一步。它通常在阵列处理计算机或高速图像处理专用机中完成。图像重建有多种方法,本节主要介绍用二维傅里叶变换法进行图像重建。

通过一次次重复扫描,我们得到了一组足够重建一幅图像的数据,这就是所谓原始数据矩阵或称 K 空间数据组。原始数据是含有各体素空间信息的核磁共振信号采样值。显然,原始数据为频域的信号值,如图 9-18(a)所示。通过二维傅里叶逆变换,便可将原始数据中所包含的磁化强度矢量的相位差和频率差分解出来,进而恢复体素的空间位置。这里的傅里叶逆变换为编码的逆过程,因而又被称为解码过程。将二维傅里叶逆变换所得信号的幅度转换为灰度值,并且与其空间位置相对应,就得到所需的二维灰度图像,如图 9-18(b)所示。

2. 二维傅里叶变换图像重建过程 由傅里叶变换的性质和特点可知:频率不同的信号经傅里叶变换后,可由它们在频谱图中谱线的位置加以识别;而频率相同、相位不同的信号的傅里

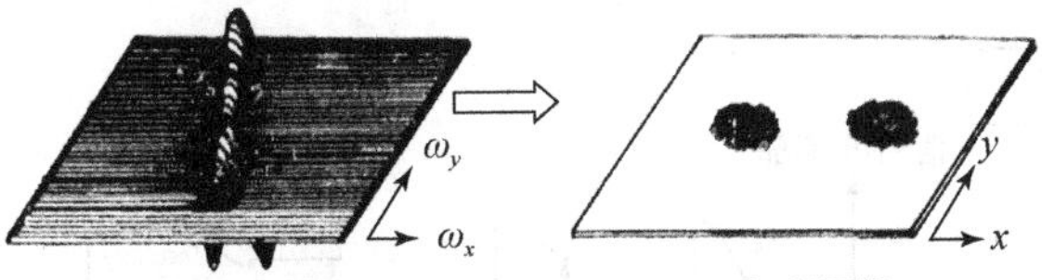

(a) 原始数据(信号)　(b) 灰度图像

图 9-18　二维傅里叶变换图像重建

叶变换可由它们的谱线与坐标轴的偏转角度加以区别。傅里叶变换的这些特点刚好满足了为磁共振信号采集设计的各种编码方式的解码需要。

图 9-19 描述了 xy 平面内 A、B 两点图像由二维傅里叶变换方法得到的重建图像的主要过程：z 方向梯度场 $\boldsymbol{G}_z$ 选定该成像平面，x 方向加入梯度磁场 $\boldsymbol{G}_x$ 实现频率编码，y 方向加入梯度磁场 $\boldsymbol{G}_y$ 实现相位编码，y 方向的相位编码为 n 次。

图 9-19(a) 为 $\boldsymbol{G}_y$ 变化时采集到的时域 FID 信号谱，对每个 FID 信号进行傅里叶变换将得到图 9-19(b) 所示的频谱图。因为 x 方向只有物体 A、B 两点，所以各 FID 傅里叶变换的结果中都表现为 ω_{Ax}、ω_{Bx} 处的两条谱线。

由于相位编码使各 FID 稍有不同，沿 $\boldsymbol{G}_y$ 方向得到的 FID 信号的频率相同，但相位不同，因此变换的结果得到图 9-19(c) 左侧的结果。对该结果再进行傅里叶逆变换就得到了图 9-19(c) 右侧的重建图像。

由图可见，沿 y 方向进行的傅里叶变换识别出 A、B 在 y 方向的空间位置(ω_{Ay}，ω_{By})，从而决定了 A、B 点的位置坐标。这就是二维傅里叶变换成像的基本原理。

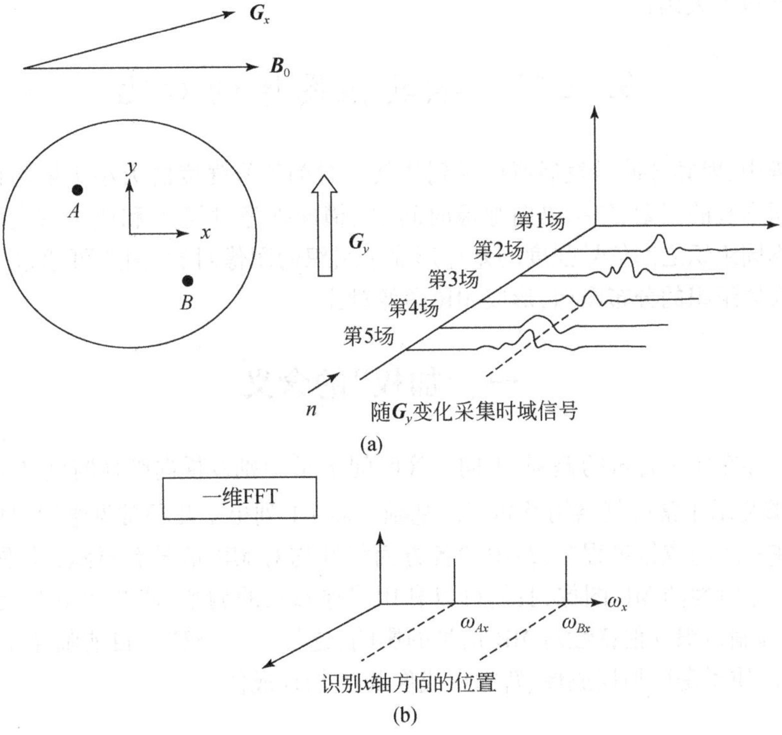

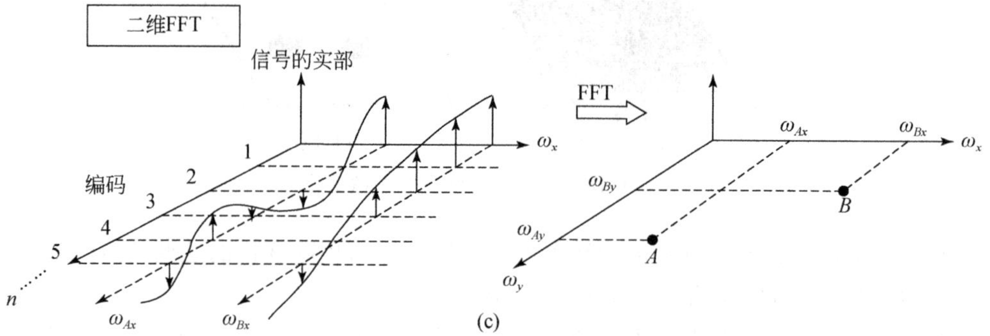

图 9-19 xy 平面内 A、B 两点的二维傅里叶变换图像重建原理图

(三)三维傅里叶变换成像

三维成像中不使用选层梯度,其第三维上的空间定位由第二个相位编码梯度来完成。该相位编码梯度的步数决定图像重建时成像容积内可划分的层面数。我们知道,在二维傅里叶成像中,噪声总是来自整个容积,而信号仅取自成像层面,因而 SNR 较低,三维成像信号来自整个容积,故它具有高 SNR 的特点。此外,用三维成像法可以得到很薄(<1mm)的扫描层面。它的另一个优点是能够开发出产生正方体体素的成像序列,而二维成像中一般只能够定义长方体的体素。这就使得三维成像取得的数据可在任意方向重建图像,而不必重新取样。三维成像的最大缺点是总的成像时间较长,这主要是相位编码步增加的缘故。除此之外,由于数据量的增大,图像重建的时间也大大延长。

第三节 磁共振图像的对比

MRI 过程中,射频脉冲激发后所记录到的某一时刻信号强度的大小主要与以下因素有关:一是生物组织本身的因素,包括纵向弛豫时间 T_1、横向弛豫时间 T_2 和质子密度等;二是脉冲序列的形式。不同组织之间信号强度的差异形成了组织的图像对比,因此可通过 T_1、T_2 及质子密度值来建立人体组织的分布图像,形成 MR 图像对比。

一、“加权”的含义

不同组织存在质子含量的差别、纵向弛豫时间 T_1 的差别及横向弛豫时间 T_2 的差别,这正是常规 MRI 能够显示正常解剖结构及病变的基础。表 9-1 列出了几种常见组织对应的 T_1、T_2 及质子密度值。在一般的成像过程中,组织的各方面特性均对 MR 信号有贡献,几乎不可能得到纯粹反映组织一个特性的 MR 图像,我们可以利用成像参数的调整,使图像主要反映组织某方面特性,而尽量抑制组织其他特性对 MR 信号的影响,这就是“加权”。目前临床上应用的主要加权图像有三种:质子密度加权成像、T_1 加权成像及 T_2 加权成像。

表 9-1　几种常见组织对应的 T_1、T_2 及质子密度值

组织或体液	$T_1(0.2T)$/ms	T_2/ms	质子密度/%
脂肪	240	60	9.6
白质	390	76	10.6
灰质	490	91	10.6
脑脊液	1400	140	10.8
肌肉	370	50	9.3

二、质子密度加权成像

质子密度图主要反映不同组织间质子含量的差别,质子密度加权成像如图 9-20 所示。以甲、乙两种组织为例,甲组织质子含量高于乙组织,进入主磁场后,质子含量高的甲组织产生的宏观纵向磁化矢量大于乙组织;90°脉冲后甲组织产生的旋转宏观横向磁化矢量就大于乙组织,甲组织产生的 MR 信号将高于乙组织。质子密度越高,MR 信号强度越大,这就是质子密度加权成像(proton density weighted imaging,PDWI)。

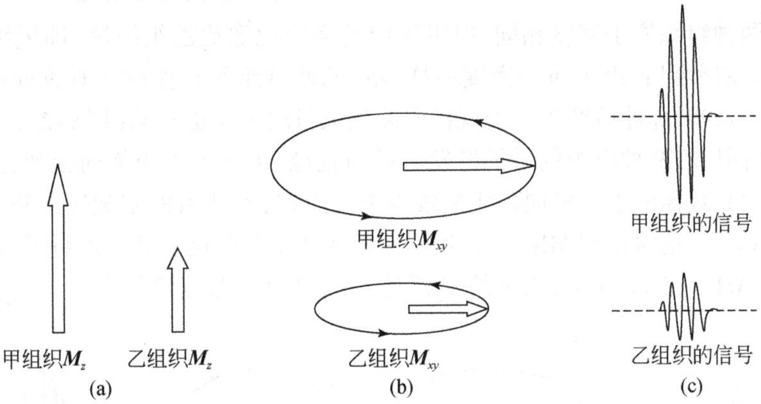

图 9-20　质子密度加权成像示意图

三、T_1 加权成像

T_1 加权成像(T_1-weighted imaging,T_1WI)主要反映组织纵向弛豫的差别。我们还是以甲、乙两种组织为例,假设这两种组织质子密度相同,但甲组织的纵向弛豫比乙组织快(即甲组织的 T_1 值短于乙组织)。进入主磁场后,由于质子密度一样,甲、乙两种组织产生的纵向磁化矢量大小相同(图 9-21(a)),90°脉冲后产生的宏观横向磁化矢量的大小也相同,我们先不去理会这种横向磁化矢量,也不马上检测 MR 信号。射频脉冲关闭后,甲、乙两种组织将发生纵向弛豫,由于甲组织的纵向弛豫比乙组织快,一定时间以后,甲组织已经恢复的宏观纵向磁化矢量将大于乙组织(图 9-21(b))。由于接收线圈不能检测到这种纵向磁化矢量的差别,必须使用第二个 90°脉冲。第二个 90°脉冲后,甲、乙两组织的宏观纵向磁化矢量将发生偏转,产生宏观横向磁化矢量,因为这时甲组织的纵向磁化矢量大于乙组织,其产生的横向磁化矢量将大于乙组织(图 9-21(c)),这时马上检测 MR 信号,甲组织产生的 MR 信号将高于乙组织(图 9-21(d)),这样就实现了 T_1WI。在 T_1WI 中,组织 T_1 值越小,其 MR 信号强度越大。

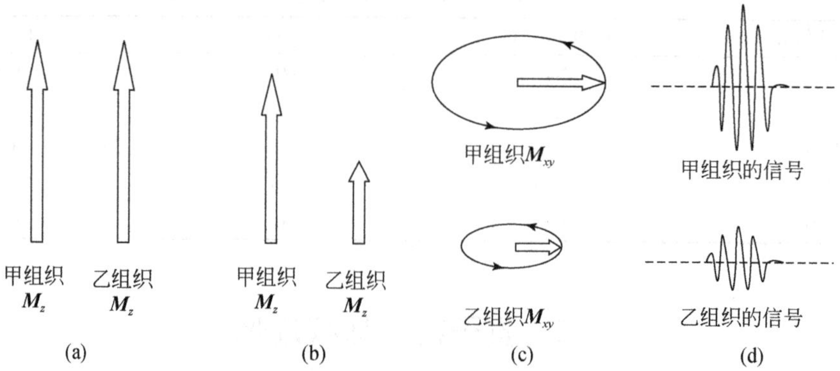

图 9-21 T_1加权成像示意图

四、T_2加权成像

T_2加权成像(T_2-weighted imaging, T_2WI)主要反映组织横向弛豫的差别。以甲、乙两种组织为例，假设这两种组织质子密度相同，但甲组织的横向弛豫比乙组织慢(即甲组织的 T_2值长于乙组织)，进入主磁场后，由于质子密度一样，甲、乙两种组织产生的宏观纵向磁化矢量大小相同(图 9-22(a))，90°脉冲后产生的宏观横向磁化矢量的大小也相同(图 9-22(b))，我们不马上检测 MR 信号；甲、乙两种组织的质子将发生横向弛豫，由于甲组织横向弛豫比乙组织慢，到一定时刻，甲组织衰减掉的宏观横向磁化矢量少于乙组织，其残留的宏观横向磁化矢量将大于乙组织(图 9-22(c))，这时检测 MR 信号，甲组织的 MR 信号强度将高于乙组织(图 9-22(d))，这样就实现了 T_2WI。在 T_2WI 中，组织的 T_2值越大，其 MR 信号强度越大。

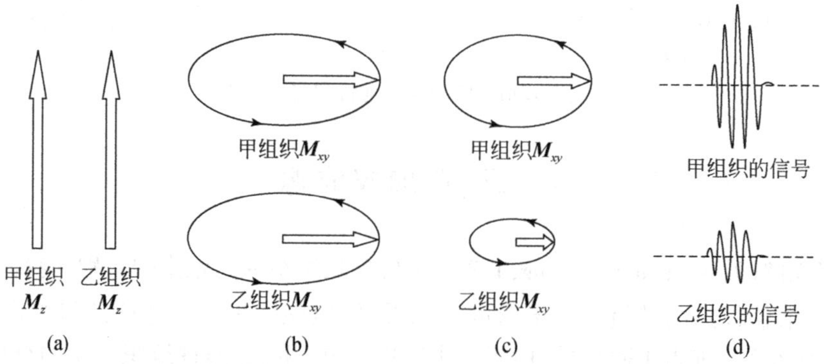

图 9-22 T_2加权成像示意图

综上所述，MR 图像具有多个成像参数，即有反映纵向弛豫时间的 T_1值、反映横向弛豫时间的 T_2值和反映质子密度的弛豫时间值等。MR 图像若主要反映的是组织间 T_1值的差别，则为 T_1加权像(T_1-weighted image, T_1WI)；若主要反映的是组织间 T_2值差别，则为 T_2加权像(T_2-weighted image, T_2WI)；若主要反映的是组织间 质子密度弛豫时间差别，则为质子密度加权像(proton density weighted image, PDWI)。

人体不同组织及其病变具有不同的 T_1、T_2值和质子密度弛豫时间，因此，在 T_1WI、T_2WI 和

PdWI 上产生不同的信号强度,具体表现为不同的灰度。MRI 检查就是根据这些灰度变化进行疾病诊断的。因此,组织间及组织与病变间弛豫时间的差别,是 MRI 诊断的基础。

一般而言,组织信号越强,图像上相应部分就越亮;组织信号越弱,图像上相应部分就越暗。但应注意,在 T_1WI 和 T_2WI 上,弛豫时间 T_1值和 T_2值的长短与信号强度的高低之间的关系有所不同:如图 9-23(a)所示,短的 T_1值(简称为短 T_1)呈高信号,如脂肪组织;长的 T_1值(简称长 T_1)为低信号,如脑脊液。如图 9-23(b)所示,短的 T_2值(简称短 T_2)为低信号,如骨皮质;长的 T_2值(简称长 T_2)为高信号,如脑脊液。

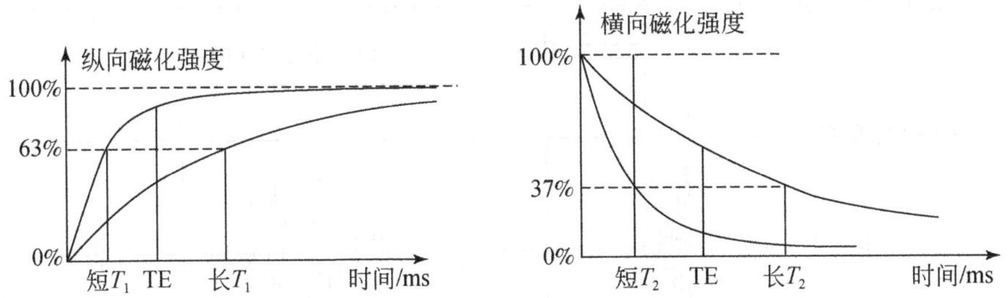

图 9-23　弛豫时间 T_1 值和 T_2 值的长短与信号强度的高低之间的关系

第四节　磁共振成像脉冲序列

影响磁共振信号强度的因素是多种多样的,如组织的质子密度、T_1值、T_2值、化学位移、液体流动、水分子扩散运动等都将影响其信号强度,如果所有的影响因素掺杂在一起,我们通过图像的信号强度分析很难确定到底是何种因素造成的信号强度改变,这显然对于诊断非常不利。我们可以通过调整成像参数,来确定何种因素对组织的信号强度及图像的对比起决定性作用。

实际上,我们可以调整的成像参数主要是射频脉冲、梯度场及信号采集时刻。射频脉冲的调整包括带宽(频率范围)、幅度(强度)、何时施加及持续时间等;梯度场的调整包括梯度场施加方向、梯度场场强、何时施加及持续时间等。我们把射频脉冲、梯度场和信号采集时刻等相关各参数的设置及其在时序上的排列称为 MRI 的脉冲序列(pulse sequence)。

一、脉冲序列的基本构建

一般的脉冲序列由五个部分构成,即射频脉冲、层面选择梯度、相位编码梯度、频率编码梯度及 MR 信号。在 MRI 射频脉冲结构示意图中,这五部分一般以从上往下的顺序排列,每一部分在时序上的先后和作用时间一般是从左到右排列的。我们以自旋回波(spin echo,SE)序列为例来介绍脉冲序列的基本构建(图 9-24)。

设 $\boldsymbol{G}_z$为层面选择梯度,$\boldsymbol{G}_x$、$\boldsymbol{G}_y$分别为频率编码梯度和相位编码梯度。对于 $n_x \times n_y$大小的二维成像,至少需要重复 n_y次成像周期,才能获得重建一幅图像所需要的全部数据。

每个成像周期首先开启的是层面选择梯度 $\boldsymbol{G}_z$($t=t_0$时刻)。与此同时,90°射频脉冲产生,使激励限制在 $\boldsymbol{G}_z$所决定的特定平面内。这时受激层面的宏观磁化矢量 $\boldsymbol{M}$ 立刻倾倒至 xOy 面。t_1时刻 $\boldsymbol{G}_z$关断,相位编码梯度 $\boldsymbol{G}_y$加入,对层面内各共振质子群(体素)进行相位编码。$t_1 \sim t_2$为 $\boldsymbol{G}_y$

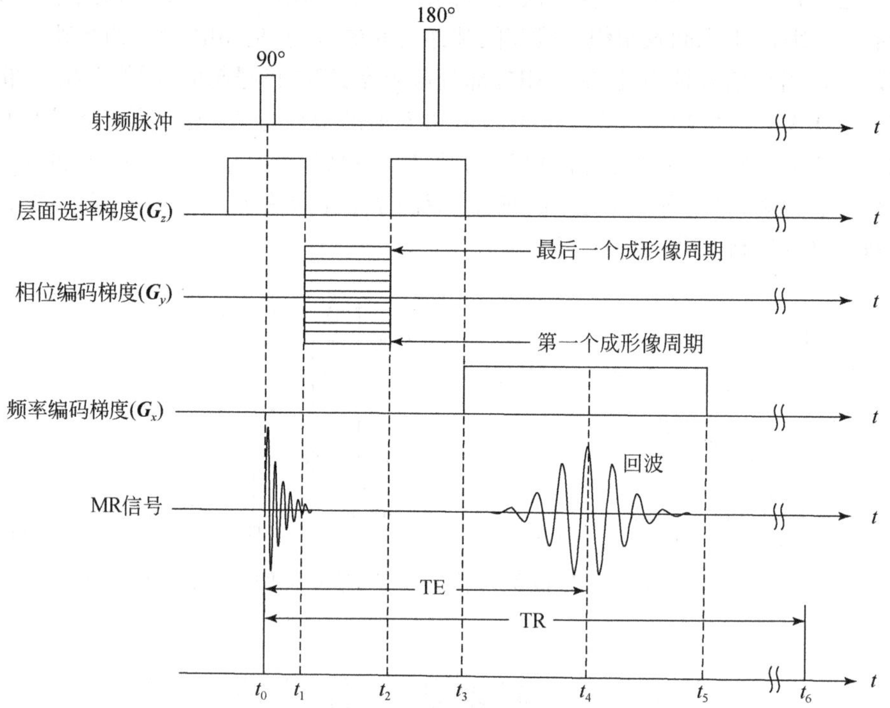

图 9-24 SE 脉冲序列的基本构建示意图

的持续时间,称为相位编码梯度的脉宽(t_y)。随着 $\boldsymbol{G}_y$ 的关断(t_2时刻),$\boldsymbol{G}_z$再一次开启,目的是限制 180°重聚焦射频脉冲,使之仅作用于既定层面。频率编码梯度 $\boldsymbol{G}_x$ 直到 t_3时刻才出现,但一直持续到 t_5时刻,这段时间正好包含了回波信号。t_3 ~ t_5是读出梯度 $\boldsymbol{G}_x$ 的持续时间,采样从回波信号的峰值(约为 t_4时刻)开始。因此,$\boldsymbol{G}_x$ 的脉宽 t_x 又叫检测期。t_5 ~ t_6是一段延迟时间,以等待宏观磁化矢量 $\boldsymbol{M}_z$ 恢复至它的稳态值 $\boldsymbol{M}_0$,为下一次检测做准备。从 t_6开始进入下一个成像周期。t_0 ~ t_6这段时间就是常说的重复时间(TR),它反映了每个扫描周期的长短,而 t_0 ~ t_4称为回波时间(echo time,TE)。在回波信号出现后,每个周期在 $\boldsymbol{G}_x$ 的配合下采集 n_x 个数据。这 n_x 个数据中已经包含了相位编码和频率编码信息,而它们是不足以重建图像的。因此,上述过程必须重复 n_y 次,最后得到的是一个 $n_x \times n_y$ 的原始数据矩阵,二维图像据此重建。

上述脉冲序列的基本构建还可以简化成两个部分,即自旋准备和信号产生(图 9-25)。所谓的自旋准备就是利用梯度磁场匹配进行的射频脉冲激发,在需要成像的区域产生宏观横向磁化矢量的过程,也可在这个阶段对某些组织信号进行选择性抑制。而信号产生是指生成 MR 信号,并对信号进行空间编码的过程。信号产生后由接收线圈采集,经过傅里叶转换即可重建出 MR 图像。

MRI 脉冲序列的分类方法有多种,按脉冲序列的用途可分为通用序列和专用序列,按成像的速度可分为普通序列和快速成像序列。

目前最常用的是按采集信号类型进行的分类方法:

(1)FID 类序列,指采集到的 MR 信号是 FID 信号,如部分饱和序列等。

(2)自旋回波类序列,指采集到的 MR 信号是利用 180°复相脉冲产生的自旋回波,包括常规的自旋回波序列、快速自旋回波序列等。

(3)梯度回波类序列,指采集到的 MR 信号是利用读出梯度场切换产生的梯度回波,包括常

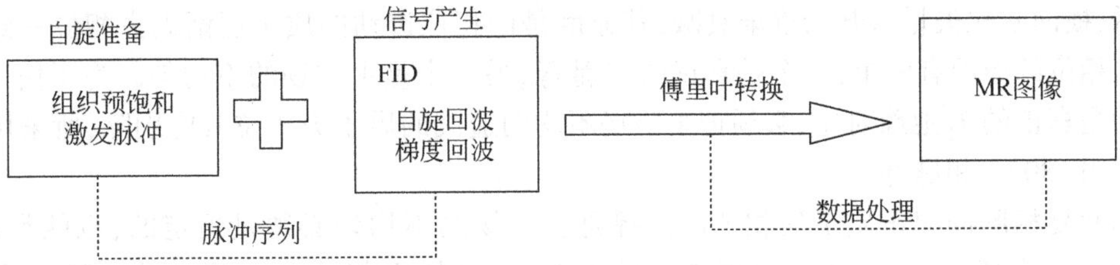

图 9-25 MRI 脉冲序列结构示意图

规梯度回波序列、扰相梯度回波序列、稳态进动成像序列等。

(4)杂合序列,指采集到的 MR 信号有两种以上的回波,通常是自旋回波和梯度回波,如快速自旋梯度回波序列和平面回波成像序列等。

二、自由感应衰减信号与加权图像

我们把采集到的 MR 信号为 FID 信号的脉冲序列统称为 FID 类序列。MRI 发展的初期,FID 序列曾经在低场强的 MRI 仪上有较多的应用。早期的磁共振序列就是 FID 类序列的部分饱和(partial saturation,PS)脉冲序列,又称为饱和恢复(saturation recovery,SR)脉冲序列。目前这类序列已经很少使用。

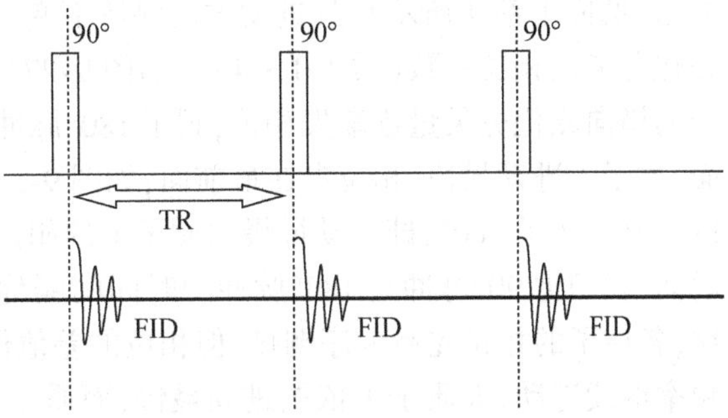

图 9-26 SR 序列结构示意图

我们在前面已经介绍过,90°射频脉冲将产生一个最大的宏观横向磁化矢量,90°脉冲结束后宏观横向磁化矢量将以指数式衰减,即产生 FID 信号。SR 序列是结构最为简单的序列,利用连续的 90°脉冲进行激发,在每个 90°脉冲后采集 FID 信号(图 9-26)。由于 FID 信号衰减很快,一般难以利用该序列来反映组织的 T_2 对比。如果 TR 很短,则几乎所有组织将被饱和,难以接受下一个 90°脉冲,因而组织信号很弱。如果 TR 很长,则每一次 90°脉冲激发前,所有组织的纵向弛豫已经完成,图像失去了 T_1 对比,可以得到质子密度对比。如果选择一个合适的 TR,每一个 90°脉冲前,组织的纵向弛豫部分完成,因而存在 T_1 对比,得到的将是 T_1WI,这时组织只有部分被饱和,这也是该序列称为部分饱和序列的原因。目前在临床上几乎不再采用 SR 序列。

三、自旋回波信号与加权图像

SE 序列是 MRI 的经典序列,其他序列的结构和特点均需要与 SE 序列进行比较。因此有必要重点介绍 SE 序列。SE 序列的特点就是在 90°脉冲激发后,利用 180°复相脉冲,以剔除主磁场不均匀造成的横向磁化矢量衰减。

(一)180°脉冲剔除主磁场不均匀造成的横向磁化矢量衰减

在核磁弛豫一节我们提到,经射频脉冲激发后,质子群将产生宏观横向磁化矢量,射频脉冲关闭后,横向磁化矢量将开始逐渐衰减,其原因是同相位进动的质子逐渐失去相位一致。造成质子失相位的原因有两个,一个是真正的T_2弛豫,另一个是主磁场的不均匀。为了使 MR 图像反映的是真正的T_2弛豫对比,必须把主磁场不均匀造成的质子失相位效应剔除,所采用的办法就是利用 180°复相脉冲。

180°复相脉冲纠正质子失相位的前提是主磁场的不均匀必须是恒定的,也就是说,甲处的磁场强度略高于乙处,这种差别是保持不变的,这样引起甲处的质子进动频率略高于乙处,这种质子进动频率的差别也是保持不变的。180°复相脉冲的聚相位作用可用图 9-27 来说明。

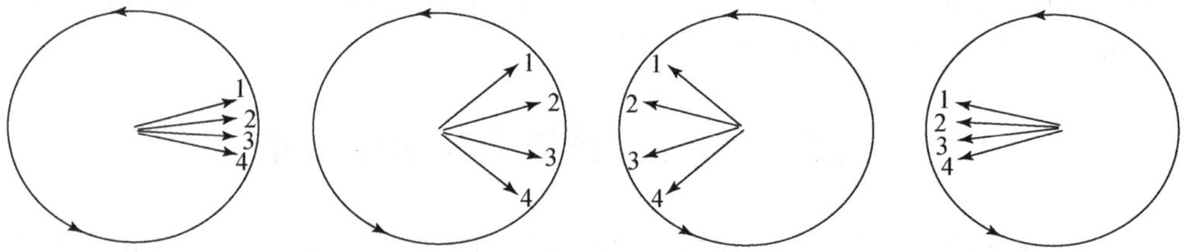

(a) 90°脉冲后　(b) 质子失相位　(c) 180°脉冲后　(d) 质子相位重聚

图 9-27　180°复相脉冲的聚相位作用示意图

图 9-27 中,我们沿 z 轴方向看 xy 平面的横向磁化矢量变化,假定质子的进动方向为逆时针方向(圆圈上箭头所示),且进动方向保持不变。如图 9-27(a)所示,90°脉冲激发后质子的横向磁化分矢量相位一致(质子 1 ~ 4)。如图 9-27(b)所示,随着时间推移,由于主磁场不均匀,质子的横向磁化分矢量逐渐失相位,到了 180°脉冲施加前的时刻,质子 1 进动最慢,相位落在最后面,质子 4 进动最快,相位走在最前面;如图 9-27(c)所示,施加 180°复相脉冲后,所有质子的相位即刻反转了 180°,即进动最慢的质子 1 的相位到了最前面,进动最快的质子 4 的相位落到最后面,我们把 90°脉冲与 180°脉冲的时间间隔称为 Ti。与施加 180°脉冲前(即图 9-27(b))相比,各质子的相位先后顺序倒排,但相位的差值保持不变。180°复相脉冲后,各质子将以原来的频率继续进动,即质子 1 依然进动最慢,而质子 4 依然进动最快。图 9-27(d)表示经过一个与 Ti 相同的时间后,进动最快的质子 4 正好赶上进动最慢的质子 1,各质子的相位重聚,产生一个回波。我们把 180°复相脉冲产生的回波称为自旋回波。

(二)自旋回波序列的基本构建

SE 序列是由 1 个 90°激发脉冲后随 1 个 180°复相脉冲组成的,1 次 90°激发脉冲后仅能产生一个 MR 信号(SE)。由于相位编码的需要,一幅矩阵为 256×256 的 MR 图像需要用不同的相位编码梯度场编码并采集 256 个回波方能完成 K 空间的填充,也就是说,需要进行 256 次 90° ~ 180°的脉冲重复。

SE 序列是由一连串 90°、180°脉冲构成的。如图 9-28 所示,在 SE 序列中,用 90°脉冲产生一个最大的宏观横向磁化矢量,90°激发脉冲后一定时间(Ti,为 90°脉冲中点与 180°脉冲中点的时间间隔)给予 180°复相脉冲,再经过一个 Ti 后,将产生一个 SE,把 90°脉冲中点与回波中点的时间间隔定义为回波时间(TE)。由于 90° ~ 180°脉冲需要反复进行,相邻两个 90°脉冲中点的时间间隔定义为重复时间(TR)。

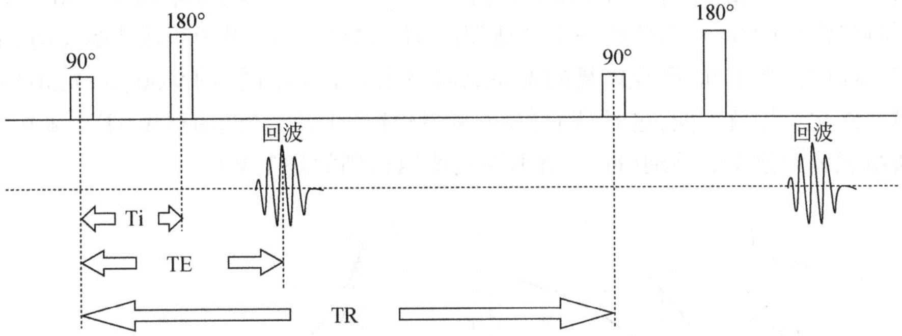

图 9-28　SE 序列结构示意图

(三)自旋回波序列的加权成像

SE 序列是 MRI 的经典序列,也是常规序列。利用 SE 序列可以进行 T_1 加权成像、T_2 加权成像及质子密度加权成像。

SE 序列中,组织的纵向弛豫特性(即 T_1 值)主要由 TR 决定;组织的横向弛豫特性(即 T_2 值)主要由 TE 决定。

如果选用的 TR 很长,在下一个 90°脉冲激发前,各种组织的纵向弛豫已经完成,则图像的对比几乎不受组织纵向弛豫的影响,即选用很长的 TR 可以基本剔除组织的 T_1 值对图像对比的影响。如果选用的 TE 很短,每一次 90°脉冲产生的宏观横向磁化矢量还没来得及发生横向弛豫就已经采集信号,则图像的对比几乎不受组织横向弛豫的影响,即选用很短的 TE 可以基本剔除组织的 T_2 值对图像对比的影响。

如图 9-29 所示,细曲线为甲组织的弛豫曲线,粗曲线为乙组织的弛豫曲线。图 9-29(a)为两种组织的纵向弛豫示意图,如果选用的 TR 很长,那么在每一次 90°脉冲激发时(向下空箭头所示),甲、乙两种组织的纵向磁化矢量都回到平衡状态,因此采集到的 MR 信号几乎不受组织纵向弛豫的影响。图 9-29(b)为两种组织的横向弛豫示意图,如果选用的 TE 很短,那么每一次 90°脉冲产生的横向磁化矢量在开始衰减前即采集了 MR 信号(向下空箭头所示),则采集到的 MR 信号几乎不受组织横向弛豫的影响。

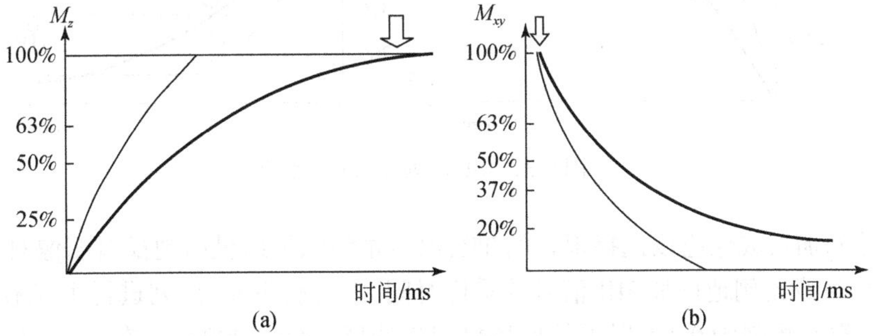

图 9-29　TR 和 TE 控制着组织 T_1 和 T_2 成分在图像对比中的作用

通过对 SE 序列的 TR 和 TE 调整,我们可以决定在 MR 图像中所含有的 T_1 和 T_2 成分,获得不同的加权图像。下面让我们看看怎样利用 TR 和 TE 的调整来完成 SE 序列加权成像。

1. T_1加权成像 在 SE 序列中，如果我们选用一个很短的 TE，基本剔除了组织 T_2值对图像对比的影响(图 9-30(b))，而选择一个合适短的 TR，这样在每一次 90°脉冲激发前，不同的组织由于纵向弛豫的快慢不同，已经恢复的宏观纵向磁化矢量就不同(图 9-30(a))，90°脉冲后产生的宏观横向磁化矢量就不同，这时马上利用 180°脉冲产生回波(选用很短 TE)，采集的 MR 信号主要反映组织纵向弛豫的差别(即 T_1值不同)，所以得到的是 T_1WI。

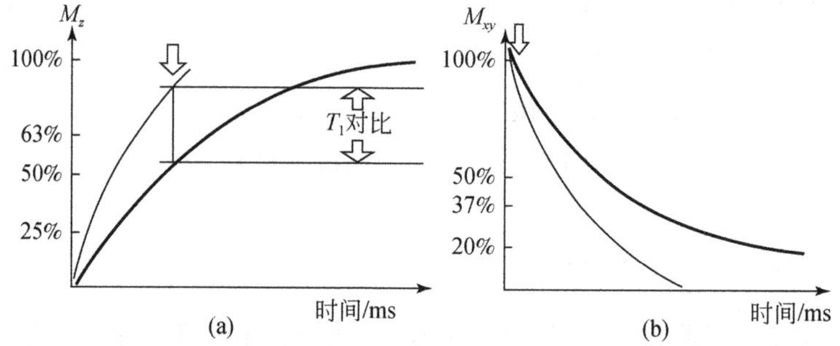

图 9-30 SE 序列 T_1WI 示意图

SE 序列 T_1加权成像应该选用最短的 TE，一般为 8～20ms。根据所需要的 T_1权重选用不同的 TR，TR 一般为 200～600ms。在一定的范围内，TR 越短，T_1权重越大。

2. T_2加权成像 SE 序列中，如果选用很长的 TR，这样保证每一次 90°脉冲激发前各种组织的纵向磁化矢量都已经回到平衡状态，就可以基本剔除组织的纵向弛豫对图像对比的影响。90°脉冲激发后，各组织的宏观横向磁化矢量将由于 T_2弛豫而发生衰减，由于各组织的 T_2弛豫快慢不一，在某同一时刻，各组织残留的宏观横向磁化矢量就会存在差别，我们利用 180°脉冲在一个合适的时刻(合适长的 TE)产生一个 SE，这样采集的 MR 信号主要反映各种组织残留宏观横向磁化矢量的差别，也即 T_2弛豫差别，得到的图像就是 T_2WI(图 9-31)。

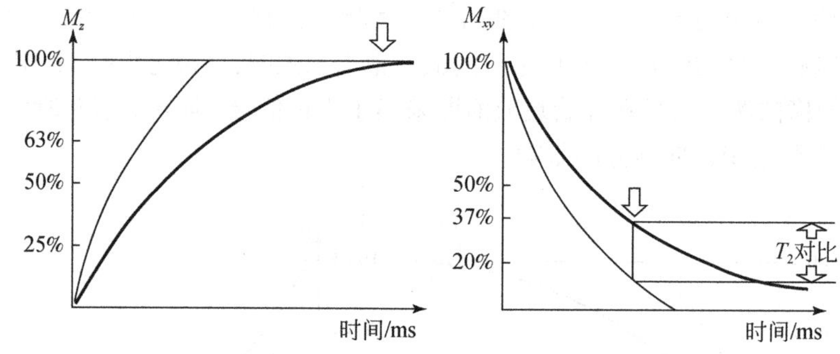

图 9-31 SE 序列 T_2WI 示意图

SE 序列 T_2加权成像应该选择很长的 TR，以尽量消除组织纵向弛豫对图像对比的污染。当然 TR 的延长将成比例地增加 MR 信号的采样时间，因此利用 SE 序列进行 T_2加权成像时 TR 也不宜过长，一般在场强为 0.5T 以下的低场机，TR 选择 1500～2000ms，在 1.0～1.5T 的高场机，TR 选择 2000～2500ms。

3. 质子密度加权成像 SE 序列中，如果选择很长的 TR 基本剔除了组织纵向弛豫对图像对比的影响，这样每次 90°脉冲前，不同组织间的宏观纵向磁化矢量差别即为质子密度差别，90°脉冲后把这种宏观纵向磁化矢量的差别变成宏观横向磁化矢量的差别，这时利用 180°复相脉冲马上产生一个SE(选择很短的TE),基本剔除组织横向弛豫对图像对比的影响。这样得到的每一个MR信号的对比实际上来自各组织的质子密度差异,因此采用长TR、短TE得到的是PDWI。利用SE序列进行质子密度加权成像,TR应该与T_2加权成像的TR相似,而TE应该与T_1加权成像的TE相似。

4. 小结　正如我们前面提到的,所谓加权成像,实际上是重点突出某方面特性,也就是说,图像的对比主要决定于组织的某项特性(如T_1值、T_2值、质子密度等),但实际上组织其他方面的特性还是会影响到图像的对比的。如T_1加权成像主要是突出不同组织间T_1弛豫差别,但实际上组织的质子密度和T_2弛豫同样会影响到图像的对比。T_1加权成像先假设不同组织间质子密度相同,但实际上不同组织的质子密度是不同的,因此在T_1加权成像中质子密度的差别也会影响图像的对比;另外,尽管我们尽量采用最短的TE,但采集回波毕竟是需要时间的,在SE序列中,TE最短也需要8～10ms,尽管很短,但在这段时间内组织的横向弛豫还是不可避免要发生的,因此T_1WI的对比还是会受到组织T_2弛豫差别的影响。我们可以把这种质子密度和T_2弛豫对T_1WI对比的影响称为“污染”。同样,T_2WI的对比将受到组织T_1弛豫及质子密度差异的污染,而PDWI的对比也将受到组织T_1弛豫和T_2弛豫差别的污染。我们在利用SE序列进行加权成像时,一般只能做到尽量减少污染,而做不到完全剔除污染。

四、快速自旋回波序列

快速自旋回波序列在不同厂家生产的MRI仪上有不同的名称,有的称之为FSE(fast spin echo),也有的称之为TSE(turbo spin echo),本教材中将采用FSE的名称。

SE序列在一次90°射频脉冲后利用一次180°复相脉冲,仅产生一个SE信号,那么一幅矩阵为256×256的图像需要256次90°脉冲激发,即需要256次TR,每次激发采用不同的相位编码,才能完成K空间的填充。

与之不同的是,FSE序列在一次90°射频脉冲激发后利用多个(2个以上)180°复相脉冲产生多自旋回波,每个回波的相位编码不同,填充在K空间的不同位置上。下面以图9-32为例进行说明。图9-32(a)表示在一次90°射频脉冲后用5个180°复相脉冲产生5个SE(即回波链长度ETL=5),相邻两个回波中点的时间间隔为回波间隙(ES),两个相邻的90°脉冲中点的时间间隔为TR。上述5个回波的相位编码不同,填充在K空间相位编码方向的不同位置上,实际上5个回波的回波时间是不同的,由于填充的K空间中央的回波决定图像的对比,因此如果把第三个回波填充在K空间中央(图9-32(b)),则有效TE为90°脉冲中点到第三个回波中点的时间间隔。

由于一次90°脉冲后利用多个180°脉冲,因而产生的不是单个回波,而是一个回波链,一次90°脉冲后利用了多少个180°脉冲就会有多少个自旋回波产生,把一次90°脉冲后所产生的自旋回波数目定义为FSE序列的回波链长度(ETL)。在其他成像参数不变的情况下,ETL越长,90°脉冲所需要的重复次数越少(即TR次数越少),采集时间将成比例缩短,如果ETL=n,则该FSE序列的采集时间为相应SE序列的$1/n$,所以ETL也称为时间因子。

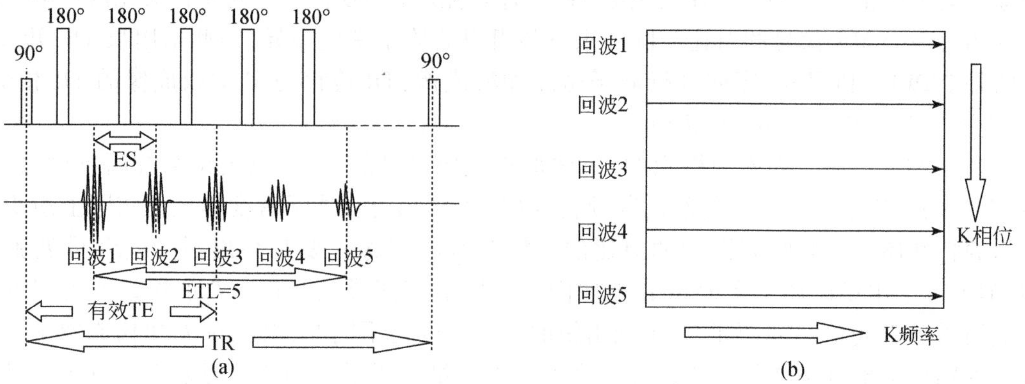

图 9-32 FSE 序列基本结构和 K 空间填充示意图

五、梯度回波序列

(一)常规梯度回波序列

梯度回波的英文是 gradient recalled echo(GRE),常规 GRE 序列是临床上最常用的 GRE 序列,也是最简单的 GRE 序列。

图 9-33 所示为常规 GRE 序列结构示意图。实际上,常规 GRE 序列的结构和其他所有序列一样均由五个部分构成,即射频脉冲、层面选择梯度、相位编码梯度、频率编码梯度和 MR 信号。与 SE 序列相比,常规 GRE 序列有两个特点:①射频脉冲激发角度小于 90°;②回波的产生依靠读出梯度场(即频率编码梯度场)切换。把小角度脉冲中点与回波中点的时间间隔定义为 TE,把两次相邻的小角度脉冲中点的时间间隔定义为 TR。

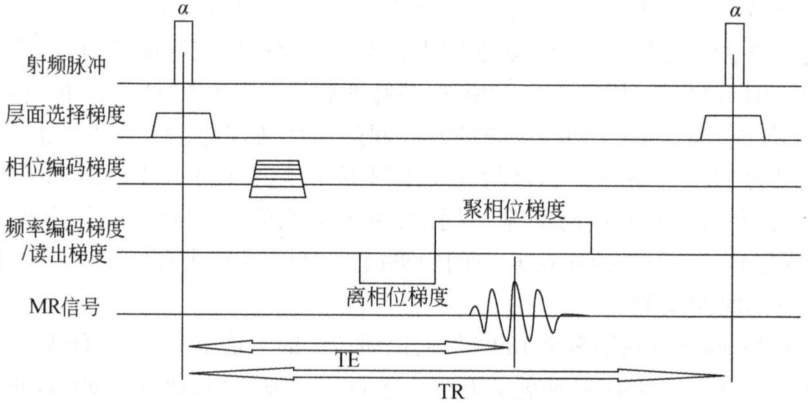

图 9-33 常规 GRE 序列结构示意图

(二)常规梯度回波序列的加权成像

与 SE 类序列一样,利用常规 GRE 可以进行加权成像,但由于施加的射频脉冲以及产生回波的方式不同,GRE 序列与 SE 类序列也存在一些差别:

(1)一般 SE 类序列均采用 90°脉冲激发,因此图像的纵向弛豫成分(即 T_1 成分)由 TR 决定。而在 GRE 序列,激发角度小于 90°,且激发角度可随时调整,因此 GRE 序列图像的 T_1 成分受 TR 和激发角度双重调节。

(2)由于采用小角度激发,组织纵向弛豫所需的时间缩短,因此相对 SE 类序列来说,GRE 序列可选用较短的 TR。

(3)GRE 序列图像的横向弛豫成分(即 T_2 成分)也由 TE 来决定,但由于 GRE 序列采集的回波未剔除主磁场不均匀造成的质子失相位,仅能反映组织 T_2^* 弛豫信息,因此利用 GRE 序列仅能进行 T_2^* WI,而得不到 T_2WI,必须用聚集脉冲采集 SE 方可获得组织真正 T_2 弛豫的信息;T_2WI 和 T_2^* WI 两种加权成像技术产生组织对比的基本原理相似,但总体上 T_2^* WI 的信噪比低于 T_2WI。

1. T_1WI　与 SE 序列一样,利用 GRE 序列进行 T_1WI 也需要选择短的 TE 以尽量剔除 T_2^* 弛豫对图像对比的污染,而且因为读出梯度场切换所需的时间明显短于 180°脉冲所需的时间,因此 GRE 序列的最短 TE 明显短于 SE 序列。T_1WI 权重则取决于 TR 和激发角度,保持 TR 不变,激发角度越大,图像的 T_1 权重越大;保持激发角度不变,TR 越短,图像的 T_1 权重越大。GRE 序列一般选用较大的激发角度,如 50°到 80°,这时常需要采用相对较长的 TR(如 TR = 100 ~ 200ms),而当 TR 缩短到数十毫秒甚至数毫秒时,激发角度则可调整到 10° ~ 45°。常规 GRE 和扰相梯度回波 T_1WI 在临床上应用非常广泛,但需要指出的是,并非 T_1 权重越大组织的对比越好,在实际应用中,应该根据需要通过 TR 和激发角度的调整选择适当的 T_1 权重。

2. T_2^* WI　在 FSE 序列出现前,GRE 序列常被用于 T_2^* WI,因为 SE 的 T_2WI 序列成像时间太长。与 SE 或 FSE 的 T_2WI 序列相比,GRE T_2^* WI 的参数具有以下特点:

(1)小角度激发和相对短的 TR。在 SE 或 FSE 序列中,由于 90°脉冲激发后组织纵向弛豫需要很长时间,为了保证下一次 90°脉冲前所有组织的纵向磁化矢量都基本回到平衡状态,需要选用很长的 TR,一般常在 2000ms 以上。GRE 序列中,由于采用小角度激发,组织纵向弛豫所需时间明显缩短。GRE T_2^* WI 序列一般激发角度为 10° ~ 30°,TR 常为 200 ~ 500ms。

(2)相对短的 TE。由于 GRE 序列反映的是组织的 T_2^* 弛豫信息,我们都知道组织的 T_2^* 弛豫明显快于 T_2 弛豫,因此为了得到适当的 T_2^* 权重,TE 相对较短,一般为 15 ~ 40ms。

3. PDWI　GRE PDWI 在临床上应用较少,选用与 T_2^* WI 相似的激发角度和 TR,选用尽量短的 TE,即可得到 PDWI。

六、平面回波成像序列

平面回波成像(echo planar imaging, EPI)是目前最快的 MR 信号采集方式,利用单次激发 EPI 序列可在数十毫秒内完成一幅图像的采集。EPI 是在梯度回波的基础上发展而来的,EPI 技术是在一次射频脉冲激发后,利用读出梯度磁场的连续正反向切换,每次切换产生一个 GRE,因而将产生多个 GRE,有回波链的存在。因此,实际上 EPI 可以理解成"一次射频脉冲激发采集多个 GRE"。

图 9-34(a)为常规 EPI 序列结构示意图,是在射频脉冲激发后利用梯度磁场连续的正反向切换,从而产生一连串 GRE。利用相位编码梯度磁场与读出梯度磁场相互配合,完成空间定位

编码。图 9-34(b)显示了 EPI 序列的 K 空间填充轨迹,由于 EPI 特殊的信号采集方式,其原始数据的 K 空间填充轨迹与一般 MR 成像序列不同,是一种迂回的填充轨迹。

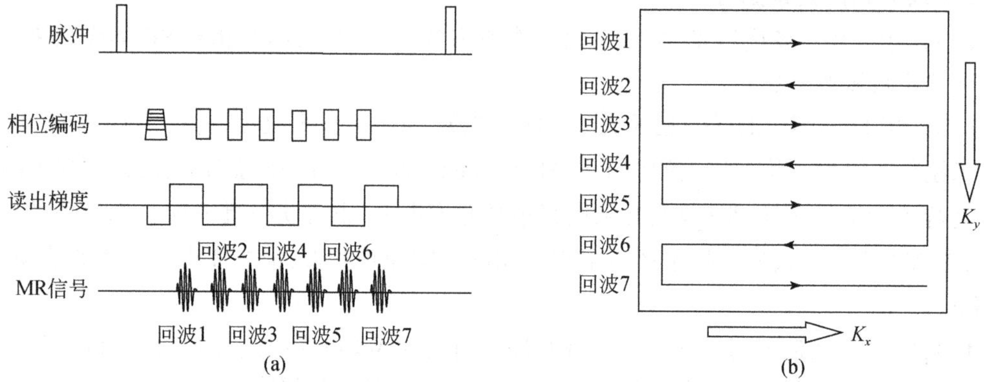

图 9-34 常规 EPI 的序列结构(a)及 K 空间填充轨迹(b)示意图

第五节 磁共振图像的品质因素

图像的品质或质量是任何一种成像方法或技术首先要考虑的问题,对于医学图像来说,图像质量的高低标志着它对临床诊断准确性的贡献大小。灰度、对比度和信噪比是图像质量的三个重要指标。

一、灰度与对比度

(一)灰度和灰度级

通常将图像中像素的亮度称为灰度,表示灰度高低的数值就是灰度值。设灰度的最小值和最大值分别为 G_{max} 和 G_{min},则区间[G_{min},G_{max}]叫作灰度范围。灰度级的多少由每个像素所占用的二进制位数来决定,二进制位数越多,灰度的级别就越多。在磁共振图像中,体素的核磁共振信号强弱对应于图像中像素点的明暗,每个像素的灰度值都是体素核磁共振信号的函数。

人眼能够分辨的灰度值是有限的。用灰度级表示像素时,一般将 $G=G_{min}=0$ 置为全白,其余的中间值(由黑变白)再被分割为数个连续的灰度级。如果用全"0"表示黑,用全"1"表示白,其余各值便可用连续变化的二进制数来表示。这就是计算机中广泛使用的灰度表示法。显然,灰度级的多少由每个像素所占用的二进制位数来决定。二进制位数越多,灰度的级别就越多。例如,在某品牌共振成像系统中,像素都是由 12 位进制数表示的,这时每个像素可有 4096 个灰阶。我们知道,二维图像是平面图像,但是,如果把图像矩阵的列数看作图像的宽,把图像矩阵的行数看作图像的长,那么图像的灰度级就可当作图像的深。

从理论上讲,图像的像素取得越多,灰度级越丰富,图像就越接近于原始信息。但是,这样做不仅使计算机储存量成倍增长,图像处理速度变慢,而且在信号空间分辨力和人眼识别能力均有限的情况下也是不实用的。例如,一幅 256×256 的图像,当用 1 个字节(1B)表示每个像素时,其图像的大小为 64KB,这时的灰度级为 256 个;当用 2B 表示每个像素时,图像的大小变成

128KB,灰度级增加至65536个。人眼对灰度级的识别能力较差,一般只有64个,但影像学医生的灰阶辨别能力较强,这说明人眼对光的敏感性可以经由训练而提高。

(二)对比度

对比度是指相邻像素间灰度值的差别。在MRI中,图像对比度实际上是相邻组织间质子密度$N(\mathrm{H})$、弛豫时间T_1、弛豫时间T_2或血液流速的不同在图像上的反映。换句话说,图像对比度是因组织体素的核磁共振信号不同而形成的,它是磁共振图像能够体现人体解剖结构的物理学基础,氢质子密度在组织对比度的形成中起着非常重要的作用。

图像对比度的大小通常用各像素灰度值之差的相对量来表示。设a、b两像素的灰度值分别为G_a、G_b,则二者间的图像对比度C_{ab}为

$$C_{ab}=\frac{|G_a-G_b|}{G_a+G_b} \tag{9-11}$$

根据式(9-11)的定义,还可以导出图像中任意两个区域间对比度的表达式。设区域Ⅰ中包含j个像素,区域Ⅱ中包含k个像素,则所求对比度$C_{\mathrm{I},\mathrm{II}}$为

$$C_{\mathrm{I},\mathrm{II}}=\frac{\left|\sum_{i=1}^{j}G_{\mathrm{I}(i)}-\sum_{i=1}^{k}G_{\mathrm{II}(i)}\right|}{\sum_{i=1}^{j}G_{\mathrm{I}(i)}+\sum_{i=1}^{k}G_{\mathrm{II}(i)}} \tag{9-12}$$

式中$\sum G_{\mathrm{I}(i)}$和$\sum G_{\mathrm{II}(i)}$分别为对区域Ⅰ和Ⅱ中所有像素的灰度值求和。

根据图像对比度和组织共振信号的关系,又可定义出A、B两种组织的弛豫时间及质子密度的组织对比度。T_1、T_2和$N(\mathrm{H})$组织对比度的定义式分别为

$$C_{T_1}=\frac{|T_{1_A}-T_{1_B}|}{T_{1_A}+T_{1_B}} \tag{9-13}$$

$$C_{T_2}=\frac{|T_{2_A}-T_{2_B}|}{T_{2_A}+T_{2_B}} \tag{9-14}$$

$$C_{N(H)}=\frac{|N(\mathrm{H})_A-N(\mathrm{H})_B|}{N(\mathrm{H})_A+N(\mathrm{H})_B} \tag{9-15}$$

由于不同组织所处的化学环境及其氢质子数含量有所不同,T_1、T_2和$N(\mathrm{H})$的组织对比度就能区分出不同的组织。磁共振成像的目的就是通过图像处理的方法,准确无误地产生可见的图像对比度。

二、信 噪 比

(一)磁共振图像的噪声

核磁共振信号的噪声主要来自人体和电路元件两个方面。共振激发时,由于射频场的变化,人体内被感兴趣区域所包围的那部分组织会产生涡旋电场,涡旋电场的出现必然存在涡旋电流,继而在人体内产生欧姆热。尽管这种热不会对人体产生伤害,但却直接贡献了噪声。造成核磁共振信号随机噪声的另一个原因是接收线圈内部电路元件的热运动。不过,它同组织热噪声相比,一般来说要小得多。实际上,在MRI检查中,受检者的身体也是信号接收电路的一

部分(相当于线圈填料)。因此,上述噪声源均可称为内部噪声源。

此外,周围环境中的广播发射机、电视台、荧光灯等许多装置均能产生射频干扰信号,这是MRI系统的外部噪声源。这种干扰一旦发生,一般都以图像伪影的形式出现,并不呈现随机噪声的模式。通过安装良好的机房射频屏蔽,外部噪声源一般可以排除。

磁共振图像实际上是组织体素所发出的射频信号的地形图,每个像素的灰度与对应体素的核磁共振信号呈正比关系。噪声信号的加入,使一些组织的边界变得模糊、细微结构难以辨别,也限制了MRI信噪比和灵敏度的进一步提高。

(二)信噪比

信噪比(SNR)是指信号幅度与噪声幅度的比值,它是衡量图像质量最重要的指标。任何增加信号强度或降低噪声水平的措施,均可使SNR提高,从而使图像质量得以改善。SNR与接收线圈的几何形状、线圈的品质因数 Q、线圈及检测体的温度、静磁场强度 $\boldsymbol{B}_0$(拉莫尔频率 ω_0)、样品的浓度、弛豫时间及脉冲序列参数的选择等均有关系。尽可能提高SNR,是所有MRI设备制造商所追逐的目标之一。

阅读材料

保罗·劳特布尔

彼得·曼斯菲尔德

保罗·劳特布尔(Paul Lauterbur,1929—2007),美国伊利诺伊大学生物医学核磁共振实验室主任,致力于核磁共振光谱学及其应用的研究。劳特布尔还把核磁共振成像技术推广应用到生物化学和生物物理学领域。彼得·曼斯菲尔德(Sir Peter Mansfield,1933—2017),英国物理学家,英国皇家学会会员,英国诺丁汉大学教授。由于在核磁共振成像技术领域的突破性成就,他们一起获得了2003年的诺贝尔生理学或医学奖。他们的成就是医学诊断和研究领域的重大成果。

20世纪70年代初期,核磁共振成像技术研究取得突破。1973年,美国科学家保罗·劳特布尔发现,把物体放置在一个稳定的磁场中,然后加上一个不均匀的磁场(即有梯度的磁场),再用适当的电磁波照射这一物体,这样根据物体释放出的电磁波就可以绘制成物体某个截面的内部图像。随后,英国科学家彼得·曼斯菲尔德进一步验证和改进了这种方法,并发现不均匀磁场的快速变化可以使上述方法更快地绘制成物体内部结构图像。此外,曼斯菲尔德还证明了可以用数学方法分析这种方法获得的数据,为利用计算机快速绘制图像奠定了基础。在这两位科学家成果的基础上,第一台医用核磁共振成像仪于20世纪80年代初问世。后来,为了避免人们把这种技术误解为核技术,一些科学家提议把核磁共振成像技术的"核"字去掉,称其为"磁共振成像技术",英文缩写即MRI。

自从磁共振现象发现以来,科学家们经过努力探索,借助计算机技术和图像重建技术,成功地在医学领域实现了MRI。与以X射线为能源的成像方式、超声成像方式及核医学成像方式不同,MRI是一种以完全不同的成像原理显示人体组织、结构影像的成像方式。今天,MRI几乎被用于检测所有的人体器官,这项技术对大脑和脊髓的详细成像尤其有价值,几乎所有的大脑失调都会导致 MR 图像上水容量的变化,少于1%的水容量差异都足以探测出病理改变。在某些显微外科脑手术中,外科医生能在 MR 图像指导下做手术。MR 图像精细得足以容许在大脑中枢核心放置电极,以便治疗严重的疼痛或帕金森病中的运动失调。此外,MRI 检测对于癌症的诊断、治疗和跟踪反馈是非常重要的,图像能精确地揭示肿瘤的界线,这有益于更加精确的外科和辐射治疗。

MRI 是一种非侵入式的医学成像方法,所使用的低频电磁场与静磁场至今未被证实对有机体存在可验证的副作用。目前 MRI 仪在全世界得到初步普及,已成为最重要的诊断工具之一。

本章小结

一、磁共振图像的空间定位

1. MRI 系统在 x、y、z 三个坐标方向均使用梯度磁场,它们分别被称为梯度磁场 $\boldsymbol{G}_x$、梯度磁场 $\boldsymbol{G}_y$ 和梯度磁场 $\boldsymbol{G}_z$。

2. 梯度磁场的方向:梯度磁场的存在使得对应坐标轴正方向的磁场线性增加,而坐标轴负方向的磁场线性减小,坐标原点也就是磁场中心点的场强值不变。

3. 层面选择:以 $\boldsymbol{G}_z$ 作为选层梯度磁场,在 z 向施加梯度后,沿 z 轴各层面上质子的进动频率可表示为 $\omega_z=\gamma(B_0+zG_z)=\omega_0+\Delta\omega$。射频脉冲仅对共振频率在频带范围的质子进行共振激发,其频宽 $\Delta\omega$ 为 $\Delta\omega=\gamma\Delta zG_z$。

4. 相位编码:相位编码是通过梯度磁场对选中层面内各行间的体素进行相位标定,从而实现行与行之间体素位置的识别。相位编码梯度 $\boldsymbol{G}_y$ 开启,相位编码方向上各体素将处于不同的磁场中,其进动频率为 $\omega_y=\gamma(B_0+yG_y)$。

5. 频率编码:利用 $\boldsymbol{G}_x$ 梯度磁场造成相关方向上各磁化矢量进动频率的不同。这时与 y 轴平行之各列体素的进动频率 ω_x 为 $\omega_x=\gamma(B_0+xG_x)$。

二、磁共振图像重建

1. 频率不同的信号经傅里叶变换后,可由它们在频谱图中谱线的位置加以识别;

2. 频率相同,相位不同的信号经傅里叶变换可由谱线与坐标轴的偏转角度加以区别。

三、磁共振图像的对比

1. 质子密度加权成像:反映不同组织质子含量差别,质子密度越高,MR 信号强度越大。

2. T_1 加权成像:反映组织纵向弛豫的差别,组织 T_1 值越小,MR 信号强度越大。

3. T_2 加权成像:反映组织横向弛豫的差别,组织 T_2 值越大,MR 信号强度越大。

四、磁共振成像脉冲序列

1. 一般的脉冲序列由五个部分构成:射频脉冲、层面选择梯度、相位编码梯度、频率编码梯度及 MR 信号。

2. 脉冲序列基本构建可简化为:自旋准备、信号产生。

五、磁共振图像的品质因素

1. 灰度和灰度值:图像中像素的亮度称为灰度,表示灰度高低的数值就是灰度值。

2. 对比度:相邻像素间灰度值的差别。

3. 核磁共振噪声:主要来自人体和电路元件两个方面,此外还有外部噪声源。

4. 信噪比:信号幅度与噪声幅度的比值,是衡量图像质量最重要的指标。

思考题

9-1　磁共振信号的产生必须具备哪些基本条件?

9-2　静磁场和射频磁场的作用有哪些?

9-3　MRI 如何进行成像层面的选择?

9-4　MRI 如何对选中层面内各行及各列间的体素进行识别?

9-5　请解释质子密度加权成像、T_1 加权成像及 T_2 加权成像的概念。

第十章　核医学物理基础

教学要求

(1)了解原子核衰变的宏观规律。
(2)了解放射性核素示踪实验及方法。
(3)掌握核医学成像的技术基础。
(4)了解功能成像与结构成像融合技术。

核医学(nuclear medicine)是一门研究核素(nuclide)和核射线在医学中的应用及其理论基础的学科,它是核技术与医学结合的产物,在内容上分为实验核医学(experimental nuclear medicine)和临床核医学(clinical nuclear medicine)两部分。

实验核医学利用核技术探索生命现象的本质和物质变化规律,已广泛应用于医学基础理论研究,其内容包括核衰变测量、标记、示踪、体外放射分析、活化分析和放射自显影等。临床核医学是利用开放型放射性核素(radionuclide)诊断和治疗疾病的临床医学学科,由诊断和治疗两部分组成。诊断核医学包括以脏器显像和功能测定为主要内容的体内(in vivo)诊断法和以放射免疫分析为主要内容的体外(in vitro)诊断法;治疗核医学利用放射性核素发射的核射线对病变进行内照射治疗。实验核医学和临床核医学是同一学科的不同分支,实验核医学的成果不断推动临床核医学的发展;反之,临床核医学在应用实践中不断向实验核医学提出新的研究课题,二者相互促进,密不可分。

核医学是现代医学影像学的重要组成部分,在医学领域中具有独特的地位和作用,已成为重要的独立学科。与其他影像技术如X-ray、CT、MRI、超声等比较,核医学不仅能显示脏器和病变组织的位置、形态、大小等解剖结构,更重要的是能同时提供其血流、功能、代谢和受体等方面的信息,因此有助于疾病的早期诊断,但核医学影像的清晰度逊于CT、MRI和超声,影响对细微结构的精确显示。

第一节　原子核衰变的宏观规律

放射性核素由于核内结构或能级调整,自发地释放出一种或一种以上的射线并转化为另一种核素的过程称为核数衰变(nuclear decay)。核数衰变的速度、方式及释放出的射线种类和能量取决于原子核的特征,不受周围环境如温度、湿度及压强等因素的影响。

一、递次衰变

不稳定原子核衰变后生成的子核,如果仍具有放射性,则子核在产生以后,就要立即按自己的衰变方式和衰变规律进行衰变。如果子核衰变后产生的又一代子核也具有放射性,则这一代子核也要开始衰变。这样就一代一代地衰变下去直到最后生成稳定的核素,这称为递次衰变。在递次衰变中,各代核的数量有一定规律可遵循。其中任意一代的变化既和自身衰变常数有关,又和前面的各代衰变常数有关。

二、放射平衡

在递次衰变中,当满足一定条件时,各代核的数量比会出现与时间无关的现象,称之为放射平衡。在任何递次衰变中,不论各代衰变常数之间的关系如何,必有一半衰期最长者,经足够长时间后,整个系列半衰期最长及其后的各代,均近似按最长半衰期的简单指数规律衰减,这类似于暂时平衡或长期平衡的情况。

三、放射性计数的统计规律

放射性核素所发生的核衰变是一个随机事件。这种随机性表现在衰变的方式、衰变或辐射粒子发生的时刻、辐射粒子到达的空间位置、定点测量辐射粒子的数目大小,即计数多少上。

辐射源在空间位置上的随机性在核素显像上甚至包括 X 射线影像上的表现是在图像上出现"斑点",这是图像的一种噪声,造成分辨微小病灶的困难。

在计数测量对象、测量环境均固定不变情况下,多次的计数测量数值大小会在一个数值上下起伏的现象称为放射性计数的统计涨落(statistical fluctuation),这也是一种噪声,造成信噪比下降、图像的对比度分辨力变差。

辐射源由大量放射性核素构成,辐射源的放射性计数是大量随机事件的统计平均的一种结果,有规律可循。计数的频数,即计数出现的次数随计数呈泊松分布(Poisson distribution);当计数较大时,趋向于高斯分布(Gauss distribution),即偶然误差的对称分布。

第二节　放射性核素

放射性核素,也叫不稳定核素,是相对于稳定核素来说的。它是指不稳定的原子核能自发地放出射线(如 α 射线、β 射线等),通过衰变形成稳定的核素。衰变时放出的能量称为衰变能,衰变到原始数目一半所需要的时间称为衰变半衰期,其范围很广,分布在 10^{-12} s ~ 10^{15} a。

核素的放射性是由法国物理学家贝可勒尔于 1896 年在研究物质的荧光时发现的。自然界存在许多种放射性衰变。衰变后中子或质子的数量不同,因此大多衰变后产生了新的元素。最常见的衰变是 α 衰变、β 衰变、γ 衰变。这三种衰变中,原子核分别放出 α 粒子(氦原子核)、β 粒子(电子)和 γ 射线(高能光子)。此外,还有电子俘获、自发裂变、质子发射、集团发射等衰变种类。

α 粒子是带电粒子,其穿透力最小,一张纸可挡住。β 粒子次之,可由铝屏蔽。γ 射线穿透力强,必须使用比较厚的材料阻挡,例如一层非常厚的铅。

一、核素来源

1. 反应堆 辐照法：利用^{235}U或^{238}Pu在核反应堆内进行核裂变反应产生的大量中子流轰击原子核，引起核反应生产放射性核素。主要为(n,γ)反应，其反应结果是新原子核的原子序数不变，质量数增加1，中子相对过剩而不稳定，发生β^-衰变。

从辐照过的核燃料中提取：受照射的核燃料原子核裂变后产生2～3个中等质量的子核，即所谓裂变产物，从中分离出很多种有实用价值的放射性核素，如^{90}Sr、^{131}I、^{137}Cs等。

2. 回旋加速器 生产：用加速器加速的高能带电粒子(如α粒子、质子、氚核等)轰击靶核，引起核反应生产出放射性核素。此类核反应有多种，大多数产物由于中子相对缺少而不稳定，发生β^+衰变。

正电子放射性核素只能依靠加速器生产，近年来，正电子放射性核素在核医学技术中显示了突出的优越性，已推荐用于医学的约达40种，多于反应堆辐照生产的医用放射性核素(25种)。

3. 放射性核素发生器 制备：放射性核素发生器是一种从长寿命放射性核素(母体)中获取短寿命放射性核素(子体)的装置。目前有20多种医用放射性核素发生器，其中Mo→Tc发生器和Sr→Rb发生器在核医学中应用最为广泛。

将母体吸附在玻璃柱中的吸附剂上，其衰变产物(子体)因与母体化学性质不同，能被特定的洗脱剂从柱上淋洗下来加以应用。当子体被淋洗出来后，母体继续衰变，子体继续生长，经过一定时间，母体、子体将达到放射平衡或子体有一定活度时，又可淋洗使用。如此反复，可制备所需核素。这就是核素的自生产。

二、医用放射性核素发生器的要求

1. 放射性 放射性核素的半衰期不应过长，因为当临床诊断与观察结束之后，应使放射性核素在受检者体内残存的影响迅速减弱以致清除，核素半衰期太长对此不利。一般$T_{1/2}$控制在几小时之内，属短寿命核素。这样就可以既不影响诊断与测量，也免去患者接受大量的辐射剂量。

近年来放射性仪器的进步(如γ照相机、ECT等)，操作自动化程度的提高，运行时间的缩短，给人体各器官生理动态的研究提供了条件。而进行动态研究则需要半衰期为分、秒量级的放射性核素。因而对放射性核素的半衰期提出了寿命要超短的要求。

临床上使用的扫描仪、γ照相机等仪器是探测γ射线及湮没辐射的，所以要求放射性核素应为纯γ射线或以电子俘获方式进行衰变。如伴有α、β粒子，只能增大组织的吸收，加大辐射的伤害，且对诊断不起作用。

对辐射能量也有要求，临床上对γ射线能量的要求一般为100～200keV。如能量过低，则组织吸收太多不利于探测；能量过高，则不易保护，准直困难。使用正电子γ照相机时，能容许探测电子湮没时放出的能量为511keV的γ光子。

2. 生产及成本 核素发生器中的母体核素，应该容易制造。最好在大型的反应堆中产生，这样可以降低造价。另外，尽量使母体核素的半衰期要长，以利于运到离反应堆或加速器较远的地区。

3. 子体核素分离技术 要求迅速、简便和高产。经多次分离，子体核素还要求具有较高的放射核纯度、稳定的化学组成和较高的核素密度。子体的形式最好能符合口服或注射的要求。子体核素应具有良好的药物学性质。

4. 防护与污染　对发生器中装有母体核素的部分，以及盛有子体核素生成的容器，都要加以铅屏蔽。减少对医务人员的辐射。从发生器获得的子体核素应为无载体，以减少对人体可能引起有害作用的化学杂质引入人体。

用 γ 照相机进行一些生理功能方面的研究时，其影像质量及图像的清晰度，与光子的通量有很大的关系。为了在最小的辐射剂量条件下得到最高的光子通量，尽量缩短每次生理功能检查的时间，以利于器官功能动态的研究，特别是脑和心脏等处血流的研究，国外正在积极开展超短半衰期核素发生器的研制工作，以寻求半衰期等于或小于分钟量级的核素。

三、短寿命放射性核素发生器

虽然 $^{99}Mo \rightarrow ^{99m}Tc$ 发生器具有前面所述的许多优点，以至于到如今仍为医院所常用，但是它也有缺点，即母体 ^{99}Mo 的物理半衰期短（约 66h），在 ^{99m}Tc 用量较多的医院差不多每周就要更换一次发生器，比较麻烦，同时子体 ^{99m}Tc 的半衰期为 6h，对于生理功能动态研究过长。

对比之下，$^{113}Sn \rightarrow ^{113m}In$ 发生器在这方面则好一些。首先，母体的半衰期很长（118d），因此发生器使用期限较长（一般可用半年以上），这样既降低了成本，也减去了更换发生器的麻烦，更适应远离反应堆或加速器的边远地区使用。此外，子体 ^{113m}In 的半衰期较短（1.7h），也使受检者接受的辐射剂量减少，而且在较短时间内可以重复使用。虽然它的射线能量偏高（394keV），但是由于近年 γ 照相机的出现，^{113m}In 的 394keV 能量也属于可以探测的范围了，所以 $^{113}Sn \rightarrow ^{113m}In$ 发生器用量也在不断增加。

第三节　放射性核素示踪实验及方法

放射性核素示踪技术是利用放射性核素及其标记化合物作为示踪剂（tracer）来研究生物机体各种物质的吸收、分布、排泄、转移及转化规律的技术。放射性核素示踪技术是核医学诊断与研究的方法学基础。所谓“示踪”就是指示行踪，是把一种带有特殊标记的物质引入被研究对象体内后，人们可以根据标记物质的运动，来洞悉原来不易或不能辨认的被研究对象的运动和变化规律。由于放射性核素本身所具有的独特物理特性——可测性，其放射性测量方法具有相对简单、灵敏度高的优点，放射性核素示踪技术被广泛应用在生物学和医学的各个领域研究中。

然而能够用作示踪剂，通过探测它的行踪，反映生物的各种代谢物质的吸收、分泌、排泄、转移规律的放射性核素并不多。于是人们想方设法将放射性核素连接到各种普通化合物上，以扩大放射性示踪剂的来源和用途。我们把放射性核素连接到普通化合物上的技术称为放射性核素标记技术。

放射性核素标记技术将放射性核素标记到被研究化合物的分子结构上后，通常并不改变化合物本身的化学特性，这样它在生物体内的代谢途径与被研究化合物完全相同，我们在体外观察到的放射性核素标记化合物的代谢变化实际上就是我们平时无法观察到的这种化合物的代谢变化。而将其引入人体，在体外通过核仪器探测其行踪的放射性核素和标记化合物称为**放射性药物（radio pharmaceutical）**。

(一)放射性核素示踪实验原理

放射性核素示踪技术就是以核素或其标记化合物作为示踪剂,应用各种方法来检测它的行踪,以研究示踪物在生物体系(或外界环境)中的动态变化,揭示生命现象的本质、生命活动的物质基础、组织细胞新陈代谢的变化规律,以及疾病的发病原因和药物的作用机制,是核医学领域中最重要和最基本的核技术。

(二)基本方法

按照示踪实验被研究对象的不同可分为两种方式:离体放射性核素示踪实验和在体放射性核素示踪实验。

1. 离体放射性核素示踪实验 以组织或细胞等简单系统为研究对象,用于某些特定的物质如蛋白质、核酸等的转化规律及某些精细结构的功能研究。离体实验条件能够人为地加以控制,因此,它更适合于各种精细的分析研究。但其实验结论不一定能够外推到整体情况。

2. 在体核素示踪实验 以完整的生物体作为研究对象,可通过体外观察或取标本测量以了解示踪物在机体内的运动规律。

(1)示踪剂的给予途径经口、静脉、腹腔、皮下或肌内注射。在体实验要根据研究目的,严格控制引入示踪剂的时间。

(2)放射性测量。不同能量的射线应采用不同的测量方法和选择不同的核仪器。示踪的放射性原子可以与被示踪的原子一样在机体内运行、分布并参与机体的各种转化、代谢过程。如果人们能够了解示踪剂在机体内经历的复杂过程,便能解释、预示机体内该物质的生理、生化代谢规律。所以,放射性核素示踪技术也就成为研究物质(包括药物,以下均统称物质)代谢的重要手段。

(3)样品的采集与制备。脏器采样应圈定解剖部位,同时要避免与其他脏器和血液接触造成污染。进行代谢研究时,动物要饲养在代谢笼内,尤其是注射挥发性的放射性核素时,应有专门的气体收集装置。(临床研究参照核医学影像诊断相关材料)

一、放射性核素示踪用于物质代谢的研究

示踪的放射性原子可以与被示踪的原子一样在机体内运行、分布并参与机体的各种转化、代谢过程。如果人们能够了解示踪剂在机体内经历的复杂过程,便能解释、预示机体内该物质的生理、生化代谢规律。所以,放射性核素示踪技术也就成为研究物质(包括药物,以下均统称物质)代谢的重要手段。

(一)物质吸收部位

食物在消化道内的吸收,是指各种食物的消化产物、水分和盐类等物质通过肠黏膜上皮细胞进入血液和淋巴液的过程。不同物质在消化道的吸收部位是否相同,只能借助核素示踪技术来解答,因为它能有效地区别开内源性和外源性物质,根据消化道不同部位外源性示踪剂的放射性活度的变化来确定该类物质的吸收部位。

常采用下列几种实验方法:

(1)离体肠段实验观察不同肠段腔内示踪剂含量的变化;

(2)口服示踪剂后观察消化道壁内示踪剂含量的变化;

(3)测量消化道不同部位和血液中示踪剂的含量。

(二)物质吸收率

不同的物质吸收率不同,并易受生理、病理及环境等因素变化的影响。实验中常研究影响吸收的物质方面和机体方面的因素,以阐明吸收率的变化。为更确切地反映机体吸收率的变化,通常都采用整体示踪技术。主要有整体计数法测定吸收量、测量未被吸收的残留量、测定尿排出量和测定血浆中示踪剂含量这四种方法。

(三)物质分布与转运

生物体内的物质处于不断更新与动态平衡之中,各种物质在机体内都有各自的分布与转运规律。根据研究目的的不同,物质分布与转运研究划分为 4 个水平:宏观水平(器官水平)、细胞水平、亚细胞水平和分子水平。

物质分布示踪研究广泛地应用于药理学和毒理学研究中。如放射免疫显像与治疗、DNA 原位分子杂交、反义核酸显像及放射性反义核酸双重治疗、受体配基分析、放射受体显像与受体介导靶向治疗等技术,已成为疾病的病因研究和诊断、治疗中不可缺少的手段。

物质转运的研究包括血液和组织间的转运、细胞内外的转运及亚细胞结构与细胞浆液间的转运。物质的转运与细胞的生理活动、疾病的发病机制关系密切。放射性核素示踪技术能够在转运双方原有物质浓度不变的情况下进行研究,所以已成为物质转运研究不可缺少的手段,主要用于动态平衡的证实、组织中物质来源的判断和血浆载体蛋白的研究。

(四)掺入实验

1. 掺入实验的原理 掺入实验(incorporation experiment)的目的主要是揭示机体内重要生命物质的前身物、中间物和代谢产物的关系,以及完成这种物质转化的必要条件,可研究生物体系中化合物 A 和 B 的前身物与产物的关系。用放射性核素(或稳定核素)标记在化合物 A 的适当部位上,引入生物体系内,经过一定的时间,分离出化合物 B。若在化合物 B 中出现较多的标记核素,就表明化合物 A 的标记原子或标记基团或整个标记分子已掺入化合物 B 中,即化合物 A 是化合物 B 的前身物。

2. 主要参数

(1)掺入百分率(incorporation percentage):表明加入的前身物分子能转变为产物的百分率。它表示相对的掺入量,所以也称为相对掺入量。

$$掺入百分率=\frac{产物的总放射性}{示踪前身物的总放射性}\times 100\% \tag{10-1}$$

式(10-1)中产物的总放射性不一定能反映出前身物转化为产物的总量或速度,因机体内存在内源性的前身物,所形成的产物不带放射性,放射性产物则被稀释。

(2)相对比活度:为消除前身物和产物分子量不同的影响,通常用比活度来表示各自放射性的多少,即 mmol 或 pmol 物质的放射性。一般常以它们的比值来反映相互间关系,该比值称为相对比活度(relative specific activity)。

$$相对比活度=\frac{产物的比活度}{前身物的比活度} \tag{10-2}$$

相对比活度表示的是标记前身物转化为标记产物的速率，或者是标记前身物的利用率，即所谓的掺入率（incorporation rate）。掺入率的高低又和多种因素有关，如实验对象、标记物加入时间、中间物和产物代谢库的大小、转换速率等。

3. 掺入实验的分类 掺入实验分为在体和离体掺入实验两类。

4. 掺入实验的步骤

（1）基本要求：①标记前体用量是示踪量，即基本上不改变原机体的代谢情况，因此要求其比活度尽量高，以保证测定结果可靠；②放化纯度尽可能高（>98%），分离的产物要求达到放化学纯。

（2）基本方法：①根据待测物的结构特点，选择适当的前体物，在一定的部位进行标记，并要求示踪剂具有高比活度和高放化纯度；②将标记物引入生物体系；③分离产物，常用层析、电泳、蒸馏等方法，根据具体情况选择；④测量产物，包括放射性测量和物质定量，由此可求出比活度。

5. 掺入实验的应用 一般掺入实验通过对掺入率的测定，便能对两种或两种以上的代谢物间的关系做出定性分析，追踪物质转化的途径。当某一标记物作为待测物的前体物进行掺入实验时，便可从待测物获得较高的掺入率。如果标记物是待测物的有效前体中间产物，掺入率会更高。以掺入实验做物质转化研究，通常前体物一定部位的原子或基团带有标记，产物的掺入率是该部位原子或基团转化而来的信息。

此外，还可以通过产物的标记部位分析来寻找出前体物与产物分子间特定部位规律性的联系，研究蛋白质翻译后修饰也可以采用放射性核素标记的方法，而蛋白质翻译后修饰在细胞的生长、增殖和分化的调控中发挥重要的作用。

二、体内放射性核素所产生的吸收剂量

核能的应用为人类的现代文明带来很大的效益，但如果使用不当，对人类健康也存在着潜在的危害。在接受核医学诊治之前，人们首先会对其安全性产生疑虑，“核”让人们马上联想到原子弹、氢弹、辐射损伤等，这样一种危险品能用在人身上吗？有调查表明，核医学辐射剂量是在国际放射防护委员会（International System of Radiological Protection，ICRP）规定的剂量限值内的。大部分核医学显像所带来的辐射远小于X线摄片。对电离辐射需要的是谨慎，而不是恐惧，只要我们按现有放射防护的法规及防护措施实施，就能避免可能发生的危害或将其减至最低程度。

吸收剂量是反映被照射物质吸收电离辐射能量大小的物理量。其含义是：电离辐射授予单位质量物质的平均能量与该单位物质的质量之比。吸收剂量的SI单位是Gy（戈瑞），1Gy＝1J/kg。旧的专用单位是rad（拉德），1Gy＝100rad。单位时间内的吸收剂量称为吸收剂量率。

照射量与吸收剂量的作用如图10-1所示。

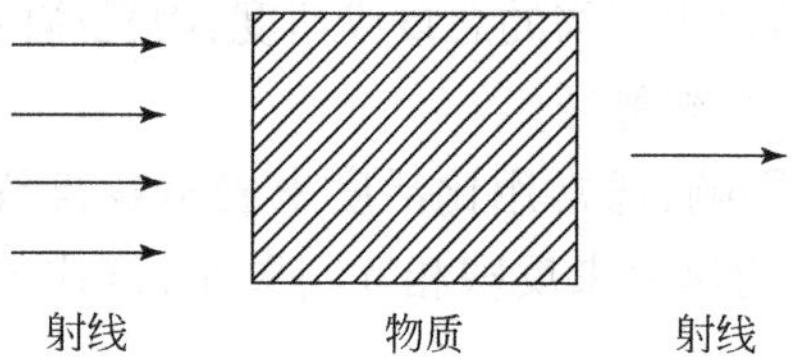

图10-1 照射量与吸收剂量的作用示意图

治疗用放射性核素所发出的射线应具有较强的电离作用和生物效应，而穿透能力较弱，便于有效地破坏病变组织又不会对相邻的正常组织造成损伤。通常选用发射α、β^-射线或中子，不发射或少发射γ射线和X射线。α、β^-射线电离密度大，传能线密度高，相对辐射生物效应强，治疗效果好，但射线能量不宜过大，以免射程长而损

伤周围组织,一般 α 射线能量小于 6MeV,β^-射线能量小于 1MeV 为宜。合适的 $T_{1/2}$对治疗也很重要,以使得治疗药物在病灶中维持一段持续作用的时间,确保治疗效果,一般以 1 ~ 5d 为最佳。

三、在核子医学上的许可剂量

有效剂量是用于评价在全身受到非均匀性照射的情况下,发生随机效应概率的物理量。即在全身受到非均匀性照射的情况下,受照组织或器官的当量剂量与相应的组织权重因子乘积的总和。组织权重因子表示受照组织或器官的相对危险度,是从受照组织或器官的危险度与全身受照总危险度之比计算出来的。单位当量剂量(1Sv)在受照组织或器官中引起随机效应的概率,称为危险度。

个人所受照射的剂量当量不应超过规定的限值。剂量限值的确定除了要考虑到受照者本人及后代的健康不受影响外,还要考虑到社会对辐射危害的可接受程度。国际放射防护委员会及其第 60 号报告推荐的职业性人员辐射剂量限值为:连续五年内有效剂量不超过 100mSv,年平均为 20mSv。在任一年内有效剂量不超过 50mSv,眼晶体的年剂量限值为 150mSv,皮肤为 500mSv。非职业性人员的年有效剂量为 1mSv,或连续五年的年平均剂量不超过 1mSv。对于孕妇,在妊娠被确定以后余下的妊娠期内,下腹部表面的剂量限值不应超过 2mSv。

开放性放射源可能通过口、呼吸道、皮肤伤口进入人体内。内照射防护的关键是预防。内照射防护的原则是尽一切可能防止放射性核素进入体内,尽量减少实验场所及环境污染,定期进行污染检查和监测,把放射性核素的年摄入量控制在国家规定的限值以内。环境防护和个人防护是相辅相成的,保护好环境也就是保护个人。个人应佩戴剂量仪,定期体检,建立工作人员健康档案、受照剂量和场所监测档案。

第四节 核医学成像的技术基础

医学影像学是指将医学影像设备从人体采集信息,形成影像,以诊断或治疗疾病的一门科学。它根据影像设备所产生的影像来研究解剖结构、生理功能,判断正常和变异、发展规律,甚至代谢状况,这些图像就称为医学影像。其已成为医学领域一个重要的分支。医学影像学检查通常包括放射学(X 线片、CT 等)、超声影像、MRI 和放射性核素显像四种方法。由于每种方法的显像原理不同,它们为临床所提供的医学信息不同。

人体器官的功能活动是以其解剖结构为基础,而解剖结构的存在又必须依赖其正常的功能活动(血供和代谢)。解剖结构的变化必然先有功能的改变,而持久的功能活动异常将最终导致解剖结构的损伤。因此我们将能提供器官组织功能活动(代谢、血流、受体密度等)的影像方法称为功能性显像,将能提供器官组织结构信息的影像方法称为解剖性显像。

X 线平片或 CT 影像是根据机体脏器或组织密度不同,对 X 射线的吸收系数不同的原理,获得脏器或组织衰减的投影显像。超声影像是利用人体软组织的物理特性、形态结构与功能状态不同,对超声波的反射不同,获得的超声图像。MRI 是利用与人体组织密切相关的一类原子核(通常为氢原子)在外界磁场的作用下产生磁共振信号而达到成像的目的。

由此可以知道,放射学和 MRI 属于解剖性显像(最新的 MRI 也具有功能性成像的优点),而超声影像是形态和动态(功能)的结合。放射性核素显像是功能显像。

放射性核素显像是建立在放射性示踪原理基础上的一门影像医学。它是利用放射性药物自身能发射出 γ 射线的物理特点,在人体内显像。从放射性药物表现出特殊的生物学行为,例如,参与某一代谢过程(葡萄糖、脂肪、氨基酸、激素合成),或与组织中某些生物活性物质结合(抗体、受体、酶)而浓聚于某一脏器或某一病变部位。在体表应用核仪器能够定位、定量以影像的方式显示出正常组织和病变组织的解剖形态及放射性浓度差异,借此反映正常组织和病变组织在代谢、血流、功能、受体密度等方面的不同,为临床提供诊断、鉴别诊断、疗效评价及预后判断等重要信息。

核医学是核技术和医学结合的产物。核医学尤其是放射性核素显像的发展,除了核仪器的不断更新,更重要的是取决于新的放射性药物的研制成功。放射性核素显像是建立在脏器组织和细胞对显像剂代谢或特异性结合的基础上。不同脏器的显像需要不同的显像剂,脏器和组织功能不同是造成核素显像图像上放射性浓度差的基础。

一、γ 光子探测器

核医学仪器大多采用闪烁探测器来测量射线,它的探测效率高、性价比高。闪烁探头的结构主要由闪烁晶体和光电倍增管(PMT)组成。入射的 γ 光子在闪烁晶体中发生光电效应和康普顿散射,把能量传给电子,这些电子最终通过电离或激发作用将能量沉积在晶格中。然后晶体发生退激,释放出被沉积的能量,其中一部分能量以可见光的形式释放出来。X 射线增感屏和夜光手表盘使用的就是这类闪烁物质。晶体产生的闪烁光非常微弱,为了避免光逃逸,除了与光学窗接触的表面以外,晶体四周都填入白色的 MgO 或 Al_2O_3 反光粉。为了屏蔽外界的光线、防止潮气侵蚀晶体和机械损伤,整个探测器用铝制或薄不锈钢外壳包裹起来,铝和薄不锈钢不透光,但对 γ 射线的衰减很小。

NaI(Tl)闪烁晶体的密度大($\rho=3.67\text{g/cm}^3$),又含有高原子序数的碘($z=53$),是 γ 光子的良好吸收物,只要有一定厚度,就可以将入射的 γ 光子的全部能量沉积在晶体中,通过退激释放光子,输出的闪光信号强,探测灵敏度高。NaI(Tl)晶体产生的光学光子数与入射 γ 光子的能量成正比,所以可以用来测量 γ 光子的能量。NaI(Tl)晶体对它产生的闪光是透明的,即使很厚的晶体由自吸收造成的光损失也很小。此外,它的荧光持续时间短(主要成分为 230ns),时间分辨率可达 1μs(1000ns),能满足高计数率的要求,因此核医学仪器广泛使用 NaI(Tl)晶体制作闪烁探测器。一些核医学(PET)仪器中,还采用锗酸铋($Bi_4Ge_3O_{12}$,BGO)、正硅酸镥(LSO)等闪烁晶体。

光电倍增管是一种电子管,它能够将微弱的光信号转换成电流脉冲。NaI(Tl)晶体中的闪烁光经光学窗进入光电倍增管,在光阴极上打出光电子。离光阴极不远处的第一**打拿极**(dynode,又称倍增电极、二次放射极)上加有 200~400V 的正电压,光电子被它吸引和加速。高速光电子撞在打拿极上会产生多个二次电子。二次电子又被加有更高电压(+50~+150V)的第二打拿极吸引和加速,并在它上面撞出更多二次电子。然后第三打拿极使电子进一步倍增,经过 8~12 个打拿极的连续倍增,二次电子簇流最后被阳极收集起来,形成电流脉冲。每个打拿极的倍增因子一般为 3~6,总倍增因子可以达到 $10^5\sim10^8$,从阳极上得到的电子簇流与进入光电倍增管的闪光强度成正比,因而也与入射闪烁晶体的 γ 光子的能量成正比,所以闪烁探测器是一种能量灵敏探测器。外界磁场能影响在打拿极之间飞行的二次电子的运动轨迹,从而使倍增因子发生变化。因此,在光电倍增管外面通常包裹着高磁导率材料制造的磁屏蔽层,以降低外界磁场的影响。

γ 光子与闪烁晶体作用产生闪光，由于作用过程不同，各次闪光的强度不尽相同，有一定的分布。图 10-2(a)是理想情况下单一能量 γ 光子入射 NaI(Tl)晶体所产生的光脉冲，其幅度大小不等。图 10-2(b)是脉冲幅度的统计分布，即 γ 能谱，其中右端的高峰是由光电效应产生的，称为光电峰(photopeak)。由于在光电效应中，γ 光子把全部能量转换成可见光，所以光电峰的横坐标对应 γ 光子的能量 E_r。在康普顿散射中，γ 光子只把部分能量通过反冲电子传递给闪烁晶体，因此探测器的输出脉冲幅度有很宽的分布，在光电峰左边的低能区形成康普顿坪。如果被散射的 γ 光子接着又被探测器吸收，产生的脉冲也在光电峰里。

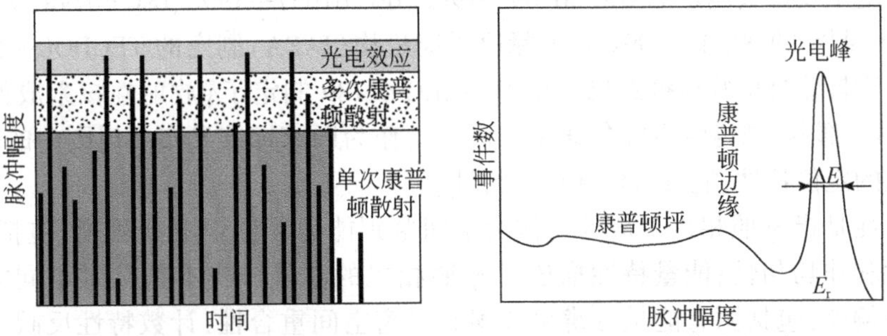

(a) 单一能量的γ光子在晶体中产生的闪光脉冲　　(b) 脉冲幅度统计分布

图 10-2　闪烁探测器的输出脉冲及其能谱

γ 光子在 NaI(Tl)晶体中产生可见光光子的数目、可见光光子到达光电倍增管光阴极(光电发射表面)的数目、光阴极释放光电子的数目、打拿极的倍增因子都有随机的统计涨落，此外，光电倍增管光阴极各处灵敏度的不均匀、加在光电倍增管上的高压的波动、光电倍增管的电子学噪声，都会造成虽然 γ 光子沉积在 NaI(Tl)晶体中的能量相同，但是闪烁探测器输出的脉冲幅度参差不齐的现象，基本上呈高斯分布。这在图 10-2(b)的脉冲幅度谱上表现为光电峰有一定的宽度，也就是说探测器有一定的能量分辨率。我们可以用光电峰高度一半处的全宽度 ΔE 来描述探测器的能量分辨率，称为半高宽，通常 FWHM 表示为 ΔE 与光电峰能量 E_r 的百分比：

$$\text{FWHM} = (\Delta E/E_r)\times 100\%$$

它反映了对同样能量的 γ 事件，探测器输出脉冲幅度的相对涨落大小。显然，FWHM 小的探测器能更好地区分两个能量接近的 γ 辐射事件。一般地说，能量高的 γ 光子在闪烁晶体中可以产生更多的可见光光子，相对的统计涨落较小，探测器的能量分辨率也较好。对 140keV 的 γ 光子，NaI(Tl)闪烁探测器的 FWHM 为 11% ~15%。

探测器的线性是指输出脉冲幅度的平均值和入射 γ 光子能量间的线性程度。例如，某探测器，对于 50 ~ 500keV 的 γ 光子，非线性偏差不大于 0.1keV，此非线性偏差和所给能区上限 500keV 相比，约为 0.02%。线性良好的探测器，其输出脉冲的平均幅度能直接反映入射 γ 光子的能量。

探测效率是探测器的一个重要技术指标，它用探测器输出的脉冲数与入射的 γ 光子数之比表示。我们总是希望探测器有比较高的探测效率，这需要通过选择合适的探测器的尺寸及材料来实现。一般来说，探测器灵敏体积越大，探测效率越高，构成探测器灵敏区材料的原子序数越高，探测效率也越高。另外，同一探测器在不同能区的探测效率也会有所不同，探测效率一般随 γ 光子能量的增高而下降。

探测器的稳定性是指能量-电荷转换系数在环境温度和高压电源变化时的稳定性。对于温度稳定性较差的探测器，要求工作环境温度变化要小。对于电压稳定性较差的探测器，要求电源电压的稳定性要好。

二、γ照相机

为了满足γ照相机研制和生产的需要，对产品进行全面的评价和比较，给用户提供选择的依据，需要有统一的、反映γ照相机性能的参数和测试标准。目前，国际上关于γ照相机的主要标准有国际电工委员会制定的 IEC 60789—1992、IEC 61657—1998、IEC 60798，美国电器制造商协会（NEMA）制定的 NU 1—1994 和国际原子能机构（IAEA）制定的 TECDOC—602。2003 年，我国的国家质量监督检验检疫总局主要参照 IEC 60789 制定了《放射性核素成像设备 性能和试验规则 第 3 部分：伽玛照相机全身成像系统》，作为国家标准发布。规则中的参数全面反映了γ照相机的定位特性、能量特性和计数特性。

定位特性是指γ照相机对成像物体的空间鉴别能力和图像畸变程度，包括空间分辨率、空间非线性和非均匀性；能量特性描述了γ照相机的能量分辨本领及对不同能量的γ光子产生的定位偏差，包括固有能量分辨率和固有多窗空间重合性；计数特性反映了γ照相机对γ光子的响应能力，包括系统平面灵敏度、计数率损失 20% 时的观测计数率和最大计数率。这些参数的标准测试需要双参数高分辨率的多道脉冲幅度分析器、精制的模型和高精度图像获取及处理系统，这样的测试手段非一般用户能具备。由于γ照相机复杂、精密，性能容易变化，而它的性能好坏对诊断的正确性影响很大，所以需要经常对它进行测试，以便及时进行校正和调整。为此，还有一些用于常规检查的比较实用的测试方法，它们在不同程度上符合标准的规定。

γ照相机的几个术语：①系统特性（system characteristic），即γ照相机包括准直器测得的特性；②固有特性（intrinsic characteristic），即不带准直器测得的特性；③有效视野（useful field of view，UFOV），即γ照相机可成像的范围，常以圆形视野的直径或矩形视野的长×宽表示，由生产厂家提供；④中心视野（central field of view，CFOV），即有效视野向所有方向收缩 75% 的范围。很多参数要在有效视野和中心视野中分别给出。

空间分辨率

γ照相机对很小的点源成像，会得到一个中心强、四周逐渐变弱的光斑。空间分辨率是指在点源的图像中计数密度集中到一点的能力，它反映了γ照相机对物体中放射性浓度变化细节的鉴别本领或图像模糊的程度。

1. 固有空间分辨率（intrinsic spatial resolution） 一般用点源或线源的扩展函数半高宽（FWHM）来表示，测量方法如下：

线源扩展函数半高宽法（标准测试），使用活度为 20～40MBq 的 ^{99m}Tc 点源，除出射口的其他方向予以屏蔽，在出射口可用铜片调节射线通量。源在 5×UFOV 距离的照射面上形成直径约 2×UFOV 的照射面，如图 10-3 所示。探头上加屏蔽环（UFOV MASK，铅制，3mm 厚，内径相当于 UFOV，用于屏蔽 UFOV 以外的探测器面），铅制的多缝透射模型（图 10-4）放在探测器面上，对准中心，覆盖全视野。令多缝透射模型的缝轴与探头的 x 轴垂直。数据采集系统在 x 方向的道宽不大于 0.1FWHM，以确保在 FWHM 范围内的数据点不少于 10 个；在平行于缝轴方向（y 方向)上从 x 轴上下宽度不大于 30mm 的剖面中获取计数值。应使峰值计数道的计数不少于 1000。

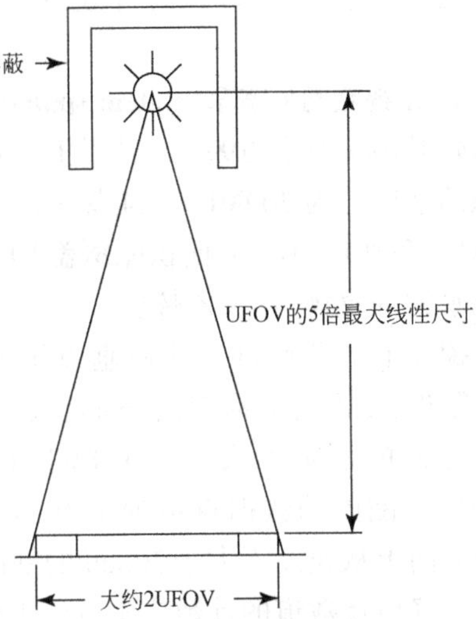

图 10-3　反射源的安装图

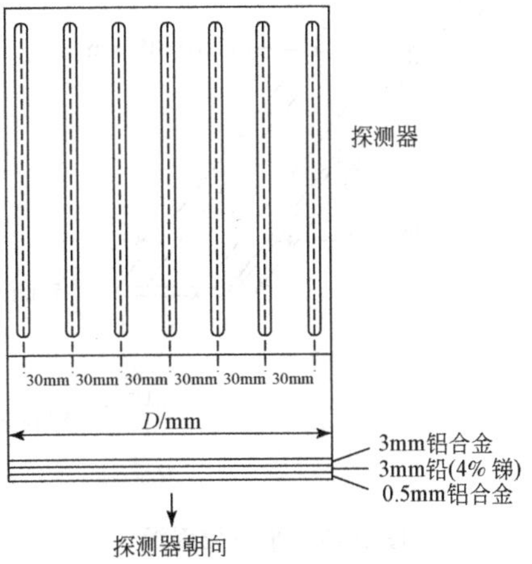

图 10-4　IEC 多缝透射模型

在以 x 为横坐标,计数值为纵坐标的坐标系中,画出一条通过每条缝的数据点的平滑曲线,得到一组峰,如图 10-5 所示。以缝中的最高计数值为峰值,用内插法计算每个峰的半高宽和十分之一高宽形(精确到 0.1 道宽)。计算出所有峰的 W_h 和 W_t 平均值 V_h 和 V_t。

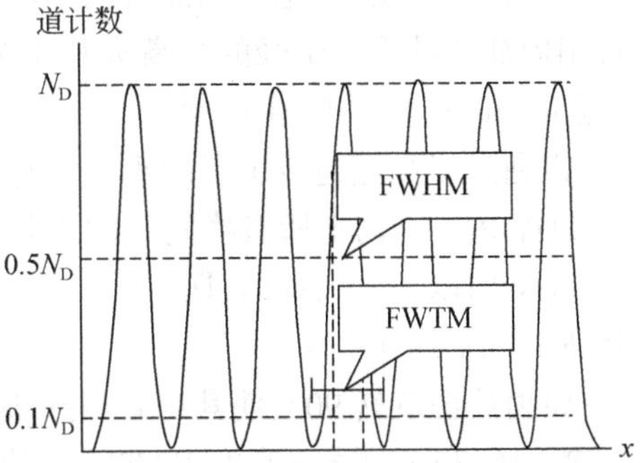

图 10-5　铅模的透射缝对应的计数曲线

以通过半高宽连线中点的垂线为每个峰的中心,测量相邻峰的中心距(精确到 0.1 道宽)。计算 CFOV 内 x 方向上所有峰间距的平均值 S(道数)。根据多缝透射模型的缝间距 D(30.0mm)计算出 x 方向上的半高宽 FWHM$x = V_h D/S$ 和十分之一高宽 FWTM$x = V_t D/S$(精确到 0.1mm)。

将多缝透射模型旋转 90°,使其缝轴与探头的 y 轴垂直,用相同的方法测量并计算 y 方向上的半高宽 FWHMy 和十分之一高宽 FWTMy。将两个方向的值平均,得到 CFOV 内的半高宽 FWHM(单位:mm)和十分之一高宽 FWTM(单位:mm)。

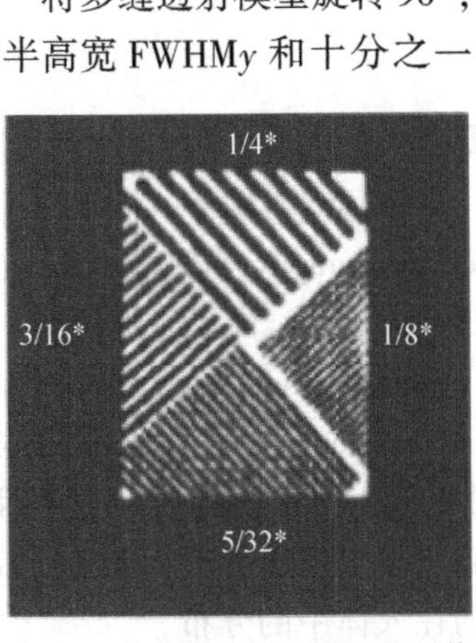

图 10-6　四象限铅栅模型的图像

由于铅模有厚度,所以从缝中射入的 γ 射线有张角,使 FWHM 和 FWTM 加大,必要时需要对测量结果进行修正。

现代 γ 照相机对 ^{99}Tc 的固有空间分辨率 FWHM 小于 5mm。

将四象限不同间隔密度的铅栅模型放在探头上,测量计数 2000000 以上。铅栅每次转 90°拍四张照片(图 10-6)。用肉眼观察可分辨的最小铅栅间隔 d。如果把模板看成一系列周期排列的线源组合,考虑到这些线源宽度的影响及人眼的分辨特性,可以推出 FWHM = (1.68 ~ 2.24)d。

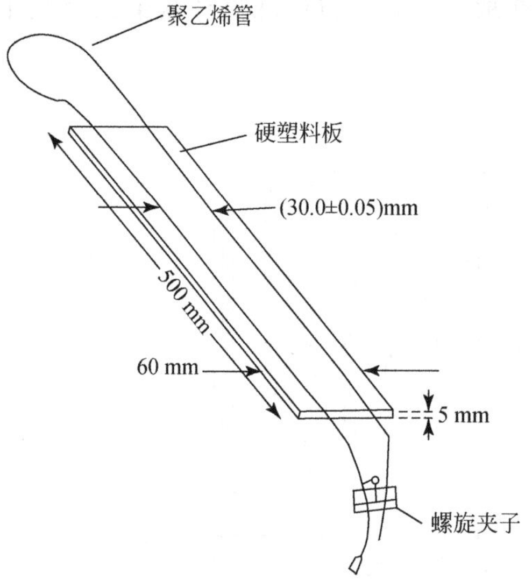

图 10-7 平行放射源

显然,这种方法受图像的对比度、背景亮度、拍照质量及人的主观因素的影响。观测结果是定性的,但是它简单直观、有效,广泛用于常规检查。

2. 系统空间分辨率(system spatial resolution) 使用如图 10-7 所示的^{99m}Tc(或^{113m}In)双线源,每根线源的活度约为 200MBq。准备 4 块组织等效散射模块,每块厚 50mm,面积能覆盖 UFOV,材料为水或水的等效物(如聚乙烯板)。

探头上加屏蔽环。线源垂直于 x 轴放在轴中心附近,距准直器前表面 0mm。数据采集系统在 x 方向的道宽不大于 0.1 FWHM,以确保在 FWHM 范围内的数据点不少于 10 个;在平行于源管方向上从宽度不大于 30mm 的剖面中获取计数值。峰值计数道的计数应不少于 10000。

在以 x 为横坐标,计数值为纵坐标的线性坐标系中,对每个源管画出一条通过数据点的平滑曲线,得到一组峰:每个剖面有两个峰,沿源管方向彼此相邻排列。以峰的最高计数值为最大值,用内插法计算每个峰的半高宽和十分之一高宽形(精确到 0.1 道宽)。计算出所有峰的半高宽 W_h 和 W_t 的平均值 V_h 和 V_t。

以通过半高宽连线中点的垂线为每个峰的中心,测量两峰的中心距(精确到 0.1 道宽),计算 CFOV 内 x 方向上所有峰间距的平均值 S(道数)。根据两个源管的间距 D(30.0mm),计算出 CFOV 内以 min 表示的、Ⅸ方向上的半高宽 FWHM$x=V_hD/S$ 和十分之一高宽 FWTM$x=V_tD/S$(精确到 0.1mm)。

将射线源旋转 90°,使其源管与探头的 y 轴垂直,用相同的方法测量并计算 y 方向上的半高宽 FWHMy 和十分之一高宽 FWTMy。将两个方向的值平均,得到 CFOV 内的半高宽 FWHM(单位:mm)和十分之一高宽 FWTM(单位:mm)。

令双线源距准直器前表面 150mm,以空气为散射介质进行同样的测试。

在双线源距准直器前表面 50mm,100mm,150mm 几种情况下进行同样的测试,组织等效散射模块的总厚度保持 200mm(双线源加在 4 块散射模块之间)。

三、单光子发射计算机断层成像

单光子发射计算机断层成像(single-photon emission computed tomography,SPECT)和正电子发射断层成像(positron emission tomography,PET)是核医学的两种 CT 技术,由于它们都是对从患者体内发射的 γ 射线成像,故统称发射型计算机断层成像(emission computed tomography,ECT),以区别于 X 射线 CT 所采用的透射型计算机断层成像(transmission computed tomography,TCT)。TCT 得到人体组织衰减系数的三维图像,表现的是解剖结构。ECT 所提供的放射性药物分布的三维图像则反映了患者功能(functional)、代谢(metabolic)和生理学(physiologic)状况。与 γ 照相机摄取的平片性比,ECT 能够更精确地表现放射性药物在人体中的分布。

四、正电子发射断层成像

^{11}C，^{13}N，^{15}O 都是构成有机体的基本元素的同位素，^{18}F 的生理行为类似于 H（有机化合物分子中 C—F 键和 C—H 键相似），用这些正电子类核素标记的生物活性物质，如糖、脂肪和氨基酸，几乎可以在不影响体内环境平衡的条件下观察人体的一切生理、生化过程，测量药物的浓集速率、受体亲和常数、氧利用率、葡萄糖、脂肪和氨基酸代谢等。例如，^{18}F 标记的氟代脱氧葡萄糖（^{18}F-FDG）用来测定大脑皮层的代谢，^{15}O 标记的水用来跟踪血流变化，^{11}C 标记的 D_2 多巴胺受体与具有特异亲和力的化合物用来检查精神分裂症患者的多巴胺功能变化和戒毒后 D_2 受体的变化。其中 ^{18}F 的半衰期适当（110min），^{18}F-FDG 能用于心脏、肿瘤、神经等常见疾病的检查，所以目前使用最多。其他 ^{18}F 标记的药物也在研究之中，例如，用于雌激素受体成像的氟二氢睾酮（fluorodihydrotestosterone，FDHT）检查前列腺癌有很好的效果，胸腺嘧啶脱氧核苷（fluorothymidine，FLT）反映了细胞分化情况，已被证明能更好地获得乳腺癌患者化疗时的癌细胞反应。

虽然安装专门设计的高能准直器以后，SPECT 可以对正负电子湮灭所产生的 γ 光子成像，但是因为大部分 γ 光子被准直器吸收，通过率只有 0.1% 左右，因此图像的信噪比很差。PET 则专门用于正电子类放射性药物显像，它不使用吸收准直器，而是根据湮灭反应的特点，采用符合探测技术。PET 对湮灭光子的利用率比 SPECT 高 20～100 倍，故图像质量比 SPECT 好。

PET 被誉为医学高科技之冠，它的绝妙之处首先在于打开了一个揭露大脑奥秘的窗口，揭示出大脑与思维之间的化学联系，人的情绪、思维，甚至人闭上双眼和睁眼看图时大脑皮层中细微的糖代谢、血流等变化都能在屏幕上出现不同的图像。PET 不仅是检查和指导治疗脑部疾病、心脏病及肿瘤的一种最优工具，也是研究医药学基本理论及实际问题的有力手段。

由于 PET 可发现转移的肿瘤，避免对一些患者采用侵入性大的治疗手段，代之以姑息性治疗，目前癌症患者的诊断评价和治疗计划越来越离不开 PET。虽然检查费很高，但是自 1998 年美国联邦医疗保险（Medicare）将 FDG PET 检查列入保险覆盖范围以来，美国联邦医疗保险和州医疗补助保险对 FDG PET 的覆盖范围不断扩大，目前大多数临床常规 FDG PET 检查项目都可以获得保险报销。美国医院开展的 PET 检查迅速增加，2002 年约 50 万次，2003 年超过 70 万次，2007 年达到了 150 万次。据 2007 年统计，美国共有 1700 余台 PET 或 PET/CT，占全球装机总量的 3/4。我国近年来 PET 装机量也猛增，成像检查日益普及。

第五节　功能成像与结构成像融合技术

随着医学对疾病认识的深入，一个全面的临床诊断通常要了解下列问题：

（1）病变的形态等情况，包括部位、形态与结构的特点；

（2）病变的生理功能情况，包括血流供应、组织代谢受损等；

（3）病变的组织特征，例如心肌组织是坏死还是冬眠；

（4）病变的定性，例如肺内结节性阴影是否为肿瘤；

（5）病变的分子生物学特征。

要回答上述问题绝不是某一种显像设备能单独解决的，各种医学成像方法都有其特长和不足。例如,X-CT 能够给出关于人体组织密度的精细图像,发现解剖结构方面的异常,却不能反映患者生理、代谢方面的情况。MRI 具有很高的软组织对比度分辨率,擅长于脑、神经、血管等器官组织的成像,但得到的主要也是解剖学的(anatomical)信息。PET 具有生物学的(biological)显示能力,能够观察患者的代谢和功能情况,是当前发现肿瘤转移,诊断心血管、癫痫、阿尔茨海默病等疾病,进行病程评估、预后判断和药物研究的最佳手段,然而图像空间分辨率比 CT 和 MRI 差,解剖定位困难。只有互相取长补短,综合使用这些方法,才能获得患者的全面信息,给出正确的诊断结果,这就是医院花巨资配备多种影像设备的原因。

医生在临床诊断过程中经常需要将不同的影像放置一起进行比对,最好的方法是让两张图像互相叠合,进行融合显示。被融合的两帧图像中,同一器官和组织的坐标位置必须一致,即互相配准(coregistered)。然而,患者先后躺在两台扫描机上,很难保证体位完全相同,最理想的脑部 MR 图像与 PET 图像的解决办法是在一台设备中同时获得融合结果的两种图像,因此需要有兼备解剖学和生物学成像能力的多模式成像系统(multimodality imaging system)。对于成像时内部脏器可能发生运动的体段(如胸腔中的心肺、腹腔中的胃肠)的图像融合,这种系统尤其有价值。此外,改善成像质量有时也需要综合多种影像,例如 SPECT、PET 的衰减校正和散射校正需要 CT。多模式复合成像对于患者来说,一次检查即可获得以前许多项检查才可提供的信息;对于医生来说,可以在更短的时间内提供更多的数据资料,有利于进行快速准确的诊断、确定治疗方案并进行治疗监护。

一、多模式图像融合

图像融合按照融合图像来源可分为同类方式融合和交互方式融合。同类方式融合也称单模融合,指相同成像方式的图像融合,如 SPECT 图像间融合、PET 图像间融合、CT 图像间融合等;交互方式融合也称多模融合,指不同方式的图像融合,如 SPECT/CT 与 CT/MRI 图像间的融合。按融合的对象分类,有时间融合系统、空间融合系统及模板融合系统。时间融合系统指将某个患者在一段时间内对同一脏器所做的同种检查图像进行融合,有助于观察病变的发展情况;空间融合系统是将某个患者在同一时间内(临床上将 1 周左右的时间视为同时)对同一脏器所做的几种检查图像进行融合,有助于综合多种信息,明确诊断;模板融合系统是将患者的检查图像与电子图谱或模板图像进行融合,有助于研究某些疾病的诊断标准。

此外还有按图像维数分类、按图像类型分类和按图像处理方法分类等。总之,图像融合系统有多种分类方式,图像融合过程是综合各种分类方式实现的。

目前,图像融合的主要应用方式是将 SPECT、PET 与 CT、MRI 相融合,使之兼有显示功能与细微解剖结构的特点,其范围涉及临床诊断和基础性研究。

近两年,采用 PET/CT、SPECT/CT 同机融合即可同时获得患者的发射断层图像、透射断层图像融合的图像,并利用透射断层图像对发射断层图像进行衰减校正,简便易行,又提高了图像融合的精度(图 10-8)。但同机融合费用高,灵活性差,只能完成局部空间融合,而对其他融合方式无能为力。随着基于图像工作站的 PACS 系统和基于个人计算机的 DICOM3.0 标准的服务器进行图像资料交流的普及,以及图像融合软件程序的完善,图像融合技术前景广阔,21 世纪的影像学将是解剖影像与功能影像相融合的学科。

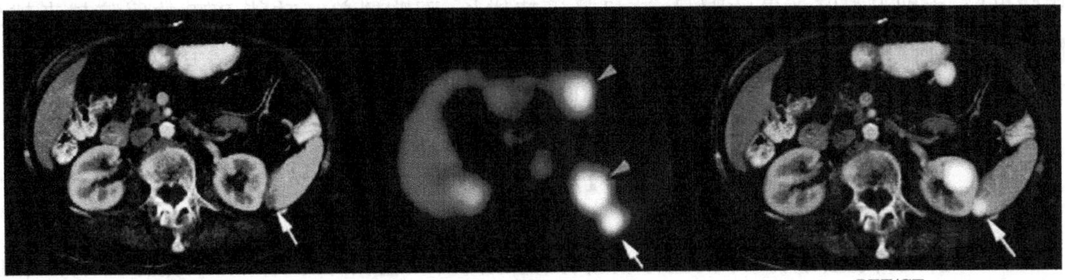

图 10-8　解剖影像+分子影像=融合图像

二、PET/CT 及其应用

PET 是一种无创性探测发射正电子的核素在机体内分布的断层显像技术。基本原理是湮没辐射(annihilation radiation),即根据正电子核素衰变产生的正电子与体内的负电子结合产生一对能量相同(511keV)但方向相反的 γ 光子,采用符合探测技术探测这一对光子,得到人体内不同脏器的核素分布信息,由计算机进行图像的断层重建处理,得到人体内标记化合物的分布图像。正电子核素主要依靠回旋加速器生产,如^{11}C、^{13}N、^{15}O、^{18}F。它们的半衰期短,分别为 20min、10min、2min、110min。另外一些正电子核素可通过核素发生器生产,如^{68}Ga(Ge-Ga 发生器)、^{62}Cu(Zn-Cu 发生器)、^{82}Rb(Sr-Rb 发生器)。PET/CT 由回旋加速器、热室及 PET/CT 仪三大部分组成。

PET/CT 是将 PET 和 CT 安装在同一机架上,实现了 PET 与 CT 功能与解剖结构的同机图像融合,双方信息互补,彼此印证,可以提高诊断的特异性和准确性。

与常规 PET 相比,PET/CT 具有以下优点:

(1)显著缩短图像采集时间,增加患者流通量,且大多数患者能够耐受双手臂上举。

(2)提高病变定位的精确性,如肺癌患者转移纵隔淋巴结的分组、胸膜与肺、肺底与肝顶病变的定位等。

(3)PET/CT 诊断的准确性优于单纯的 PET 或单纯的 CT 及 PET 与 CT 的视觉融合。

(4)CT 的应用可避免脱氧葡萄糖摄取阴性肿瘤的漏检。如转移性肺癌小病灶、成骨性骨转移、原发性肝细胞癌等。

(5)PET/CT 可从肿瘤组织的血流灌注、代谢、增殖活性、乏氧、肿瘤特异性受体、血管生成及凋亡等方面进行肿瘤生物靶体积(BTV)的定位,指导放射治疗计划的精确制订。PET/CT 在临床中的应用主要集中于肿瘤、神经精神疾病及心血管疾病三大领域,其中肿瘤的应用占 80% ~90%。

与单独的 PET 和 CT 相比,PET/CT 复合系统有更高的诊断准确性,能够发现遗漏病变,排除疑似病灶,明确病程分期。例如,CT 对肺部病变的诊断准确性在 60% ~70% 范围,PET 为 90% 左右,PET/CT 则能达到 95% ~98%。Schieper 等报道了 169 例检查结果,发现与单独用 PET 相比,应用 PET/CT 后定位准确性提高了 9%,假阴性率降低了 16%,对疾病分期的准确性提高了 12%。PET/CT 复合系统在 CT 引导的活检中提供了功能图像,在放疗计划中可描绘出肿瘤的代谢旺盛度,也为核素图像增加了精确定位信息,对乳房、子宫颈、卵巢、结肠、肺、食管、头颈部的肿瘤和黑素瘤、淋巴瘤的精确诊断有非常显著的效果,所以 PET/CT 正在成为剂量引导的放疗(dosage guided radiation therapy,DGRT)不可缺少的设备。

由于 PET/CT 能在融合图像上高质量地展现患者的生物学信息及解剖学信息,因此自 2000

年问世后,立即引起医学界的瞩目,装机量迅速增长,而购置单一功能 PET 的医院越来越少。据 2007 年统计,美国有 1700 余台 PET/CT 在使用,年均检查 150 万病例。至 2008 年,我国已拥有 80 余台 PET/CT,平均每台每年检查 1000 病例。

三、PET/MRI 及其应用

MRI 是一种高空间分辨率的显像设备,具有很高的软组织对比度分辨率,擅长于神经、血管等成像。功能性磁共振成像(functional magnetic resonance imagining,fMRI)还能给出血流弥散、灌注、心脏运动等信息。MRS 可以观测^{1}H、^{13}C、^{15}N、^{19}F、^{31}P 等核素,获取化学位移变化的信息,是体内化合物结构分析的重要手段。由于 MRI 可以提供比 CT 更丰富的解剖结构信息(尤其在软组织、血流和局部生物化学容量方面),对患者又没有辐射损伤(对儿科等尤为重要),因此人们试图把 PET 安放在 MRI、fMRI 或 NMR 扫描中,构成 PET/MRI、PET/fMRI 或 PET/MRS 复合系统。这样的结构设计可以保证 PET 和 MR 扫描同时进行,而不是像 PET/CT 那样先做 CT 扫描再做 PET 扫描,不但节省了扫描时间,而且能够在相同的生理条件下获取完全配准的两种图像。套装结构要求 PET 系统非常紧凑,能够放到大多数 MRI 相对较小的扫描孔洞内,而且易于取放,可在 MRI 中精确定位。

此方案最大的挑战在于如何避免 PET 和 MRI 之间相互干扰:一方面 PET 不能在 MR 图像上造成明显的变形或伪像,另一方面 PET 探测器应能工作在 MRI 数特斯拉的强磁场和射频场中而性能没有明显的下降。其技术上的困难在于:PET 最常用的光电倍增管含有铁磁性金属,会破坏 MRI 主磁场的均匀性,并干扰 MR 信号;而且光电倍增管本身对磁场极其敏感,不能直接放置于磁场中;此外,MRI 的接收/发射线圈对 PET 电子学电路有射频干扰。这就要求 PET 探测器尽量不使用导体或铁磁体。

早期的解决方案是采用光纤将闪烁光引出磁场外,再用光电倍增管读出。在这方面 Simon Cherry 领导的加利福尼亚大学洛杉矶分校(UCLA)研究小组走在了前列,早在 20 世纪 90 年代,他们就采用这种方案研制了一套能与临床 MRI 及 MRS 兼容的小动物 PET 扫描仪。另一种解决方案是摈弃对磁场敏感的光电倍增管,改用雪崩光电二极管(APD)作光电转换器件,或直接采用半导体探测器。然而这些器件的输出信号幅度远小于光电倍增管,所以它们对电子学的要求很高,系统的制造成本也非常高。

近年来,PET/MRI 成为核医学界最热的研究课题之一,人们在研究基于其他对磁场不敏感的探测器的 PET/MRI 系统,如碲锌镉(cadmium zinc telluride,CdZnTe,简写为 CZT)半导体探测器或者固态光电倍增管(SSPM)光电器件。在临床及预临床研究领域中,PET/MRI 复合系统已经得到初步应用。与 PET/CT 相比,MRI 能够提供更好的软组织分辨率乃至功能的信息,但其造价通常要高于 CT 系统,其成像扫描速度也不如 CT。PET/MRI 同时成像还有一些技术困难需要解决,例如,MR 图像不能直接用于 PET 的衰减校正,尤其是无法区分胸腔肺部和骨骼成分,人们在研究基于 MR 图像的 PET 数据衰减校正和运动校正等问题。总之,PET/MRI 系统目前还处于发展和应用的初步阶段,随着临床应用的进一步普及,它有可能促成医学影像领域的一场新革命。

四、分 子 影 像

关于分子影像学的定义,目前普遍接受的认识是:分子影像是指在活体状态下,应用影像学对细胞和分子水平的生理和病理生理、生化过程进行定性和定量研究与测定。也就是说,无论采用何种显像方法,其显像技术是分子靶向或靶向分子的,是对发生在分子和细胞水平的生物过程及其改变进行在体成像和量化的技术。目前,核医学显像技术中,至少80%属于分子影像范畴。

随着分子生物学的不断发展,对基因(组)和蛋白组结构和功能认识的不断深入,计算机图像和信息处理等技术的不断提高,医学影像已经从传统的主要揭示人体组织、器官解剖形态变化发展到今天既可精密、精细、精确反映人体组织、器官形态结构变化,又可在活体状态下反映细胞、组织和器官血流、功能、代谢、受体、基因等变化的现代医学影像时代——分子影像。分子影像为人类研究疾病发病机制、疾病的诊断和治疗等提供了具有重要价值的手段。

在医学研究和临床实践中,分子影像学的价值在于:

(1)在活体状态下直接观察生理活动,疾病的起因、发生发展的病理生理变化的过程和特征,直至解剖形态改变。例如,确定疾病的发生、形成阶段的初期变化和机制,对研究针对性的新药、观察药效、制订临床有效的干预方案具有重要意义。

(2)在治疗过程中,可早期评估疗效、预测治疗结果。如应用于化疗的疗效评价,不仅依靠多个疗程后复查肿瘤的大小变化,而是通过反映治疗药物的作用靶点,药物作用过程中一些关键的分子标识物的改变,即可准确评价和预测治疗的效果。

(3)在药物开发与临床应用方面,可以加快药物的研制、开发、临床前研究。例如,目前治疗肿瘤药物的临床前疗效分析是在实验动物上进行的,主要观察移植瘤有没有缩小,根据缩小的程度来比较不同药物的疗效,从而筛选出最佳的药物进入临床前研究。采用分子影像学的研究方法,通过设计特异性探针,直接在体内显示药物治疗靶点的分子改变。通过建立高通量的影像学分析系统,将有助于加速药物的筛选和开发。

分子影像学广阔的应用前景为医学影像学的发展提供了一个前所未有的机遇,也将大大促进分子生物学、基因组学和蛋白组学的发展,为人类探索人体生命奥秘、战胜疾病做出应有的贡献。

阅读材料

安东尼·亨利·贝可勒尔(Antoine Henri Becquerel,1852—1908),法国物理学家。因发现天然放射性现象,获得1903年诺贝尔物理学奖。

安东尼·亨利·贝可勒尔

1852年12月15日贝克可尔生于法国巴黎一个有名望的学者和科学家的家庭。他的父亲亚历山大·爱德蒙·贝可勒尔是位应用物理学教授,对于太阳辐射和磷光有过研究。他的祖父叫安东尼·塞瑟,皇家学会会员,是用电解方法从矿物提取金属的发明者。

1872年,贝可勒尔就读巴黎理工大学,后在公路桥梁学校毕业,获工程师职位。

1874年,贝可勒尔在蓬塞特夏萨斯地方政府任职;

1877年,贝可勒尔成为工程师,1894年晋升为总工程师。

1878年起,贝可勒尔被任命为自然历史博物院的助教,并与一位土木工程师的女儿米勒·捷宁结婚。

1878年,贝可勒尔他们生了一个儿子吉昂,也是一位物理学家,是贝可勒尔家族的第四代物理学家。

1888 年，贝可勒尔获得法国科学院的博士学位，第二年为科学院院士。

1895 年，贝可勒尔成为巴黎国立工艺学院教授。贝可勒尔早年研究由磁场所引起的平面偏振光的转动（法拉第效应）、红外光谱及晶体对光的吸收，特别是吸收对偏振面和传播方向的依赖关系。贝可勒尔从 1883 年到 1896 年期间发表了 20 余篇科学论文，其中大多数是关于磷光方面的。

1896 年年初，伦琴发现 X 射线的消息传到巴黎，当时法国有一位著名数学物理学家叫庞加莱，收到伦琴的通信后，在法国科学院 1896 年 1 月 20 日的例会上向与会者报告了这件事，展示了伦琴的通信和 X 射线照片。贝可勒尔正好在场，他问庞加莱，这种射线是怎样产生的？庞加莱回答说，似乎是从真空管阴极对面发荧光的地方产生的，可能跟荧光属于同一机理。庞加莱还建议贝可勒尔试试荧光会不会伴随有 X 射线。

于是第二天贝可勒尔就在自己的实验室里开始试验荧光物质会不会辐射出一种看不见却能穿透厚纸使底片感光的射线。他试来试去，终于找到了一种物质具有预期效果，这种物质就是铀盐。贝可勒尔拿两张厚黑纸，把感光底片包起来，包得那样严实，即使放在太阳底下晒一天，也不会使底片感光。然后，他把铀盐放在黑纸包好的底片上，又让太阳晒几小时，就大不一样，底片显示了黑影。为了证实是射线在起作用，他特意在黑纸包和铀盐间夹一层玻璃，再放到太阳下晒。如果是由于某种化学作用或热效应，隔一层玻璃就应该排除，可是仍然出现了黑影。于是贝可勒尔肯定了庞加莱的假定，在法国科学院的例会上报告了实验结果。

又过了几天，贝可勒尔正准备进一步探讨这种新现象，巴黎却连日天阴，无法晒太阳，他只好把所有器材包括包好的底片和铀盐都搁在同一抽屉里。也许是出于职业上的某种灵感，贝可勒尔突然产生了一个念头，想看看即使不经太阳照晒，底片会不会也有变黑的现象。于是他把底片洗了出来。哪里想到，底片上的黑影真的十分明显。他仔细检查了现场，肯定这些黑影是铀盐作用的结果。

贝可勒尔面对这一突如其来的现象，很快就领悟到，必须放弃原来的假设，这种射线跟荧光没有直接关系，它和荧光不一样，不需要外来光激发。他继续试验，终于确证这是铀元素自身发出的一种射线。

他把这种射线称为铀辐射。铀辐射不同于 X 射线，两者虽然都有很强的穿透力，但产生的机理不同。同年 5 月 18 日，他在法国科学院报告说：铀辐射乃是原子自身的一种作用，只要有铀这种元素存在，就不断有这种辐射产生。这就是发现放射性的最初经过。这一发现虽然没有伦琴发现 X 射线那样轰动一时，但其意义还是很深远的。因为这一事件为核物理学的诞生准备了第一块基石。

贝可勒尔的发现实在是太偶然了。如果不是庞加莱在法国科学院例会上介绍 X 射线的发现，如果贝可勒尔没有跟庞加莱谈话，如果贝可勒尔没有把铀盐当作试验对象，如果 2 月 26 和 27 日这两天巴黎不是阴雨天，如果贝可勒尔没有把未曝光的底片置于铀盐下搁在抽屉里，如果他不是下意识地或者好奇地把没有曝光的底片也拿来冲洗，也许贝可勒尔就不会发现放射性了。如果那样的话，放射性就不知什么时候、由谁来发现了，而放射学和核物理学的历史必将改写。很多人说，巧合使贝可勒尔交了好运。贝可勒尔发现放射性当然也有一定的偶然性，但贝可勒尔自己却常对人说：在他的实验室里发现放射性是“完全合乎逻辑的”。这个逻辑指的就是必然性。

天然放射性的发现仍不愧是划时代的事件，它打开了微观世界的大门，为原子核物理学和粒子物理学的诞生与发展奠定了实验基础。

随后，居里夫妇系统研究了所有的元素，定出铀和钍及它们的化合物都有天然放射性。为此，贝可勒尔和居里夫妇共获 1903 年的诺贝尔物理学奖。

1901 年，贝可勒尔发表了关于一种元素通过放射性变为另一种元素的第一个证据。

1908 年，贝可勒尔担任法国科学院院长。由于长期生活在射线中，贝可勒尔 50 岁刚过便渐渐感到浑身瘫软，头发脱落，手上的皮肤常像烫伤一样疼痛。

1908 年 8 月 25 日，贝可勒尔逝世。他是第一位被放射性物质夺走生命的科学家。

本章小结

核医学是在内容上分为实验核医学和临床核医学两部分。

实验核医学内容包括核衰变测量、标记、示踪、体外放射分析、活化分析和放射自显影等。临床核医学由诊断和治疗两部分组成。

（1）原子核衰变的宏观规律包括递次衰变、放射平衡、放射性计数的统计规律三部分。

（2）放射性核素是指不稳定的原子核，能自发地放出射线，通过衰变形成稳定的核素。其来源由反应堆、回旋加速器、放射性核素发生器生产。

（3）放射性核素示踪技术是利用放射性核素及其标记化合物作为示踪剂来研究生物机体各种物质的吸收、分布、排泄、转移及转化规律的技术。

放射性核素标记技术是把放射性核素连接到普通化合物上的技术。

放射性药物是指在体外通过核仪器探测其行踪的放射性核素和标记化合物。

（4）放射性核素显像是建立在放射性示踪原理基础上的一门影像医学。它是利用放射性药物自身能发射出 γ 射线的物理特点，在人体内显像。它是建立在脏器组织和细胞对显像剂代谢或特异性结合的基础上。不同脏器的显像需要不同的显像剂，脏器和组织功能不同是造成核素显像图像上放射性浓度差的基础。

核医学成像设备有：γ 照相机、单光子发射计算机断层成像（SPECT）设备、正电子发射断层成像（PET）设备、融合成像系统。

γ 照相机（即闪烁照相机）是一种能显示放射性同位素在人体脏器内二维分布的大型医学成像装置。

PET 特点是：①灵敏度高；②特异性高；③全身显像；④安全性好。

（5）图像融合的主要应用方式是将 SPECT、PET 与 CT、MRI 相融合，使之兼有显示功能与细微解剖结构的特点。PET/CT 是将 PET 和 CT 安装在同一机架上，实现了 PET 与 CT 功能与解剖结构的同机图像融合，双方信息互补，彼此印证，可以提高诊断的特异性和准确性。与单独的 PET 和 CT 相比，PET/CT 复合系统有更高的诊断准确性，能够发现遗漏病变，排除疑似病灶，明确病程分期。

分子影像是指在活体状态下，应用影像学对细胞和分子水平的生理和病理生理、生化过程进行定性和定量研究与测定。其显像技术是分子靶向或靶向分子的，是对发生在分子和细胞水平的生物过程及其改变进行在体成像和量化的技术。

思　考　题

10-1　表示放射性核素衰变快慢的三个物理常数间的关系是什么？

10-2　为什么临床上愿意用短寿命的核素？

10-3　放射性核素或其标记化合物应用于示踪的根据是什么？

10-4　放射性核素示踪技术的优越性主要表现在哪些方面？

10-5　核医学影像的技术特点是什么？

10-6　什么是 γ 射线能谱？它与哪些因素有关？临床医学中测量 γ 射线能谱有什么意义？

10-7　γ 照相机探头给出的位置信号和 z 信号在 γ 照相机中的作用是什么？

10-8　如何提高 γ 照相机中的测量灵敏度？

10-9　SPECT 的技术优势表现在哪些方面？

10-10　PET 为何不需要准直器？

10-11　PET 的技术优势表现在哪些方面？

10-12　PET/CT 图像融合的临床应用主要用于哪几个方面？

10-13　PET/MRI 技术上的困难有哪些？

第十一章　生物医学光子学基础

教学要求

(1)了解无创血糖浓度检测的研究进展。

(2)掌握无创血氧检测原理。

(3)了解生物医学光子学热点研究技术。

随着人们经济状况的改善、生活水平的提高,糖尿病、心脏病等疾病也悄悄地危害着人们的健康。同时,人们也对医用诊断仪器的人性化、舒适性提出了更高的要求,其中,无创伤或非侵入式测量已经成为临床诊断和治疗中最容易被患者接受的一种检测手段。在采用光、电、声、化、热等形式或者电离辐射(如 X 射线、γ 射线等)和非电离辐射(如超声波、红外线等)方法无创提取人体信息时,由于人体的特殊性,这些技术在实际应用中仍然存在诸多新的特有的问题。在处理这些问题时,多学科知识的交叉和技术融合就显得尤为重要。

众所周知,人体血液反映了人体的众多信息,具有很高的临床诊断价值。而血液主要由血浆、血小板(PLT)、红细胞(RBC)和白细胞(WBC)等组成,其中,血浆和血红蛋白分别约占血液的55%和44%。而血浆中水的含量为90% ~91%,蛋白质含量为6.5% ~8.5%,其他低分子物质如代谢产物和某些激素等占2%;血红蛋白约占全血有形成分的95%,血红蛋白具有氧合血红蛋白(oxyhemoglobin,HbO_2)和脱氧血红蛋白(deoxy hemoglobin,dHb;也称还原血红蛋白)两种形式。血液中的这些生理成分在人体正常的新陈代谢中起着关键作用,因此,对这些成分的准确检测对于患者病情的诊断和治疗显得至关重要,也是目前众多科研工作者和临床医生努力的主流方向之一。

尽管目前光学方法测量存在诸多问题,但其仍然具有诱人的前景,主要原因包括:首先,在近红外区域内,体液和软组织相对透明,穿透力强;其次,红外光谱方法原理清楚,硬件、软件的发展均比较成熟,实现起来也较方便,可直接测量组织或血管等部位,易于实现体液成分的无创检测和多成分的同时测量,在生物医学领域已成功应用于血氧饱和度的测量。而随着计算机技术和化学计量理论的发展,近红外光谱定量分析的灵敏度、准确性和可靠性都有较大提高,并被迅速应用于无试剂医学检验。因此红外光谱方法被认为是最有应用前景的无创血糖检测技术。

第一节　无创血糖浓度检测

一、无创血糖浓度检测的意义

糖尿病是人体体内胰岛素的相对或绝对不足而引起的糖、脂肪和蛋白质代谢紊乱性疾病。

糖尿病是现代疾病中的第二杀手,对人体的危害仅次于癌症。随着人口老龄化及人们饮食结构的变化,全世界糖尿病患者的数量正逐年增加。世界卫生组织(World Health Organization,WHO)于2016年4月7日发布:4.22亿成年人患糖尿病,至2030年,糖尿病将成为人类第七大致死病因。在WHO划分的西太平洋地区,糖尿病患者估计达到1.31亿人;东南亚地区为9600万人。上述两个地区糖尿病人群比例分别为8.4%和8.6%。东地中海地区糖尿病人群比例高达13.7%;西北欧地区比例最低,其中女性为低于4%,男性为大约5%。欧洲地区糖尿病患者为6400万人,比例为7.3%;美洲地区为6200万人,比例为8.3%。报告还警告,糖尿病严重影响社会经济,全球用于应对糖尿病的年成本超过8270亿美元;至2030年,预计全球经济将因糖尿病损失高达1.7万亿美元,其中发达国家和发展中国家各占大约一半。因此,糖尿病及其并发症已成为严重威胁人民健康甚至生命安全的全球性疑难病症。

糖尿病的主要特点是高血糖(glucose)及糖尿。在临床医学中,血糖浓度就是指全血中的葡萄糖浓度,正常人空腹血糖浓度的范围是3.9~6.1mM(或70~110mg/dL)(分子浓度的国际单位为mol/L,简写为M,由于葡萄糖浓度检测的误差要求为5mg/dL,多数文献也常以mg/dL为单位,对于葡萄糖分子,1mM=18mg/dL);正常餐后两小时血糖范围是3.9~7.8mM(或70~140mg/dL);空腹血糖浓度高于7.0mM(126mg/dL),餐后两小时血糖浓度高于11.1mM(200mg/dL)即诊断为糖尿病。食物中的糖经过消化吸收,以葡萄糖的形式经体循环运到各组织器官,被细胞摄取,经氧化分解供给细胞能量或转化为其他物质。因此,血糖含量是衡量人体新陈代谢水平的主要指标。血糖浓度的异常会导致体内代谢紊乱,易引起糖尿病酮症、心脑血管病变、肾病、眼病、肢端坏疽和感染等严重并发症。

然而,由于生命科学的复杂性,目前还没根治糖尿病的医学手段。治疗糖尿病的常用方法是控制饮食和口服降糖药物,对于Ⅰ型糖尿病患者还需要注射胰岛素来控制高血糖浓度。WHO推荐糖尿病患者对血糖浓度进行自我监测,并以此为依据,精确、及时地调整口服降糖药物和胰岛素的用量,将血糖浓度控制在适当的范围内。

目前自我血糖浓度监测一般是采用快速血糖仪进行测量,通常采用针刺法从指尖取血0.1~10μL,由血糖仪上的一次性试纸条通过虹吸作用吸入血样,短时间内显示出测量结果。由于该方法需要采集血样,容易引起患者的生理疼痛并伴有感染的危险,频繁测量还意味着要在患者身上频繁针刺取血,因此有创的测量方法在很大程度上限制了血糖测定的频率。

研制一种无创血糖浓度检测方法具有重要的意义:

(1)减少患者每次采血测量的痛苦,提高患者的生存质量。

(2)可提高测量次数,提高血糖控制精确度,降低糖尿病并发症发生的风险。

(3)降低每次测量的成本。

(4)有可能形成含有检测器和胰岛素注射的闭环循环系统。

(5)其测量方法和原理可以推广应用到其他血液成分的检测,有助于加强人们的日常健康管理,提高生活质量。

二、无创血糖浓度检测的研究进展

由于无创伤检测血糖浓度的重要性,无创血糖浓度检测技术已成为科技发达国家的研究热点,多家公司及科研机构对其进行了持续而深入的研究,并不断取得阶段性成果。

在美国,大约从1990年开始,许多风险投资公司和相关的光学技术公司投入了巨额资金和大量时间进行无创血糖计的开发。1992 年,Futrex 公司在美国的 Oak-Ridge 会议上首次展出其研制的无创血糖检测样机 Dream Beam。Biocontrol Technology 公司于 1995 年推出无创血糖仪 Diasensor 1000,并获得欧洲的 CE 许可。IifeTrac Systems 公司于 1997 年获得无创血糖仪的美国发明专利,并于 2002 年开始对无创血糖检测样机 SugarTrac 进行临床实验。爱荷华州立大学的阿诺德和俄亥俄州立大学的斯莫尔领导的无创血糖研究组得到美国卫生署糖尿病消化系统肾脏研究中心(National Institute of Diabetes and Digestive and Kidney Diseases,NIDDK)和美国国家卫生研究院(National Institutes of Health,NIH)的连续资助来发展一种连续血糖检测系统对糖尿病患者进行治疗和管理。近年来,InLight Solution 公司、Optiscan 公司也先后获得金额不菲的风险投资进行无创血糖浓度检测的研究。2000 年,日本也成立了由经济产业省的新能源·产业技术综合开发机构牵头,多个单位参加的无创血糖检测的项目组,投资经费高达 6 亿 4000 万日元。2004 年,日立制作所推出了应用温度、血流等参数综合计算血糖值的无创血糖仪。此外,德国、韩国、澳大利亚等国也先后参与了无创血糖检测的理论和技术研究,并取得了一定的研究成果。

我国无创血糖浓度检测的研究起步较晚,并且以大学的科研为主,主要资金来源为国家或省部级基金资助。北京大学、西安交通大学、中国科学院合肥智能机械研究所、清华大学、中国医科大学、第三军医大学、天津大学等所在的课题组分别在国家及省部级各项基金的资助下,进行了近红外无创血糖浓度检测技术的基础研究。

由于真正意义上的无创血糖浓度检测技术尚未实现,因此一些公司积极致力于微创血糖浓度检测技术的研究。该方法的优点是可以利用已有的血糖浓度检测技术,简化研发过程,并可以在一定程度上减轻患者的痛苦和不适,能够实现血糖浓度值的连续测量。代表产品有 Cygnus 公司开发的手表式血糖测量仪 Glucowatch,SpectRx 公司开发的 SpectRx system,MiniMed 公司研制的 Continuous Glucose Measurement System。由于微创检测依然存在一定程度的创伤,也会引起一些新的问题,如感染,因此,虽然部分仪器已通过美国食品药品监督管理局(Food and Drug Administration,FDA)的许可,但使用条件仍有不少的限制,从目前来看,微创血糖浓度检测还不能完全代替有创血糖浓度检测,只是传统检测方法的一个有益补充。

所以,尽管多年以来无创血糖浓度检测领域的竞争十分激烈,但迄今为止,没有任何公司或机构推出的无创血糖测量仪能够真正满足临床精度要求,也没有任何无创血糖测量仪通过美国 FDA 的认证。

从研究方法上看,无创血糖浓度检测的方法有很多,包括阻抗法、电化学法、微波法、光学法等。但相对于其他方法,光学法具有快速、无创、信息多维化等特点,成为目前无创血糖浓度检测的主要手段。用来检测血糖浓度的光信息包括光速、相位、强度、频率、偏振角等,应用这些信息产生了近红外光谱法、中红外光谱法、旋光法、拉曼散射光谱法、克朗莫光谱法、脉冲光声法、光学相干断层成像(OCT)法。

(一)近红外光谱法

近红外线对体液和软组织具有很好的穿透性,是较为理想的检测光谱段。而随着计算机技术和化学计量理论的发展,近红外光谱定量分析的灵敏度、准确性和可靠性都有较大提高,并被迅速应用于无试剂医学检验。

根据近红外线与组织相互作用机理的不同,又有研究者将近红外光谱法分为近红外吸收光谱和散射光谱两种。实际上,在人体测量中吸收的作用和散射的作用是分不开的,因此通常所说的近红外光谱法包含两者的共同作用。当入射光进入组织后,与粒子发生碰撞,其中一部分光子被粒子吸收而损耗，另一部分光子被粒子散射。前向散射光子由组织的另一侧射出，构成透射光，而后向散射光子由入射侧射出，构成漫反射光。在漫反射测量技术中，用一束窄光照射到人体的某个部位，并从距光照点一定距离的一点或多点测量漫反射光强。直接用简单的方法，很难导出漫反射光与血糖浓度的关系，通常借助于化学计量学的方法加以建模处理。漫反射光很弱，要获得高质量的漫反射谱，需要高通量的红外光谱仪和灵敏度较高的检测器，现有的光学技术已经能够满足这一需求。在漫透射测量中，光源与检测器分别置于被测部位的两侧，该方法对于检测器和光谱仪的要求与漫反射测量相同，但测量部位仅限于耳垂、指尖等较薄部位。

对于人体血氧饱和度检测，需要利用深层组织的光学信息，一般利用的是光学窗口的波段（700～900nm），此时水的吸收相对而言比较弱，血红蛋白的吸收占主导作用，因此人体血氧饱和度检测一般采取透射测量的方式，以最大限度地利用人体组织信息。

而对于人体血糖浓度的无创检测而言，一般利用的是葡萄糖的倍频和合频吸收区域（波长大于1100nm），此时水的吸收占主要优势，光在组织中的衰减程度十分严重，导致测量光的信噪比较低，严重影响测量精度。而被测的葡萄糖浓度信息主要分布于人体的真皮层，不需要利用人体皮下组织的光学信息，因此一般采取测量漫反射光的形式测量人体血糖浓度，此时，入射光纤与检测器位于组织的同侧，如图11-1所示。

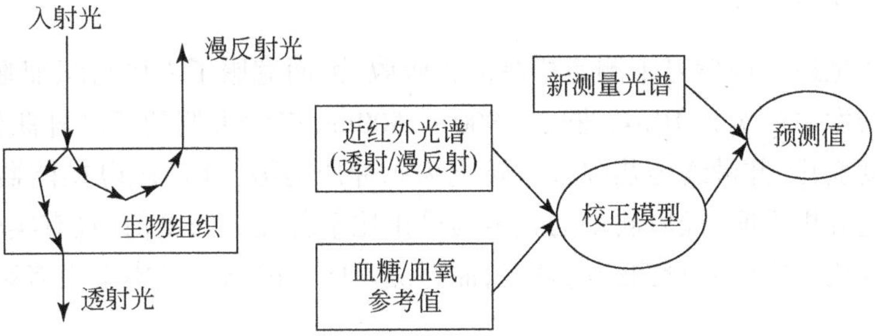

图11-1　近红外光谱进行人体成分无创检测示意图

（二）中红外光谱法

血糖浓度的无创检测通常都是经皮测量的，而皮肤中含有60%以上的水分，且水在中红外区域存在强烈的吸收，使得中红外光谱在血糖浓度的无创检测中受到了很大的限制。通常只有在血液的分析中，采用衰减全反射（attenuation totalreflectance，ATR）方式测量时才选择中红外光谱法。因此，中红外光谱法并不适合于无创检测。

（三）旋光法

旋光法是利用溶液对于穿透过其中的偏振光的偏振角的偏转来定量测量溶液中某种成分的浓度。如血液中的葡萄糖浓度为5.6mM，光穿透1cm的光程长引起的偏转角为+0.052°。血液中胆固醇的浓度为4～5mM，光穿透1cm的光程长引起的偏转角为-0.06°～0.08°。由于旋光法是在人眼的前房测量，患者一般不容易接受这种方式。

（四）拉曼散射光谱法

拉曼散射光谱法是利用激光照射在样品后产生非弹性散射后光产生频移来实现测量的。在理想条件下，拉曼谱线的强度与入射光的强度和样品分子的浓度呈正比例关系，因而可以利用拉曼谱线来进行血糖定量分析。拉曼散射光谱法具有许多明显的优点:首先,它具有优秀的指纹能力,对于葡萄糖的分子结构具有很好的特征性,在 10 ~ 4000cm^{-1}范围内的谱线对应着生物大分子的振动基频,因而它的谱线锐利,不会与其他光谱有相互重叠的现象;其次,水在近红外的拉曼谱十分微弱,这也是利用拉曼散射光谱测量血糖浓度的优势。

但是,影响拉曼谱线的因素很多,例如,光源的稳定性、样品的自吸收、单色仪的狭缝、样品的浓度改变时折射率的变化等。目前还没有用拉曼光谱对葡萄糖浓度进行体内测定的临床数据发表。

(五)克朗莫光谱法

利用宽波段(600 ~ 1100nm)光照射到测量组织产生光的吸收变化的克朗莫光谱法也可对葡萄糖进行无创检测,然而要提高光学测量方法的灵敏度是很困难的。据报道,这种方法是在眼睛对颜色的轻微改变能够确认的基础上进行的,但从其测量中得到的数据说明,对一个未知糖尿病状态个体的饮食能量实验是不可控制的,主要表现在两对探测器的信号差异点。进餐后信号差异立刻发生变化,且要等到饭后两小时才能回到原值附近。

(六)脉冲光声法

脉冲光声法是通过声信号来测量样品的光吸收,因而克服了人体组织细胞对光的散射的影响。脉冲激光器发出脉宽为 10ns,波长在 800 ~ 1800nm 连续可调的近红外激光,样品吸收激光后产生瞬态温度变化,并最终经热弹效应转化为脉冲压力波,高速压电换能器将压力波信号转为电信号。理论分析表明,最后测得的光声信号正比于葡萄糖浓度值,且有实验表明,血液中其他成分浓度的变化只影响测量曲线的基线,而对测量曲线的斜率基本上没有影响。

(七)OCT 方法

OCT 方法是利用葡萄糖浓度改变将引起真皮层的衰减系数的变化,从而反映到 OCT 信号则表现为在真皮层所对应的信号斜率变化。每 10mg/dL 的血糖浓度变化将引起 OCT 信号的斜率改变 2.8%。由于采用相干测量方式,能很好地保证背向散射光子来自特定的深度,而不会受到其他层光子的干扰,因此,血糖浓度与 OCT 信号的斜率具有很好的相关性。

总结上述的几种无创血糖浓度检测的光学方法,近红外光谱结合多变量分析技术的研究方案被认为是无创检测血糖浓度的有效方法,另外 OCT 方法作为一种新兴的血糖浓度检测方法也被寄予了厚望。

第二节　无创血氧检测

一、血氧饱和度及无创检测的意义

人体在不同的生理状态下,各器官组织的新陈代谢情况不同,对血液量的需要也就不同。人体内存在神经和体液的调节体制,可对心脏和各部分血管的活动进行调节,从而满足各个器官组织在不同情况下对血液量的需要。足够的氧是所有生命活动的物质基础,能否充分吸入氧气,使动脉血液中溶入足够的氧,对维持生命是至关重要的。许多呼吸系统的疾病会引起人体血液中血氧浓度的减少，严重的会威胁人的生命。几秒钟的脑缺氧即导致意识丧失，如达 2 ~ 3min 将造成不可逆转的细胞死亡。所以，监测组织和血液中血红蛋白的氧合程度，实时地监护人体组织中氧的代谢及输运过程，对临床诊断和治疗工作有重要的意义。

健康的生物组织体的功能是通过适当的血液循环将氧输送到机体来实现的。氧的输送作用就是借助于血红蛋白来实现的，血红蛋白具有氧合血红蛋白(HbO_2)和还原血红蛋白(dHb)两种形式，1mol 的还原血红蛋白在肺内结合 4mol 氧称为氧合血红蛋白，氧合血红蛋白通过动脉输送到毛细血管中实现组织体的氧和二氧化碳的交换。还原血红蛋白再通过静脉被送入肺内，完成一个循环。

血氧饱和度(oxygen saturation，SaO_2)就是指血液中氧合血红蛋白的容量占全部可结合的血红蛋白的百分比，即血液中血氧的浓度。目前一般采用血氧饱和度来估计血红蛋白的携氧能力，其计算公式为

$$SaO_2=\frac{[HbO_2]}{[HbO_2]+[Hb]}\times 100\% \tag{11-1}$$

血氧饱和度取决于血氧分压的高低。正常人的动脉血氧饱和度为 93% ~98%，静脉血氧饱和度为 70% ~75%。临床上一般通过测量血氧饱和度来判断人体血液中的含氧量，血氧饱和度检测一般具有如下几个方面的临床应用。

1. 动脉血氧饱和度检测　利用氧合血红蛋白和血红蛋白对 660nm 和 940nm 两种红外线波长吸收率的差异，用分光光度法测定红外吸收量的变化来实现血氧水平检测，是一种快速测量动脉血氧饱和度的有效方法，适用于患者麻醉、术后、移植时血氧水平的监测。

2. 脑血氧饱和度检测　脑血氧饱和度的检测是将传感器贴到前额偏离中心处，探头的发光二极管(LED)发光波长分别为 730nm 和 810nm，用两个检测器分别接收来自表层和深部脑组织的信息。脑血氧饱和度可为神经外科医生提供手术后脑组织的血氧基础值及其动态变化情况，也是研究脑认知活动的有效手段。

3. 肌血氧饱和度检测　宾夕法尼亚大学 Britton Chance 发展起来的肌血氧仪，检测的是生物组织尤其是胃骼肌中的含氧量。所用波长为 760nm 和 830nm，两种不同波长的光穿透肌肉时光密度的和、差分别表示肌肉含氧量百分比和肌肉中血红蛋白、肌红蛋白的浓度变化。肌血氧饱和度可为组织病变成像提供各种数据，还可以持续监测某一部位的血氧水平，评定有氧代谢功能。

4. 胎儿血氧饱和度检测　利用脉搏血氧饱和度技术的基本原理，可在产程中直接实时测定胎儿血氧饱和度。所用波长分别为 735nm 和 890nm，通过测量血液对红光与红外线吸收的搏动性变化来确定胎儿血氧水平。胎儿血氧饱和度直接反映了胎儿宫内氧合状态及酸碱平衡，可降低临床常见的不可恢复的异常胎儿图形诊断的不准确性。

5. 癌变组织血氧饱和度检测　与正常组织相比，癌变组织通常呈现"高血低氧"的特征，双波长组织检测技术，就是根据氧合血红蛋白与还原血红蛋白在近红外线区域内的不同吸收特性，通过两种特定波长的红外线来检测比较患病组织与健康组织中的血氧含量，从而判断肿块的良、恶性。由于其具有无创、快速及数字化等特点，因此在乳腺癌、肝癌、肝硬化的早期诊断等方面有广泛的应用前景。

血氧饱和度的检测手段分为有创和无创两种方法。有创的方法是抽取动脉中的血液，利用血气分析法或分光光度计法计算血氧饱和度。血气分析法是将采到的血样利用血气分析仪进行电化学分析，测出血氧分压进行计算，可为临床提供准确的血氧饱和度值，应用于很多需要准

确的血氧饱和度的场合。分光光度计法是测定从动脉血中抽取血样的光密度来计算血氧饱和度,这种方法适用于临床的准确测定及体外血液循环机的监测。由于血氧饱和度的有创检测方法不仅费时、易对患者造成痛苦甚至感染,而且不能提供连续、实时的血氧饱和度数据,在患者处于危险状况时,不利于患者的及时抢救。因此,采用无损伤性的快速准确的血氧饱和度检测方法,具有广泛而实际的意义。

二、无创血氧饱和度检测原理

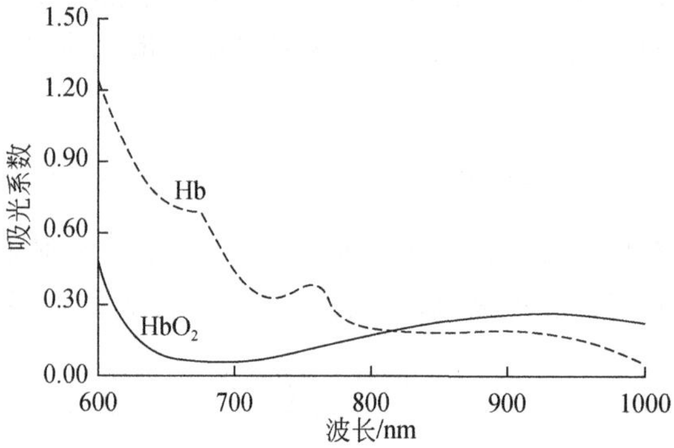

图 11-2　氧合血红蛋白和血红蛋白在红光和近红外区域的吸光系数

鉴于血液中血红蛋白和氧合血红蛋白在红光(600~700nm)、红外线(800~1000nm)波段具有独特的吸收光谱,从而使得近红外和红外光谱法成为研究组织中血液成分的简单可靠的方法。如图 11-2 所示,在红光波段,氧合血红蛋白和血红蛋白的吸收系数相差很大,光的吸收程度在很大程度上依赖于血氧饱和度;而在红外线波段,氧合血红蛋白和血红蛋白的吸光系数相差不大,光的吸收则主要反映了氧合血红蛋白和血红蛋白的总量。因此,通过检测人体组织对光线的吸收情况就可推测出此时血液中的含氧量。

近红外光谱法可分为连续波光谱法、时间脉冲光谱法和相位调制光谱法。连续波光谱法以朗伯-比尔定律为理论基础,利用光在组织中传输的衰减来确定氧合血红蛋白和还原血红蛋白的浓度。由于生物组织是一个高散射介质,组织的散射特性随组织的不同而变化,因此测量过程中的光程是变化的,很难只从测量入射光和散射光的光强来确定被测物的吸收率,测量误差较大。同连续波光谱法相比,时间脉冲光谱法和相位调制光谱法测量光子在组织中的散射路程,它们能够更精确地提取组织的血氧信息。时间脉冲光谱法用大功率脉冲激光作为光源,采用时间分辨测量系统对出射光进行收集,实现对时间扩展函数测定,从而实现对散射路程的实时测量。该方法的主要缺点是设备贵且测量速度慢。相位调制光谱法对输入光强进行连续的高频调制,检测出射光相对于入射光的调制度的降低和相位的变化,当组织体的吸收增加时,光穿进组织体的深度将减小,被接收光的平均光程缩短,因而相移角将减小,相反,当组织体的散射增加时,由于光程增大,相移角将变大,因而利用调制度和相移不但反映了吸收的信息而且反映了光程的信息。

利用氧合血红蛋白和还原血红蛋白独特的光谱吸收特性检测人体血氧饱和度的研究,可以追溯到 1942 年米利根研制的从前额无创检测动脉血氧饱和度的装置。随后许多研究者如布林克曼、伍德、斯克利、泰特等对无创动脉血氧饱和度和组织血氧饱和度的装置进行了进一步的研究。1977 年,Jobsis 首次报道了用近红外线观测猫头部的血氧变化,揭示了用近红外光谱法无创检测组织血氧饱和度的可行性。20 世纪 70 年代末,Takatan 研制出一种需要五个波长的皮肤和组织反射型血氧饱和度检测装置。到 80 年代中期,Jobsis、Wyatt 及 Delpy 都致力于研究透射模式的脑血氧饱和度监测装置,并初步用于早产儿及新生儿的临床监护。进入 20 世纪 90 年代,MoCormick 利用反射光谱及独特的深浅双光路对比检测的传感器设计,完成了可实用化的脑血氧饱和度检测装置的研制，并由 Som anetics 公司改进后成为商品化的脑血氧仪。此外，红外光谱法还广泛应用于运动医学，对肌肉氧含量的检测也取得了一定的进展，美国宾夕法尼亚大学医学院率先推出了肌血氧饱和度检测装置。

三、动脉血氧饱和度检测原理

无创血氧饱和度检测是基于人体动脉的搏动能够引起测试部位血液流量的变化，从而引起光吸收量变化的原理。通常假设非血液组织对光的吸收不变来消除非血液组织的影响，求得动脉血氧饱和度。如今，脉搏血氧仪已广泛应用于手术室、监护室、急救病房、患者运动和睡眠研究中。

脉搏血氧仪作为一种能够无创、连续、实时监测动脉血氧饱和度的方法，按照所使用的传感器采样方式的不同，还可以分为透射式和反射式两种，如图 11-3 所示。透射式检测方法主要用于成人或新生儿的血氧监护，目前已成为较成熟的手段，在临床和家庭保健场合有广泛的应用。而反射式检测方法由于不受传感器安放位置的限制，适合在任何场合使用，在一些临床场合，如成人脑血氧饱和度检测和胎儿血氧饱和度检测中具有更好的应用前景

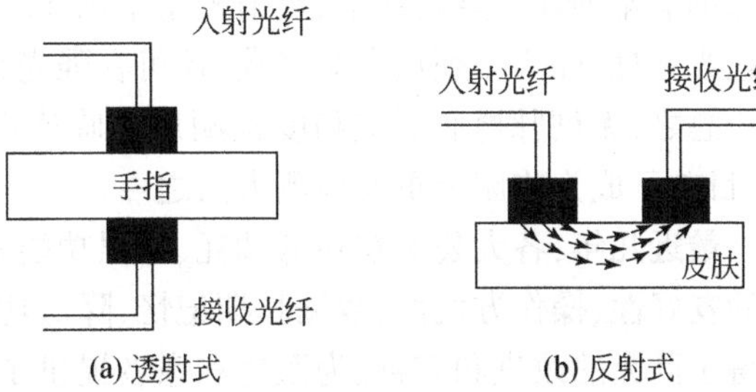

图 11-3　脉搏血氧仪的检测示意图

在透射式脉搏血氧饱和度检测中，在测量指尖的光衰减量时，指尖的光衰减量应包括血的成分（动脉血、静脉血）及非血成分（皮肤、骨骼、结缔组织等）。非血成分不随脉动过程而变化，而血的成分随脉动过程引起的血液流入与流出血管床的容量变化而变化。假定光衰减量的变化完全是由动脉容积搏动所引起的，就可以从光的总衰减量中除去直流成分，用余下的交流成分进行分光光度分析，计算出动脉血的氧饱和度。在透射型的血氧传感器中，光源波长一般选择为 660 ~ 940nm。选择 660nm 可保证血氧饱和度公式中的常数项尽可能小以提高检测的灵敏度；选择 940nm 可以更好地满足透射式血氧仪算公式中的线性关系。

虽然脉搏血氧仪深受临床欢迎，然而在实际应用中，仍存在着一些问题。目前影响血氧饱和度准确性的因素主要包括以下几个方面：

（1）血红蛋白异常和染料影响。如前所述，脉搏血氧仪仅有两个波长，仅能识别氧合血红蛋白和血红蛋白，如果出现碳氧血红蛋白（COHb）和正铁血红蛋白（MetHb），脉搏血氧仪就不能补偿这些干扰物质的影响，从而导致错误估计血氧饱和度值。此外，外科手术中吲哚花青绿的使用也将使脉搏血氧仪出现非正常的低血氧饱和度值。

（2）外周脉搏信号减弱。危重患者血流动力学波动较大，低温、低灌注和外周末梢血管阻力大会使脉搏血氧信号消失或精确度降低。

（3）静脉搏动的影响。明显的静脉搏动可能影响脉搏血氧饱和度测量值，静脉充血时读数偏低且延长测定时间。在低血压或血管收缩的情况下，脉搏血氧仪测量不易准确，甚至失效。在停循环和低灌注的心脏手术时，脉搏血氧仪无法正常工作。

（4）运动和光电干扰的影响。患者活动会导致信号的波动，同时，外围的强光源可能会干扰探头工作，而电场干扰可能导致心率计算失真。

(5)脉搏血氧仪以血容积的变化和动脉血吸收系数的变化为考察对象,忽略了组织对光的散射,从而导致计算结果的偏差。

综上所述,脉搏血氧仪获得的血氧值的动态变化虽然能反映真实的血氧状态变化情况,但其测量的有限精度使得血氧数值本身意义有限,一般在血氧值75% ~100%范围内测量精度为2% ~6%,低血氧值时误差更大。当临床需要精确估计患者血氧状态时,仍需采取有创的血气分析方法。

此外,正确选择与应用传感器是确保脉搏血氧仪检测结果可信的最关键因素之一。透射式脉搏血氧仪多以手指、耳垂、脚趾等作为检测部位,因为这些部位是光线最容易透射过的部位。而对于采用指套式传感探头的脉搏血氧仪,检测前最好将手指特别是指甲部位清洗干净,否则脏物会阻碍光线的透射。在临床应用中,还应该严格按照使用说明,保证在透射测量中光源与光探测器排列在一条直线上,反射测量中则要求传感器与皮肤表面正对且位于一条直线上。为防止光干扰,探头必须加设避光翼,还可在强光存在时在传感器上加盖不透光材料。

总之,无创脉搏血氧饱和度检测用于临床以来,很快得到广泛应用,通过不断的改进和完善,目前已成为临床上重要检测方法之一。

最近几年,各大公司在降低功耗、增强功能等方面取得了不少的成果,现代血氧仪在用户界面的友好性、操作方便性、数据长期记忆、降低功耗、减小体积、方便携带、数据分析、打印等方面取得了巨大的改进和完善,为医生和患者提供了更多的便利和更丰富的信息。同时,反射式血氧仪也是目前的一个研究热点,它将克服传统的透射式血氧仪只适用于手指、耳朵等部位的缺陷,此外,多波长的引入也将进一步提高血氧仪的精度,扩大适用范围。因此,仪器小型化、轻便和多功能将是未来血氧仪产品的发展趋势。

四、肌血氧和脑血氧饱和度检测

骨骼肌是人体主要的运动器官,肌肉组织中氧的产生与消耗实际上是一个动态平衡的过程:一方面,动脉毛细血管向细胞供氧;另一方面,氧又与营养物结合产生能量,并将血氧饱和度较低的血液输入静脉。在静止时,人的肌肉中有一定的含氧量,而一旦进入特定水平的耐力性运动状态时,肌肉中对氧的需求量就会增加,从而使肌肉含氧的百分比下降。运动停止后,肌氧又会恢复。由于氧的运输是由血红蛋白完成的,如果能够监测到运动时骨骼肌组织中氧合血红蛋白的变化,对了解运动时人体的身体机能状况、对不同强度负荷的适应,以及判断运动性疲劳等有着重要的参考价值。近红外光谱法可以无损地检测组织肌氧,从而实现对运动代谢功能的评定、组织自体移植之后成活情况的监测等。

人体中,脑组织是人体的指挥中枢,其新陈代谢率高,耗氧量占全身的20%,而且对缺氧特别敏感,短时间缺氧就有可能造成中枢系统不可恢复的损伤。此外,在各种危重患者抢救和心血管手术时,如果缺乏对脑组织氧的实时准确监护,还可能造成脑组织神经功能的丧失和损害。由于红外光谱法对脑血氧情况反应灵敏,且能实现实时连续的无创检测,因而在脑血氧监测方面显示出极大的应用前景,受到国际上的普遍重视。脑血氧仪能提供有价值的颅内甚至麻醉过程的信息,以及手术后脑组织的血氧基础值及其动态变化情况,是医生评估颅内血氧水平的有效依据;另外,脑血氧仪使用简单,在深低温、停循环的颅内和心脏外科等领域受到高度评价;在其他一些临床监护领域,脑血氧仪也表现出诱人的应用前景。脑血氧仪的原理与肌血氧仪的原理基本相同,它将传感器贴到前额偏离中心处,探头的LED发光波长分别是730nm和810nm,

两个接收器分别接收来自表层和深部脑组织的信息，检测来自颅内和颅外组织的信号。对比观察不同波长的光电信号成分的相对变化，即可获得被测脑组织中血氧水平及其动态变化。

由于人体组织的强散射特性，光在其内部的传播和分布具有随机性，因此无法从所测得的光密度衰减光谱直接得到毛细管内的吸收光谱。早期的研究报道仅描述了组织内还原血红蛋白浓度和氧合血红蛋白浓度随时间变化过程，只能定性反映含氧量的变化趋势，严重限制了其临床应用。

为实现检测结果的定量化，许多学者做了大量的研究工作。从目前已有的定量化方法来看，基本研究思路主要有三类：

(1)从基本的朗伯-比尔定律出发，直接由动物实验或者人体实验数据确定光衰减系数；

(2)对朗伯-比尔定律进行适当修正，通过实验方法事先测定光在生物组织中传播的平均光路长来确定演算式中的各项系数；

(3)利用光散射理论直接推算生物组织的吸收系数来求得组织血氧浓度的绝对值。

基本的朗伯-比尔定律原则上仅适用于均匀、无散射的介质。但实际上，生物组织是一个很强的光散射体，光子不再沿直线传播，而是经过多次散射不断改变其传播方向，只有一部分从介质深处返回的光被表面的光接收器所接收。因此，被接收的光信号在介质内部的平均传播距离要大于入射点与接收器之间的直线距离，而且除了被吸收的光能量外，光的散射也导致探测器接收到的光能量大为减少。考虑到这些因素，德尔皮等提出了微分光路长和平均光程长的概念，并给出了修正的朗伯-比尔方程。

事实上，人体组织除了待测组织如肌肉组织和脑组织等以外，还包括皮肤、皮下脂肪、颅骨等表层介质。因此由这些方法算出的组织血氧或其变化量只是待测组织的等效量，并非实际组织的血氧含量。近年来，一些学者在研究组织血氧定量检测技术中考虑了表层组织的影响，并试图寻求克服这种影响的方法，以实现真正意义上的定量化检测。

第三节　生物医学光子学研究热点介绍

一、激光扫描共聚焦显微技术

激光扫描共聚焦显微镜(laser scanning confocal microscopy，LSCM)又称显微 CT，是集光电技术、精密机械技术、计算机控制与图像技术、生物技术和材料技术于一体的高科技产品，它是在显微镜成像的基础上加装激光扫描装置，利用计算机进行图像处理，从而得到细胞或组织内部细微结构的图像。在过去的十年里，无论是从其发展还是从其市场的占有率，激光扫描共聚焦显微技术都是整个光学显微技术中发展最快的一个分支。激光扫描共聚焦显微技术凭借扫描和共聚焦光学系统实现了对相对厚层的组织体作三维的显微成像，它可广泛应用于生物医学中在亚细胞水平上观察钙离子、pH、膜电位等生理信号及细胞形态的变化，也可应用在口腔疾病、乳腺癌等的研究或诊断上。

(一)共聚焦成像原理

我们知道，人眼的分辨率是 0.2mm，光学显微镜的极限分辨率由阿贝极限决定，约为 0.2μm。那么影响光学显微镜的因素是什么？

光学显微镜的分辨率首先受到透镜的球差和色差的影响。所谓球差是指透镜不能把近轴和远轴光线在光轴上共聚焦,因此通过样品一点上的不同光线不能聚焦成一点,而是形成一个光斑,从而造成图像模糊。所谓色差是指透镜对不同波长的光具有不同的折射率,因此在透镜后,不同波长的光无法聚焦,从而造成图像模糊。

在传统的显微镜中,除了透镜本身可能影响光学显微镜的分辨率之外,低的分辨率还缘于其是一个并行处理系统,即在场光源下,样品的每一点的图像都会受到邻近点的衍射光的影响。因此,如果我们设法在每一时刻只对目标的一点进行成像,而不是一次性地对整个目标成像,则此时只要求系统对该点提供准确的成像,这样就可适当地降低对光学系统的要求。共聚焦成像正是基于以上考虑来试图消除像差和邻近点衍射光影响的。

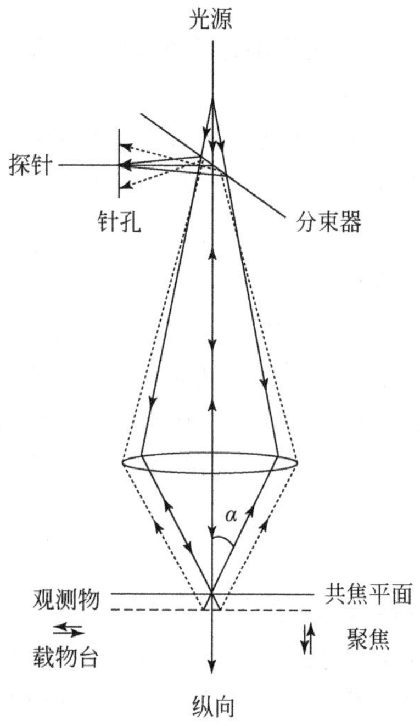

图 11-4 共聚焦原理图

图 11-4 是共聚焦的原理图,从点光源发射的探测光通过透镜聚焦到被观测物体上,如果物体恰在焦点上,那么反射光通过原透镜应当会聚回到光源。如果在反射光的光路上加上二向透镜(dichroic mirror),并在透镜的后焦位置上放置一个点探测器,则只有样品焦平面的某点所发射的荧光能够成像在探测器 E,该点以外的任何发射光均无法被探测到,这样的点光源与点探测器系统即可实现对焦点处目标的“光取样”。点光源与点探测器对被照射点或被探测点来说是共轭的,因此被探测点即共焦点,被探测点所在的平面即共焦平面。共聚焦显微镜是利用放置在光源后的照明针孔和放置在探测器前的探测针孔实现点照明和点探测的。

在实际中,采用激光作为光源,由于激光的高单色性和方向性,不但消除了色差而且得到了点光源照明。

共聚焦显微镜中的横向空间分辨率 R_{xy} 的表达式为

$$R_{xy}=0.4\lambda/\mathrm{NA} \tag{11-2}$$

共聚焦显微镜的横向空间分辨率可达 0.18μm。

上面只解释了共聚焦显微镜获得高横向空间分辨率的原因,共聚焦显微镜获得纵向分辨的原理也可以从图 11-4 理解。假设样品表面是粗糙的,实线表示的是当样品表面位于焦平面上时的光路,如果样品表面粗糙,使表面某点位于虚线的位置,此时反射回来的光线将会在探测器上形成一个不聚焦的模糊斑,由于探测器为点探测器,不在焦平面的反射光的信号相当微弱,即只有位于焦平面的层才有可能被清楚地成像,所以共聚焦显微镜自动具有高的纵向分辨能力。一般纵向分辨率可达 0.1μm,但受物镜的数值孔径、针孔大小和纵向移动声步距的影响。

在得到上述探测点的像之后,为了产生一幅完整的图像,在光路中设置了扫描系统使光在样品焦平面上扫描,从而产生一幅完整的共焦图像。在完成横向扫描之后,只要载物台沿着垂直于焦平面的方向(z 轴)上下移动,将样品新的一个层面移动到共焦平面上,又可对样品的新层面进行成像,随着 z 轴的不断移动,就可得到样品不同层面上连续的光切片图像,最后利用计算机进行图像处理可得三维的层析图像。由上面的原理可以看出,共聚焦成像本身并不产生三维的影像,它只是产生了某一薄层的高质量的二维图像。共聚焦显微镜分辨率的提高可以通过牺牲视场得到，而大视场必须通过扫描的方式得到，而后必须经过相应的图像处理手段将这一系列的二维图像合成为三维图像。

和传统的显微镜相比，共聚焦显微镜除了具有高的横向空间分辨率和纵向分辨率之外，还因为其点对点的扫描而具有排除杂散光的影响、获得更清晰的图像等优点。

（二）激光扫描共聚焦显微镜装置

激光扫描共聚焦的某些技术早在1957年就由美国学者马文·闵斯基提出，1985年第一篇共聚焦显微镜在生物医学方面应用的文章发表，1987年由美国Meridian公司推出第一台商业用机，标志着真正意义上的第一代共聚焦显微镜的诞生。

激光扫描共聚焦显微镜的结构如图11-5所示，主要由激光光源、显微镜光学系统、扫描装置和检测系统四部分组成，整套仪器由计算机控制。

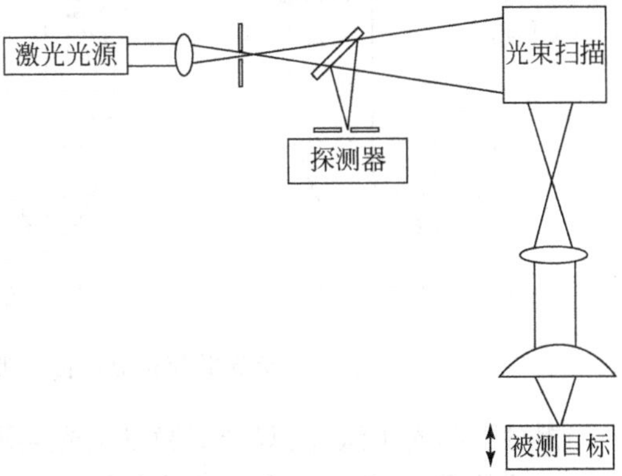

图11-5　激光扫描共聚焦显微镜的结构

激光扫描共聚焦显微镜可采用的激光器主要有氩离子激光器、He-Ne激光器、半导体激光器等。

显微镜是系统的主要组件，它关系到成像质量。为了得到好的横向空间分辨率，物镜应选取大数值孔径平场复消色差物镜，这样不但有利于探测光的采集，而且有利于清晰图像的获取。

在生物领域，激光扫描共聚焦显微镜使用的扫描装置一般为转镜扫描。由于转镜只需偏转很小角度就能波及很大的扫描范围，因此图像采集速度大大提高，例如，每秒可采集像素为512×512的画面达4帧以上，从而有利于测定那些寿命短的粒子。

激光扫描共聚焦显微镜的探测器为光电倍增管或电荷耦合器件（CCD）系统，采用光电倍增管的系统可以实现光子计数方式工作从而提高检测灵敏度。在成像过程中针孔起着关键作用，针孔直径的大小不仅决定是以共聚焦扫描方式成像还是以普遍显微镜扫描方式成像，而且对图像的对比度和分辨率有重要的影响，针孔的大小均可由计算机调节，针孔的直径一般选择在40～100μm。

目前生产激光扫描共聚焦显微镜的厂家主要有德国蔡司（Zeiss）、日本奥林巴斯（Olympus）、德国莱卡（Leika）、日本尼康（Nikon）、美国Meridian等。

（三）荧光共聚焦显微镜

荧光共聚焦显微镜（fluorescence confocal microscopy，FCM）是共聚焦显微镜的主要类型。被测样品被注入能够吸收入射光并具有高的荧光量子产额的染料，染料和组织体中特定组分相结合并发出波长略高于入射光波长的荧光，利用滤光片将荧光和入射光分开，然后就可使用荧光共聚焦显微镜得到细胞或组织内部的微细结构。荧光共聚焦显微镜除了具有共聚焦显微镜的优点外，还可同时对组织或细胞内两种以上的结构进行多重荧光标记，并同时显示在一幅图像上，从而达到对各种被标记物同时定位及研究各结构之间相互关系的目的。目前商品化的荧光共聚焦显微镜的横向和纵向分辨率分别优于0.25μm和0.7μm。

根据荧光激发过程的不同，荧光共聚焦显微镜分为单光子荧光共聚焦显微镜和双（多）光子荧光共聚焦显微镜。

顾名思义,单光子荧光共聚焦显微镜就是每一个荧光团只由一个入射光子激发,被激发到激发态的分子通过振动弛豫回到第一激发单重态的最低振动能级,并向周围介质放出热。电子从最低激发态的最低振动能级向基态跃迁可发出一个光子但不改变其自旋,从而产生了荧光,因此单光子激发荧光是一种线性过程,如图 11-6(a)所示。而在高光子密度的情况下,荧光分子也可以同时吸收两个能量之和足以引发分子跃迁到激发态的长波长光子,首先一个光子将分子激发到中间虚能级上,然后分子通过再吸收一个光子最终跃迁到激发态,之后分子回到基态并发出荧光,如图 11-6(b)所示,这一过程被称为双光子激发荧光,它是一种非线性过程,其效果和使用一个 1/2 波长光子的单光子激发是相同的。

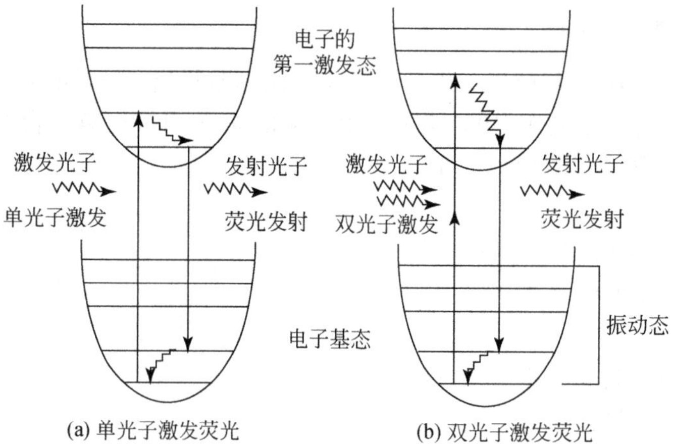

图 11-6 荧光共聚焦显微镜原理

相对于单光子激发,双光子激发荧光共聚焦显微镜主要有两个优点。

1. 自聚焦功能 当单光子激发荧光时,在聚焦面和非聚焦面都有荧光产生,只不过聚焦面产生的荧光到达探测器时具有最小的光斑半径,从而具有最大的输出信号,所以单光子荧光共聚焦显微镜必须用探测器前的光阑来选取焦点处样品发出的荧光。然而,光阑虽然遮挡了焦点以外样品发出的荧光,但也同时遮挡了焦点处散射和漫反射的荧光,从而导致可测量的荧光光子数目的减少。

设 z_1 为组织表面到焦平面的距离,在双光子荧光共聚焦显微镜中,组织体中的激发强度随 $\frac{1}{z_1^2}$ 变化,可以证明在 z 轴方向上双光子激发荧光的概率按 $\frac{1}{z_1^4}$ 衰减,因此荧光激发只发生在焦点内。例如,用数值孔径为 1.25 的物镜,激发波长为 780nm 时,激发荧光的 80% 会被局限在距离焦平面 1μm 范围内,激发体积仅为 1×10^{-15} ~0.1L,与传统荧光共聚焦显微镜相比,该体积降低为传统荧光共聚焦显微镜的约 1/1000。由于荧光只在聚焦区域产生,因此双光子荧光共聚焦显微镜不需要探测端的小孔即可获得好的空间分辨率。

2. 对组织的损害小,穿透深度大 在单光子激发荧光中,通常必须使用紫外或可见光的能量才足以激发荧光团,而在双线子激发时,近红外或红外线就足以实现激发。近红外线对样品的穿透能力更强,从而可以实现对厚层组织的显微成像。另外,由于组织体在近红外线区域具有较小的吸收,因此对组织体的损伤也较小。

(四)激光扫描共聚焦显微镜的优点及在医学领域中的应用

在对生物样品的观察中,激光扫描共聚焦显微镜有如下优点:

(1)可对活细胞或细胞切片进行连续扫描,可对组织体进行无损伤、精确、可靠、重复、连续的观察。

(2)可以得到比普通荧光共聚焦显微镜对比度和分辨率更高的图像。

(3)方便进行图像处理,数据图像可及时输出或长期储存。

(4)荧光共聚焦显微镜可以实现在同一张样品上进行同时多重物质标记、同时观察。

由于共聚焦显微镜的种种优点,其在医疗领域和研究领域中有着广泛的应用,例如:

(1)细胞生物学。例如,研究细胞器结构和分布变化、细胞凋亡机制,对各种细胞器、结构性蛋白、DNA、RNA、酶和受体分子等细胞特异性结构的含量、组分及分布进行定量分析,得到正常细胞和癌细胞细胞骨架与核改变之间的关系,研究细胞的黏附行为等。

(2)生物化学。例如,共聚焦技术可以取代传统的核酸印迹染交等技术,进行基因的表达检测,使基因的转录、翻译等检测变得更加简单、准确。

(3)药理学。例如,药物对细胞的作用及其动力学,药物进入细胞的动态过程、定位分布及定量。

(4)病理学及病理学临床应用。例如,活检标本的快速诊断、肿瘤诊断、自身免疫性疾病的诊断等。

二、光　　镊

传统的机械镊子用来夹持物体时必须使镊尖接触到物体,然后施加一定的压力于物体,物体才会被钳住。而若对细胞尺寸量级的颗粒进行操作,例如,进行细胞的切割和缝合,对 DNA 分子进行翻转、拉动、折叠等操作,对细胞进行位移及作用力的测量等,就必须利用特殊的工具。20 世纪 70 年代,苏联和美国的科学家提出利用聚焦的激光束来俘获原子,后人在他们工作的基础上发展了**光镊(optical tweezer)**技术。顾名思义,光镊是使整个微粒受到光的束缚以达到钳的效果,然后通过移动光束来迁移或翻转物体。与机械镊子相比,光镊是以一种温和的和非机械接触(或“遥控”)的方式完成夹持和操纵活体粒子的。因此光镊不但可以实现对更微小微粒如细胞的无菌操纵,而且不会对微粒造成伤害,并可实现动态跟踪和对微小力的测量。图 11-7 是光镊的系统实物图。

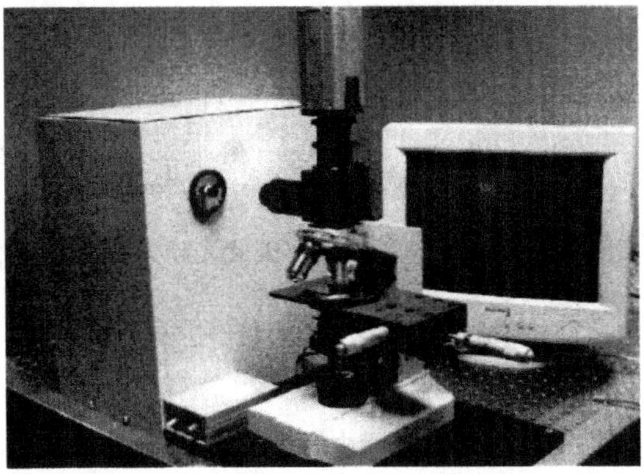

图 11-7　光摄的系统实物图

光镊技术的基础是光对微粒产生的梯度力,形成二维或三维光学势阱,从而实现对微粒的约束。下面介绍光梯度力的产生。

(一)光辐射压力、光梯度力

光与物质相互作用的本质就是光的电磁场和组成物质的粒子的相互作用,可发生的物理过程依赖于相互作用的物质的性质。当光在介质表面被反射时,光的动量发生了改变,说明光在介质表面受到了作用力。根据牛顿第三定律,光辐射也将对物体产生力,这种发生在介质表面的力就是光辐射压力或称为光压,其值等于单位时间内物体动量的变化率。

早在 17 世纪,德国天文学家开普勒就猜想彗星的尾巴背向太阳是因为受到太阳的辐射力。1873 年麦克斯韦发表的电磁场理论表明,光本身可以产生光学力或者叫辐射压力。然而光辐射压力是极其微小的，例如，毫瓦的光只能产生皮牛顿量级的力，利用非相干光源通常观察不到光辐射压力的存在，直到20世纪60年代高强度的相干光源——激光的发明，才使得研究光辐射压力成为可能，光辐射压力的存在才被实验所证明。光辐射压力的产生可以用图11-8表示，把细胞想象成小球，并且假设使用的光波长等于或略小于细胞的大小。将小球置于光场中，光线进出小球将产生两次折射。由于生物细胞的大多数折射率大于周围介质的折射率，当光线入射到小球的右侧时，采用几何光学近似，最后的光将向左方偏移。进入和射出物体时，光的动量分别为 $\boldsymbol{P}_{in}$ 和 $\boldsymbol{P}_{out}$，光动量的变化为 $\Delta\boldsymbol{P}$，方向向左。根据动量守恒，光线将施加给小球一个与它的动量改变等值反向的动量，即光线将施加给小球一个方向向右的力 $\boldsymbol{F}$。

当将小球置于均匀光场时，我们只考虑位于小球边缘的两束光线，如图11-9(a)表示。光线 B 位于小球的右方，如前所述，此光线将施加给小球方向向右的力 $\boldsymbol{F}$。而位于小球左方的光线 A 将施加 $\boldsymbol{F}_A$ 给小球，方向向左。两个力共同作用的结果是该均匀光场施加给小球一沿光传播方向的纵向力，而横向力为零。

当小球置于非均匀光场(或强度分布存在梯度的光场中)时，如图11-9(b)所示，假设位于小球右侧的光线 B 强于位于小球左侧的光线 A。由于粒子受力与激光功率成正比，根据激光光强和功率的关系可知，强光所产生的力大于弱光产生的力，即 $F_B>F_A$。此时，这两束光线所产生的合力将把小球推向右下方，即当不考虑小球所受的其他外力时，小球将向较强的力的方向移动或被约束在非均匀光场中最亮的光线附近。这种由于光场强度分布不均匀产生的力，称为**梯度力(gradient force)**。

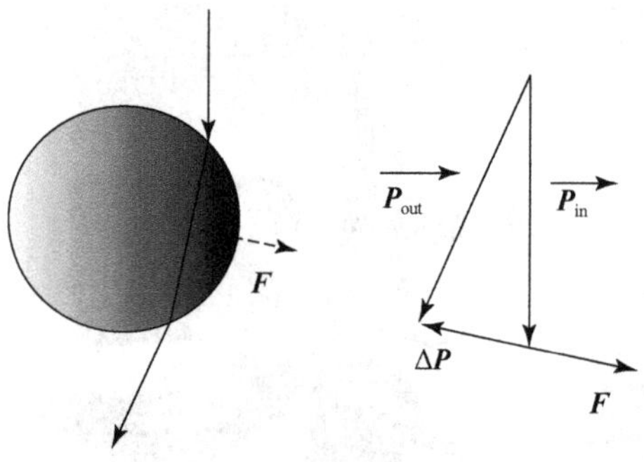

图11-8 光机械作用中的动量转化图

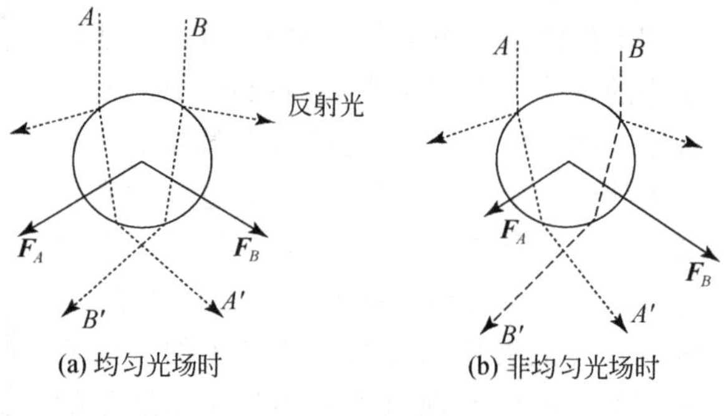

图11-9 梯度力和光学势阱的形成

(二)光学势阱

1986年，物理学家Ashikin成功地实现了对生物微粒的三维俘获，其利用的是一束强会聚激光束形成的三维光学势阱。

基模激光的横向(垂直于光线传播方向)光强分布为高斯型，即光强最强处位于光斑的中心。根据前面介绍的梯度力的形成可见，小球在垂直于光线传播方向的横截面上受到光束缚，会被推向光最强处，因此利用基模激光对粒子进行捕获时，粒子将被推向光斑中心。由于此时在垂直于光轴的平面可以束缚小球，而在光轴方向小球仍然是自由的，因此这种势阱被称为二维光学势阱。

可以想象，如果将光束进行聚焦，使得光场的分布在垂直和平行于光的传播方向上均具有梯度，则粒子在 x、y、z 三个方向都将受到梯度力，其合力 $\boldsymbol{F}_g$ 指向光的最强处，即焦点处。当小球的球心和焦点间有偏离时，合力总是使小球趋向焦点，这种梯度力就形成了三维光阱。然而当光穿过小球时,在小球表面也产生一定的散射,在这一过程中,由于光与粒子交换动量而获得的力被称为散射力 F_s。它沿着光的传播方向,作用效果使得粒子沿着光束的传播方向运动。因此透明小球在梯度光场中受到的合力为 $F=F_g+F_s$,在散射力和梯度力的共同作用下,只有当在焦点附近的梯度力大于散射力时才可以形成稳定的俘获。

上述的光学势阱在被应用于微粒的操作时被形象地称为光镊。我们看到,实际上光镊不但可以以一种温和的非机械接触的方式完成对微粒的夹持和操纵,还犹如一个陷阱具有对微粒的捕获作用。在以形成光镊的光为中心的一定范围内,微粒(直径为亚微米到数十微米)一旦落入这个区域就有自动地移向光束几何中心的可能,其现象犹如微粒被吸尘器吸入,而已经落入阱中的粒子若没有强有力的外界扰动就不会偏离光学中心。事实上,在实际中通常还利用外界条件和二维势阱结合对小球进行束缚。例如,当小球受到的沿光传播方向的力和小球自身的重力相平衡时,可以使得小球悬浮于某一高度;利用器皿的壁来平衡粒子所受到的沿光轴方向的力也可以俘获微粒。

(三)光镊装置

图 11-10 是光镊的基本构造图。其基本组成包括捕获光源、捕获聚焦镜、样品室、一套调节光阱与待捕获粒子间距并对粒子进行操作的(阱台)装置、实时监测系统等。其对粒子俘获的基本过程为:被测样品悬浮于溶液中,样品池放于可三维移动的样品台上,激光经扩束整形后入射到分束镜上,聚焦物镜将分束镜反射来的光聚焦形成光学势阱,微粒被俘获和操控的图像经物镜、分束镜后被反射到 CCD 相机上,数据经采集在显示器上显示。下面对各个组成部分进行介绍。

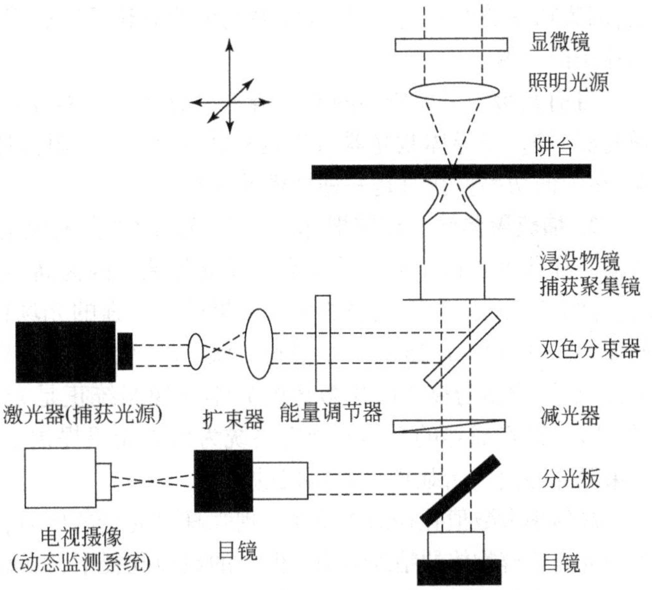

图 11-10　光摄的基本构造图

1. 捕获光源　从上面讨论的光镊的基本原理可知,单光束光阱需要一个具有高斯光束特性的横向电磁场基模(TEM_{00})光束,而其他所要考虑的俘获光的主要指标不外乎波长和功率。

(1)波长的选择:自然界中各物质之间由于其组织和结构的差异,对光的吸收波段和吸收强弱也不尽相同,故每一种物质都有其特征的吸收光谱。例如,细胞中的叶绿素对可见光有强的吸收,烟草细胞对 He-Ne 激光器发射的 632. 8nm 红光特别敏感,DNA 吸收峰为 263nm 紫外线,与 Nd:YAG 激光器四倍频 265nm 光波长相近。CO_2激光器发射的 10. 6μm 波长的光正是水的共振吸收波长。一般细胞和细胞所在的液体主要成分是水,如血液的含水量为 0. 929g/cm^3。对于光阱这样大的光通量,粒子在阱中可能会因为光吸收而变得过热从而受到损害,因此避开所要操作的粒子的吸收带,是选择光镊所用光波长的重要依据。

激光作用于样品的同时又被观察系统所接收。如果选用可见光作为光镊光源,例如,最常用的波长632.8nm的He-Ne激光,由于激光的高强度,激光在通过显微系统中的各个光学元件及入射到液体上时,漫散射造成的杂散光将充满整个视场,严重影响生物样品的观察清晰度。为了消除此杂散光,可以在观察光通道中加入相应的滤光片,如对632.8nm的激光加入一个对该波长具有高反射率的滤色片。但是,照明光中的相当一部分光也被滤掉了,因此视场被着色并且变暗。所以从观察视场品质优劣考虑,应尽量避免使用可见光波段的激光作为光阱光源。

实验表明,用近红外线作为光阱光源是比较理想的。例如,曾经用过780nm和830nm及更长的1064nm波长的激光都能较好地捕获粒子。紫外线波长短,聚焦光斑较小,较长波更有利于捕获粒子。但是,波长越短,单个光子的能量也越大,容易引起不利于细胞的光化学过程。

(2)功率范围:在稳定捕获下,激光功率与粒子受力成正比。激光功率大小的选择一方面要考虑能够产生稳定的捕获和操作,这依赖于粒子的个体性质,对于不同种类或同一种类不同条件下制备的样品,其阈值功率是不一样的;另一方面,在满足稳定捕获的前提下,功率应尽量降至最小,以减小光损伤。几毫瓦到几十毫瓦的能量在微米级尺寸上将产生几十到几百皮牛的力。这足以克服微米级粒子的重力、布朗运动或鞭毛动力原和原动蛋白产生的几皮牛的力。所以在很多实际应用中只需要一个小功率激光器就能满足要求。实用中也需要输出功率比较稳定,因为功率的波动过大时,太强的光可能对粒子造成损伤,光太弱又将使势阱变浅而导致已束缚粒子的逃逸。

目前光镊中采用较多的激光器主要有Nd:YAG、He Ne、Ar^{+}和固半导体激光器(如GaAlAs激光器)等。半导体激光器由于具有体积小巧、使用方便、稳定性好且造价较低等多方面的优点,在做低功率捕获时是一种理想的选择。

2. 捕获聚焦镜 能够把非均匀光场的激光会聚成衍射极限光斑并实现对粒子捕获的会聚透镜。捕获聚焦镜一般都采用高倍显微物镜。因为高倍显微物镜具有高的数值孔径(NA)即高的空间分辨率,同时产生强的聚焦效果即产生强的光场梯度分布,从而满足形成三维光学势阱的需要。如NA=1.25的100倍物镜就是较理想的捕获聚焦镜。选择显微物镜的另一重要原因是,以显微物镜为核心的显微镜的光学成像系统正是光镊微米级操作的显微观察所必备的装置,所以,已经成熟的光学显微镜系统为形成光镊提供了十分有利的基本设备。通常光镊是用一束激光通过一台显微镜而构成的。

高倍率大数值孔径的物镜在实现强梯度光场的同时,也具有高的放大倍率,这显然有利于光镊操纵和分辨物体的精细结构。但大的数值孔径下,物镜的工作距离短,特别是垂直入射式显微镜不利于生物样品的放置、无菌操作及其他辅助设施的组合运用。而一项工作往往需要相应技术的配合才能有实际的意义。所以当我们考虑用什么样的显微镜来实现光镊时,从生物领域的实际需求出发,在多种工作方式的显微镜系列中,相比之下,以倒置相衬生物显微镜较能同时兼容其他多种显微操作技术,但普通倒置生物显微镜的相衬物镜最大放大倍率为40倍,并且不透紫外线,这将不利于阱力和用到紫外线工作的其他附加设备。最理想的是配有可适用于紫外到近红外波段的大数值孔径(NA≥1.25)、高放大倍率(100倍)物镜的倒置相衬生物显微镜。

3. 操作阱台 阱台,也就是显微镜中的操作台,用于承载样品室。其在x、y、z方向应可连续地调节。由于光镊作用的粒子都是在微米量级,相应地要求三维阱台的操作精度在微米或亚微米量级。普通的显微操作台在z方向(光轴方向)精度为2μm(即调焦精度),在xy平面的操作精度较低。如果要对光阱的力参数进行调整及对光阱操作细胞的过程作定量测量,则必须在操作精度上有大的提高才能满足要求。提高阱台操作精度的方法通常是采用精密机械转动机配以高精度的步进电机来驱动阱台,从而实现精度小于2μm的调节。

4. 样品和样品室　光镊区别于其他生物常规方法的特点是可对单个细胞进行捕获与操作，所以光镊常常用来进行细胞分选。为实现单细胞分选操作，用于细胞分选的样品室在结构上有其特殊的要求。如在两样品室之间设置一个略大于被分选细胞大小的微管，则可用光镊将细胞从一个样品室输运到另一个样品室中实现分选，或者在一个样品室中设置相应大小的屏障来隔离被光镊分选了的细胞。

关于样品室中样品的光学性能要求，与普通生物实验一样，应具有良好的透光性。其厚度同样应选择在生物组织的标本尺度范围。如果标本相对物镜的景深过厚，在标本内的失焦处会使通过的光散射或弥散而影响成像质量。样品的厚薄、透光性等光学质量同时也影响着光镊捕获粒子的实际效果。这一点在使用高倍油浸物镜时特别敏感。一个厚的样品不仅会影响观察效果，而且会削弱阱力。一般样品的厚度以薄为佳，理想的情况应该限制在捕获聚焦镜的景深以内。

另外，对于普通机械镊子来讲，样品纯粹是镊子操作的对象，即处于被动的被操纵状态。但光镊则有其特殊性，所谓光镊捕获粒子其实质是光与物质相互作用的总的效果。在此过程中，样品不仅是被光操作的对象，还是一个积极的参与者。实验表明，粒子对光的折射、吸收，粒子本身的大小、形状、活性及透明度等物理化学性质都直接影响到光镊的捕获效果。这将提示我们针对某一种特定的作用对象来选择光镊相应的物理参数。

（四）光镊的应用

由于光镊能够无接触、非侵入性、无损伤地操纵生物分子，目前已在生物分子和细胞研究中得到了极为广泛的应用。

1. 细胞切割和缝合　光镊可以与其他技术组合运用，如与激光刀组合运用。伯恩斯首先尝试了光镊和激光刀组合运用的效果，他用光镊将两个细胞并列夹在光捕获器内，然后在细胞的交接处用激光刀进行照射，经过 5min，两个细胞便完全融合在一个细胞膜内。

2. 细胞的操纵　目前用光镊实现对细胞的操纵可以说是光镊的一个最基本和最主要的应用。为了实现对分子或分子集合的操控，通常用微米尺寸的小珠作为光镊的“手柄”，这一方法将光镊的应用从细胞、亚细胞层次推向了分子层次。

3. 细胞位移及作用力的测量　细胞中的物质运动是细胞生命活动最基本的特征之一。细胞中大多数的运动方式都依赖于细胞骨架系统，因此研究细胞骨架的力学特征，对于了解和解释细胞中物质运动的机制和调控有非常重要的意义。细胞骨架是由特定蛋白质聚合而形成的线状或管状结构。在细胞中，骨架系统以两种方式产生机械力，一是马达蛋白，二是细胞骨架微丝和微管的聚合与解聚。马达蛋白是一种特殊的蛋白质，它们可以将化学能转变为机械能，其运动依赖于微丝或微管。已开展的对细胞骨架分子力学特征的研究包括对驱动蛋白的研究、对肌球蛋白的研究、对微丝及微管刚性的测定等。

4. 作为光拉伸器　若想利用光镊来拉伸细胞，需要比使细胞移动更大的力，可实现这种拉伸功能的光镊系统被称为光拉伸器。

光拉伸器基本上也是利用光在射入介质时动量改变而对介质产生反作用力的原理，但其设计与作用都和光镊有所不同。在光拉伸器中，光强虽然很大，但不对光进行聚焦。如图 11-11 所示，当一束激光射到细胞上，在其表面产生了（反）作用力。在光进入细胞时作用力与进入方向相反，在光射出细胞时作用力与光的出射方向相同，向前、向后的合力作用在细胞质心使其在光的传播方向上拉伸细胞。

光拉伸器技术不仅被用来研究很软的人类红细胞，也为研究其他的内部有骨架的哺乳动物

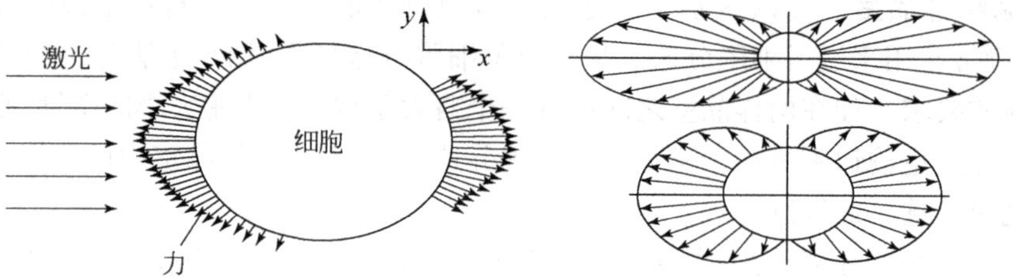

图 11-11 光学拉伸器原理

细胞提供了有力的工具。

综述研究现状，光镊技术已在生物各领域展开了应用。在细胞生物学方面用于进行细胞分选，特别适合于对形态变异细胞的分选。光镊可以改变体外培养细胞的染色体运动，可用来探讨细胞有丝分裂中的问题及纺锤丝的作用。光镊可捕捉并操纵细胞的功能，成为进行选择性细胞融合的独特手段，这种光镊操纵、激光微束诱导细胞融合在细胞工程，尤其是植物细胞工程中有着光明的前途，同时又可以从一个新的角度加深对融合机制的研究。一旦融合技术成熟，可极方便地进行处于不同细胞周期的细胞的融合研究，进一步弄清细胞周期中细胞的生理变化。

扫描光阱实现对粒子的人为排布的技术可望将细胞有目的地重新组织排列，研究特定细胞的通讯内涵和机理。

免疫学系统具备克隆的特性，它往往需要单细胞技术以获取细胞的个体行为，光镊在这个领域具有独特的优势。在研究 NK 细胞如何进攻肿瘤细胞时，常规方法的操作复杂而费时。不同 NK 亚型对肿瘤细胞的作用无人涉及，显然是对个体细胞的提取、捕获跟踪上的困难所致。现在利用光镊可使这一过程大大简化。诸如此类，还有光镊在免疫学领域潜在的许许多多应用等待着我们去进一步开拓。

在分子遗传学和遗传工程方面，激光与流式细胞测量分析仪和电子分析仪结合已用来获取高度富集的单一染色体，加快了分选和收集染色体的速度。光镊与紫外微束激光结合，每天可制备数百个 20Mb（Megabases）的染色体片段，这将使制备覆盖整个染色体片段的质粒或噬体基因库成为现实。光镊与紫外微束激光这两项技术的结合在促进精卵结合，研究优生优育、遗传病变方面也是大有作为的。

光镊利用小珠作中介手柄已实现了对分子动力原蛋白、血影及细胞骨架的研究，深入到了分子层次，是研究生命原动力机理行之有效的手段之一。

由于细胞生物学的研究揭示了与医学实践密切相关的一些细胞生命活动，如代谢、能量转换，激素、药物作用，免疫及肿瘤等的许多奥秘，光镊也必将为医学理论与实践的研究开拓出前所未有的应用。

激光具有方向性好、波长单一、能量集中等物理特性，可与生物光谱学结合来研究细胞器结构及功能，有可能在化学基团与表观现象间架起一座桥梁。

光镊在物理、化学、机械等领域的应用也获得一些尝试。例如，用扫描光阱技术已克服了激光照射下金属粒子受到的斥力，实现了对金属粒子的捕获，并进行光谱等非线性光学研究，这将推动微米级物质研究的深入发展。运用光镊取代微机械镊子移动微胶囊，然后在指定位置上开孔，引出药物使之反应，同时作皮秒级光谱分析观察化学反应中物质的变化状态，使常规操作机械无法完成的微观精密化学实验得以实现。

阅读材料

史蒂芬·赫尔

史蒂芬·赫尔(Stefan W. Hell),德国马克斯普朗克生物物理化学研究所科学家,因“超高分辨率荧光显微技术方面的贡献”获得2014年诺贝尔化学奖。

1990年在海德堡大学获得博士学位之后,史蒂芬·赫尔一直在设想超越一个多世纪前提出的阿贝极限的方法。想要挑战一种现存的主流观点是令人兴奋的,但当时德国的几乎所有顶尖科学家都对他的想法持怀疑态度,于是赫尔转而向遥远的北方寻求支持。芬兰图尔库大学一名主攻荧光显微成像技术的教授给了他在自己研究组里的一个职位。赫尔坚信一定有可以突破阿贝极限的方法。当他在一本量子光学书中读到有关受激发射的内容时,一种全新的想法在他的脑海中逐渐成形。2009年时他曾经这样评价当时自己的感受:“当时,那个想法吸引了我。我终于有了明确的想要去追求的方向。”

在芬兰图尔库大学,赫尔专攻所谓荧光显微成像学,这是一种技术方法,科学家们借助荧光分子对细胞的局部进行成像。比如说他们可以利用荧光抗体结合的方法来观察分子DNA。他们利用短暂的闪光激发该抗体,让它们在短时间内发光。如果抗体与DNA结合了,那么它就会从细胞的核心部位发光,因为那里正是细胞核内存储DNA的位置。通过这种方法,科学家们可以判断某一特定分子的所在位置。但这样也仅仅是能让科学家们确定大团分子,如缠绕纠缠的DNA分子的所在位置。这样做的分辨率太低,难以区分出特定的DNA链。你可以想象一下看到缠绕的纱线而看不清单根纱线的场景。而当赫尔读到有关受激发射的内容时,他意识到应当有可能制成一种装置,其使用纳米闪光灯扫过样品,每次1nm。利用受激发射原理,科学家们可以冷却荧光分子。它们将一束激光束对准一个分子,后者立即失去能量并变得暗淡。在1994年,赫尔发表了一篇文章陈述了自己的这一想法。在这一他设想中的技术方案,也就是所谓“受激发射减损技术”(STED)中计划采用闪光来激发所有的荧光分子,随后利用另外一次闪光让所有分子荧光熄灭——那些位于中部位置上纳米尺度空间内的除外。当进行记录时则只记录下这一部分。让这一光束扫过整个样品表面,并连续记录光强信息,就有可能得到一张整体图像。每次允许发出荧光的空间区域越小,最后得到的图像分辨率便越高。于是,从原理上说,对于光学显微成像的极限不复存在了。然而赫尔的理论文章并没有立即在学术界引起关注,但却足以让他在德国马克斯普朗克生物物理化学研究所获得一个职位,在接下来的数年里,他将自己的设想逐渐变成现实:他开发出了STED显微镜。2000年,他证明了自己的技术方法在实际工作中是可行的。当时他对大肠杆菌进行了摄像,其分辨率是此前任何光学显微镜都从来未能达到过的。

本章小结

一、无创血糖浓度检测

红外光谱法实现体液成分的无创检测和多成分的同时测量,被认为是最有应用前景的无创血糖浓度检测技术。无创血糖浓度检测的方法有很多,包括阻抗法、电化学法、微波法、光学法等。其中光学法具有快速、无创、信息多维化等特点,成了目前无创血糖浓度检测的主要手段。用来检测糖浓度的光信息包括光速、相位、强度、频率、偏振角等,应用这些信息产生了近红外光谱法、中红外光谱法、旋光法、拉曼散射光谱法、光声光谱法、光学相干成像法。

二、血氧饱和度

血氧饱和度指血液中氧合血红蛋白的容量占全部可结合的血红蛋白的百分比,即血液中血氧的浓度

$$SaO_2=\frac{[HbO_2]}{[HbO_2]+[Hb]}\times100\%$$

正常人的动脉血氧饱和度为93% ~98%,静脉血氧饱和度为70% ~75%。

血氧饱和度检测的临床应用:动脉血氧饱和度检测、脑血氧饱和度检测、肌血氧饱和度检测、胎儿血氧饱和度检测、癌变组织血氧饱和度检测。

三、无创血氧饱和度检测原理

以朗伯-比尔定律为理论基础,通过检测人体组织对光线的吸收情况就可推测出血液中的含氧量。利用光在组织中传输的衰减来确定氧合血红蛋白和还原血红蛋白的浓度。

四、动脉血氧饱和度检测原理

无创血氧饱和度检测是基于人体动脉的搏动能够引起测试部位血液流量的变化,从而引起光吸收量的原理。通常假设非血液组织对光的吸收不变来消除非血液组织的影响,求得动脉血氧饱和度。

五、肌血氧和脑血氧饱和度检测

肌血氧仪与脑血氧仪的基本原理:传感器接收器接收来自骨骼肌和脑组织的信息,对比观察不同波长的光电信号成分的相对变化,即可获得被测骨骼肌和脑组织中血氧水平及其动态变化。

六、激光扫描共聚焦显微成像原理

激光扫描共聚焦显微镜(又称显微CT),是在显微镜成像的基础上加装激光扫描装置。共聚焦显微镜采用激光作为光源,利用放置在光源后的照明针孔和放置在检测器前的探测针孔实现点照明和点探测。得到探测点的像之后,在光路中设置了扫描系统使光在样品焦平面上扫描,从而产生一幅完整的共焦图像,利用计算机进行图像处理,从而得到细胞或组织内部细微结构的图像。

共聚焦显微镜中的横向空间分辨率的表达式为

$$R_{xy}=0.4\lambda/\mathrm{NA}$$

共聚焦显微镜具有高的横向空间分辨率和纵向分辨率,因为其点对点的扫描而具有排除杂散光的影响、获得更清晰的图像等优点。

七、荧光共聚焦显微镜

荧光共聚焦显微镜是共聚焦显微镜的主要类型。被测样品被注入能够吸收入射光并具有高的荧光量子产额的染料,染料和组织体中特定组分相结合并发出波长略高于入射光波长的荧光,利用滤光片将荧光和入射光分开,然后就可使用荧光共聚焦显微镜得到细胞或组织内部的微细结构。

荧光共聚焦显微镜除了具有共聚焦显微镜的优点外,还可同时对组织或细胞内两种以上的结构进行多重荧光标记,并同时显示在一幅图像上,从而达到对各种被标记物同时定位及研究各结构之间相互关系的目的。目前商品化的荧光共聚焦显微镜的横向和纵向分辨率分别优于0.25μm和0.7μm。

荧光共聚焦显微镜分为单光子荧光共聚焦显微镜和双(多)光子荧光共聚焦显微镜。

八、光镊

光辐射也将对物体产生力,这种发生在介质表面的力就是光辐射压力或称为光压,其值等于单位时间内物体动量的变化率。由于光场强度分布不均匀产生的力,称为梯度力。

如果将光束进行聚焦,使得光场的分布在垂直和平行于光的传播方向上均具有梯度,则粒子在 x、y、z 三个方向都将受到梯度力,其合力 $\boldsymbol{F}_g$ 指向光的最强处,即焦点处。当小球的球心和焦点间有偏离时,合力总是使小球趋向焦点,这种梯度力就形成了三维光阱。

光镊是使整个微粒受到光的束缚以达到钳的效果,然后通过移动光束来迁移或翻转物体。光镊是以一种温和的和非机械接触(或“遥控”)的方式完成夹持和操纵活体粒子的。因此光镊不但可以实现对更微小微粒

如细胞的无菌操纵，而且不会对微粒造成伤害，并可实现动态跟踪和对微小力的测量。光镊技术的基础是光对微粒产生的梯度力，形成二维或三维光学势阱，从而实现对微粒的约束。

思 考 题

11-1　简述研制无创血糖浓度检测方法的意义。

11-2　绘制出近红外光谱进行人体成分(血糖/血氧)无创检测示意图。

11-3　什么是血氧饱和度？怎么计算血氧饱和度？

11-4　简述血氧饱和度检测的临床应用。

11-5　绘制不同传感采样方式的脉搏血氧仪示意图，并列举相应的应用场合。

11-6　简述荧光共聚焦显微镜。

11-7　简述光镊技术。

第十二章　电离辐射与防护

教学要求

(1)掌握常用的辐射量及其单位；掌握电离辐射防护的基本方法和医用放射线的具体防护。

(2)理解电离辐射的概念和来源；理解电离辐射的生物效应与损伤。

(3)了解三种电离辐射监测。

电离辐射(ionizing radiation)是通过与物质相互作用直接或间接地使物质原子、分子电离的辐射，包括天然电离辐射和人工电离辐射。天然电离辐射存在于自然界，而人工电离辐射目前广泛应用于医学、工业、农业、国防、科学研究等领域，发挥着重要的作用。在我国，随着人们对高质量健康需求的增加，电离辐射在健康检查和疾病诊疗上的应用在不断地增长扩大，但依然远不能满足医疗事业的要求，与发达国家相比也有很大差距。由于目前接受医疗照射的受检者与患者日益增多，医用电离辐射现已成为应用最广泛的人工辐射，所以电离辐射防护的重要性与迫切性愈发凸显。本章主要论述了电离辐射在医学上的应用及防护，并提供必要的理论基础和相关知识。

第一节　电离辐射及其来源

一、电离辐射基本概念

辐射(radiation)是一种能量传递方式，即能量通过一点向周围传递。按本质和性质的不同，辐射可以分成粒子辐射和电磁辐射。粒子辐射其实就是高速运动的粒子流，比如中子、电子或其他粒子；电磁辐射是带能量的电磁波，仅有能量而无静止质量，可见光、无线电波、X射线、γ射线都属于电磁辐射。

依能量高低及电离物质的能力，辐射可分为电离辐射或非电离辐射。电离辐射是指直接或间接使物质产生电离作用的电磁辐射或粒子辐射，具体包含α射线(α粒子)、β射线(β粒子)、中子等高能粒子流及γ射线、X射线等高能电磁波，而在宇宙射线等高能粒子射线中则两者皆有。图12-1为电离辐射警示标志，电离辐射对人体有害，要尽量避开。**非电离辐射(nonionizing radiation)**指波长较长、频率及能量较低的射线或电磁波形成的电磁场，具体包括可见光波、红外线、雷达波、无线电波及交流电波等。图12-2为非电离辐射标志。

图 12-1　电离辐射警示标志

图 12-2　非电离辐射标志

二、电离辐射来源

电离辐射通过各种各样的途径进入我们生活。有的来自天然过程，如地球上的铀衰变；有的来自人工操作，如医学 X 射线。因此可按照辐射来源将它们分为天然辐射和人工辐射。

1. 天然辐射源　人类在地球上出现以来，就一直受到天然存在的辐射源照射，这种辐射称为天然辐射。包括在食物及饮料中的各种天然放射性核素。天然辐射源主要来自宇宙射线、宇生放射性核素和原生放射性核素。宇宙射线指来自宇宙的各种粒子或射线；宇生放射性核素是宇宙射线的粒子与大气中的物质相互作用下产生，主要有^{14}C、^{3}H 等；原生放射性核素是地球形成时就已存在的核素和它们的衰变产物，如以^{238}U、^{235}U、^{232}Th 为母体的三个放射系和长半衰期的^{40}K、^{87}Rb 等。

2. 人工辐射源　包括医用放射线、核爆炸的放射性产物、核生产或核工业中的辐射源。例如，^{186}Re、^{18}F、^{11}C、^{125}I、^{131}I、^{60}Co、^{99}Mo 等。

第二节　常用辐射量及单位

一、辐射源、场和吸收的量及单位

（一）辐射源的量及单位

1. 放射性活度（A）　放射源每秒钟发生的核衰变次数就称为这个放射源的**放射性活度（intensity of radioactivity）**，用 A 表示，是在时间间隔 dt 内，该核素发生核跃迁数的期望值 dN 除以 dt 所得的商，即

$$A = dN/dt \tag{12-1}$$

放射性活度的 SI 单位是秒$^{-1}$（s^{-1}），专名是贝可勒尔，简称贝可（Bq）；1Bq 表示放射性核素在 1s 内发生 1 次核跃迁，即 $1Bq = 1s^{-1}$。放射性活度曾用单位是居里（Ci），表示放射性核素在 1s 内发生 3.7×10^{10}次核衰变，即 $1Ci = 3.7\times10^{10}$核衰变/秒$=3.7\times10^{10}Bq$。

单位质量物质中的放射性活度被称为**放射性比活度（radioactivity specific activity）**，单位是 Bq/kg 等。单位体积物质中的放射性活度被称为**放射性浓度（radioactive concentration）**。单位是 Bq/m^3 等。在相同的测量条件下，若某活度的 γ 源对空气的电离作用和 **1 克镭（grams of radium）**的 γ 辐射的电离作用相同，那么该放射源的活度被称为 **1 克镭当量（gram-radium**

equivalent）。

2. 活度的计算 一个放射源中的放射性核数是有限的，经过衰变核数会越来越少，所以放射源的活度也会越来越小。放射性活度随时间按指数规律衰减。设放射性核素 t 时刻的活度为 A，则

$$A=A_0e^{-(0.693T_{1/2})t} \tag{12-2}$$

其中 A_0 为 $t=0$ 时的活度；$T_{1/2}$ 为核素的半衰期。

（二）辐射场的量及单位

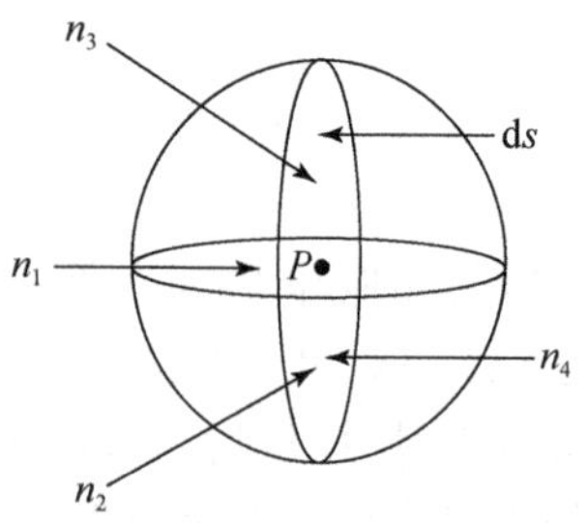

图 12-3 粒子注量示意图

1. 粒子注量（Φ） 若以辐射场中某点 P 为中心，划出一球形区域，如图 12-3 所示，电离粒子可以从各个方向进入球体。如果球体通过球心 P 的截面积为 ds，从各个方向进入该球体的电离粒子的总数为 dN（如图 12-3 所示，d$N=n_1+n_2+n_3+n_4+\cdots$），则 dN 除以 ds 而得的商，即定义为辐射场 P 点处的**粒子注量（particle fluence）**Φ：

$$\Phi=\frac{\mathrm{d}N}{\mathrm{d}s}(\mathrm{m}^{-2}) \tag{12-3}$$

可见，粒子注量就是进入单位截面积小球的粒子数。

实际辐射场中，每个粒子具有不同的能量（即为 $0\sim E_{max}$ 各种可能值），因此粒子注量计算公式为

$$\Phi=\int_0^{E_{max}}\Phi_E\mathrm{d}E \tag{12-4}$$

其中 E 为粒子能量，Φ_E 为同一位置粒子注量的微分能量分布，它等于进入小球的能量介于 E 和 $E+\mathrm{d}E$ 之间的粒子数与该球体的截面积的比值。

辐射防护中，常用**粒子注量率（particle fluence rate）**表示单位时间内进入单位截面积的球体内的粒子数：

$$\phi=\frac{\mathrm{d}\Phi}{\mathrm{d}t}(\mathrm{m}^{-2}/\mathrm{s}) \tag{12-5}$$

2. 能量注量（Ψ） 除了用粒子数目，还可通过辐射场中某点的粒子能量来表征辐射场的性质。**能量注量（energy fluence）**就是为此目的而引入的一个量。能量注量是指进入辐射场内单位截面积的小球体内所有粒子的能量（不包括静止能量），即

$$\Psi=\frac{\mathrm{d}E_{fl}}{\mathrm{d}s}(\mathrm{J/m^2}) \tag{12-6}$$

对于单能光子束，

$$\mathrm{d}E_{fl}=\mathrm{d}N\cdot h\nu \tag{12-7}$$

能量注量率（energy fluence rate）可定义为单位时间内进入单位截面积小球内的所有粒子能量总和：

$$\dot{\Psi}=\frac{\mathrm{d}\Psi}{\mathrm{d}t}(\mathrm{J/(m^2\cdot s)}) \tag{12-8}$$

3. 能量注量和粒子注量的关系 能量注量与粒子注量都是描述辐射场性质的辐射量，前者是通过辐射场中某点的粒子能量，后者是通过辐射场中某点的粒子数，显然如能知道每个粒子的能量 E，即可将能量注量和粒子注量联系起来

$$\Psi=\Phi\cdot E \tag{12-9}$$

如辐射场不是单能的，且粒子能量具有能谱分布，则辐射场某点的能量注量为

$$\Psi=\int_0^{E_{max}}\Phi_E E\mathrm{d}E \tag{12-10}$$

E 为粒子能量，Φ_E 为同一位置粒子注量的微分能量分布。

4. 照射量(X)　**照射量(exposure)**是指 X 射线或 γ 射线的光子在单位质量(dm)的空气中释出的全部电子(正电子和负电子)完全被空气阻止时，在空气中产生的同种符号离子的总电荷量的绝对值(dQ)，即

$$X=\mathrm{d}Q/\mathrm{d}m \tag{12-11}$$

照射量的 SI 单位是 C/kg。单位时间内的照射量称为**照射量率(exposurerate)**。照射量率的 SI 单位是 C/(kg · s)。照射量和照射量率只适用于 X 射线、γ 射线，且受照介质为空气，它不包括次级电子产生的韧致辐射被吸收而产生的电离，只用于能量在 10keV～3MeV 范围内的 X 射线或 γ 射线。

(三)辐射吸收的量及单位

1. 吸收剂量(D)　射线所引起的各种效应只与其在介质中电离和激发的能量有关，这部分能量是射线真正在介质中所“沉积”的能量，射线在介质中“沉积”的能量越多，即介质吸收的辐射能量越多，则引起的效应就越明显。

吸收剂量(absorbed dose)被用于衡量物质吸收辐射能量的多少，并以此研究能量吸收与辐射效应的关系。吸收剂量的定义是电离辐射给予质量为 dm 的物质的平均授予能量 dE 除以 dm 所得的商，用 D 表示。其国际单位是戈瑞(Gy)，1Gy＝1J/kg。1Gy 相当于辐射给予每千克质量组织或器官的能量为 1J。单位时间内的吸收剂量为**吸收剂量率(absobed dose rate)**，单位为戈/秒(Gy/s)。

吸收剂量是一个重要的物理量。但研究表明，辐射类型不同时，即使同一物质吸收相同剂量，引起的变化也不相同。例如，0.01Gy 快中子的剂量引起的损伤和 0.1Gy γ 辐射引起的损伤相当，即快中子的损伤因子为 γ 辐射的 10 倍。因此在辐射剂量学中建立了当量剂量这种物理量。

2. 比释动能(K)　对于非带电粒子，与物质相互作用时，其能量的传递分两个过程：首先把能量传递给与物质相互作用过程中释放出的次级带电粒子，用**比释动能(kerma)**来度量；然后次级带电粒子通过电离和激发，把获得的能量给予物质，用吸收剂量来度量。

比释动能是指间接致辐射(X 射线光子)与物质相互作用时，单位质量物质中由间接致辐射所产生的全部带电粒子的初始动能之总和。定义为：质量为 dm 的某一物质内，由不带电粒子释放出来的全部带电电离粒子的初始动能的总和 dE_{tr}除以 dm 所得的商，即

$$K=\mathrm{d}E_{tr}/\mathrm{d}m \tag{12-12}$$

其 SI 单位是戈瑞(Gy)。

3. 吸收剂量、比释动能及照射量的关系　照射量是以间接的方式反映辐射场强度，而吸收剂量和比释动能则是从射线能量转移的角度反映物质与射线相互作用时，物质所吸收的射线量。

二、辐射对人体作用的量及单位

(一)当量剂量($H_{T,R}$)

辐射防护中,将个人或集体实际接受或可能接受的吸收剂量根据组织生物效应加权修正,经修正后的吸收剂量在放射防护中称为**当量剂量(equivalent dose)**。

当量剂量是吸收剂量乘以辐射权重因子(w_R)后得到的乘积,即

$$H_{T,R} = \sum w_R D_{T,R} \tag{12-13}$$

式中$H_{T,R}$为R类辐射在组织或器官T中所致的当量剂量;$D_{T,R}$为R类辐射在组织或器官T中所致的平均吸收剂量;辐射权重因子w_R代表特定辐射在小剂量照射时诱发随机性效应的相对生物效应数值,与辐射类型和能量有关。当量剂量的SI单位是希沃特(Sv),定义是每千克人体组织吸收1J能量为1Sv。希沃特单位很大,通常使用毫希沃特(mSv)、微希沃特(μSv)。

何谓辐射权重?核辐射进入大气后,空气中不同的射线对核辐射影响不同,例如,中子的辐射权重因子为5~20,α辐射权重因子为20。在普通生活环境中,太阳光中的主要辐射为X、γ和β射线,辐射权重因子为1,因此多数情况下,吸收剂量与当量剂量相当,如有关部门检测出我国某沿海区域核辐射吸收剂量为0.001Gy,当量剂量也显示为0.001Sv。

在此再提一辐射量——**剂量当量(dose equivalent)**H。虽然吸收剂量可用来阐明物质受照射吸收能量的多少,但对于具体生物体,由于辐射类型不同或辐射条件不同(内、外照射,不同部位),即使受照和吸收剂量相同,所产生的生物效应也可能是不同的,如小鼠受到5Gy的中子辐射照射,其死亡率比受到同样吸收剂量的X射线照射的死亡率要高。由于不同的射线在相同吸收剂量下产生的生物效应不同,故引入了剂量当量的概念。剂量当量是用适当的修正因子对吸收剂量加以修正,从而更好地反映辐射对机体的危害程度。剂量当量的定义是:组织中某一点的吸收剂量(D)、品质因数(Q)及其他修正系数(N)的乘积。国际放射防护委员会目前指定修正系数(N)为1;品质因数(Q)是与传能线密度有关的因子,即与粒子径迹上的能量损失有关。Q和N都没有量纲,所以剂量当量的SI单位与吸收剂量相同。用剂量当量来描述人体受电离辐射的危害程度可以反映出不同种类、不同能量射线及不同照射条件下产生的生物效应差异。

(二)有效剂量(E)

有效剂量(effective dose)用于描述辐射所产生的“损害效应”的大小。有效剂量是以辐射诱发的随机性效应的发生率为基础,表示当身体各部分受不同程度照射时对人体造成的总随机性辐射损伤。

在全身受到非均匀性照射的情况下,受照组织或器官的当量剂量与相应的组织权重因子乘积的总和即为有效剂量。单位当量剂量(1Sv)在受照组织或器官中引起随机效应的概率,称为危险度。组织权重因子表示受照组织或器官的相对危险度,是从受照组织或器官的危险度与全身受照总危险度之比计算出来的。E公式为

$$E = \sum_T w_T H_T \tag{12-14}$$

式中H_T为器官或组织T的当量剂量;w_T为组织T的组织权重因子。例如,组织权重因子值全

身为 1，性腺为 0.20，乳腺为 0.05，甲状腺为 0.05，肺为 0.12。

三、常用辐射剂量之间的关系

来自辐射源或辐射场的辐射粒子，作用于靶物质，其能量被靶组织吸收称为吸收剂量。由于不同的辐射粒子损失能量不同，又引入了当量剂量。不同的机体、不同的生物体或组织对同一辐射类型的敏感性不同，又出现了有效剂量的辐射剂量值。这些辐射剂量之间的关系见图 12-4。

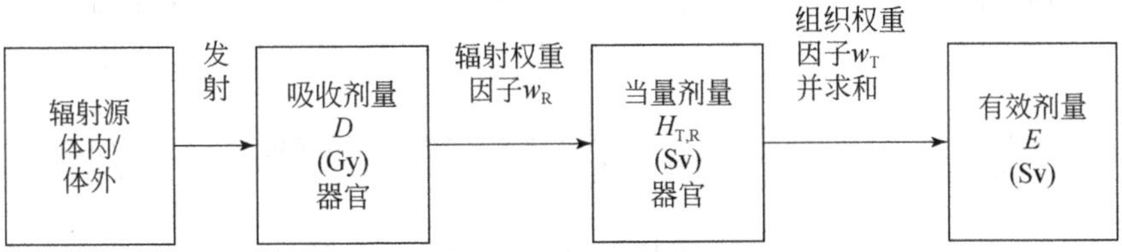

图 12-4　常用辐射剂量间的相互关系

第三节　电离辐射的生物效应与损伤

电离辐射作用于机体后，其能量传递给分子、细胞、组织和器官等生命物质，引起一系列复杂的物理、化学和生物变化，由此造成生物体各系统功能、调节、代谢的改变，产生各种**生物效应**(**biological effect**)，即电离辐射的生物效应。

一、电离辐射对人体的作用

首先对人体的细胞结构作一个简单介绍：细胞是由一个核和围绕细胞核的细胞质、细胞膜构成，核和细胞质中均含有 70% 左右的水。核内有特定数目的染色体，染色体是生物遗传、变异的物质基础。染色体的主要成分是两种重要的有机化合物——DNA 和蛋白质，起遗传作用的是 DNA 分子。基因是 DNA 上有遗传效应的片段。根据细胞的功能，可将组成人的细胞分成两大类，一类称作体细胞，一类称作生殖细胞。前者是构成个体本身(躯体)的各种细胞，后者则是专为繁殖后代的细胞。

生物介质吸收射线的能量后产生**电离**(**ionization**)或**激发**(**excitation**)。生物组织分子被粒子或光子撞击，轨道电子被击出，产生自由电子和带正电荷的离子，即形成离子对，这一过程称为电离。引起电离的射线叫作电离辐射。电离辐射的一个重要特点就是能够在局部释放很大的能量，每个电离的能量损失约为 33eV，该能量足以破坏化学键，例如碳原子的化学键(C ═C)的能量只有 4.9eV。电离辐射与组织分子相互作用，能量不足以击出电子，而使轨道电子从低能级跃迁到较高能级轨道，分子则处于激发态。激发态的分子很不稳定，容易向邻近分子或原子释放能量。**自由基**(**free radical**)指含有一个或多个不配对电子的原子、分子、离子或游离基团，它能够与其他具有不配对电子的原子或分子形成化学键，结合成自由基，其化学性质很活泼、不稳定。

(一)原发作用与继发作用

原发作用(primary action)指从照射之时起到在细胞学上观察到可见损伤的这段时间内,在细胞中进行着辐射损伤的初始和强化过程。此过程中辐射能量吸收和传递、分子激发和电离、自由基产生、化学键断裂等,都是在生物体内进行。**继发作用(secondary action)**是指在原发作用发生的基础上,原发作用形成的各种活性基团不断攻击生命大分子,导致生物显微结构破坏,继而发生一系列生物化学的损伤效应。相应过程如图 12-5 所示。

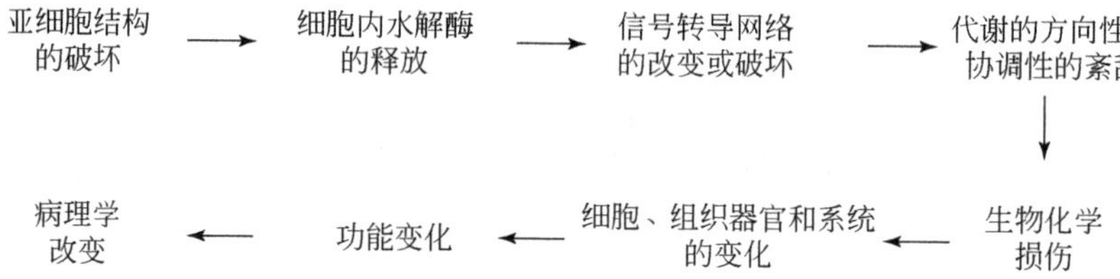

图 12-5 继发作用过程

(二)直接作用与间接作用

1. 直接作用 电离辐射的能量直接沉积于生物大分子,引起生物大分子的电离和激发,破坏机体的核酸、蛋白质、酶等具有生命功能的物质,这种直接由射线造成的生物大分子损伤称为**直接作用(immediate action)**。其特点为生物效应与辐射能量沉积发生于同一生物大分子上。在溶液系统中,直接作用是指电离辐射作用于溶质分子,引起后者的损伤。在生物机体中,直接作用是指辐射作用于具有生物活性的分子,直接引起后者损伤。实验证明,辐射可以引起 DNA 的断裂、解聚、黏度下降等。某些酶也可受辐射作用而降低或丧失其活性。此外,辐射亦可直接破坏膜系的分子结构,如线粒体、溶酶体、内质网、核膜和质膜,从而干扰细胞器的正常功能。

在细胞的正常生活状态下,生物大分子存在于大量水分的环境之中,而关于直接作用的实验都是在干燥状态或含水量很少的大分子或功能上进行的。只有当物质含水量极低时才可以说辐射效应的发生主要是由于直接作用。细胞中有些比较密集的生物大分子,如 DNA,可能在辐射作用时直接吸收辐射能而出现结构和功能变化。电离辐射对核酸大分子的直接作用主要引起碱基的破坏或脱落、单链或双链断裂、氢键破坏,螺旋结构中出现交联;电离辐射对蛋白质的直接作用可引起蛋白质侧链发生变化及氢键、二硫键断裂,导致高度卷曲的肽链出现不同程度的伸展,改变空间结构。但其全部变化并不能单纯以直接作用来解释。例如,引起一定的烟草斑纹病毒的放射效应,干燥状况下所需剂量要比含水时高 100 ~ 1000 倍。又如,细胞的染色体畸变是 DNA 分子放射损伤的后果。过去认为这种变化完全是由辐射的直接作用引起的,但已有实验表明,辐射作用后体内产生的脂类放射毒素也可引起染色体畸变。因此,在承认放射效应中存在直接作用的同时,还必须认识到单纯由直接作用不能解释活细胞内发生的全部效应。

2. 间接作用 当辐射的能量向生物分子传递时,通过扩散的离子及自由基起作用,并被生物分子所吸收而产生的生物效应称为**间接作用(indirect effect)**。无论是直接作用还是间接作用,所造成辐射损伤的基本原理都是相同的,即高能光子或亚原子微粒的能量最终被生物分子吸收。辐射能量的传递方式有多种,绝大部分辐射能量向生物体传递时,使辐射行程中所遇到的原子中较外层轨道的电子被移动,造成原子激发态。高能粒子的贯穿辐射可使原子中的电子被逐出，引起电离。由于生物组织中存在着大量的水，因此，水分子中的电子被逐出，使水分子电离，形成“水自由基”，并将其能量传递到生物靶分子上引起电离辐射的间接作用。该作用过程的特点是能量沉积和生物效应发生在不同分子上。

无论是电离辐射与DNA分子的直接作用还是产生的自由基与DNA分子的间接作用，都可能造成DNA分子的单链断裂或双链断裂。单链断裂细胞可自行修复，双链断裂可造成错误修复（变异），甚至细胞死亡。

（三）电离辐射的作用效果

若电离辐射使DNA分子的双链断裂，则将造成细胞损伤，包括细胞死亡和细胞变异（错误修复）。体细胞死亡将造成功能障碍，生殖细胞死亡将造成不孕。细胞变异中，体细胞变异将造成肿瘤，生殖细胞变异将造成遗传效应（变异的精子或卵子结合形成受精卵时）。

辐射的致突作用：辐射使细胞发生变异，则称辐射具有致突作用。细胞**突变（mutation）**是细胞的遗传特征以不连续的跳跃形式发生了突然变异，其化学本质是DNA结构的变化，体细胞突变可诱发癌症，生殖细胞突变可导致遗传效应。电离辐射是人类首先证实的致突剂。1927年，H. J. Müller用X射线照射果蝇诱发了基因突变。1942年才证实了化学物质有致突作用。

电离辐射作用于人体，可能造成器官或组织的损伤，因而表现出对人体健康有害的各种生物效应，根据不同的划分方式，可分为以下三个大类。

1. 躯体效应和遗传效应　按电离辐射出现的范围不同，可分为**躯体效应（somatic effects）**和**遗传效应（genetic effect）**。受照射个体体细胞损伤而致本身发生的各种效应称为躯体效应。又可区分为**全身效应（total body effect）**和**局部效应（local effect）**，如辐射所致的骨髓造血障碍、白内障等。受照射个体生殖细胞突变而在子代身上表现出的效应称为遗传效应。这是由于电离辐射造成受照者生殖细胞遗传物质的损伤，引起基因突变和染色体畸变，导致后代先天畸形、流产、死胎或某些遗传性疾病。

2. 随机性效应和确定性效应　**随机性效应（stochastic effect）**是指辐射效应的发生率（而非严重程度）与剂量大小有关的效应，不存在剂量阈值，如图12-6所示。它主要是针对小剂量、小剂量率的慢性照射，如致癌效应和遗传效应。对于随机性效应，即使很小的剂量，也有导致该效应发生的危险，尽管发生率很低。在联合国原子辐射效应科学委员会（UNSCEAR）的报告中，将低于0.1mGy/min的剂量率或小于0.2Gy的急性辐射剂量看作低剂量率或小剂量。**确定性效应（certainty effect）**（ICRP在其建议书草案中也将确定性效应称为组织反应）应有明确的阈值，在阈值以下不会见到有害效应，达到剂量阈值则有害效应肯定发生，且辐射效应的严重程度取决于所受剂量的大小，如图12-7所示。它主要针对大剂量、大剂量率的急性照射，一般主要是事故照射。例如，照射后的白细胞减少、白内障、皮肤红斑脱毛等辐射皮肤损伤均属于确定性效应。

3. 近期效应和远期效应　按效应出现的时间可分为**近期效应（short-term effects）**和**远期效应（long-term effects）**。近期效应指电离辐射作用于生物机体后，辐射损伤效应在照射后短期（数周内）就出现，如急性放射病、急性皮肤损伤等。远期效应指电离辐射作用于生物机体后，辐射损伤效应在照射后数月至数年才出现（一般6个月以上），如慢性放射病、致癌效应、放射性白内障、辐射遗传效应等。

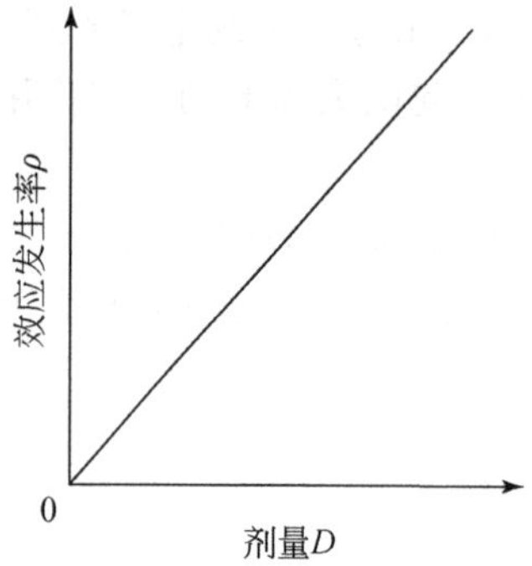

图 12-6 随机性效应的发生率与剂量的关系

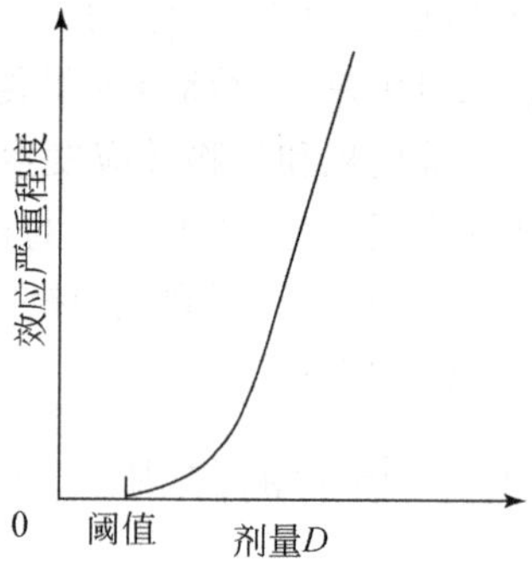

图 12-7 确定性效应的严重程度与剂量的关系

二、影响电离辐射生物效应的主要因素

辐射防护的目的：防止有害的确定性效应，即要尽力避免大剂量照射，限制随机性效应的发生，使之达到可接受的水平。下面将对影响随机性效应发生率的因素进行研究。

（一）与辐射有关的因素

1. 辐射的种类 不同种类的辐射所产生的生物效应不同，从辐射的物理特性来看，电离密度和穿透能力是影响其生物效应的重要因素。总的说来，这两者正好呈反比关系。α 射线的电离密度较大，但穿透能力很弱，因此由外照射时，对机体的损伤作用很小，而发射 α 射线的放射性核素进入体内时，对机体的损伤作用很大。β 射线的电离能力较 α 射线弱，但穿透能力较强，外照射时可引起皮肤表层的损伤，内照射时亦引起明显的生物效应。高能 X 射线和 γ 射线穿透能力很强，与体内物质作用时产生次级电子，后者引起电离效应，其电离密度较 α、β 射线小，但 X 射线和 γ 射线能穿透深层组织，由外照射时易引起严重损伤。快中子和各种高能重粒子也都具有很大的穿透力，在组织内其射程的末端产生极高的电离密度。这种集中于深部局限范围内的密集的辐射杀伤作用，主要用于恶性肿瘤的放射治疗。

2. 辐射剂量 与生物效应之间存在一定的相依关系。总的规律是辐射剂量越大，效应越显著，但并不完全呈直线关系。

3. 辐射剂量率 单位时间内机体所接受的辐射剂量，常以 Gy/d、Gy/h、Gy/min 和 Gy/s 表示。在一般情况下，辐射剂量率越大，生物效应越显著，但当辐射剂量率达到一定程度时，生物效应与辐射剂量率之间则失去比例关系，而且辐射剂量率对生物效应的影响也随所观察的具体效应不同而异。要引起急性放射损伤必须要有一定的辐射剂量率阈值。0.005～0.05Gy/d 的辐射剂量率即使长期大量累积也不会产生急性放射病的症状，只能导致慢性放射病的发生。当辐射剂量率达到 0.05～0.1Gy/min 或更高时，则有可能引起急性放射病，而且其严重程度随辐射剂量率增大而加深。在小剂量慢性作用的条件下，辐射剂量率对生物效应的发生也有明显的影响。

4. 分次照射(fractional irradiation) 同一剂量的辐射，在分次给予的情况下，其生物效应低于一次给予的效应。分次越多，各次间隔时间越久，则生物效应越小。这显然与机体的修复过程有关。

5. 照射部位 当辐射剂量和剂量率相同时，腹部照射的全身后果最严重，其次为盆腔、头颈、胸部及四肢。照射的几何条件对生物效应有很大影响。人体事故照射时，往往由于几何条件不同而造成身体各部分的不均匀照射。不同器官和组织的放射敏感性有较大的差别，因此不均匀照射的后果因各部位吸收剂量不同而异。

6. 照射面积 当照射的其他条件相同时,照射面积越大,效应越显著。这是在临床应用辐射的实践中早已肯定的规律。在临床放射治疗中,一般都将照射视野缩至尽可能小的范围,并且采用分次照射以减少每次的剂量。这样就可降低正常组织的放射损伤效应,以达到对局部肿瘤尽可能大的杀伤。

7. 照射方式 根据源于体外或体内对人体产生的照射,电离辐射可分为**内照射(internal radiation)**和**外照射(external exposure**,单向或多向)。内照射是指放射源(放射性核素)进入体内,并由体内放出射线作用于机体的不同部分。外照射是指放射源在体外,其射线由体外作用于机体的不同部分或全身。若是兼有内、外两种照射则称为混合照射。医疗照射既有外照射,也有内照射。

(二)与机体有关的因素

放射敏感性(radiosensitivity)指生物系统对辐射作用的反应性或灵敏性。若反应强、速度快,其敏感性就高,反之则低。深入研究放射敏感性的实质及其影响因素,对理解机体放射损伤的发生机理及探讨提高机体放射耐受力的措施,有着极为重要的理论和实际意义。下面从种系、个体、组织细胞和分子水平四个方面来阐述机体的放射敏感性。

1. 种系的放射敏感性 种系演化越高,机体组织结构越复杂,放射敏感性越高。在脊椎动物中,哺乳类的放射敏感性比鸟类、鱼类、两栖类及爬虫类为高。在哺乳动物中,各种动物的放射敏感性有一定差别,但差别不很大。总的说来,人、狗、豚鼠等的放射敏感性高于兔和大、小鼠的放射敏感性。关于不同种类动物放射敏感性差异产生的原因,尚无十分满意的解释。在同一类动物中,不同品系之间放射敏感性有时亦有较明显的差异。一般对其他有害因子抵抗力较强的品系,其放射抵抗力亦较高。

2. 个体发育的放射敏感性 电离辐射对个体发育影响的研究发现敏感性随个体发育过程而逐渐降低。因此,有的研究者提出了所谓的“十日法规”,即对育龄妇女下腹部的X射线检查都应当在月经周期第1天算起的10天内进行,以避免对妊娠子宫的照射。

3. 不同器官、组织和细胞的放射敏感性 严格说来,没有一种组织完全不受辐射的影响,但不同组织和细胞对辐射作用的反应有很大的差别。成年动物机体的各种细胞的放射敏感性与其功能状态有密切的关系。早在1906年法国科学家Bergonie和Tribondeau在观察大鼠睾丸的辐射效应时,就发现分裂的细胞受辐射的影响比不分裂的细胞要大。根据这些观察,他们提出了一条定律:一种组织的放射敏感性与其细胞的分裂活动成正比,而与其分化程度成反比。但卵母细胞和淋巴细胞例外,这两种细胞并不迅速分裂,但二者都对辐射极为敏感。

4. 亚细胞和分子水平的放射敏感性 细胞内DNA损伤和细胞放射反应(包括致死效应)之间的相互关系是分子放射生物学的基本问题之一。一般说来,哺乳动物细胞对辐射的致死效应是比较敏感的。在充分给氧的环境中(如细胞培养液内),几戈瑞的辐射剂量就足以使大多数细胞停止分裂。从纯辐射化学的角度来考虑,吸收这么小量的辐射所造成的分子损伤是极小的。细胞进行正常功能所需的各种生物分子,如蛋白质和酶的数量很大,其中少数分子的损伤不致引起严重的效应。然而核酸分子的数量则较少,而且DNA分子及其碱基顺序具有独持性,故DNA分子损伤被认为是细胞致死的主要因素。

有人分别用DNA、RNA和蛋白质的前体物质胸腺嘧啶核苷、尿嘧啶核苷和氨基酸(如组氨酸、赖氨酸等)的氚标记物进行实验,以确定它们发生放射损伤的敏感性比值,发现细胞内不同“靶”分子的相对放射敏感性的顺序为DNA>mRNA>rRNA>tRNA>蛋白质，由此表明DNA分子的重要性。

（三）与介质有关的因素

1. 温度 机体受照射时，其内外环境温度的改变，可直接影响辐射生物效应，称为温度效应。进行放射治疗之前，先提高肿瘤组织局部温度，其放疗效果有明显提高。原因有三：①温度造成动物体内氧状况的改变；②温度引起体内新陈代谢水平的改变；③在低温或冰冻状况下，溶液中自由基扩散受阻。

2. 氧 受照组织、细胞或溶液系统的辐射效应随周围介质中氧浓度的增加而增加，这种现象称为氧增强效应。目前为提高肿瘤组织对辐射的敏感性，可利用辐射的“氧效应”这一特性提高放射治疗效果。

3. 化学物质 在溶液体系中，由于其他物质的存在而使一定剂量的辐射对溶质的损伤效应降低，称为防护效应。细胞的培养体系中或机体体液中在照前含有辐射防护剂，可减轻自由基反应，促进损伤生物分子修复，减弱生物效应。反之，如含有**辐射增敏剂（radiosensitizer）**，可增强自由基化学反应，阻止损伤分子和细胞修复，提高辐射效应。

第四节 电离辐射的防护

辐射防护的基本任务是保护环境、保障从事放射性工作的人员和公众的健康与安全、保护他们的后代、促进原子能事业的发展。辐射防护的目的是在不对辐射照射的有益实践造成过度限制的情况下为人类提供合适的保护。具体来讲就是要防止有害的确定性效应，限制随机性效应的发生率，使之合理地达到尽可能低的水平。

一、电离辐射防护的标准

辐射防护标准一般规定基本限值、导出限值和参考水平等几个级别。

（一）基本限值

1. 有效剂量限值和当量剂量限值 根据国家标准（GB18871—2002），剂量限值规定见表12-1。

表12-1 有效剂量限值和当量剂量限值

应用	剂量限值	
	职业人员	公众
有效剂量（随机性效应的要求）	连续5年内年平均值为20mSv，任何一年的最大值为50mSv	连续5年内年平均值为1mSv，任何一年的最大值为5mSv
年当量剂量（为了防止局部照射中的确定性效应）		
眼睛	150mSv	15mSv
皮肤	500mSv	50mSv
四肢（手和足）	500mSv	

（1）对于年龄为16～18岁接受涉及辐射照射就业培训的徒工和年龄为16～18岁在学习过程中需使用放射源的学生，应控制其职业照射使之不超过下述限值：

(a)年有效剂量,6mSv;

(b)眼晶体的年当量剂量,50mSv;

(c)四肢(手和足)或皮肤的年当量剂量,150mSv。

(2)限值不包括天然本底和医疗照射;

(3)限值用于规定期间有关的外照射剂量与该期间摄入量的50年(儿童70年)的待积剂量之和;

附加限制:

(4)未孕职业妇女的职业照射控制与男性相同。

(5)怀孕职业妇女,对胎儿提供大致相当于公众中成员的防护标准。只要一发现怀孕,在孕期余下的时间内应施加补充的当量剂量限值,对腹部表面(下躯干)不超过2mSv并限制放射性核素摄入量为大约$\frac{1}{20}$ALI(ALI为**年摄入量限值(annual limit on intake)**)。

2. 次级限值 是指内照射ALI。一年内只有内照射且单次或多次摄入一种放射性核素,只要有

$$\frac{I}{\mathrm{ALI}} \leqslant 1 \tag{12-15}$$

成立,则必满足剂量限值的要求。I是有关放射性核素的年摄入量(Bq),ALI是用于内照射的年摄入量限值(Bq)。

(二)导出限值

导出限值(derived limit value)用来评估实际暴露以确定基本限值是否可能被超过。某些导出限值是根据相关的基本限值用测量和/或计算技术导出的,而某些导出限值是基于暴露在电磁场下的感觉和不利的间接影响提出来的。遵守导出限值可以保证遵守对应的基本限值。如果测量或计算值超过导出限值,并不意味着基本限值一定被超过。但一旦超过导出限值,则必须检验其与基本限值的符合性,并决定是否有必要采取额外的保护措施。

(三)参考水平

参考水平是对辐射量的值制定一些采取某种行动的标准。它包括记录水平、调查水平、干预水平。记录水平就是当某个辐射量的值超过记录水平标准时,应当采取记录行动,低于记录水平标准的可忽略即不予记录。调查水平就是当某个辐射量的值超过调查水平标准时,应当采取调查行动,且追究产生的原因。干预水平就是当某个辐射量的值超过干预水平标准时,应当采取干预行动进行补救。国际放射防护委员会建议以年当量剂量限值或年摄入量限值的十分之一作为记录水平标准,在监测过程中,超过此水平的测量结果,被认为有较大意义而应记录存档,低于此水平的可不予记录,在评价年当量剂量或摄入量时,可当作零看待。以年当量剂量限值或年摄入量限值的十分之三作为调查水平标准。

二、电离辐射防护的基本方法

(一)外照射防护

外照射防护(external irradiation protection)的基本原则:尽量减少或避免射线从外部对人体

的照射，使之所受照射不超过国家规定的剂量限值。

1. 外照射来源 除了天然辐射源外，外照射来源主要包括人工辐射源，核电厂的反应堆就是一个巨大的放射源，在核燃料裂变时会产生中子和 γ 辐射，裂变反应和活化反应的产物衰变时也会产生α、β和 γ 辐射。

2. 外照射防护的一般方法 外照射防护就是采用一定的方法减小人员可能受到的外照射剂量。根据公式：剂量=剂量率×时间，想办法减小工作场所剂量率和（或）减少受照时间都能有效地减小外照射剂量。根据外照射作用的特点，人们在实践中研究出一套降低外照射剂量的科学方法，防护方法有时间防护法、距离防护法、屏蔽防护法和源项控制法。

（1）时间防护法——尽量减少辐射源对人体的照射时间，以减少受照剂量。在工作场所剂量率不变的条件下，受照剂量与受照时间成正比，因此减少工作时间是减少受照剂量的有效方法。

（2）距离防护法——尽量增加人体与辐射源之间的距离，以减小人体受照的剂量。

（3）屏蔽防护法——射线穿过物质，与物质相互作用，将被减弱或吸收。在时间、距离防护不能使剂量降低到剂量限值的要求时，须在人体与放射源之间设置屏蔽物，以减少受照剂量。根据需要，屏蔽物可设置为固定屏蔽物和活动屏蔽物。屏蔽防护法就是在人与辐射源之间设置屏蔽物以减小人员处的剂量率，从而减少人体受照剂量。

上述时间、距离、屏蔽等防护法是外照射防护最基本的方法，三种方法可单独使用，也可两个、三个综合使用。这三种方法主要与人在操作时的行为有关，把它们叫作与人相关的防护方法。此外，在某些特殊的工作条件下，还可使用源项控制法。

（4）源项控制法——在工作前采取控制辐射源从而降低现场放射性水平的方法。例如，用放射源进行射线探伤，如果同样能达到工作目的，那么选用小源而不用大源。在可能的情况下采取控制辐射源的方法无疑是降低剂量最有效、最根本的防护方法，这种方法直接与辐射源的大小有关，因此叫作与源相关的防护方法。

（二）内照射防护

1. 造成内照射的原因

（1）存在于空气中的放射性气溶胶（直径 $10^{-3}\sim 1\mu m$ 的固体或液体颗粒）或放射性气体通过呼吸道进入体内；

（2）饮用被放射性污染的水，食入被放射性污染的食物；

（3）经皮肤伤口进入体内；

（4）某些放射性物质，如氧化氚或和碘的化合物甚至可以通过完好的皮肤进入体内。

2. 内照射防护的一般措施

（1）概述：随着原子能科学技术的发展及和平利用的普及，使用和操作开放源的种类与数量、应用范围都在迅速增加，涉及人员越来越多，不但有工作人员，而且放射性废弃物污染环境会影响到公众。

（2）内照射防护的基本原则和方法：内照射防护（internal radiation protection）的基本原则是采取各种措施，隔断放射性物质进入人体的各种途径，使摄入量降低到容许水平以下尽可能低的水平。

内照射防护的基本方法主要是隔离与稀释。

隔离，是把操作人员与放射性物质隔离开。例如，为防止放射性物质进入空气而被吸入人体，蒸发放射性液体或操作放射性粉尘时，必须在通风柜或手套箱内进行。为防食入放射性物质，严禁在工作场所吸烟和饮食等。

稀释，是把空气或水中的放射性物质的浓度降低到容许水平以下。例如，通风、废水用水稀释、废气通过高烟囱排放到大气等。

常用防护手段主要是佩戴个人呼吸保护器具，与放射源隔离，以及通风、过滤、降低空气中的放射性。

(3)内照射防护的一般措施：放射性物质没有密封的包壳，有可能向环境扩散，这种物质称为开放型或非密闭型放射性物质。在开放型放射操作中，“包容、隔离”和“净化、稀释”往往联合使用。

防吸入的主要措施：尽量防止和减少空气污染。因为空气污染是造成放射性物质(放射性气体或气溶胶)经呼吸道进入人体内的主要途径。对已污染的空气，采取空气净化、空气稀释、密闭容器和使用个人防护用品等措施。

防食入的主要措施：主要防止手和衣物污染食物和水源。为此，禁止在放射工作场所吃、喝和吸烟；为防止手污染，操作放射性物质时，必须戴手套；手污染时要认真洗手，指甲常剪；为保持食堂和宿舍卫生，不许穿着放射性工作场所的工作服进入食堂和宿舍；警惕食用水源的污染。

防止皮入的措施：手或皮肤有小创伤，要妥善包扎好并戴上手套，才能操作低水平的放射性物质；不准用有机溶剂洗手，避免增加皮肤渗透性。

内照射防护是比较复杂的，有关国际组织和国家都很重视。为保护工作人员，预防内照射的发生，保护环境防止放射性污染，达到内照射防护目的，必须采取综合措施。应从工作场所的选址、设计、建造、室内配置、设施，个人防护，放射源的安全包装、运输，安全操作规程和废弃物处理等各个环节进行。

三、医用放射线的具体防护

医用放射线的具体防护主要包含诊断 X 射线的防护要求及措施、放射治疗辐射的防护要求及措施，以及核医学实践中的放射防护措施三个方面。

(一)诊断 X 射线的防护要求及措施

1. 放射诊断过程中的射线来源 放射诊断系统分为普通平片 X 射线成像系统、医用诊断 X 射线 CT 扫描系统和放射性核素成像系统。普通平片 X 射线成像系统、医用诊断 X 射线 CT 扫描系统都使用诊断 X 射线，其能量一般在 70 ~ 140keV；医学成像中所使用的 γ 射线的能量范围一般在 25keV ~ 1.0MeV，与 X 射线成像时应用的能量相近，但平均能量要高些。

2. 工作场所的划分 诊断 X 射线显像系统相关的工作场所，根据使用功能分为诊断 X 射线机房、工作人员操作间、候诊室。

3. 诊断 X 射线屏蔽防护措施

(1)X 射线机房场体与楼板：诊断 X 射线机房一般均用黏土砖做墙体屏蔽材料。摄影机房中有用线束朝向的墙壁应有 2mm 铅当量的防护厚度，其他侧墙壁及透视机房各侧墙壁应有 1mm 铅当量的防护厚度。由于诊断 X 射线机常用管电压多在 60 ~ 120kV，墙壁多为 240mm 厚的实心砖墙，即相当于 2mm 铅当量。

(2)防护门窗：一般诊断机房的防护门相当于 1 ~ 2mm 铅当量，CT 房至少需 3mm 铅当量。

一楼机房的窗子，对散射线需要0.5～1.0mm铅当量。为了保持良好的通风，可制作迷宫式百叶窗，即用两层“[”形叶片对应相扣，可用两层薄铁板中间夹铅板制作。

(3)候检防护屏：少数放射科进行胸透时，为了方便和节省时间，让数人甚至十几人同时进入透视机房内候检，容易造成一人受检，多人多次同时受照。因此，需要在透视机房内设置候检防护屏。候检防护屏的规格需根据机房大小与同时候检的人数多少而定，一般高1800～2000mm，可做成二联或三联，总宽度在1800～2700mm不等。防护厚度有0.3～0.4mm铅当量即可，防护材料以选用2mm厚铁板(相当于0.34mm铅当量)为最佳。

(二)放射治疗辐射的防护要求及措施

放射治疗是利用射线电离辐射的生物效应来杀死肿瘤细胞。大约70%的恶性肿瘤在其治疗过程中，需进行放射治疗。放疗扮演独特而重要的角色，其中包括根治性放疗，手术前、手术后放疗，姑息性放疗等。放疗在肿瘤治疗上应用范围很广泛，临床医生应灵活掌握其适应证，造福肿瘤患者。这里仅对介入放射学屏蔽防护、医用电子加速器的屏蔽防护进行介绍。

1. 介入放射屏蔽防护装置 由于介入放射学的发展很快，所用X射线机机型较多，致使屏蔽防护装置难以定型批量生产，只能采取“反向研发法”，即用户提出要配置防护装置的要求，研制者先到该医院了解X射线机机型、诊视床结构、工作性质和操作习惯，模拟介入手术操作，测试防护区剂量，了解介入医生的具体要求。在此基础上，以封闭性、适用性、通用性、耐久性和最优化的思路，设计制造介入用屏蔽防护装置。

2. 介入放射个人防护用品 由于介入治疗的病种繁多，方法复杂，X射线管需要从多种角度照射，所以任何一种介入用屏蔽防护装置都难以适用于各种情况的照射，需要介入治疗医生穿戴个人防护用品作为辅助屏蔽防护措施，以确保自身安全。

3. 医用电子加速器的屏蔽防护 必须严格按照国家标准设计和实施。在设计医用电子加速器室屏蔽防护时，必须运用辐射屏蔽原理，根据拟安装医用电子加速器所具有的辐射物理特点，并考虑到辐射防护发展的需求，对初级X射线(有用射线束)、泄漏X射线、散射X射线、漏射中子和中子门等屏蔽防护逐一进行严谨的、规范的和优化的屏蔽计算，得出拟安装医用电子加速器室所需的各辐射屏蔽结果。所以进行医用电子加速器屏蔽防护设计时，在满足国家标准需要的同时，既做到严格、规范、节约和优化，又不过度屏蔽防护，必须是经济的辐射屏蔽方法。

(三)核医学实践中的放射防护措施

核医学是利用开放型放射性核素或其标记物进行疾病诊断和治疗的学科。它是一门研究核素和核射线在医学中的应用及其理论基础的学科，是核技术与医学结合的产物。

放射性核素**内污染(internal contamination)**是指进入体内的放射性核素超过自然存在量。其含义包括两层：一是正常时不存在的核素现在存在了；二是正常时体内存在的核素现在增加了。正常情况下人体内存在一定量的放射性核素，如^{40}K、^{14}C、^{3}H、Ra、U、Th等。正常本底地区天然辐射有效年剂量当量约24mSv，内照射约占2/3。

内照射放射病是指内照射引起的全身性疾病。既有电离辐射作用所致的全身性表现，又有该放射性核素靶器官的损伤。出现与外照射放射病相似的全身症状和血象变化，但不同的是病程长，分期不明显，伴有靶器官损伤。

内污染与内照射放射病是两个不同的概念，内污染是说明一种状态，不是一种疾病，内污染不一定引起内照射放射病。内照射放射病一定是有严重的放射性核素内污染。内照射放射病很少见,临床工作中多为内污染。

(四)放射性核素进入体内的途径及其分布

放射性核素进入体内的途径包括呼吸道、消化道创口和皮肤。放射性核素体内分布是指其被吸收入血液随血液循环分散到各个器官和组织的动态过程。进入血液后的存在形式包含以下几种。

(1)离子状态:易溶性放射性核素在血浆中呈离子状态,如$^{90}Sr^{2+}$、$^{226}Ra^{2+}$等。

(2)与蛋白结合:这种结合是可逆的。

(3)复合离子或络合离子:与无机盐形成可溶性复合离子或形成络合物离子。

(4)氢氧化物胶体:镧系和锕系核素在血液中易发生水解,形成难溶性氢氧化物胶体。

(五)内污染的照射特点及医学处理原则

1. 内污染的照射特点　其一,呈持续性照射,进入体内的放射性核素持续照射,直至排出体外或衰变完。辐射效应特点:内照射时α射线>β射线>γ射线,外照射时则相反。其二,呈选择性照射,靶器官损伤明显,^{131}I损害甲状腺,^{90}Sr破坏骨质。放射性核素摄入量达到多少需要医学处理尚无统一标准,应结合具体情况,综合分析,权衡利弊而定。

2. 内污染的处理原则　与内照射防护的基本原则存在相似点,包含以下四个方面:①预防为主,预防内污染发生,降低污染程度;②做好呼吸道的防护、服KI等;③抢救生命优先,然后处理外污染、内污染;④尽快离开污染现场。内污染处理要求:及时(不影响急救的原则下,尽早处理内污染)、正确(措施依据核素特点、进入途径和时机而定)、得当(内污染处理时要综合分析,权衡利弊而定)。

3. 内污染的医学处理措施　内污染辐射损伤主要决定于核素特点、摄入量和体内停留时间。尽早减少吸收和加速排出,可以降低内照射损伤。具体措施如下:尽快脱离污染现场,体表除污染,减少胃肠道吸收,减少呼吸道吸收。

(六)放射性核素排出的途径

1. 呼吸道　吸入气态或挥发性核素主要由呼吸道排出,排出快,排出率高。如氡吸入后2h大部分排出,5h后肺内仅有微量存在。气态氚进入体内后,大部分在最初1.5h呼出,5~6h后体内仅存留痕量氚。

2. 肠道　难溶性放射性核素经口进入,未经胃肠道吸收,随粪便排出。已吸收入血液的放射性核素,可经胃肠液分泌到胃肠道随粪便排出。滞留肝脏者,可经胆汁由肠道排出。

3. 肾脏　吸收入血液的可溶性核素,如^{137}Cs、^{131}I等,主要随尿液排出。尿中放射性核素浓度与血液内浓度呈正相关。早期血浓度高,排出多而快;后期核素沉积在组织器官,排出逐渐减少。

4. 其他途径　有些可经乳汁、汗腺、皮肤、黏膜排出。

(七)内照射防护的基本方法与屏蔽防护的关系

由于可能进入人体内的放射性核素几乎都直接发射γ射线或间接发射X射线(如β射线与物质相互作用产生的韧致辐射)或γ射线,如^{18}F衰变中由湮没辐射产生的能量为0.511MeV的两个光子(γ射线)。因此,这些都需要屏蔽防护。

内照射防护的基本方法和措施前面已作讨论。对注入患者体内的放射性核素发射的β射线、γ射线也需要屏蔽。放射性诊断的主要目的是解剖学成像，而核医学更多的是调查生理过程。放射性核素产生器，特别是^{99m}Tc的使用，需要在淋洗过程中处理几十吉贝可的放射性物质。在进行临床核医学操作时，受照剂量的大小取决于所采取的预防措施，包括在注射时使用注射器屏蔽。在实施注射及给患者和照相机定位时，工作人员必须接近患者。通常，照相过程对工作人员的影响最大。工作人员的内照射一般比外照射低得多，在放射性药物的生产、分析和注射时应采取防止吸入和食入的防护措施。个人平均年有效剂量为1～2mSv。

怀孕的女性核医学科技师如果在妊娠期继续从事原来的工作，有可能受到超过规定的剂量限值的照射。女性工作人员发觉自己怀孕后要及时通知用人单位，以便必要时改善其工作条件。孕妇和授乳妇女应避免受到内照射。用人单位有责任改善怀孕女性工作人员的工作条件，以保证为胚胎和胎儿提供与公众成员相同的防护水平。

第五节　电离辐射监测

电离辐射监测(monitoring of ionizing radiation)简称辐射监测，又称为放射性监测，是指为了评估和控制辐射或放射性物质的照射，对剂量或污染所完成的测量及对测量结果进行的分析和解释。

一、个人剂量监测

个人剂量监测(personnel monitoring)：利用工作人员佩戴剂量计进行的测量，或对其体内或排泄物中放射性核素的种类和活度进行的测量和解释。

(一)个人剂量监测的内容

个人剂量监测包括外照射监测、内照射监测与皮肤表面污染监测。

1. 外照射监测

(1)监测的目的。外照射监测的目的是：①估算外照射有效剂量，必要时估算主要受照的或所关心的器官或组织的当量剂量，提供个人外照射剂量的资料，以达到并维持可接受的安全而又满意的工作条件；②为安全评价和辐射防护评价提供外照射剂量资料，以评价和验证是否符合管理和审管部门的要求；③为设施的设计和运行控制的优化提供外照射剂量信息；④即时发现非预期的事件或事故；⑤在异常或事故照射情况下，为启动合适的应急、健康监督和医学处理提供可靠的资料、支持和协助，并为事件或事故评价提供外照射剂量资料。

(2)监测的对象。包括：①对于任何在控制区的工作人员，或有时进入控制区工作并可能受到显著职业照射的工作人员，或其职业照射剂量可能大于5mSv/a的工作人员，均应进行个人剂量监测。②对在监督区或只偶尔进入控制区工作的工作人员，如果预计其职业照射剂量在1～5mSv/a范围内，则应尽可能进行个人监测。③如可能，对所有受到职业照射的工作人员均应进行个人外照射监测。但对于受照剂量始终不可能大于1mSv/a的工作人员，一般可不进行个人监测。④对临时工作人员、访问与实习人员也应进行个人剂量监测，按规定记录和保存监测结果，并将监测结果通知本人。

(3)监测的量。从测量的量和评价的量两方面进行阐述。①测量的量。外照射个人剂量监测的测量的量是某一测量周期或某工作期间累积的个人剂量当量：深部个人剂量当量 $H_p(10)$；3mm 深的个人剂量当量 $H_p(3)$；浅表个人剂量当量 $H_p(0.07)$。在环境及工作场所测量的量是某一测量周期累积的周围剂量当量 $H^*(10)$ 和定向剂量当量 $H'(0.07)$，上述单位均为 Sv；或某一时刻的周围剂量当量率和定向剂量当量率，Sv/h。②评价的量（防护量）。外照射个人剂量监测的评价的量（防护量）是有效剂量 E、器官或组织的当量剂量 H_T，如皮肤的当量剂量、眼晶体的当量剂量，单位均为 Sv。

（4）监测的频度。常规外照射个人监测采用佩戴个人剂量计进行监测。通常每个工作人员有两个个人剂量计。一个用于佩戴，另一个（前一个监测周期佩戴的）被送到相关实验室进行测读、记录和评价。监测频度的选择决定于从事工作的性质、工作场所辐射场的变化情况、预期受照剂量水平、剂量计的特性及剂量学系统的探测限等因素。监测周期视具体情况而定，可以从几天到半年，一般为 1 个月，较稳定的工作场所可为 3 个月（1 季度）。

2. 内照射监测

（1）监测的目的。内照射监测的目的是：①估算待积有效剂量，必要时估算受照器官或组织的待积当量剂量，以达到并维持可接受的安全而又满意的工作条件；②为安全评价和辐射防护评价提供内照射剂量资料，以验证是否符合管理和审管部门的要求；③为设施的设计和运行控制的优化提供资料；④在异常或事故照射情况下，为启动合适的健康监督和医学处理提供可靠的资料、支持和协助。

（2）监测对象。对所有可能受到职业内照射的人员一般都应进行内照射个人监测，对于可能有放射性核素显著摄入的工作人员，应进行常规内照射个人监测。在处理事故或设备检修情况下，发生或怀疑发生放射性核素显著摄入时，应进行内照射个人监测。在事故情况下，应进行内照射个人监测。

（3）监测的量。跟外照射监测一样，内照射监测的量亦从测量的量和评价的量两方面进行阐述。①测量的量。内照射个人剂量监测中所测量的量是放射性核素在全身或器官（组织）中的含量（活体测量），或在排泄物等生物样品中的含量（生物样品分析），或放射性核素的积分空气浓度（个人空气采样分析）。活体测量得出的结果是摄入后第 t 天的全身或器官（组织）中的放射性核素含量。排泄物分析得出的结果是摄入后第 t 天的尿浓度（Bq/L）（仅对氚，单次尿样），或第 t 天的日排泄量（除氚以外的核素，日尿或粪样，一般情况），或某几天的累积排量（除氚以外的核素，累积尿或粪样，特殊情况）。②评价的量（防护量）。内照射个人剂量监测中的评价的量是待积有效剂量、器官或组织的待积当量剂量和摄入量。

3. 皮肤表面污染监测

（1）使用非密封放射源的工作场所，应对操作放射性物质的工作人员进行皮肤污染监测。

（2）使用密封源，一般不需要对工作人员进行皮肤污染监测，但密封源发生或疑发生泄漏，则应对有关人员进行皮肤污染监测。

（3）人体污染测量的顺序，一般应是先上后下，先前后背。在全面巡测的基础上，再重点测量暴露部位（如手、脸、颈和头发等部位）。

（4）为了有效探测污染，应控制好监测探头与被测表面的距离：测量 α 污染时应不大于 0.5cm；测量 β 污染时以 2.5～5cm 为宜。

（二）个人剂量计

个人剂量计是一种用来测量每个受核辐射照射的工作人员在工作时所受辐射剂量的仪器。

常用的有个人剂量笔、袖珍照射量计和热释光剂量计等。

个人剂量笔是一个灵敏的笔形验电器,充电后,其中涂有金属的石英丝达最大偏转。当受到辐射作用时,验电器中气体产生电离,使石英丝偏转角度减小,通过以伦琴刻度的标尺可以直接读出所受的剂量,使用方便,但环境湿度影响较大。

个人剂量报警仪智能型袖珍照射量计采用最新的功能较强的单片机技术制作而成。主要用来监测 X 射线和 γ 射线。在测量范围内,可任意设置各种阈值报警值,并发生声光报警及时提醒工作人员注意安全。该仪器内存大,可存储约一周的数据。

热释光剂量计将接收照射的这种剂量计加热,并用光电倍增管测量热释光输出,即可读出辐射剂量值。优点是即使搁置很长时间后,其读数衰减很少。此外,可制成各种形状的胶片佩章,以供个人剂量监测使用。其原理是一些晶体存在结构上的缺陷(如 LiF),当射线照射过后产生自由电子和空穴,后电子和空穴又被俘获(自由电子被导带俘获,空穴被激发能级俘获),而把这些晶体加热后,被俘获的电子获得足够的能量逃逸出来与空穴结合,同时多余的能量以光辐射的形式释放出来,通过这样的原理就有了热释光剂量计计算剂量这个方法。

目前使用最广泛的是热释光剂量计。

(三)个人剂量计相关要求

辐射工作人员个人剂量计佩戴要求如下:

(1)对于比较均匀的辐射场,个人剂量计佩戴在人体躯干前或后,与射线方向一致的适当位置。

(2)当受照不均匀,而且受照剂量可能相当大时,还需在受照剂量较大的部位佩戴局部个人剂量计,例如,手腕及手指个人剂量计。

(3)对于工作中穿戴铅围裙的场合,通常应用佩戴在铅围裙里面躯干上的剂量计来测量 $H_p(10)$。当受照剂量可能较大时,还应在铅围裙外的适当位置佩戴个人剂量计。

(4)对于短期工作和临时进入放射工作场所的人员(包括参观人员和检修人员等),应佩戴直读式个人剂量计,并按规定记录和保存他们的剂量资料。

监测周期一般为 1 个月,也可视具体情况延长或缩短,但最长不得超过 3 个月。对于短期工作和临时进入放射工作场所的人员,应佩戴直读式个人剂量计,并按规定记录和保存他们的剂量资料。

(四)辐射的记录

使用个人剂量计的目的是保证工作者受到的电离辐射的照射保持在有关的法规或实施规程规定的剂量当量限值之内。在许多国家,除了控制短期剂量的设备以外,还必须由一个已批准的剂量实验室提供个人监测设备,该实验室有以下责任:

(1)分发胶片佩章剂量计、热释光剂量计和可能需要的其他个人剂量计;

(2)对收回的个人剂量计进行处理和评价;

(3)发出剂量报告和保存记录。

雇用较多工作人员的企业,由于工人们都佩戴个人剂量计,所以建立了他们自己的处理实验室,其他的使用者则依靠专门组织,如在英国是依靠国家辐射防护委员会。按照法律的规定,胶片佩章剂量计是个人剂量监测中广泛采用的方法。胶片佩章剂量计一般每月处理一次,其结果记在工作人员个人剂量记录中。除了月剂量报告外,一般还要对那些要求汇总工作期限内累积总剂量的每个雇员,发布每季度的剂量概况。

二、辐射调查监测

1. 辐射调查监测的目的与要求

(1)在设备的试运行中,要试验屏蔽是否适当,证明辐射水平是否满足要求。

(2)为了控制累积剂量,在运行中要常规地测量工作时的辐射水平。

理想的辐射监测仪应当能测量所有类型的贯穿辐射;仪表应当是可携式的、容易使用并能指示剂量当量率。但是,实际上不可能设计单一的仪器就能满足所有这些要求,所以对不同类型辐射研制了不同的仪器设备。

2. X 和 γ 监测仪　实际的探测方法取决于所要求的灵敏度。电离室只能用于辐射水平在几十微西弗/小时以上的情况下;低于这个水平时,如果要求仪器是可携式的,电离室就要做得很大。使用 G-M 计数管或闪烁探测器能提高灵敏度。

在测量 X 和 γ 剂量率时,仪器的能量响应是很重要的。图 12-8 中表示出电离室、G-M 计数管和闪烁探测器的典型响应曲线。可以看出,在 0.3 ~ 10MeV 能区内电离室的相对响应很平坦,而 G-M 计数管和闪烁探测器在低能区有明显的峰值。监测仪通常用 ^{226}Ra 源刻度,它的有效光子能量为 0.8MeV,如果这个仪器以后要用于监测不同能量的光子辐射,将会严重地低估或高估剂量率。

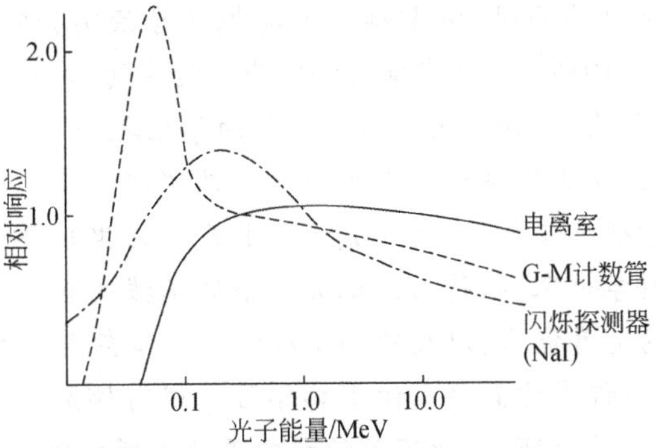

图 12-8　不同探测器的能量响应曲线

3. 中子监测仪　中子不带电荷,所以它不能直接产生电离,要使用间接的方式产生电离。探测快中子的方法是:使中子与含有大量氢原子的物质互相作用时,快中子便从含氢中"撞出"质子然后探测这些质子产生的电离。快中子监测仪常常使用正比计数器,这种正比计数器内掺有一些含氢物质,如聚乙烯等。但这些仪器的灵敏度非常低,难以探测低于 50μSv/h 水平的中子。

探测热中子常见的材料是 $^{10}B(n,\alpha)^{7}Li$, ^{10}B 俘获热中子的截面很大,反应时放射出 α 粒子而引起电离,然后再探测它。最普通的热中子监测仪有利用衬有一薄层硼的电离室,也有用充三氟化硼(BF_3)气体的正比计数器。

中子雷姆仪是能在很宽能量范围内(从热中子到 15MeV)测量组织剂量的一种仪器。雷姆仪有一个聚乙烯球,它通过弹性碰撞使快中子慢化。为了得出适当的能量响应函数,在聚乙烯球内排列着一组镉过滤器。热中子是用充氦气的正比计数器测量的,俘获一个中子将会发射一个质子: $^{3}He(n,p)^{3}H$,其中 ^{3}H 是氢的同位素,称为氚;质子进而产生电离。现在一般都选用这种系统,而不用 ^{10}B 反应系统,因为前者对 γ 辐射的灵敏度很低。

阅读材料

让·弗雷德里克·约里奥-居里(Jean Frédéric Joliot- Curie ,1900—1958),原姓氏为约里奥(Joliot)。法国物理学家。伊雷娜·约里奥-居里(Irène Joliot- Curie,1897—1956),本名伊雷娜·居里,居里夫妇的女儿。与其夫约里奥-居里(外国妇女出嫁后通常随夫姓,而这对夫妇为纪念居里这一伟大姓氏,采取了夫妻双姓合一的方式)合作于 1932 年发现一种穿透性很强的辐射,后确定为中子;1934 年发现人工放射性物质,并对裂变现象进行研究。1935 年夫妻共获诺贝尔化学奖。夫妻俩还于 1948 年领导建立了法国第一个核反应堆。

让·弗雷德里克·约里奥-居里 1900 年出生于法国巴黎,1918 年考取居里夫妇发现镭的巴黎理化学院,每门功课都是第一。不久,约里奥应召入伍服役。战后,他回巴黎理化学院一边工作,一边在朗之万教授指导下学习。

第一次世界大战爆发以后,居里夫人的一家也被卷入战争的旋涡,他们要为自己的第二祖国贡献一分力量。当居里夫人准备把第二次获得的诺贝尔奖奖金和仅有的一点金子,包括金质奖章在内,捐献给法国而征求伊雷娜的意见时,伊雷娜坚定地支持母亲的行动。

同其他勇敢的法国妇女一样,居里夫人也关上实验室投入了战斗。她把 X 射线机安装在汽车上,以便于流动使用。伊雷娜也开始学习护理,并熟练地掌握 X 射线机的操作方法。她经常驱车奔赴各个前线医疗站,独立地执行任务。到战争结束时,法国政府向伊雷娜颁发了奖章。

在索尔本大学努力学习的同时,伊雷娜还主动担任母亲实验室中的助手。她希望毕业以后,致力于放射性的研究。1918 年,伊雷娜被任命为实验室的“委任助手”。居里夫人极高兴地看到,在实验室里所有的学生中,伊雷娜是最有才华的学生之一。

在巴黎镭学研究院里,伊雷娜结识了青年科学家约里奥。他是研究所里最聪明、最活泼的一位学者。在共同的科学研究工作中,两人成了好朋友。约里奥尊崇伊雷娜,并非因为她出身于一个具有光荣传统的科学世家,而是因为她那种坚韧不拔的独立精神、果断而自信的工作作风、丰富的学识、对诗歌的鉴赏能力,以及她那动人的容貌和在体育方面所表现出的才能。在放射学领域里,约里奥觉得有许多方面要向伊雷娜学习。伊雷娜则非常喜欢约里奥那热情洋溢、鼓舞人心的谈吐,为他那刻苦钻研、一丝不苟的科学事业心所折服。

1926 年的一天早晨,文静的伊雷娜向妈妈和妹妹吐露,她已经和弗雷德里克·约里奥订婚了。这年的 10 月 4 日,伊雷娜与约里奥在巴黎第四区的市政大厅里举行了婚礼。

起初,居里夫人不免感到有点难过,她生怕从此会失去女儿的陪伴和协助。后来,在日常工作和不断接触中,她对弗雷德里克有了更为深刻的了解,尤其当她发现了他身上那种富有热情、刻苦钻研的献身精神等优秀品质时,她对女儿的选择感到由衷的满意。居里夫人很器重这个活泼而又很会鼓励人的年轻人。她觉得现在工作起来更顺手了,过去她只有一个助手,而现在却有了两个助手。这两个年轻的科学工作者随时随地地在实验室里与居里夫人探讨各种问题。弗雷德里克也为自己能成为居里夫人家庭中的一员而感到十分自豪。结婚以后,他就把自己的姓同居里的姓连在一起,改称为“约里奥-居里”。

伊雷娜和弗雷德里克继承了居里夫人和皮埃尔所开创的放射性研究工作。他们就像当年的居里夫妇一样,在实验室里形影相随、并肩工作。

伊雷娜在有了小女儿海伦以后,像自己的母亲居里夫人一样,有着一套操持家务、照料孩子的办法。她把家务和科学研究的工作安排得很妥善,从未间断过在实验室里的工作。在居里夫人的健康愈益衰退的情况下，伊雷娜和弗雷德里克主动地承担了各种研究工作。不久，他们就分别通过了博士论文答辩，获得了博士学位。

他们曾两次与诺贝尔奖失之交臂：

1931年年底，二人开始研究德国物理学家W. 波特的实验，即用α粒子轰击铍，这时放出的不是通常实验所出现的质子，而是一种穿透力极强的射线，波特认为是一种γ辐射，当时即称之为铍辐射。不久，约里奥-居里夫妇凭借高超的实验技能和良好的设备，不但很容易地重复了波特的实验结果，而且进一步观测石蜡是否会吸收这种铍辐射。他们惊奇地发现辐射未被吸收，反而加强了。经过对从石蜡里飞出的粒子的鉴别，认定从石蜡里飞出的是质子，这是不可思议的，如果铍辐射是质量近于零的光子，怎么能够把质量是电子的1840倍的质子撞击出来呢？伟大发现就在眼前，但他们仍沿波特的错误思路想下去，认为铍辐射是一种康普顿效应。1932年1月18日，他们把这一实验结果和自己的见解发表了。刚好一个月后，卢瑟福的学生、对中子概念早有精神准备的英国物理学家查德威克重新解释了约里奥-居里夫妇的实验，认为铍辐射是一种中粒子流，这种粒子的质量近似于质子质量。这样，卢瑟福12年前关于存在中子的预言被证实了，查德威克也因此获得了1935年度的诺贝尔物理学奖。客观地评价这件事，应该说约里奥-居里夫妇对中子的发现做了真正重要的工作，查德威克本人也完全承认这一点。但在伟大发现边缘而使机遇从面前溜走，原因仍在他们本身。他们自己事后承认，他们根本不知道卢瑟福关于存在中子的假设，缺乏作出这一重大发现的敏感和想象力，而教训在于他们作为实验物理学家只埋头于自己的实验，没有同时注意学术思想的广泛交流。如不随时吸取他人创造的新思想，机遇还会一失再失！事实正是如此，1932年，在美国物理学家安德森发现正电子以前，约里奥-居里夫妇就曾经在云室中清楚地观察到了正电子径迹，但他们没有认真研究出现的奇特现象，误认为只是向放射源移动的电子。直到安德森提出正电子实验报告后，他们才明白又一次重大发现的机会失去了。

经过连续两次失误之后，约里奥-居里夫妇并没有灰心丧气，他们总结了经验教训，在1933年5月23日，通过开创的工作证实：从钋源中发出的硬γ射线，通过物质后产生了正负电子对。两个月后，又记录到了单个正电子及其连续谱。他们一直坚持研究这种现象，在1934年1月19日，发现用钋产生的α粒子轰击铝箔时，若将放射源拿走，“正电子的发射也不立即停止，铝箔保持放射，辐射像一般放射元素那样以指数律衰减。”它们发射出中子和正电子，最终生成放射磷。用同样的方法，他们还发现了其他一些人工生成的放射性物质，此即人工放射。这是20世纪最重要的发现之一，是人类变革微观世界的一个突破，为同位素和原子能的利用提供了可能，他们因此获得了1935年度的诺贝尔化学奖。

自从1934年约里奥-居里夫妇有了这个重大发现以后，物理学家们研究和发展了他们的方法。越来越多的、更大的粒子加速器问世了，从此，科学家们几乎能制取到每一种元素的放射性同位素。目前，所知的两千种以上的放射性同位素中，绝大多数是人工制造的。现在，放射性同位素不但已广泛地运用于工业、农业、商业和国防等各个领域，而且对于推动某些学科的研究也产生了重大的影响，特别是对化学、生物学和医学更起了巨大的推动作用。这就使原子(核)能的和平利用变成了现实，极大地造福于人类。同时，人造放射性核素的发现也为第一颗原子弹的制造提供了重要的启示。人类历史上第一颗原子弹的制造原理是费米提出的。然而，费米制造原子弹的程序完全是按照伊雷娜的人造放射性元素的理论和实践来编排的。伊雷娜·约里奥-居里作为发现人造放射性同位素的先驱，其贡献将永远载入人类文明的史册。

居里夫人亲眼看到伊雷娜取得了这样惊人的成就，她感到无比的欣喜和宽慰。她曾对小女儿艾芙说过，她确信伊雷娜会因发现人造放射性同位素而获得诺贝尔奖的。可惜，她却没有能活到这一天。

约里奥–居里夫妇还取得了另外一个可喜的成果。他们为爱因斯坦的“质能关系”公式带来了可靠的证据：某些拥有能量的辐射是由具体的粒子组成的，而原子质量的消减亦可相应地释放出能量来。他们所取得的这个成果立刻传遍了世界，轰动一时。

1937 年，弗雷德里克离开了放射性学会，开始担任法兰西学院教授，并参与链式反应和核反应条件的研究，成功利用铀和重水实现可控核裂变的核反应产生能量。

让·弗雷德里克·约里奥–居里不但是著名的核物理学家和化学家，而且是著名的和平卫士。他对中国人民抱有同情态度，不但应学生钱三强之邀，积极参与营救被美国扣押在日本的物理学家赵忠尧，而且郑重向毛泽东建议，中国也要搞原子弹，这是对毛泽东决策触动最大的一个人。

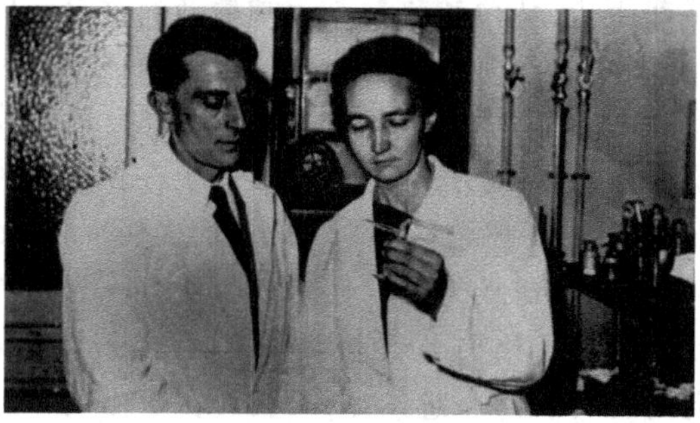
约里奥–居里夫妇

约里奥–居里夫妇还于 1948 年领导建立了法国第一个核反应堆。由于缺乏防护，长期受 X 射线和 γ 射线辐照，伊雷娜的健康受到严重损害。伊雷娜患了急性白血病，并于 1956 年 3 月 17 日不幸逝世于巴黎，终年 59 岁。弗雷德里克因肝病于 1958 年逝世，终年 58 岁。

本章小结

电离辐射包括天然电离辐射和人工电离辐射。

1. 电离辐射包含：α 射线（α 粒子）、β 射线（β 粒子）、中子等高能粒子流及 γ 射线、X 射线等高能电磁波。

非电离辐射包括可见光波、红外线、雷达波、无线电波及交流电波等。

2. 常用辐射剂量包括照射量、吸收剂量、剂量当量。

3. 电离辐射的生物效应：电离辐射作用于机体后，其能量传递给分子、细胞、组织和器官等生命物质，引起一系列复杂的物理、化学和生物变化，由此造成生物体各系统功能、调节、代谢的改变，产生各种生物效应。

影响电离辐射生物效应的主要因素有：

（1）与辐射有关的因素，包括辐射的种类、辐射剂量、辐射剂量率、分次照射、照射部位、照射面积、照射方式等。

（2）与机体有关的因素，包括种系，个体发育，不同器官、组织和细胞，以及亚细胞和分子水平的放射敏感性四个方面。

（3）与介质有关的因素，包括温度、氧、化学物质等。

4. 辐射防护标准一般规定：基本限值、导出限值和参考水平等几个级别。

医用放射线的防护包含诊断 X 射线的防护、放射治疗辐射的防护及核医学实践中的放射防护三个方面。

5. 电离辐射监测包括个人剂量监测和辐射调查监测两个方面。

思考题

12-1　指出照射量、比释动能和吸收剂量之间的区别和联系。

12-2　指出当量剂量、吸收剂量和有效剂量之间的相同与不同之处。

12-3　为什么要突出强调医学辐射中的防护？

12-4　医学辐射防护的基本要求是什么？

参考文献

陈鹤声.1995. 医用影像设备学[M].北京:人民卫生出版社.
陈仲本,况明星.2018. 医用物理学[M].2 版. 北京:高等教育出版社.
段炼.2013. 核医学[M].南京:江苏科学技术出版社.
甘泉,王骏,史跃.2013. 医学影像成像技术[M].镇江:江苏大学出版社.
高上凯.2010. 医学成像系统[M].2 版. 北京:清华大学出版社.
龚尔璋,甘平.2001. 医用物理学[M].北京:科学出版社.
顾本立,万遂人,赵兴群.2012. 医学成像原理[M].北京:科学出版社.
顾樵.2012. 生物光子学[M].2 版. 北京:科学出版社.
郭万学.2011. 超声医学[M].上册.6 版. 北京:人民军医出版社.
洪洋,谢晋东.2011. 医用放射防护学[M].北京:人民卫生出版社.
洪洋.2018. 医用物理学[M].4 版. 北京:高等教育出版社.
侯俊玲,邵建华,刚晶.2016. 物理学[M].4 版. 北京:科学出版社.
胡新珉.2001. 医学物理学[M].北京:人民卫生出版社.
吉强,洪洋.2010. 医学影像物理学[M].3 版. 北京:人民卫生出版社.
吉强,王晨光.2016. 医用物理学[M].北京:科学出版社.
江键,廖新华,曾召利.2019. 医用物理学[M].2 版. 北京:高等教育出版社.
康颖.2019. 大学物理(上册)[M].4 版. 北京:科学出版社.
康颖.2019. 大学物理(下册)[M].4 版. 北京:科学出版社.
李月卿.2010. 医学影像成像理论[M].2 版. 北京:人民卫生出版社.
吕中伟,王培军.2010. 核医学[M].北京:科学出版社.
孟燕军,秦瑞平.2016. 医学物理学[M].北京:科学出版社.
潘中允.2014. 实用核医学[M].北京:人民卫生出版社.
庞小峰.2007. 生物物理学[M].成都:电子科技大学出版社.
彭志华.2019. 医用物理学[M].3 版. 北京:北京邮电大学出版社.
强永刚.2013. 医学辐射防护学[M].2 版. 北京:高等教育出版社.
秦维昌.2006. 医学影像设备学[M].北京:人民军医出版社.
任卫东,常才.2013. 超声诊断学[M].北京:人民卫生出版社.
申宝忠.2010. 分子影像学[M].2 版. 北京:人民卫生出版社.
石明国,韩丰谈.2016. 医学影像设备学[M].北京:人民卫生出版社.
石明国.2007. 现代医学影像技术学[M].西安:陕西科学技术出版社.
石明国.2011. 医学影像技术学——影像设备质量控制管理卷[M].北京:人民卫生出版社.
石明国.2013. 医用影像设备(CT/MR/DSA)成像原理与临床应用[M].北京:人民卫生出版社.
苏燎原,刘芬菊.2013. 医学放射生物学基础[M].北京:原子能出版社.
汤乐民,包志华.2012. 医学成像的物理原理[M].北京:科学出版社.
王磊,冀敏.2018. 医学物理学[M].9 版. 北京:人民卫生出版社.
王鹏程,李迅茹.2014. 放射物理与防护[M].3 版. 北京:人民卫生出版社.
王荣福.2011. PET/CT——分子影像学新技术应用[M].北京:北京大学医学出版社.

王世平 . 2015. 现代仪器分析原理与技术[M]. 北京:科学出版社 .
魏志勇 . 2005. 医用核辐射物理学[M]. 苏州:苏州大学出版社 .
吴恩惠,冯敢生 . 2008. 医学影像学[M]. 6 版 . 北京:人民卫生出版社 .
熊兴良,陈龙聪 . 2014. 医学物理学[M]. 北京:科学出版社 .
徐可欣,高峰,赵会娟 . 2011. 生物医学光子学[M]. 2 版 . 北京:科学出版社 .
徐跃,梁碧玲 . 2010. 医学影像设备学[M]. 3 版 . 北京:人民卫生出版社 .
许以明 . 2005. 拉曼光谱及其在结构生物学中的应用[M]. 北京:化学工业出版社 .
杨正汉,冯逢,王霄英 . 2007. 磁共振成像技术指南[M]. 北京:人民军医出版社 .
姚原 . 2014. 放射治疗技术[M]. 3 版 . 北京:人民卫生出版社 .
余建明,牛延涛 . 2009. CR、DR 成像技术学[M]. 北京:中国医药科技出版社 .
余建明 . 2011. 医学影像技术学——X 线造影检查技术卷[M]. 北京:人民卫生出版社 .
余建明 . 2015. 实用医学影像技术[M]. 北京:人民卫生出版社 .
展永 . 2011. 生物物理学[M]. 北京:科学出版社 .
张学龙 . 2013. 医学影像物理学教程[M]. 北京:科学出版社 .
张泽宝 . 2000. 医学影像物理学[M]. 北京:人民卫生出版社 .
章新友,侯俊玲 . 2016. 物理学[M]. 4 版 . 北京:中国中医药出版社 .
赵喜平 . 2000. 磁共振成像系统的原理及其应用[M]. 北京:科学出版社 .
赵喜平 . 2004. 磁共振成像[M]. 北京:科学出版社 .
赵元,叶福丽 . 2017. 医学物理学[M]. 北京:科学出版社 .
中华人民共和国卫生部 . 2012. X 射线计算机断层摄影放射防护要求(GBZ 165—2012)[S].
祝之光 . 2018. 物理学[M]. 5 版 . 北京:高等教育出版社 .
Chandran K B, Rittgers S E, Yoganathan A P. 2015. 生物流体力学:人体循环系统(翻译版 · 原书第 2 版)[M]. 邓小燕,孙安强,刘肖,等,译 . 北京:机械工业出版社 .
Weissleder R, Ross B D, Rehemtulla A, et al. 2013. 分子影像学:原理与实践[M]. 申宝忠,译 . 北京:人民卫生出版社 .